Sagesses

Jacques Marchand

Sagesses

Enquête historique sur la recherche de l'autonomie et du bonheur

Volume 3

L'idéologie biblique

Aux sources du fondamentalisme occidental

Liber

Les éditions Liber reçoivent des subventions du Conseil des arts du Canada, de la SODEC (programme d'aide à l'édition et programme d'aide à l'exportation) et du ministère du Patrimoine canadien (PADIE), et participent au programme de crédit d'impôt-Gestion SODEC pour l'édition de livres du gouvernement du Québec.

Maquette de la page couverture : Jonathan Tremblay

Éditions Liber, 2318, rue Bélanger, Montréal, Québec, Canada, H2G 1C8; téléphone: (514) 522-3227, télécopie: (514) 522-2007, courriel: edliber@ cam.org

Distribution
Canada: Diffusion Dimedia, 539, boulevard Lebeau, Montréal, Québec, H4N 1S2; téléphone : (514) 336-3941, télécopie : (514) 331-3916, courriel: general@dimedia.qc.ca
France et Belgique: DNM, Diffusion du nouveau monde, 30, rue Gay-Lussac, 75005 Paris; téléphone: (01) 43 54 49 02, télécopie: (01) 43 54 39 15, courriel: liquebec@ noos.fr
Suisse : Servidis, 5, rue des Chaudronniers, C. P. 3663, CH-1211 Genève 3 ; téléphone: (022) 960-9510, télécopie: (022) 960-9525, courriel: admin@servidis. ch

Dépôt légal: 1er trimestre 2005
Bibliothèque nationale du Québec

ISBN 2-89578-062-5

Introduction

Il me semble nécessaire de présenter en quelques mots l'enquête sur la sagesse biblique que j'entreprends ici et de la situer dans l'ensemble de mon projet. La recherche que je poursuis depuis quelques années comporte deux objectifs qu'il est bon de rappeler, même si je les ai explicités en détail dans l'introduction générale au premier volume de *Sagesses*.

L'objectif le plus apparent est de reconstituer la généalogie historique qui a mené à la mise en place de la sagesse ou de l'éthique de vie chrétienne comme caractéristique dominante de la civilisation occidentale, à tout le moins jusqu'à récemment. Dans les deux premiers volumes de cette recherche, j'ai tenté de remonter jusqu'aux soubassements archaïques de la sagesse occidentale, soit l'ensemble des sagesses qui ont pris forme au Proche-Orient ancien et particulièrement la sagesse égyptienne (vol. 1) et la sagesse mésopotamienne (vol. 2). Après ces travaux préliminaires, je me sens en mesure de passer à l'examen des deux piliers plus immédiats sur lesquels repose la construction de la sagesse chrétienne : d'un côté, la sagesse biblique, de l'autre, la sagesse grecque. Je qualifie cette vaste entreprise de généalogique, car il m'apparaît évident qu'il est impossible de bien comprendre la sagesse chrétienne sans remonter à ses fondements historiques et sans la replacer ainsi dans son cadre de formation. Tel est donc le premier objectif, le plus apparent, de toute l'entreprise. Le second est pourtant plus essentiel, à mes yeux en tout cas. Pour le cerner, il importe de bien comprendre de quoi l'on parle lorsqu'on évoque la sagesse.

Peu importe que l'on se réfère à la culture égyptienne, mésopotamienne, israélite ou grecque, chacune de ces civilisations anciennes donne nécessairement lieu à une construction idéologique de grande envergure, laquelle fonde et commande toutes les orientations et les réalisations que ces civilisations mettent en œuvre au long du temps. J'entends ici la notion d'idéologie au sens le plus large et le plus neutre : c'est l'image du monde que l'on se donne dans ce milieu, image aboutissant à un certain système de croyances concernant les relations avec le monde, avec les autres et avec soi-même. À la fin, tout cela culmine dans une certaine éthique de vie, c'est-à-dire dans une certaine conception idéale et plus ou moins normative de la manière dont on doit penser et vivre sa vie, dont on doit aménager ses rapports avec le milieu de vie total dans lequel on s'inscrit.

En d'autres termes, une collectivité finit toujours par constituer avec le temps une certaine proposition idéale portant sur la stratégie de vie ou l'éthique fondamentale que chacun de ses membres devrait adopter et défendre dans sa propre vie. Cette construction collective constitue ce que j'appelle une tradition de pensée. La tradition de pensée prend normalement forme au cours de générations et de siècles, elle implique une élaboration collective plus ou moins unifiée, et elle résulte de tout un ensemble de contributions individuelles ou groupales plus ou moins convergentes et harmonisées. Chaque individu ou groupe se situe inévitablement par rapport à elle, pour s'y conformer ou s'en démarquer diversement. Elle se ramène finalement à une certaine théorie du bien vivre qu'on appellera indifféremment idéologie ou éthique de vie.

Si le lecteur se reporte à mon bilan de la sagesse archaïque, dans le deuxième volume de mon travail, il y trouvera rassemblés les résultats de l'ensemble de l'enquête sur les sagesses ou les éthiques de vie du Proche-Orient ancien. Quoi qu'il en soit du parcours de l'enquête elle-même, il demeure qu'on se trouve en définitive devant deux grandes possibilités éthiques, c'est-à-dire devant deux attitudes éthiques possibles qui se définissent et prennent forme dans l'histoire même de ces civilisations (et non dans la tête d'un philosophe) : d'un côté, l'attitude gradualiste, illustrée par la sagesse égyptienne, et, de l'autre, l'attitude absolutiste illustrée par la sagesse mésopotamienne. Il est donc permis de croire, par hypothèse, que les sagesses subséquentes se définiront nécessairement en regard de ces deux grands possibles éthiques ou plus précisément sur le *continuum* qui va du relativisme le plus extrême à l'absolutisme le plus radical. J'ai déjà défini ces deux grandes attitudes éthiques de façon globale dans l'introduction générale et il n'est pas utile d'y revenir ici car ce qui importe maintenant pour nous, c'est de voir naître et s'élaborer dans la culture israélite une de ces deux attitudes, l'absolutisme, mais cette fois poussée jusqu'à ses conséquences les plus radicales.

En terminant cette brève présentation, il ne me reste qu'à dire un mot à propos de la manière dont une telle enquête a été effectivement menée. La position du philosophe ou de l'historien des idées n'est pas toujours confortable sous ce rapport. Il est couramment perçu comme un non-spécialiste, donc comme un intrus et un prétentieux, bref quelqu'un qui n'a pas voix au chapitre. Son seul désir de proposer la synthèse idéologique ou éthique d'une culture multiséculaire le rend déjà suspect, étant bien entendu qu'aucun spécialiste digne de ce nom n'oserait relever pareil défi. La position du philosophe à cet égard est pourtant simple et au fond très modeste : il se hisse sur les épaules des spécialistes en question, revient du mieux qu'il peut sur les recherches et sur les documents eux-mêmes, et s'efforce de dégager à partir de toutes ces indications la tradition de pensée qui s'est constituée dans la civilisation en question. Il est pleinement conscient que sa recherche n'est qu'une étape sur le chemin d'une synthèse satisfaisante et qu'elle comporte forcément bien des imprécisions et des erreurs sur divers points particuliers et moins particuliers. Malgré tout, n'est-il pas indiscutable qu'une telle synthèse doit absolument être entreprise et que toute étude spécialisée n'a finalement de sens qu'en fonction de cette vue d'ensemble de type idéologique ou éthique que les spécialistes eux-mêmes ambitionnent d'atteindre depuis toujours ?

Il va de soi qu'un tel projet exige une longue préparation et n'est pas à l'abri des pièges qu'on peut imaginer. Lorsque j'ai commencé, dans les années 1960, à lire sur la question, j'étais bien conscient que je ne disposais ni des connaissances ni de l'outillage méthodologique et conceptuel indispensables pour mener à bien pareille tâche. Aujourd'hui, près de quarante ans plus tard, je me sens prêt à faire une tentative honnête et sérieuse en ce sens. Entre-temps, et pour nous rapprocher du sujet du présent ouvrage, il s'est produit une véritable révolution dans les études bibliques et on a procédé à une révision en règle de toutes les hypothèses et de tous les résultats antérieurs. J'ai donc été contraint de me remettre à l'étude de ces nouvelles tendances à plusieurs reprises mais, à travers tous ces détours de la recherche, mon ambition est restée inentamée : je demeure convaincu de la nécessité d'entreprendre une synthèse de nature idéologique ou éthique et d'intégrer tôt ou tard l'ensemble des enquêtes spécialisées à cette vue d'ensemble globale et véritablement fondatrice. Le travail que je mène ici comporte de grandes exigences, je ne le cache pas ; pourtant, je crois pouvoir affirmer que le lecteur qui aura la patience de m'accompagner dans cette enquête finira par se faire une vision claire et structurée de l'éthique de vie biblique et, par suite, de la sienne propre qui dérive pour une part importante de cette tradition de pensée déterminante pour l'ensemble de l'éthique occidentale.

Avertissements

1. Toutes les dates données dans le texte sont des dates avant l'ère commune, sauf indication contraire. Pour départager explicitement avant et après l'ère commune, j'utilise l'abréviation AEC (avant l'ère commune) et EC (de l'ère commune).

2. La sagesse biblique analysée ici se rapporte strictement au texte connu sous le nom de Bible hébraïque chez les Juifs ou d'Ancien Testament chez les chrétiens. Le Nouveau Testament sera examiné dans un ouvrage ultérieur.

3. Tous les renvois au texte biblique sont faits selon la procédure traditionnelle, en faisant référence d'abord au livre, puis au chapitre et enfin aux versets pertinents. Le nom des livres bibliques est abrégé selon l'usage (voir Abréviations).

4. Sauf exception, j'ai toujours pris soin d'utiliser les traductions les plus autorisées et les plus accessibles du texte biblique. Ces traductions sont indiquées dans les sources primaires de la bibliographie en fin de volume. Lorsque je n'indique pas la traduction utilisée, il faut comprendre que je cite la Bible de Jérusalem. Les sources parabibliques citées se trouvent aussi dans les sources primaires de la bibliographie générale.

5. Les sources secondaires (études et commentaires divers) sont citées par nom d'auteur et de titre. La référence complète se trouve dans la bibliographie générale.

6. On trouvera à la fin de chaque chapitre ou partie des orientations bibliographiques. Ces indications n'ont rien de complet et ont simplement pour but de permettre au lecteur non spécialiste de poursuivre par lui-même la recherche proposée ici.

7. J'écris toujours « dieu » avec une minuscule. Ce terme est utilisé par les croyants d'une religion quelconque pour désigner leur(s) divinité(s) et il arrive que dans une religion donnée on considère son dieu comme le seul dieu réellement existant et qu'on soit alors tenté de l'appeler tout simplement Dieu. Évidemment, l'historien des idées et des croyances n'a pas à prendre position dans de tels débats puisque pour lui tous les dieux sont ceux d'une certaine communauté de croyants située à une certaine époque de l'histoire.

Abréviations

Afin d'éviter d'obscurcir le texte, je ne cite en abréviation que les livres bibliques selon la convention établie.

Ab Abdias
Ag Aggée
Am Amos

Ba Baruch

1Ch Premier livre des Chroniques
2Ch Deuxième livre des Chroniques
Ct Cantique des cantiques

Dn Daniel
Dt Deutéronome

Esd Esdras
Est Esther
Ex Exode
Ez Ézéchiel

Gn Genèse

Ha Habaquq

Is Isaïe

Jb Job
Jdt Judith
Jg Juges
Jl Joël
Jon Jonas
Jos Josué
Jr Jérémie

Lm Lamentations
Lv Lévitique

1M Premier livre des Maccabées
2M Deuxième livre des Maccabées
Mi Michée
Ml Malachie

Na Nahum
Nb Nombres
Ne Néhémie

Os Osée

Pr Proverbes
Ps Psaumes

Qo Ecclésiaste (Qohélet)

1R Premier livre des Rois
2R Deuxième livre des Rois
Rt Ruth

1S Premier livre de Samuel
2S Deuxième livre de Samuel
Sg Sagesse de Salomon
Si Ecclésiastique (Siracide)
So Sophonie

Tb Tobie

Za Zacharie

PREMIÈRE PARTIE

Pour une approche critique de la Bible

Pour être vraiment de niveau universitaire et pour être dignes de leur place dans l'université, les études bibliques se doivent d'être authentiquement critiques : non pas critiques simplement à propos de questions mineures concernant l'authenticité des textes bibliques ou l'historicité des récits bibliques, mais bien critiques au sujet du contenu même de la Bible, de sa théologie, de son idéologie. Et c'est justement sur ce plan que les études bibliques ont manifestement manqué à leur responsabilité critique. Pour être critique, vous devez établir une norme de référence indépendante du texte que vous critiquez. Mais traditionnellement les chercheurs du domaine ont été des croyants, des ecclésiastiques ou à tout le moins des accompagnateurs et des sympathisants de l'idéologie biblique. Quand ils commenceront à voir la Bible comme un artefact culturel et ne seront pas sous la séduction ou sous la pression de leurs engagements religieux, alors le trait distinctif de leur travail critique consistera à prendre leurs distances par rapport à l'idéologie du texte.

D. J. A. Clines

CHAPITRE I
La construction du texte biblique

Si l'objectif est bien ici de dévoiler et d'élucider le message idéologique de la Bible ou encore la sagesse biblique, la question qui se pose aussitôt, cependant, est de savoir comment il convient de procéder pour détecter ce message dans le texte même de la Bible. Car ce texte est une construction immense et complexe : si l'on n'arrive pas à comprendre comment elle s'est constituée, il est à craindre que nous n'ayons jamais accès à sa signification profonde.

Depuis environ deux siècles, un grand nombre de spécialistes ont cherché à percer à jour les secrets de cette construction textuelle. Mon propos se limitera donc, dans cette première partie, à reprendre les principaux résultats de cette colossale entreprise pour donner au lecteur une idée juste mais tout de même générale de la manière dont s'est constitué le texte biblique. Bien entendu, je n'entrerai pas dans le détail de la preuve et j'éviterai toute démonstration trop spécialisée ; dans bien des cas, je me contenterai d'expliquer les grandes lignes de cette démonstration en renvoyant le lecteur aux travaux majeurs qui ont contribué à mettre au jour le mode de construction du texte biblique. En revanche, lorsque dans les parties subséquentes je m'attaquerai au message proprement dit de la Bible, alors je prendrai soin de citer les textes significatifs et de fournir les références aux études les plus éclairantes sur le sujet. Il me semble réaliste de ne pas allonger démesurément le texte, du moins dans ses parties les plus techniques, et surtout de ne pas infliger au lecteur cultivé mais non spécialiste des démonstrations détaillées qu'il peut de toute manière consulter par lui-même, au besoin, dans des ouvrages spécialisés.

L'hypothèque fondamentaliste

Pendant des siècles, on n'a connu, dans toutes les Églises chrétiennes et dans le judaïsme même, qu'une seule façon normale et acceptable de lire le texte biblique : la manière fondamentaliste. Jusqu'au dix-huitième siècle, pour s'en tenir à des repères simples, la quasi-totalité des croyants ne connaissaient pas d'autre mode d'accès au texte que cette voie directe, littérale et non critique ; aujourd'hui encore, du reste, la majorité des croyants s'en tiennent à cette lecture fondamentaliste en lui apportant quelques nuances somme toute mineures et en s'efforçant de l'enrichir des résultats les plus incontournables de la recherche spécialisée. Ainsi, par exemple, on procédera à une relecture plus éclairée des premiers chapitres de la Genèse (principalement, du récit de la création à celui de la tour de Babel), mais il faut convenir que cela ne touche pas, pour l'essentiel, l'ensemble des récits de l'Ancien Testament et encore moins l'interprétation orthodoxe de ces textes. Tout se passe donc comme si, même aujourd'hui, la compréhension commune de la sagesse biblique ne pouvait être modifiée de façon substantielle par l'ensemble des recherches bibliques plus ou moins récentes ni même par les résultats les plus incontestables de ces recherches.

En pratique, cette attitude fondamentaliste est en son fond très simple. Elle constitue la posture courante du croyant face au texte qui fonde sa croyance. À ses yeux, ce texte fait autorité : la Bible constitue la révélation divine par excellence, cette révélation est transmise par des écrivains ou des interprètes inspirés et par suite le contenu entier du texte est vrai et fait autorité. À partir du moment où l'on accepte la vérité radicale et globale du texte, on semble tenu d'adhérer à sa vérité littérale et historique. L'analyse et la discussion s'arrêtent là. Ainsi, le fondamentalisme établit-il une muraille protectrice autour du texte fondateur et différent de tout autre : la moindre remise en question d'une partie de ce texte constitue une menace inacceptable pour la foi ; le moindre changement d'attitude face au texte révélé risque de nous entraîner dans un travail d'analyse et de vérification épuisant et dangereux.

En résumé, le texte biblique n'est pas un texte comme tous les autres. On peut analyser, interpréter et critiquer les idées et croyances d'Homère ou de Platon mais pas celles de la Bible. Les Églises apportent ici tout le poids de leur autorité pour faire valoir la vérité incontournable du texte et le croyant se trouve ainsi conforté dans son fondamentalisme. Et, de fait, la seule façon de s'assurer de l'autorité absolue du texte biblique, c'est justement de le considérer comme infailliblement et indiscutablement vrai, de le soustraire à toute analyse critique et d'en confier l'interprétation à des clercs attitrés. C'est là l'attitude traditionnelle de toutes les orthodoxies chrétiennes ou juives et ce n'est que dans les deux derniers siècles, en gros, qu'elle a commencé à être ébranlée et de plus en plus remise en question par divers chercheurs.

Mais peut-être après tout la vérité fondamentaliste était-elle trop simple et en fin de compte superficielle et naïve. Peut-être cette manière très particulière de reconnaître en bloc l'autorité du texte revenait-elle à ne pas lire attentivement le texte et à ne pas le comprendre à fond. Peut-être doit-on voir derrière le subterfuge de la révélation divine et de l'inspiration scripturaire une simple démission des croyants à interpréter comme il le mérite le texte construit par d'autres croyants. Qu'est donc ce texte s'il n'est pas une sagesse conçue par des humains et analysée et évaluée par d'autres humains ?

Si l'on veut mener à bien cette tâche préalable que constitue pour nous la critique et la réfutation de la position fondamentaliste dans ses variantes plus ou moins naïves ou raffinées, il faut prendre la peine, pour commencer, d'examiner comment s'est constitué historiquement le texte de la Bible hébraïque ou de l'Ancien Testament. Cette révélation divine est une construction humaine et le premier palier de cette construction consiste en l'élaboration historique d'un texte canonique. Avant tout examen critique du message idéologique de ce texte, il convient donc de remonter à la constitution historique du texte lui-même.

Rappel préliminaire du récit biblique

Je me propose d'abord de résumer à grands traits le contenu le plus manifeste du texte biblique de façon à fournir quelques points de repères indispensables au lecteur non spécialiste. À ce stade de notre analyse, il vaut mieux ne rien présupposer. Nous aurons évidemment à revenir plus loin sur le détail du texte lorsque nous nous attaquerons au message idéologique de la Bible; reste pourtant qu'il est bon que le lecteur puisse se faire une idée d'ensemble des principaux éléments de contenu auxquels on doit constamment se référer lorsqu'on se livre à une analyse historique du texte biblique.

Pour mener à bien cette tâche, nous nous contenterons de partir de la Bible catholique qui ajoute, comme on sait, une série de textes deutérocanoniques (ou extracanoniques) aux textes canoniques, alors que la

Bible protestante et la Bible juive écartent généralement ces textes[1]. Un examen même superficiel de l'ensemble de ces textes (canoniques et deutérocanoniques) montre qu'on a affaire là à une série impressionnante de textes historiques ou parahistoriques et que cette série compose la majeure partie de la Bible. Du reste, tous les textes historiques majeurs se retrouvent dans toutes les Bibles, chrétiennes ou juives.

Si l'on prend en compte le fait que la mise en ordre de ces textes comporte une part inévitable d'arbitraire, on se permettra sans dommage de répartir l'ensemble en deux grandes séquences de récits historiques; ces deux séquences respectent la logique interne du récit biblique malgré les chevauchements inévitables.

Le premier bloc comprend les cinq livres du Pentateuque (ou Torah), puis les livres de Josué, des Juges, de Samuel 1 et 2, et des Rois 1 et 2; on peut greffer le livre de Ruth après celui des Juges et le livre de Tobie après le 2e livre des Rois. Ce bloc va des origines à l'exil (587). Le deuxième bloc comprend les deux livres des Chroniques et les livres d'Esdras et de Néhémie; on peut greffer divers récits parahistoriques à la suite des Chroniques et d'Esdras-Néhémie (Esther, Daniel, Judith, Baruch) et surtout les deux livres des Maccabées. Ce bloc va de la conquête de Canaan jusqu'à la restauration après l'exil, avec quelques ajouts postérieurs, principalement dans les deux livres des Maccabées.

Malgré quelques lacunes et chevauchements, ces deux blocs reconstituent l'histoire d'Israël des origines jusqu'au retour d'exil et à la reconstruction du temple de Jérusalem. Laissons de côté pour l'instant le récit des origines qu'on trouve en Genèse 1 à 11, avec ses divers épisodes vraisemblablement mythiques ou légendaires (création, jardin d'Éden, Caïn et Abel, déluge, tour de Babel, etc.). Il est tout de même bon de noter au passage que cette «préhistoire» d'Israël est thématiquement reliée à l'histoire même.

La première phase du récit biblique porte sur les patriarches et se trouve en Genèse 12 à 50. Cette histoire est successivement centrée sur Abraham, Isaac, Jacob et Joseph et se situe quelque part entre 1700 et 1300. Sur ordre divin, Abraham quitte Ur, en Mésopotamie du sud, et part s'installer en Canaan; il s'installe d'abord à Harân en Syrie, puis à Sichem et à Béthel, puis, après un séjour en Égypte, il revient à Béthel. En réalité, Abraham, Isaac et Jacob résideront presque constamment en

1. Ainsi, par exemple, la Bible de Jérusalem (catholique) comprend tous ces textes; la New Revised Standard Version (protestante) inclut maintenant autant de textes que la Bible catholique; et la Bible hébraïque de la Jewish Publication Society ne contient que les textes canoniques.

Palestine et s'y installeront à demeure. Le cas de Joseph est un peu différent car son histoire l'amène assez longuement en Égypte où il devient un homme politique important. Au total, cette phase du récit est marquée de façon récurrente par la promesse de Yhwh [2] et l'obéissance indéfectible des patriarches; dès ce stade, on se trouve en face d'un plan divin pour l'avenir d'Israël et de la réponse d'Israël (ou des patriarches) à Yhwh.

La deuxième phase raconte l'exode, l'errance au désert, la révélation du Sinaï et la conquête de Canaan; cette phase, qu'on peut placer chronologiquement entre 1300 et 1100, est racontée dans les quatre derniers livres du Pentateuque (de l'Exode au Deutéronome) et dans le livre de Josué. On y apprend que les douze fils de Jacob sont allés vivre en Égypte, que leurs descendants y sont devenus des esclaves ou de pauvres travailleurs, et qu'ils ont été libérés par un des leurs, Moïse, qui est ainsi devenu leur chef politique et religieux. Sous sa gouverne, ils ont réussi à quitter le pays et, après une longue errance dans le désert, ils ont établi une alliance avec Yhwh et ont reçu sa loi au Sinaï. Ils remonteront ensuite vers le nord de la Palestine et entreprendront la conquête de la Transjordanie et de la terre promise, le pays de Canaan. L'ensemble de ce récit tout à fait central pour le peuple israélite est à la fois complexe, rempli de péripéties et parfois fort difficile à suivre dans son détail. Reste qu'il raconte au total la réalisation de la promesse aux patriarches, cette réalisation passant par l'alliance Yhwh-Israël et par la conquête de la terre promise.

La troisième phase raconte l'occupation du pays et l'organisation des Israélites en terre de Canaan. On peut considérer dans un même ensemble la vie collective sous Josué, sous les Juges, puis sous les rois de la monarchie unie, Saül, David et Salomon. On peut dater cet ensemble de 1100 à 925 environ. Dans un premier temps, entre 1100 et 1025, après la conquête plus ou moins complète et assurée par Josué, on assiste à la répartition d'Israël en douze tribus territoriales, puis à la formation d'un pays relativement faible et peu unifié sous les Juges; la menace des puissants Philistins (venant du sud-ouest) est particulièrement préoccupante et incite fortement Israël à s'unir politiquement pour survivre et se développer dans la sécurité. Le thème de la loyauté à l'alliance yahviste est omniprésent durant toute cette période.

Dans un deuxième temps, entre 1025 et 1000 environ, on assiste à la naissance de la monarchie en Israël sous Saül. Le récit est dominé par une équivoque sans doute délibérée quant à l'institution monarchique

2. Cette façon d'orthographier le nom du dieu d'Israël est fréquente mais non unique. Mon choix est arbitraire mais le moins compromettant possible.

mais on croit comprendre à travers l'ensemble des indications du texte que la monarchie est un mal nécessaire si Israël espère dépasser ses divisions internes et se poser avec succès face aux ennemis extérieurs.

Dans un troisième temps, les livres de Samuel (1S 16 à 1R 1) racontent l'étonnante conquête du pouvoir par David et l'établissement de sa dynastie à Jérusalem, ce qu'on peut situer entre 1000 et 970. En un siècle, on est passé de tribus faibles et mal organisées à un empire qui ira en s'étendant sans cesse jusque sous Salomon. L'établissement de l'autorité de David est un épisode si complexe qu'il défie tout résumé rapide : rivalité entre Saül et David, expulsion de David, alliance stratégique de celui-ci avec les Philistins, victoire politique de David qui devient roi de Juda (royaume du sud) puis d'Israël tout entier, installation de la dynastie royale à Jérusalem puis construction d'un empire qui s'étend, d'après le texte, sur toute la Palestine et une bonne partie de la Syrie. Mais derrière ces événements historiques (ou présentés comme tels), ce qui se joue véritablement, c'est le sort de l'alliance yahviste et la faveur de Yhwh que les dirigeants obtiennent grâce à leur loyauté et à leur soumission au plan divin ; à cet égard, on peut rassembler l'ensemble des faits autour d'un modèle négatif, Saül le roi déchu, et d'un modèle positif, David l'élu de Yhwh. Sous cet angle, Salomon ne fait qu'étendre et consolider l'empire conquis par David et vient compléter le modèle grâce à sa figure de sagesse et de justice. On situe généralement son règne entre 970 et 925 (1R 1 à 11).

La quatrième phase raconte la longue période qui va de Salomon jusqu'à l'exil et au retour d'exil. Ces quelque quatre cents ans d'histoire sont condensés de 1R 12 à 2R 25, donc de façon très sommaire et manifestement incomplète. Tout dans ce récit nous donne à entendre que l'apogée d'Israël a été atteinte sous David et Salomon, c'est-à-dire sous la monarchie unifiée, et que le reste de l'histoire d'Israël est une longue redescente entrecoupée de brefs sursauts et redressements.

À vrai dire, l'administration de Salomon n'était pas sans faille et elle parvenait de plus en plus difficilement à préserver son vaste empire et à se prémunir contre les désordres et divisions internes. Dès après Salomon, on assiste ainsi à un schisme entre les tribus du nord, qui vont constituer le royaume d'Israël, et celles du sud, qui formeront le royaume de Juda. Dès lors, le récit se transporte parfois au nord et parfois au sud, mais le sens général du texte est assez clair. Sauf en de rares moments qui sont décrits presque en passant (par exemple sous Omri au début du neuvième siècle), les deux petits royaumes parviennent mal à s'organiser à l'intérieur, n'arrivent pas à collaborer entre eux et ont des relations souvent tendues avec les Syriens et les Phéniciens. Ce qui les tire généralement d'affaire, c'est la faiblesse générale des grands empires du Proche-Orient, particulièrement l'Égypte et la Mésopotamie.

Mais à compter du moment où l'Assyrie se réorganise sous Tiglat-Pileser, vers 745, la situation de la Syrie-Palestine devient rapidement critique. Le royaume du nord (Israël), en particulier, est plus fragile car plus exposé du côté nord, à la fois face à la Syrie et à l'Assyrie. À vrai dire, ni Israël ni Juda ne parviennent à conclure les bonnes alliances ni même à adopter une politique extérieure réaliste face à cet empire trop puissant, l'Assyrie, qui doit tôt ou tard les réduire à l'état de vassaux ou les faire carrément disparaître. Nous aurons l'occasion de revenir sur l'analyse parfois politique et souvent religieuse que fait le texte biblique de tous ces événements. Il nous suffit pour l'instant de rappeler que le royaume du nord disparaît en 722 et celui du sud en 587. Mais, étant donné la politique impériale très musclée de l'Assyrie, on peut dire que le royaume d'Israël est carrément rayé de la carte en raison des destructions et des déportations massives menées par les Assyriens ; tout au plus, une partie de la population du nord parvient-elle à émigrer vers le sud et à s'intégrer tant bien que mal dans le royaume de Juda[3]. Entre-temps, la puissance assyrienne décline et c'est l'empire néo-babylonien qui prend la relève et conquiert le royaume de Juda au début du sixième siècle. Cependant, les effets de cette conquête sont tout de même moins destructeurs dans le cas de Juda et il semble bien que, malgré le fait qu'une partie de la population israélite (principalement l'élite) soit déportée en Babylonie, la vie continue de façon à peu près normale pour le reste de la population. Il vaut sans doute mieux réserver pour un autre moment l'analyse de la reconstruction du petit royaume judéen lors de l'exil (587) et du retour des exilés (à partir de 538 environ). Nous disposons malheureusement de peu d'informations précises à ce sujet, mais nous en savons tout de même assez pour parler d'une lente et précaire restauration de l'État de Juda autour de sa capitale, Jérusalem, et de son temple.

Au total donc, l'ensemble du récit biblique donne clairement à entendre que la promesse et l'alliance d'Israël avec Yhwh passent par un moment de réalisation assez prodigieuse sous David et Salomon mais tournent ensuite peu à peu au désastre pour s'achever dans la perte de la terre promise et l'exil. Chez le chroniste et dans le récit d'Esdras et de Néhémie, la perspective générale est plus optimiste mais les matériaux historiques sont les mêmes et on se retrouve bon gré mal gré

3. Cette image du démantèlement complet de l'État d'Israël ressort assez nettement du texte biblique mais elle est vivement contestée par la recherche récente.

avec la tâche d'expliquer le tragique destin du peuple israélite. Je ne conclurai évidemment rien de ce trop schématique compte rendu du récit biblique. Mais maintenant qu'on a devant les yeux un portrait global de l'histoire d'Israël, on peut entreprendre d'essayer de comprendre comment ce texte est construit, quelle est sa valeur historique et quel est son message idéologique.

Du texte canonique au processus de canonisation

La Bible est un texte canonique, plus précisément un ensemble de textes canoniques. Cela signifie, d'une part, qu'elle se compose d'une liste *fermée* de livres reconnus comme textes sacrés ou révélés et, d'autre part, que chaque livre ainsi reconnu comporte une forme *finale*, intangible, canonique justement. Cette entreprise de canonisation a été menée autour du deuxième siècle de l'EC dans le judaïsme et vers le cinquième siècle dans l'Église chrétienne. Le fait qu'une communauté de croyants se donne ainsi une écriture sacrée n'a rien de singulier ni d'illégitime ; on veut simplement par là se donner un texte fixe, fermé et bien établi, évitant de la sorte toute manipulation ultérieure de la tradition de pensée vénérable condensée dans cette version finale et reconnue (*textus receptus*).

Une telle entreprise sous-entend cependant au moins deux choses dans le cas particulier de la Bible. D'abord, en faisant ressortir le caractère définitif et autoritaire du texte, on donne à entendre que ce texte se prête à une interprétation théologique univoque et incontestable, laquelle doit être élaborée par les spécialistes accrédités de l'Église qui canonise ce texte ; ensuite et surtout, cela donne à croire, pour l'ensemble des croyants concernés, qu'un tel texte est le résultat d'une transmission directe et fidèle de la révélation divine. En somme, la canonisation du texte permet aux Églises juives ou chrétiennes de récupérer la Bible en leur sein et de revendiquer une sorte de monopole sur son interprétation juste ou attitrée ; bref, un seul texte, un seul message, une seule interprétation. C'est sur la base de cette récupération globale du texte que peut s'établir la conviction profonde des croyants quant à la valeur infaillible et l'authenticité indiscutable du texte : ainsi, par exemple, on s'accordera pour affirmer que le Pentateuque fut écrit par Moïse lui-même, qu'il constitue une révélation divine de part en part et que le texte en a été transmis au long des millénaires de façon parfaitement fidèle et inaltérée ; ou encore, que l'ensemble des récits bibliques représentent ni plus ni moins la vie du peuple israélite dans sa vérité historique pure et simple. Le fondamentalisme judaïque et chrétien prend sa source ici.

Or, depuis au-delà de deux siècles, on a pu assister à la naissance et au développement de l'étude scientifique du texte biblique. Il est important de souligner que cette étude scientifique (textuelle, philologique, littéraire, historique, archéologique, etc.) a été essentiellement le fait de théologiens chrétiens ou juifs, même dans la période récente [4]. Il convient encore d'ajouter que cette recherche extrêmement exigeante et incertaine ne s'est pas mise en place pour contester ou réfuter la vérité du texte biblique mais bien plutôt pour l'éclairer jusque dans ses assises les plus profondes et mieux en mesurer la véritable portée humaine.

Ce que j'avance ici n'est pas simple précaution oratoire et il est bon d'y insister. Effectivement, les chercheurs en études bibliques s'avancent en terrain miné et ils reconnaissent volontiers qu'ils ne disposent pas de tous les outils et ressources qui leur permettraient d'aboutir à des résultats précis et hors de doute. J'ai constamment été frappé, en cours d'enquête, par l'esprit de mesure et de prudence qui domine chez la grande majorité de ces spécialistes. Une des manifestations les plus significatives de l'immense difficulté de ces recherches est celle qui consiste, chez plusieurs, à renoncer le plus possible à tout travail historique sur les sources ou les traditions qui ont mené à la constitution du texte canonique et à s'efforcer plutôt de s'en tenir à l'analyse littéraire et théologique de la forme finale du texte biblique. Dans le domaine théologique, par exemple, B. S. Childs s'est fait le défenseur d'une « approche canonique » qui s'en tient à l'examen de la signification du texte dans sa forme finale ; dans le domaine littéraire, R. Alter a tenté de s'en tenir à une étude purement littéraire des textes dans leur forme finale. Il n'est d'ailleurs pas exagéré de dire que ces deux chercheurs ont littéralement fait école et que l'analyse synchronique de la forme finale du texte a donné lieu à des développements du plus haut intérêt, en particulier dans le domaine de l'analyse rhétorique et idéologique de la Bible, comme je le montrerai plus loin.

Au fond, peut-être était-il inévitable que certains s'avisent des obstacles qui s'opposent à toute recherche historique sur la Bible et qu'ils finissent par les estimer insurmontables. Reste que, à mes yeux, un tel renoncement conduit à des difficultés plus grandes encore que les recherches historiques elles-mêmes, si ardues soient-elles. J'oserai même aller plus loin : si ces chercheurs ont pu se permettre de réorienter l'analyse du texte dans une perspective purement synchronique ou

4. Dans les deux ou trois dernières décennies, on compte de plus en plus de chercheurs « indépendants » en études bibliques, mais mon affirmation reste facile à vérifier sur un plan d'ensemble.

canonique, cela est essentiellement dû au fait que les recherches historiques antérieures étaient suffisamment avancées pour qu'on puisse enfin s'en tenir de nouveau et différemment à la forme finale du texte. Car il faut bien comprendre que ces recherches historiques trouvaient leur raison d'être dans l'analyse même du texte, une analyse minutieuse, détaillée, patiente, qui obligeait les chercheurs à remonter jusqu'à la genèse et la constitution du texte. Et en fin de compte ni Childs ni Alter ne peuvent croire, à la façon d'un fidèle naïf, que le texte biblique est le résultat simple et indiscutable d'une transmission inaltérée de la parole divine par Moïse, David ou Isaïe. Ils se trouvent plutôt dans la position de celui qui rejette l'échelle qui lui a permis de se hausser jusqu'au niveau d'une analyse synchronique savante; ce faisant, néanmoins, ils risquent constamment d'évacuer la dimension historique centrale des études bibliques et d'oblitérer le processus qui se cache sous la forme canonique du texte.

Je conclurai donc ce point en revenant sur mon affirmation de départ et en la précisant cette fois comme elle le requiert. Il n'y a rien en soi d'illégitime à ce qu'une Église canonise un texte jugé sacré; c'est là une stratégie d'appropriation qui permet de fixer le texte et d'en faire la référence autoritaire pour l'ensemble des croyants concernés. Toutefois, cette entreprise de canonisation ne doit pas faire oublier qu'elle repose elle-même nécessairement sur un processus canonique beaucoup plus ample et englobant et qu'il devient tout simplement impossible de ressaisir adéquatement la construction historique du texte si l'on se contente d'occulter le processus constituant qui est à la source de la fixation canonique du texte. Je vais donc m'efforcer, dans les pages qui suivent, de montrer que l'entreprise canonique revient à opérer un choix historique légitime certes mais tout de même *problématique* par rapport au texte. En d'autres termes, le texte biblique est un donné sans doute, mais surtout un construit; et il est tout simplement impossible de le comprendre sans se reporter à cette longue et périlleuse construction historique.

Le texte massorétique et la Bible moderne

Lorsqu'on entreprend ainsi de démonter le processus historique qui est à la base de la canonisation du texte biblique, on ne dispose essentiellement que d'une méthode, à la fois délicate à manier et profondément éprouvée: l'analyse textuelle, c'est-à-dire l'examen détaillé et critique de la constitution et de la transmission du texte. Sans entrer dans des considérations trop spécialisées, il reste tout de même parfaitement possible de reprendre dans leurs grandes lignes les principaux résultats d'une telle recherche. Afin d'assurer un exposé accessible et méthodique de cette question cruciale, je suivrai une série de parcours bien définis.

Mon premier parcours consistera à examiner le trajet *postérieur* à la canonisation du texte. La question qui doit être posée au bout de ce premier parcours est de savoir si nous avons vraiment en main un texte unique, ancien et fiable. Par son attitude de respect inconditionnel à l'égard du texte biblique, le croyant a tendance à répondre affirmativement à cette question avant tout examen critique; pour notre part, nous ne pouvons y répondre sans essayer d'abord de retracer au moins dans ses grandes lignes l'histoire de la transmission du texte biblique.

Le lecteur actuel qui consulte une des traductions standard de la Bible a en main un texte qui dérive pour l'essentiel de la Bible hébraïque et plus précisément de l'édition massorétique de la Bible. Le texte massorétique est connu par deux manuscrits: la Biblia Hebraica Stuttgartensia et la Biblia Hebraica de Kittel; ces deux manuscrits reposent tous deux sur le plus vieux manuscrit connu de la Bible, le Leningradensis, datant de 1000 EC. On peut ajouter à cela un manuscrit datant de 895 environ, le Codex Cairensis qui ne contient que les textes des Prophètes, donc un document très partiel; de plus, on a redécouvert plus récemment dans une synagogue du Caire des manuscrits datant du sixième au huitième siècle.

Tous ces manuscrits sont donc relativement tardifs et ils dérivent tous du travail de copistes juifs qu'on appelle les massorètes, la massora représentant la tradition de transmission du texte biblique. Il y a vraisemblablement eu deux écoles de massorètes, l'une en Palestine et l'autre à Babylone, chacune ayant proposé sa version du texte. Mais quand l'école de Babylone a disparu vers le dixième siècle, alors il n'est resté que l'école de Tibériade et c'est sa version qui a prévalu, éliminant du même coup toute autre lecture du texte. Or, lorsqu'une version du texte biblique est ainsi établie, les autres versions sont aussitôt considérées comme déficientes puis éliminées ou détruites. Cette attitude face à la transmission du texte est tout à fait typique et elle fait évidemment problème pour quiconque examine de façon critique la tradition massorétique.

Si l'on s'efforce de remonter plus haut dans le temps, on rencontre tôt ou tard la phase cruciale qui a conditionné toute la transmission du texte biblique, c'est-à-dire la phase de canonisation du texte. Comme nous le montrerons plus loin, cette canonisation n'a pas procédé à partir d'une recension critique des manuscrits existants, comme on aurait pu s'y attendre, mais bien sur la base d'une sélection selon toute apparence arbitraire des versions textuelles qui avaient la préférence dans un certain milieu rabbinique; il est certain en tout cas que nous ne disposons d'aucun témoignage qui nous assure d'une sélection critériée et critique des manuscrits retenus.

Ce qui est plus inquiétant, dans tout cela, c'est l'écart énorme que l'on constate entre la canonisation du texte au deuxième siècle et la mise en place d'un manuscrit «final» au onzième siècle, le manuscrit de Léningrad. À cet égard, l'ensemble des spécialistes s'accordent pour retracer deux ordres différents de travaux qui furent opérés sur le texte au long du temps. D'une part, le texte retenu au deuxième siècle a été peu à peu établi selon une diversité de techniques sur lesquelles nous avons peu de prise: à cet égard, il semble certain que la version protomassorétique (c'est-à-dire le texte canonique du deuxième siècle) a subi au long du temps un certain nombre de corrections, d'ajouts et de suppressions qui l'ont transformée sans que l'on puisse se faire une idée nette et assurée de l'importance de ces transformations, étant donné que l'on faisait parallèlement disparaître les versions rivales tenues pour incorrectes ou inadéquates. D'autre part, à partir du sixième siècle environ, on s'est livré à un travail nécessaire mais délicat sur le texte protomassorétique: à cette époque, en effet, comme on ne disposait que d'un texte consonantique et que ce texte n'était plus jugé satisfaisant, on a confié à des groupes de scribes, les massorètes, la tâche très ingrate de produire une version du texte comportant à la fois des voyelles, des accents et des ponctuations mais aussi des notes marginales de toute sorte; cela a encore obligé ces copistes à des choix affectant parfois le sens du texte et ne permettant pas au demeurant d'en reconstituer à coup sûr la prononciation originelle.

Je ne crois pas utile pour le moment de m'avancer plus loin sur un terrain aussi meuble; pour le non-spécialiste, tout cela risque bien d'apparaître comme une masse de détails plus ou moins sans conséquence. Pour centrer davantage mon analyse, je me contenterai donc de regrouper tout ce qui vient d'être dit autour de deux remarques qui incitent selon moi à une réflexion critique véritable sur le texte biblique reçu. En premier lieu, et sous un angle tout à fait déterminant, le texte moderne de la Bible hébraïque (ou texte massorétique) a été établi par élimination progressive de toutes les versions du texte biblique jugées inadéquates, ce qui nous laisse une version unique et finale du texte, bref une version sans concurrent ni comparaison. En second lieu, ce texte unique et final est lui-même le fruit d'un long *travail* de stabilisation ou de canonisation. Ce travail passe par plusieurs phases qu'il est extrêmement difficile de juger correctement: d'abord, au deuxième siècle, la canonisation d'une version du texte biblique (à vrai dire, de chaque livre de la Bible), laquelle devient d'autorité texte sacré ou texte inspiré; ensuite, pendant plusieurs siècles, l'établissement progressif de ce texte via un examen détaillé au plan textuel, littéraire et théologique; puis, à partir du sixième siècle, la transformation du texte consonantique en un texte vocalisé, accentué et ponctué; enfin, juqu'aux neuvième et dixième siècles, l'ajout de notations et de commentaires qui achèvent de compléter le texte en en proposant une interprétation orthodoxe unique.

C'est dans ce cadre problématique que l'on peut et doit reformuler la question de tout à l'heure: peut-on considérer le texte massorétique comme l'unique version fiable et authentique du texte biblique et peut-on s'assurer de la valeur de ce texte hors de tout doute raisonnable? En termes opérationnels, tout cela revient à se demander comment on peut établir de façon scientifique ou critique un texte qui a déjà été établi, mais de telle manière qu'on ne puisse pour ainsi dire jamais le comparer ou le confronter à une autre version du texte biblique ni même remonter dans le temps en deçà des manuscrits tardifs qui seuls subsistent aujourd'hui. L'effet évident et incontournable de ce premier parcours se ramène donc pour nous à la nécessité de rechercher d'autres versions plus ou moins indépendantes du texte biblique. Ce sera l'objet de notre deuxième parcours.

Les autres versions du texte biblique

Dans mon premier parcours, j'ai délibérément laissé entre parenthèses la question de savoir s'il existe d'autres versions du texte biblique, versions auxquelles on pourrait se référer dans notre examen du texte massorétique et qui pourraient, par conséquent, nous servir de points de comparaison. Or, de fait, de tels témoins textuels existent et ils sont susceptibles de nous éclairer non seulement sur la valeur du texte massorétique mais plus encore sur la constitution originelle de la Bible dans son ensemble. Notre deuxième parcours consistera donc à signaler en survol ces versions parallèles du texte puis à nous arrêter quelque peu à la plus importante d'entre elles.

En premier lieu, il faut considérer comme un manuscrit indépendant le texte qu'on nomme le Pentateuque samaritain. Nous savons que les Samaritains, groupe juif du nord par opposition au groupe du sud installé à Jérusalem, se sont séparés des Judéens ou, si l'on veut, des Juifs orthodoxes vers le deuxième siècle AEC et ont centré toute leur théologie et leur pratique religieuse sur le seul texte du Pentateuque ou de la Torah; pour ce faire, ils sont partis d'une version indépendante du Pentateuque, version qui se distingue de façon sensible du texte massorétique et tend souvent à se rapprocher d'autres versions du texte biblique dont nous parlerons plus loin. Le Pentateuque samaritain nous fournit donc un point de comparaison important avec le texte massorétique, point de comparaison partiel certes, puisqu'il ne porte que sur le Pentateuque ou Torah, mais tout de même *indépendant* car ayant pris forme sur la base d'un texte initial différent de celui du texte massorétique.

En deuxième lieu, nous disposons, grâce à la version grecque des Septante, d'un autre témoin textuel important. Le texte hébreu dont on est parti pour produire la Septante est perdu mais tous les spécialistes s'accordent à penser que ce texte initial n'était pas le même que celui dont dérive le texte massorétique. Cette version grecque de la Bible revêt une importance historique car elle a été utilisée constamment dans la diaspora juive, chez les Juifs hellénophones, puis elle a été reprise par l'Église chrétienne et a été considérée comme sa version officielle ou canonique pendant plusieurs siècles, au point d'être traduite en latin dans l'Église primitive. Cette version du texte biblique est très ancienne : on a commencé par traduire la partie centrale de la Bible, le Pentateuque, au troisième siècle AEC, puis dans les siècles suivants on a peu à peu traduit tout le reste de la Bible en grec. Ainsi, entre 275 et 100 AEC environ, on a constitué une version grecque sur un texte initial hébreu de la Bible ; cette traduction n'a rien d'homogène, malheureusement, car si certaines traductions, comme celle du Pentateuque, par exemple, apparaissent comme très fidèles et quasi littérales, d'autres en revanche semblent plus libres et par conséquent moins facilement utilisables à des fins de comparaison avec le texte massorétique. Nous allons revenir sur tout cela.

En troisième lieu, il faut signaler deux autres traductions très précoces de la Bible, l'une en araméen et l'autre en syriaque. Les targums ou traductions de livres bibliques en araméen sont des versions très libres qui ont pour fonction de fournir au fidèle à la fois le texte biblique et des paraphrases qui l'éclairent. Il en va de même pour la Peshitta ou version syriaque qui tend à traduire et à commenter le texte biblique d'un même mouvement. Dans les deux cas, par conséquent, on a affaire à des traductions si libres qu'elles ne permettent pas de reconstituer le texte hébreu originel dont elles sont parties, et qu'il faut pratiquement considérer ce dernier comme irrémédiablement corrompu. Reste pourtant que les targums araméens, en particulier, constituent une entreprise extrêmement significative, non seulement parce qu'ils rendent accessible le texte biblique dans la langue commune du Proche-Orient de l'époque mais surtout du fait qu'ils supposent une attitude à la fois de liberté et de respect face au texte biblique, laquelle a sans aucun doute constitué l'attitude la plus courante à l'époque, au point que nous retrouverons cette même attitude en discutant d'autres versions du texte biblique.

En quatrième lieu, enfin, on peut compléter cette énumération en signalant toute une série de traductions du texte biblique à partir de la Septante ou d'une version en hébreu : on trouve ainsi une version copte, une éthiopienne, une arménienne, plusieurs versions arabes, etc. Ces versions, cependant, sont toutes relativement tardives et n'ajoutent pas grand-chose à l'entreprise d'établissement du texte originel de la Bible.

De tous les cas envisagés au long de ce deuxième parcours, on ne peut donc retenir comme points de comparaison valables face au texte massorétique que deux témoins textuels, le Pentateuque samaritain et la version grecque des Septante. Or, dans la mesure où nous ne disposons, dans le premier cas, que de manuscrits relativement récents (à compter du treizième siècle), il appert que le point de comparaison le plus intéressant est de loin celui de la Septante. Il convient donc, pour finir, d'éclaircir brièvement ce point.

Comme je l'ai déjà expliqué, la traduction grecque des Septante a été établie entre le troisième et le premier siècle AEC et est vite devenue la version de référence pour les Juifs hellénophones. Mais ce qui rend le cas de la Septante particulièrement significatif pour nous, c'est que ce texte de la Bible est aussi devenu la version officielle de l'Église chrétienne dès ses débuts. Il s'en est suivi un débat très âpre dans le monde judéo-chrétien pour arriver à décider de la légitimité de cette version qui rejoignait manifestement une masse importante de croyants. Ainsi s'est dessiné un processus de canonisation de la Septante qui met parfaitement en relief les intérêts idéologiques qui entrent en jeu quand des communautés de croyants s'efforcent de récupérer un texte sacré à leur profit.

On peut résumer en deux phases cette étonnante lutte idéologique qui s'est livrée autour de la Septante. Dans un premier temps, aux environs de l'ère commune (jusqu'à 100 EC), ce sont d'abord les Juifs orthodoxes qui reprennent le texte grec et s'efforcent d'en modifier la traduction pour l'harmoniser avec le texte protomassorétique concurrent qui est considéré comme plus fidèle ou authentique mais qui ne jouit pas encore du monopole de la canonisation rabbinique. On en est encore au stade où l'on consent, du côté juif, à accorder une légitimité au texte grec mais cette reconnaissance se double d'un effort important pour uniformiser ou harmoniser les deux versions principales en présence. Dans un deuxième temps, en milieu chrétien, on reconnaît de plus en plus formellement la version des Septante comme la seule complète [5] et autorisée et on entreprend à partir du deuxième siècle de la traduire en latin ; cette traduction est faite sur le texte originel des Septante mais elle comporte plusieurs recensions, ce qui évidemment ne simplifie pas les choses. Or cette traduction de traduction est devenue la version officielle de la Bible chrétienne jusqu'au cinquième siècle, c'est-à-dire jusqu'au moment où elle a été supplantée par la traduction de la Bible hébraïque en latin par saint Jérôme. Il est cependant très important de bien comprendre que la version des Septante a continué d'être reconnue par l'Église comme un travail inspiré et reflétant fidèlement le texte sacré ; ce n'est, à vrai dire, qu'au terme d'un nouveau débat que la Vulgate de Jérôme a fini par s'imposer vers le neuvième siècle. Il convient encore d'ajouter que la Vulgate a été par la suite maintes fois remaniée, que le concile de Trente de 1546 en a fait sa version canonique, sans toutefois rejeter la Septante, et enfin que la Septante a repris à nouveau du service à partir de la Réforme pour être finalement supplantée plus récemment encore par le texte massorétique.

Comme on le voit, le processus de canonisation du texte biblique est aussi tortueux du côté chrétien que du côté juif. Si j'ai résumé les principales péripéties de ce processus, c'est afin de montrer qu'on a affaire dans tous les cas à un phénomène socioculturel d'envergure et plus précisément à un travail humain dans lequel s'affrontent des intérêts idéologiques immenses. Chaque communauté de croyants cherche à s'approprier le texte sacré et à imposer par tous les moyens disponibles la légitimité, si possible exclusive, de sa version ainsi que de sa compréhension du texte. À aucun moment n'a-t-on affaire à une entreprise purement rationnelle et objective face à un texte neutre et extérieur aux personnes ; on se trouve bon gré mal gré face à un texte tenu pour inspiré, révélé, sacré, et chaque communauté prétend comprendre seule ce texte. Afin de légitimer sa version du texte, il faut arriver à faire valoir son autorité sur ce texte. Mais, justement, si l'on a pu déceler d'aussi puissants enjeux idéologiques face au texte canonique, peut-on croire que le processus long et périlleux qui conduit à la canonisation pourra échapper à ces enjeux et aux luttes d'intérêts qui les accompagnent ? C'est notre troisième parcours qui doit maintenant s'assigner pour tâche de répondre à cette question.

5. Il faut signaler au passage que la Septante contient à la fois des additions au texte massorétique (au livre de Jérémie, à celui de Daniel, à celui d'Esther, aux Psaumes) et des livres qu'on appelle deutérocanoniques et qui ne sont pas accueillis dans la Bible hébraïque traditionnelle.

Qumrân et la diversité du texte biblique

Notre troisième parcours marque un point tournant radical dans notre enquête sur la construction du texte biblique. Reformulons d'abord le problème dans son ensemble. La question ne consiste pas seulement à se demander si le texte massorétique de référence constitue une version valable ou fiable mais bien si les témoins textuels de la Bible sont valables ou fiables et, partant de là, s'il est possible de remonter à un texte initial plus authentique et éventuellement au texte originel seul authentique et valable dont dériveraient tous les témoins textuels de la Bible. En d'autres termes, dans la mesure où la Bible est un écrit canonique qui nous livre une parole révélée ou inspirée, il devient nécessaire de se demander s'il existe une copie primitive, originelle, qui puisse constituer la référence radicale, absolue, indiscutable de ce texte, par-delà tous ses avatars historiques. L'enjeu de ce questionnement est énorme car s'il se révèle qu'un tel texte est introuvable ou indétectable, alors la notion de texte révélé au sens plein du terme devient illégitime ou inutilisable et les diverses versions de la Bible dont on dispose doivent du même coup être considérées simplement comme des témoins parallèles d'une tradition de pensée humaine qui n'a d'autre autorité ou d'autre valeur que celle de transmettre une certaine sagesse idéologique de taille strictement humaine.

Notre problématique nous entraîne donc, dans un troisième parcours, à introduire un nouvel ensemble de témoins textuels, l'ensemble des textes provenant de Qumrân. À partir de 1947, en effet, une découverte aussi extraordinaire qu'inattendue est venue bouleverser tout le paysage des études bibliques. On a alors découvert dans le désert de Judée un vaste ensemble de manuscrits de très haute époque : ce sont les manuscrits de la mer Morte ou les textes de Qumrân. L'histoire de leur mise au jour et de leur publication fut longue et semée de difficultés et de déceptions de toutes sortes, au point que nous n'avons accès à ces textes de façon complète et satisfaisante que depuis une dizaine d'années, donc une quarantaine d'années après leur découverte. Mais ces aléas de la recherche ne nous concernent pas ici car ce qui importe finalement, c'est le fait brut que nous nous trouvions enfin, par hasard ou par miracle, devant une masse de textes qui nous en disent plus long sur le processus canonique que tout ce que nous avons pu décrire et analyser jusqu'ici.

Commençons donc par situer en quelques mots le cadre humain et matériel de cette découverte. Même si, sur un plan strictement factuel, les discussions sont encore vives en ce qui a trait aux lieux, aux personnes et aux textes, il reste qu'une perspective générale se dessine depuis peu qui permet d'établir de façon incontestable la signification de Qumrân.

Ainsi, quelque part entre 200 AEC et 100 EC (ou peut-être seulement entre 150 ou 125 AEC et 68 EC), une importante communauté juive s'est installée à Qumrân, au sud de la Judée, en plein désert, et y a vécu une expérience religieuse très intense, allant jusqu'à se considérer comme le dernier rempart du judaïsme authentique et à condamner en bloc tous les mouvements judaïques qui gravitaient autour du temple de Jérusalem. À cette époque, et en particulier vers 100 AEC, les sectes juives pullulaient en Palestine et s'opposaient assez férocement sur la question de l'interprétation fidèle ou correcte du texte biblique et spécialement du Pentateuque ou Torah. Dans ce débat à la fois dynamisant et éprouvant, la transmission et la compréhension des textes formaient un enjeu fondamental car c'est évidemment l'autorité de la Bible qui pouvait seule légitimer la valeur relative d'une tendance par rapport aux autres. Il n'est donc pas étonnant qu'on ait jugé indispensable de rassembler à Qumrân une vaste librairie de textes religieux reflétant plus ou moins étroitement la production religieuse du protojudaïsme[6] des derniers siècles.

Dans ce contexte général, il est tout à fait vraisemblable que la communauté de Qumrân ait commencé d'exister avant de se retirer au désert, qu'elle ait subi une assez longue et obscure évolution religieuse au cours de quelques décennies, sinon même un ou deux siècles, et enfin qu'elle ait jugé bon de rassembler et de conserver précieusement tout un ensemble de textes religieux de provenance diverse et écrits soit à Qumrân même, soit avant l'arrivée au désert, soit même par des scribes ou copistes extérieurs à la secte. C'est ainsi qu'on a pu découvrir un grand nombre de textes religieux à divers endroits dans le désert de Judée : une petite partie de ces textes se trouvaient en divers endroits hors de Qumrân (à Massada, à Nahal Hever et à Murabba'at en particulier) et la plus grande partie se trouvaient à Qumrân même, enfouis dans onze grottes différentes.

Passons rapidement ces textes en revue. D'une part, les textes découverts hors Qumrân doivent selon toute apparence être datés après 68 EC, donc après la destruction du temple de Jérusalem par les Romains, cette date symbolisant une catastrophe décisive pour le monde juif et la ligne de partage entre le protojudaïsme antérieur et le judaïsme à venir. Et de fait, il s'avère que tous les textes bibliques trouvés là, hors Qumrân, reflètent assez fidèlement le texte massorétique en formation et témoignent par conséquent d'un changement

6. J'emploierai couramment le terme protojudaïsme pour désigner cette longue période (entre le cinquième siècle AEC et le premier siècle EC) où le judaïsme est en voie de formation.

très profond dans l'évolution qui conduit au judaïsme et à la canonisation de la version protomassorétique.

D'autre part, les textes qui nous intéressent au premier chef sont ceux retrouvés à Qumrân même, donc retenus et préservés par la communauté qui a vécu là pendant environ deux cents ans. Dans les onze grottes de Qumrân, on a retrouvé grosso modo huit cents manuscrits, dont environ soixante-quinze dans la grotte 1 et environ cinq cent soixante-quinze dans la grotte 4. Bien sûr, de cette caverne d'Ali Baba, tout n'est pas d'égal intérêt ni d'égale valeur puisque les œuvres complètes y voisinent les fragments illisibles et qu'il est parfois très difficile d'identifier et de classer correctement maint manuscrit. L'ensemble de ces textes sont écrits en hébreu sauf environ de 10 % à 15 % en araméen et quelques rares textes en grec. Si l'on écarte, quant à notre propos, les textes relatifs à la vie religieuse ou à la règle de la communauté, on se trouve tout de même en face d'une masse importante de textes parabibliques (traductions sous formes de targum, textes apocryphes ou pseudépigraphes, manuscrits sectaires divers, etc.) et surtout de textes bibliques. Ces derniers textes sont déterminants pour notre enquête : on trouve à Qumrân plus de deux cents manuscrits bibliques (sans compter les manuscrits extracanoniques retenus par certaines Bibles) et on dispose de la sorte de textes ou de fragments de tous les livres bibliques, sauf ceux de Néhémie et d'Esther ; de plus, de nombreux livres bibliques sont ici représentés en plusieurs copies : par exemple, pas moins de trente-neuf copies pour les Psaumes, trente-deux pour le Deutéronome, vingt-deux pour Ézéchiel, quinze pour la Genèse, quinze pour l'Exode, environ six copies chacun pour le Lévitique, les Nombres, Jérémie et Daniel, environ trois exemplaires chacun pour les Juges, Samuel, les Rois, Job, Ruth, etc.

Toute la difficulté de l'exercice consiste naturellement à classer correctement ces manuscrits et à faire ressortir de façon rigoureuse et critique la signification de cette incroyable diversité textuelle. De façon préliminaire, on peut poser les catégories textuelles suivantes comme généralement acceptées à titre de base de discussion. D'abord, on compte environ 40 % de ces manuscrits comme étant de type massorétique, c'est-à-dire provenant d'une version textuelle se rapprochant du texte massorétique ou ayant pu y conduire. Ensuite, environ 5 % des textes peuvent être considérés de type samaritain. Puis environ 5 % des textes se rapprochent du modèle de la version grecque des Septante. Enfin, il reste à considérer deux autres types de textes : d'un côté, environ 25 % qui peuvent se rapprocher du modèle massorétique ou du modèle samaritain mais qui comptent des éléments inhabituels ou surajoutés tant au niveau de la forme que du contenu, ce qui manifeste une attitude relativement libre à l'égard du texte ; de l'autre côté, environ 25 % qui ne correspondent que partiellement ou pas du tout aux modèles mentionnés et doivent donc être considérés comme « non alignés », c'est-à-dire se référant à des versions inconnues jusqu'ici du texte biblique.

Il ressort de cette rapide revue que beaucoup de textes de Qumrân ne s'alignent pas sur des modèles connus et par suite que les versions de référence ont nécessairement été plus nombreuses que la massorétique, la Septante et la samaritaine. On a ainsi la preuve que le texte biblique avant 68 EC comportait une diversité qui a été oblitérée par l'opération de canonisation mais qui devait constituer avant elle l'état normal des choses, état d'emblée reconnu par la communauté juive. Précisons bien à ce sujet deux points cruciaux pour notre enquête : d'abord, on n'a aucune raison de croire qu'une des versions du texte biblique revêtait une plus grande valeur que les autres puisque la majorité des extraits et citations de la Bible qu'on trouve dans les œuvres propres à la secte de Qumrân ne se rapportent pas au texte massorétique mais plutôt à des versions non alignées ; ensuite, on n'a non plus aucune raison de croire que, pour ces gens, il existait une liste fermée de textes reçus ou officiels puisqu'on sait que plusieurs écrits apocryphes (les deutérocanoniques de la Bible chrétienne) et plusieurs écrits intertestamentaires (le livre des Jubilés, les « Testaments », etc.) figuraient en bonne place dans la liste des manuscrits de la secte. Il est bon de rappeler à ce sujet que la communauté de Qumrân prétendait à une fidélité exceptionnelle et même à une sorte de purisme face à la tradition biblique ; toutes proportions gardées, il est donc très probable que les autres sectes préconisaient une attitude comparable face au texte sacré, quoi qu'il en soit des livres privilégiés ou retenus par chacune d'elles.

On se retrouve donc devant une situation fort complexe où du moins une chose doit être considérée comme évidente, à savoir que la canonisation du texte biblique fait radicalement problème et que, *du point de vue de l'historien*, elle constitue au mieux une stratégie pragmatique et autoritaire face au texte biblique mais certainement pas une solution rigoureuse au problème fondamental de la diversité irréductible du texte biblique. La manifestation la plus claire de ce que j'avance, c'est que le judaïsme et le christianisme n'ont finalement canonisé ni les mêmes livres bibliques ni les mêmes témoins textuels ; ce qui est plus grave, du reste, c'est que ces versions différentes du texte ont sans cesse été retravaillées depuis le premier siècle EC, si bien qu'il est devenu quasi impossible de retrouver l'état originel de la Septante ou de la Bible massorétique, comme plusieurs spécialistes le reconnaissent ; et puis, plus grave encore, nous ne disposons d'aucune méthode rigoureuse qui nous permettrait de déterminer laquelle de ces versions textuelles est la plus authentique, c'est-à-dire la plus fidèle à un témoin originel du texte biblique. Ainsi, à moins qu'on ne remonte dans le temps, les témoins textuels apparaissent à la fois de plus en plus nombreux et de plus en plus divergents et l'analyse textuelle se heurte constamment à des problèmes d'indécidabilité quant à la valeur et à la nature même des textes en présence. Cette problématique d'ensemble a longtemps été évacuée malgré le fait qu'on disposait déjà de témoins textuels différents avant même la découverte de Qumrân; il n'est maintenant plus possible d'ignorer les questions posées par la diversité essentielle du texte biblique et de s'en remettre à la solution canonique sans autre considération.

Nous sommes donc immédiatement ramenés à la question posée au seuil de ce troisième parcours: comment décider de la valeur de nos divers témoins textuels sinon en remontant plus haut dans le temps jusqu'à un témoin plus originel, source authentique et non corrompue du texte biblique? Mais est-il possible d'effectuer une telle remontée ou du moins de penser qu'un tel texte plus originel existe? La notion de texte révélé, inspiré, sacré, appelle une solution de ce genre; sinon, on se trouve devant un texte purement et simplement humain que l'historien se contentera d'interroger comme n'importe quel témoignage historique, en tentant d'y trouver une certaine conception idéologique ou éthique de l'homme et de la vie.

Poursuivons donc patiemment notre enquête. Nous avons maintenant en main tous les éléments qui permettent de poser correctement la question décisive en ce qui a trait à la vérité de la construction historique du texte biblique: existe-t-il un témoin textuel initial pour chaque livre biblique, une sorte d'archétype que l'on pourrait tenter de reconstituer et qui nous livrerait pour ainsi dire la vérité originaire de la Bible, le texte révélé lui-même?

Commençons par écarter deux hypothèses qui ne tiennent pas la route. Le principal représentant de la première hypothèse est F. M. Cross. D'après cette hypothèse déjà ancienne, on a longtemps cru qu'il devait être possible de classer les témoins textuels selon leur lieu présumé d'apparition ou de rédaction, Palestine, Babylonie ou Égypte. Mais on a dû renoncer à pareille entreprise d'autant plus fragile qu'elle ne permettait pas de statuer sur l'origine de ces témoins textuels ni de déterminer la copie biblique la plus fiable. La question de l'archétype textuel ne pouvait donc être posée de cette façon.

L'autre hypothèse a été formulée pas A. S. Van der Woude et elle consiste à supposer que le texte protomassorétique retrouvé à Qumrân avait déjà une valeur prééminente pour la majorité des Juifs avant la destruction du temple en 68 EC et que cet état de choses suppose un travail de critique textuelle assez avancé et des tentatives d'harmonisation du texte de la Septante avec le texte massorétique, comme on l'a déjà vu. Selon Van der Woude, il convient dès lors de poser l'existence d'un texte protomassorétique reconnu et accepté dans les divers milieux qui gravitent autour du temple de Jérusalem et probablement à une époque assez reculée, peut-être vers 100 ou 150 AEC. Malheureusement, on pose ici précisément ce qui est à démontrer ; on ne peut donc nier sans plus cette possibilité mais encore moins y trouver un point d'appui solide. Au demeurant, le dossier de Qumrân ne milite certainement pas en faveur d'une telle hypothèse.

Les deux autres approches du problème ont du moins l'avantage de prendre en compte l'ensemble de la documentation et d'essayer d'aller au fond des choses. À première vue, celle de E. Tov est la plus radicale en ceci qu'elle part de la question clé : peut-on résoudre le problème de la pluriformité textuelle déjà évoqué en remontant à un texte archétype originel ? Existe-t-il des témoins textuels dont on puisse démontrer qu'ils sont le reflet le plus fidèle de ce texte hypothétique ? Ou encore, est-il possible de remonter plus haut dans le temps et de se faire une idée des toutes premières rédactions qu'ont laissées les auteurs bibliques eux-mêmes ?

L'hypothèse de Tov consiste non pas à prétendre remonter à un texte absolument premier, ce qui semble irréaliste, mais à tenter de poser un témoin textuel qui serait la source de toutes les transmissions textuelles ultérieures. Pour avancer assez loin sur une telle base, il est nécessaire de reconnaître et éventuellement de démontrer que les livres bibliques ont pu être transmis de façon linéaire, de génération en génération, même si l'on doit par ailleurs constater que ces livres ont été ensuite disséminés en plusieurs copies, ce qui a pu dériver à la longue dans des témoins textuels parallèles qui semblent maintenant impossibles à harmoniser les uns avec les autres. Si l'on admet avec Tov qu'on a abouti historiquement à des témoins textuels parallèles qu'on ne peut ni harmoniser ni même réduire tant soit peu les uns aux autres, on est contraint de faire l'hypothèse pragmatique qu'il convient de partir du témoin textuel le plus satisfaisant et de reconstruire le texte source sur la base du texte canonique en greffant sur lui les fragments qui peuvent le compléter et en écartant ce qui ne s'accorde pas avec lui. Si je qualifie cette hypothèse de pragmatique, c'est tout simplement parce qu'elle ne consiste pas à *remonter* jusqu'à un texte originel inaccessible mais bien à *redescendre* une fois de plus vers le texte massorétique canonique et à construire de toutes pièces un texte source à partir de lui en lui adjoignant les petits extraits d'autres témoins textuels qui peuvent s'y intégrer. Mais derrière ce pragmatisme, il y a un choix idéologique qui correspond à des intérêts religieux évidents : en réalité, on rejette du revers de la main la diversité textuelle constatée et on revient arbitrairement au texte canonique ; cela résout tous les problèmes mais le travail de critique textuelle sur une diversité irréductible de témoins textuels reste entièrement à faire. En somme, si une telle approche peut être considérée comme suffisante pour le croyant, elle ne peut apparaître que comme mutilante et arbitraire à l'historien, c'est-à-dire à celui qui se soucie sans parti pris de la vérité historique du texte biblique.

On est donc renvoyé à la quatrième et dernière hypothèse, celle qui a été défendue avec force et rigueur par E. Ulrich dans plusieurs articles remarquables. Sa perspective est celle de l'historien dont la caractéristique centrale est de partir non pas du texte canonique tardif (ou de tout autre témoin textuel tardif) mais bien plutôt de considérer en elle-même la signification effective des divers états des textes aux époques les plus reculées, donc en pratique à l'époque de Qumrân. L'historien ne peut prendre comme point de départ l'état canonisé du texte pour la simple raison que l'entreprise de canonisation présuppose nécessairement cette diversité irréductible des témoins textuels de la Bible et qu'elle se contente en définitive de nier cette diversité par une stratégie autoritaire, c'est-à-dire artificielle et arbitraire, qui ne règle rien du point de vue historique mais se contente de fixer une version du texte et de faire disparaître toutes les autres. Selon Ulrich, il est impératif de cesser de penser le texte biblique en fonction du texte canonique et de remonter plutôt aux témoins textuels antérieurs de façon à les examiner dans une perspective non normative et non idéologique. Les Églises juives ou chrétiennes ont pu, de leur point de vue propre, avancer d'excellents arguments pour interrompre l'évolution « naturelle » (historique) du texte et le récupérer à leur profit, mais cette opération n'a en fin de compte qu'une importance tout à fait secondaire pour l'historien qui cherche à se donner accès au texte biblique dans toute sa vérité et dans toute sa richesse. Dans cette perspective, ce n'est pas la pluriformité indéniable du texte qui représente un accident de parcours mais bien sa canonisation ultérieure, d'autant que cette entreprise arbitraire n'entame même pas le problème historique de l'état réel du texte.

En réalité, il est maintenant impossible de jamais démontrer que le texte massorétique constitue un reflet plus fidèle que les autres du texte originel, qu'il peut passer pour la meilleure version connue de ce texte originel ou même qu'il constitue l'édition du texte final ou reçu de la

Bible. Le critique qui travaille sur de telles bases n'a pas en vue la vérité historique du texte mais bien son statut idéologique de texte révélé ou inspiré; cela ne peut qu'hypothéquer le travail de l'historien et à la limite le fausser complètement ou le rendre impossible. Autrement dit, il existe plusieurs versions pour la majorité des livres bibliques: elles doivent toutes être considérées et appréciées à leur mérite, ce qui n'exclut pas que certaines d'entre elles puissent être jugées plus complètes ou plus riches, mais sans pour autant écarter ou déconsidérer du coup toutes les autres. La tâche du critique textuel est peut-être ingrate mais si elle permet de se replacer devant la vérité historique et multiple du texte, elle n'est pas inutile et encore moins sclérosante.

La véritable question qui se pose à nous, dans cette perspective ouverte et critique, est de savoir qu'elle est la signification historique d'une telle pluriformité du texte biblique. Si le protojudaïsme a vécu pendant plusieurs siècles dans un tel contexte scripturaire, cela suppose une certaine posture de base face à l'ensemble des textes bibliques et parabibliques, posture qui aboutit, qu'on le veuille ou non, à une certaine construction textuelle et, par suite, à une certaine vérité historique du texte biblique. Ce sera donc l'objectif de notre quatrième et dernier parcours de s'arrêter à la signification de cette construction textuelle et d'essayer d'en saisir les implications essentielles pour notre travail sur l'idéologie biblique.

La constitution du texte biblique dans sa diversité

Notre quatrième parcours aura pour objectif d'essayer de rendre compte dans la mesure du possible de la diversité essentielle du texte biblique. Idéalement, cette tâche dernière de l'analyse textuelle suppose qu'on puisse remonter jusqu'à l'état premier du texte et qu'on arrive ainsi à examiner sur toute la période historique considérée la constitution même du texte. Au stade actuel de notre enquête, cependant, nous ne disposons pas encore d'une connaissance suffisante du contexte historique dans lequel est apparu le texte biblique et cette analyse ne pourra être menée que dans une étape séparée, c'est-à-dire au chapitre suivant. En outre, comme on pouvait s'y attendre, il est clair que la Bible ne nous fournit que des indications très partielles sur la manière dont le texte s'est constitué à travers le temps, ce qui en pratique nous condamne pour le moment à un cadre d'analyse relativement restreint. Reste pourtant que nous disposons d'un ensemble d'informations éclairantes à ce sujet et que, en s'en tenant à elles, on peut tout de même espérer dégager les motifs profonds de la diversité du texte biblique et comprendre jusqu'à un certain point la signification de ce phénomène déterminant pour une enquête comme la nôtre.

Commençons d'abord par essayer de remonter jusqu'aux toutes premières indications du texte biblique lui-même quant à sa formation et sa construction. Dans la perspective rabbinique, qui est de toute évidence fortement apologétique, il y a une tradition ininterrompue qui remonte jusqu'à Moïse et qui nous conduit en droite ligne jusqu'à la canonisation du texte au deuxième siècle EC. Selon ce mythe de légitimation, à partir de Moïse lui-même, une chaîne sans faille de sages et de prophètes a transmis non seulement le texte immuable de la Torah mais aussi une Torah orale comportant tous les éléments qui permettent de comprendre les Écritures, d'interpréter la Loi et d'en assurer la juste application à toutes les circonstances de la vie juive; cette chaîne serrée de scribes inspirés a fini par prendre une forme institutionnelle dans la Grande Assemblée qui s'est mise en place à l'époque perse et, de là, s'est développée de façon toujours plus organique jusqu'à l'époque rabbinique, à l'ère commune. Ainsi se trouvent résolus d'un seul coup le problème de la transmission du texte biblique et le problème encore plus épineux de son interprétation par transformation et actualisation constantes. Ce qu'une telle légende d'une Torah orale fait bien ressortir, au demeurant, c'est le rôle absolument central du scribe dans l'établissement de la tradition biblique et, plus encore, son statut d'exégète inspiré qui va bien au-delà d'une simple fonction de copiste ou de compilateur fidèle, comme on va pouvoir s'en convaincre dans la brève analyse qui suit. Il convient encore de replacer cette observation dans le cadre des diverses traditions «scribales» du Proche-Orient ancien, de façon à bien se rendre compte qu'il n'y a rien d'étonnant dans la manœuvre rabbinique d'appropriation de la tradition biblique ni dans la conception dominante d'un scribe expert qui sait interpréter, gloser et actualiser les textes puis les récupérer à son profit ou plus précisément au profit de l'école de pensée à laquelle il appartient.

Revenons donc maintenant au texte biblique lui-même et examinons les indications qu'il nous donne sur sa formation propre. Sans entrer dans le détail, on peut faire remonter l'histoire de cette transmission textuelle au septième siècle, au moment de la réforme de Josias, autour de 625. Le premier témoignage sûr date de là: vers 625, une copie de la Torah est découverte par le grand prêtre lui-même dans le temple de Jérusalem (2R 22); on laisse entendre qu'il s'agit d'un texte ancien, très ancien même, qu'il contient la «loi de Yhwh» et qu'Israël doit maintenant être jugé, rétrospectivement et prospectivement, d'après ce texte. Il est évident pour bon nombre de spécialistes qu'on a affaire ici à un mythe de légitimation qui vient jeter les bases de la formidable réforme de Josias ; il semble clair, au surplus, que ce texte ne correspond pas au Pentateuque actuel mais tout au plus au Deutéronome qui aurait servi de justification théologique à la réforme politicoreligieuse de Josias ; enfin, il est possible que ce texte intègre plusieurs éléments plus anciens mais il consiste pour l'essentiel en une rédaction contemporaine et non en une tradition textuelle remontant à Moïse. Selon les estimations les plus optimistes, il y a donc un écart de cinq cents ans entre le texte de 625 et la révélation du Sinaï qui, elle, daterait d'environ 1300 à 1100.

Ainsi, pour la première fois, selon toute apparence, c'est un texte, une sorte de code de loi, qui énonce les règles et statuts qui régiront le peuple d'Israël et ses rapports avec Yhwh. Les débuts du processus canonique sont là. Du reste, le texte lui-même prend la peine de se canoniser lui-même : « Vous n'ajouterez rien à ce que je vous ordonne et vous n'en retrancherez rien… » (Dt 4,2 ; voir aussi 13,1). La réforme de Josias qui vise à une centralisation extrême des pouvoirs temporels et religieux prend source dans ce condensé qui symbolise toute la Bible, le dernier livre de la Torah, le Deutéronome.

On trouve bien çà et là dans les livres historiques quelques renvois plus ou moins suspects à des annales ou chroniques sur lesquelles reposeraient les récits bibliques (par exemple, 1R 11,41 ; 14,19 ; 14,29 ; 15,7 ; 15,23), sans compter les nombreuses références du même genre contenues dans les livres des Chroniques qui reposent eux-mêmes, pour l'essentiel de leur information, sur les livres de Samuel et des Rois. Mais, à chaque fois, c'est une formule stéréotypée qui nous signale l'existence d'un texte dont nous ne savons par ailleurs rien et dont nous ne retrouverons sans doute jamais le moindre fragment. Nous aurons à revenir sur la question de la construction de l'histoire biblique ; contentons-nous donc pour le moment de constater que la première référence à un document écrit a lieu à la fin du septième siècle, sans oublier toutefois que cette référence n'a rien de transparent et que rien ne peut étayer l'ancienneté à laquelle elle prétend.

On peut passer maintenant à la deuxième phase du processus canonique. En suivant la seule source d'information dont on dispose, le texte biblique lui-même, cette phase se situe après l'exil, à l'époque perse, et elle est racontée dans les livres d'Esdras et de Néhémie. Le récit tourne à nouveau autour de la Torah, ce qui n'a rien pour étonner, vu la centralité de la révélation mosaïque dans la Bible. De tout ce récit, on peut retenir deux éléments principaux. D'abord, on nous présente Esdras comme un envoyé du roi perse Artaxerxès ; sa mission est d'emblée légitimée par le plus haut pouvoir, ce qui lui donne toute latitude pour rétablir la «loi de Yhwh» dans toute la Judée et en particulier à Jérusalem (Esd 7,25-26). Il est impossible de s'assurer de l'authenticité de ce document royal mais on sait par ailleurs qu'une telle politique de tolérance et de respect à l'égard des politiques et coutumes locales n'a rien d'exceptionnel dans l'empire perse. Ce document permet en outre de situer le rétablissement de la Torah mosaïque en Judée entre le milieu du cinquième siècle et le début du quatrième. L'autre élément qui ressort clairement des récits d'Esdras et de Néhémie, c'est que la loi de Yhwh promue par Esdras constitue une sorte de loi d'État pour les Judéens et qu'elle est contenue dans un texte qui doit vraisemblablement ressembler de plus en plus au Pentateuque. Ainsi nous raconte-t-on, au chapitre 8 de Néhémie, la lecture publique de la Torah par Esdras au cours d'une grande cérémonie qui semble marquer la date de naissance du judaïsme (ou du protojudaïsme) comme religion d'État. L'ensemble de ce récit donne clairement à entendre que, à ce stade relativement tardif (probablement vers 400), il n'existe qu'un seul texte qui jouisse d'une autorité sans partage dans le monde juif, la Torah de Moïse. De plus, les spécialistes s'accordent généralement pour avancer que ce texte s'est amplifié depuis l'époque de Josias et qu'il contient vraisemblablement, à l'époque d'Esdras, non seulement le Deutéronome mais aussi une assez bonne partie des autres livres du Pentateuque; reste que le texte même est très avare de précisions sur tout cela et qu'on est contraint de s'en tenir à des reconstructions probables. Pour ajouter à l'incertitude déjà énorme, on trouve, dans le deuxième livre d'Esdras (texte apocryphe), un récit où Esdras reconnaît que le texte de la Torah a été perdu et qu'il faut maintenant le restaurer de mémoire et grâce à l'inspiration de l'Esprit saint (2Esd 14,19-22[7]). J'insiste sur le fait que cette information n'est ni plus ni moins crédible que les autres. Enfin, il est un point qui risque de passer inaperçu dans un tel contexte et sur lequel nous reviendrons bientôt. Esdras est présenté à plusieurs reprises comme un scribe prestigieux et un prêtre très versé dans la loi mosaïque; or voici comment on présente sa lecture des Écritures: «Et Esdras lut dans le livre de la loi de Yhwh, traduisant et donnant le sens: ainsi l'on comprenait la lecture» (Ne 8,8). Ces quelques mots en disent long sur le statut du scribe et sur la nature du texte.

Sur la troisième phase du processus canonique, nous aurons peu à dire car nous ne savons pratiquement rien de la constitution historique

7. Cela équivaut à 4 Esdras dans la Vulgate. On trouvera la traduction de 2 Esdras dans la New Revised Standard Version.

des autres livres de la Bible. Les quelques informations glanées jusqu'ici dans le texte nous donnent à penser qu'il n'existe alors qu'un livre officiel et autoritaire dans le protojudaïsme, soit le Pentateuque ou Torah (dans un état très difficile à déterminer). On ne peut douter, en revanche, de l'existence de nombreux autres textes, soit historiques, soit prophétiques, soit sapientiaux, mais nous n'avons aucune idée ni de l'état ni du statut de ces textes à l'époque perse. Il paraît donc logique de conclure que si l'un quelconque de ces textes avait eu une valeur prééminente pour la communauté juive, on en trouverait l'indication quelque part. Ce qui renforce cette conjecture, c'est le fait que, parallèlement à la Loi, les deux autres parties de la Bible, les Prophètes et les Écrits ou Hagiographes, ne sont mentionnées qu'en passant et très tardivement, c'est-à-dire à partir de l'Ecclésiastique (début du deuxième siècle AEC); de plus, on croit savoir que les Prophètes comprennent souvent des livres que nous ne classons plus sous ce titre (par exemple les Psaumes) et que les Écrits demeurent à ce stade très tardif encore mal définis [8]. Il faut encore ajouter à tout cela qu'un bon nombre d'œuvres circulent et jouissent d'une influence certaine dans le protojudaïsme; ces écrits intertestamentaires, comme on les appelle souvent, s'intègrent sans peine à la tradition textuelle en place au point que rien ne semble les distinguer des textes bibliques autres que la Torah.

Tel est donc l'état général des choses au moment où se constitue la librairie de Qumrân au deuxième siècle AEC. Je sais que ce bref compte rendu est d'une imprécision frustrante mais du moins correspond-il aux données historiques dont nous disposons. Notre effort de remontée vers les origines du texte biblique se solde donc globalement par un échec. Les conclusions provisoires que nous devons en tirer me semblent néanmoins significatives. D'abord, la communauté judaïque qui s'organise autour du temple ne dispose alors que d'un seul texte officiel et faisant autorité: la Torah. Ce texte n'est ni défini de façon précise ni fixé dans son évolution, mais son importance centrale est assurée malgré tout, du fait que plusieurs sectes ou écoles de pensée s'en réclament comme du seul texte devant être considéré comme écriture sacrée ou révélée, tels les Samaritains ou les Sadducéens. Ensuite, il n'y a aucun consensus digne de ce nom à propos du canon du texte biblique; en d'autres termes, le pluralisme scripturaire constaté à Qumrân reparaît ici encore et va en s'amplifiant à mesure qu'on remonte dans le temps. D'un point de vue strictement historique, on a donc affaire à un texte

8. Voir par exemple le prologue de l'Ecclésiastique, texte vague à souhait mais supposant une certaine organisation de la Bible en types de livres.

biblique en plein développement et à un double titre: d'une part, même les textes les plus reconnus ne sont pas encore définitivement établis et préservés comme tels; d'autre part, de nouveaux textes s'ajoutent sans cesse, qui feront partie ou non du canon final et qui continuent d'être peaufinés et remaniés selon les écoles qui les utilisent et les adoptent au gré de leurs besoins.

Si l'on souhaite maintenant approfondir la signification d'un tel état des choses, il est impératif de s'en tenir à la stricte perspective de l'historien et de se prémunir contre toute illusion rétrospective: cela revient à dire en pratique qu'on a alors affaire, entre le cinquième et le deuxième siècle, à des textes variés et pluriformes qui n'ont rien de canonique et qui ne sont à aucun moment traités comme s'ils devaient un jour être canonisés. Tout compte fait, dans leur état historique réel, ils s'inscrivent bel et bien dans une tradition de pensée en voie de formation et en pleine mouvance, et ils constituent parallèlement un enjeu crucial pour les diverses sectes ou écoles de pensée qui s'efforcent de les récupérer et de les manipuler à leur profit, c'est-à-dire selon leurs intérêts idéologiques propres.

Ainsi, si l'on veut vraiment apprécier le caractère historique de ces textes et en comprendre la signification profonde, il est nécessaire de les situer brièvement dans leur cadre institutionnel et idéologique réel. Nous ne disposons pas encore de tous les éléments d'information historique nécessaires à un tel effort de compréhension, loin de là. Pourtant, il me semble possible, au stade actuel de notre enquête, de pousser l'analyse un peu plus loin en prenant appui sur les travaux des spécialistes qui se sont penchés sur la question depuis une trentaine d'années. Je me propose donc de reconstituer dans ses grandes lignes le contexte historique qui a permis la constitution d'une telle tradition de pensée et, en pratique, la construction du texte biblique tel qu'il apparaît à Qumrân, dans la Septante et dans le texte massorétique.

Le point tournant de toute l'opération, c'est l'exil de 587 et le retour à partir de 538 environ. Avant cela, nous ne savons presque rien de l'état réel du texte biblique, comme je l'ai déjà montré. On n'a aucune idée précise de la quantité et de l'état des textes que les exilés apportent en Babylonie ni des textes qu'ils trouvent à leur retour à Jérusalem; tout nous donne à entendre que les exilés aussi bien que les Juifs restés sur place auront à travailler, après l'exil, sur la base d'une documentation très mince. En revanche, la tâche qui les attend est énorme et vécue dans un grand sentiment d'urgence. Il s'agit ni plus ni moins pour eux de reconstituer la tradition biblique et surtout de se réapproprier cette tradition. Le problème de la direction spirituelle est crucial dans ce contexte ; ce problème se pose sur le vif et dans un climat de rivalité qui va perdurer pendant toute la période protojudaïque, c'est-à-dire jusqu'à la destruction du deuxième temple vers 68 EC.

Pour bien saisir l'enjeu d'une telle reconstruction, il importe de se replacer dans le contexte socioculturel de l'époque. Plusieurs éléments contextuels déterminent la lutte pour la survie qui s'engage alors et qui va modeler à fond le judaïsme naissant et le texte biblique lui-même. D'abord, il faut se rendre compte que la Judée vit sous la coupe des dirigeants perses et ne peut espérer prendre la moindre initiative politique de quelque importance sans l'assentiment de l'occupant ; cette préoccupation de légitimation extérieure est omniprésente dans les textes d'Esdras et de Néhémie, au point qu'on ne peut mettre en doute son importance globale.

Ensuite, on doit insister sur le fait que la reconstruction matérielle, politique et religieuse se fait pour ainsi dire à partir de rien. D'une part, en effet, Jérusalem est à refaire, temple, édifices publics, fortifications, etc. Mais, surtout, d'autre part, c'est l'idéologie yahviste elle-même qui est en ruine puisque la défaite et l'exil ont battu en brèche tous les espoirs et prétentions de l'élite politicoreligieuse de la Jérusalem préexilique. Cela signifie que, tant pour les exilés qui reviennent que pour les Judéens très nombreux qui sont restés sur place, le message yahviste est désormais sujet à la fois à contestation radicale et à réinterprétation massive. Que l'on songe aux textes prophétiques ou aux lois deutéronomistes (la Torah préexilique), on a affaire dans tous les cas à des textes qui n'ont pas répondu aux attentes qu'ils ont suscitées, tant s'en faut. La question se pose dès lors de comprendre comment il faut se réapproprier et réinterpréter ces textes ; plus radicalement, il faut se demander ce qui doit être conservé ou expurgé, ce qui doit être modifié ou complètement repensé, ce qui peut être récupéré et ce qui doit être rejeté. Il est vrai, en un sens, que la tradition de référence jouit toujours d'un immense prestige et qu'elle constitue bon gré mal gré l'incontournable plateforme sans laquelle aucune construction n'est concevable ; en un autre sens, cependant, ces textes dans leur ensemble sont désormais inutilisables sans un travail d'actualisation et de réinterprétation. Même le texte central du judaïsme, la Torah, ne sortira pas intact d'une telle démarche mais sera tout au contraire entièrement repensé et considérablement amplifié.

Enfin, il convient d'introduire ici une dimension souvent ignorée ou sous-estimée en regard de la lutte pour le pouvoir politique et religieux qui s'inaugure alors : je veux parler du statut bien particulier des scribes dans le contexte du Proche-Orient ancien et en particulier de la Palestine. Certes, tous les scribes n'ont pas accès aux textes majeurs de la tradition ; ils sont souvent cantonnés dans des travaux subalternes, c'est-à-dire purement administratifs. Mais il reste qu'un certain noyau de scribes doivent assurément jouer un rôle décisif dans le débat qui s'engage. Peu importe, dans ce contexte, qu'ils émanent d'un milieu sacerdotal, ce qui est le cas le plus fréquent, ou d'un milieu davantage laïque : de toute manière, ce sont eux qui vont avoir la main haute dans l'entreprise d'actualisation et d'interprétation de la tradition textuelle, dans la mesure où ce sont eux qui « établissent » les textes, les copient, les classent et les archivent, mais aussi qui les lisent publiquement, les commentent et les interprètent. À ce propos, on mésestime couramment et assez lourdement le rôle et la pratique habituels des scribes qui mettent en œuvre la tradition textuelle et en assurent la préservation et la diffusion. Ces scribes ne sont pas de simples copistes, de purs compilateurs, comme on se plaît souvent à l'imaginer. Pour eux, la tradition n'est pas lettre morte mais parole vivante ; on la sert en la renouvelant et en la prolongeant ; et personne ne s'attend à ce qu'ils la transmettent en toute neutralité par simple transcription objective. En réalité, s'ils sont au service d'une tradition de pensée et de croyance, c'est bel et bien en vertu de leur intégration active au sein de ce qu'on peut appeler, faute de mieux, une école de pensée ou une secte religieuse. Ce sont donc des croyants et leur activité implique un engagement profond, ce qui se marque inévitablement par un interventionnisme constant. En d'autres termes, le scribe ancien, dans un contexte intellectuel fort éloigné du nôtre, n'est jamais un pur et simple copiste-transmetteur mais plutôt invariablement un associé de l'auteur ou des auteurs des textes sacrés et un interprète vigilant et actif ; il est au service d'une école de pensée, il promeut une certaine compréhension du texte et s'approprie chaque texte sur lequel il travaille en le manipulant au mieux de sa connaissance et en cherchant constamment à produire une version du texte qui le fait paraître à son plus grand avantage. Cela implique diverses stratégies « scribales » dont nous avons de nombreux exemples et cela entraîne une transformation progressive du texte ou, selon les cas, la production de versions pluriformes d'un même texte et éventuellement l'utilisation sectaire d'une version au détriment d'une autre. Car, en somme, derrière le travail des scribes, il y a des intérêts idéologiques en jeu et une véritable lutte de pouvoir pour le contrôle politicoreligieux de la communauté des croyants ; par suite, il n'y a pas beaucoup de place pour l'objectivité ou la neutralité rigoureuses dont rêve l'historien scientifique moderne. Au fond, on assiste toujours à la même illusion rétrospective : alors que l'historien croit déjà travailler sur un texte quasi canonique et de caractère intangible, en réalité, il pourchasse une tradition mouvante que tous respectent et valorisent mais cherchent aussi à récupérer à leur avantage. Chez les anciens, la recherche de sagesse est à ce prix. Peut-être faut-il voir là, en fin de compte, le paradoxe de tout fondamentalisme : le texte sacré ne peut être valorisé que dans la mesure où il débouche sur une tradition de vie, ce qui le rend alors, et alors seulement, vivant, actuel et utilisable. La Bible est probablement le témoignage ancien par excellence d'une telle tradition où l'on n'arrive à travailler sur le texte qu'en gardant à la fois un œil sur le passé et un sur le présent et l'avenir.

Peut-être est-il possible de résumer très simplement les trois éléments de contexte qu'on vient d'évoquer en posant que, dans la situation postexilique de crise où les Juifs se trouvent, le travail de reconstitution et de réappropriation de la tradition biblique passe nécessairement par un travail de compréhension et d'interprétation du texte qui équivaut à long terme à une réinvention de cette tradition de pensée. Le texte biblique qu'on a en main aujourd'hui est le résultat de ce processus créatif. Si on en a fait un texte sacré intangible, un texte ontologiquement différent de tous les autres, c'est faute d'avoir fait attention aux intérêts idéologiques qu'il sert et doit servir pour se maintenir dans sa valeur et son actualité. Ce sont des intérêts idéologiques qui l'ont canonisé et d'autres intérêts analogues qui l'ont transformé, selon les besoins et les époques.

Pour achever de mettre en lumière cette construction stratégique du texte biblique, il me reste à en fournir quelques exemples simples, tout en évitant d'entrer dans une véritable analyse idéologique du texte, laquelle ne pourra être menée à bien que plus loin dans notre enquête. Le principe qui doit nous guider ici peut se résumer à ceci : plus on se rapproche de la canonisation du texte biblique, plus le travail sur le texte se fait parallèlement au texte et prend la forme du commentaire ou de l'exégèse surajoutés ; en contrepartie, plus on remonte en deçà de la canonisation biblique, plus ce travail herméneutique s'effectue à l'intérieur même du texte et contribue dès lors à le transformer.

Ainsi, par exemple, le travail des rabbins, après l'ère chrétienne, consiste essentiellement en un travail de commentaire sur le texte, même si le texte massorétique reçu continue d'être révisé, comme on l'a déjà montré. Avant ce stade, on peut citer un premier exemple de travail textuel tout à fait typique et qui remonte sans doute assez loin dans le temps : le targum. Le targum, en principe, n'est qu'une traduction d'un livre biblique en araméen et cette traduction correspond à un besoin pressant puisque la langue araméenne est devenue à l'époque hellénistique la langue commune en Palestine et en Mésopotamie. Dès le début du deuxième siècle AEC et peut-être même un peu avant, on prend donc l'habitude d'accompagner la lecture publique de la Bible hébraïque d'une traduction en araméen. Or dans le contexte déjà évoqué du judaïsme naissant, toute lecture comporte une sorte d'exercice interactif au cours duquel le travail de persuasion religieuse prend le relais de la simple transmission littérale du texte. Dans le cas du targum, il est clair que la vocation populaire d'une telle lecture publique ne peut qu'accentuer davantage encore l'allure exégétique de la traduction : on cite une version du texte mais on en précise en même temps le sens ; on paraphrase, on glose, on interprète. Et, bientôt, on se retrouve avec de nouveaux textes bibliques, alignés sur une version hébraïque mais s'en démarquant aussi constamment. Du reste, les targums les plus réussis, celui du Pentateuque par exemple, prennent rang dans le stock des versions bibliques faisant autorité et n'étant surclassées que par le texte reçu comme canonique. Ces targums réussis deviennent à la longue quasi canoniques et c'est pourquoi on prend la peine de les réviser et de les aligner le plus possible sur le texte massorétique. Ils contribuent donc à donner une lecture orthodoxe du texte biblique et, en ce sens, ils ont quelque chose d'analogue aux diverses versions hébraïques de la Bible.

Un deuxième exemple de travail textuel très caractéristique sur le texte biblique est le pseudépigraphe. Parmi les très nombreux écrits intertestamentaires qui paraissent à partir du troisième siècle AEC et qui prolongent de diverses manières le texte biblique, le pseudépigraphe figure en bonne place tant par le nombre de telles œuvres que par leur qualité évidente et l'autorité dont elles jouissent. Le pseudépigraphe émane d'un auteur (ou d'un groupe d'auteurs) inconnu mais se réclame d'un personnage biblique qui en devient ainsi l'inspirateur ou l'auteur attitré, donc le pseudo-épigraphe. Sous la tutelle et l'autorité d'Hénoch, de Moïse ou de Salomon, on peut se permettre de reprendre à nouveaux frais un récit, un texte ou même un livre entier de la Bible, et d'en fournir une version à la fois différente et autorisée mais surtout plus complète et actuelle. On entre cette fois dans le champ presque illimité de l'intertextualité biblique. En outre, les pseudépigraphes prennent pour domaine privilégié les livres du Pentateuque (la Torah), ce qui leur assure une autorité encore plus éminente. Ainsi, pour s'en tenir à un exemple célèbre, le livre des Jubilés reprend le récit de la Genèse et d'une partie de l'Exode (chap. 1 à 12) et le développe de manière si magistrale que l'œuvre connaît pendant longtemps une popularité plus grande que bien des livres canoniques de la Bible. Il est commode de croire qu'il ne s'agit encore là que d'une exégèse externe des textes bibliques puisqu'elle s'établit à partir d'œuvres nouvelles et distinctes et non à même les livres bibliques, mais nous devons à tout le moins reconnaître que rien ne distingue ces œuvres de plusieurs livres deutérocanoniques de la Bible chrétienne et que plusieurs d'entre elles jouiront d'une faveur exceptionnelle auprès de certaines sectes judaïques, comme c'est le cas pour le livre des Jubilés à Qumrân.

Notre troisième et dernier exemple concerne cette fois l'exégèse interne du texte biblique, c'est-à-dire l'exégèse qui se fait à même le texte biblique et qui concourt justement à produire des versions nouvelles et vraisemblablement plus valables des divers livres bibliques. À mesure qu'on remonte dans le temps et qu'on se retrouve devant un état plus fluide et polymorphe des textes bibliques, on peut déceler ce travail étonnant de refonte et de réinterprétation du texte dans le texte. Pour le partisan naïf de la perspective canonique, ce travail est proprement incompréhensible et inacceptable; pour l'historien des traditions de pensée et des idéologies, il apparaît au contraire comme normal et hautement significatif. À vrai dire, il n'y a rien ici à défendre et à justifier: à une certaine époque et sans doute pendant plusieurs siècles, il n'y avait pas d'autre façon pour une quelconque école de scribes de faire valoir sa perspective idéologique que de reprendre le texte sacré lui-même, d'utiliser en somme la tradition faisant autorité à son profit en la récupérant et la manipulant de façon à la fois respectueuse et efficace. J'ai expliqué précédemment que durant la période protojudaïque, c'est-à-dire à tout le moins entre le cinquième et le deuxième siècle, diverses écoles de pensée s'étaient affrontées autour de la très vivante tradition biblique et avaient tenté, chacune à sa façon, de faire valoir la légitimité de leur prétention à devenir les interprètes attitrés du texte biblique. Or cette opération ne pouvait être menée à bien, dans le contexte d'une écriture sacrée, qu'en reprenant le texte de l'intérieur et en le remodelant à fond par le biais de clarifications, exégèses et commentaires divers.

Depuis longtemps déjà, les chercheurs ont émis l'hypothèse que les livres bibliques comptent presque invariablement plusieurs couches rédactionnelles étalées au long du temps et transformant peu à peu le texte au gré des besoins et des intérêts idéologiques de certaines communautés de croyants ou plus précisément de certaines écoles de pensée en quête d'influence. Ainsi, par exemple, on a pu démontrer, au moins dans les grandes lignes, que le livre de la Genèse comportait plusieurs auteurs-rédacteurs et que, pour comprendre un texte aussi manifestement composite, il fallait s'arrêter à l'idéologie particulière promue par chacun. Mais il faut aller plus loin, car on s'est aussi rendu compte, par exemple, que les livres des Chroniques constituent une refonte assez radicale des livres de Samuel et des Rois; cette fois, des œuvres sacrées étaient pillées et recyclées contre elles-mêmes à des fins idéologiques différentes et mises au service de nouveaux intérêts sectaires tout aussi respectables que les premiers. Enfin, sans entrer dans des analyses détaillées que nous devrons mener en temps opportun, on peut tout de même faire un pas de plus et signaler que divers textes à intention théologique bien précise sont couramment récupérés et retravaillés de façon à être déviés de leur sens originel et à venir légitimer une réforme idéologique de nature toute différente. Ainsi le Code de l'alliance (Ex 20 à 23) est-il reformulé et recyclé par le Code deutéronomique, pour s'en tenir à un exemple particulièrement clair. B. M. Levinson déclare à ce propos: «Une dynamique littéraire de transformation révisionniste — le terme usurpation ne serait peut-être pas trop loin du compte — se présente ainsi comme une composante essentielle de la créativité religieuse et littéraire des anciens Israélites[9].» Comme on peut le constater, ce travail d'exégèse interne au texte biblique n'a rien d'inoffensif et il nous oblige assurément à une lecture serrée de cette tradition idéologique extrêmement riche et complexe qu'est la Bible. Nous sommes maintenant prêts à conclure cette première phase de notre enquête.

Synthèse et conclusion

Le texte biblique est une production humaine et, à ce titre, il doit être considéré comme un texte foncièrement semblable à tout autre texte humain. Le fait même qu'on ait cherché, à travers l'histoire, à le faire passer pour un texte absolument différent de tous les autres constitue probablement le meilleur motif pour le considérer comme un texte comparable à tout autre. En effet, n'importe quel texte qui arrive à se poser comme éminemment représentatif d'une tradition de pensée tend à exercer une influence particulière; il est tout à fait normal que le groupe humain qui adhère à cette tradition confère à ce texte une légitimité et une autorité qu'il n'aurait pas autrement.

En termes simples, ce que notre enquête textuelle démontre, c'est que la Bible a représenté pour tout l'Occident chrétien un texte canonique, c'est-à-dire un des textes fondateurs de la pensée judéo-chrétienne. Et c'est précisément pour cette raison qu'on a accordé à ce texte la valeur qu'on lui a accordée. Or la valeur dont on parle ici est une valeur religieuse, donc profondément idéologique: il était donc exclu qu'on se contente d'apprécier ce texte pour son contenu propre, car alors il aurait nécessairement été sujet à interprétation et à discussion comme

9. B. M. Levinson, *Deuteronomy and the Hermeneutics of Legal Innovation*, p. 22.

n'importe quel autre texte. Il était par suite inévitable que ce texte, comme bien d'autres textes religieux, soit doté d'une valeur toute particulière qui en fasse un texte radicalement différent de tout autre, en un mot un texte sacré, un texte comportant une révélation divine directe et infaillible. D'un point de vue historique, on a adopté face à ce texte une stratégie qui puisse contribuer à en faire un texte idéologique certes, mais par-dessus tout un texte idéologique différent de tous les autres, ce qui est justement la marque des textes idéologiques réussis, c'est-à-dire des textes auxquels on prête une autorité et même une infaillibilité auxquelles aucun texte humain ne saurait prétendre. Un texte fondateur qui ne parviendrait pas à cette forme spéciale de légitimité n'atteindrait vraisemblablement pas son but.

Car la seule manière pour un tel texte d'atteindre à cette autorité immuable, c'est de se soustraire à l'examen scientifique auquel aucune production humaine normale ne peut échapper. Ce que j'entends par cette immunité épistémologique est très simple : cela revient à dire qu'il n'y a aucun écart entre le texte (les mots) et les faits qu'il rapporte ou les opinions qu'il énonce. Un texte qui puisse prétendre à cela, cela n'existe pas, mais en revanche les membres d'une culture donnée peuvent à tout moment adopter une telle attitude face à un texte donné, le texte biblique en l'espèce. C'est notre attitude qui a fait du texte biblique un message si particulier qu'il peut être à l'abri de toute considération critique véritable. Cette attitude qu'on qualifie généralement de fondamentaliste, je crois qu'il faut maintenant lui donner son vrai nom : l'attitude absolutiste.

Lorsqu'on examine pareille attitude, il semble tout naturel de la justifier en la rapportant au texte lui-même : si le texte biblique est de lui-même canonique, il doit automatiquement jouir de l'immunité critique dont je parle ; il suffit dès lors que Yhwh lui-même ait dicté à Moïse les tables de la Loi et que celui-ci ait fidèlement transcrit les paroles de Yhwh dans le Pentateuque pour que le texte soit de droit canonisable, donc pour qu'il doive être canonisé. Dans cette perspective, le regard du lecteur s'efface derrière le texte, disparaît à jamais dans le texte. Le texte est authentique, autosuffisant, immuable : un absolu, c'est cela. Ce texte étant révélé, inspiré, il n'y a aucun écart entre le mot et le fait ou l'idée que le mot exprime. On est dans l'ordre de la vérité transparente, de la coïncidence radicale entre le médium (les mots) et le message (la vision du monde tracée par les mots). Il n'y a ici aucune place pour le travail humain de la compréhension et de l'interprétation ; tout se passe comme si le croyant était inspiré à l'égal du message et du messager bibliques. Cela n'exclut pas, bien au contraire, que des Églises exercent un monopole interprétatif sur le texte puisqu'on sait que leur interprétation ne pourra que renforcer le caractère sacré et infaillible du texte et achèvera ainsi de le soustraire à tout examen critique. Mais justement, c'est cette stratégie autoritaire et faussement naïve qui relance la question : pourquoi ce monopole herméneutique doit-il venir protéger un texte transparent et vrai, et interdire tout autre travail sur le texte ? La raison de cette stratégie défensive est fort simple et ne saurait échapper à tout épistémologue sérieux : derrière le texte canonique se cache justement l'attitude canonique (ou canonisante), ce regard, ce point de vue qui crée un texte absolu, ontologiquement différent de tout autre, parfaitement hétérogène et inassimilable à toute parole humaine. Le texte biblique *est* parole divine et cette parole contamine tous les faits rapportés, toutes les idées énoncées ; dans ce contexte absolutisant, tout ce qui est écrit est rapporté au seul point de vue qui existe pleinement, le point de vue divin. Et ce point de vue divin vient se refléter dans l'esprit du croyant par la seule médiation du texte transparent. La vérité simple, pure, absolue se constitue ainsi. Le croyant oublie en cours de route son attitude face au texte et c'est bien ainsi. Mais notre reconstitution historique de l'attitude canonisante montre hors de tout doute que si le texte a pu être construit et perçu comme canonique, c'est uniquement en vertu de cette attitude du croyant qui a voulu qu'un tel type de texte et de vérité textuelle existe. Ainsi, l'attitude absolutiste est là au départ dans le regard même que le lecteur porte sur le texte. Et la seule manière de recouvrer ce regard, c'est de déconstruire le texte constitué historiquement, c'est de montrer très prosaïquement que l'absolutisation du texte est le fruit d'une opération idéologique qui vient légitimer de manière toute particulière l'idéologie biblique et qui vient la légitimer sur un mode bien prosaïque. Car au bout du compte, nous ne disposons que de stratégies et de techniques fort humaines et très relativement efficaces pour absolutiser un texte et son idéologie. Toute l'enquête sur la construction du texte biblique montre combien nous sommes loin du Sinaï. Il nous a suffi de reprendre notre droit de regard pour constater que les tables de la Loi étaient déjà en miettes et qu'aucune Église ne peut en recoller les morceaux. Ce n'est pas par hasard que les rabbins ont inventé le mythe de la Torah orale : au-delà du texte biblique, ils espéraient ainsi se donner accès à Moïse lui-même et pouvoir enfin parler en son nom. Mais nous savons trop bien que si nous voulons réactualiser l'idéologie biblique, il convient plutôt de la replacer dans son cadre historique réel. Ce sera l'objet de la deuxième phase de notre enquête.

Orientations bibliographiques

L'analyse textuelle de la Bible comporte deux questions préalables : le fondamentalisme et l'approche canonique. Sur le fondamentalisme, je renvoie aux études de J. Barr qui sont en lien direct avec les études bibliques : *Fundamentalism* ; *Holy Scripture* ; *Beyond Fundamentalism*. Sur l'attitude canonique, L. G. Perdue, *The Collapse of History* situe bien le problème et M. G. Brett, *Biblical Criticism in Crisis ?* le traite beaucoup plus à fond.

En ce qui concerne l'analyse ou la critique textuelle elle-même, on peut commencer l'étude par deux ouvrages d'introduction majeurs : E. Würthwein, *The Text of the Old Testament*, et E. Tov, *Textual Criticism of the Hebrew Bible* (plus spécialisé). On peut ensuite répartir l'étude textuelle en deux temps : l'état du texte biblique avant les études récentes sur Qumrân et cet état à partir des études sur Qumrân.

Avant Qumrân, je propose G. Dorival *et al.*, *La Bible grecque des Septante* ; D. Barthélemy, *Études d'histoire du texte de l'Ancien Testament*, et le bel article de D. Barthélemy dans J. D. Kaestli et D. Wermelinger (dir.), *Le canon de l'Ancien Testament*. Depuis Qumrân et surtout depuis la publication complète des fouilles, les études en critique textuelle se sont multipliées. Je renvoie principalement aux études de E. Ulrich parmi toutes les références suivantes : E. M. Laperrousaz (dir.), *Qoumrân et les Manuscrits de la mer Morte* (bonne introduction) ; plusieurs contributions importantes dans P. W. Flint et J. C. Vander Kam (dir.), *The Dead Sea Scrolls after Fifty Years* ; l'article de P. W. Flint dans J. Neusner *et al.* (dir.), *The Judaism of Qumran* ; l'article de J. J. Collins dans J. L. Mays *et al.* (dir.), *Old Testament Interpretation* ; l'article de A. S. Van der Woude dans J. N. Bremmer et F. G. Martinez (dir.), *Sacred History and Sacred Texts in Early Judaism* ; l'article remarquable de E. Tov dans J. A. Emerton (dir.), *Congress Volume* (Louvain 1989) ; et enfin les contributions de première importance de E. Ulrich dans R. Brooks et J. J. Collins (dir.), *Hebrew Bible or Old Testament ?* ; dans M. Fishbane et E. Tov (dir.), *Studies on the Bible, Qumran and the Ancient Near East* ; et dans D. W. Parry et S. D. Ricks (dir.), *Current Research and Technological Development on the Dead Sea Scrolls*.

La question de l'analyse du texte canonique conduit de façon forcée à la question du processus canonique, c'est-à-dire de la genèse du texte canonique. Sur ce sujet, plusieurs ouvrages brossent la toile de fond qui permet de comprendre le problème. Je m'en tiens aux classiques suivants : J. A. Sanders, *Torah and Canon* ; M. Smith, *Palestinian Parties and Politics that Shaped the Old Testament* ; et J. Blenkinsopp, *Prophecy and Canon*. Le processus canonique est diversement analysé dans les textes suivants : les articles de G. W. Anderson et S. Talmon dans P. R. Ackroyd et C. F. Evans (dir.), *The Cambridge History of the Bible*, vol. 1 ; l'article remarquable de D. M. Carr dans R. B. Weiss et D. M. Carr (dir.), *A Gift of God in Due Season* ; et enfin l'ouvrage de J. N. Lightstone, *Society, the Sacred and Scripture in Ancient Judaism*. Je renvoie encore à quelques documents utiles pour comprendre la tradition « scribale ». D'abord une étude de portée générale : D. A. Knight (dir.), *Tradition et théologie dans l'Ancien Testament*. Et ensuite deux études plus particulières qui situent bien le scribe dans son contexte politicoreligieux : D. E. Orton, *The Understanding Scribe* ; et L. L. Grabble, *Priests, Prophets, Diviners, Sages.*

Enfin, sur la très vaste question de l'exégèse biblique, interne et externe, je dois me contenter pour l'instant de recommandations très générales. Les meilleures introductions au sujet : J. L. Kugel, *Traditions of the Bible* et J. L. Kugel et R. A. Green, *Early Biblical Interpretation.* Des études plus spécialisées : M. A. Fishbane, *The Garments of Torah*, et, surtout, *Biblical Interpretation in Ancient Israel.* À propos des targums, E. Levine, *The Aramaic Version of the Bible* ; à propos des textes pseudépigraphes : J. H. Charlesworth et C. A. Evans (dir.), *The Pseudepigrapha and Early Biblical Interpretation.*

CHAPITRE 2

La construction de l'histoire biblique

La première phase de notre enquête a démontré que la Bible est le résultat d'une longue élaboration, élaboration qui paraît relativement très tardive si on la replace en regard des événements racontés, et qui par ailleurs se poursuit même au-delà de la canonisation du texte au début de l'ère commune. D'un côté, il n'y a rien d'étonnant à ce qu'on ait affaire ici à une œuvre anonyme et collective ni à ce qu'elle se présente sous forme de simple cumulation de textes ou de « livres » formant un ensemble plus ou moins lié ou unifié : cela n'a rien de singulier dans le monde ancien. Mais de l'autre côté, tout dans la présentation et la transmission officielles de ce texte nous donne à croire qu'il s'agit d'un texte sacré remontant aux temps les plus anciens et représentant les gestes et les paroles mêmes des protagonistes du récit biblique. À ce titre, on s'attend tout naturellement à ce que les récits en question soient rédigés par les témoins oculaires des événements et à ce que cette tradition textuelle soit transmise de telle manière que son authenticité soit préservée de façon irréprochable. C'est du moins la prétention qu'ont élevée toutes les Églises concernées par le texte biblique et c'est du même coup ce qui a justifié à leurs yeux la canonisation du texte.

La mise en œuvre de la tradition biblique repose donc historiquement sur deux conditions devant en assurer la valeur et l'authenticité :

d'une part, une transmission textuelle respectueuse, sinon même impeccable, et d'autre part, l'authenticité irréprochable des sources ou des auteurs de cette transmission textuelle. Il y a là une question cruciale de légitimation de la tradition biblique.

Il se trouve aujourd'hui beaucoup de gens pour penser que la tradition de pensée transmise par la Bible constitue une sagesse éternelle et insurpassable et qu'une telle sagesse se situe bien au-delà des aléas de la transmission textuelle et de la vérité historique. En effet, le message biblique nous met en face d'une vision du monde et d'une éthique de vie qui sont d'inspiration divine et qui, de ce fait, dépassent radicalement toutes les conditions historiques et culturelles qui ont pu servir d'intermédiaire ou de médium de transmission à ce message. Dans cette perspective, il devrait suffire de considérer ce message idéologique (au sens neutre du terme) comme un tout, comme une donnée synchronique aisément accessible et actualisable, et de le comprendre et l'analyser comme tel. Mais ce n'est pas ainsi que le texte biblique se présente quand on l'examine de façon critique, et ce n'est pas ainsi qu'il doit être étudié, si on espère le comprendre en respectant sa forme et son contenu réels.

Notre enquête sur la construction du texte biblique a démontré que l'histoire de la transmission textuelle de la tradition de pensée biblique n'est pas une histoire simple et linéaire mais le résultat d'un débat complexe et dynamique entre diverses écoles de pensée en vue de l'appropriation légitime et autoritaire de cette tradition de pensée. Sous cet angle, la Bible finit par former une totalité composite qui témoigne de la juxtaposition de divers systèmes de croyances et de leur affrontement à l'intérieur même du texte biblique. En raison de cet état de choses, l'enquêteur sérieux qui se place en historien face au texte est tenu de constater que la Bible finit nécessairement par se présenter sous la forme d'une série plus ou moins coordonnée de couches rédactionnelles et de positions idéologiques ; tout cela reflète effectivement une tradition de pensée vivante, mouvante et adaptable comme on en trouve dans bien des cultures ; il doit être désormais clair, en revanche, qu'on est alors très loin de la prétention canonique d'une transmission impeccable d'une tradition de pensée très ancienne et pratiquement immuable.

Cette question de la transmission du message biblique est le premier fondement sur lequel repose la valeur de cette tradition de pensée. Le second est celui de l'authenticité des sources de l'histoire biblique. Le message biblique s'enracine irréductiblement dans un cadre historique et c'est pourquoi la majeure partie de la Bible est strictement composée de livres qui ont pour but explicite de reconstituer l'histoire du peuple israélite, principalement de la conquête de la terre promise jusqu'à l'exil. Cette histoire raconte de façon privilégiée la relation d'Israël avec Yhwh : Yhwh parle et agit dans l'histoire et le sort d'Israël se joue dans sa relation historique avec son dieu et dans les diverses réactions de ce dieu face à lui. Il n'est aucun texte important de la Bible qui puisse être compris hors de ce contexte historique, sauf naturellement les textes de sagesse sur lesquels nous reviendrons. Plus encore, il n'est aucun texte biblique, sauf peut-être les récits de la Genèse, qui ne doive être rapporté directement et explicitement à des auteurs qui ont assisté aux événements racontés. Bref, on a bel et bien affaire à l'histoire d'Israël et cette histoire est racontée par ses protagonistes mêmes. Les actes et les paroles qui sont livrés par le texte biblique sont les actes et les paroles authentiques de cette histoire et cela s'applique tout particulièrement aux actes et aux paroles de Yhwh. Un texte sacré, c'est cela et rien de moins.

Inutile de dire que l'historien se sent ici confronté à une tâche redoutable et peut-être impossible. Il peut alors être tenté par deux attitudes apparemment fort raisonnables et peut-être en fin de compte obligées. La première consiste à se désister en faveur des théologiens ou des interprètes accrédités de ce texte sacré ; sous cet angle, la Bible est un texte historique sans doute, mais qui ne fait pas partie du champ de juridiction de l'historien profane. Tout ce qui importe alors, c'est que la communauté des croyants s'en remette à la crédibilité du texte biblique et considère les récits qui y sont rapportés comme authentiquement historiques. Mais du coup, la question resurgit d'elle-même : sur quoi repose cette croyance en l'historicité des récits bibliques et, si ces récits sont effectivement historiques, quel avantage y a-t-il à les soustraire à un examen critique rigoureux ? À moins de s'en remettre au fidéisme pur et simple, il est clair qu'on ne peut soutenir rationnellement une telle position.

L'autre attitude est elle aussi extrêmement prudente et respectueuse mais elle se présente cette fois sous les apparences de la rationalité et non de la foi naïve. On peut prétendre alors simplement que le récit biblique doit être examiné en lui-même, selon sa valeur et ses prétentions propres, et tel qu'il se présente à nous, soit dans sa forme canonique finale, soit dans ses diverses formes canoniques et non canoniques. Ce point de vue est partagé par de nombreux théologiens mais aussi par des historiens ou des archéologues de confession juive ou chrétienne et il semble à première vue non seulement légitime mais à vrai dire réaliste et peut-être même seul possible. Son point de départ est généralement tout à fait pragmatique : pour la majorité des textes historiques, à tout le moins avant les septième ou huitième siècles, on ne dispose d'aucun moyen extérieur ou indépendant pour vérifier ou corroborer le récit biblique; n'est-il pas exagéré, dans ce contexte, de récuser en bloc le témoignage biblique sous prétexte qu'il représente notre seule source écrite quant à l'histoire israélite de ces époques?

À une certaine époque, cette position était non seulement dominante mais assez dogmatique, tant elle paraissait raisonnable et peu problématique. Depuis quelques décennies, cependant, elle s'est passablement nuancée du fait qu'elle est devenue de plus en plus justiciable de diverses recherches autour de la question. Ainsi, d'abord, on ne croit plus souhaitable aujourd'hui de soutenir à tout prix l'historicité des récits de la Genèse et en particulier de l'histoire des patriarches (Abraham, Isaac, Jacob, Joseph…). Il va de soi qu'une telle concession ne remet pas en cause la validité de cette position pour le reste des livres historiques. Cependant, une autre concession est venue peu à peu s'ajouter à la première: il semble maintenant légitime, aux yeux des spécialistes, d'*utiliser* l'archéologie ou l'histoire du Proche-Orient ancien, entre autres, pour corroborer dans la mesure du possible tel ou tel aspect du récit biblique, peu importe qu'il s'agisse d'événements historiques ou de simples éléments de contexte. C'est ainsi qu'on a pu parler à ce propos d'« archéologie biblique », entendant par là ce curieux usage de la science archéologique qui consiste à mesurer les trouvailles que l'on fait sur la base du texte biblique plutôt que de procéder à l'inverse comme serait naturellement porté à le faire tout chercheur scientifique. On voit bien du même coup toute l'ambiguïté de cette position en apparence si logique et si réaliste. Car, en définitive, cette approche est de tout confort aussi longtemps que le texte biblique est le seul témoin disponible pour évaluer l'historicité d'un ensemble quelconque d'événements. Mais lorsque d'autres témoins ou d'autres sources apparaissent, que convient-il de faire? Si un témoin archéologique contredit le texte biblique, faut-il chercher quand même à sauver la valeur historique du texte? Plus encore, cependant, si le témoignage biblique se révèle peu fiable à plusieurs reprises, comment peut-on continuer à *partir* de la crédibilité historique du texte biblique?

De telles questions se posent désormais à tous les tournants étant donné les méthodes dont on dispose maintenant pour examiner de façon critique la véracité d'un texte historiographique. L'attitude qui consiste à accorder d'office crédibilité au texte biblique avait peut-être un certain sens à une autre époque mais aujourd'hui elle paraît inutilement défensive et même contre-productive. Car en définitive, il ne s'agit pas simplement de sauver ou de démolir un à un les récits de la Bible mais bien d'*établir méthodiquement la crédibilité historiographique du texte dans son ensemble*. D'un point de vue méthodologique, cela représente une tâche critique : un texte historique qui ne peut subir cet examen critique ne peut être considéré comme un texte historique au sens plénier de ce terme. Et l'on ne rend pas justice à une tradition de pensée de cette envergure en la soustrayant à un tel exercice et en se contentant de lui accorder une confiance aveugle. Sinon, on est forcément amené à soutenir que l'histoire biblique n'est pas une histoire comme les autres, tout comme on avait précédemment soutenu que le texte biblique n'était pas un texte comme les autres. Le refuge fondamentaliste mène dans les deux cas à l'impasse. Il ne reste donc qu'une issue : relever le vrai défi, tenter un examen critique de la question.

La critique des sources

Le préalable absolu pour quiconque prétend reconstruire de façon critique l'histoire biblique, c'est l'identification des sources et leur examen méthodique et rigoureux. Cette tâche est en elle-même colossale et il est clair que je ne peux m'y attaquer dans tous ses détails dans le cadre d'une enquête dont l'objet principal est la sagesse et non l'histoire biblique. Reste qu'il est possible d'indiquer son orientation générale et les résultats principaux atteints par les spécialistes qui ont traité cette question.

La manière la plus simple pour nous d'entrer dans ce vaste débat consiste à reprendre le fil de notre enquête au moment où nous avons décrit au premier chapitre le processus canonique. Nous étions parvenus, à partir des indications mêmes de la Bible, à retracer le premier témoignage concernant la rédaction de la Torah ou du moins de son dernier livre, le Deutéronome, et à dater ce témoignage de la fin du septième siècle (2R 22). Est-il possible que la rédaction de la Bible commence seulement à cette époque ? La question est embarrassante car, comme on le sait, les récits bibliques remontent beaucoup plus haut dans le temps, allant de l'histoire des patriarches à l'histoire de l'exode et de la conquête, puis à celle de la monarchie unie sous Saül, David et Salomon, et enfin à celle de la monarchie divisée dans le royaume du nord (Israël) et celui du sud (Juda). Entre 625 environ et le temps de David, il y a près de quatre siècles ; par rapport au temps de Moïse, il y a six ou sept siècles ; par rapport aux patriarches, il y a un millénaire environ. Faut-il alors faire l'hypothèse que ces récits historiques ont été écrits avant le septième siècle ?

À première vue, il n'existe aucune méthode simple et fiable pour dater même approximativement les textes du Pentateuque ainsi que les livres de Josué, des Juges, de Samuel et des Rois. Le texte lui-même ne nous fournit qu'une série d'indications concernant les sources écrites de ces récits historiques; il faut donc partir de ce fil conducteur, si ténu soit-il. Par exemple, en 1R 11,41, le rédacteur prévient le lecteur: «Le reste de l'histoire de Salomon, tout ce qu'il a fait et sa sagesse, n'est-ce pas écrit dans le livre de l'Histoire de Salomon?» De même, en 1R 14,19, il nous livre sa source: «Le reste de l'histoire de Jéroboam, comment il guerroya et régna, cela est écrit au livre des Annales des rois d'Israël.» Puis en 1R 14,29, il reprend la même formule pour l'appliquer à Roboam. De même encore en 1R 15,7 puis en 15,23. Et ainsi de suite pour plusieurs autres rois. D'ailleurs, ce genre de référence à des annales antérieures se retrouve encore assez couramment dans les livres des Chroniques: 1Ch 9,1; 2Ch 9,29; 12,15; 13,22; 20,34; etc.

Ainsi, à la façon d'un historien bien documenté, le rédacteur biblique [1] nous renvoie à maintes reprises à ses sources. Les commentateurs dociles se contentent de nous annoncer que toutes ces sources sont perdues. Pourquoi pas? De toute manière, l'historien n'a aucune raison de nous induire en erreur. Laissons cette question pendante et contentons-nous de faire la seule déduction qui s'impose sur cette base: la rédaction des Rois et des Chroniques telle que nous en disposons dans la Bible est *nécessairement* tardive puisque l'auteur (ou les auteurs) admet lui-même avoir rédigé ses chroniques à partir de matériaux antérieurs; il a repris ces matériaux à sa façon, selon ses intentions propres, il en a choisi les parties ou les extraits qui l'intéressaient, il les a remaniés et précisés au besoin, bref il s'est placé comme n'importe quel historien qui organise un récit à partir des documents dont il dispose. Premier point donc: les historiens des livres des Rois et des Chroniques sont des rédacteurs tardifs qu'on ne peut vraisemblablement pas situer avant le septième ou huitième siècle [2]. Deuxième point: aucun des autres livres historiques ne renvoie à des sources écrites, ni le Pentateuque, ni Josué, Juges ou Samuel [3]. Autrement dit, dans un cas les sources sont introu-

1. Dans tout le texte, j'emploie couramment l'expression «le rédacteur» ou «l'auteur» biblique en un sens générique et sans préjuger de la question insoluble du nombre d'auteurs ou d'éditeurs que peut comporter un livre biblique quelconque.

2. Je ne fais pas intervenir l'argument évident selon lequel ces textes font l'histoire d'Israël jusqu'à l'exil, ce qui suppose pour au moins une partie d'entre eux une rédaction encore plus tardive. On verra plus loin qu'il est tout à fait inévitable que ces textes aient été constamment remaniés et complétés jusqu'à une date tardive. Mon propos ici consiste simplement à savoir jusqu'où l'on peut légitimement remonter dans le temps lorsqu'on s'efforce de donner aux divers témoignages bibliques la plus grande crédibilité possible.

3. À moins de prendre au sérieux le renvoi à un «Livre du Juste» en Jos 10,13 et en 1S 1,18. Mais ces deux seules occurrences paraissent de bien peu de poids dans une enquête comme la nôtre.

vables et ne précèdent pas le dixième siècle (l'époque de Salomon), dans l'autre il n'y a tout simplement pas de sources.

Mais ici, si l'on veut poursuivre l'enquête en toute rigueur, il faut reconnaître qu'il y a en arrière-plan une question de contexte. Il suffit, en effet, de reprendre le récit biblique pour se rendre compte que la période de David et de Salomon a représenté pour Israël un Âge d'or, une sorte de période des Lumières : vaste empire, capitale éblouissante à Jérusalem, édifices monumentaux sans précédent, cour prestigieuse, administration bureaucratique élaborée, écoles de scribes, etc. Pour la majorité des spécialistes du passé et jusqu'à récemment, on admettait d'emblée que ce contexte sociopolitique devait sans doute constituer le point de naissance de la grande tradition de pensée biblique et particulièrement de son historiographie. En outre, à partir d'une plateforme aussi favorable, il n'était pas malaisé de poser que les historiens de cette époque avaient pu reconstituer le reste de l'histoire israélite sur la base d'une tradition orale assurément riche et presque sans faille. Devant de tels éléments de contexte, l'enquêteur moderne ne doit-il pas éviter un scepticisme de mauvais aloi et accepter de bonne grâce le témoignage de la Bible ?

Or, c'est précisément ici que les deux attitudes de confiance a priori se manifestent concrètement à la façon de tentations presque insurmontables. Si nous cédons, nous restons enfermés dans le témoignage biblique. Il faut être très clair là-dessus : ce qu'on vient de proposer à grands traits, c'est tout simplement une reconstitution *favorable* des sources historiographiques réelles ou possibles, telles qu'elles se présentent à un lecteur sans parti pris qui s'en tient à la version que la Bible et *elle seule* nous offre de sa propre mise en œuvre. Nous ne disposons donc à ce stade d'aucun moyen extérieur ou indépendant pour étayer le récit biblique. La question se ramène dès lors à savoir si nous disposons de sources ou de témoignages indépendants sur la Bible. Si ces ressources n'existent pas, nous sommes acculés à un simple examen de la cohérence interne du témoignage biblique, ce qui ne mène forcément pas très loin ; si elles existent, alors la discussion critique peut suivre son cours.

Il me semble logique de commencer ce travail de détection historique par le problème le plus évident et le plus simple : existe-t-il des témoignages épigraphiques de cet Âge d'or ? Si aucune annale ou chronique d'époque n'est parvenue jusqu'à nous, ne doit-il pas rester quand même des inscriptions petites ou grandes, simples ou élaborées qui témoignent pour ainsi dire involontairement de la grandeur d'une période aussi riche à tous égards ? De tous les pays anciens, aucun territoire n'a été fouillé aussi assidûment et soigneusement que la Palestine de l'âge biblique ; nous pouvons donc attendre beaucoup de la recherche épigraphique en ce domaine. L'avantage du document épigraphique tient justement à son caractère quasi involontaire : l'inscription qu'on retrouve au hasard des fouilles archéologiques n'a forcément pas été laissée là pour confirmer le contenu du texte biblique et c'est cela même qui en fait un témoignage indépendant et pratiquement irrécusable.

Étonnamment, il s'avère que la récolte d'informations épigraphiques est très mince et vite résumée. Jusqu'au dixième siècle, on ne trouve que deux documents égyptiens : l'un, la stèle de Merneptah, datée du treizième siècle, mentionne un certain Israël mais sans préciser son statut ethnique ou national ni son emplacement précis ; l'autre, du dixième siècle, mentionne une campagne du pharaon Sheshonk en Palestine mais sans nommer ni Israël ni Juda. Puis, au neuvième siècle, il faut signaler la stèle de Mesha, roi de Moab, laquelle raconte les exploits de ce roi qui a libéré Moab en guerroyant contre Omri, puissant roi d'Israël dont la Bible parle d'ailleurs très peu. Enfin, viennent naturellement toute une série d'inscriptions assyriennes qui n'ajoutent rien à notre enquête actuelle mais que nous utiliserons plus loin pour la reconstitution de l'histoire israélite ; même en ce cas, toutefois, on ne trouve presque rien qui précède le huitième siècle [4].

Ainsi donc, si l'on s'en tient aux inscriptions importantes, on est forcé de conclure que le corpus écrit proprement palestinien est pour le moins restreint : pas d'inscriptions monumentales de nature politique ou religieuse ; pas de stèles non plus ; pas d'inscriptions sur des constructions monumentales non plus ; aucune archive royale d'ordre administratif, politique ou historiographique. En pratique, cela signifie qu'il faut se rabattre sur les ostraca et débris divers, dans l'espoir d'y trouver par miracle quelque information pertinente. Ce qu'on a découvert jusqu'ici sur ces inscriptions miniatures, ce sont effectivement des bribes d'information tout à fait mineures : des extraits d'abécédaires, des lettres d'alphabet isolées ou en désordre, des listes de nombres ou des nombres isolés ou sans ordre, etc. Il est clair qu'il n'y a rien à attendre de ce côté.

Ce que les spécialistes rigoureux déduisent de tout cela n'est pas difficile à résumer. Jusqu'au huitième siècle environ, la Palestine est restée dominée par les deux grands systèmes d'écriture de l'époque, soit le système hiéroglyphique égyptien et le système cunéiforme mésopotamien. L'écriture alphabétique n'apparaît pas avant le huitième siècle et elle ne se développe vraiment qu'à compter des deux siècles suivants, soit

4. Pour un exemple assez simple d'analyse épigraphique, je renvoie le lecteur au compte rendu d'une inscription découverte très récemment et concernant vraisemblablement David, dans S. L. McKenzie, *King David: A Biography*.

en langue hébraïque soit en langue araméenne. Les chroniques de l'époque de Salomon ou de Jéroboam dont la Bible nous parle ne seront sans doute jamais retrouvées pour la bonne raison qu'elles ont toutes chances de n'avoir jamais existé. On doit donc constater que l'historien biblique n'est pas au-dessus de tout soupçon mais au total il me semble bien plus excusable que certains historiens récents qui continuent à défendre contre toute évidence l'existence d'écoles de scribes et d'une vaste bureaucratie à l'époque de David et de Salomon.

Pour comprendre à fond les quelques constats simples et irréfutables qu'on vient de faire, il va de soi qu'il faut aller plus loin et situer cette première partie de l'enquête sur les sources historiques de la Bible dans un cadre archéologique beaucoup plus précis et englobant à la fois. C'est ce que nous allons entreprendre sous peu. Pour l'instant et en deuxième partie, il semble nécessaire de se pencher sur l'autre source possible des récits historiques bibliques, la tradition orale.

Puisque tout semble confirmer qu'il ne peut se trouver en Israël de sources écrites de quelque importance avant le huitième ou même le septième siècle, on est fortement tenté d'admettre que les récits bibliques ont été rédigés plusieurs siècles après le fait : cela va de trois siècles pour Salomon à un millénaire pour les patriarches. L'écart est énorme et il ne reste que la tradition orale pour le combler. Notre deuxième question porte donc sur la possibilité pour un peuple ancien comme celui d'Israël de se donner une tradition orale à la fois complexe et fiable.

Ce sont les études ethnographiques et plus particulièrement les recherches portant sur le folklore de diverses sociétés traditionnelles qui nous offrent à ce sujet une base d'analyse scientifique pour poser la question de la valeur de la tradition orale biblique. Le problème crucial en est un de transmission fidèle ou adéquate d'un message traditionnel quelconque par voie orale. Si on veut le poser correctement sans entrer dans des enquêtes trop spécialisées, il faut distinguer les difficultés et les approches. Il faut d'abord départager assez nettement deux types de récits, qui ont tous deux de l'importance dans le texte biblique mais qui ne peuvent être traités de la même façon. D'une part, le récit à caractère foncièrement mythique ou légendaire qui n'est susceptible d'aucune vérification ni quant à sa transmission fidèle ni quant à son substrat historique : le récit du jardin d'Éden, celui du déluge ou encore celui de Joseph et de son aventure en Égypte sont des récits de cette sorte. D'autre part, le récit à la fois plus précis et plus construit portant sur un moment de l'histoire israélite : par exemple, le séjour au désert et au Sinaï, la conquête de Canaan ou le récit de la monarchie de Saül ou de David. Ce n'est pas par hasard que l'historien biblique invoque l'existence de chroniques ou d'annales antérieures et remontant à tout le moins à l'époque de Salomon : il est conscient du fait que son récit comporte alors des implications chronologiques et factuelles dont par ailleurs il ne se soucie guère lorsqu'il fait le récit de l'itinéraire d'Abraham ou de Joseph. Et de fait jamais un historien ou un archéologue modernes ne pourront ni confirmer ni infirmer ces derniers récits ; dans leur cas, par conséquent, il est clair que nous ne disposons que de témoignages oraux et que notre seule ressource consiste à examiner la valeur d'une telle tradition orale sans autre secours que les méthodes anthropologiques appropriées en études folkloriques. Commençons donc par ce type de cas qui est sans doute le plus difficile à traiter correctement.

Pour s'y attaquer méthodiquement, je propose de partir d'une distinction simple et fondamentale qui a l'avantage d'être bien établie en études folkloriques modernes. On ne simplifie pas indûment les choses en affirmant que, dans ce genre d'études, il n'existe au fond que deux approches bien distinctes pour analyser le problème de transmission d'une tradition orale légendaire ou semi-légendaire. La première approche est celle qu'on qualifie maintenant de romantique en raison à la fois de son ancienneté relative et surtout de l'idée qu'elle se fait de la transmission orale dans les sociétés traditionnelles. L'autre approche, dont nous parlerons plus loin, peut être qualifiée par contraste de moderne.

D'après l'approche romantique, la transmission orale d'un récit, pour s'en tenir à ce type de texte, est un phénomène essentiellement collectif ; un récit traditionnel échappe aux aléas de la mémoire individuelle en raison de son mode général de transmission. Dans un tel contexte, le récit est constamment raconté par chacun, il est incessamment repris et répété dans les familles ou les petits groupes communautaires, et c'est cette transmission constante, collective et quasi mécanique qui en assure l'immuabilité et l'authenticité. Si l'on peut invoquer ici une transmission massive et quasi mécanique, c'est tout simplement parce qu'on a affaire à une transmission en quelque sorte impersonnelle grâce à laquelle le récit est pris en charge par le groupe qui veille à sa préservation comme on veille à la préservation d'une coutume ou d'un rituel. Cette théorie a trouvé historiquement sa justification principale dans l'idée qu'on se faisait, à une certaine époque et pendant d'ailleurs longtemps, de la mentalité des peuples et des groupes humains archaïques, mentalité qu'on prétendait alors être tributaire d'un fonctionnement extrêmement statique, répétitif, traditionaliste et en fin de compte réfractaire à toute forme de changement ou d'évolution. Ce qui conférait toute sa force à cette approche, ce n'était pas la somme d'enquêtes et d'expérimentations sur lesquelles elle reposait mais bien sa base théorique jugée pour l'essentiel conforme au développement de l'esprit humain et dès lors facile à confirmer. Un vaste consensus « scientifique » avait pris forme et il suffisait par suite de corroborer une telle croyance en montrant par simple postulation comment tous les contes, légendes et récits divers venaient tout naturellement la renforcer.

Dans le domaine des études bibliques, c'est précisément cette théorie qui a régné sans partage pendant au-delà d'un demi-siècle, c'est-à-dire depuis le début du vingtième siècle jusqu'aux années 1960 et même 1970. Nous devons à Patricia Kirkpatrick[5] cette démonstration remarquable : à partir de H. Gunkel puis chez Alt, Noth et von Rad entre autres, on a couramment soutenu que bien des récits légendaires transmis par la Bible ne revêtaient assurément aucune valeur historique mais en contrepartie qu'ils étaient transmis très fidèlement grâce à un travail pratiquement inconscient et spontané de la communauté humaine concernée. Comme la majorité de ces spécialistes prétendaient que ces récits avaient pu prendre une forme écrite dès le dixième siècle, la distance qui séparait le texte biblique de la tradition orale s'en trouvait considérablement réduite et la croyance en la possibilité d'une transmission orale fidèle faisait le reste. L'authenticité de la tradition biblique se trouvait donc confortée en dépit des nuances qu'on faisait souvent valoir sur cette base solide. On pouvait en effet reconnaître sans dommage que certains détails des récits avaient pu ne pas être préservés en cours de route et surtout que ces récits avaient dû être réaménagés de façon minime pour s'intégrer dans un cadre plus vaste, mais tout cela n'entamait pas la valeur du message biblique dans son ensemble. En somme, ce type de récits bibliques renvoyait à un stade prélittéraire ou oral, ils étaient dans l'ensemble très fidèlement transmis et conservés, comportaient un noyau d'historicité incontestable et nous informaient au surplus à propos du contexte historique dans lequel ils avaient pris forme.

Il ne serait pas malaisé de démontrer qu'un tel ensemble de croyances a pu se maintenir avant tout grâce à leur valeur apologétique, c'est-à-dire en raison des intérêts idéologiques qu'elles servaient si bien. Dans ce genre de question, le danger consiste toutefois à opposer des hypothèses de recherche comme si l'on ne disposait, pour traiter un tel problème, que de postulats invérifiables. Car en vérité, ce qui a pratiquement mis fin à la possibilité de soutenir sérieusement cette théorie « romantique » de la tradition orale, ce ne sont pas simplement d'autres croyances ou postulats mais bien un ensemble de recherches bien

5. P. G. Kirkpatrick, *The Old Testament and Folklore Studies*. Se reporter aussi aux orientations bibliographiques en fin de chapitre.

documentées dont les résultats cumulatifs sont devenus à la longue irrécusables.

Sans entrer dans le détail de ces recherches, il est tout de même possible de montrer en quelques mots qu'un certain nombre de questions élémentaires mais essentielles n'ont jamais été sérieusement traitées par l'approche romantique. À partir du moment où l'on consent à examiner de façon critique le postulat totalement invérifiable d'une mentalité archaïque de type prélogique, statique et purement traditionaliste, l'édifice fondamentaliste s'écroule de lui-même. En effet, la recherche anthropologique contemporaine démontre que toute tradition humaine est de soi un processus dynamique, souple et vivant, ce qui implique qu'il est totalement invraisemblable qu'une telle tradition ne soit pas remodelée, mise à jour et adaptée en profondeur au fil du temps. Dans cette perspective historique réaliste, on se trouve nécessairement devant au moins deux contraintes absolument incontournables dès qu'on étudie une tradition orale comme la tradition biblique : d'une part, il est pratiquement impossible d'établir hors de tout doute qu'il existe bien une tradition orale derrière un texte écrit et de reconstituer cette tradition orale à partir du seul texte écrit[6] ; d'autre part, dans le même contexte, il est tout à fait impossible de déterminer à coup sûr ce qui a été correctement préservé et ce qui a été perdu ou modifié dans une telle tradition orale. Je ne connais aucun spécialiste sérieux qui prétende aller contre ce consensus.

S'il existe une recherche moderne qui ait pu contribuer à établir solidement ce consensus, c'est bien la théorie de Parry-Lord sur les récits épiques d'Homère[7]. Il est vrai que cette recherche n'a rien d'universel et qu'elle a rencontré en cours de route diverses objections ; reste pourtant qu'elle a fortement contribué à construire un modèle qui permet de comprendre dans ses grandes lignes la manière dont se transmet effectivement une tradition orale. Pour l'essentiel, ce modèle s'est constitué de la manière suivante. L'équipe Parry-Lord s'est rendu compte que les bardes yougoslaves qui reprenaient de longs récits traditionnels de façon apparemment fidèle se livraient en réalité à une sorte d'improvisation contrôlée sur la base d'un canevas comportant à la fois une série de patterns préétablis et de formules toutes faites ; le récit prenait forme à partir de cette séquence de petits scénarios et de schémas thématiques que le conteur maîtrisait à fond. Une telle performance orale impliquait

6. Voir à ce sujet la démonstration de S. Niditch, *Folklore and the Hebrew Bible*.

7. Pour une bonne présentation d'ensemble, voir J. M. Foley, *The Theory of Oral Composition*.

évidemment un long entraînement et n'avait rien de l'amateurisme qu'on associe parfois à la tradition orale. À partir de cette hypothèse ethnologique et sur la base d'études détaillées portant sur le type de formules verbales utilisées et sur les séquences thématiques récurrentes maîtrisées, Parry et Lord ont pu reconstituer la méthode complexe et très spécifique qui a dû permettre la transmission des récits épiques grecs à l'époque d'Homère et sans doute plusieurs siècles avant Homère. Bien qu'il soit tout à fait certain que ce modèle ne puisse être utilisé que de façon large et très souple dans le cas d'autres cultures, il reste qu'il est permis de penser que, dans tous les cas, on ne part pas d'une composition immuable et de plus qu'on se livre à une improvisation relativement libre et créatrice.

À partir de ce modèle détaillé mais aussi à partir des nombreux cas rapportés par Vansina, Finnegan et Foley, entre autres, une théorie remplaçant la vieille approche romantique a donc pu prendre forme qui sert maintenant de base à toute étude des traditions orales. Il va de soi que ces études dépassent de loin la simple question de transmission authentique dont nous sommes partis et qu'elles permettent même de se faire une idée assez précise de la manière dont une tradition orale particulière se construit effectivement; on en est même venu à appliquer cet ensemble de techniques ou de méthodes à certains récits bibliques, puisqu'il est clair que nombre d'entre eux peuvent vraisemblablement être considérés comme ayant une source orale ancienne.

Mais notre propos se limite, dans le contexte actuel, à savoir s'il est possible qu'un récit de quelque envergure puisse être transmis au long des générations et à vrai dire pendant plusieurs siècles de façon relativement inaltérée. Le fait de pouvoir établir en toute probabilité que divers récits concernant Abraham, Joseph, Moïse ou David comportent une source orale ancienne n'est pas sans intérêt pour les études bibliques, dans la mesure où il devient alors possible de détecter certaines caractéristiques de ces récits, tant sur le plan du contenu que de la forme. Reste pourtant que la question de la transmission fidèle d'un tel récit pose très sérieusement problème dans le cadre de la nouvelle approche des folkloristes actuels. C'est donc en restreignant notre attention à ce point particulier mais très important qu'il faut maintenant tirer quelques conclusions.

D'un côté, il ne fait aucun doute que le canevas général d'un récit peut être conservé sur une très longue période; il est du reste fort possible que certains aspects de ce récit ayant trait tant à sa forme qu'à son contenu soient préservés comme tels pendant quelques générations. En contrepartie, il est essentiel de bien saisir à quel mode de transmission on a alors affaire et de ne pas en attendre une fidélité qui est exclue pour ainsi dire par principe. Dans la tradition orale, tout contribue à empêcher une authentique préservation du message et l'on doit affirmer qu'à la longue tout doit finir par être transformé par un tel mode de transmission : la forme, les éléments de contenu, le contexte historique, etc. En effet, cette transmission orale n'a rien d'inconscient, de mécanique ou de collectif mais est plutôt indissolublement liée à des performances individuelles. Et ces performances sont invariablement caractérisées par une improvisation à la fois contrôlée et créatrice, peu importe la manière dont l'apprentissage de l'improvisation se fait dans une culture donnée. L'ensemble des improvisateurs qui sont à l'œuvre ne peuvent manquer d'effectuer un certain nombre d'opérations plus ou moins conscientes sur le canevas qu'ils ont en tête au moment de leur performance orale : sélection à l'intérieur du matériel pour mettre en valeur les péricopes les plus pertinentes, recréation et interprétation actives de certains thèmes ou parties de scénarios, amélioration formelle ou matérielle du récit, actualisation de certains aspects de l'intrigue, embellissements divers, effet de caricature ou d'héroïsation sur les personnages, utilisation du récit à des fins d'instruction ou d'édification morales ou idéologiques, etc. Au total donc, la transmission à laquelle on assiste n'a rien de neutre ni de mécanique, mais, au contraire, a tout d'une reconstruction qui reprend la composition orale déjà établie et la modifie de fond en comble. Il se passe donc essentiellement la même chose dans le cas de la tradition orale que ce qu'on a pu observer auparavant à propos de la tradition écrite de la Bible. Une telle analogie peut paraître étonnante mais elle est bien réelle.

Il ne reste qu'une remarque à ajouter à notre exposé : ce qui est vrai dans le cas d'un récit fictif ou légendaire l'est encore davantage dans le cas d'un récit comportant une base historique plus ou moins ferme. Les études folkloriques en ce domaine ne laissent guère de doute. Plus un récit comporte un certain substrat historique ou réel, plus il est valorisé par la communauté qui l'intègre à sa vivante tradition car il remplit nécessairement une certaine fonction de légitimation et d'identification pour la communauté en question. Il est donc logique de penser qu'on fera tôt ou tard jouer un certain rôle idéologique à ce récit du fait qu'il a non seulement un intérêt en soi pour cette communauté mais surtout un intérêt actuel. Il devient ainsi l'objet d'un travail d'utilisation idéologique qui se surajoute au travail par ailleurs inévitable de reconstruction dont on a déjà parlé.

En résumé, notre critique des sources bibliques aboutit à une remise en question globale et radicale de l'immense majorité des sources utilisées pour constituer le récit biblique. Dans un premier temps, on s'est tourné vers les sources écrites pour se rendre compte que nous ne disposons d'aucune source textuelle et d'aucun document épigraphe susceptibles de nous permettre d'établir solidement la prétention à l'historicité du récit biblique (à tout le moins jusqu'au septième siècle) ; dans ce contexte systématique d'analyse, il doit être désormais entendu que les références très clairsemées que le texte biblique fait valoir n'ont, d'un point de vue critique, aucune crédibilité. Cela signifie que si les récits bibliques ont une valeur historique, cette valeur ne peut être que postulée et se situe au-delà de toute vérification. En ce qui concerne les sources orales, dans un deuxième temps, notre jugement doit être plus nuancé dans la mesure où il est indéniable que de nombreux récits bibliques reposent sur une certaine tradition orale ; à ce titre, on doit admettre la possibilité que diverses légendes et histoires populaires aient été à la fois préservées et modifiées au long du temps et cela tant sur le plan de la transmission orale que de la transmission écrite. En revanche, dans la perspective d'une enquête critique comme la nôtre, il apparaît tout à fait illégitime de recourir à une telle tradition orale pour fonder l'historicité des récits bibliques. Tout cela nous mène donc à conclure que les prétentions historiographiques du texte biblique, à tout le moins en ce qui concerne les récits anciens, sont sans fondement. Au surplus, dans la mesure où le texte biblique traite l'ensemble de ces sources sans le moindre souci critique, on est du coup tenu de conclure qu'il ne faut prêter à un tel texte aucune crédibilité a priori mais tout au contraire l'aborder constamment avec une défiance critique de bon aloi.

L'arrière-plan archéologique de l'histoire biblique

Notre examen critique de l'historiographie biblique se devait de partir d'une analyse des sources écrites et orales du récit biblique. Il en ressort une certaine image encore incomplète mais tout de même très significative de l'historien biblique. Cet historien n'a pas grand-chose à voir avec l'historien moderne, du moins en ce qui concerne son rapport à ses sources : il n'a pas accès à toutes les sources auxquelles il renvoie et de plus il n'exerce que très peu de contrôle critique sur elles, au point d'utiliser côte à côte et sans distinction des sources historiques et des sources légendaires, et au point sans doute de faire prévaloir ses préoccupations idéologiques sur ses préoccupations factuelles. Dès le début donc, sa crédibilité paraît en défaut.

Mais pour aller plus loin dans cette enquête historiographique, il convient maintenant de s'interroger dans la mesure du possible sur la vraisemblance du récit biblique. Ces récits se déroulent dans un cadre naturel et humain et ils mettent en scène divers aspects du développement d'une communauté humaine à travers le temps. Au-delà des événements et des personnages particuliers qui sont forcément presque impossibles à récupérer et à évaluer de notre point de vue propre, il existe une histoire biblique qui offre une perspective générale sur le destin du peuple israélite; car, manifestement, le récit biblique dessine au total une certaine trajectoire à long terme: l'itinéraire des patriarches, l'exode, l'alliance du Sinaï, la conquête, l'installation, la monarchie unie, l'histoire des royaumes séparés, l'exil, etc. Cette vaste perspective historique implique nécessairement un point de vue d'ensemble et par conséquent une certaine vision idéologique du peuple d'Israël; mais cette perspective idéologique sans laquelle aucune historiographie n'est possible n'est pas seule en cause dans un examen comme le nôtre. Car la question est *aussi* et au premier chef de savoir si cette perspective est purement idéologique ou bien si elle comporte tout de même un certain enracinement concret et une certaine valeur objective qui lui conféreraient une légitimité appréciable. En somme, il n'y a pas d'historiographie sans perspective idéologique générale mais il n'y a pas d'historiographie non plus sans historicité des événements rapportés et des personnages décrits et analysés. Et c'est ici que la question de l'analyse des sources doit être relayée par celle de la vraisemblance globale du récit.

Pour mener à bien cette tâche, nous disposons essentiellement de deux ressources: la recherche archéologique et, de façon subordonnée, les modèles anthropologiques qui peuvent contribuer à une meilleure description d'une société ancienne comme celle d'Israël. Il est évidemment hors de question d'entrer dans le détail de ces recherches. Nous pouvons cependant faire ressortir à grands traits un certain nombre d'éléments qui permettent de juger de l'historicité des récits bibliques.

Partons d'un cas particulier mais hautement significatif, soit les informations archéologiques dont nous disposons à propos de Jérusalem, cette ville qui constitue d'après la Bible le centre politique et religieux d'Israël tant à l'époque de David et Salomon qu'à celle d'Ézéchias et de Josias, mais aussi bien après l'exil. De toute évidence, il n'est pas facile de fouiller méthodiquement une ville historique comme Jérusalem qui a autant d'importance symbolique et réelle maintenant qu'à l'époque ancienne. Pourtant, si, à la suite de M. Steiner[8], on prend la peine de regrouper l'ensemble des recherches les plus significatives qui ont été

8. Voir A. G. Auld et M. Steiner, *Jerusalem 1: From the Bronze Age to the Maccabees*. Voir aussi l'article de M. Steiner dans H. Geva, *Ancient Jerusalem Revealed.*

menées sur cette ville, on aboutit à un certain nombre de constatations qui parlent d'elles-mêmes.

L'histoire archéologique de Jérusalem est à la fois simple et caractéristique. Alors qu'à l'âge du bronze moyen et au début du bronze récent (largement entre 2000 et 1400) elle n'était qu'un petit village semblable à des centaines d'autres en Palestine, elle subit comme les autres le contrecoup de la crise palestinienne au bronze récent (vers 1200-1150) et elle est alors pratiquement rayée de la carte. Il y a donc là une coupure historique importante, bien plus radicale sans doute que celle qui accompagne la conquête néo-babylonienne au début du sixième siècle. La reconstruction ou plutôt la refondation nouvelle de Jérusalem commence vers l'âge de fer (vers le douzième siècle) mais les fouilles montrent qu'elle n'est alors qu'une forteresse comportant peu d'habitations et non une petite ville. On a souvent conçu Jérusalem comme un petit centre politique et commercial dès cette époque mais rien dans les diverses fouilles effectuées ne permet de croire qu'une ville ait été fondée avant le dixième siècle, donc à l'époque présumée de David et de Salomon. Du reste, la petite ville qu'on évoque ici n'a rien d'une ville au sens moderne ni même au sens mésopotamien de ce terme. En cela, du reste, la situation de Jérusalem peut être considérée comme caractéristique de bien des centres palestiniens de l'époque. En effet, entre 1250 et 1150 environ, la Palestine, en même temps que tout le Proche-Orient asiatique, a subi une crise socioéconomique qui l'a désorganisée et appauvrie. Il y a tout lieu de croire que la reconstruction a été très lente sur l'ensemble du territoire et que Jérusalem ne fait pas exception à la règle. Ce qu'on retrouve donc à Jérusalem au dixième ou même au neuvième siècle, comme d'ailleurs en plusieurs petits centres palestiniens, c'est une minuscule agglomération d'environ douze hectares[9], comptant tout au plus deux mille habitants. De plus, tout indique qu'il ne s'agit là, strictement, que d'un petit centre administratif à vocation assez locale, un peu à la manière des très petites cités-États de la Grèce archaïque. Ce qu'on trouve dans une telle agglomération, outre les murs et fortifications, ce sont des bâtiments publics de dimension modeste, peut-être un temple (pas forcément à Yhwh) et tout au plus quelques habitations à usage privé. C'est pourquoi il convient de parler d'un petit centre administratif et non d'une ville au vrai sens du terme. Ce centre n'a donc absolument rien à voir avec la grande capitale politique et religieuse dont la Bible

9. Un hectare fait dix mille mètres carrés. Douze hectares représentent donc un village ou une très petite ville. Cela ne se compare à aucune ville mésopotamienne de taille moyenne.

parle en référence à David et Salomon. Jérusalem ne comporte alors aucun quartier résidentiel digne de ce nom et son rôle politique et administratif est strictement limité à la région environnante. La croissance de cette agglomération se fera à un rythme très lent entre le onzième et le septième siècle, pour s'en tenir à des points de repère prudents.

C'est dans ce contexte général qu'il faut placer la très importante recherche de D. Jamieson-Drake sur la Jérusalem de cette époque [10]. Ses résultats me paraissent concluants. Jamieson-Drake est simplement parti de l'hypothèse suivante : si la Jérusalem de cette époque constitue d'après la Bible un centre administratif très important pour l'ensemble d'Israël et même pour l'empire salomonien tout entier, elle doit comporter des édifices publics importants, des archives de toutes sortes, des écoles de scribes, etc. En somme, on doit pouvoir indiquer, sur un plan archéologique, les divers éléments d'une infrastructure urbaine qui corresponde à un tel centre administratif : installations urbaines d'envergure, travaux publics de pointe, circulation de produits de luxe typiques d'une grande capitale, etc. Or, l'enquête de Jamieson-Drake démontre qu'il n'existe, sur tout le territoire de Juda, aucune ville qui témoigne de cet état de développement avant le huitième et peut-être même le septième siècle. Tout cela nous oblige à conclure que le royaume de Juda n'est justement pas un royaume ou un État avant cette époque mais un simple regroupement plus ou moins informel de minuscules cités-États dont la base politique nous échappe pour le moment.

Si l'on reprend notre hypothèse de tout à l'heure, à savoir que Jérusalem s'est développée très progressivement entre le onzième et le septième siècle, on peut alors poser qu'un véritable quartier résidentiel est apparu vers le huitième siècle et a dû se construire peu à peu autour du centre administratif proprement dit. Comme il semble bien établi que les édifices publics ne gagnent pas en importance durant toute cette période, il faut en déduire que Jérusalem est devenue assez tardivement un centre d'artisanat et de commerce parallèlement au centre administratif qu'elle était déjà. C'est dans ce cadre organisationnel somme toute restreint que Jérusalem est devenue l'unique ville capitale importante de Juda au septième siècle, à la suite d'un tragique concours de circonstances dont nous reparlerons plus loin : la série ininterrompue des invasions assyriennes sur l'ensemble du territoire d'Israël et de Juda. Invasions qui ont entraîné à la longue une ruralisation massive de la population israélite et un reflux de l'élite politicoéconomique à Jérusalem, seul centre urbain subsistant et en quelque sorte capitale par défaut. Il est d'ailleurs

10. D. W. Jamieson-Drake, *Scribes and Scrolls in Monarchic Judah.*

bon de rappeler que Jérusalem n'excède pas alors cinquante hectares, ce qui en fait une ville dix fois plus petite que n'importe quelle grande capitale mésopotamienne ; en outre, des estimés récents lui accordent une population d'environ 15 000 personnes au début du septième siècle, ce qui n'a rien d'impérial non plus. C'est très probablement dans un tel contexte, au septième siècle, que peut se constituer une certaine élite intellectuelle et religieuse à Jérusalem et que des travaux littéraires d'importance restreinte peuvent être envisagés. Encore convient-il de nuancer tout cela en posant que l'élite intellectuelle de Juda ne peut excéder quelques centaines de personnes (normalement autour de 5 % de la population de Jérusalem) et que c'est cette élite très modeste qui se situe au début d'une longue tradition devant mener au texte biblique plusieurs siècles plus tard [11]. Il est donc totalement farfelu d'imaginer les petites écoles (au sens le plus flou) de cette époque en train de produire des dizaines de livres bibliques et de monter archives et librairies comme si l'on se trouvait à Ninive ou à Babylone. Le fait est justement qu'on a désespéré depuis un bon moment de retrouver quelque archive nationale que ce soit, si parcellaire soit-elle.

Mais au-delà de cette question cruciale des écoles de scribes et des archives littéraires de cette époque, ce que nous apprend notre compte rendu archéologique sur la capitale de Juda, c'est l'invraisemblance totale dans laquelle baigne tout le récit biblique de cette époque et en particulier de la période de la monarchie unie. Même à supposer que les historiens bibliques aient eu des sources, il faut maintenant en venir à la conclusion qu'ils les ont falsifiées s'ils ne les ont pas inventées.

Mais poursuivons plutôt notre enquête. Outre la grande période dont on vient de parler, il existe une autre époque sur laquelle l'archéologie a quelque chose à dire et c'est celle de la conquête et de l'installation du peuple israélite en Canaan. Là encore, la Bible décrit à profusion ce moment historique qui représente manifestement un point tournant pour le destin du peuple israélite. Rappelons d'abord ce long récit en quelques mots. En premier lieu, le récit du séjour au désert est raconté dans le livre de l'Exode et dans celui des Nombres. Après diverses péripéties légendaires, Moïse reçoit l'appel de Yhwh et se met en devoir de libérer les Israélites d'Égypte et de les mener jusqu'en Canaan, la terre promise. La sortie d'Égypte prend un tour dramatique mais Yhwh mène

11. On reconnaît généralement aujourd'hui qu'un développement nettement plus important et plus hâtif est survenu dans le royaume du nord (Israël) ; cependant, le sommet de cette croissance correspond justement au moment où Israël commence à faire face à des problèmes politiques et militaires insurmontables qui entraîneront sa disparition pure et simple. Je reviendrai sur tout cela.

le jeu et les Israélites arrivent à passer la mer Rouge et à se diriger vers le Sinaï. C'est là que se noue la grande alliance entre Yhwh et Israël et que Yhwh donne la Torah au peuple choisi. Rien pourtant ne semble gagné tant le peuple apparaît déjà comme borné et déloyal à la fois à l'égard de Moïse et de Yhwh ; il faudra une errance de quarante ans au désert pour mettre Israël à l'épreuve et tremper sa volonté de conquête et sa confiance en Yhwh. Le peuple est alors prêt à entrer dans la terre promise. Il va de soi que l'archéologie n'a rien à dire sur de telles pérégrinations et sur une telle révélation.

En deuxième lieu, à partir du livre des Nombres, chapitre 13, jusqu'au livre des Juges, chapitre 1, mais surtout dans le livre de Josué, on raconte l'immense aventure de la conquête de Canaan. En Josué, la conquête se déroule pour l'essentiel en deux grandes campagnes, l'une au sud et l'autre au nord, mais l'effet d'ensemble ne laisse aucun doute : on a affaire à une conquête unique, rapide et complète et cette conquête a pour seul et ultime responsable Yhwh lui-même. Par contre, en Juges 1, lorsqu'on reprend le récit de la conquête de façon plus condensée, la perspective change assez brusquement et le récit donne alors plutôt l'impression d'une conquête plus ardue et même inachevée. Reste au total que c'est au récit plus étoffé du livre de Josué qu'il faut se reporter pour notre confrontation archéologique.

À première vue, il est clair que l'installation d'un peuple ainsi que les destructions que ses conquêtes occasionnent ne peuvent manquer de laisser des traces. À cet égard, la tâche de l'enquête archéologique devrait être relativement facile. Notre point de repère le plus sûr pour situer dans le temps cette conquête et cette installation en Canaan, c'est forcément le moment où apparaissent des traces archéologiques évidentes de destruction ou d'abandon des villes sur le territoire de Canaan, c'est-à-dire au nord-ouest de la Palestine. S'il y a eu conquête, c'est alors qu'elle a eu lieu, autour du douzième siècle.

Si l'on veut comprendre le problème dans son ensemble, il faut dire un mot à propos de la conjoncture historique tout à fait unique qui a cours vers la fin du treizième siècle et pendant une grande partie du douzième. À cette époque, une crise démographique, économique et politique secoue jusque dans ses assises les plus profondes tout le Proche-Orient asiatique et cette crise entraîne des bouleversements politiques et des mouvements démographiques absolument inouïs. L'empire hittite disparaît, le petit royaume syrien d'Ugarit est rayé de la carte, les Égyptiens et les Mésopotamiens refluent vers leur territoire d'origine et il s'ensuit assez rapidement un vacuum sociopolitique presque unique dans l'histoire du Proche-Orient ancien. Naturellement, le pays de Canaan n'échappe pas à ces désordres énormes et l'archéologie en témoigne par des sites abandonnés ou détruits et par des traces de régression économique et démographique sans équivoque. Les centres urbains sont particulièrement affectés et il s'ensuit un changement radical dans le mode de vie général dont le signe le plus clair est un retour assez généralisé à la vie rurale ou semi-nomade.

Dans un tel contexte où la majorité des centres urbains disparaissent, où l'instabilité politique devient la règle et où l'appauvrissement économique atteint des sommets, la réorganisation ou plus souvent la simple subsistance passent nécessairement par des mouvements démographiques d'envergure et des changements radicaux au niveau du mode de vie. C'est alors par exemple que les Philistins venus de Grèce s'installent sur la côte sud de la Palestine, que des groupes très mêlés, parfois nommés Néo-Hittites, envahissent peu à peu la Syrie du nord et du centre et que les tribus araméennes prennent pied en Syrie du sud et jusqu'en Palestine. Ces mouvements de masse prennent forme à partir du douzième siècle mais se poursuivent sans doute sur au moins deux siècles. En Canaan, on peut observer deux changements économiques et démographiques majeurs : d'une part, la plupart des centres urbains disparaissent et la reconstruction se fait sur la base d'une population ruralisée et disséminée sur l'ensemble du territoire ; de l'autre, l'équilibre bien établi jusque-là entre agriculteurs et éleveurs est rompu et une économie essentiellement axée sur l'élevage ainsi que sur une agriculture rudimentaire reprend dans les régions favorables à ce type de stratégie de survie.

C'est dans le cadre de ce grand recommencement palestinien qu'il convient de situer les origines du peuple israélite. Vers cette époque, en effet, un groupe humain mixte s'installe dans les collines de la Palestine centrale, des deux côtés du Jourdain, et surtout au nord, qui est plus fertile et plus accessible. La base de son économie est l'élevage et ce n'est que peu à peu qu'une certaine agriculture horticole s'ajoutera à son mode de vie semi-nomade. Il est extrêmement important pour notre propos de se rendre compte qu'on n'a pas affaire alors à une population unifiée et bien identifiée (les mythiques Hébreux) mais bien à une population mixte composée de groupes indigènes, d'Araméens venant du nord et de « Cananéens » venant de l'ouest, pour s'en tenir au plus évident. Lorsqu'on fait référence dans ce contexte aux Hébreux ou aux Israélites, on commet un grave anachronisme car il est hors de doute qu'Israël ne constitue pas alors une entité nationale ou tribale et qu'une telle identité ethnique n'a de sens que beaucoup plus tard et de façon très relative. La reconstruction biblique commet à cet égard un contresens complet par rapport à la réalité archéologique de cette époque (âge de fer I et début de fer II, disons entre 1150 et 900).

Cela n'empêche évidemment pas que les habitants des plateaux du centre de la Palestine arrivent à se développer dans le cadre d'une stricte économie de subsistance et à s'organiser militairement contre les menaces extérieures. De fait, l'archéologie montre qu'il se produit alors, entre 1150 et 900, un regain économique assez impressionnant dans toute cette région des plateaux, c'est-à-dire sur le territoire qui deviendra plus tard le royaume du nord (Israël) et le royaume du sud (Juda) ; reste que ce renouveau concerne très peu Juda et bien davantage Israël, la majorité (environ 75 %) des sites de cette époque se situant dans cette région. On peut croire qu'une reconstruction parallèle a lieu en Canaan même (au nord-ouest) à partir du onzième siècle et surtout que le renouveau plus important dans la région du centre finit par rayonner vers l'ouest et par contribuer à son tour à la reconstruction cananéenne. Même si ce genre d'estimation est très fragile, on peut penser qu'au douzième siècle cette population du centre montagneux de la Palestine ne dépasse pas les vingt mille personnes et qu'elle peut compter tout au plus cinquante mille personnes au dixième siècle ; elle déborde alors vers le sud et surtout vers l'ouest, mais cela n'implique encore aucune organisation politique complexe ni même une identité nationale véritable. Tel est donc le portrait d'ensemble que nous livre la recherche archéologique récente au sujet de l'installation « israélite » sur les territoires d'« Israël » et de « Juda » et au sujet de son occupation très lente du territoire de « Canaan ».

Si l'on veut confronter rigoureusement ces résultats au récit biblique, on n'a qu'à comparer les recherches archéologiques des vingt dernières années avec les diverses hypothèses antérieures qui se situaient toujours par rapport au texte biblique et s'efforçaient tant bien que mal de le rendre intelligible et vraisemblable.

Trois hypothèses ont dominé le champ des études bibliques avant les années 1980. La première, soutenue en particulier par W. F. Albright, est sans doute la plus proche du texte biblique mais elle prétend au surplus lui apporter une justification archéologique valable. Selon cette hypothèse et conformément au livre de Josué, les Israélites seraient partis de la périphérie désertique du territoire palestinien et seraient remontés vers Canaan qu'ils auraient occupé par conquête. Selon le schéma déjà évoqué d'une « archéologie biblique » qui s'affaire à accumuler tous les éléments qui peuvent confirmer la vérité reçue de la Bible, on n'avait aucune peine à détecter les preuves de cette conquête dans les nombreuses traces de destruction de villes cananéennes de l'époque. Mais comme on l'a vu précédemment, ce n'est justement pas sur la côte palestinienne que les « nouveaux venus » se sont installés mais bien dans la région montagneuse du centre. En outre, si de nombreux centres urbains furent alors abandonnés ou détruits, ils n'ont pas été forcément détruits par les Israélites mais plus probablement par les Philistins. Par surcroît, ils n'ont pas été occupés à ce moment-là par de prétendus conquérants, ce qui contredit doublement le récit de la Bible.

La seconde hypothèse est associée particulièrement au nom de A. Alt et elle consiste essentiellement à remplacer une conquête subite et massive par une infiltration lente, ce qui se rapproche davantage du récit des Juges mais en le nuançant fortement puisque l'idée d'une conquête militaire même partielle disparaît au profit d'une occupation pacifique. Mais même une telle reconstruction qui s'éloigne appréciablement du récit biblique ne peut être retenue pour au moins deux raisons majeures : d'abord, les « Israélites » auxquels on se réfère ici ne surgissent pas du désert périphérique, ils ne sont certainement pas des nomades en état d'errance constante et ils n'ont pas non plus l'identité ni la cohésion nationales qu'on leur prête sans examen. Ensuite et surtout, la réoccupation du territoire cananéen est un phénomène relativement tardif car elle ne survient qu'un siècle ou deux après l'abandon ou la destruction des principaux sites et assez rarement sur ces mêmes sites.

Je ne signale la troisième hypothèse que pour mémoire car elle ne peut se réclamer ni du texte biblique ni d'une enquête archéologique même minimale. Cette thèse énoncée diversement par E. Mendenhall et N. K. Gottwald prétend que la conquête de Canaan résulte en réalité d'une révolte interne à la société cananéenne et d'une prise de pouvoir par des paysans pauvres et opprimés qui auraient d'abord déserté les villes cananéennes puis, après s'être réorganisés on ne sait trop comment, seraient revenus occuper et contrôler tout le territoire de Canaan. Cette épopée moderne qui n'a rien à envier en anachronisme et en invraisemblance au récit biblique a été réfutée de façon décisive par N. P. Lemche et I. Finkelstein en particulier[12].

Comme on le voit, il n'est pas si facile de sauver ou d'adapter le récit biblique en prenant au moins sommairement en compte la recherche archéologique récente. Nous avions déjà suggéré que la Bible ne renvoyait explicitement à aucune source documentaire pour les livres précédant le livre des Rois ; il est désormais clair que de telles sources n'existent pas et que l'historien biblique ne dispose d'aucun moyen

12. Voir N. P. Lemche, *Early Israel*, et I. Finkelstein, *The Archaeology of the Israelite Settlement.*

satisfaisant pour reconstituer l'histoire d'Israël, à tout le moins des origines jusqu'au huitième siècle, c'est-à-dire quant aux événements qui concernent une portion majeure du récit biblique. Si l'on espère reconstituer au moins dans ses grandes lignes un tel récit ainsi que son cadre historique, on est donc contraint d'aller plus loin encore et de chercher du côté de l'archéologie en longue durée et parallèlement du côté des modèles que nous proposent les sciences humaines contemporaines. C'est ce que nous allons maintenant entreprendre.

L'histoire d'Israël en longue durée

Malgré les limites évidentes de nos moyens d'enquêtes, nous aboutissons jusqu'ici à deux constatations qui semblent s'imposer d'emblée, à tout le moins pour la partie la plus importante de l'histoire biblique, soit l'histoire des patriarches, le récit de l'exode et de la conquête, et enfin toute la narration concernant l'installation en Israël et la monarchie unie sous David et Salomon: d'une part, l'historien biblique n'a pas de sources dignes de ce nom dans la majorité des cas et, quand il en a, elles ne sont pas fiables; d'autre part, son récit, là où on peut tenter de l'étayer par la recherche archéologique, manque totalement de vraisemblance.

Pourtant, il est permis de croire que le récit biblique comporte un fond d'historicité puisque le royaume d'Israël a pris forme probablement à partir du dixième ou du neuvième siècle, et celui de Juda sans doute un peu plus tard, vers le huitième siècle. De plus, à partir de cette période, nous disposons de sources indépendantes, particulièrement les inscriptions et annales assyriennes et babyloniennes. Enfin, les événements qui concernent alors Israël et Juda semblent relativement mieux établis et l'on peut légitimement penser que les débuts de la rédaction biblique datent à peu près de cette époque ou à tout le moins du septième siècle. Cet ensemble de conjectures raisonnables nous incitent à aller plus loin et à essayer de comprendre comment ces royaumes ont pu voir le jour et se développer peu à peu. Si l'on prend en compte le peu de crédibilité de l'historiographie biblique, toutefois, il devient nécessaire de tenter de se donner un cadre qui permette de la comprendre et de la contrôler. Comme je l'ai déjà laissé entendre, ce cadre indépendant peut nous être fourni par les analyses en longue durée que permettent trois types différents de sciences modernes: la géographie, l'archéologie et les sciences humaines.

Commençons en premier lieu par examiner les contraintes géographiques et environnementales auxquelles on fait face lorsqu'on étudie l'histoire ancienne de la Palestine. Tenons-nous-en aux grandes lignes et examinons successivement les caractéristiques écologiques puis les caractéristiques géopolitiques de la Palestine ancienne.

Le territoire même comporte des particularités évidentes dont il faut bien saisir la portée. D'abord, ce territoire est relativement restreint puisqu'il ne fait que cent kilomètres de largeur (est-ouest) et un peu plus de cinq cents kilomètres de longueur (nord-sud). Ensuite, il est très abrité et de circulation plutôt malaisée : en plus d'être traversé par des cours d'eau et des montagnes, il est encadré à l'ouest par la Méditerranée et de tous les autres côtés par des collines ou des montagnes et par des steppes ou des déserts. Enfin, il est foncièrement fragmenté à la fois par sa topographie très variée et par ses divers climats et zones naturelles (côtes, vallées, montagnes, désert, etc.). À cette fragmentation s'ajoute le fait qu'il ne dispose pas d'installations portuaires importantes et que les zones favorables à l'agriculture ne forment qu'une assez faible portion de son étendue. On a donc affaire à un territoire qui n'est ni économiquement riche ni aisément unifiable au plan politique. Il suit de là qu'à chaque phase de l'histoire ancienne la Palestine a tendance à se fragmenter en petites cités-États ou en royaumes restreints et à se développer sur cette base. Il est donc peu vraisemblable qu'un empire palestinien prenne forme ici et encore moins qu'un tel empire puisse être unifié de façon durable. De fait, si l'on examine la fragmentation régionale à peu près constante de la Palestine, on constate que le pays est resté divisé pendant des millénaires en quatre grandes zones longitudinales : la zone côtière allant de la Phénicie au nord jusqu'au territoire des Philistins au sud ; la zone montagneuse centrale comprenant principalement les monts de Galilée et d'Ephraïm au nord et les monts de Juda au sud ; la vallée du Jourdain allant jusqu'à la mer Morte ; et la région montagneuse à l'est du Jourdain (Gilead, Moab, Edom...). Bien sûr, à l'intérieur de ce cadre très régionalisé, les petits royaumes bougent et empiètent sans cesse les uns sur les autres mais pour l'essentiel les limites fixées par le climat et le relief demeurent.

À ce bref examen géoécologique, il faut cependant ajouter des considérations géopolitiques d'égale importance. En effet, vue de l'intérieur, la Palestine est un pays très fragmenté et relativement pauvre ; mais vue de l'extérieur, elle constitue un carrefour incontournable pour toutes les puissances environnantes. D'abord, la Palestine fait tout naturellement partie de la grande entité géopolitique syro-mésopotamienne et cela est si vrai qu'il est pratiquement illusoire de séparer sur un plan culturel Syrie et Palestine à l'époque ancienne. Ensuite et d'un point de vue différent, si ce territoire se situe tout à la périphérie du monde syro-mésopotamien, c'est en revanche une voie de passage obligée entre l'Anatolie et l'Égypte mais aussi entre la Mésopotamie et l'Égypte. C'est pourquoi, très tôt dans l'histoire, la Syrie et la Palestine représenteront des zones d'influence quasi permanentes pour les grandes puissances hittites, égyptiennes et mésopotamiennes. Enfin, la Phénicie et la Palestine offrent une fenêtre naturelle sur la Méditerranée (et par suite sur l'Europe) pour tout le Proche-Orient asiatique, quoique ce facteur n'intervienne de façon significative qu'à une époque plus tardive. Il découle de tout cela que la Palestine ne pourra revendiquer une certaine indépendance politique et culturelle que de façon réduite et à de rares périodes de son histoire.

Si, pour conclure ce premier point, on prend la peine de conjuguer facteurs écologiques et facteurs géopolitiques, on peut mesurer sans grand risque d'erreur le potentiel historique palestinien : au total, on se trouve devant des entités régionales peu favorisées et malaisées à organiser mais faisant continuellement face aux assauts des grandes puissances extérieures et n'arrivant pas à se prémunir contre elles. Cela représente donc le destin naturel de la Palestine ou, si l'on peut dire, son espérance politique en longue durée.

On peut maintenant faire intervenir la science archéologique de façon à examiner de plus près comment se concrétisent à travers le temps ces espérances historiques. Afin que le lecteur puisse s'y retrouver sans trop de peine, je commencerai par distinguer grossièrement les grandes périodes archéologiques auxquelles nous allons nous référer régulièrement ici — évidemment, j'arrondis les dates qui peuvent varier légèrement d'un auteur à l'autre et je fais remarquer que ces datations sont le plus souvent relatives à l'histoire égyptienne qui est le principal point de repère chronologique pour la Palestine archaïque. Comme il n'est pas utile pour notre propos de remonter au-delà de l'âge de bronze, je distinguerai simplement entre l'âge de bronze, qui va de 3500 à 1200 (ou 1150), et l'âge de fer, qui va de 1200 à 587, date où débute la période perse. On répartit couramment l'âge de bronze en trois grandes phases : le bronze ancien (3500-2200), le bronze moyen (2200-1500) et le bronze récent (1500-1200). On répartit l'âge de fer en deux phases : de 1200 à 1000 (ou 900) et de 1000 à 587. Enfin, signalons que la période perse va de 587 à 332, moment où commence la période hellénistique.

La question est de savoir si l'on peut dégager durant cette immense période de temps certains patterns archéologiques, c'est-à-dire des schèmes dominants et récurrents de développement pour la Palestine. Pour mener cette tâche à bien, il importe d'éviter tout détail superflu et de s'en tenir aux éléments majeurs qui ont seuls des répercussions importantes et par suite une certaine valeur explicative en longue durée. Pour clarifier l'exposé, j'émets dès maintenant l'hypothèse, après I. Finkelstein, que toute cette période est faite d'apogées et de déclins successifs et que ces cycles fournissent la plateforme historique sur laquelle pourront se constituer de petits États territoriaux ou nationaux comme Israël ou Juda, au terme d'une très longue évolution.

Le premier cycle de développement se situe au bronze ancien. On peut en situer très approximativement l'essor entre 2700 et 2300 et le déclin entre 2300 et 2000. La période d'expansion se caractérise par une certaine « urbanisation » avec les éléments d'installation villageoise et d'organisation politique et militaire qui lui correspondent; on peut parler, dans ce contexte, de villes ou de cités-États embryonnaires. Ce sont ces très petites cités-États qui vont mener, au terme d'une longue évolution cyclique, aux États territoriaux ou aux petits royaumes, tels Israël et Juda. À cette expansion succède, vers 2300, une période de crise marquée par de nombreux abandons de sites et une détérioration générale des conditions de vie; cela peut du reste s'expliquer de bien des façons mais, dans le cas particulier du bronze ancien, on croit que la crise est causée par des raisons d'ordre purement naturel: variations climatiques, sous-production agricole, famine, etc. Comme à chaque cycle, le redressement se fait très lentement et toujours à partir de la périphérie vers le centre, c'est-à-dire aboutissant à la longue à la reconstitution des cités-États, peu importe qu'il s'agisse de sites nouveaux ou de réinstallation dans les sites anciens.

Le deuxième cycle de notre spirale évolutive est pareillement composé d'une apogée et d'un déclin et se situe au bronze moyen. Le moment de prospérité se situe approximativement entre 2000 et 1600 et celui de désorganisation environ entre 1600 et 1200 (ou 1150). Le phénomène d'ensemble est analogue au premier cycle mais simplement avec des effets plus aisément observables; par contre, les cités-États sont maintenant sous la coupe de l'administration égyptienne, ce qui limite la possibilité de développement d'États territoriaux palestiniens en temps de prospérité et accentue leur désorganisation quand l'Égypte elle-même entre en crise et interrompt sa « colonisation » de la Palestine.

Le troisième cycle ressemble aux deux précédents et nous conduit cette fois à l'âge de fer. La période d'essor peut aller de 1200 (ou 1150) jusqu'à 1000 (ou 900); elle est marquée par la reconstitution des cités-États, particulièrement dans le royaume d'Israël. Mais cette fois le développement des nouvelles cités-États se poursuit bien au-delà de 1000 ou 900. Dans ce contexte tout à fait particulier où de petites cités-États reprennent forme très lentement quoique sans interférence extérieure, l'apogée se prolonge environ jusqu'en 750; le déclin commence alors, avec les invasions assyriennes puis babyloniennes, ce qui peut se situer entre 750 et 587. Mais ce qui importe par-dessus tout ici, c'est qu'on voit pour la première fois surgir, à partir des petites cités-États en formation, des États territoriaux relativement forts et structurés, quelque part entre le dixième et le huitième siècle. Reste qu'on n'a en aucune façon affaire alors à des royaumes puissants et encore moins à de petits empires. On tend donc, jusqu'à un certain point, à se rapprocher de l'histoire biblique concernant la monarchie divisée, c'est-à-dire l'histoire assez peu glorieuse des royaumes du nord (Israël) et du sud (Juda).

Pour achever de préparer l'examen historique de cette période, il nous reste, en troisième et dernier lieu, à tracer à grands traits le portrait économique, social et politique de cette période en prenant principalement appui sur les modèles anthropologiques dont on dispose mais sans négliger pour autant le seul témoignage direct disponible, le texte biblique lui-même.

Il est bon de se rappeler une fois encore qu'il s'agit essentiellement pour nous de rendre compte adéquatement d'un état de choses à la fois simple et fondamental, à savoir qu'à partir du dixième ou du neuvième siècle environ, le petit royaume d'Israël et, dans une bien moindre mesure, celui de Juda ont pris forme en Palestine et se sont développés jusqu'à leur démantèlement plus ou moins complet par les grandes puissances mésopotamiennes du moment. Cette lente construction économique, sociale et politique est probablement à peine observable aux onzième et dixième siècles puisque la grande crise du douzième siècle a laissé les cités-États palestiniennes dans un état tout à fait pitoyable et qu'il n'est pas possible, dans ce contexte, d'envisager un recommencement autre que très lent et tout à fait local. Cela tient à tout un ensemble de facteurs auxquels nos analyses antérieures nous ont sensibilisés : d'abord, l'irréductible fragmentation du territoire palestinien et sa pauvreté générale sur le plan agricole et économique ; ensuite, l'immense difficulté de construire sur une telle base de véritables cités-États ou, si l'on préfère, de petits États territoriaux qui jouissent à la fois d'une organisation économique tant soit peu complexe et harmonieuse, et d'une administration politique et militaire puissante et durable ; enfin, la dépendance plus ou moins ruineuse dans laquelle se trouvent ces diverses cités-États tout au long du bronze moyen et du bronze récent face à la puissance égyptienne. Tout cela explique que, après la crise très grave qu'on a généralement tendance à situer vers 1200-1150, on ne puisse assister qu'à un renouveau économique et social extrêmement lent et que ce renouveau trouve son terrain le plus favorable dans des territoires relativement périphériques comme la région des plateaux du centre palestinien où naîtront un peu plus tard les royaumes d'Israël et de Juda. Du reste, le fait que les rédacteurs bibliques ne soient pas en mesure, dans l'état de leur information, de concevoir un tel renouveau de façon rigoureuse et réaliste ne devrait surprendre personne et encore moins entraîner tous les débats oiseux qui continuent malgré tout à grever les études bibliques.

Comme l'infrastructure économique fait foi de tout dans un tel contexte de vie, c'est de là qu'il convient de repartir pour décrire dans leurs grandes lignes les petits royaumes centraux d'Israël et de Juda. À ce propos, il faut enraciner notre analyse dans un constat central pour toutes les sociétés du Proche-Orient ancien : on a affaire dans tous les cas à des sociétés agraires et cela doit être considéré comme une vérité de contexte tout à fait indépassable [13]. Au sens large, cela signifie que l'immense majorité de la population (sans doute 90 % sinon davantage) vit de la terre, soit dans le domaine de l'agriculture soit dans celui de l'élevage. Mais en un sens plus spécifique, il ne faut certes pas imaginer la société agraire palestinienne comme celle de l'Égypte ou de la Mésopotamie puisqu'on ne rencontre ici ni culture par irrigation ni centralisation étatique. Autrement dit, si l'on se replace dans le contexte de l'époque, dans la région des plateaux du centre palestinien, le recommencement auquel on assiste est centré sur l'élevage plus que sur l'agriculture, il s'organise strictement à partir d'unités domestiques ou claniques plus ou moins restreintes et il consiste au départ et pendant plusieurs générations en une économie de subsistance aménagée de façon très locale et très fragile. Chaque groupe humain s'organise donc en autarcie presque complète, dans des réseaux très restreints de clans habitant des hameaux de cinquante à peut-être cent et rarement deux cents personnes, sous l'autorité coutumière des anciens, c'est-à-dire en plein patriarcat « politique », juridique et religieux. Cet état de choses doit perdurer au moins jusqu'au neuvième siècle en Israël et au huitième siècle en Juda.

Deux facteurs principaux entraînent peu à peu la transformation de ce système « politique » rudimentaire. D'abord, une telle société doit tôt ou tard gérer les mouvements migratoires qui se produisent constamment sur son territoire (principalement du nord au sud) et qui peuvent venir la déstabiliser et la désorganiser ; parallèlement, elle doit faire face aux diverses menaces extérieures qui risquent sans cesse de la ramener à un état de régression économique ; en un mot, il y a tôt ou

13. Voir par exemple le modèle décrit en *Sagesses*, vol. 1, p. 163-167.

tard une nécessité impérieuse d'organisation militaire contre toute forme d'envahissement pacifique ou armé du territoire. Ensuite, si l'on espère dépasser le niveau peu enviable d'une stricte économie de subsistance, il faut peu à peu aménager une forme d'économie que l'on retrouve un peu partout sur le pourtour méditerranéen et qui est centré pour l'essentiel sur la mise en place d'un réseau d'échanges et de communication; on passe donc très lentement d'une simple économie de subsistance à une sorte d'économie mixte et cela permet à la fois un certain étalement des risques de la production agricole et une meilleure organisation de la main-d'œuvre. Sans minimiser l'importance du facteur politicomilitaire dans le développement collectif de ces petits groupes humains, il m'apparaît incontestable que l'évolution interne du modèle économique représente à long terme le facteur décisif de développement de ces sociétés. Il est bien évident que l'organisation politicomilitaire et l'organisation socioéconomique constituent des développements parallèles et même convergents mais, cela étant admis, il reste que rien n'est possible sans l'évolution et la stabilisation de l'infrastructure économique. En effet, tant que le risque économique n'est pas étalé et reporté sur un certain ensemble social (plutôt que sur les unités domestiques prises une à une) et tant qu'on ne parvient pas à une certaine gestion collective de la main-d'œuvre, soit pour les corvées d'envergure, soit pour la construction d'installations collectives d'une certaine importance, aucun véritable développement collectif à long terme n'est envisageable. Et c'est sans aucun doute ce qui survient vers le neuvième siècle dans le royaume d'Israël et vers le huitième siècle dans le royaume de Juda. Ce très lent développement est favorisé et à vrai dire rendu possible par le vacuum politique dans lequel on se trouve alors pendant plusieurs siècles. Aucune menace extérieure d'importance ne semble avoir interféré sur cette évolution des royaumes du centre, ni menace égyptienne ni menace «cananéenne» ni même menace philistine. Les velléités d'attaques extérieures, particulièrement les visées des Philistins, ne semblent jamais aller assez loin pour contrecarrer vraiment ce développement et ne semblent pas justifier autre chose qu'une saine organisation militaire «israélite» et qu'un certain nombre d'opérations militaires essentiellement défensives. Je rappelle à ce propos que le témoignage biblique doit être considéré comme systématiquement anachronique et exagéré.

Tel est donc, dans un premier temps, le modèle de développement que l'on peut tracer pour les petits royaumes d'Israël et de Juda durant cette période. On peut maintenant essayer de reconstituer le portrait social et politique qui correspond à une telle infrastructure. Un mot d'abord pour rappeler qu'on n'a absolument pas affaire à une entité ethnique ou nationale homogène. En réalité, il est sans doute anachronique de parler de royaumes d'Israël et de Juda avant le neuvième ou le huitième siècle et de faire référence à ces populations comme si l'on avait affaire à des nations dûment constituées et bien définies. C'est pourquoi on a de plus en plus tendance à parler à ce propos d'États territoriaux ou de simples regroupements assez lâches de cités-États minuscules et disséminées dans la zone palestinienne centrale.

De fait, plus on remonte dans le temps, c'est-à-dire entre le douzième et le neuvième siècle au moins, plus on a affaire à des communautés agraires de très faible taille et vivant selon le modèle très archaïque d'une économie de subsistance. Tout au plus peut-on songer, à ces époques reculées, à des regroupements tribaux et des chefferies instables s'organisant selon les besoins du moment et davantage préoccupés par des rivalités internes que par la protection militaire du territoire concerné. J'ai déjà décrit suffisamment en détail le type de société auquel on a affaire dans ce contexte, dans le cas de la Mésopotamie[14]. Je me contenterai donc ici d'en faire ressortir les grandes lignes.

Dans l'ensemble, les communautés humaines s'organisent dans le cadre de minuscules villages allant de cinquante à deux cents personnes tout au plus et administrant leurs affaires sur un mode de gestion quasi autarcique. Les institutions sociales de base se réduisent dès lors à la famille et au clan qui n'est qu'un simple regroupement de familles. La famille dont on parle ici, c'est l'unité domestique, c'est-à-dire une famille élargie comportant généralement d'une à trois familles nucléaires et regroupant habituellement trois générations (grands-parents, parents et enfants); cette unité condense en elle toutes les fonctions sociales essentielles allant de la résidence en un lieu commun jusqu'à l'organisation de la production et de la consommation. Le centre moteur de cette famille élargie est composé par le chef de la famille et, de façon subordonnée, par son épouse. Le mode de gestion que l'on rencontre alors pour toutes les questions importantes est celui que l'on trouve dans toute société patriarcale, à cette nuance près que le pouvoir patriarcal se pose ici comme un pouvoir unique et sans contrepartie véritable. Toutes les relations sont hiérarchiques et autoritaires, et les valeurs de base qui s'en déduisent sont l'obéissance (ou la soumission pure et simple) et la loyauté. Ce modèle relationnel est bien connu des anthropologues, particulièrement dans les sociétés méditerranéennes archaïques, et on a coutume de le comprendre sur le modèle patron-client. Ce modèle est central dans le cadre de la

14. Voir *Sagesses*, vol. 2, chap. 3.

famille, bien sûr, mais aussi dans toutes les relations sociales hiérarchisées qu'on peut rencontrer dans ces sociétés : relation du chef de guerre à ses subordonnés, du chef de clan à ses protégés, etc. La même relation patron-client vient modeler le rapport entre petites et grandes communautés, entre petits et grands royaumes, entre fidèles et divinités familiales ou locales, etc. Ainsi, par exemple, le rapport entre le royaume de Juda et son maître assyrien est essentiellement un rapport client-patron, tout comme celui entre le peuple d'Israël et Yhwh.

Ce modèle vertical patron-client concerne donc tous les rapports hiérarchiques qu'on peut trouver dans la famille, le clan ou le groupe plus large que l'on nomme coutumièrement tribu : rapports d'organisation de la production et de la consommation, organisation des mariages et de la succession, arbitrage de litiges et maintien de l'ordre général, etc. Mais pour bien comprendre le fonctionnement global de ces sociétés très archaïques, il importe d'ajouter à ce modèle vertical patron-client un modèle horizontal entre pairs ou entre égaux. C'est ce modèle qu'on identifie sous le vocable de sociétés de l'honneur [15]. Plus on se retrouve dans le contexte quasi égalitaire d'une société peu segmentée et peu stratifiée, plus ce modèle est agissant et plus les relations sociales et interpersonnelles peuvent être interprétées dans son éclairage. Conformément à ce modèle, chaque famille forme une entité corporative comportant son potentiel d'honneur ; ce potentiel tire sa substance du patrimoine humain et économique de la famille, de son statut social et de sa réputation sociale ou de son prestige. Plus la société concernée se développe et se complexifie, plus le jeu de la reconnaissance s'élabore et se raffine sous le signe de l'honneur, ce qui conduit à des réseaux d'alliances et de rivalités qui constituent la dynamique profonde de toute la vie communautaire. Je n'irai pas plus loin de ce côté étant donné que j'aurai à reprendre la question plus en détail au moment de l'examen de l'idéologie biblique.

Le portrait global qui se dégage de nos deux modèles suffit à donner une idée suffisante du fonctionnement de la société « israélite » archaïque. Ces deux modèles doivent être considérés comme foncièrement complémentaires : d'un côté, conformément au modèle patron-client typique d'une société patriarcale archaïque, le corps social forme un tout hiérarchisé, géré de façon autoritaire et axé sur des valeurs d'ordre et de solidarité tout à fait fondamentales ; de l'autre côté, conformément au modèle de l'honneur, cet ensemble hiérarchisé et

15. J'ai décrit ce modèle de façon relativement approfondie dans *Sagesses*, vol. 1, p. 42-61, et de façon plus appliquée dans *Sagesses*, vol. 2, chap. 3.

stable est traversé par une dynamique profonde où se jouent constamment la promotion économique et la reconnaissance sociale des diverses unités domestiques, ce qui entraîne alliances et rivalités, défis et ripostes, moments d'équilibre et moments de crise, etc. Le tissu social prend forme dans ce contexte à la fois stable et très dynamique (parfois même conflictuel) et c'est sur cette base que la société « israélite » globale s'organise au long du temps. On a donc affaire ici à un vaste mouvement de fond qui s'enracine dans la sphère microsociale de la famille et qui vient peu à peu façonner toutes les interactions et toutes les institutions sociales et politiques, de la sphère la plus privée à la sphère étatique en passant par la sphère religieuse. On n'insistera jamais assez sur le mode de constitution de ces sociétés archaïques : ces sociétés se construisent au long des siècles, par la base et non par le sommet, et sur un mode profondément communautaire et autoritaire. Jamais ce niveau de structuration et d'interaction sociales ne disparaît devant le niveau plus global de l'organisation politique, d'abord parce qu'on a affaire ici à des groupes politiques de dimension très restreinte et ensuite parce que l'aménagement de la superstructure étatique dérive assez directement de l'infrastructure communautaire et s'en nourrit constamment.

Lorsque nous examinerons, dans la prochaine section, les quelques éléments qui doivent nous tenir lieu d'histoire « israélite », nous aurons l'occasion de voir à l'œuvre le mode d'articulation du politique et du communautaire. Je me contenterai donc de montrer ici ce point d'ancrage et d'articulation à un niveau général. Car de fait, à partir du neuvième siècle, une structure politique digne de ce nom prend forme en Israël et en Juda, et cette structure finit par dépasser le cadre des chefferies tribales antérieures. Comme je l'ai montré, deux éléments majeurs concourent à favoriser cette formation d'un État plus élaboré et plus contrôlant : d'abord, une contrainte d'organisation militaire qui existait déjà à l'étape précédente mais qui devient de plus en plus impérieuse ; ensuite et surtout, l'évolution interne du groupe social, principalement sur le plan économique. C'est ce dernier point qui doit retenir toute notre attention ici car c'est lui qui rend compte de la forme que prend alors l'État « israélite ».

Le long processus au cours duquel l'infrastructure économique de la société « israélite » se transforme est celui du passage progressif d'une simple économie de subsistance centrée sur les familles et les clans à une économie mixte impliquant d'une part élevage, agriculture et horticulture et d'autre part un système d'échanges économiques nettement plus élaboré. Ce modèle d'économie mixte n'est pas exclusif à la région syro-palestinienne mais se retrouve au contraire un peu partout dans la région méditerranéenne; reste cependant qu'il est particulièrement approprié pour la région considérée puisqu'il s'agit d'une zone agricole relativement défavorisée et qu'il permet une meilleure répartition des risques en matière de production agricole par une diversification de la production et une meilleure coordination de la main-d'œuvre.

Mais il faut aussitôt se rendre compte qu'une telle réorganisation de l'économie de subsistance en économie mixte entraîne le passage d'une économie purement locale à une économie davantage régionale et que cela ne peut se produire sans une certaine intervention politique au sens strict du terme. Les premiers signes de centralisation administrative et étatique apparaissent alors et l'institution monarchique proprement dite avec son appareil militaire et administratif suit de là. Sans détailler ce point à l'excès, on peut tout de même noter qu'un tel changement implique de grands travaux et par suite un système de corvée de façon à mettre en place des installations agricoles plus performantes et à mieux planifier la production agricole elle-même. Cela s'accompagne nécessairement d'une certaine centralisation étatique et d'une stratification sociopolitique inconnues jusque-là. On est évidemment très loin des grands travaux et de l'immense administration qu'on retrouve dans les grands empires de l'époque et, à ce titre, il ne faut assurément pas ajouter foi à la description biblique de l'empire salomonien; reste pourtant que l'État monarchique israélite apparaît alors avec tous les éléments qui accompagnent la mise en place d'un pouvoir politique relativement centralisé et coercitif: distinction d'un centre administratif et d'une périphérie productive, division de la société en une classe de fonctionnaires, de grands propriétaires et de commerçants et une classe de petits paysans, de travailleurs engagés et d'artisans, mise en place d'un système de taxation, de corvée et de conscription militaire, etc. Un tel système politique embryonnaire rend possibles à la fois une meilleure organisation économique et une certaine exploitation de la classe des travailleurs par celle des administrateurs. Dans toutes ces sociétés, à moyen ou à long terme, les surplus économiques sont drainés de la périphérie vers le centre, des terres et des biens sont saisis et gérés par l'administration royale, et les petits propriétaires sont peu à peu exploités et dépossédés par les grands propriétaires et les privilégiés du régime. Mais cette superposition d'un palier local centré sur les familles et les clans et d'un palier régional ou éventuellement national centré sur les villes et sur leur administration royale fonctionne normalement assez bien dans la mesure où le centre annexe les ressources locales et les redistribue de façon à faire tourner la machine dont il ne peut de toute façon se passer. Bien sûr, il s'agit d'un équilibre fragile et instable qui ne comporte en fin de compte que des régulations ponctuelles et qui demeure tributaire de tous les aléas de la production locale et de tous les arbitraires de l'administration centrale.

Mais si ce système faiblement contrôlé et réglé apparaît dans l'ensemble suffisamment productif et fonctionnel, il reste que des difficultés pratiquement insurmontables surgissent à partir du moment où l'on surajoute au premier palier local et au second palier national un troisième palier que l'on peut qualifier d'impérial. Cette structure globale est malheureusement tout à fait typique de la socioéconomie palestinienne de par sa situation au carrefour de tous les grands empires de l'époque et de par sa faiblesse politique et militaire permanente. Par une sorte d'ironie du sort qui correspond tout de même au destin géopolitique de la Palestine, dès que les petits royaumes d'Israël et de Juda atteignent, vers le milieu du huitième siècle, un certain niveau de fonctionnement et de prospérité économiques, les invasions assyriennes puis babyloniennes commencent et se poursuivent pendant près de deux siècles jusqu'au démantèlement ou jusqu'à la désorganisation des petits royaumes israélites. Tel est donc le cadre général et en longue durée dans lequel il est nécessaire de réécrire la véritable histoire du peuple d'Israël. C'est cette histoire que nous pouvons maintenant présenter dans ses grandes lignes en tant que contexte réel de l'idéologie biblique.

Essai de reconstitution du cadre historique du texte biblique

Pour achever de mettre en place notre réflexion sur l'historiographie biblique, il ne nous reste plus qu'à extraire de l'immense masse de récits bibliques les faits qui peuvent résister à une analyse critique et prétendre ainsi à une historicité certaine ou probable. Pour faciliter la lecture de notre compte rendu historique, il convient de poser que toute l'histoire biblique trouve à vrai dire son seul et unique centre de gravité dans un événement simple et apparemment incontestable : la perte de l'indépendance politique tant pour le royaume d'Israël que pour celui de Juda et le symbole que les historiens bibliques ont choisi pour rendre compte de cet événement : l'exil.

Dans la prochaine partie, qui porte sur la construction de l'idéologie biblique, on pourra démontrer très facilement que tous les récits bibliques sont conçus et structurés sous la forme d'une histoire religieuse, c'est-à-dire d'une histoire de la relation qui se forme au long du temps entre Yhwh et Israël. Dans ce cadre général, tous les événements rapportés, peu importe qu'ils soient réels ou fictifs, font figure de symboles ou plus précisément d'une séquence de symboles permettant de comprendre le processus sous-jacent à cette relation historique entre Yhwh et Israël. Nous aurons donc l'occasion de revenir sur cette question mais, pour le moment, il faut faire porter nos efforts sur la reconstitution des événements rapportés par la Bible qui ont un caractère historique indéniable ou fortement probable.

En pratique, la reconstitution de ce noyau historique de faits s'effectuera selon une règle de méthode à la fois simple et rigoureuse. En effet, étant donné l'attitude de l'historien biblique face à ses sources et le peu de crédibilité qu'il inspire, on est amené à ne tenir pour historiques que les événements qui reçoivent une corroboration satisfaisante grâce à des sources extérieures, ce qui renvoie en pratique aux inscriptions, annales ou chroniques assyriennes, babyloniennes, perses ou égyptiennes. Il est bon de répéter à ce propos que nous ne sommes pas en mesure de nier de façon catégorique et globale l'historicité des événements qui ne sont corroborés par aucune source extérieure, archéologique ou historique : la prétention de l'historien rigoureux ne saurait s'étendre jusque-là ; il lui suffit plus modestement de pouvoir tabler sur la valeur historique d'un certain nombre de récits et d'examiner ensuite la construction idéologique qui découle de ce cadre historique réel.

De tous les événements du récit biblique que nous avons rapportés précédemment à larges traits [16], il ne reste malheureusement pas grand-chose. En premier lieu, les événements racontés en Genèse 1-11 et allant de la création au déluge et à la tour de Babel n'ont évidemment qu'une valeur mythique, ce qui en soi n'est pas négligeable pour peu qu'on prenne la peine de faire les distinctions qui s'imposent.

En second lieu, l'histoire des patriarches, centrée sur Abraham, Isaac, Jacob et Joseph et rapportée en Genèse 12-50 constitue au mieux une série de récits légendaires issus de la tradition orale palestinienne et ne souffrant pas la moindre vérification rigoureuse ; au demeurant, cette histoire comporte une valeur symbolique considérable comme nous le montrerons plus loin, dans la mesure où c'est à travers elle que se noue la relation entre Yhwh et Israël sous la forme d'une promesse divine et d'une alliance « historique » avec le peuple d'Israël.

En troisième lieu, les récits concernant l'exode et la révélation du Sinaï, et rapportés dans les quatre derniers livres du Pentateuque (Exode, Nombres, Lévitique, Deutéronome) revêtent une importance capitale pour la fondation politique et religieuse d'Israël car c'est sur leur base que deviennent intelligibles l'alliance entre Yhwh et Israël et la révélation de la Torah comme symbole concret de cette alliance. Reste

16. Voir p. 21-26.

que, du point de vue qui est le nôtre maintenant, il est impossible de reconnaître la moindre valeur historique à l'ensemble de ces récits et qu'il faut même aller jusqu'à dire qu'ils n'offrent à cet égard qu'un très faible degré de vraisemblance ou de probabilité. Une analyse plus minutieuse devrait d'ailleurs montrer que ces événements sont situés sur un plan nettement suprahistorique, c'est-à-dire en dehors du temps et de l'espace réels ou, si l'on préfère, dans un contexte purement imaginaire ou symbolique.

En quatrième lieu, les récits concernant la conquête et l'installation en Canaan, puis l'instauration de la dynastie israélite sous Saül, David et Salomon, récits rapportés en Josué, Juges, Samuel et 1Rois 1-11, tous ces récits, dis-je, n'ont qu'une très mince valeur historique sinon aucune, comme d'ailleurs nous l'avons vu. L'Âge d'or que l'historien biblique construit sous nos yeux est historiquement anachronique et archéologiquement invraisemblable; il faut donc déduire de cela que son intention véritable n'est pas historique mais strictement idéologique.

En cinquième lieu, venons-en à l'histoire des petits royaumes séparés d'Israël et de Juda, vers le neuvième siècle, c'est-à-dire après Salomon, et rapportés dans les livres des Rois et dans ceux des Chroniques [17]. Selon toute vraisemblance, la véritable histoire des Israélites commence là. Cela ne signifie pas qu'il n'y ait pas eu une certaine formation politique avant cette date mais simplement que nous n'avons aucun renseignement sûr sur cette période et qu'il est probable qu'on ait alors affaire à de petits États territoriaux à l'état embryonnaire et non à des royaumes et encore moins à un empire s'étendant sur toute la Palestine et une partie de la Syrie. Le royaume d'Israël est à la fois mieux situé et plus riche que celui de Juda: rien n'exclut donc qu'il ait pu compter quelques chefs de guerre importants et même qu'il ait réussi à annexer à certains moments le royaume de Juda moins avancé et moins bien organisé. En revanche, il semble clair que l'évolution de ces petits royaumes a été marquée par une certaine instabilité politique et une certaine précarité économique récurrentes; en tout cas, rien ne vient conférer une identité bien nette ou une forte unité à ces royaumes, ni en eux-mêmes ni entre eux. Est-il utile de rappeler à nouveau que l'image politique et religieuse donnée par le récit biblique est complètement anachronique: sur le plan ethnique, d'abord, puisqu'on n'a pas affaire à cette époque à une nation israélite bien constituée; sur le plan religieux,

17. Je ne peux ici entrer dans tous les détails souhaitables. Je renvoie donc le lecteur à la synthèse magistrale de I. Finkelstein et N. A. Silberman, *The Bible Unearthed*, en particulier les chapitres 6 à 9 (avec références pertinentes).

ensuite, puisqu'on se trouve devant un regroupement territorial qui n'est pas unifié par une croyance exclusive ni même majoritaire en Yhwh mais qui partage encore les croyances religieuses qui ont alors cours dans toute la Syrie-Palestine — le yahvisme, nous le verrons, est une conquête tardive en Israël —; sur le plan politique, enfin, dans la mesure où la formation d'un État véritable doit être considérée comme un processus long et incertain qui n'aboutira selon toute probabilité que vers la fin du neuvième siècle ou au huitième.

Comme je l'ai déjà expliqué, il faut qu'un tel État territorial parvienne à un certain niveau d'organisation interne et de centralisation politique pour qu'on voie apparaître un appareil administratif qui se compare même de loin avec celui des grands empires de l'époque et qui permette l'éclosion d'écoles de scribes avec ses grands commis et ses productions littéraires, religieuses et « historiques ». Il suffit à ce propos de lire les livres des Rois pour se rendre compte qu'on a affaire à une chronique écrite après coup et bien davantage centrée sur l'histoire religieuse présumée d'Israël et de Juda que sur un ensemble d'événements politiques réels et d'informations socioéconomiques documentées. Les seules périodes où le récit soit un peu étoffé sont celles où l'historien biblique trouve quelque chose à commenter à propos des choix et des partis pris religieux du roi et de son entourage; tout le reste est relégué au second rang, y compris la question pourtant cruciale de l'attitude de ces rois, soit dans leurs alliances politiques avec les royaumes voisins, soit face à l'envahisseur mésopotamien (assyrien ou néo-babylonien). Or ce n'est que sur ce dernier point que nous disposons de témoignages extérieurs de quelque importance grâce aux inscriptions et annales assyriennes puis néo-babyloniennes.

Dans l'ensemble, ces témoignages extérieurs s'avèrent assez concordants en regard du récit biblique, ce qui permet de prendre la mesure de la faiblesse et de la désorganisation des petits royaumes israélites face à l'envahisseur assyrien. La menace assyrienne commence sous Salmanasar III (859-824) qui a en vue le contrôle de la Syrie et de la côte phénicienne et qui ne s'intéresse au royaume d'Israël que de manière plutôt incidente. Lors de cette première phase d'invasions, l'Assyrie n'aboutit à aucun résultat probant en raison de troubles internes et de difficultés assez sérieuses avec la Babylonie (Mésopotamie du sud). Bien sûr, ce n'est que partie remise puisque les objectifs impérialistes de l'Assyrie refont surface dès que les circonstances s'y prêtent et que cette puissance peut ambitionner d'exercer un contrôle politique et commercial sur la Syrie-Palestine. Une deuxième poussée assyrienne survient sous Adad-Nirari III (811-783) qui connaît alors assez de succès pour forcer Israël à payer tribut. À nouveau, ces menées sont interrompues et pour des raisons analogues : l'Assyrie n'est pas encore assez bien organisée pour mener sa lutte impériale sur plusieurs fronts et consolider ses acquis comme il conviendrait.

La troisième poussée impérialiste sera la bonne : elle survient à l'apogée de l'empire assyrien qu'on peut situer entre 745 et 650 environ. C'est Tiglat-Pileser (745-727) qui arrive pour la première fois à prendre le contrôle de façon stable et complète sur l'Assyrie d'abord, puis peu à peu sur tout le Proche-Orient asiatique, Palestine incluse. La stratégie impériale est d'une efficacité remarquable malgré ses risques à long terme. Elle consiste dans un premier temps à créer des États tributaires partout où cela est possible. Dans un deuxième temps, quand la menace ne suffit plus et que les États vassalisés font alliance et refusent de payer tribut, alors on procède à l'occupation du territoire, on dépose l'administration en place pour la remplacer par des administrateurs complaisants et on va parfois jusqu'à modifier les frontières du pays occupé. Enfin, dans un troisième temps, lorsque cela se révèle nécessaire, on supprime toute forme d'administration politique et toute autonomie nationale et on procède au nettoyage par le vide : déportation massive des populations locales et remplacement par d'autres groupes, massacres de populations, etc. Face à une telle machine, il va de soi que les petits royaumes palestiniens ne font pas le poids : l'historien biblique abasourdi a fréquemment tendance à confondre les desseins de Yhwh avec ceux de l'empereur assyrien, mais en pratique le résultat n'est jamais en doute.

C'est ainsi que, peu après 740, Tiglat-Pileser réussit à vassaliser pratiquement toute la Syrie-Palestine. Deux attitudes sont alors possibles pour les États tributaires : soit, comme le fait régulièrement Juda, payer le lourd tribut imposé et relayer ce terrible fardeau économique aux grands propriétaires et à toute la population, ce qui engendre inévitablement des troubles internes et parfois aussi des guerres locales avec les royaumes voisins ; soit, comme le fait régulièrement Israël, tenter de secouer le joug assyrien en refusant de payer tribut et en faisant coalition avec les Syriens ou les Phéniciens. En somme, on a le choix entre la résistance passive qui mène à un affaiblissement économique et politique à long terme et la résistance armée qui mène au désastre à court terme.

Israël fera ce second choix et disparaîtra en 722 à la suite d'une invasion armée décisive et de déportations massives dont elle ne se remettra jamais. Tout au plus peut-on supposer qu'une partie de la population locale a réussi à demeurer sur place dans un état de pauvreté endémique et qu'une portion infime de l'élite israélite a pu émigrer vers le royaume de Juda. Étant donné la méthode impériale assyrienne, on a tout lieu de croire que la conquête d'Israël fut rapide, complète et irréversible ; quant à notre propos, on peut conclure qu'il n'est à peu près rien resté du yahvisme religieux dans le royaume du nord.

Le royaume de Juda en revanche a opté pour la résistance passive, ce qui correspondait assurément mieux à sa position géographique et à sa faiblesse politique ; cela explique qu'il soit parvenu à se maintenir pendant encore plus d'un siècle. Ainsi, à partir de 740 environ, Juda accepte de payer tribut et se met à l'abri des soucis, au prix il est vrai d'un sérieux appauvrissement économique intérieur et de pressions constantes venant des coalisés anti-assyriens qui l'entourent. Mais à vrai dire ce choix de résistance passive n'a rien de stable puisque, dès que l'étreinte assyrienne sur la Syrie-Palestine se desserre, Juda est aussitôt tenté de différer le paiement du tribut et d'assurer sa protection en frayant avec les opposants de l'empire assyrien. Par deux fois vers la fin du huitième siècle, sous Ézéchias (716-687), Juda fait mine de se rebeller contre l'envahisseur, ce qui mène invariablement à des dévastations et à des occupations du territoire. La deuxième révolte, vers 704, aboutit à une prise de contrôle par Sennachérib de presque tout le territoire palestinien, y compris la côte philistine. Lakish est détruite vers 701 et le siège est mis devant Jérusalem. Ézéchias paie un tribut plus lourd encore et perd pratiquement tout contrôle sur le territoire environnant de Jérusalem. On peut dater de cette époque le nouveau statut de Jérusalem comme capitale par défaut du territoire judéen. Le récit des Rois insiste à partir de ce moment sur de présumées réformes religieuses qui consistent à centraliser le culte et l'administration autour de Jérusalem et à accorder une importance prééminente à la faction yahviste, mais il n'est pas difficile de voir que ces réformes font de nécessité vertu et ne constituent au mieux que des intermèdes en termes purement politiques.

Juda restera État tributaire pendant le majeure partie du règne de Manassé (687-642), au moins jusqu'en 660 et peut-être davantage. L'Assyrie entre en déclin vers le milieu du septième siècle et sera bientôt remplacée par l'empire néo-babylonien. Dans l'intervalle, le royaume de Juda entreprend de se libérer du joug assyrien, principalement sous Josias (640-609). Cependant, l'interrègne est de courte durée et le nouvel empire commence à s'organiser à partir de 625. Juda redevient État tributaire à partir de 605 environ. Le même processus historique reprend alors mais de façon plus condensée : dès que Juda passe d'État vassal à État rebelle, Babylone prend peu à peu contrôle du territoire de Juda et refoule l'élite judéenne à Jérusalem. S'ensuivent des sièges et des dévastations dont le point culminant peut être décrit en deux temps : une première série de déportations de l'élite de Juda autour de 597 et une seconde série en 587, accompagnée cette fois de la destruction d'une bonne partie de Jérusalem, temple inclus.

Telle est donc la cinquième phase de notre reconstitution de l'histoire d'Israël, phase qui va de la naissance d'un véritable État territorial en Israël et en Juda vers le neuvième siècle jusqu'à la conquête assyrienne de 722 pour le royaume du nord et jusqu'à la conquête néo-babylonienne de 587 pour le royaume du sud. Je n'ai inclus dans mon récit que les événements qui ne sont pas contredits par nos discussions archéologiques et sociologiques antérieures ou encore qui sont dans l'ensemble susceptibles d'une corroboration satisfaisante par divers témoignages extérieurs, principalement assyriens ou néo-babyloniens. Il va de soi que l'historien biblique s'intéresse à bien d'autres événements et phénomènes tout au long de cette période historique et qu'il s'arrête de façon toute particulière sur l'histoire religieuse des royaumes israélites avant l'exil. On aurait grand tort cependant de mettre tout cela sur le même pied si l'on considère que le document biblique vire alors invariablement à une rhétorique où le souci historique est remplacé par des préoccupations hautement idéologiques. Nous aurons évidemment l'occasion d'approfondir ce point dans les chapitres qui viennent; pour l'instant, nous nous contentons d'établir le cadre événementiel du récit biblique.

En sixième lieu, il est nécessaire de reconstituer à grands traits l'histoire de Juda à partir de l'exil et durant toute la période où se construit ce qu'on peut appeler le protojudaïsme ou le judaïsme archaïque. Je m'en tiendrai à ce stade aux événements principaux, quitte à revenir par la suite, au besoin, sur certains points de ce récit.

Il convient d'abord d'insister sur un point essentiel: on n'en sait guère plus sur l'histoire de Juda après la conquête de 587 que sur son histoire avant la conquête. Si l'on s'en tient aux documents fiables pour toute cette période, il faut peut-être même admettre qu'on en sait encore moins. Or malheureusement, il est certain que ce n'est qu'après la défaite que le texte biblique prend vraiment forme et s'élabore à peu près comme on le connaît aujourd'hui pendant sans doute plusieurs siècles. En d'autres mots, l'époque postexilique, comme on l'appelle, constitue le contexte véritable de formation de la Bible, même s'il est très probable qu'un certain nombre de fragments de ce texte ont pris naissance avant la conquête. Dès lors, même si l'on doit reconnaître que nous ne parviendrons jamais à une connaissance adéquate de la période protojudaïque, il devient tout de même nécessaire de glaner tous les éléments d'information qui peuvent contribuer à une meilleure compréhension du cadre historique dans lequel le texte biblique a pris forme. Il existe de plus en plus de recherches sérieuses sur cette période et cela est dû pour une part au fait que l'on sait maintenant que la Bible a pris forme, à proprement parler, à la période perse et à la période hellénistique.

Afin de clarifier mon exposé, je le subdiviserai d'après la périodisation historique conventionnelle. La première période est couramment appelée la période exilique et va de 587 à 538, c'est-à-dire jusqu'au moment où l'empire néo-babylonien est conquis par les Perses et où un certain retour d'exil s'organise sous le patronage présumé des autorités perses. Il est bon de prendre dès maintenant la mesure de notre ignorance sur cette période décisive du petit royaume judéen. D'abord, sans nier qu'il y a eu effectivement conquête babylonienne en 587, il faut tout de même se rendre compte que les chroniques babyloniennes s'arrêtent avant cette date, ce qui nous enlève notre seul témoin extérieur sérieux. La Bible elle-même ne raconte de façon informative ni la défaite elle-même ni la vie des exilés en Babylonie, sauf en quelques passages difficiles à établir fermement chez Ézéchiel et Jérémie. Il est donc important de reconnaître que nous en sommes réduits aux conjectures pour toute cette période. La seule manière un peu rigoureuse de procéder en ce cas consiste à reconstituer la situation de la conquête et de l'après-conquête à partir des informations dont on dispose avant et après cet âge obscur. À ce propos, je rappelle que, selon leur habitude invariable, les auteurs bibliques ont rapidement transformé l'exil en symbole idéologique et l'ont par là déshistorisé, ce qui rend tous les récits et comptes rendus peu crédibles ou carrément suspects. Il est donc impossible de parvenir à des estimations réalistes sans se donner un cadre plus fondamental par le biais de l'archéologie et de la sociologie historique.

Sur le plan économique, tous les spécialistes s'entendent pour parler d'une ruralisation massive de la population judéenne après les dévastations qu'entraîne la conquête et, tout particulièrement, après la prise de Jérusalem (unique ville importante) et la déportation d'une bonne partie de son élite. Il y a donc un appauvrissement très grand de la population mais en revanche on n'a aucune raison de croire que les déportations visent une population très large si l'on se fie aux méthodes impérialistes de l'époque qui sont habituellement beaucoup plus réalistes et mesurées que celles pratiquées par l'Assyrie. Avant l'entrée en scène des Perses vers 538, il me semble tout à fait fantaisiste de postuler de grands déplacements de population, soit par émigration soit par immigration. Bref, pour l'ensemble de la population, la vie continue mais dans le cadre d'un État tributaire réduit à la dépendance politique pure et simple. Ajoutons enfin que le territoire de Juda ne présente aucun intérêt économique ou politique particulier et que la réorganisation menée par les Néo-Babyloniens puis par les Perses a tout avantage à se faire de façon sobre et rapide.

La situation économique se comprend mieux si l'on prend la peine de bien considérer la situation démographique. La ruralisation dont je parle implique une régression économique et politique considérable : en pratique, on revient à un stade où Juda était essentiellement composé d'une myriade de villages minuscules vivant selon une économie de subsistance et s'organisant par familles et par clans. Dans ce contexte, la démographie judéenne est très éclairante. Si l'on remonte à la période d'apogée du royaume, vers 750-700, la population maximale de Juda selon les estimés récents ne dépassait très certainement pas les cent mille habitants et la population de Jérusalem avoisinait les quinze mille habitants. Supposons que cette population n'ait pas appréciablement diminué pendant la période difficile qui va de 700 à 587: l'amputation de l'élite (celle de Jérusalem et peut-être de quelques autres localités) reviendrait alors à la déportation de trois ou quatre mille personnes tout au plus.

Considérons maintenant la question démographique par l'autre bout, c'est-à-dire sous l'Empire perse, donc quelque part entre 500 et 450. Juda se nomme maintenant Yehud, elle comporte une population clairsemée et plus disséminée, et les estimations des archéologues font état d'un territoire réduit et d'une population globale n'excédant pas les vingt-cinq mille personnes avec un centre, Jérusalem, qui ne peut compter plus de deux mille cinq cents ou trois mille habitants. Ainsi, quand Esdras et Néhémie recensent au-delà de quarante mille retours d'exil, il n'est que trop évident qu'ils tiennent un discours de pure propagande. Sous l'instigation des autorités perses ou même spontanément, il est tout à fait probable qu'il y ait eu quelques vagues d'immigration de Mésopotamie en Yehud mais il convient de rester dans les limites d'une reconstruction vraisemblable. Si trois mille personnes, par exemple, sont parties en 587, combien sont revenues à partir de 538 et plus précisément entre 538 et 450 environ ? Deux générations après la conquête, combien de Judéens et autres sympathisants ont intérêt à revenir s'installer sur un territoire pauvre, éloigné et encore mal organisé ? Sous cet angle, l'image biblique de la restauration est analogue à celle de l'exil : un vaste symbole idéologique qui ne peut, à l'analyse, que se transformer en peau de chagrin. Mais cela n'a plus rien pour nous étonner, surtout si l'on considère que les deux seuls livres qui pourraient nous livrer des informations pertinentes sur toute cette époque, ceux d'Esdras et de Néhémie, ne sont qu'un ensemble de reconstructions après coup, utilisant à leur convenance des sources qui ne résistent pas à l'examen critique. En résumé, la période qui va de 587 à 538 est à peu de chose près un trou noir, un vacuum historique que l'historien biblique manipule à volonté ; la réalité a au contraire toutes chances d'être extrêmement simple et probablement tout à fait banale.

Nous avons commencé de dire un mot du renouveau de Juda après la défaite. Cette seconde période, couramment nommée période perse, va de 538 à 332. Il faut concevoir une reconstruction socioéconomique extrêmement lente et pénible sur tout le territoire de Yehud et même à Jérusalem. Cette reconstruction générale est d'abord marquée par le passage progressif d'une économie de subsistance à une économie mixte, comme lors de la reconstruction du dixième au huitième siècle, et ensuite par un certain essor commercial encore plus progressif, mais qui est sans doute promu et facilité par le système impérial perse. Ces deux transformations ne sont pas concevables sans une certaine restauration de la capitale de Yehud, Jérusalem. Comme en plusieurs endroits au Proche-Orient asiatique, cette restauration s'organise autour de quelques rares édifices publics et en particulier du petit temple de Jérusalem qui doit, selon toute probabilité, constituer durant toute la période perse le cœur économique, politique et religieux de la province de Yehud. Dans le contexte impérialiste où l'on se trouve, il faut éviter toute surenchère dans la description socioéconomique de Yehud : on a sans aucun doute affaire ici à un négligeable État tributaire qui ne se développe que pour mieux s'appauvrir au profit de l'empire qui draine ses ressources à mesure, et qui par conséquent est constamment reconduit à un état d'honnête indigence.

Malgré la pauvreté extrême des sources pour toute la période perse, je crois que l'on peut affirmer sans grand risque d'erreur que le seul événement digne de mention est celui qui court sur deux siècles, de 538 à 332, et qui consiste en une patiente et très modeste construction-reconstruction de l'idéologie biblique, laquelle se continuera d'ailleurs à l'époque hellénistique, c'est-à-dire à partir de 332. Cette construction n'est évidemment racontée nulle part de façon explicite et détaillée, et nous devrons tenter dans les prochains chapitres d'en reconstituer la dynamique interne à partir du texte biblique lui-même. Il est donc inutile d'empiéter ici sur notre enquête à venir, sinon pour rappeler que cette construction s'opère dans un milieu restreint, gravitant autour du temple de Jérusalem et rassemblant des factions et groupes sectaires d'allégeance yahviste mais de tendance politicoreligieuse assez variée. À mesure que la communauté du temple de Jérusalem gagnera en force et en nombre et que les tendances diverses et parfois opposées se définiront davantage et entreront dans une lutte de plus en plus âpre pour le pouvoir et l'autorité, la construction idéologique biblique prendra forme et relief. Rappelons enfin que Jérusalem ne compte sans doute pas plus que six à huit mille habitants à la fin de la période perse et que l'élite politicoreligieuse composée principalement de prêtres et de scribes (deux statuts qui se chevauchent, notons-le) n'excède pas quelques centaines de personnes. Un tel bassin intellectuel suffit à rendre compte de la rédaction partielle des livres bibliques mais assurément pas la rédaction complète et finale de la Bible telle que nous la connaissons, d'autant qu'il est assuré que le grand débat idéologique qui est à la source de la rédaction biblique se continue et à vrai dire se renforce à la période hellénistique. Vue sous cet angle, la Torah de Josias et d'Esdras n'est au mieux qu'un canevas relativement étoffé que l'on monte en épingle après coup.

La troisième période, nommée hellénistique, commence en 332 mais les effets profonds de la conquête du Proche-Orient par Alexandre ne se feront sentir en Palestine qu'à beaucoup plus long terme. Je me contente donc de résumer toute cette période dans ses grandes lignes afin de ne pas m'éloigner trop de mon propos central. Sous Alexandre et sous les Diadoques, qui se répartissent les royaumes conquis par Alexandre, la Palestine connaît une longue période de restructuration politique et administrative qui ne change pas grand-chose au statut d'État tributaire semi-autonome que connaît depuis longtemps la petite province de Juda. Reste pourtant que la division du territoire entre les Ptolémées et les Séleucides n'annonce rien de bon pour la Palestine. En effet, si en théorie les Ptolémées prennent le contrôle de l'Égypte et de la Palestine, et les Séleucides celui de la Syrie et de la Mésopotamie, en pratique cette répartition fait constamment problème car elle consacre une division nord-sud de la Syrie et entraîne une certaine occupation militaire des zones limitrophes. Ainsi, pendant tout le troisième siècle, les Ptolémées parviendront à préserver leur contrôle stratégique sur la Palestine et même la Syrie du sud, mais au prix d'affrontements nombreux dans ces régions mêmes, ce qui n'est pas pour favoriser le développement du territoire de Juda, qui subit d'ailleurs déjà le sort peu enviable de tout État tributaire, à savoir la dépendance politique et le drainage constant des ressources en faveur des Ptolémées.

Lorsqu'on pose le difficile problème de l'éclosion d'un gouvernement théocratique en Yehud, c'est dans ce contexte de faiblesse économique et politique qu'il faut le poser. L'État sioniste[18] qui se

18. J'emploierai couramment cette épithète de «sioniste» dans un sens idéologiquement neutre pour désigner le projet politicoreligieux qui se construit autour du temple de Jérusalem (Sion). Il va de soi que le projet politique moderne qu'on qualifie de sioniste se caractérise bien différemment et ne doit pas être rapproché sans autre précaution du projet ancien qui est d'abord et avant tout un projet religieux quoique comportant des implications politiques importantes.

construit autour de Jérusalem ne comporte ni puissance ni indépendance véritables, mais on peut penser que le gouvernement local peut aspirer à une certaine part d'autonomie politique, juridique et religieuse à condition de bien remplir ses devoirs d'État tributaire et de faire régulièrement allégeance aux dirigeants perses et hellénistiques qui le contrôlent et l'exploitent. Reste que la situation semble avoir été plus simple sous l'empire perse dans la mesure où celui-ci ne manifestait que peu d'intérêt pour les affaires intérieures de ses colonies et les laissait régulièrement s'organiser en respectant les coutumes du peuple et les privilèges de l'élite.

Le portrait général qui ressort de tout cela peut se résumer ainsi. La période du deuxième temple commence avec le début de la reconstruction du temple de Jérusalem vers la fin du sixième siècle. À compter de ce moment ou un peu plus tard, la gestion des affaires politiques et religieuses se fait à partir de ce centre et c'est le grand prêtre qui assume le pouvoir sur tous les plans avec l'aide d'un groupe de prêtres influents et d'un conseil d'anciens. Dans l'ensemble, ce groupe est constamment amené à gérer la rareté et la décroissance, ce qui vient colorer son pouvoir et son influence de façon assez peu favorable. D'un côté, il est perçu comme une courroie de transmission des pouvoirs coloniaux, ce qui ne peut le rendre ni populaire ni influent auprès des masses; de l'autre côté, dans la situation de dépendance où il se trouve, il devient presque inévitablement l'enjeu d'une lutte de pouvoir entre factions politiques et religieuses diverses, ce qui est typique d'une situation de crise et d'instabilité où il est difficile de s'entendre sur la stratégie à adopter et où l'on s'arrache les miettes de pouvoir que le conquérant laisse.

Cette situation de base va se modifier considérablement à partir de 200 environ. Alors, les Ptolémées n'arrivent plus à se maintenir ni en Syrie ni en Palestine et les Séleucides, sous Antiochus III, conquièrent finalement ce territoire qui ne leur sera plus disputé que par les Romains, beaucoup plus tard. Une période extrêmement tumultueuse commence alors, qu'il ne me semble pas utile de résumer en détail. Ce qui se joue, pour l'essentiel, c'est la question de l'autonomie relative de l'État de Juda face aux Séleucides et surtout la question de l'hellénisation des Juifs dans le cadre palestinien.

Le premier point semble prendre beaucoup d'importance dans la première moitié du deuxième siècle. La question se ramène pour une bonne part à savoir si les Juifs de Juda, profitant de la faiblesse ou de l'absence relatives des Séleucides en Palestine, peuvent ambitionner de mettre en place un gouvernement à la fois plus autonome et plus nationaliste. On assiste alors à une longue lutte de pouvoir entre Juifs hellénisants et Juifs traditionalistes, qui doit débuter très tôt au deuxième siècle (sinon même avant) et qui culmine en une quasi-guerre civile autour de 170. La majorité des historiens ont maintenant tendance à croire que c'est bien cette crise intérieure à la théocratie juive et non pas la politique d'hellénisation séleucide qui a provoqué les bouleversements profonds qui ont suivi dans la société juive. Le fait est, en tout cas, que les Séleucides avaient tendance à accorder dans la mesure du possible une assez grande autonomie aux gouvernements locaux. Devant la situation de crise en Juda, Antiochus IV se sent contraint d'intervenir, d'installer un gouvernement vassal et de limiter radicalement les menées politiques et les pratiques religieuses des traditionalistes juifs. Sa politique suit une logique impérialiste qui n'a rien d'inhabituel mais elle se déroule malheureusement dans un contexte où il faut évaluer très soigneusement les divers facteurs et forces en présence. Effectivement, toute son erreur est là.

D'un côté, il n'a déjà plus la force pour régner sans partage sur la Syrie-Palestine et tous les territoires environnants car déjà de nombreux pouvoirs rivaux se pointent à l'horizon et accaparent constamment son attention, dont tout particulièrement les Romains qui vont remplacer bientôt les Séleucides. De l'autre côté, au moment où il croit écraser la révolte en Juda, il ne fait que provoquer à plus long terme une réaction anti-hellénisante très violente qui va culminer dans la longue révolte des Maccabées et l'instauration d'un petit empire asmonéen en Palestine. Sans entrer dans les diverses péripéties de la révolte des Maccabées, on peut tout de même souligner sur un plan général que c'est alors que la théocratie juive connaît son heure de gloire entre la reconquête de Jérusalem en 164 et la chute des Asmonéens vers 63 AEC. Au moment de son plus grand déploiement, la dynastie asmonéenne occupe toute la Palestine et ne semble rencontrer aucune opposition sérieuse. Mais son expansionnisme procède en fin de compte lui aussi d'une mauvaise évaluation de la situation. D'abord, il est évident que cet empire ne se construit qu'en raison du vide politique produit par l'interrègne entre les Séleucides et les Romains ; de fait, quand Pompée conquiert la Palestine en 63 AEC, il met aussitôt bon ordre à toutes ces velléités. Ensuite et surtout, le pouvoir asmonéen mène au long du temps à une théocratie fanatique et oppressive qui ne peut de toute façon se maintenir en Juda (qui va devenir la Judée à l'époque romaine). Ce dernier point est d'une importance décisive et doit être apprécié à sa juste valeur.

Tout se passe comme si la théocratie confinée à l'État de Juda devait tôt ou tard mener à cette théocratie triomphante des Asmonéens et qu'il suffisait d'attendre le moment propice pour réaliser le grand rêve de bien des Juifs traditionalistes. Mais ce grand soir sioniste ne peut durer et s'imposer ni face aux véritables puissances extérieures, tant sa politique expansionniste est irréaliste, ni face à la population juive réelle, tant son programme est sectaire et oppressif. On pourrait arrêter notre récit historique ici puisqu'il semble évident que ce rêve théocratique est par construction voué à l'échec. Mais il est bon de se rendre compte que cet échec mène à plus long terme au vrai désastre de 70 EC et à la destruction de Jérusalem. Car les forces ultra-nationalistes que ce vaste et durable mouvement sioniste a suscitées ne s'éteindront pas avec la conquête romaine. Malgré les gouvernements somme toute tolérants et générateurs de prospérité d'Hérode, puis de ses fils, puis d'Agrippa, et enfin de quelques procurateurs romains, toutes sortes de factions juives plus ou moins nationalistes et traditionalistes continuent de s'organiser et d'attendre le moment propice. Le ferment sioniste demeure, profondément inscrit dans l'organisation sociale et religieuse des Juifs de Judée. C'est ainsi qu'à partir de la mort d'Agrippa en 44 EC, divers mouvements de rébellion contre le pouvoir romain refont surface qui mèneront au désastre de 70 et à l'exclusion finale des Juifs de Jérusalem en 135. Un nouvel exil commence et c'est maintenant le pouvoir rabbinique qui va relayer le pouvoir yahviste du deuxième temple.

Entre l'événement historique et le symbole religieux

L'examen critique de la manière dont l'histoire biblique est construite nous mène donc à une remise en question assez radicale de l'historiographie biblique dans toutes ses composantes principales. Pourtant une démarche comme la nôtre se heurte à des difficultés méthodologiques et épistémologiques connues et discutées depuis longtemps. Car, pour dire les choses simplement, s'il y a l'attitude de l'historien biblique avec ses présupposés propres, il y a également l'attitude du chercheur moderne qui croit pouvoir critiquer les méthodes de l'historiographie ancienne sans peut-être avoir bien réfléchi sur les siennes propres. Et il se peut après tout que ce soit notre cas à nous aussi. Dès qu'on entame une telle réflexion, on se rend compte que la situation est beaucoup moins simple qu'il n'y paraissait au premier abord.

Le premier point à considérer, à cet égard, c'est l'enjeu de notre travail critique. Si le texte biblique est le résultat d'une révélation divine qui a lieu dans l'histoire, ne faut-il pas redoubler de prudence lorsqu'on s'interroge sur l'historicité des récits concernant Abraham, Moïse, Josué, David ou Salomon ? Et si l'on nie l'historicité de ces récits, que reste-t-il de la révélation biblique ? Si, par exemple, l'histoire de Moïse est une légende, la valeur de la Torah comme loi divine n'est-elle pas réduite à une construction idéologique purement humaine ? Et s'il est établi que les textes mêmes de cette révélation ne sont que des constructions à la fois très composites et relativement tardives, que reste-t-il alors des points d'appui réels, c'est-à-dire textuels et historiques, du texte biblique ? En contrepartie, dans la mesure où notre démarche a toutes les apparences de la rigueur scientifique, peut-on se permettre de la rejeter du revers de la main sans lui avoir apporté un démenti quelconque ? Bref, lorsqu'on confronte la croyance en la révélation historique rapportée dans la Bible et les exigences critiques de la science historique moderne, on semble inévitablement acculé à une impasse. La question se pose dès lors de savoir s'il est possible de prendre en compte ces deux dimensions apparemment irréconciliables de la problématique et de faire également droit aux exigences de chacune.

Depuis environ un quart de siècle, il s'est écrit des masses d'articles et de livres à ce sujet. Or, s'il est évident que bon nombre de ces interventions ne brillent pas par leur lucidité, ni sur le plan méthodologique ni sur le plan épistémologique, du moins manifestent-elles une inquiétude légitime et profonde face au problème que je viens de formuler.

À vrai dire, les réponses apportées à ce problème se limitent strictement à deux, avec diverses variantes mineures bien entendu. La première peut être qualifiée de fondamentalisme critique, quoique ces deux termes ne fassent pas aisément bon ménage. Le spécialiste qui est bien conscient de l'enjeu central soulevé par un examen critique comme le nôtre peut considérer nécessaire de poser à nouveau le problème en prenant pour base la valeur selon lui irremplaçable du témoignage biblique et en alignant tout autre témoignage sur celui-là. La classique histoire d'Israël de Miller et Hayes, *A History of Ancient Israel and Judah*, est un parfait exemple de ce type de fondamentalisme éclairé et révisionniste. Chez des chercheurs de cette sorte, toute l'enquête se fait sur la base incontournable du récit biblique lui-même et tout élément extérieur d'information doit être situé et soupesé à la lumière du témoignage biblique. Le résultat n'est rassurant ni pour le fondamentaliste traditionnel ni pour l'historien scientifique.

D'un côté, en effet, le fondamentaliste traditionnel ne saurait y trouver son compte puisque plusieurs récits bibliques sont impitoyablement élagués ou carrément charcutés du fait qu'ils comparaissent, en particulier, devant la science archéologique et ne viennent même pas près de passer l'épreuve de la vraisemblance. Ainsi, pour s'en tenir à un exemple évident, tout le récit de la conquête et de l'occupation de Canaan se voit rangé au magasin des accessoires légendaires. Mais alors, la trajectoire lumineuse de la révélation biblique devient incertaine et fort sinueuse et le fondamentaliste rebuté est en droit de se demander si

Yhwh n'a pas sauté des étapes cruciales dans son plan historique de salut. Peut-être faut-il se demander, de façon plus incisive, si un tel fondamentalisme critique ne constitue pas tout simplement une contradiction dans les termes ou une impossibilité épistémologique.

Si l'on examine la même démarche du point de vue de l'historien scientifique, la difficulté paraît peut-être encore plus insurmontable. Car la démarche critique de Hayes et de Miller n'est après tout qu'une analyse critique par intermittence, un effort plus ou moins soutenu et qui n'a malheureusement pas les moyens de ses prétentions. Tout en m'efforçant d'éviter les abus de langage qui caractérisent trop souvent ce genre de débat, il me semble pourtant nécessaire de parler à ce propos de mauvaise foi épistémologique. En effet, lorsque le récit biblique est contredit clairement par quelque témoignage indépendant, on accuse le coup et on se replie tout en préservant au maximum les données bibliques ; en revanche, lorsque le témoignage biblique est seul en scène, on le laisse parler haut et fort tout en le renforçant au besoin par de petites opérations de mise en cohérence, de coordination et d'harmonisation des diverses séquences narratives. Dans tout cela, jamais la question fondamentale de la *crédibilité historiographique globale* de la Bible n'est posée sérieusement, si bien qu'aux yeux de l'historien scientifique, on se retrouve devant un fondamentalisme à la pièce qui nous restitue une mosaïque de faits vraisemblables, non contredits, possibles, etc.

Ainsi, au total, le fondamentaliste se retrouve devant une révélation qui a des ratés et le scientifique devant une crédibilité défaillante, mais dans les deux cas on doit tout de même croire que l'essentiel du récit biblique pourra malgré tout être sauvé si l'on consent à en sacrifier quelques éléments secondaires ou trop peu vraisemblables. Ce genre d'effort historiographique pour sauver ce qui peut être sauvé du récit biblique avait peut-être encore un sens naguère, mais je crois que l'on doit dire aujourd'hui qu'il n'a pas tenu ses promesses et qu'il est sans cesse allé en s'effilochant à mesure que les discussions historiques sont devenues plus serrées et plus exigeantes. Dans ce genre d'effort pseudocritique, on se contente de reconnaître que toute l'historiographie ancienne est à tous égards assez faible, puis on ajoute aussitôt que ces documents sont tout ce dont on dispose pour écrire l'histoire d'Israël, et on procède enfin à une sorte de tamisage des données vraisemblables de façon à parvenir à une reconstitution maximale qui ressemble à vrai dire à un patchwork plus ou moins intelligible du récit biblique. En fin de compte, le défi ne peut être relevé car les exigences véritables tant du fondamentalisme que de l'histoire scientifique sont laissées pour compte ou ne sont satisfaites que très partiellement. Je l'ai dit, on ne peut fonder un fondamentalisme satisfaisant en le soustrayant à de véritables exigences critiques. On est donc condamné à aller plus loin.

La deuxième réponse qui a été apportée à cette tension apparemment irréconciliable entre fondamentalisme biblique et histoire critique est beaucoup plus radicale et elle aura à tout le moins le bénéfice d'obliger chaque partie à mieux définir sa position et à en réviser les bases. Nous l'appellerons la position postmoderne étant donné que c'est la forme la plus cohérente et la plus achevée qu'elle peut prendre et nous l'opposerons pour mieux l'éclairer à ce qu'on appelle souvent la position positiviste en histoire.

En son centre, la position postmoderne consiste à affirmer qu'il n'existe aucune historiographie objective (ou positive) ni à l'époque moderne ni à l'époque ancienne. Si l'on veut situer correctement notre objectif d'analyse, selon la vision postmoderne, il importe de distinguer fortement entre les comptes rendus événementiels qu'on trouve dans les annales et les chroniques historiques d'une part et les ouvrages historiques proprement dits de l'autre. Le propos postmoderniste ne consiste pas ici à nier l'utilité des travaux des annalistes qui sont susceptibles de fournir à l'historien bien des matériaux bruts pour sa recherche, mais à statuer sur une différence d'approche entre l'annaliste et l'historien qui doit être considérée comme tout à fait fondamentale. Les implications épistémologiques de cette distinction sont décisives pour la compréhension de toute historiographie et, selon les postmodernes, les historiens positivistes sont aveugles à cet aspect essentiel des choses.

Essayons de bien cerner cette différence entre annale et histoire. Le point de vue de l'historien implique une distance par rapport aux événements retenus et analysés, et cette distance provient principalement du fait que l'historien ancien ou moderne a une vue d'ensemble sur les événements qu'il rapporte et que cette vue d'ensemble est constituée et affectée de fond en comble par la *perspective* qu'il adopte par rapport à ces événements. En ce sens, toute conception soi-disant scientifique de l'histoire qui décrit l'historien comme quelqu'un qui accumule des faits, des dates, des personnages, en somme des « données objectives », c'est-à-dire comme quelqu'un qui se contente de présenter ces données à la façon d'une simple énumération plus ou moins ordonnée (comme on en trouve justement dans les annales et chroniques), toute cette vision est tronquée et fausse. Un véritable historien est quelqu'un qui, au-delà de la simple présentation des données d'une situation quelconque, ambitionne d'en fournir une image complexe et sensée, une représentation comportant à la fois description, analyse et surtout interprétation; cela implique fondamentalement une perspective personnelle sur les événements rapportés, donc une intention herméneutique de premier niveau, c'est-à-dire un travail de compréhension et de déchiffrage du sens de ces événements, travail qui implique distance, point de vue et interprétation personnels. Le point crucial de cette conception historiographique tient à ceci : l'historien véritable décrit et donne un sens tout à la fois aux événements qu'il rapporte, ou encore il comprend et interprète d'un même mouvement les faits. Il est donc en position herméneutique au départ et cela en raison de l'impossibilité radicale d'écrire une histoire objective ; il offre du même coup au lecteur, à travers son récit, une certaine vision d'ensemble, une certaine image du monde, et cette représentation personnelle de la réalité comporte une dimension idéologique absolument centrale et inévitable. C'est pourquoi faute de comprendre ce mélange indissoluble de récit et d'interprétation en perspective, l'historien positiviste ignore ou disqualifie la portée véritable de tout projet historiographique digne de ce nom. Son examen critique est donc doublement déficient, d'abord en ce qu'il ignore la dimension de conjoncture et de longue durée au profit de la seule dimension événementielle [19] et ensuite en ce qu'il méconnaît la dimension idéologique qui forme la trame de fond de tout récit-analyse historique.

L'épistémologie postmoderne définit donc le travail de l'historien véritable en faisant référence de façon essentielle au point de vue qui doit dominer sa tâche. Ce point est important. À ses yeux, la question du contenu historiographique est d'importance tout à fait secondaire et là-dessus il faut reconnaître que son angle d'analyse est fort bien inspiré ; en effet, ce qui fait tout le prix d'un effort historiographique, ce ne sont évidemment pas les personnages évoqués ni les événements rapportés. Peu importe que l'on décrive des grands de ce monde, des artistes célèbres ou des gens sans importance sociale, ce qui est éclairant et signifiant pour nous dans une telle démarche, c'est bien évidemment l'image du monde plus ou moins étoffée qu'on livre ainsi à l'interprétation de second degré du lecteur. L'historien ancien a fortement tendance à se centrer sur des personnages et événements qui semblent occuper le devant de la scène mais cette propension pour les « valeurs sûres », même si elle n'est pas en elle-même illégitime, risque toujours de faire illusion et d'exercer un privilège indu, dans la mesure du moins où elle laisse dans l'ombre des aspects essentiels de la vie ancienne et où elle prête flanc à un vieux préjugé objectiviste. Mais à ce propos encore, l'historien postmoderne

19. Ces notions sont maintenant passées dans l'usage grâce aux travaux classiques de Fernand Braudel. Voir en particulier *La Méditerranée et le monde méditerranéen à l'époque de Philippe II*, Paris, Colin, 1979 (4e éd.).

remet les pendules à l'heure car, en montrant clairement le point où le poids de la charge historiographique doit être reporté, il remet les questions de contenu et de valeur à leur juste place. Dans sa perspective, en fin de compte, c'est le regard de l'historien-herméneute qui est souverain et non les choses décrites.

Dans un premier temps, je ne puis qu'avouer ma sympathie globale pour un tel point de vue qui tend à faire de l'historien autre chose qu'un collectionneur ou un antiquaire et qui dégage parfaitement la portée herméneutique et idéologique de tout travail historiographique. Cette manière de voir, malgré la diversité parfois aventureuse de ses modes d'expression, renvoie à mon sens à la conception maintenant classique que Gadamer a donnée de ce qu'est une tradition de pensée et de ce qu'est un travail herméneutique sur une tradition de pensée[20].

Dans un deuxième temps, toutefois, je dois avouer que cet accord d'ensemble n'est pas sans partage et ne va pas sans certaines réticences. En un mot, la conception en elle-même est louable mais, en contexte, elle peut mener à des usages abusifs et plus précisément à des récupérations idéologiques assez étonnantes. Il m'apparaît quant à moi que cette utilisation opportuniste peut aisément être le fait du fondamentalisme critique ou mieux du fondamentalisme intermittent que j'ai dénoncé. Les meilleurs représentants de la conception postmoderne ne devraient pas prêter à une telle manipulation épistémologique mais rien n'empêche un esprit bien intentionné mais naïf de tirer leurs analyses dans cette direction. La source du malentendu est à vrai dire très simple : à partir du moment où la dimension événementielle et la dimension idéologique d'une analyse historique sont considérées comme formant un tout et se présentent de façon indissociable, il peut être tentant d'écarter toute *analyse*, c'est-à-dire tout travail herméneutique détaillé, et de prétendre qu'il est tout naturel de ne pas pouvoir récupérer la dimension objective ou factuelle de l'historiographie ancienne et que toute tentative de ce type procède forcément d'un positivisme à courte vue. Ainsi, par exemple, étant donné que toute présentation de la première guerre mondiale est nécessairement perspectiviste et en quelque manière idéologique, ne devient-il pas inutile ou impossible de se demander si cette guerre a véritablement eu lieu ? De la même façon, on affirmera que l'immense symbole idéologique de la dynastie et de l'empire de David et de Salomon comporte une valeur si prééminente que cela nous

20. L'œuvre de Gadamer n'étant pas spécialement facile, je suggère, en guise de voie d'entrée, R. J. Dostal (dir.), *The Cambridge Companion to Gadamer*, particulièrement le bel article de G. Warnke.

dispense du coup de nous interroger sur son historicité pure et simple. Mais ne voit-on pas alors les conséquences absurdes auxquelles on aboutit dès le moment où une conception de l'histoire complètement dévoyée nous permet d'évacuer l'historicité même qui constitue sa base réelle et sa raison d'être ?

Dans le domaine des études bibliques, ce genre de confusion est malheureusement devenu fréquent depuis quelques années. Je n'en donnerai qu'un exemple. M. Z. Brettler, dans *The Creation of History in Ancient Israel*, se livre à une analyse souvent fine et profonde de la dimension idéologique impliquée dans les récits bibliques ; mais, au moment où il s'efforce de définir l'historiographie biblique en prenant en compte son caractère idéologique tout à fait dominant, il est amené à « sauver les apparences » de celle-ci en prônant une définition large et molle de l'histoire qui semble à première vue s'apparenter à la conception postmoderne mais qui n'aboutit tout compte fait qu'à semer la confusion et à donner des armes en carton-pâte au fondamentalisme. Dans son chapitre préliminaire, après avoir disqualifié sommairement toute définition de l'histoire qui soit suspecte de positivisme ou d'objectivisme, Brettler conclut : « Toute compréhension de l'histoire qui prend appui sur l'historicité ne peut être appliquée avec profit au corpus biblique » (p. 11). En pratique, c'est l'herméneute moderne qui doit s'aligner sur les méthodes et présupposés de l'historien ancien et non l'inverse. On aboutit ainsi à des applications concrètes de ce genre : « [L]e chroniste [l'auteur des Chroniques], en refaçonnant le passé, a évalué ses sources en fonction de ses croyances et utilisé ses croyances pour arriver à décider de la valeur de ses sources. C'est ce que font tous les historiens lorsqu'ils parlent d'évaluer leurs sources » (p. 26). Bref, l'historien biblique est lui aussi un postmoderne et il faudrait être bien mal intentionné pour lui en tenir rigueur. Le résultat net d'une telle opération, idéologique au second degré, est d'évacuer tout examen critique portant sur l'historicité des récits bibliques et par suite de donner un satisfecit commode au fondamentalisme. C'est bien ce que j'appelle de la mauvaise foi épistémologique : la dimension événementielle et la dimension idéologique ne se distinguent plus et finissent par s'abolir l'une en l'autre, créant ainsi un ensemble indifférencié qui rappelle le bon mot de Hegel : « Dans la nuit toutes les vaches sont noires [21]. » J'ajouterai seulement que l'aube reparaît tôt ou tard et que chacun est sommé de regarder la réalité en face.

21. Comme on le sait, les philosophes ont tendance à n'accorder aucun statut particulier aux vaches sacrées, de quelque couleur qu'elles soient. Mais peut-être ne sont-ce que des lucioles géantes…

Après cette nécessaire mise au point, il me reste à revenir à la discussion et à expliciter brièvement les vrais enjeux de ce débat entre un certain positivisme et un certain postmodernisme historiques. Pour dire les choses d'un trait, j'affirmerai simplement que ces deux positions sont bien davantage complémentaires qu'opposées et qu'aucune des deux ne doit être poussée à bout sous peine d'interdire toute *analyse* historique différenciée et complète. Le point essentiel se résume à ceci : c'est une chose de dire que l'historien (ancien) fusionne en un tout indissoluble la dimension événementielle et la dimension idéologique dans son œuvre, mais c'est une tout autre chose de prétendre que l'herméneute moderne ne peut espérer effectuer une *analyse* de cet ensemble lorsqu'il entreprend de comprendre le travail qu'il a sous les yeux. L'Apache astucieux efface toute trace de son passage mais n'arrive jamais à se faire disparaître. *Scripta manent!*

Notre réflexion prend un tournant absolument décisif pour toute la suite de l'exposé et il est bon d'alerter le lecteur sur l'importance de ce qui suit. Pour bien comprendre la perspective que je souhaite introduire, il faut se rendre compte qu'une analyse critique approfondie et complète doit effectivement porter à la fois sur la manière dont la dimension événementielle et la dimension idéologique se conjoignent et s'harmonisent et sur la manière dont elles se distinguent.

Commençons par le point le plus évident. Il ne peut y avoir d'analyse au sens strict de ce terme si l'on ne peut séparer méthodiquement l'objet du récit historique (fait, personnage, contexte réel, etc.) et l'intention organisatrice de cet ensemble d'objets ; il faut reconnaître de façon tout à fait formelle que l'intention organisatrice de l'historien (son point de vue, son interprétation, sa visée idéologique, etc.) ressaisit et intègre la totalité du « matériel » sur lequel il travaille, mais il faut reconnaître avec la même force que cet ensemble d'objets sur lequel il travaille comporte nécessairement une indépendance radicale par rapport à lui, c'est-à-dire une extériorité ou une objectivité strictes. Sinon, on tombe dans des absurdités manifestes et il devient impossible de distinguer entre histoire et fiction puisque la forme seule du récit ne suffit manifestement pas à différencier un récit historique et un récit purement fictif. Ici, le problème trouve sa réponse dans les méthodes utilisées par une analyse critique rigoureuse : critique des sources, critique de la vraisemblance et de l'historicité des récits bibliques, recours à l'enquête archéologique, recours aux modèles sociologiques et anthropologiques, etc. À cet égard, il n'y a pas d'autre « preuve » que l'analyse critique en elle-même : le lecteur n'a qu'à revoir les sections pertinentes de mon enquête pour se rendre compte que les faits et événements mis en scène dans l'histoire biblique peuvent être examinés en eux-mêmes, sous divers angles et selon diverses méthodes, et que certaines conclusions d'ordre général peuvent être tirées de là. Et ces conclusions affectent de façon centrale la vérité du récit biblique, non pas sa vérité sous l'angle de l'intention idéologique ou de l'interprétation symbolique, mais tout simplement sous l'angle de l'historicité. À cet égard, notre jugement critique ne souffre pas la moindre équivoque.

Ce que nous reprochons à l'historien biblique sur ce plan factuel ou objectif, ce n'est pas les quelques manques véniels que l'on dénonce couramment dans tous les manuels du genre : une certaine tendance à privilégier dans bien des cas l'anecdotique et le pittoresque, la tendance presque exclusive à centrer le récit sur les grands personnages et les grands événements, le recours au spectaculaire, au merveilleux et au miraculeux, la propension à rechercher dans chaque événement des leçons morales au point de biaiser le récit, l'utilisation fréquente d'une psychologie morale rudimentaire, le recours à des interventions surnaturelles ou divines confinant régulièrement au fantastique ou simplement au fantaisiste, etc. Sans minimiser l'influence de ces diverses prédilections sur l'expression d'une certaine vérité idéologique et surtout sur l'historicité des récits, je crois qu'il faut aller jusqu'à dire que l'historien ancien ne doit en aucune manière être jugé globalement là-dessus mais plutôt, comme tout historien présumé sérieux, sur la valeur de ses sources, sur la vraisemblance ou la crédibilité *globales* de ses récits, sur la cohérence ou la structuration de l'ensemble de son interprétation, etc. C'est pourquoi j'ai jugé bon de mettre carrément en veilleuse toute considération secondaire même si je devrai inévitablement revenir sur tout cela au moment où je décrirai l'idéologie biblique elle-même.

En résumé, j'en viens donc à la conclusion que nous sommes effectivement en mesure d'isoler analytiquement la dimension factuelle ou objective des récits bibliques et de porter un regard critique sur elle ; de là un jugement d'ensemble est possible qui affecte toute l'entreprise biblique sous l'angle de sa valeur historique. Et ce jugement ne se ramène pas et ne doit pas se ramener à une analyse au cas par cas. C'est là une question de méthode fondamentale. Mon jugement *d'ensemble*, c'est que l'auteur biblique manque très sérieusement de crédibilité *en tant qu'historien* ; on ne doit pas, dans l'ensemble, se fier à sa parole lorsqu'on ne dispose que d'elle seule et cela pour la simple raison qu'elle s'est révélée trop souvent trompeuse.

Tout cela concerne le premier aspect de notre examen critique, aspect qui a trait à la possibilité désormais incontestable d'analyser le récit biblique et d'en isoler et examiner un ensemble de faits objectifs. Et cela repose sur une analyse critique de type scientifique et non sur un positivisme étriqué. S'il existe une méthode herméneutique en mesure d'examiner à fond un texte à prétention historique et non un simple récit fictif, cela signifie que cette méthode comporte nécessairement une phase d'analyse préalable qui permet de porter toute son attention sur les faits allégués et de scruter leur historicité.

Mais le deuxième aspect de notre enquête critique est au moins aussi important que le premier et il concerne cette fois non plus la séparation des faits et de l'idéologie (au sens large) mais plutôt la liaison ou plus précisément le mode de liaison qui existe entre les faits et le message qui se tisse à même le récit événementiel. J'amorce ici un virage crucial que je devrai expliciter durant toute la prochaine partie ; si je l'introduis pourtant maintenant, c'est qu'il constitue le pivot qui relie les deux chapitres préliminaires qu'on vient de lire et la prochaine partie, qui portera sur l'objet central de l'enquête, l'idéologie biblique.

Ce point pivot consiste à établir le lien étroit qui existe entre la façon dont le texte (premier chapitre) et le récit historique (deuxième chapitre) se présentent et la façon dont le message idéologique est construit (prochaine partie). Il y a un lien profond entre l'idée que l'auteur biblique se fait de l'élaboration d'un texte et des histoires qu'il contient, et l'idée qu'il se fait du message essentiel qu'il a à livrer. Le problème, au stade actuel, peut être posé de façon concise : *pourquoi* l'auteur biblique ne respecte-t-il pas l'authenticité originelle des textes transmis mais s'affaire à les remanier et à les peaufiner sans cesse, sans parler de ce subterfuge énorme d'une Torah orale que les rabbins superposent à la Torah écrite, elle-même revue et corrigée en profondeur ? Parallèlement, *pourquoi* l'auteur biblique se soucie-t-il si peu de l'historicité des faits, personnages et événements qui composent la trame de son récit, donc l'arrière-plan objectif de son message idéologique ? Notre enquête préliminaire établit de façon indiscutable (non pas sur des points de détail mais bien sur un plan global) que l'auteur biblique ne se soucie guère de l'authenticité objective des textes et des récits ou, plus précisément, que ce souci est constamment subordonné à sa préoccupation fondamentale qui est manifestement d'ordre idéologique.

Pour bien mesurer l'importance de cet état de choses constant, il faut éviter tout faux prétexte, tout alibi superficiel. D'une part, il n'est pas vrai que le scribe ancien remanie sans vergogne tous les textes qui lui sont légués par la tradition vivante à laquelle il appartient. À ce titre, il existe au moins deux manières de vénérer un texte « canonique » : celle qui consiste à le préserver et à le recopier avec un respect quasi obséquieux, et celle qui consiste à le remanier sans cesse en vue de l'améliorer et de l'actualiser, quitte à le transformer et à le rendre méconnaissable. D'autre part, il n'est pas vrai non plus que l'historien ancien n'a d'emblée aucun sens historique et qu'il ne sait pas distinguer le fait et la fiction, le résultat et l'intention. Encore ici, il existe des historiens anciens qui s'en tiennent aux faits en dépit de diverses opérations de sélection, de grossissement ou d'omission, et il existe d'autres historiens qui n'hésitent pas à travestir les faits au-delà de toute vraisemblance et même à les fabriquer pour leur accorder une valeur symbolique ou idéologique indispensable à leur dessein global. Il va de soi que cette présentation simplifiée s'en tient à des types extrêmes et qu'on rencontre fréquemment dans une même tradition de pensée des scribes des deux types évoqués. Reste que la tradition biblique se signale de façon flagrante par une forte tendance à ne pas respecter la réalité authentique des textes et des faits historiques ou du moins à subordonner radicalement les faits textuels et historiques aux considérations symboliques ou idéologiques.

Il m'apparaît donc incontestable que l'attitude des scribes bibliques face aux réalités textuelles et historiques est foncièrement commandée par leur attitude idéologique, c'est-à-dire par la perspective qu'ils adoptent face à la réalité et qu'ils tiennent par-dessus tout à transmettre. Il y a un lien très profond et de fait indissoluble entre l'attitude face au texte et à l'histoire et l'attitude plus fondamentale face au monde et à la vie. L'historien des idées qui dispose d'une grille herméneutique différenciée est selon moi en mesure d'identifier cette attitude fondamentale devant la vie et de montrer ses implications inévitables face aux faits textuels et historiques. C'est ici qu'il faut savoir tirer la leçon de l'analyse historiographique postmoderne : tout texte historiographique consiste à reconstruire la réalité, une certaine réalité, dans la perspective d'une certaine vision du monde ou encore d'un certain point de vue sur la réalité.

Mon hypothèse de travail à ce sujet ou, si l'on préfère, la grille herméneutique que je propose [22], c'est qu'il n'existe en réalité que trois attitudes possibles face au monde et que l'attitude qui caractérise l'auteur biblique est une attitude absolutiste. J'ai déjà exposé en grand détail ce que j'entends par attitude absolutiste et mon propos ne consistera pas ici à y revenir sur un plan théorique mais bien à montrer dans la prochaine partie comment cette attitude se construit concrètement à mesure que

22. Je renvoie ici à l'exposé théorique qui est au fondement de toute ma recherche : *Autonomie personnelle et stratégie de vie* ; puis à deux exposés synthétiques qui se situent davantage dans le cadre de l'analyse de diverses traditions de pensée : *Sagesses*, vol. 1, *Introduction générale* ; et *Sagesses*, vol. 2, *Bilan de la sagesse archaïque*. Ce dernier texte offre un panorama qui peut constituer une lecture préliminaire utile pour celui qui entame l'étude de la sagesse biblique.

s'élabore l'idéologie biblique. Je me contenterai donc dans le contexte actuel d'explications plutôt sommaires sur cette très vaste question.

L'absolutisme auquel je fais référence ici n'est pas une notion métaphysique plus ou moins vague et ésotérique mais plutôt l'étiquette commode que j'appose sur une attitude éthique très caractéristique et aux implications existentielles immenses. L'éthique de vie qui prend forme alors est commandée par un objectif stratégique tout à fait vital pour tout individu ou pour tout groupe humain : le désir d'être reconnu. Pour éviter toute abstraction inutile, on peut partir ici du cas israélite lui-même : le peuple israélite, tel que l'auteur biblique le perçoit et le décrit, n'a qu'un objectif historique essentiel, à savoir d'établir une alliance ferme et inébranlable avec Yhwh et d'arriver à obtenir de son dieu la reconnaissance *absolue*, *globale* et *inconditionnelle* qui suffirait à donner un sens à son histoire et à sa vie collectives, et qui permettrait par suite de lui assurer le bonheur véritable qu'il recherche. Comme je le démontrerai dans la prochaine partie, l'idéologie biblique ne parle que de cela et subordonne tout le reste à cela. Dans ce cadre d'alliance Yhwh-Israël où se joue la reconnaissance radicale d'un peuple, tous les faits textuels et historiques deviennent des symboles qui n'ont pas de sens en eux-mêmes mais seulement dans ce cadre d'alliance. La véritable « histoire » biblique, c'est l'histoire de cette relation entre Yhwh et Israël et de la recherche de reconnaissance et de bonheur qui s'y joue. Tous les faits textuels et historiques doivent donc être repensés et reconstruits dans cette perspective. Partant, l'observateur peut facilement avoir le sentiment que l'auteur biblique ne respecte pas la réalité des faits mais à vrai dire, pour l'auteur biblique, c'est la recherche de reconnaissance de Yhwh par Israël qui donne *sens* et *réalité* à tous ces faits et c'est l'attitude éthique qui fonde cette recherche de reconnaissance, qui assure seule la valeur de toute cette vision du monde, de toute cette représentation de la réalité.

Dans cette perspective plus profonde et seule vraiment légitime aux yeux mêmes de l'auteur biblique, le fondamentaliste et l'historien à prétention scientifique sont tous deux en porte-à-faux et la tension insoluble entre ces deux témoins est simplement le fruit d'un énorme malentendu. Dans un cadre absolutiste, la promesse faite par Yhwh à Abraham, par exemple, est l'objet d'une *foi* infaillible et indéfectible et non le résultat d'une enquête ou d'une vérification historiques. L'historien scientifique qui prétend établir l'historicité ou la non-historicité de cette révélation transparente aux yeux de la foi absolutiste se situe tout bonnement dans un autre registre et à un autre niveau. Il prétend « réaliser » historiquement ou, si l'on préfère, *objectiver* dans un cadre spatiotemporel repérable et vérifiable les symboles concrets et évidents de la révélation biblique mais, absorbé par cette opération à contresens, il ne voit pas que ces symboles paradigmatiques se situent d'emblée sur un autre plan qui comporte sa vérité propre et auquel on ne peut se donner accès qu'à travers le prisme de la foi absolutiste. Effectivement, c'est bien ici que toute enquête historiographique trouve sa limite indépassable puisque tous ces récits finissent par se dérober à ce type d'analyse critique. À la limite, la révélation construite par l'absolutisme biblique a quelque chose de profondément anhistorique, dans la mesure où elle se situe au-delà de toute analyse événementielle ou contextuelle. Jamais en pratique on ne pourra affirmer qu'Abraham a existé ou non, que Moïse a existé ou non, que Salomon a existé ou non, etc. Et les gestes qu'ils ont posés ne sont pas non plus justiciables d'une telle analyse dans la mesure où ils se situent sur un tout autre plan. D'ailleurs, en contrepartie, le fondamentaliste mène un débat purement réactif contre l'historien scientifique et sa cause est aussi mal inspirée puisqu'il prétend à son tour objectiver dans l'espace-temps de l'histoire profane des « événements » qui ne sont en aucune façon tributaires de l'espace-temps des historiens. C'est pourquoi j'affirme que leur débat repose sur un malentendu malheureux qui au bout du compte n'éclaire pas la question.

Qu'on m'entende bien. Je ne dis pas que l'analyse textuelle et historique que nous avons menée est inutile ou stérile. Elle démontre simplement que l'auteur biblique se situe constamment à un autre niveau, qu'il poursuit un autre objectif éthique, et par suite qu'il ne se soucie guère des réalités textuelles et historiques. Mais cela, il le fait de façon constante et de propos délibéré. Et le fait qu'il donne très souvent à son exposé idéologique ou éthique une forme narrative ne s'explique pas par son souci historique mais simplement par les modèles conceptuels dont il dispose pour mener sa tâche à bien. Peu importe en définitive qu'il transcrive et objective son cheminement spirituel-éthique en termes narratifs, légaux, sapientiaux ou autres ; son propos s'inscrit forcément dans un espace-temps comme c'est le cas pour toute stratégie humaine, mais cet espace-temps se situe foncièrement *au-delà* de l'espace-temps que l'historien est capable d'identifier et d'analyser.

Dans cette perspective radicale, il devient nécessaire de contester ou du moins de reformuler et de compléter l'hypothèse tout à fait dominante en études bibliques selon laquelle l'historien biblique aurait construit ou fabriqué de toutes pièces une histoire du peuple d'Israël dans le but plus ou moins conscient de donner une identité réelle, élaborée et par conséquent historique à son peuple. Cette lecture herméneutique du texte biblique comporte assurément sa part de vérité, comme nous aurons l'occasion de le constater dans la prochaine partie, car toute représentation historique d'une collectivité constitue nécessairement une source identitaire majeure pour le groupe humain en question. Néanmoins, cette lecture se situe dans un rapport d'extériorité à l'égard du projet biblique tant qu'on ne prend pas la peine de comprendre le projet dont il s'agit de l'intérieur et sur la base de ses intentions stratégiques-éthiques propres. Aux yeux mêmes de l'auteur biblique, l'histoire d'Israël n'a pas son sens et sa valeur en elle-même mais plutôt en tant que lieu d'instauration et d'élaboration d'une alliance et d'un lien de reconnaissance entre Yhwh et Israël. L'identité d'Israël est tout entière suspendue à cette recherche de reconnaissance et le processus éthique qui est sous-jacent à cette recherche intègre et dépasse toute histoire événementielle et toute préoccupation identitaire de type purement historique. Ce qui caractérise précisément une stratégie éthique de type absolutiste, c'est la croyance inébranlable en cette possibilité bien réelle de transgression de la recherche d'une identité et d'un destin de niveau strictement historique. Comme nous aurons l'occasion de le constater, une telle construction est extrêmement exigeante et complexe, et elle entraîne des conséquences humaines de tous ordres, y compris des conséquences historiques énormes, mais si l'on souhaite pénétrer dans les mécanismes profonds de cette construction, il convient de dépasser le plan purement scientifique de l'analyse textuelle et de l'analyse historique strictes, et de procéder à une lecture de type herméneutique qui place au centre des préoccupations le projet éthique de reconnaissance qui constitue le seul véritable souci de l'auteur biblique. Selon moi, au surplus, il ne faut pas chercher ailleurs la raison pour laquelle l'auteur biblique reformule et raffine sans cesse son texte et repense en profondeur son récit historique : cela tient aux exigences extrêmement grandes de la construction de son projet stratégique-éthique. Tout compte fait, tout doit être pensé et repensé par rapport à ce dernier et le sens ultime de l'entreprise consiste à rendre possible ce projet.

Synthèse et conclusion

Dans la tradition de pensée biblique, on prétend faire le récit de l'histoire d'Israël depuis ses origines jusqu'au-delà de l'exil de façon parfaitement fidèle. Les textes sont rédigés par les protagonistes mêmes de cette histoire et ils sont présentés tels quels avec le plus profond respect. En canonisant ces textes, on leur reconnaît cette valeur fondatrice pour la tradition de pensée en question et on les prémunit du même coup contre toute falsification ultérieure. On s'assure donc ainsi de l'authenticité totale des réalités textuelles et historiques concernées, ce qui fait que la foi de la communauté des croyants repose sur des fondements objectifs et inébranlables. Ce n'est pas le fondamentaliste moderne qui met au point cette stratégie justificatrice mais bien plutôt la tradition de pensée biblique elle-même qui se la donne et la propage tout au long de son histoire. Pourquoi est-il nécessaire d'enraciner la foi religieuse dans un texte et une histoire d'une authenticité au-dessus de tout soupçon ?

Ce pourquoi renvoie cependant à une question préalable : qu'en est-il de cette authenticité prétendue ? Dans la première partie de cet ouvrage, en prenant appui sur les travaux modernes d'analyse textuelle et historique de la tradition biblique, j'ai présenté de façon synthétique un ensemble d'arguments qui démontrent que ni la construction historique ni la tradition textuelle bibliques n'offrent les garanties d'authenticité auxquelles elles prétendent. Il s'ensuit que la stratégie justificative mise au point par la tradition biblique ne peut dériver directement de l'entreprise de l'auteur biblique mais doit plutôt s'y surajouter à la manière d'une consolidation ou d'un renforcement jugés nécessaires mais n'apparaissant pas d'emblée dans la construction même du texte. En d'autres termes, il est selon moi incontestable que les scribes qui ont construit cette tradition ont eu tôt ou tard le sentiment d'être des pseudépigraphes, des gens bien intentionnés qui reviennent à des époques très lointaines, qui endossent l'identité et l'autorité des héros de ce passé et qui utilisent cette position privilégiée pour construire le message idéologique qu'ils désirent proposer à une masse de gens.

L'essentiel, pour ces scribes, bien sûr, c'est la valeur du message et, à leurs yeux, ce message fait en lui-même autorité et n'a besoin d'aucun subterfuge pour qu'on y ajoute foi. Mais dans le groupe social auquel ils appartiennent, il n'en va pas de même, non seulement parce que les auteurs bibliques sont sans doute pendant longtemps nettement minoritaires mais surtout en raison de la nature même de leur message éthique. Il va de soi qu'il est désormais impossible de reconstituer le processus de construction, de transmission et de propagation de ce message mais une chose du moins est certaine : ce message doit se légitimer de la façon la plus radicale et la plus objective possible, il doit se lester d'un poids de réalité et d'historicité qui le rend d'une authenticité indiscutable. Et cela précisément parce que, en dépit de sa valeur souveraine, il ne possède pas cette légitimité objective et ne la possédera jamais.

Ainsi l'idéologue biblique se trouve-t-il entraîné, par une nécessité à la fois impérieuse et déplorable, dans une entreprise justificative ou légitimante qui l'oblige à jouer sans cesse sur deux tableaux et à tenter de gagner sur tous les fronts à la fois. La foi absolutiste et la recherche de reconnaissance inconditionnelle qui y correspond ne se nourrissent pas de preuves historiques mais elles ne peuvent pas non plus s'en passer sans dommage. Les plans de Yhwh sur Israël sont nets et évidents pour le croyant mais malheureusement irréductibles à toute analyse factuelle ou événementielle; le scribe qui connaît ces plans divins et est riche de cette intuition merveilleuse se retrouve malheureusement comme un mendiant dès le moment où il a à en rendre compte face à ses compatriotes obtus et pragmatiques. Pour utiliser une assez pâle analogie, je dirai que l'amoureux le plus passionné perd tous ses moyens au moment où il a à faire la preuve de son amour, à moins bien sûr de se retrouver en présence de la personne qui partage cet amour avec lui. La foi absolutiste est ainsi faite et elle n'en est pas moins réelle. Simplement, on risque précisément de la desservir et de la dévoyer au moment même où l'on prétend la «réaliser» concrètement, la légitimer objectivement, la justifier historiquement. Du reste, il n'est pas difficile de reconnaître que, dans la tradition de pensée des «religions historiques», on s'est massivement et naïvement pris au jeu et qu'on a mis au point une histoire du salut qui a fini par prendre une importance démesurée par rapport au véritable message qui reste alors sous-jacent et qui se trouve en fin de compte détourné de son sens. Par surcroît, le spécialiste en études bibliques risque à tout moment de se rendre complice de ce travestissement idéologique naïf et de le perpétuer alors qu'il devrait en prendre conscience et le démystifier de façon implacable. Pour ma part, en tout cas, c'est ce que je me suis efforcé de faire jusqu'ici. J'espère ainsi avoir libéré un espace herméneutique qui va maintenant nous permettre de considérer sans fard le véritable message idéologique de l'écrivain biblique. Le message n'a d'autre point d'appui que sa cohérence et sa valeur propres; il constitue une stratégie élaborée et complexe face au jeu de la reconnaissance et c'est ce choix éthique qu'il faut maintenant tenter d'examiner de façon critique.

Orientations bibliographiques

Il existe tant de publications de toutes sortes dans la sphère globale de l'histoire biblique que même les spécialistes ont peine à se tenir à jour. Dans la courte liste qui suit, je me suis efforcé de présenter un éventail de travaux de diverses tendances en m'en tenant généralement aux ouvrages qui ont une valeur introductive évidente.

Dans le domaine de la géographie palestinienne, je m'en tiens à un livre de référence: J. Rogerson, *Nouvel atlas de la Bible*; et à un manuel spécialisé: Y. Aharoni, *The Land of the Bible: A Historical Geography*.

Dans le domaine de l'archéologie, il faut distinguer entre les manuels à caractère plus général et les études spécialisées. Trois manuels me paraissent recommandables : V. Fritz, *An Introduction to Biblical Archaeology* (accessible et bien fait) ; A. Mazar, *Archaeology of the Land of the Bible* ; Y. Aharoni, *The Archaeology of the Land of Israel*. Parmi les collections d'études plus spécialisées, trois recommandations : A. Ben-Tor (dir.), *The Archaeology of Ancient Israel* ; T. E. Levy (dir.), *The Archaeology of Society in the Holy Land* ; I. Finkelstein et N. Na'aman (dir.), *From Nomadism to Monarchy*. Je retiens enfin trois monographies particulièrement importantes pour notre sujet : I. Finkelstein, *The Archaeology of the Israelite Settlement* ; D. W. Jamieson-Drake, *Scribes and Scrolls in Monarchic Judah* ; A. G. Auld et M. Steiner, *Jerusalem 1 : From the Bronze Age to the Maccabees*. Enfin, en études bibliques, il n'existe à ma connaissance qu'une seule synthèse archéologique qui soit vraiment à jour et pourtant tout à fait accessible : I. Finkelstein et N. A. Silberman, *The Bible Unearthed*.

Dans le domaine des études folkloriques, d'abord une introduction : S. Niditch, *Folklore and the Hebrew Bible* ; ensuite un ouvrage général portant principalement sur les problèmes de transmission : J. Vansina, *Oral Tradition as History* ; enfin des ouvrages plus spécialisés : R. Finnegan, *Oral Poetry* et *Literacy and Orality* ; J. M. Foley, *The Theory of Oral Composition* (un bon exposé de la théorie de Parry-Lord) ; P. G. Kirkpatrick, *The Old Testament and Folklore Study*.

Dans le domaine des modèles sociologiques et anthropologiques, plusieurs volumes peuvent servir d'introduction : R. R. Wilson, *Sociological Approaches to the Old Testament* ; T. Overholt, *Cultural Anthropology and the Old Testament* (bonne introduction) ; B. Lang (dir.), *Anthropological Approaches to the Old Testament* ; J. J. Pilch et B. J. Malina, *Biblical Social Values and their Meaning*.

Dans le domaine des études sociales et politiques portant sur la Bible, le lecteur peut partir de deux ouvrages généraux : A. J. Hoerth *et al.* (dir.), *Peoples of the Old Testament World* ; R. E. Clements (dir.), *The World of Ancient Israel* (particulièrement informatif). Je renvoie encore à trois études de base sur les institutions socioéconomiques israélites : D. C. Hopkins, *The Highlands of Canaan* ; S. Bendor, *The Social Structure of Ancient Israel* ; L. G. Perdue *et al.*, *Families in Ancient Israel*.

Dans le domaine de l'histoire proprement dite, il convient de répartir les ouvrages en plusieurs groupes distincts. En premier lieu, quelques travaux concernant avant tout l'histoire religieuse israélite me semblent particulièrement valables : R. Albertz, *A History of Israelite Religion in the Old Testament Period* (2 vol.) ; D. V. Edelman (dir.), *The Triumph of Elohim* ; K. Van der Toorn, *Family Religion in Babylonia, Syria and Israel* ; M. S. Smith, *The Early Story of God*.

En deuxième lieu, des travaux concernant l'époque préexilique (donc jusqu'en 587). D'abord, deux traitements absolument traditionnels : A. Lemaire, *Histoire du peuple hébreu* ; et surtout R. de Vaux, *Histoire ancienne d'Israël* (2 vol.). Ensuite, une série de traitements relativement critiques : J. M. Miller et J. H. Hayes, *A History of Ancient Israel and Judah* ; M. Liverani *et al.*, *La Palestine* ; J. A. Soggin, *An Introduction to the History of Israel and Judah* ; G. W. Ahlström, *The History of Ancient Palestine*. Puis, deux traitements particulièrement critiques : P. R. Davies, *In Search of « Ancient Israel »* ; T. L. Thompson, *Early History of the*

Israelite People. Enfin, quelques ouvrages classiques sur les origines d'Israël: M. Weippert, *The Settlement of the Israelite Tribes in Palestine*; G. W. Ramsey, *The Quest for the Ancient Historical Israel*; V. Fritz et P. R. Davies (dir.), *The Origins of the Ancient Israelite States*; N. P. Lemche, *Early Israel.*

En troisième lieu, des travaux concernant la période exilique et postexilique (donc à partir de 587). D'abord, deux livres généraux sur la période perse: P. Briant, *Histoire de l'empire perse*; M. A. Dandamaev, *A Political History of the Achaemenid Empire*. Parallèlement, deux livres généraux sur la période hellénistique: C. Préaux, *Le monde hellénistique* (2 vol.); E. Will *et al.*, *Le monde grec et l'Orient* (2 vol.). Ensuite, quelques titres traitant divers aspects de la période postexilique: L. L. Grabbe, *Judaism from Cyrus to Hadrien* (excellente histoire d'ensemble); B. Otzen, *Judaism in Antiquity* (bonne introduction générale); C. E. Carter, *The Emergence of Yehud in the Persian Period* (la dimension archéologique); J. L. Berquist, *Judaism in Persia's Shadow* (sur la période perse); L. L. Grabbe (dir.), *Leading Captivity Captive* (sur l'exil); E. J. Bickerman, *The Jews in the Greek Age* et M. Hengel, *Judaism and Hellenism* (sur la question de l'hellénisation); P. R. Davies *et al.* (dir.), *Second Temple Studies* (une collection d'études irremplaçable); J. Weinberg, *The Citizen-Temple Community* (un classique).

En quatrième lieu, sur la question historiographique, je me contente d'une courte liste d'études relativement critiques qui peuvent alimenter la réflexion: D. V. Edelman (dir.), *The Fabric of History*; L. L. Grabbe (dir.), *Can a «History of Israel» Be Written ?*; J. van Seters, *In Search of History*; M. Z. Brettler, *The Creation of History in Ancient Israel*; R. L. Younger, *Ancient Conquest Accounts*; A. Lemaire et M. Saebo (dir.), *Congress Volume* (Oslo, 1998); B. Becking et M. C. A. Korpel (dir.), *The Crisis of Israelite Religion.*

Sur la question du postmodernisme et de son rapport avec les études historiographiques, je suggère d'abord une introduction générale: A. K. M. Adam, *What Is Postmodern Biblical Criticism ?*; puis un exposé critique beaucoup plus fouillé: G. G. Iggers, *Historiography in the 20th Century*. Enfin, pour une bonne introduction d'ensemble à la notion d'idéologie: T. Eagleton, *Ideology: An Introduction.*

DEUXIÈME PARTIE

La construction de l'idéologie biblique

Introduction

NOUS VOICI DONC LIBÉRÉS DE TOUTE CONSIDÉRATION FONDAmentaliste face au texte biblique, prêts par conséquent à en rechercher la signification véritable. L'ensemble des informations textuelles et historiques que nous avons mises en évidence dans les deux premières parties constitue ni plus ni moins la toile de fond et la mise en scène concrètes qui rendent effectivement possible l'examen approfondi de l'idéologie biblique. Si l'on rassemble en quelques mots les principaux acquis de ces deux analyses préliminaires, on pourra montrer en quel sens l'analyse textuelle et l'analyse historique de la Bible ont permis de baliser notre route.

D'une part, l'analyse textuelle de la Bible nous met en face d'une construction purement et simplement humaine, une tradition de pensée en somme. De façon simplifiée, il faut se représenter une école de pensée composée de quelques centaines de scribes, oeuvrant sur une assez longue période de temps, largement entre le septième et le deuxième siècle AEC. Cette tradition de pensée se présente à la fois comme profondément unifiée et comme irréductiblement diversifiée, ce qui est bien le propre de toute tradition de pensée vivante, dynamique, évolutive.

D'un côté, en effet, cette école de pensée est très unifiée car elle s'affaire constamment à construire une idéologie tout entière centrée sur le message de son dieu, Yhwh, et sur la relation tout à fait particulière que ce dieu établit historiquement avec le peuple qu'il a choisi, Israël. On peut appeler cette tradition l'école ou le parti yahviste (ou monoyahviste) ou encore la tradition ou le courant de pensée sioniste. À l'origine, vers le septième siècle, le parti yahviste représente une tendance religieuse ou politique tout à fait minoritaire, au point qu'elle se réduit très probablement à un simple îlot très actif et très déterminé au sein d'un grand ensemble que nous qualifierons de syncrétiste, désignant par là le système de croyances qui caractérise la majorité du peuple israélite, lui-même immergé dans l'immense bassin syro-palestinien (lequel doit à son tour être situé dans la mouvance mésopotamienne). Suite à des circonstances historiques et à une conjoncture politicoreligieuse tout à fait particulière, cependant, ce parti yahviste gagne peu à peu en nombre et en importance et finit, au bout de plusieurs siècles, par s'établir en une position dominante au sein du peuple juif et par mettre au point l'idéologie globale qui constituera le centre du projet collectif de ce peuple pour les siècles à venir.

Si, d'un côté, ce mouvement yahviste apparaît comme une tradition de pensée profondément unifiée, il n'empêche, de l'autre côté, qu'il est tout aussi manifestement diversifié et même à certains égards divisé. Mais à vrai dire, il n'y a là rien de surprenant ni de dévalorisant. Cette tradition de pensée n'est-elle pas présentée dans la Bible même comme une tradition qui se cherche et par suite qui s'articule autour d'une certaine diversité de tendances pouvant aller dans certains cas jusqu'au sectarisme le plus radical ? À ce titre, la Bible est nécessairement un texte complexe et composite, fait de multiples couches rédactionnelles sans cesse remaniées et éditées, et aboutissant à une sorte de synthèse dynamique d'où ressortent certains éléments tout à fait dominants mais aussi diverses tendances plus ou moins conciliables, sinon même opposées.

Ainsi donc, si l'on admet l'hypothèse que le texte biblique est le résultat d'une rédaction à la fois unifiée et diversifiée par un nombre important de scribes de l'école de pensée yahviste, il devient possible de reprendre une à une les diverses phases de la construction idéologique qui s'y trouve et d'en extraire les principaux aspects idéologiques : chaque livre de la Bible apporte une pierre à l'édifice, chacun insiste sur tel ou tel aspect particulier du message yahviste et chacun pointe à sa manière vers une certaine synthèse idéologique à la fois fuyante et de plus en plus nettement dessinée. Notre propos ne consiste pas à survaloriser ni à dévaloriser ces divers témoins textuels mais simplement à les entendre avec la vigilance critique qui convient et à les rassembler ensuite autour du noyau idéologique central qu'ils ont eux-mêmes contribué à construire. En ce sens, finalement, notre travail préliminaire d'analyse textuelle doit avoir cet effet libérateur de nous rendre disponible à l'examen du message idéologique de la Bible.

D'autre part, et de façon complémentaire, l'analyse historique de la Bible nous libère davantage encore et doit nous permettre de porter toute notre attention sur les intentions véritables du texte. Sur ce plan, il convient cette fois de partir de l'hypothèse que l'école yahviste a construit son discours idéologique à la fois en s'ancrant dans une certaine circonstance historique et en utilisant constamment ce point d'ancrage comme base d'interprétation et de symbolisation pour parvenir à la construction idéologique qui lui semblait valable.

D'un côté, nous aurons bientôt l'occasion de montrer comment le texte biblique tout entier trouve sa base historique constante dans la réalité de la défaite, de l'exil et de la restauration ; si l'on s'en tient pour l'instant aux quelques indications historiques déjà présentées, il est évident que l'objectif central des yahvistes ne peut consister qu'en une recherche d'explication de cette défaite décisive et parallèlement en une construction alternative d'un nouveau projet collectif pour le peuple d'Israël.

Mais, de l'autre côté, il doit être posé comme incontestable que cette entreprise d'explication et de reconstruction va bien au-delà d'une simple reconstitution des faits et qu'elle consiste plutôt à privilégier leur valeur symbolique et à les remodeler radicalement de façon à faire ressortir leur véritable signification idéologique. Et c'est ici que notre analyse historique préliminaire doit trouver sa fonction libératrice. Il ne saurait être question désormais d'affirmer ou d'infirmer l'historicité des récits que nous aurons à analyser car nous ne pouvons plus douter que ce n'est pas dans cette perspective que s'est effectuée la reconstruction biblique de l'histoire israélite.

Tels sont donc les acquis essentiels de nos deux analyses préliminaires sur le texte biblique. Nous sommes du même coup prêt à indiquer la route à suivre pour parvenir à une explication méthodique de la construction idéologique biblique.

Nous procéderons pour l'essentiel en deux grandes phases : une phase plutôt analytique (deuxième partie) et une autre plutôt synthétique (troisième partie). De façon à éclairer ce processus d'enquête, il faut rappeler au départ l'objectif englobant que nous poursuivons ici. Dans le cas particulier de la sagesse biblique, il est devenu évident qu'on a affaire d'abord et avant tout à une construction collective qui a pour fonction centrale de fournir au peuple juif un point d'appui idéologique à partir duquel puisse être construit son projet collectif particulier. Notre objectif consiste essentiellement à élucider cette construction idéologique yahviste et à porter sur elle une certaine évaluation critique ; car, au-delà des détails et déviations de l'enquête, la question clé se ramène à savoir à quelle forme d'éthique de vie ou de sagesse on a affaire et à examiner les valeurs essentielles qui y sont promues.

Notre hypothèse de travail pour la reconstitution de cette idéologie est que l'éthique de vie biblique est de type absolutiste et qu'elle constitue la source fondamentale de l'éthique chrétienne ultérieure. Étant donné que j'entends montrer, donner à voir sur le vif, le processus de construction de cette éthique de vie, j'éviterai ici tout exposé théorique élaboré. Je suis parfaitement conscient que le terme absolutisme est surdéterminé et facilement équivoque au vu de l'histoire de la métaphysique occidentale ; dès lors, ce n'est pas un nouvel exposé abstrait qui nous aidera à nous former une notion plus précise de l'absolutisme mais bien plutôt une analyse minutieuse et documentée d'une tradition de pensée que je qualifie à titre préliminaire d'absolutiste.

Je me contente donc de préciser pour le moment que l'absolutisme *éthique* auquel je fais référence ici concerne strictement la *relation* qui s'établit entre Yhwh et Israël ou encore la *forme interactionnelle* que prend dans la Bible la recherche de reconnaissance entre Yhwh et Israël. Cette recherche de reconnaissance se construit sur une période de plusieurs siècles dans le cadre de la tradition de pensée biblique et elle consiste à poser comme idéal ou projet collectif du peuple juif un rapport de reconnaissance entre Yhwh et Israël qui puisse être considéré à la fois comme *inconditionnel*, *englobant* et *suffisant*. Bref, Israël attend son bonheur ou son salut collectif d'une telle relation avec son dieu. Et pour instaurer et réaliser un tel idéal, l'auteur biblique est amené à examiner l'ensemble des implications humaines ou morales qu'il comporte et à tenter d'en proposer une justification idéologique satisfaisante.

Il m'apparaît possible d'analyser la construction de ce rapport de reconnaissance Yhwh-Israël selon deux perspectives complémentaires auxquelles correspondront la deuxième et la troisième partie de cet ouvrage.

Dans la deuxième partie, de caractère essentiellement propédeutique, j'analyserai les principales phases de l'« histoire sacrée » au cours de laquelle s'établit le rapport de reconnaissance Yhwh-Israël. À ce titre, il suffira de reprendre dans leurs grandes lignes les principaux moments de l'histoire d'Israël qui n'est en tout état de cause, pour l'auteur biblique lui-même, que l'histoire de la relation Yhwh-Israël. Dans le contexte d'une histoire sacrée, il doit être clair que chacun de ces moments représente une sorte de symbole ou de paradigme et que l'ensemble de ces moments forme une séquence de symboles ou de paradigmes ; dans une histoire sacrée ou, si l'on préfère, idéologique, tous les événements majeurs où se joue la relation de reconnaissance Yhwh-Israël sont métaphorisés et portés au second degré : ils deviennent ainsi des schèmes symboliques ou des paradigmes idéologiques, et c'est à travers ces schèmes qu'il est possible de montrer comment s'établit et se joue la relation Yhwh-Israël. Les événements profanes sont donc repensés et reformulés à travers le prisme de leur signification plus profonde. Ici, la majuscule est de rigueur[1] : la Promesse, l'Alliance, l'Exil, etc., sont des schèmes symboliques grâce auxquels s'explicite et se déploie la relation Yhwh-Israël dans le cadre d'une « histoire sacrée ». La séquence complète de ces divers schèmes symboliques constitue ni plus ni moins le rapport de reconnaissance Yhwh-Israël et notre première tâche consiste à la reconstituer.

Dans la troisième partie, plus synthétique, il faudra tenter de montrer les diverses implications d'un tel rapport de reconnaissance. Je ne fais que poser la tâche à accomplir pour l'instant. De fait, peu importe le moment où on se situe dans la séquence de ces schèmes symboliques, il existe un certain nombre de conditions qui doivent être remplies pour rendre possible le rapport de reconnaissance souhaité entre Yhwh et Israël. Autrement dit, il existe un ensemble de conditions de possibilité qu'il faut remplir pour réaliser l'idéal ou le projet collectif d'Israël tel que le perçoit l'auteur biblique. Le fait de remplir ces conditions revient à réaliser l'idéal absolutiste, donc à le définir ou à le comprendre de façon concrète et adéquate. En ce sens, il est crucial de bien saisir que l'absolutisme éthique n'est pas un idéal humain qui surgit un beau jour dans la tête d'un philosophe mais bien l'objectif réel que se fixe une tradition de pensée se construisant historiquement au long d'un effort collectif de grande envergure.

Nous sommes maintenant prêts à reconstituer méthodiquement cet idéal absolutiste sur la base même du texte biblique. C'est évidemment dans les livres dits historiques et prophétiques que les principaux schèmes idéologiques qui forment les grandes articulations du texte biblique apparaissent le plus clairement. C'est donc d'eux que nous partirons. De façon à présenter mes résultats de manière simple et accessible, j'ai choisi de répartir le parcours en trois phases, qui correspondent pour une bonne part aux divisions mêmes du texte biblique : d'abord, le Pentateuque, c'est-à-dire les cinq premiers livres de la Bible allant de la Genèse jusqu'au Deutéronome ; ensuite, ce qu'on appelle souvent par convention l'histoire deutéronomiste, c'est-à-dire les livres qui racontent l'histoire d'Israël de la conquête jusqu'à l'exil, soit Josué, Juges, 1 et 2

1. Il me semble utile de signaler par l'usage de la majuscule les principaux schèmes idéologiques qui se dégagent à la lecture du texte biblique. Cependant, j'éviterai de surcharger le texte en abusant de ce « signal » et je m'efforcerai de n'utiliser des majuscules que là où cela me semble nécessaire.

Samuel, et 1 et 2 Rois ; enfin, divers « compléments » regroupant les livres des Chroniques, les livres d'Esdras et de Néhémie, les livres des Maccabées ainsi que quelques livres représentatifs des prophètes.

Dans le cadre d'une telle *analyse idéologique*, il n'est pas question d'entrer dans les problèmes extrêmement complexes concernant la rédaction, la datation et la valeur historique des textes retenus. Il y a tout lieu de croire, en effet, que l'idéologie biblique s'exprime de façon explicite et élaborée dans les textes tels qu'ils apparaissent maintenant, c'est-à-dire dans leur forme finale ou canonique. Nous savons que l'ensemble de ces textes sont relativement tardifs, du moins dans leur rédaction finale, et qu'ils ont subi une évolution habituellement longue et complexe, mais il me semble très dangereux de baser une analyse idéologique sur des conjectures relatives au texte plutôt que sur un examen méthodique du texte lui-même. Car il faut bien comprendre qu'à ce stade, notre propos reste somme toute assez modeste : il s'agit de faire ressortir l'infrastructure idéologique qui sous-tend l'ensemble des récits et des descriptions bibliques. Pour y parvenir, il importe de toujours aller à l'essentiel et de s'en tenir à ce qui ressort le plus clairement de ces textes. On pourra ensuite, dans la troisième partie, s'arrêter à certains aspects particuliers du texte et en examiner la portée dans le prolongement d'une analyse dûment préparée de l'absolutisme biblique.

CHAPITRE 3
Le Pentateuque

NOTRE RECHERCHE DES SCHÈMES IDÉOLOGIQUES FONDAMENTAUX du Pentateuque se concentrera sur quatre livres : la Genèse, l'Exode, les Nombres et le Deutéronome. C'est là qu'est racontée la préhistoire du peuple d'Israël jusqu'à la conquête. En ce qui a trait d'abord au livre de la Genèse, on s'accorde pour le diviser en deux parties : l'histoire primitive en Genèse 1-11 et l'histoire patriarcale en Genèse 12-50.

Genèse 1-11 : l'histoire primitive

Les auteurs bibliques remontent aux origines de l'humanité et par suite aux origines d'Israël. On se trouve ici devant une courte série de récits apparemment peu reliés entre eux, sinon peut-être par des listes généalogiques qui, elles, semblent nous conduire très rigoureusement d'Adam jusqu'à Abraham. À l'analyse, ces listes ont une fonction structurante importante car elles indiquent la manière dont les auteurs entendent organiser les récits. Cette mise en forme se fait essentiellement en trois temps : d'abord les récits centrés sur Adam et ses descendants, puis sur Noé et ses descendants et enfin sur Abraham et ses descendants. Le champ des récits va donc en se rétrécissant et aboutit finalement à la préhistoire d'Israël proprement dite (chap. 12 à 50). La justification de ce recentrement progressif est évidemment donnée dans les récits eux-mêmes.

Effectivement, le passage de la première phase à la deuxième, donc d'Adam à Noé, est marqué par un contraste assez saisissant. D'un côté, au moment de la création de l'homme, une relation de confiance globale s'établit entre Yhwh et l'homme et l'ordre règne sans partage : Yhwh crée l'homme « à son image », il le bénit, ce qui signifie qu'il lui dispense sa faveur sans restriction, il lui accorde une maîtrise incontestée sur l'ensemble de la création et conclut en affirmant que tout cela est bel et bon (Gn 1,26-31). Mais, de l'autre côté, à la jointure du cycle d'Adam et de celui de Noé, vient le jugement totalement désenchanté de Yhwh sur l'humanité et sa décision de procéder à son extermination : « La terre se pervertit au regard de Yhwh [...]. Yhwh dit à Noé : "La fin de toute chose est arrivée, je l'ai décidé, car la terre est pleine de violence à cause des hommes..." » (Gn 6,11-13 ; voir aussi 6,5-7).

Que s'est-il passé pour que Yhwh change ainsi d'idée et « se repente » au point de vouloir éliminer de la surface de la terre non seulement l'homme mais même toutes les créatures vivantes ? L'explication tient essentiellement en deux brefs récits dont la charge symbolique suffit à rendre compte de la désillusion divine : celui du paradis terrestre et celui de Caïn et Abel. Concentrons notre analyse sur le plus typique, celui de la chute.

Le narrateur omniscient nous montre ici avec une grande habileté que Yhwh n'a pas bien mesuré les risques qu'il prenait en créant un être doué comme lui d'intelligence et de volonté. Car il faut bien admettre qu'une ambiguïté fondamentale parcourt ce récit : l'homme ainsi constitué a un statut apparemment très net de créature, mais il menace sans cesse d'échapper à son créateur et de se poser à son tour comme un maître qui domine toute la création et qui peut à tout moment envisager de repenser l'ordre mis en place par Yhwh. Ainsi, quand Yhwh bénit l'homme et lui confie l'intendance de son paradis (Gn 2,15), il ne semble se douter de rien ; pourtant, c'est lui-même qui pose aussitôt un interdit qui prétend limiter de l'extérieur la volonté d'Adam : « Mais de l'arbre de la connaissance du bien et du mal tu ne mangeras pas... » (Gn 2,17). Tout se passe comme si Yhwh se sentait forcé de repenser sa propre conception, de poser une limite à l'homme après l'avoir élevé et même exalté à son image et au-dessus de toute autre créature. Le serpent ne s'y trompe pas et son interprétation ne fait qu'expliciter les craintes divines : « Mais Yhwh sait que le jour où vous en mangerez, vos yeux s'ouvriront et vous serez comme des dieux, qui connaissent le bien et le mal » (Gn 3,5 ; voir aussi 3,22-24).

En fin de compte, bien sûr, c'est Adam et Ève qui sont ici piégés puisque leur maître, auquel ils doivent tout, leur demande d'être à la fois libres et soumis, autonomes et dépendants. Mais à vrai dire, pas un mot dans le texte ne montre chez eux une quelconque conscience de transgresser ou de pécher; tout au plus Ève évoque-t-elle la possibilité d'une désobéissance (3,2-3), mais son insistance porte bien davantage sur les bénéfices évidents de l'opération: «La femme vit que l'arbre était bon à manger [...] désirable pour acquérir le discernement» (3,6). C'est pourquoi, après avoir inventé l'interdit, Yhwh est contraint d'inventer le scrupule et le soupçon: «Qu'as-tu fait là?» (3,13).

La meilleure preuve que mon interprétation n'a rien de forcé, c'est que plusieurs interprétations récentes comprennent ce passage comme une simple évocation de l'apprentissage du discernement et de la liberté chez l'être humain, en somme comme une illustration du processus de maturation, processus entendu comme naturel et souhaitable. Aux yeux de ces spécialistes, c'est l'interprétation chrétienne qui aurait surdéterminé le texte après coup en lui ajoutant des notions de péché et de culpabilité qui ne se trouvent nulle part dans le texte.

Il convient pourtant de faire la part des choses et de rester fidèle aux intentions énoncées dans le texte. Il est bien vrai que la transgression d'Adam et Ève n'est marquée d'aucune culpabilité apparente mais, en revanche, l'organisation du texte ne laisse aucun doute sur le dessein de l'auteur[2]. D'abord, l'interdit est net: «... car le jour où tu en mangeras, tu mourras» (2,17). Pieux mensonge peut-être, dans la mesure où la menace ne se réalise pas, mais menace non déguisée tout de même. Ensuite, l'intervention du serpent est présentée comme une ruse (3,1). Enfin et surtout, le jugement divin ne laisse aucun doute sur le fait qu'il y a bel et bien eu transgression (3,14-19). À la fin de l'épisode, Yhwh prend même soin d'expulser Adam et Ève du paradis et d'assurer la garde de l'arbre de vie; peut-être vient-il de réaliser que l'homme peut à tout moment devenir un rival (3,22-24). Une première fois, la relation de confiance entre Yhwh et l'homme vient de se briser et cette première fois a quelque chose de mythique et d'exemplaire.

Le pattern péché-punition qu'on trouve dans tous les récits de Genèse 1-11 peut nous porter à croire qu'on n'a affaire ici qu'à un cas parmi d'autres. Il me semble au contraire que ce récit est paradigmatique et préfigure déjà les pièces narratives majeures du Pentateuque. La création s'est déroulée sous le signe de l'Élection, comme je l'ai montré (Gn 1,26-31). Le signe le plus sûr de cette Élection, au surplus, tient

2. Je rappelle que j'emploie toujours ce terme en son sens générique et que je ne préjuge pas du nombre de rédacteurs ou d'éditeurs successifs qu'a connus le texte en question.

sans doute à l'installation de l'homme dans le paradis. On entre ici dans le monde magique de l'Élection et de la Promesse, monde où le paradis n'est rien d'autre qu'un équivalent de la Terre promise. Mais la Promesse ne saurait venir sans sa contrepartie : le commandement divin, l'exigence de la Loi. Dès lors, l'Insoumission à la Loi vient briser le pacte entre le créateur et la créature ; la punition s'impose d'elle-même et, dans le cas présent, l'expulsion du paradis signifie l'Exil. Ainsi, dès ce stade purement symbolique, tous les schèmes idéologiques sont en place et forment une séquence parfaitement cohérente. Le narrateur se révèle donc encore plus omniscient qu'on ne le soupçonnait.

Je me permets d'escamoter le récit du meurtre d'Abel par Caïn puisque le lecteur averti peut sans peine y retrouver le même schème rétributif (péché-punition) qui a servi de motif organisateur au récit du paradis. L'essentiel pour nous est que la première phase portant sur Adam et sa descendance s'achève dans la désillusion et le regret divins et que cela marque le début de la deuxième phase portant cette fois sur Noé et sa descendance.

L'histoire du déluge marque un premier point tournant dans l'histoire primitive (Gn 1-11). Nous avons jusqu'ici suivi la lignée généalogique d'Adam, lignée qui représente l'humanité prise en bloc. L'histoire de cette descendance est l'histoire d'une corruption lente et irréversible qui s'achève dans un jugement sans appel. Yhwh qui a accordé bénédiction et faveur à l'humanité aux premiers chapitres se rend compte de son erreur et change de cap : « Yhwh vit que la méchanceté de l'homme était grande sur la terre et que son cœur ne formait que de mauvais desseins à longueur de journée » (Gn 6,5). Aussi décide-t-il d'exterminer cette lignée et de faire une nouvelle tentative mais, cette fois, avec la seule lignée de Noé. Cela correspond au premier rétrécissement du champ évoqué précédemment.

La manière dont ce rétrécissement est conçu par Yhwh est significative et mérite quelques commentaires. On nous dit bien que Noé a « trouvé grâce aux yeux de Yhwh » (6,8) et on évoque encore sa vertu et sa loyauté (6,9), mais le passage essentiel reste celui qui décrit l'interaction entre Yhwh et Noé (6,13 à 7,5). Il s'agit d'un long *monologue* de Yhwh au cours duquel Noé prend connaissance des plans divins et s'y conforme à la lettre (6,22 ; 7,5). Au beau milieu de son discours, Yhwh annonce laconiquement : « Mais j'établirai *mon* alliance avec toi... » (6,18). Le sens de ce propos est clair et important : la création a été mise en péril par le péché humain mais *un reste* subsiste et est sauvé par la seule Grâce divine ; la première Alliance que Yhwh conclut avec l'humanité est une Alliance unilatérale et inconditionnelle et, dans ce contexte, Noé est tout simplement l'objet de la Grâce tout à fait gratuite de Yhwh. En un sens, rien n'a changé depuis Adam; Yhwh bénit Noé et ses fils et il réitère sa volonté d'Alliance avec eux (8,8-17). Mais à y regarder de près, tout a changé, car cette fois Yhwh est le seul garant de cette Alliance et c'est lui-même qui se lie face à Noé qui ne réagit strictement pas. Suivant l'usage, Yhwh accompagne cette Alliance d'une Promesse, celle de ne plus détruire ses créatures (8,11), et d'un signe visible qui lui rappellera son propre engagement (8,12-16).

Puis à nouveau, l'homme met en danger l'Alliance établie en prétendant remodeler l'ordre des choses à sa façon. Dans notre deuxième phase, un seul récit a pour fonction de condenser le problème de la relation entre Yhwh et l'humanité: celui de la tour de Babel. Aux yeux modernes, cet épisode a quelque chose de simpliste et même de choquant, mais si l'on prend soin de l'interpréter dans son cadre propre, il éclaire et conclut parfaitement l'histoire primitive. La race humaine s'est multipliée comme en font foi les généalogies des chapitres 10 et 11 et les hommes entreprennent de se concerter et de s'organiser: «Allons! Bâtissons-nous une ville et une tour dont le sommet pénètre les cieux! Faisons-nous un nom et ne soyons pas dispersés sur toute la terre!» (Gn 11,4). Le narrateur nous avertit assez maladroitement qu'un tel projet est suspect mais il reste malaisé pour le lecteur d'accorder que ce simple travail civilisateur puisse en lui-même être considéré comme répréhensible. Qu'est-ce au juste qui est condamnable ici? C'est, comme d'habitude, le jugement de Yhwh qui montre clairement la voie: «Voici que tous font un seul peuple et parlent une seule langue, et tel est le début de leurs entreprises! Maintenant aucun dessein ne sera irréalisable pour eux» (11,6). Ce qui indispose Yhwh, n'en déplaise au rédacteur omniscient, ce n'est pas tant la tour maudite qui menace de monter jusqu'aux cieux que le fait beaucoup plus large et fondamental que les hommes soient sur le point de jeter les bases d'un ordre culturel autonome, ce qui est symbolisé ici par la construction d'une ville. On remarquera que, cette fois, l'interdit vient après coup, un peu comme si Yhwh ne savait plus ce que les humains vont encore inventer. Reste que le message du texte est clair: Yhwh «confond leur langage» et les «disperse» (11,7-8) de façon à les ramener peu ou prou à l'état de nature qui semble bien constituer à ses yeux le seul état acceptable pour le genre humain.

Mais au-delà de cette vision profondément naïve du développement humain, ce qui se joue ici, c'est le rapport même de l'humanité avec Yhwh. Les deux récits concordent en un point essentiel: en 11,6 tout comme en 3,22, Yhwh condamne sévèrement les hommes pour avoir tenté de s'organiser en dehors de lui et à leur manière; dans chaque cas, la sentence en est une d'Exil, c'est-à-dire d'expulsion du paradis au chapitre 3 et de dispersion totale au chapitre 11. Yhwh ne saurait accepter que la descendance d'Adam ou celle plus restreinte de Noé s'arrogent des prérogatives divines et entreprennent de substituer leur ordre à celui préconisé par lui. Si l'humanité est laissée à elle-même et à son développement autonome, elle finira fatalement par mettre au point son ordre propre; cela revient à nier l'ordre divin et à *ne pas reconnaître* la souveraineté de Yhwh sur les choses. Ce problème de reconnaissance est capital dans la relation entre Yhwh et l'humanité. Il n'y a d'Alliance possible entre eux que sous la condition impérative que l'humanité accepte l'ordre conçu par Yhwh et le reconnaisse du même coup comme souverain; l'Alliance est un pacte entre un Souverain absolu et son vassal, entre un Patron et son client, pour reprendre une métaphore anthropologique centrale pour notre propos.

Ainsi, quand Yhwh disperse la génération de Noé, on est prêt pour un troisième et ultime recentrement du récit. Yhwh va désormais concentrer toute son attention sur la lignée généalogique encore plus restreinte d'Abraham et jouer sa volonté de reconnaissance avec le seul peuple d'Israël. Les jeux sont faits et l'histoire patriarcale peut commencer.

Genèse 12-50 : l'histoire patriarcale

Les récits légendaires qui composent l'histoire patriarcale sont si bien connus qu'il ne me semble pas utile d'en faire une analyse narrative détaillée. Je me contenterai, pour introduire mon analyse thématique, de résumer à grands traits les principaux moments de cette histoire.

Une courte introduction généalogique (Gn 11,26-32) permet de situer Abraham et Sara qui seront au centre du long récit qui suit. Ce qui inaugure le récit en 12,1-3, c'est le commandement de Yhwh à Abraham de quitter son pays pour aller vers Canaan et la Promesse qui accompagne ce commandement: «Je ferai de toi un grand peuple, je te bénirai, je magnifierai ton nom; sois une bénédiction!» (12,2; voir 12,7). Abraham obéit. Diverses péripéties conduisent Abraham à Canaan puis en Égypte. À travers le récit, on finit par comprendre que beaucoup d'obstacles s'opposent à la réalisation de la Promesse, dont tout particulièrement la stérilité de Sara et l'état actuel d'occupation du pays: bref, Abraham est un immigrant en état d'«itinérance» et il n'a pas de descendance. Tout dans le récit nous prépare à une démonstration de foi, celle d'Abraham, et de pouvoir, celui de Yhwh; en d'autres termes, tout se ramène à la promesse et à sa réalisation.

La Promesse en 12,1-3 n'est qu'un texte programme suivi d'une assez longue mise en scène qui prépare le lecteur pour les vrais dialogues de Yhwh avec Abraham, dont, d'abord la Promesse explicite et détaillée du chapitre 15,1-21, qui culmine dans une Alliance. Après l'intermède du chapitre 16, qui raconte la naissance d'Ismaël, un nouveau dialogue entre Yhwh et Abraham nous ramène à la question cruciale de la Promesse et de l'Alliance. Aux chapitres 18 et 19, la relation de confiance avec Yhwh est mise à l'épreuve par Abraham à propos de Sodome mais Yhwh se prête à la négociation proposée par Abraham et manifeste ainsi la déférence qui convient à l'endroit de son protégé. La Promesse de descendance est réalisée au chapitre 21 lorsque Sara enfante enfin Isaac; Ismaël est chassé et Isaac béni (21,11-14). Au chapitre 22, c'est au tour de Yhwh de mettre Abraham à l'épreuve en lui demandant d'offrir Isaac en sacrifice; devant sa Foi indéfectible, Yhwh renouvelle solennellement sa Promesse (22,15-18).

Il était important de bien situer les principaux moments de la relation d'Abraham avec Yhwh, car c'est à travers ce long récit que le paradigme de la Promesse et de l'Alliance est mis en œuvre de façon détaillée pour la première fois. Nous analyserons ce point plus loin. Suivent les récits concernant d'abord Isaac puis Jacob et enfin Joseph. Les histoires sont bien connues et ne nous retiendront pas ici.

Il convient seulement de bien marquer que le thème de la Promesse court à travers ces récits à la façon d'un leitmotiv ou d'un fil conducteur et qu'il finit par leur donner tout leur sens. D'abord, dans le cas d'Isaac, le chapitre 26 est consacré aux promesses et aux bénédictions de Yhwh. Le texte programme survient en 26,2-6, où la Promesse à Abraham est reprise et où Yhwh prend soin de préciser qu'il fait Alliance «en retour de l'obéissance d'Abraham» (26,5); le chapitre raconte ensuite comment la prospérité et la renommée d'Isaac grandissent; puis la conclusion boucle la boucle en revenant à nouveau sur la Promesse (26,23-25) qui est faite nommément «en considération de mon serviteur Abraham» (26,24). Ensuite, dans le cas de Jacob, les paroles de Promesse sont prononcées à plusieurs reprises mais, à nouveau, sans rien ajouter substantiellement aux termes de l'Alliance avec Abraham (voir 28,13-15; 35,12; 46,2-4). L'histoire de Joseph, enfin, n'ajoute rien non plus au thème qui nous occupe.

Notre brève revue narrative aura suffi, je l'espère, à mettre en évidence le thème dominant et récurrent de l'histoire patriarcale: la Promesse symbolisée par une certaine forme d'Alliance. C'est le cycle d'Abraham de 11,27 à 25,11, qui nous propose tous les textes fondateurs exploitant ce motif privilégié.

La Promesse est d'abord énoncée dans un texte programme en 12,1-3, puis réitérée en 12,7 et en 13,15-17, mais ces textes brefs ne font qu'annoncer, si l'on peut dire, les deux textes majeurs au cours desquels Yhwh entre en dialogue avec Abraham et rend sa Promesse complètement explicite. Avant toute autre considération, il convient donc de tenter une analyse serrée de ces textes.

Le chapitre 15 est annoncé comme une vision, donc comme une rencontre d'importance majeure avec Yhwh. On observe tout de suite un contraste frappant avec la bénédiction d'Adam ou de Noé car ici on a affaire à un *dialogue* entre Yhwh et Abraham et, qui plus est, un dialogue dirigé par Abraham. Dès après l'annonce très générale de la Promesse (15,2), c'est Abraham qui prend la parole et exprime son doute : « Voici que tu ne m'as pas donné de descendance... » (15,3). Yhwh ne s'offusque pas de ce manque apparent de confiance mais prend plutôt la peine de bien préciser sa Promesse première qui en est une de descendance : « "Lève tes yeux au ciel et dénombre les étoiles si tu peux les dénombrer" et il lui dit : "Telle sera ta postérité" » (15,5). Abraham, aussitôt rassuré, « crut en Yhwh » (15,6).

Dès le verset suivant, Yhwh confirme l'autre Promesse, celle d'une terre, d'un pays (15,7). Cette fois, l'incrédulité d'Abraham est plus voilée, mais Yhwh prend encore la peine de légitimer sa Promesse en prophétisant sur l'esclavage en Égypte et sur la Libération qui surviendra ensuite dans le livre de l'Exode ; il précise cependant que lui-même, Abraham, ne connaîtra pas cette réalisation de la promesse mais seulement ses descendants (15,13-16). Ce qui vient enfin sceller la Promesse et en constitue le symbole concret, c'est l'Alliance qui suit : « Ce jour-là, Yhwh conclut une alliance avec Abraham en ces termes : "À ta postérité je donne ce pays, du fleuve d'Égypte jusqu'au grand fleuve, le fleuve d'Euphrate..." » (15,18-19).

Avant d'aller plus loin, on peut caractériser la Promesse divine de trois manières : d'abord, on a affaire à une promesse hyperbolique puisque la prospérité d'Abraham est sans limite et que la terre promise s'étend bien au-delà de Canaan pour former un immense empire ; ensuite, en dépit d'un honorable effort de dialogue de la part de Yhwh, sa promesse s'avère nettement unilatérale, dans la mesure où il demeure seul maître de l'ensemble du discours et où c'est lui qui de sa seule initiative conclut une Alliance avec Abraham (15,18) ; enfin, il s'agit d'une promesse inconditionnelle, c'est-à-dire d'une promesse sans contrepartie, qui semble faite gracieusement par Yhwh sans attentes ni exigences de la part d'Abraham. Il faudra revenir sur ce dernier point qui se révèle d'une extrême importance dans la suite de l'histoire d'Israël ; il me paraît néanmoins nécessaire d'apporter une nuance dès maintenant. À mon sens, toute la Promesse divine est sous-tendue par cette courte remarque du rédacteur omniscient: «Abraham crut Yhwh; et Yhwh reconnut cette foi comme vertu» (New Revised Standard Version, 15,6). Aux yeux de Yhwh, Abraham (et aussi bien tous ses successeurs) fait preuve d'un seul mérite, d'une seule vertu irremplaçable: sa Foi. Cette Foi inébranlable est le gage de sa fidélité et Yhwh n'exige rien d'autre de ses élus. Cette vertu apparaît donc comme la condition de possibilité de toute Alliance, l'arrière-plan fondamental de toute la relation. Yhwh sait qu'Abraham le reconnaît *inconditionnellement* et c'est *à cette condition* qu'il est disposé à s'engager à son tour face à Abraham, sans autre explication ou restriction. Cette analyse préliminaire reste à confirmer mais ne permet pas de parler d'une Promesse vraiment unilatérale et inconditionnelle de Yhwh à l'endroit d'Abraham.

Le deuxième dialogue de Yhwh avec Abraham survient au chapitre 17 et prend cette fois la forme d'une théophanie, ce qui signale à nouveau l'importance considérable de la rencontre. Commençons par bien marquer que toute la première partie de la rencontre se présente comme un discours terrible et solennel et comme une manifestation de pouvoir. La déclaration initiale de Yhwh donne le ton: «"Je suis El Shaddaï, marche en ma présence et sois parfait. J'institue *mon* alliance avec toi, et je t'accroîtrai extrêmement." Et Abraham tombe la face contre terre» (17,1-3). Le discours en sera un de pouvoir et d'exigence: sois parfait, voici mon Alliance. Suit la Promesse qui est cette fois indissolublement liée à une Alliance et à une exigence. Si, dans le premier cas, la Promesse pouvait passer pour unilatérale et sans contrepartie, dans le cas actuel, c'est le discours même de Yhwh qui est de cette nature. Il culmine dans une exigence qui rend l'ensemble à la fois impératif et conditionnel. Le terme clé «mon alliance» revient trois fois (versets 2,4 et 7) et annonce derechef une Promesse hyperbolique: «Je te rendrai extrêmement fécond, de toi je ferai des nations, et des rois sortiront de toi. J'établirai mon alliance entre moi et toi, et ta race après toi, de génération en génération, une alliance perpétuelle, *pour être ton dieu* et celui de ta race après toi. À toi et à ta race après toi, je donnerai le pays où tu séjournes, tout le pays de Canaan, en possession à perpétuité, et je serai votre dieu» (17,6-8). La promesse de postérité est devenue promesse de dynastie et le centre de cette dynastie est maintenant clairement désigné: Canaan, la terre promise.

Jusqu'ici le corps du texte se compare assez bien au discours global du chapitre 15 puisqu'on a affaire dans les deux cas à une Promesse extrêmement idéalisée (malgré les différences apparentes) et encore plus unilatérale du fait qu'elle ne met en cause que l'initiative de Yhwh. Là où l'Alliance du chapitre 17 se distingue nettement de celle du chapitre 15, d'après l'entendement de plusieurs spécialistes, c'est dans la stipulation qui suit et par laquelle Yhwh semble poser une exigence et rendre par suite le pacte conditionnel. La condition posée par Yhwh est claire : « Et voici mon alliance qui sera observée entre moi et vous, c'est-à-dire ta race après toi : que tous vos mâles soient circoncis » (17,10). De même son explication est transparente : « Mon alliance sera marquée dans votre chair comme une alliance perpétuelle. L'incirconcis [...], cette vie-là sera retranchée de sa parenté ; il a violé mon alliance » (17,13-14). Selon moi, ce texte exige d'Abraham (et de sa descendance) la même Foi et la même Loyauté que celles déjà manifestées en 15,6 ; simplement, elles sont désormais incarnées et ritualisées dans un signe de reconnaissance. Ainsi trouve-t-on essentiellement la même Promesse conditionnelle qu'au chapitre 15, mais désormais explicitée et marquée dans la chair même des fidèles. Ce n'est pas la dernière fois qu'on note une telle équivoque dans ce type de texte évoquant la Promesse ; d'où l'importance d'examiner de près les termes du pacte entre Yhwh et Israël.

Yhwh ayant promulgué son Alliance et ses conditions, le texte change de ton et vire au dialogue. Yhwh revient sur terre et promet plus prosaïquement que Sara va enfanter ; or, cela n'est pas rien puisque, comme Abraham le fait remarquer, il a maintenant cent ans et Sara quatre-vingt-dix. Abraham est partagé entre l'ébahissement et l'incrédulité (17,17) mais Yhwh le reprend avec une indulgence un rien impérieuse (17,19-21). La même scène est reprise sur un mode plaisant en 18,10-15. Ce n'est qu'au chapitre 21 que Yhwh « visite » Sara et qu'elle conçoit enfin. Chose promise, chose due.

Revenons à l'essentiel. Il nous reste un dernier texte à examiner qui apporte une contre-épreuve incontestable à la thèse soutenue ici, c'est le fameux texte où Yhwh « éprouve » Abraham (22,1) et lui demande de sacrifier son unique fils, Isaac. Abraham s'exécute sans la moindre hésitation mais l'Ange de Yhwh l'interrompt au dernier instant, ce qui ouvre la voie à un renouvellement solennel de l'Alliance en des termes qui me semblent parfaitement transparents (22,15-18). Le sujet de l'Élection divine, ce n'est pas un être au discernement moral sans faille mais simplement un être dont la Loyauté ou la confiance vont jusqu'à l'obéissance aveugle. L'exigence de l'Alliance va jusque-là.

Je crois pourtant que si l'on veut comprendre à fond le sens de ce schème idéologique de la Promesse, il est important de le situer en regard de l'ensemble des récits de l'histoire patriarcale et de bien observer l'importance immense qu'y occupe le thème de la bénédiction ou de la faveur divines. Pratiquement tous les récits de quelque importance témoignent de façon évidente de ce que j'appellerai une *rhétorique de l'Élection*. À chaque page, Yhwh démontre sa faveur à ses élus, à ses fidèles, au point d'entraîner bon gré mal gré leur reconnaissance en retour. En toutes circonstances, si l'on va au fond des choses, on trouve invariablement ce parti pris inaltérable de Yhwh pour Abraham et sa descendance. Yhwh mène le jeu et se manifeste comme bon lui semble et au moment qui lui convient ; on doit même dire qu'il en fait un peu trop et toute cette opération de charme finit par alerter le lecteur et lui sembler suspecte. Cela va si loin que c'est *à travers* Abraham et ses descendants que les individus et les groupes, même étrangers, sont bénis dans la simple mesure où ils acceptent d'entrer dans le jeu de Yhwh.

Or, il existe une explication à la fois simple et profonde de toute cette entreprise et c'est la recherche divine de reconnaissance. Tout au long de l'histoire des patriarches, on en est strictement au stade de la Promesse, une Promesse immense, démesurée, superlative ; et le rédacteur omniscient peut bien se permettre de faire prophétiser Yhwh, comme on l'a constaté aux chapitres 15 et 17, mais il reste parfaitement conscient qu'à ce stade du récit Yhwh n'a que d'assez pauvres garanties à offrir en guise de réalisation de la promesse. Le grand Israël qu'on nous fait miroiter est encore loin, à la fois comme peuple et comme pays. La réalisation de la promesse ne commencera à proprement parler qu'avec l'Exode. Pour relancer le jeu et conforter la loyauté des élus, il faut donc mettre en œuvre une impressionnante machine rhétorique, soit la bénédiction et la faveur divines. Et c'est ainsi que le texte fait montre d'une sorte de théocentrisme pratique grâce auquel l'auteur et par suite Yhwh lui-même apportent leurs titres de créance et finissent par emporter la conviction avec la plus grande aisance. Ce théocentrisme envahissant, dont j'aurai maintes fois l'occasion de parler, c'est ni plus ni moins le dessous des cartes, et son effet rhétorique est constant : du point de vue de Yhwh, le Patron, il transforme une entreprise générale de bénédiction et d'élection en volonté de reconnaissance inconditionnelle ; du point de vue d'Abraham, le client, il transforme la foi la plus pure en attente de faveur et de salut. En définitive, Yhwh n'offre une Promesse conditionnelle que dans la mesure où il attend et reçoit en retour une reconnaissance et une Loyauté inconditionnelles ; et le mécanisme moteur d'une telle interaction, à ce stade, c'est cette Foi éclairée et pas du tout aveugle qui consiste à reconnaître un Patron dans la simple mesure où l'on en attend et reçoit des faveurs. Que se passera-t-il quand Yhwh mesurera plus chichement ses faveurs et soumettra son peuple à des épreuves inattendues ? Car alors, les *deux partenaires* seront mis à l'épreuve et sommés de jouer le jeu de la reconnaissance sans filet. Dès le livre de l'Exode, le texte biblique nous entraîne sur ce terrain plus aride mais plus réel.

Exode

On vient de voir que le premier schème idéologique autour duquel s'organise l'histoire des patriarches est celui de l'Élection et de la Promesse, lesquelles donnent lieu à une certaine forme d'Alliance encore peu élaborée mais tout de même assez explicite entre Yhwh et Israël; Yhwh reconnaît les patriarches comme seuls interlocuteurs privilégiés et les favorise de bénédictions, mais il exige en retour reconnaissance, c'est-à-dire une obéissance et une Loyauté à toute épreuve.

Avec l'Exode, on franchit un point tournant irréversible car on passe de la simple Promesse au début de la Réalisation de celle-ci. Les grands schèmes idéologiques seront ceux de l'Exil (ou de l'esclavage en Égypte) et de la Libération (ou de l'exode). Il est difficile de surestimer la portée de cette construction idéologique dans l'élaboration de l'éthique de vie absolutiste des Israélites et des Juifs. C'est pourquoi il me paraît nécessaire de procéder à une analyse relativement détaillée quoique sélective des principaux moments d'élaboration de ce texte.

Il est commode de diviser le livre de l'Exode en trois grandes phases : la libération d'Égypte (chap. 1-15), la longue marche au désert (chap. 15-18), et la révélation du Sinaï (chap. 19-40).

Soit d'abord la phase de la Libération d'Égypte. Le premier moment consiste dans la description de l'esclavage en Égypte (chap. 1-2). On apprend qu'Israël est devenu un peuple « nombreux et puissant » (1,7) : cela correspond pour une part à la Promesse de descendance de Yhwh mais il ne faut pas oublier que cette promesse dans son état plénier en est une de nation et de dynastie (Gn 17) et non de simple accroissement en nombre. Puis, très sobrement, on nous décrit l'oppression des Israélites, la réduction aux travaux forcés et à l'esclavage (1,8-14). Après un court intermède racontant la jeunesse de Moïse, on revient et conclut sur la question du sort des Israélites : « Les Israélites, gémissant de leur servitude, crièrent, et leur appel à l'aide monta vers Yhwh, du fond de leur servitude. Yhwh entendit leur gémissement; Yhwh se souvint de son alliance avec Abraham, Isaac et Jacob » (2,23-24). Toute l'Élection d'Israël tient en ces quelques mots. L'élection d'Abraham préfigurait évidemment celle d'Israël; elle la symbolisait déjà puisque Yhwh avait choisi un exilé et un itinérant, un homme qui ne faisait que séjourner en Canaan; pareillement, Yhwh choisit un peuple exilé et opprimé, un peuple qui n'a rien et n'est rien. Ce choix n'est pas indifférent car c'est au point de rencontre du tout et du rien que l'absolutisme se construit. De même encore, Yhwh choisit pour représenter Israël Moïse, un homme en fuite au statut d'exilé (2,11-22).

Le deuxième moment du récit de la Libération est le long récit de la mission de Moïse (chap. 3 à 7,7), dont nous ne retiendrons que quelques points essentiels. D'abord, lors de la théophanie du buisson ardent et du dialogue qui suit (3,1 à 4,17), Yhwh annonce ses intentions à Moïse et le charge d'être son intermédiaire auprès du pharaon; comme d'habitude, Yhwh prophétise les événements à venir (3,16-20) pour bien marquer qu'il dispose de l'initiative totale dans la joute d'honneur qu'il va engager avec le pharaon. De façon prévisible, la première mission de Moïse s'achève en échec et l'oppression des Israélites redouble.

Commence alors le second récit de la mission de Moïse (6,2 à 7,7), récit parallèle au premier mais qui prépare la rencontre décisive de Moïse avec le pharaon et le grand affrontement pour l'honneur entre eux. Deux passages méritent attention ici. D'abord le grand discours de l'Élection d'Israël par Yhwh (6,2-8) qui dit en substance: «Je suis Yhwh et je vous soustrairai aux corvées des Égyptiens [...]. Je vous prendrai pour mon peuple et je serai votre dieu. Et *vous saurez que je suis Yhwh*, votre dieu, qui vous aura soustraits aux corvées des Égyptiens» (6,6-7). Cette formule est excessivement importante car elle parle explicitement le langage de la reconnaissance et manifeste de façon parfaitement claire que Yhwh est conscient qu'il n'existe d'autre reconnaissance que *conditionnelle*; elle consiste à affirmer: vous reconnaîtrez qui je suis quand... si..., alors et alors seulement... Du reste, la réaction des Israélites vient confirmer cela: «Ils n'écoutèrent pas Moïse» (6,9), d'abord parce qu'ils croulent sous l'oppression, mais surtout parce que c'est à Yhwh de jouer et non à eux de répondre avant que Yhwh n'ait rempli les conditions de sa reconnaissance. Il convient encore d'ajouter que le peuple devient ici l'objet passif de l'élection et que sa seule initiative consiste à «crier vers Yhwh» (2,23) et non à demander élection, promesse ou alliance. Celui qui initie la recherche de reconnaissance, dans tous les cas, c'est Yhwh, et il ne semble pas se formaliser que son peuple n'écoute pas Moïse et attende des marques beaucoup plus tangibles d'élection.

Le deuxième passage est complémentaire au premier et Yhwh y prophétise à nouveau la Libération de son peuple (7,1-7). Car, dans ce texte aussi, l'objectif clairement identifié de Yhwh demeure la reconnaissance: «*Ils sauront*, les Égyptiens, *que je suis Yhwh*, quand j'étendrai ma main contre les Égyptiens et que je ferai sortir de chez eux les Israélites» (7,5).

Le troisième moment du récit de la Libération d'Égypte est naturellement la Libération elle-même. Celle-ci se fait en deux temps. D'abord, Yhwh envoie aux Égyptiens une série de calamités, les célèbres plaies d'Égypte, série qui culmine dans le minigénocide qu'est la dixième plaie, lors duquel tous les premiers-nés égyptiens périssent. Contentons-nous de signaler un thème majeur de ce long épisode (7,8 à 11,10): de façon récurrente, Yhwh endurcit le cœur de pharaon qui refuse à chaque fois de laisser partir les Israélites; ce motif ne requiert aucune justification apologétique puisqu'il ne fait que signaler constamment le fait que Yhwh et lui seul mène le jeu et que son adversaire n'est qu'une marionnette entre ses mains. Dans la joute d'honneur et de pouvoir qui s'engage, pharaon n'est pas de taille et il se fait littéralement posséder par Yhwh.

Le deuxième temps de la Libération, c'est la sortie d'Égypte et le passage de la mer Rouge. Je m'en tiens encore ici à l'essentiel du récit. D'abord, après le massacre des premiers-nés, ce sont les Égyptiens qui supplient les Israélites de partir (12,33), ce que ceux-ci font, non sans emporter un important butin (12,36). Puis, après un intermède cultuel qui ne nous concerne guère pour l'instant (12,43 à 13,16), survient le fameux épisode de la traversée de la mer qui constitue un exemple type de guerre sacrée et qui parachève ainsi la joute d'honneur entre Yhwh et pharaon. Le récit en lui-même est simple mais il condense toute la phase de Libération. Les Israélites sont poursuivis par les Égyptiens et crient alors vers Yhwh (14,10); Moïse intercède et Yhwh prophétise l'engloutissement des Égyptiens, ce qui est l'occasion d'un discours assez éclairant sur la reconnaissance: «Moi, j'endurcirai le cœur des Égyptiens, ils pénétreront [dans la mer] à leur suite [à la poursuite des Israélites] et je me glorifierai aux dépens de Pharaon. [...] Les Égyptiens sauront que je suis Yhwh quand je me serai glorifié aux dépens de Pharaon...» (14,17-18). Tous nos thèmes sont là, dûment explicités et liés. Le combat pour l'honneur est un jeu à somme nulle et, dans un contexte absolutiste, il ne comporte qu'un pur gagnant et un pur perdant.

Suit le récit paradigmatique de la guerre sacrée entre Yhwh et Pharaon, guerre réduite à un unique combat qui oppose Yhwh seul, du côté des Israélites, aux Égyptiens pris en bloc, de l'autre côté, et qui se résume à ceci: «... et Yhwh culbuta les Égyptiens au milieu de la mer» (14,27). Alors le peuple reconnaît Yhwh: «Ce jour-là, Yhwh *sauva* Israël [...]. Israël vit la prouesse accomplie par Yhwh contre les Égyptiens. Le peuple craignit Yhwh, il crut en Yhwh...» (14,30-31). Comme on le voit, l'Élection et la Promesse se fondent sur la Libération et ne sont que paroles creuses sans elle.

L'hymne d'action de grâces qui clôt le tout est un immense chant de victoire aux allures passablement martiales, mais dont quelques passages nous rappellent que l'élection et la promesse prennent appui sur la libération. D'abord la Libération gracieuse : « Ta grâce a conduit ce peuple que tu as racheté... » (15,13). Puis la dette radicale de reconnaissance : « Sur eux [tous les peuples voisins et non les seuls Égyptiens, voir 15,14-15] s'abattent terreur et crainte, la puissance de ton bras les laisse pétrifiés, tant que passe ton peuple, tant que passe ce peuple que tu t'es acheté » (15,16). Le vocabulaire de la dette ne souffre pas d'équivoque. Le rachat renvoie à un achat, à une acquisition. Le peuple élu a été choisi *effectivement* au moment où il a été libéré : l'Élection passe par la Libération. La Promesse vient de prendre forme, de prendre corps, et c'est sur cette base qu'une véritable Alliance est possible. Le libérateur peut exiger d'être payé de retour ; il a sauvé Israël, Israël lui doit tout et l'Alliance viendra préciser les termes et stipulations de cette dette qui se ramènent à une seule exigence : la reconnaissance inconditionnelle de Yhwh. Israël n'est *rien* sans Yhwh, Yhwh est *tout* pour Israël. De ce tout ou rien découle le devoir de reconnaissance absolutiste.

La deuxième grande phase de l'Exode consiste dans la longue marche au désert jusqu'au Sinaï (15,22 à 18,27). Cette traversée dure trois mois mais par rapport à l'ensemble de l'itinéraire qui mène à la terre promise elle fait plutôt figure de prélude. Car, à vrai dire, le séjour au désert doit être réparti en deux moments : de l'Égypte jusqu'au Sinaï (Ex 15-18) puis du Sinaï jusqu'à la terre promise (le livre des Nombres). Le récit du premier séjour au désert ne nous retiendra pas ici, d'autant que nous aurons l'occasion d'en parler à propos du second séjour au désert. Considéré isolément, le séjour au désert avant le Sinaï peut figurer une simple épreuve préparatoire à la révélation du Sinaï, à la section suivante ; la véritable longue marche, l'interminable errance au désert, ce sera le second séjour raconté dans les Nombres. Alors, l'errance devient un mode de vie et symbolise un nouvel Exil après celui de l'esclavage en Égypte. Nous y reviendrons.

La troisième grande phase de l'Exode, c'est l'immense péricope du Sinaï allant des chapitres 19 à 40. À partir de ce point du texte jusqu'au Deutéronome, le récit principal est fréquemment interrompu par toute une série de passages concernant des prescriptions religieuses, cultuelles ou légales ; afin de ne pas alourdir démesurément mon exposé, j'écarterai provisoirement tous ces passages et y revendrai dans un traitement d'ensemble après la discussion du Deutéronome. Je me contenterai donc dans les prochaines analyses de signaler ces passages sans y entrer plus avant.

Ainsi, par exemple, si l'on exclut pour le moment le long code cultuel qui compose les chapitres 25 à 31 et 35 à 40, et si l'on exclut encore le Code de l'alliance allant de 20,22 à 23,19, il ne reste que deux récits, à la fois essentiels et contrastés de l'Alliance de Yhwh avec Israël. Dans notre enquête sur les grands paradigmes idéologiques qui ressortent de l'histoire d'Israël, ces deux récits ont une importance toute particulière et doivent être examinés de près, d'autant qu'ils ne semblent pas livrer un message concordant.

Le premier récit d'Alliance Yhwh-Israël va des chapitres 19 à 24, Code d'alliance inclus. On a d'emblée l'impression de se retrouver ici devant l'Alliance de base entre Yhwh et Israël, qui précise et complète l'Alliance relativement globale et indifférenciée avec Abraham (Gn 15 et 17). Cela entraîne cependant des différences majeures entre les deux alliances, au point qu'il ne semble pas excessif de prétendre qu'on se trouve maintenant devant la première Alliance explicite et complète entre Yhwh et Israël, l'Alliance avec Abraham constituant dès lors une sorte de préambule historique très probablement ajouté après coup et ne pouvant être considéré comme autonome.

Une remarque s'impose au départ : dans les deux cas, c'est Yhwh qui a l'initiative de bout en bout et c'est lui qui fait valoir ses vues sur son peuple ainsi que sur la relation qu'il entend établir avec lui. Sans Yhwh, il n'y aurait pas d'Alliance et elle n'aurait pas la forme qu'elle prend dans ce texte.

Une deuxième remarque complète la première et nous entraîne dans le vif du sujet. Dans l'Exode, Yhwh n'est pas le dieu de la Promesse mais bien celui de la Réalisation de la Promesse. Réalisation partielle mais effective. Celui qui parle maintenant ne demande plus une Foi aveugle et pour ainsi dire sans garanties à ses fidèles, mais plutôt une Loyauté indéfectible justifiée par les bienfaits qu'il apporte à son peuple. Si Yhwh exige maintenant une reconnaissance totale, cela s'explique par les gestes qu'il a posés en faveur d'Israël. C'est le fondement solide de l'Alliance. Quand Yhwh appelle Moïse sur le Sinaï pour conclure *son* alliance avec Israël, la première chose qu'il dit à Moïse se ramène à ce qu'il a fait pour Israël : « Vous avez vu vous-mêmes ce que j'ai fait aux Égyptiens et comment je vous ai emportés sur des ailes d'aigle et amenés vers moi. Maintenant si vous écoutez ma voix et gardez mon alliance, je vous tiendrai pour mon bien propre parmi tous les peuples, car toute la terre est à moi. Je vous tiendrai pour un royaume de prêtres et une nation de saints » (Ex 19,4-6). À quoi les Israélites acquiescent aussitôt : « Tout ce que Yhwh a dit, nous le ferons » (19,8). La construction de l'argument est claire : Yhwh a libéré Israël, il est devenu le Sauveur et le Patron,

Israël lui doit tout et doit le reconnaître sans restriction, ce qui signifie qu'Israël doit se soumettre aux Plans et aux Lois énoncés par Yhwh.

Notre troisième remarque découle donc directement des deux précédentes : si Israël a une telle dette de reconnaissance face à Yhwh, cela entraîne entre Yhwh et Israël une Alliance conditionnelle, une Alliance aux conditions fixées par Yhwh. Le coup de génie de l'auteur consiste à lier intimement la Libération d'Israël, l'Alliance avec Israël et les Lois régissant Israël. D'un côté, Yhwh ayant sauvé Israël peut lui imposer par contrat d'alliance la forme de reconnaissance et de loyauté qu'il considère satisfaisante ; de l'autre côté, il n'est plus question à partir de là de se contenter d'exiger une loyauté vague et plutôt formelle mais bien de stipuler de façon précise les conditions qui permettent de déclarer cette loyauté valable ou acceptable. Dans une mise en scène bien pensée, le lien entre l'Alliance et la Loi est établi par Yhwh lui-même qui prend la peine, à cette unique occasion, de descendre du Sinaï et de prononcer les paroles du Décalogue (20,1-17), paroles qui stipulent les conditions de l'Alliance ou encore la forme que doit prendre la reconnaissance de Yhwh : « Je suis Yhwh, ton dieu, qui t'ai fait sortir d'Égypte, de la maison de servitude. Tu n'auras pas d'autres dieux devant moi » (20,2). Les versets suivants précisent une série de règles qui encadrent la loyauté exclusive exigée.

Enfin, le Décalogue et le Code de l'alliance qui l'accompagne se terminent par un renouvellement solennel de la Promesse par Yhwh, Promesse qui ne consiste plus à libérer Israël mais, cette fois, à assurer la Conquête de la terre promise : « Voici que je vais envoyer un ange devant toi, pour qu'il veille sur toi en chemin et te mène au lieu que je t'ai fixé [Canaan]. Révère-le et écoute sa voix. Ne l'aigris pas : il ne pardonnerait pas vos transgressions car mon nom est en lui. Mais si tu écoutes bien sa voix et fais ce que je dis, je serai l'ennemi de ton ennemi… […] Je sèmerai devant toi ma terreur, je jetterai la confusion chez tous les peuples où tu pénétreras, et je ferai détaler tous tes ennemis » (23,20-22 ; 23,27). L'Alliance est donc encadrée par la promesse de Libération réalisée et la promesse de Conquête à réaliser ; mais cette Alliance est explicitement conditionnelle et c'est toute la Loi qui énonce les conditions de l'Alliance, conditions qui se ramènent fondamentalement à la Loyauté envers Yhwh et sa Loi. Après quoi, le peuple entérine l'Alliance conçue et promulguée par Yhwh : « Tout ce que Yhwh a dit, nous le ferons et nous y obéirons » (24,7 ; aussi 24,3).

Cela constitue donc la première Alliance entre Yhwh et Israël, alliance qui intègre la loi et qui instaure un rapport de reconnaissance entre Yhwh et Israël sous la condition expresse d'une loyauté indéfectible à Yhwh et à sa loi. En un sens, cette Alliance est unilatérale dans la mesure où elle est mise en œuvre par Yhwh seul, mais, en un autre sens, elle est ratifiée par Israël qui ne peut manquer de comprendre les conditions qui la scellent et la rendent opérante.

La péripétie qui sépare les deux Alliances est racontée en quelques mots mais son importance est décisive, comme on va le constater. Moïse monte au Sinaï et y reste quarante jours, au terme desquels il redescendra avec les tables de la loi écrites de la main de Yhwh (24,12-18). Mais Moïse tarde à redescendre et le peuple demande à Aaron de lui fabriquer une idole, une sorte de veau d'or, qui figurera Yhwh et le rassurera. Il doit être clair que cette idole, tout comme l'arche, n'est pas Yhwh lui-même mais simplement un symbole de Yhwh ou même seulement peut-être un piédestal de la divinité invisible, comme dans d'autres religions avoisinantes. Et, de fait, le peuple organise une fête «pour Yhwh» aussitôt que le veau d'or est en place (32,4-6). Je ne sais s'il faut parler d'une simple étourderie ou d'une mauvaise foi plus blâmable: au demeurant le peuple vient de contrevenir au deuxième commandement du Décalogue (20,4) et de briser l'Alliance, en mettant en cause la reconnaissance même de Yhwh.

Naturellement, Yhwh a aussitôt connaissance de la chose et, dans sa colère, il menace d'exterminer son peuple, tout en maintenant sa Promesse à Moïse (32,10). Moïse négocie alors le pardon d'Israël: il lui suffit d'en appeler à l'honneur de Yhwh, qui est effectivement en jeu dans le maintien de la Promesse, pour le convaincre de ne pas céder à ses menaces (32,11-14). Mais quand Moïse redescend du Sinaï et peut mesurer la gravité de ce que le peuple a fait, il entre à son tour dans une grande colère et brise les tables de la Loi qui sont le symbole de l'Alliance. Puis, il remonte vers Yhwh pour tenter d'obtenir le pardon de ce péché ou pour l'expier. Mais, cette fois, le résultat de la négociation est moins clair, car Yhwh a la possibilité d'épargner Israël sans pour autant lui pardonner; effectivement, sa réponse laisse planer une menace: «Va maintenant, conduis le peuple où je t'ai dit. Voici que mon ange ira devant toi, mais au jour de ma visite, je les punirai de leur péché» (32,34). Les réticences de Yhwh se continuent au chapitre 33 où la négociation se déplace sur la question de savoir si Yhwh lui-même accompagnera Israël dans sa marche vers la terre promise; ce n'est qu'in extremis que Moïse arrache le verdict favorable: «Cette chose que tu as dite, je la ferai encore parce que tu as trouvé grâce à mes yeux et que je te connais par ton nom» (33,17). Comme on le voit, tout est désormais suspendu à la Grâce de Yhwh et à sa confiance en son serviteur Moïse; l'Alliance avec Israël semble compromise.

Or, sans autre avertissement ni négociation, Yhwh consent par sa seule Grâce à renouveler son Alliance avec Israël, c'est-à-dire à graver à nouveau sur tablettes les prescriptions de la Loi. Il annonce son pardon au peuple d'Israël dans un passage crucial dans lequel apparaît avec une grande clarté le paradigme de la Grâce: «Yhwh, Yhwh, dieu de tendresse et de pitié, lent à la colère, riche en grâce et en fidélité; qui garde sa grâce à des milliers, tolère faute, transgression et péché mais ne laisse rien impuni et châtie les fautes des pères sur les enfants et les petits-enfants jusqu'à la troisième et la quatrième génération» (34,6-7)[3]. Suit une nouvelle confession des péchés par Moïse et enfin le renouvellement solennel de l'Alliance par Yhwh débouchant cette fois sur une nouvelle version du Décalogue qu'on nomme traditionnellement le Décalogue cultuel étant donné la place prééminente que les devoirs cultuels y occupent. Mais, évidemment, c'est l'argument central de l'Alliance qui doit nous retenir: « Voici que *je* vais conclure une alliance: devant tout ton peuple je ferai des merveilles [...]. Le peuple au milieu duquel tu te trouves verra l'œuvre de Yhwh, car c'est chose redoutable, ce que je vais faire avec toi. Observe donc ce que je te commande aujourd'hui. Je vais chasser devant toi les Amorites, les Cananéens, les Hittites [...]. Garde-toi de faire alliance avec les habitants du pays où tu vas entrer, de peur qu'ils ne constituent un piège au milieu de toi. [...] Tu ne te prosterneras pas devant un autre dieu, car Yhwh a pour nom Jaloux: c'est un dieu jaloux» (34,10-14). Et pour bien marquer que cette Alliance faite en présence de Moïse seul est bien le fait de la seule Grâce divine, le texte qui suit ne contient aucune formule de réponse ou de consentement de la part de Moïse ou d'Israël.

Alors que la première Alliance (chap. 19-24) était enracinée dans la réciprocité et entraînait un engagement explicite de Loyauté envers Yhwh et d'obéissance face à la Loi, la deuxième Alliance (chap. 32-34) n'implique aucune réciprocité et rappelle plutôt l'Alliance totalement unilatérale et gracieuse avec Noé. On vient de changer de registre. Le paradigme de la Grâce transforme le sens de l'Alliance Yhwh-Israël, au point qu'il faut maintenant parler d'une Alliance nouvelle, fondée sur le pardon non mérité d'Israël (grâce au médiateur Moïse) et sur la Grâce divine qui s'offre en compensation de la déloyauté déjà observée et constamment appréhendée d'Israël. Cette Alliance tranche si radicalement sur la première que bien des commentateurs la caractérisent

3. On ne s'accorde pas sur le fait de savoir s'il s'agit là d'une déclaration de Yhwh ou d'une profession de foi de Moïse. Mais, en dernière analyse, le contenu du texte se suffit à lui-même.

comme inconditionnelle, par opposition à la première. Mais, à mon sens, une telle opposition introduit un contresens dans le texte qui prend bien la peine de spécifier: «Observe donc ce que je te commande aujourd'hui» (34,11). Ce qui est d'ailleurs accompagné d'une série de commandements qui constituent manifestement les conditions de l'Alliance. Dans cette perspective, il me semble erroné de prétendre que le premier Décalogue puisse être abrogé par le second ou que le devoir absolu de Loyauté et d'obéissance soit remplacé par le seul engagement unilatéral de Yhwh. Car le paradigme de la Grâce comporte des implications qui vont bien au-delà du seul pardon des péchés et qui doivent donner à Israël la force de répondre aux exigences de son dieu. En contrepartie, il est extrêmement important de se rendre compte que, par le biais de ce nouveau paradigme, la volonté de reconnaissance de Yhwh place son initiative agissante non plus seulement à l'origine du processus d'Alliance mais aussi au terme de ce processus. Désormais, Yhwh garantit à la fois la Promesse et la Loyauté qui est la réponse humaine à la Promesse. Yhwh tient les deux bouts de la chaîne et il est l'unique répondant véritable de ce qui initie l'Alliance (la promesse) et de ce qui vient la sceller (la fidélité d'Israël). À la limite, la volonté de reconnaissance de Yhwh se joue en circuit fermé car il est son seul garant: seul il est à la hauteur de l'Élection et des exigences qui la rendent effective. La Grâce est le mécanisme central qui fonde la possibilité d'une reconnaissance inconditionnelle de Yhwh par Israël; dans ce contexte, Israël est complètement entre les mains de son dieu qui seul intervient avec le pouvoir qui convient. Avec ce nouveau paradigme, les auteurs mettent en place une attitude qui caractérise adéquatement l'absolutisme éthique: le théocentrisme, un théocentrisme radical et sans compromis.

Nombres

Comme convenu, je laisse de côté pour l'instant le livre du Lévitique qui porte tout entier sur le problème de la pratique religieuse orthodoxe, particulièrement en rapport avec la question de la pureté rituelle; on y trouve encore le célèbre Code de sainteté (chap. 17-26) sur lequel nous aurons à revenir.

Le livre des Nombres a toujours été relativement négligé, encadré qu'il est entre ces deux monuments théologiques que sont l'Exode et le Deutéronome. Son propos revêt pourtant une importance certaine puisqu'il évoque de façon assez réussie les quarante ans d'errance au désert entre la révélation du Sinaï (Ex 19-40) et les discours d'adieu de Moïse à l'orée de la terre promise (Deutéronome). On trouve donc ici le deuxième paradigme de l'Exil, complémentaire au premier représenté par la période de servitude en Égypte. Or, jusqu'à un certain point, ce deuxième Exil est encore plus significatif, car il est dû à l'insoumission de la génération de l'exode et il procède d'une condamnation divine explicite. C'est alors, à proprement parler, que l'errance et l'« itinérance » deviennent un mode de vie privilégié et le signe d'une *mise à l'épreuve* devant mener à une pureté religieuse et morale plus grande face à Yhwh. Ainsi les deux moments majeurs de la Réalisation de la Promesse (la Libération d'Égypte et la Conquête de Canaan) sont-ils précédés d'une longue phase de préparation et de mise à l'épreuve ; l'Exil devient donc un temps fécond où se préparent le grand passage et la Réalisation de la Promesse.

Dans leur ensemble, les Nombres sont structurés autour d'un immense contraste entre la génération insoumise de Moïse (chap. 1-25) et la génération suivante qui s'avère à la hauteur des exigences de Yhwh (chap. 26-36). On peut passer rapidement sur les dix premiers chapitres qui s'appesantissent avec complaisance sur le détail des préparatifs israélites, au moment de quitter le Sinaï pour la longue marche vers Canaan : recensement des tribus (chap. 1-4), intermède juridicoreligieux (chap. 5-6), offrandes et consécrations appropriées (chap. 7-8), célébration de la Pâque et mise en ordre hiérarchique des marcheurs (chap. 9-10).

Jusqu'ici le peuple s'est montré fidèle et soumis ; les problèmes commencent au chapitre onze et vont en s'accentuant jusqu'à la fin de cette section (11-20). Nous n'analyserons pas en détail cette longue succession de rébellions et de punitions. Une première manifestation de cette Insoumission du peuple est donnée en 11,1-3. Si l'on excepte les cas où le peuple exprime un besoin légitime que Yhwh reconnaît comme tel et satisfait rapidement, la rébellion d'Israël suit un pattern assez uniforme qui est parfaitement décrit dans ce texte : le peuple « murmure » sans raison valable, Yhwh se fâche, Moïse intercède et cela met fin à la colère divine.

Une deuxième manifestation de cette Insoumission, mais cette fois beaucoup plus significative, est racontée en détail aux chapitres 13-14. On envoie des hommes en éclaireurs afin de reconnaître le pays et la population de Canaan et ces « espions » ramènent des informations qui mettent en évidence la richesse et la puissance de Canaan (13,27-29). Ils déconseillent toute offensive (13,30-33) ; le peuple se range à leur avis et « murmure » contre Moïse et Aaron (14,1-4), malgré le fait que cette opération de reconnaissance ait été commandée par Yhwh (13,1-2) et que leurs dirigeants les assurent de l'aide de Yhwh dans l'opération militaire à venir (14,5-9). Ce manque de confiance est évidemment impardonnable et Yhwh menace de les exterminer en des termes qui marquent bien le déni de reconnaissance: «Jusqu'à quand ce peuple va-t-il me mépriser? Jusqu'à quand refusera-t-il de croire en moi?» (14,11). Selon le pattern familier, Moïse intercède en faisant appel à l'honneur de Yhwh: que diront de toi les autres peuples si tu détruis ton peuple ou encore si tu te montres incapable de le faire entrer en Canaan? Cette rhétorique à effet assuré mène à un curieux pardon divin: «Je lui pardonne comme tu l'as dit. Mais [...] ces hommes qui m'ont déjà dix fois mis à l'épreuve sans obéir à ma voix, ne verront pas le pays que j'ai promis par serment à leurs pères. Aucun de ceux qui me méprisent ne le verra» (14,20-23; voir aussi 14,27-35). Bref, pour une courte phrase qui pardonne, on a ensuite droit à une interminable tirade qui voue la génération de Moïse à une errance de quarante ans au désert et à la mort. La Promesse est indéfiniment reportée et la mise à l'épreuve décuplée. Du reste, la fin de l'épisode a tout pour étonner: les Israélites, en guise de réparation pour leur péché (14,40), se mettent en devoir d'attaquer l'ennemi mais Moïse les prévient que Yhwh ne les accompagnera pas et qu'ils courent à la défaite (14,42-43). De fait, ils sont taillés en pièces.

Une troisième manifestation de cette Insoumission sans cesse en progression concerne la contestation ouverte de chefs de la communauté et de prêtres contre Moïse et Aaron (16,1-3; 16,12-14). Cette fois, Moïse n'intercède pas mais se pose en partie lésée devant Yhwh (16,15) qui juge et exécute les malheureux sans autre forme de procès, ce que Moïse interprète à bon droit comme un acte de légitimation divine à son endroit (16,28-30). Au chapitre 17, une autre vague de contestations émanant cette fois du peuple entier (17,6) conduit à des résultats assez comparables malgré des tentatives d'expiation rituelle entreprises par Moïse et Aaron.

Une dernière manifestation d'Insoumission concerne enfin Moïse et Aaron eux-mêmes qui, pour faire jaillir l'eau d'un rocher, se permettent de frapper ce rocher avec un rameau par deux fois alors qu'une confiance totale en Yhwh leur aurait apparemment dicté de ne le frapper qu'une seule fois. On peut alléguer que Yhwh n'avait donné aucune consigne précise à ce sujet (20,8), mais le Patron ne l'entend pas de cette oreille et procède immédiatement au jugement: «Puisque vous ne m'avez pas cru capable de me sanctifier aux yeux des Israélites, vous ne ferez pas entrer cette assemblée dans le pays que je lui donne» (20,12). En clair, ni Moïse ni sa génération n'entreront dans la terre promise. Peut-être un tel récit, à la fois sommaire et tout à fait obscur, produit-il le contraire de l'effet escompté; toujours est-il que le Deutéronome l'éliminera de son compte rendu et expliquera tout autrement la «punition» de Moïse.

Reste que, réussie ou non, la progression dessinée par l'auteur est incontestablement présente et qu'il faut, comme il convient, la comprendre dans sa portée symbolique et idéologique. Entre les chapitres 11 et 20, la génération de Moïse connaît un Exil au désert de quarante ans et l'auteur met tout en œuvre pour justifier cet Exil comme un châtiment divin pleinement mérité. On nous donne donc à entendre une nouvelle fois que le peuple, s'il est laissé à lui-même et privé de la Grâce et de la faveur divines, ne saurait aboutir qu'à la Déloyauté et à l'échec. C'est le sens de cette condamnation à l'errance qui culmine en plusieurs jugements successifs venant confirmer l'Exil comme état de vie normal et même indépassable de la génération de Moïse. D'abord, on l'a vu, Yhwh condamne cette génération à ne jamais entrer dans Canaan (chap. 14); ensuite, elle est cruellement décimée lorsqu'elle s'élève contre son chef Moïse (chap. 17); enfin, elle sera pratiquement anéantie lors de l'acte d'apostasie raconté au chapitre 25.

Achevons rapidement ce récit. Entre les chapitres 20 et 25, la Conquête de la Transjordanie commence et le grand oracle de Balaam prédit les victoires futures d'Israël; mais l'événement clé qui clôt la vaste section 11-25, c'est évidemment le récit de l'apostasie d'Israël au chapitre 25 et le terrible châtiment qui s'ensuit. Ce court récit constitue la transition rêvée entre la première section (11-25) et la deuxième (26-36). Au chapitre 25, la vieille génération achève de se discréditer aux yeux de Yhwh en succombant à l'idolâtrie; on peut du même coup mesurer les risques énormes courus par Israël lorsqu'il conquiert un peuple et consent tout de même à ne pas l'exterminer mais plutôt à cohabiter avec lui. Entre les chapitres 26 et 30, on a un long intermède où l'on recense la nouvelle génération et où l'on trouve un remplaçant à Moïse (Josué). Puis la suite du récit du chapitre 25 reprend au chapitre 31. Alors que l'ancienne génération s'est laissée entraîner à des abominations par les Madianites (chap. 25), la nouvelle génération déclare la guerre sainte à ce peuple exécrable. Suit le récit assez scabreux de l'extermination des Madianites, récit type qui symbolise à lui seul toute la Conquête de la Transjordanie et qui préfigure la future Conquête de Canaan (livre de Josué). Nous aurons amplement l'occasion d'y revenir. Reste que le modèle et le contre-modèle sont déjà là sous nos yeux: les Israélites tuent tous les adultes mâles et razzient le pays mais ils commettent l'erreur très grave de prendre en pitié les femmes et les enfants; Moïse est hors de lui mais il se ressaisit et leur explique que les enfants mâles sont de futurs ennemis et que les femmes ont été cause d'infidélité à Yhwh pour les Israélites (chap. 25); on ne laissera donc la vie sauve qu'aux petites filles qui pourront sans doute être converties en temps opportun en épouses soumises. Je passe outre aux arrangements passablement pointilleux qui permettent de partager l'énorme butin entre Yhwh, les prêtres, les combattants et le reste du peuple. Le reste du livre est sans surprise et se passe de commentaire.

J'ajouterai pour conclure que les mérites de ce livre sont restreints mais non négligeables. L'Exode avait, si l'on peut dire, le défaut de sa qualité : tout occupé à mettre en valeur les paroles et les actions libératrices de Yhwh, il pouvait aisément laisser croire que la Libération devait succéder à l'esclavage une fois pour toutes et que la Grâce de Yhwh veillait sur Israël même en cas de faux pas (ainsi, par exemple, lors de l'épisode du veau d'or). Yhwh se retrouvait à l'origine et au terme du processus et il était garant de tout. Dans le livre des Nombres, toutes proportions gardées, c'est Israël qui est sous les réflecteurs et qui démontre par l'absurde, à travers ses démérites sans fin, combien il n'est rien sans Yhwh. Le sens de l'Exil s'approfondit ici car Israël apprend pour la première fois qu'il n'est pas tant exilé quelque part, en Égypte ou au désert, qu'exilé de quelqu'un, son dieu. À petits traits pas toujours habiles, les Nombres nous montrent cela et nous obligent à repenser les paradigmes parfois trop simples que l'Exode avait mis à profit. Ce qui n'était jusqu'ici qu'un théocentrisme somme toute partisan se transforme en une exigence éthique qui va conférer à l'absolutisme biblique sa radicalité sans pareille : aucune forme de bonne vie ou de bonheur n'est possible pour Israël sans Yhwh et par suite sans l'exercice constant et inconditionnel de la reconnaissance de son dieu ; et cela doit se vérifier, peu importe qu'Israël soit en exil au désert ou entre en possession de la terre promise. Israël n'est rien sans son Libérateur, sans son Sauveur ; son seul geste pertinent, unique et innombrable, c'est de reconnaître cela et du même coup de reconnaître Yhwh. Pour être à la hauteur de l'Élection, il suffit de reconnaître Yhwh sans restriction mais cela implique un décentrement tel que même ce simple geste de reconnaissance s'avère impossible sans la Grâce de Yhwh. Israël étant à ce point en question dans sa valeur est acculé à la Foi ; il ne lui reste pour toute issue que de s'en remettre à la Grâce de son dieu.

Deutéronome

Le Pentateuque englobe tout cet ensemble de textes narratifs, religieux et légaux à travers lesquels la Loi a été apportée aux Israélites par Moïse lui-même. Notre propos central dans ce chapitre consiste à faire ressortir les grands schèmes idéologiques du Pentateuque et à montrer qu'ils forment un tout. Or, dans ce grand ensemble qu'est le Pentateuque, le Deutéronome occupe une place privilégiée car il s'assigne pour objectif de revenir sur les trois livres antérieurs, de l'Exode aux Nombres, de récapituler méthodiquement la démarche qui va de la Libération d'Égypte jusqu'à la Conquête de Canaan et de proposer une interprétation intégrée de l'Alliance de Yhwh avec Israël et de la place de la Loi et de la Grâce dans cette Alliance. Cette œuvre rétrospective et interprétative a donc un caractère à la fois englobant et autoritaire car c'est Moïse lui-même qui procède à cette synthèse par le biais de trois grands discours au peuple, discours qui précèdent sa propre mort et l'entrée d'Israël en Canaan.

Disons d'abord quelques mots à propos de la structure de ce livre. Il est commode de le diviser tout simplement d'après les discours prononcés par Moïse : le premier discours va de 1,1 à 4,43 ; le deuxième de 4,44 à 28,68 ; et le troisième de 28,69 à 30,20 ; enfin, de 31 à 34, on raconte les derniers gestes posés par Moïse avant sa mort. Bien sûr, il faut se réserver la possibilité de subdiviser plus finement ces quatre grandes parties du livre. Le centre du texte est occupé par le grand Code deutéronomique (chap. 12 à 26) que nous mettons entre parenthèses dans l'exposé qui suit, pour en dire quelques mots dans la section suivante. Il est sans doute bon de rappeler que nous analysons la structure idéologique de ce texte sans hasarder la moindre conjecture sur les auteurs, le milieu d'origine ou la date de l'œuvre.

Procédons. Le premier discours de Moïse (1,1 à 4,43) compte une partie narrative (chap. 1-3) et une partie interprétative (chap. 4). Dans un premier temps, les auteurs récapitulent brièvement l'histoire qui va du Sinaï jusqu'à la conquête de la Transjordanie, à l'est de Canaan. L'épisode central reprend avec des variantes mineures le récit du refus de combattre les Cananéens (Nombres 13-14) et les conséquences désastreuses de cette rébellion contre Yhwh, soit la condamnation à l'errance et à la mort au désert (1,19 à 2,16). Cet épisode trouve son pendant logique dans le récit de la conquête même de la Transjordanie qui met en relief par contraste les faveurs divines dont jouissent les Israélites, grâce en particulier à l'intercession constante de Moïse. Le message d'ensemble de cette introduction narrative ne laisse pas de doute : Yhwh remplit sa Promesse malgré l'Infidélité de son peuple, il assure bonheur et sécurité à Israël envers et contre Israël, ce qui oblige à conclure que sans Yhwh, Israël serait voué à l'errance et à la mort.

C'est pourquoi, dans un deuxième temps, les auteurs apportent l'interprétation qui découle de ce récit synthétique : la première Grâce de

Yhwh pour son peuple, c'est le don de la Loi car ce n'est que dans ce contexte prescriptif que la Promesse pourra s'accomplir pleinement et l'Alliance perdurer (chap. 4). L'argumentation se meut dans un cadre fort particulier: le Salut est apporté par Yhwh, mais ce don ne peut être concrétisé sans la Loyauté d'Israël, ce qui nécessite un nouveau don gracieux de Yhwh, la Loi. Ce chapitre constitue donc une première tentative d'explication de l'Alliance Yhwh-Israël. On pose d'abord que la Loi est la seule sagesse possible pour Israël: sagesse complète et suffisante, cependant, puisqu'elle constitue l'unique condition nécessaire au Salut ou au bonheur (4,1-2; 4,5-8). Suit une longue homélie sur les exigences de la Loi et les risques immenses de l'Infidélité; ce passage culmine dans la prédiction de l'Exil à venir (4,25-28) et dans cette péroraison à valeur à la fois actuelle et intemporelle: «De là-bas [l'exil], tu rechercheras Yhwh ton dieu, et tu le trouveras si tu le cherches de tout ton cœur et de toute ton âme. Dans ta détresse, toutes ces paroles t'atteindront, mais dans la suite des temps tu reviendras à Yhwh ton dieu et tu écouteras sa voix; car Yhwh est un dieu miséricordieux qui ne t'abandonnera ni ne te détruira, et qui n'oubliera pas l'alliance qu'il a conclue par serment avec tes pères» (4,29-31). Cette hantise de l'Exil à venir est sans doute un des leitmotive essentiels du Deutéronome. Aux yeux de l'auteur, ce paradigme a une portée pour ainsi dire axiomatique: Israël est né en Exil et il est voué à retourner en Exil; mais c'est précisément cette réflexion sur le destin tragique d'Israël qui radicalise l'idéologie deutéronomiste, qui l'oblige à aller jusqu'au bout de ses ressources. L'Exil n'est plus ici un simple état de servitude involontaire, comme en Égypte, ni un châtiment ou une épreuve transitoires, comme au désert, mais un destin métaphysique; dès lors, le seul espoir d'Israël est dans le Repentir («tu reviendras à Yhwh») et la Foi, et le corrélat indispensable de cette Foi, c'est la Grâce divine étant donné l'insuffisance fondamentale d'Israël laissé à lui-même. C'est ce noyau mystérieux de l'Alliance que le reste du Deutéronome va tenter d'approfondir par une vaste entreprise rhétorique d'argumentation et de persuasion.

Le deuxième discours de Moïse (de 4,44 à 28,68) est immense et doit être réparti en trois phases: celle qui introduit le Code (4,44 à 11,32), le Code lui-même (12,1 à 26,15) et enfin celle qui conclut le Code (26,16 à 28,68). Il me semble légitime et nécessaire de subdiviser la première phase en deux temps: d'abord un condensé de la Loi (chap. 5) puis un commentaire interprétatif qui relie ce condensé au Code lui-même (chap. 6-11). C'est là le cœur du Deutéronome et sans doute un des grands points tournants de toute l'idéologie biblique. Il convient donc d'y regarder de très près.

Ainsi, au chapitre 5, on trouve le condensé par excellence de la Loi, c'est-à-dire le Décalogue. Le texte en est bien connu et nous ne le commenterons pas pour le moment. Je me contenterai de quelques remarques sur le cadre dans lequel il est placé et qui lui donne toute sa portée idéologique. D'abord, l'auteur reprend la même stratégie idéologique que celle de l'Exode en inscrivant le Décalogue dans le cadre de l'Alliance Yhwh-Israël et dans le prolongement de la Libération d'Israël de sa servitude en Égypte; la Loi cesse ainsi d'être une prescription abstraite pour devenir le lieu concret où s'exprime la dette de reconnaissance d'Israël face à son libérateur (5,6). En outre, le don de la Loi est présenté cette fois comme un don actuel et non passé: «Yhwh notre dieu a conclu avec nous une alliance à l'Horeb [au Sinaï]. Ce n'est pas avec nos pères que Yhwh a conclu cette alliance mais avec nous, nous-mêmes qui sommes ici aujourd'hui tous vivants» (5,2-3). Enfin, deux marqueurs textuels indiquent très clairement que ce sont les premiers commandements du Décalogue concernant directement la reconnaissance de Yhwh qui forment le fondement irremplaçable de la Loi: d'abord, ces premiers commandements concernant la relation avec Yhwh sont explicités et commentés brièvement par contraste avec les derniers commandements qu'on se contente d'énoncer de façon lapidaire; ensuite et surtout, ces premiers commandements sont repris et résumés dans la fameuse interpellation qui condense toute la Loi et qui deviendra le Credo du judaïsme: «Écoute, Israël: Yhwh est notre dieu, Yhwh seul. Tu aimeras Yhwh ton dieu de tout ton cœur, de toute ton âme et de tout ton pouvoir» (6,4-5, selon la New Revised Standard Version). Comme on va le constater dès maintenant, tout le commentaire des chapitres 6 à 11 ne fait que mettre encore davantage en évidence l'importance prééminente des deux premiers commandements concernant la reconnaissance inconditionnelle de Yhwh et le rejet de tout autre dieu ou idole. Une fois posées la souveraineté absolue de Yhwh et la soumission radicale d'Israël à Yhwh, le principe théocratique est en place et le Code deutéronomique suit avec son caractère foncièrement unitaire et englobant: un seul dieu, un seul peuple, un seul sanctuaire, une seule ville, une seule loi. Le Code, émanant directement de Yhwh et étant légitimé en profondeur par les actes de salut posés par Yhwh à l'endroit de son peuple, prend du même coup la forme d'un impératif absolu et autoritaire.

Dans la longue homélie des chapitres 6 à 11, Moïse établit rhétoriquement ce que je viens d'énoncer en raccourci et de manière purement formelle. Cette homélie est le noyau dur de la théologie deutéronomiste et un des textes les plus influents de la Bible. Il convient de l'examiner en détail car c'est ici que la stratégie géniale qui consiste à intégrer la Loi dans le cadre de l'Alliance et à en faire l'instrument privilégié de la reconnaissance de Yhwh par Israël, est justifiée de fond en comble. L'habileté rhétorique des auteurs est sans faille.

Au chapitre 6, après la profession de foi de 6,4-9, Moïse explique d'abord le sens de son exhortation à l'obéissance: « Vous garderez les commandements de Yhwh votre dieu [...], et tu feras ce qui est juste et bon aux yeux de Yhwh afin d'être heureux et de prendre possession de l'heureux pays... » (6,17-18). Reconnaître Yhwh, c'est adhérer à sa perspective et à son jugement, c'est faire ce que lui juge bon; et la seule et unique condition du Salut ou du bonheur, c'est cela. Quelques versets plus loin, l'exhortation à l'obéissance est justifiée comme une dette de reconnaissance: «Mais nous, il nous a fait sortir de là [d'Égypte] pour nous conduire dans le pays qu'il avait promis [...]. Et Yhwh nous a ordonné de mettre en pratique toutes ces lois, afin de craindre Yhwh notre dieu, d'être toujours heureux [...]. Telle sera notre justice» (6,23-25). La vertu se ramène à l'obéissance car, dans le contexte de l'Alliance, c'est toujours Yhwh qui initie, donne et commande et c'est toujours Israël qui suit, reçoit et obéit. Et cet état de choses tient au fait simple et indépassable qu'Israël doit tout à Yhwh, son Salut, son bonheur et jusqu'à son existence.

Les implications de cette dette sont si énormes que Moïse prend ensuite la peine de s'arrêter à ce que signifie en pratique servir Yhwh et lui seul. Le message d'ensemble est qu'Israël doit pour cela écarter tout ce qui pourrait détourner son attention de Yhwh, tout ce qui pourrait l'empêcher de se consacrer à la reconnaissance exclusive de Yhwh; toutefois, cela va bien au-delà de l'interdiction des idoles extérieures et nous entraîne dans la considération des idoles personnelles ou intérieures, les plus dangereuses de toutes.

Le point de départ sera, comme il convient, les idoles extérieures, les faux dieux, mais comme on va le voir tout de suite, la perspective est extrêmement radicale. Le peuple élu et consacré à Yhwh est un peuple absolument unique et séparé de tout le reste: « Lorsque Yhwh ton dieu t'aura fait entrer dans le pays dont tu vas prendre possession, des nations nombreuses tomberont devant toi [...]. Yhwh ton dieu te les livrera et tu les battras. Tu les dévoueras par anathème. Tu ne concluras pas d'alliance avec elles, tu ne leur feras pas grâce. Tu ne contracteras pas de mariage avec elles [...]. Car ton fils serait détourné de me suivre; il servirait d'autres dieux; et la colère de Yhwh s'enflammerait contre vous et il t'exterminerait promptement. [...] Car tu es un peuple consacré à Yhwh ton dieu; c'est toi que Yhwh a choisi pour son peuple à lui, parmi toutes les nations qui sont sur la terre» (7,1-6). La guerre sainte menant à l'extermination totale de l'ennemi n'est pas l'effet d'un caprice ou d'un choix arbitraire ; servir Yhwh signifie éliminer les autres peuples et détruire leurs idoles. Alors seulement Yhwh donnera la victoire à Israël car c'est lui et lui seul qui donne la victoire et livre l'ennemi (7,2 ; voir aussi 7,16).

Moïse explique ensuite, une première fois, que Yhwh n'a pas choisi Israël en raison de sa force ou de son nombre (7,7) et qu'il n'a aucun souci de la valeur de ses ennemis qui n'est rien à ses yeux (7,17-19) ; la seule raison invoquée pour l'Élection d'Israël, c'est la Promesse de Yhwh, c'est son élection gratuite d'Israël (7,8-11). Ainsi derrière l'idole apparente rencontrée chez l'ennemi se cache l'idole plus dangereuse de croire que Yhwh a choisi Israël en raison de sa valeur guerrière. L'Élection n'a rien à voir avec le mérite et tout à voir avec la Foi ; pour justifier l'élection, la foi est nécessaire et suffisante car elle seule conduit à l'obéissance, à la loyauté parfaite. Ainsi donc, la première idole intérieure consiste pour Israël à croire en sa propre force et à oublier qu'il ne doit et ne devra jamais son salut qu'au seul pouvoir de Yhwh.

À cela, Moïse ajoute une seconde idole tout aussi dangereuse que le pouvoir, à savoir l'illusion de l'autosuffisance matérielle et économique. Le texte est très explicite là-dessus. Moïse déclare : quand tu seras installé dans la terre promise, « quand tu auras vu multiplier ton gros et ton petit bétail, abonder ton argent et ton or, s'accroître tous tes biens, que tout cela n'élève pas ton cœur. N'oublie pas alors Yhwh ton dieu qui t'a fait sortir du pays d'Égypte… » (8,13-14). La richesse est une idole insidieuse car elle endort les inquiétudes et les épreuves passées et fait croire au peuple élu qu'il n'a plus besoin de celui qui l'a sauvé et mené là où il se trouve ; elle lui donne l'illusion que la libération est derrière lui et que toute dette est désormais abolie ; or le confort moral est le début de l'ingratitude et de l'orgueil, du sentiment d'autosuffisance. C'est pourquoi Moïse enfonce le clou : « Garde-toi de dire en ton cœur : "C'est ma force, c'est la vigueur de ma main qui m'ont fait agir avec cette puissance." Souviens-toi de Yhwh ton dieu : c'est lui qui t'a donné cette force pour agir avec puissance, gardant ainsi, comme aujourd'hui, l'alliance jurée à tes pères » (8,17-18). L'exhortation est d'ailleurs assortie de menaces décisives qui montrent à nouveau qu'Israël n'est rien sans Yhwh (8,19-20).

Enfin, après les idoles de la force et de la richesse, vient en troisième lieu l'idole de la vertu, la plus dangereuse de toutes. Le texte devient ici impitoyable, terrible : « Ne dis pas en ton cœur, lorsque Yhwh ton dieu les chassera [les Cananéens] devant toi : "C'est à cause de ma juste conduite que Yhwh m'a fait entrer en possession de ce pays", alors que c'est en raison de leur perversité que Yhwh dépossède ces nations à ton profit. Ce n'est pas en raison de ta juste conduite ni de la droiture de ton cœur que tu entres en possession de leur pays, mais en raison de leur perversité que Yhwh ton dieu dépossède ces nations à ton profit; et c'est aussi pour tenir la parole qu'il a jurée à tes pères, Abraham, Isaac et Jacob» (9,4-5). L'expression choisie est la même qu'en 6,25, où toute la vertu d'Israël consiste à se soumettre à la Loi de Yhwh; et ici encore, cette vertu risque d'être profondément pervertie si Israël vit dans l'illusion impardonnable qu'il existe une autre vertu, un autre mérite que ceux de se soumettre à Yhwh.

Moïse apporte alors l'exemple déjà raconté du veau d'or (Dt 9,7 à 10,11; voir Ex 32-34): la seule *initiative* prise par le peuple, durant tout l'épisode de la révélation du Sinaï, a consisté à se fabriquer une idole et à se détourner de Yhwh en désobéissant au grand commandement qu'il venait de promulguer. À nouveau, Israël a dû son salut à l'intercession de Moïse et à la Grâce inépuisable de Yhwh. Le récit de Moïse est long et implacable; il démontre à merveille la thèse soutenue aux chapitres 6 à 11; la conclusion résume cette thèse: «Et maintenant, Israël, que te demande Yhwh ton dieu, sinon de craindre Yhwh ton dieu, de suivre toutes ses voies, de l'aimer, de servir Yhwh de tout ton cœur et de toute ton âme, de garder les commandements de Yhwh et ses lois que je te prescris aujourd'hui pour ton bonheur?» (10,12-13).

La longue péroraison du chapitre 11 laisse Israël devant un choix clair: «Bénédiction si vous obéissez [...], malédiction si vous désobéissez...» (11,27-28). Il faut souligner que le choix ne réside pas dans la possibilité pour Israël de suivre sa propre voie ou bien celle de Yhwh; le choix est purement rhétorique: suivre ou ne pas suivre Yhwh. La voie d'Israël n'existe pas, elle n'est qu'une illusion. Suivre sa voie, croire en ses propres ressources et ses propres mérites, c'est simplement ne pas suivre Yhwh et être acculé tôt ou tard au fait de son absence de ressources et de mérite. Effectivement, Yhwh ne demande pas grand-chose à son peuple, à vrai dire rien «sinon de suivre ses voies» «pour son bonheur» (10,12-13). Mais pour en arriver là, toutefois, Israël doit se convaincre que sa propre voie est une illusion, une idole intérieure. Le véritable fondement idéologique du théocentrisme biblique est établi une fois pour toutes dans ce texte qui constitue à mes yeux la meilleure illustration de l'absolutisme éthique de la Bible. Le paradigme de la Grâce trouve son sens profond et son couronnement dans le paradigme de la Foi et de la Soumission, et l'implication centrale de ce paradigme, c'est le décentrement complet, le renoncement à soi-même ou à sa propre voie, et l'abandon de soi à Yhwh. Dans le schème idéologique de l'Élection et de l'Alliance, Yhwh est le seul initiateur et le seul acteur à part entière ; Israël ne fait que répondre ou réagir en se soumettant aux conditions de l'Alliance fixées par Yhwh ; et cette réponse est rendue possible uniquement par la Grâce divine. Yhwh est maître absolu à chaque phase de cette séquence idéologique.

Après ce premier moment (4,44 à 11,32) du deuxième discours de Moïse vient le Code deutéronomique lui-même (12,1 à 26,15). Je n'entrerai pas dans la discussion de ce Code puisque j'ai l'intention d'y revenir par la suite. La troisième phase (26,16 à 28,62) vient conclure le Code, d'abord par un rappel de l'Alliance conditionnelle qui donne sens à la Loi (26,17-18), ensuite par des précisions concernant la publication et la ratification de la Loi (chap. 27), et enfin, selon l'usage, par l'énoncé des bénédictions ou des malédictions qui doivent accompagner la Loyauté ou la Déloyauté d'Israël. Sur ce dernier point, un bref commentaire suffira. Je ne suis pas le premier à remarquer que la liste des bénédictions est assez courte (les peuples heureux n'ont pas d'histoire…) alors que la liste des malédictions est interminable. Mais, en vérité, Moïse ne se contente pas simplement de proférer les malédictions qui s'imposent ; il se permet par surcroît de prophétiser de façon élaborée sur ce qui attend effectivement Israël dans son histoire : l'apostasie, la servitude et l'Exil. Tout comme au chapitre 4, mais cette fois de façon beaucoup plus insistante, le spectre de l'Exil vient hanter le peuple de Yhwh (28,36-68). Ainsi le texte du Code est-il encadré d'un côté par une argumentation somme toute mesurée (chap. 6-11) et, de l'autre, par une menace beaucoup plus forte et concrète ; d'ailleurs, cette malédiction est sans appel, contrairement à celle du chapitre 4, car il n'y est nulle part question de repentir et de pardon. La Grâce divine est une possibilité constante mais jamais un recours assuré ; l'Alliance est conditionnelle mais, en cas de rupture, on ne peut compter sur un recours en grâce. La Loi est ainsi faite.

Venons-en au troisième discours de Moïse (28,69 à 30,20) et aux derniers gestes de Moïse avant sa mort (31 à 34). Dans la mesure du possible, nous envisagerons cet ensemble comme un tout. En réalité, ce texte se prête à un examen en deux phases : d'abord les chapitres 29 à 32, ensuite les chapitres 33 et 34.

La première phase est clairement annoncée en 28,69 où Yhwh mandate Moïse pour conclure une nouvelle Alliance complémentaire à celle du Sinaï (Ex 19-24). L'ancienne Alliance se justifiait par la Libération d'Égypte mais aussi bien par toutes les épreuves subies au désert puisque ces épreuves avaient vraisemblablement préparé Israël à reconnaître son Patron et à réaliser le besoin qu'il avait de ce Patron. On sait par ailleurs que, déjà en Exode 32-34, une nouvelle Alliance fondée sur l'insuffisance d'Israël et sur la Grâce de Yhwh avait succédé à la première (Ex 19-24). C'est ce point que Moïse reprend ici mais en lui apportant des éclaircissements beaucoup plus poussés. Une remarque nous met en alerte dès le départ: «Mais, jusqu'aujourd'hui, Yhwh ne vous avait pas donné un cœur pour connaître, des yeux pour voir, des oreilles pour entendre» (29,3). En d'autres termes, malgré la Libération apportée par Yhwh et en dépit des épreuves subies au désert, Israël demeure un peuple inconscient et borné. C'est pourquoi Moïse reprend très pédagogiquement tout le processus d'Alliance en mettant clairement au jour ses ressorts profonds.

Il commence d'abord par indiquer clairement que l'Alliance est définie par son objectif ou ses résultats: «pour faire aujourd'hui de toi un peuple tandis que lui-même sera pour toi un dieu...» (29,12). Puis, il actualise et rend permanente cette Alliance par cette formule audacieuse: «Ce n'est pas avec nous seulement que je conclus aujourd'hui cette alliance et que je profère cette imprécation, mais aussi bien avec celui qui se tient ici avec nous en présence de Yhwh notre dieu, qu'avec celui qui n'est pas ici avec nous aujourd'hui» (29,13-14). Il revient ensuite sommairement sur sa longue démonstration des chapitres 6 à 11 qu'il résume d'un trait: «Si, après avoir entendu cette imprécation, quelqu'un se bénit lui-même en son cœur en disant: "À marcher selon l'assurance de mon propre cœur, je ne manquerai de rien [...]", Yhwh ne consentira pas à lui pardonner» (29,18-19). Le rappel est suffisamment clair. Enfin, pour une troisième fois et presque à la manière d'un fait acquis, Moïse prédit l'Exil d'Israël, donnant à entendre que l'Alliance qu'il vient d'évoquer et qui n'est jusqu'ici qu'une copie conforme de l'Alliance du Sinaï (Ex 19-24), que cette alliance, dis-je, ne peut manquer d'être brisée. Mais cette fois, Moïse se ressaisit et montre au peuple qu'un «retour» est possible et que ce Repentir et cette expiation conduisent au pardon divin et à la Restauration d'Israël (30,1-3). C'est ici que se place l'idée d'une nouvelle Alliance qui n'abolit pas l'ancienne mais permet bien plutôt de l'accomplir. D'une part, en effet, la Fidélité et la soumission sont impossibles à Israël sans le secours de la Grâce divine: «Yhwh ton dieu circoncira ton cœur et le cœur de ta postérité pour que tu aimes Yhwh ton dieu de tout ton cœur et de toute ton âme, afin que tu vives. [...] Toi, tu obéiras de nouveau à la voix de Yhwh ton dieu et tu mettras en pratique tous ses commandements... [...] Car de nouveau Yhwh prendra plaisir à ton bonheur...» (30,6-9; voir aussi 10,16). Et Moïse ajoute encore, pour actualiser et personnaliser davantage le message de la nouvelle Alliance: «Car cette loi que je te prescris aujourd'hui n'est pas au-delà de tes moyens ni hors de ton atteinte. [...] Car la parole est tout près de toi, elle est dans ta bouche et dans ton cœur pour que tu la mettes en pratique» (30,11 et 14). La formule de la nouvelle Alliance n'a jamais été énoncée de façon aussi saisissante: Yhwh circoncira ton cœur pour que tu aimes Yhwh de tout ton cœur (30,6). La circoncision, signe de l'Alliance, de l'appartenance d'Israël à Yhwh, est repensée, intériorisée, radicalisée: c'est Yhwh lui-même qui circoncit par sa Grâce et qui assure par là la Foi d'Israël et ainsi sa soumission à la Loi. Autant Israël laissé à lui-même est voué à l'Exil, autant le retour est possible grâce à la circoncision divine. Mais ce retour est un retour à Yhwh et sous sa Loi, et l'Alliance orthodoxe du Sinaï reprend aussitôt ses droits. Il est donc tout à fait erroné de parler à ce propos de justification par la Foi ou d'Alliance inconditionnelle. À mon sens, il n'y a pas l'ombre d'une équivoque dans ces textes.

Les chapitres 31 et 32 s'inscrivent harmonieusement dans le prolongement du dernier discours de Moïse et doivent donc être étudiés dans la même phase. Au chapitre 31, on règle d'abord les affaires courantes: Josué est chargé de remplacer Moïse et de conduire Israël en Canaan, puis Moïse prescrit aux prêtres et aux anciens une lecture publique de la loi à tous les sept ans, et enfin on place la loi près de l'arche de l'alliance qui contient déjà le Décalogue. C'est sur ces entrefaites que Yhwh apparaît à Moïse et à Josué et reprend encore une fois le discours obsessif sur l'Exil, mais cette fois sur un ton qui n'a plus rien d'hypothétique: «Voici que tu vas te coucher avec tes pères, et ce peuple est sur le point de se prostituer en suivant des dieux du pays étranger où il va pénétrer. Il m'abandonnera et rompra l'alliance que j'ai conclue avec lui. Ce jour-là même ma colère s'enflammera...» (31,16-17). La même prédiction, sur un mode aussi assuré, est reprise en 31,20-21, qui se conclut de façon franchement navrante: «Oui, je sais les desseins qu'il forme aujourd'hui, avant même que je l'aie conduit au pays que j'ai juré» (31,21). Puis Yhwh leur dicte un cantique qui rappelle sa prescience du destin d'Israël et qui doit servir de témoin en faveur de ses avertissements solennels et contre les infidélités malheureusement inévitables d'Israël; ce cantique, appelé cantique de Moïse (chap. 32), reprend une dernière fois le thème de l'Infidélité et de l'Exil et vient justifier à nouveau l'idée d'une refonte radicale de l'Alliance, refonte déjà proposée aux chapitres 29 et 30.

Les chapitres 33 et 34 forment une deuxième phase dans notre étude de la troisième partie du Deutéronome (28,69 à 34,12). Ces textes ont peu d'impact sur notre propos.

Ainsi donc, les deux grands passages où se concentre le message de Moïse sont les chapitres 6 à 11 et 29 à 32. Ces textes mettent peu à peu en évidence le paradigme de la Grâce et, sous-tendu par celui-ci, le paradigme de la Foi. Mais ce qui se trouve au fondement de ces deux paradigmes, c'est le fait simple, constant, incontournable de l'Exil. Israël ne comprend que sous la menace et c'est pourquoi sa seule chance consiste à apprendre à vivre dans la perspective de l'Exil. Car dans le Deutéronome, l'Exil est à la fois un signe de châtiment et une mise à l'épreuve. À part égale. Et c'est du creuset de l'Exil que jaillit la Grâce et que la Foi est donnée et redonnée sans relâche à Israël. C'est cette Foi retrouvée qui le replace sur le sentier de la Loi.

Il suffit d'accepter l'impuissance radicale d'Israël telle qu'explicitée aux chapitres 6 à 11 pour se sentir acculé au théocentrisme très pur préconisé par le Deutéronome. Or dans ce cadre théocentrique, la Foi n'est plus un choix humain, une initiative stratégique humaine, mais un don divin, une Grâce, qui commande tout le reste, y compris la Soumission à la Loi et le renoncement à soi-même. La source ultime de cette conception de la Foi comme don se trouve dans l'insuffisance, l'impuissance du fidèle laissé à lui-même. Pour arriver à *reconnaître* Yhwh de façon complète et inconditionnelle, ainsi qu'il l'exige, il faut d'abord avoir *reconnu* sa propre insuffisance ou, en poussant les choses à la limite, avoir cessé de se reconnaître soi-même. Tel est le fondement de l'absolutisme éthique préconisé dans la Bible et, du même coup, le fondement de l'absolutisme éthique judéo-chrétien qui a exercé une influence extrêmement forte sur toute la pensée occidentale.

Le Pentateuque, le yahvisme et la Loi

Jusqu'ici nous nous sommes astreints à rechercher dans le Pentateuque les schèmes idéologiques fondamentaux qui composent la structure profonde de cet ensemble de textes. Il suffit pour cela de reprendre le texte biblique dans sa forme finale actuelle et d'en faire une lecture purement synchronique. À un point donné de l'étude, cependant, la question est de savoir s'il est possible et légitime de s'en tenir à une telle lecture.

Or, on doit convenir qu'une telle analyse idéologique est à la fois légitime et dangereuse. Car il est incontestable pour nous que le texte biblique propose une reconstruction historique sur une base idéologique et longtemps après coup. Le fait qu'aucun document ne soit daté ni signé ni contextualisé n'arrange certes pas les choses ; le fait, en outre, que ces documents aient été sans cesse remaniés et réédités jusqu'à une date tardive nous interdit davantage encore une lecture naïve des textes.

Tout cela n'invalide pas notre effort d'analyse idéologique mais doit tout de même nous inciter à la prudence et même à une saine défiance.

En guise de transition entre le chapitre sur le Pentateuque et celui sur l'histoire deutéronomiste, je me propose donc d'indiquer ici très sommairement quelques considérations de nature préliminaire par rapport auxquelles il faut se montrer particulièrement avertis sans pour autant se perdre dans les conjectures souvent oiseuses et les débats polémiques sans fin qui caractérisent parfois ce genre d'études.

Ma première considération concerne le monoyahvisme ou, simplement, le yahvisme. Malgré les nombreuses incertitudes de détail, il ne fait guère de doute maintenant pour la grande majorité des spécialistes que la Bible a été écrite par des partisans convaincus de l'idéologie yahviste et que celle-ci est condensée pour une part dans les livres du Pentateuque. La Bible est donc le résultat d'une immense reconstruction après coup et cette reconstruction s'étale entre le septième et le deuxième siècle avant notre ère. La tâche des yahvistes est de revoir et de « réécrire » de fond en comble toute l'histoire du peuple d'Israël et de sa relation avec son dieu, Yhwh. Ce travail d'une petite élite de notables, de prêtres et de scribes énonce alors une énorme fiction idéologique à partir du moment où elle rétrojette dans un passé immédiat mais aussi lointain des croyances qui ont vu le jour à des moments indétectables de l'histoire israélite. En elle-même, cette entreprise idéologique n'a rien de répréhensible, dans la mesure où une partie importante de l'élite postexilique s'efforce de reconstruire son identité et son histoire sur une telle base. Pour l'historien des idées, toutefois, il devrait être évident qu'on ne peut accompagner une telle tradition de pensée sans autre précaution. L'objet de ma première considération se ramène à ceci : le yahvisme n'est pas une idéologie nationale immémoriale mais bien la création relativement tardive qu'un groupe particulier met en œuvre dans des circonstances particulières et qu'il rétrojette ensuite sur l'ensemble de l'histoire israélite. Cette opération idéologique n'a rien à mes yeux d'inintelligible ni d'illégitime, à condition cependant d'être traitée pour ce qu'elle est plutôt que d'être entérinée et confirmée après coup de façon naïve ou, plus vraisemblablement, de façon complice.

Ma deuxième considération se déduit de la première et permet d'entrevoir plus clairement les conséquences pratiques d'une telle fiction idéologique. Il existe un certain nombre de textes bibliques qui montrent hors de tout doute que, ni en Israël ni ailleurs en Syrie-Palestine, il n'y a eu une idéologie yahviste dominante et majoritaire, à tout le moins pas avant l'Exil et peut-être même plus tard encore. Je renvoie le lecteur à quelques références classiques pour cette étude : Jérémie 7,1 à 8,3 ; Jérémie 44 ; Ézéchiel 8,1-17 ; Isaïe 57,3-13 ; Isaïe 65,1-7. Par ailleurs, toute l'histoire deutéronomiste fourmille d'exemples de syncrétismes religieux de tout genre, donc de manifestations religieuses non yahvistes auxquelles se prêtent volontiers tout le peuple et son élite. Or tout le problème du yahvisme biblique vient du fait que ses partisans nous racontent une histoire nationale au cours de laquelle il y a une série d'Alliances entre Yhwh et Israël et une série encore plus impressionnante d'Infidélités et d'apostasies qui ont mené à la rupture de ces Alliances Yhwh-Israël. Il faut le déclarer tout net : ces Alliances et ces apostasies constituent ni plus ni moins une fiction idéologique. Nous aurons à rendre compte de la construction d'une telle fiction en temps opportun, mais il est important de signaler dès maintenant que cette construction yahviste n'a pas de valeur historique et surtout qu'elle conduit à des jugements a posteriori qui n'ont ni vraisemblance ni validité. Le lecteur doit donc impérativement se garder à tout instant d'outrepasser le cadre méthodologique d'une analyse critique de l'idéologie biblique, même s'il est parfois tentant de « s'identifier » aux yahvistes et d'« historiser » avec eux la séquence des schèmes idéologiques qu'ils nous présentent et qu'ils actualisent constamment dans des récits à prétention historique. Notre objectif est de comprendre le mécanisme profond de cette tradition de pensée et d'examiner ses implications éthiques. Le reste n'est pas de notre ressort.

Ma troisième et dernière considération portera sur la Torah biblique et nous ramènera donc au cœur du Pentateuque. J'aurai maintes fois l'occasion de m'arrêter à certains aspects particulièrement significatifs de la Loi biblique ; c'est pourquoi je n'ai pas dessein d'entrer ici dans des analyses de détail mais simplement de situer clairement la Loi dans son cadre idéologique.

On vient de voir que la religion yahviste implique un travail simultané sur deux plans : un travail de reconstruction qui regroupe autour de la divinité choisie, Yhwh, tous les éléments théologiques, religieux et rituels de toute origine qui peuvent être considérés comme valables et récupérables dans le cadre idéologique monoyahviste ; et un travail de rétrojection historique qui permet de replacer le yahvisme au cœur de l'histoire israélite et d'en faire le centre moteur de toute cette histoire au point que tout doive être pesé et jugé selon cette valeur normative. De la même façon, la Loi yahviste implique un travail de récupération idéologique de l'ensemble des lois, coutumes et procédures jugées valables dans le cadre idéologique yahviste et un travail de rétrojection historique qui permet de placer le yahvisme au centre de la vie israélite. Et encore ici, on a affaire à une fiction idéologique d'envergure qu'il faut se contenter d'analyser rigoureusement sans l'accréditer en aucune manière.

Un survol très rapide des acquis de nos analyses précédentes nous permettra de bien situer toute cette question. À la base de toute la démarche yahviste, on trouve un stratagème à la fois extrêmement brillant et parfaitement intégré qui consiste tout simplement à faire de la *totalité* du Pentateuque une Torah, c'est-à-dire un ensemble de prescriptions et de leçons de vie. Cela signifie en pratique que la Torah désigne et recouvre tant la partie narrative que la partie prescriptive du Pentateuque et que ces deux composantes sont conjointes intimement et indissociablement. C'est alors que survient le stratagème, la grande passe stratégique yahviste : la Loi est la Loi de l'Alliance et, à ce titre, elle désigne un ensemble de données révélées par Yhwh et renvoie donc aux dispositions qui rendent possible ou viable l'Alliance de Yhwh avec Israël. D'un seul et même mouvement, une constitution théocratique est posée et une éthique de vie proposée ; cette politique et cette éthique yahvistes jouissent par construction d'une autorité absolue, celle de Yhwh s'exprimant soit directement soit par la médiation de ses prophètes.

Ainsi, lorsqu'on reconstitue « historiquement » cette Torah, on retrace *d'abord* la succession des diverses Alliances de Yhwh avec Israël : celle de Noé (Gn 9), celle d'Abraham (Gn 15 et 17 principalement), celle du Sinaï (Ex 19-24 et 32-34) et enfin celle du Deutéronome (Dt 29-32 principalement). Les Alliances de l'Exode et du Deutéronome s'accompagnent *ensuite* du grand Credo yahviste, le Décalogue, et secondairement de divers codes ou ensembles de prescriptions à caractère moral mais surtout religieux. On trouve les deux Décalogues en Exode 20 et en Deutéronome 5 ; on trouve par ailleurs le Code de l'alliance en Exode 20 à 23, des dispositions cultuelles en Exode 25-31 et 35-40 ; le Code sacerdotal en Lévitique 1-16 et le Code de sainteté en Lévitique 17-26 ; et enfin, le Code deutéronomique en Deutéronome 12-26, sans compter les nombreuses prescriptions données en Nombres.

Il va sans dire que tout cela ne forme pas système et qu'il paraît aujourd'hui pratiquement impossible de faire la genèse et l'histoire de tous ces textes. Reste qu'ils sont relativement tardifs ou sujets à des réécritures ou des rééditions tardives. De plus, si l'on s'en tient aux trois principaux ensembles, soit le Code d'alliance, le Code deutéronomique et les Codes du Lévitique, on a affaire à des élaborations théoriques qui témoignent de tendances théologiques bien distinctes et à certains égards parfois opposées. Le yahvisme n'est pas un système idéologique unitaire et unifié. Comme il ne me paraît pas pertinent au stade actuel d'entrer dans l'analyse de cette énorme masse de législations, il devient important de se donner une certaine règle de conduite qui nous permettra de réduire tout cela à l'essentiel et de le rendre utilisable pour la suite de notre exposé sur les schèmes idéologiques bibliques.

Pour ce travail de *réduction provisoire*, on peut procéder de la manière suivante. D'abord, il semble acquis d'après les spécialistes que les codes ne constituent qu'une explicitation plus ou moins poussée et méthodique des Décalogues. Cela ne signifie pas que les codes développent le contenu des Décalogues de façon discursive et systématique mais simplement qu'on peut y retrouver une élaboration des grandes règles, normes ou prescriptions qui composent les Décalogues. Nous recourrons donc au besoin aux divers codes pour éclairer les Décalogues mais dans cette deuxième partie nous n'irons pas au-delà de ce travail très partiel. Cela signifie donc que notre référence première et quasi exclusive se limitera pour le moment aux Décalogues.

Ensuite, il est incontestable que les deux Décalogues d'Exode et de Deutéronome sont très largement convergents et que, vu son importance historique absolument centrale, il semble pleinement légitime de s'en tenir au Décalogue du Deutéronome dans la partie actuelle de notre exposé. De toute manière, ce choix est évidemment fait sous bénéfice d'inventaire et quitte à recourir au besoin à tout texte utile à des fins d'analyse idéologique.

Enfin, une fois établi le Décalogue deutéronomiste comme texte de référence pour l'examen de l'histoire idéologique d'Israël, une dernière réduction me paraît s'imposer d'elle-même, à savoir qu'en pratique, les deux premiers commandements du Décalogue (Dt 5,7-8) ou même le simple Credo qui condense en lui tout le Décalogue (Dt 6,4) constituent les textes de référence absolus pour les rédacteurs bibliques. Effectivement, lorsque les historiens-idéologues bibliques jugent normativement le peuple d'Israël ou ses dirigeants, c'est invariablement sous l'angle de leur Alliance avec Yhwh et par conséquent selon le respect ou le non-respect du commandement premier de reconnaissance inconditionnelle de Yhwh et du commandement second et complémentaire de non-idolâtrie de quelque autre dieu (et par suite de non-apostasie de Yhwh). Nous aurons amplement l'occasion d'examiner ce que signifient en pratique pour les auteurs des divers livres examinés ces deux normes fondamentales ; pour l'instant, il nous suffit de poser que toute la Loi se réduit pour les historiens-idéologues yahvistes à ces deux commandements qui n'en forment qu'un : l'allégeance constante et sans faille à Yhwh.

Concluons. Le même travail de récupération idéologique et de rétrojection historique se retrouve sur les deux plans centraux que nous venons d'examiner synthétiquement : celui de la construction religieuse biblique (le yahvisme) et celui de sa construction éthique (la Torah du yahvisme). Comme on va le constater dès le prochain chapitre sur l'histoire deutéronomiste, c'est en retraçant les grands schèmes idéologiques de cette partie de l'histoire d'Israël que nous aurons l'occasion de vérifier sur textes le bien-fondé de notre travail de balisage préliminaire. Il est bien certain que nous devrons ajouter des précisions à ce propos en cours de route, mais il faudra d'abord et avant tout se rappeler constamment que les jugements normatifs portés par les auteurs bibliques sur l'histoire d'Israël représentent des jugements après coup qui ne correspondent foncièrement pas à la réalité des époques et des personnes jugées et qui devront éventuellement être replacés dans leur véritable contexte historique.

CHAPITRE 4
L'histoire deutéronomiste

Sous le titre d'histoire deutéronomiste je regroupe l'ensemble de l'histoire d'Israël de la Conquête jusqu'à l'Exil; cette histoire est racontée dans le livre de Josué, le livre des Juges, les deux livres de Samuel et les deux livres des Rois. La coutume est maintenant pratiquement établie d'appeler ainsi cet ensemble dans la mesure où l'on estime généralement que les rédacteurs de ces livres partageaient pour l'essentiel les principales idées théologiques qu'on trouve dans le Deutéronome. Évidemment, dans une analyse idéologique comme la nôtre, nous n'avons pas à adopter a priori une telle hypothèse mais seulement, tout au plus, à en évaluer le bien-fondé après coup. Reste que cet ensemble de livres bibliques forme jusqu'à un certain point un tout et qu'il est bon de coiffer ce tout d'une étiquette commode.

Le livre de Josué

L'idéologie du livre de Josué transparaît à travers quelques passages que nous allons examiner de près, mais il est tout de même souhaitable de les situer sommairement dans l'ensemble auquel ils appartiennent. Du reste, la construction du livre est assez simple même s'il comporte plusieurs couches rédactionnelles, comme d'habitude, et qu'on peut aisément soupçonner à une lecture attentive les divers problèmes d'harmonisation auxquels cela doit donner lieu.

Le prologue du chapitre 1 raconte brièvement les préparatifs israélites avant le passage du Jourdain et l'entrée en Canaan. Le paradigme de la Conquête est clairement indiqué dans les paroles de Yhwh à Josué. La Promesse de Yhwh est hyperbolique puisque tous les territoires du Proche-Orient ancien sauf l'Égypte et la Mésopotamie reviendront aux Israélites (1,3-4). De plus, Yhwh n'en rabat pas sur la faveur accordée à Josué : « Personne, tout le temps de ta vie ne pourra tenir devant toi, je serai avec toi comme j'ai été avec Moïse... » (1,5). Naturellement, la Promesse ne va pas sans exigence de Loyauté : « Seulement, sois fort et tiens très bon pour veiller à agir selon toute la loi que mon serviteur Moïse t'a prescrite [...]. C'est alors que tu seras heureux dans tes entreprises et réussiras » (1,7-8).

Ainsi, tout est en place pour la Conquête qui est racontée sur un mode épisodique des chapitres 2 à 12. Des chapitres 2 à 5, on relate la traversée du Jourdain d'une manière qui évoque parfois le passage de la mer Rouge dans l'Exode. Puis on trouve les campagnes au centre de Canaan aux chapitres 6 à 8 et enfin les campagnes périphériques vers le sud et vers le nord aux chapitres 9 à 11. Le chapitre 12 constitue une sorte de résumé de l'ensemble. Le texte est parsemé de récits édifiants : ainsi, au chapitre 2, la prostituée Rahab porte secours aux espions israélites envoyés en éclaireurs, en les cachant chez elle, ce qui lui vaudra par la suite d'avoir la vie sauve, elle et toute sa famille ; ou encore la violation de l'anathème par Akân au chapitre 7, sur laquelle nous reviendrons.

Mais dans cette première partie du livre, la pièce de résistance est constituée par divers morceaux de bravoure qui illustrent la forme que prend la Conquête de Canaan. Cette forme, c'est la guerre sainte. Des quatre campagnes racontées (chapitres 6,8, 10 et 11), on peut retenir comme modèle le récit de la prise de Jéricho au chapitre 6. Plusieurs points ressortent clairement qui caractérisent parfaitement la guerre sacrée. D'abord, c'est Yhwh qui lance la guerre et est responsable de la stratégie (6,1-5). Josué et son peuple se contentent de faire exactement ce que Yhwh a commandé et qui doit suffire à la victoire : « Lorsque la corne de bélier retentira, tout le peuple poussera un grand cri de guerre et le rempart de la ville s'écroulera sur place : alors le peuple montera, chacun droit devant soi » (6,5). On raconte ensuite comment le peuple a suivi les consignes de Yhwh (6,6-21). Par suite, la victoire est celle de Yhwh et de Yhwh seul ; en outre, cette victoire est totale, sans reste : « Ils dévouèrent à l'anathème tout ce qui se trouvait dans la ville, hommes et femmes, jeunes et vieux, jusqu'aux taureaux, aux moutons et aux ânes, les passant au fil de l'épée » (6,21). En ce temps-là, les guerres chirurgicales menées au nom de Yhwh étaient des minigénocides. Les promesses ont un prix. Ce qui peut tout de même rassurer le lecteur d'aujourd'hui, c'est le fait que Jéricho était déjà détruite depuis quelques siècles et que Yhwh n'y était sans doute pour rien... Un troisième élément de la guerre sainte, au-delà de l'initiative de Yhwh et de la destruction totale de la ville, c'est l'anathème qui repose sur un principe fort simple: « On brûla la ville et tout ce qu'elle contenait, sauf l'argent, l'or et les objets de bronze et de fer qu'on livra au trésor de la maison de Yhwh» (6,24). Où l'on apprend que dans une guerre sainte, commandée et guidée par Yhwh, c'est le conquérant lui-même qui pratique la stratégie de la terre brûlée, quoique cela n'empêche pas Yhwh et ses prêtres de revendiquer leur part de butin.

Ici se place le deuxième récit édifiant évoqué précédemment. Akân, un Israélite, «prit de ce qui était anathème» (7,1), donc la rançon de Yhwh. Le peuple est aussitôt puni par une défaite sans conséquence, juste assez cependant pour que Josué intercède à la Moïse auprès de Yhwh (7,6-9) qui lui explique alors les bonnes manières: «... les Israélites ne pourront pas tenir devant leurs ennemis, ils tourneront le dos devant leurs ennemis parce qu'ils sont devenus anathèmes. Si vous ne faites pas disparaître du milieu de vous l'objet de l'anathème, je ne serai plus avec vous» (7,12). Suite à quoi Akân confesse sa faute à Josué et subit le châtiment qui s'impose: il est passé par le feu et lapidé, lui, sa famille et tous ses biens. Yhwh étant maintenant revenu parmi son peuple, on procède aussitôt à la conquête de la petite ville qui avait auparavant résisté aux Israélites (chap. 8).

Au chapitre 9, on nous raconte la ruse d'une petite peuplade cananéenne, les Gabaonites, qui se font passer pour des étrangers venus de très loin et réussissent ainsi à soutirer une alliance aux Israélites; ils auront la vie sauve mais deviendront leurs esclaves (9,23). Le reste de la première partie se passe en guerres saintes qui se déroulent sans histoire et qu'on récapitule de façon amplifiée au chapitre 12.

La deuxième partie, des chapitres 13 à 21, est un compte rendu particulièrement indigeste de l'Installation en Canaan: au chapitre 13, on répartit les terres à l'est du Jourdain, aux chapitres 14 à 17, les tribus du centre, et en 18 à 21, les tribus de la périphérie.

La Promesse semble donc accomplie et la vie peut commencer dans la terre promise. Pourtant une certaine équivoque parcourt le texte, qu'il est bon de signaler puisqu'elle éclaire bien les aléas de l'Alliance entre Yhwh et Israël. On se contente encore souvent d'alléguer ici la diversité des rédactions pour rendre compte de cette équivoque; le texte exprime pourtant à maintes reprises une incertitude qui me semble plus profonde et qui nous incite à exposer le paradigme de la Conquête avec les nuances qui conviennent.

Bien sûr, si l'on s'en tient au récit de la Conquête dans ses grandes lignes (chap. 2-12), on a l'impression d'une Conquête totale et définitive: cela correspond largement à la Promesse de 1,3-5, si l'on se permet de réviser à la baisse les hyperboles divines. D'ailleurs, lorsqu'on récapitule la Conquête du sud cananéen (10,40-42) ou celle du nord (11,16-23), on a la nette impression d'une Conquête glorieuse et sanglante, bref d'un génocide assez réussi. De même, la grande répartition de la terre promise se conclut ainsi: «De toutes les promesses que Yhwh avait faites à la maison d'Israël, aucune ne manqua son effet: tout se réalisa» (21,45). Pourtant nous savons que la réalité n'est pas si simple, et le livre des Juges apportera des démentis décisifs à ce sujet.

Si l'on s'en tient pour l'instant au seul livre de Josué, il est facile d'y détecter plusieurs zones d'ombre. D'abord, après les chapitres concernant la Conquête, Yhwh semble manifester des scrupules par rapport à sa propre Promesse superlative: «Te voilà vieux, avancé en âge, et pourtant il reste à prendre possession d'un très grand pays» (13,1). La Philistie, la Phénicie et la Syrie n'ont pas encore été conquises et il faut se contenter pour l'instant de Canaan (13,7). Par surcroît, Jérusalem n'est pas prise (15,63), Gezer non plus (16,10), ainsi que plusieurs autres villes enclavées dans la tribu de Manassé (17,7-13). Bien sûr, la Promesse divine d'une Conquête complète tient toujours (13,6; 23,5), mais au total un doute subsiste. Dès la première faute, celle d'Akân, Yhwh menace d'abandonner son peuple, et il renouvelle beaucoup plus solennellement sa menace en 23,12-13. Ainsi à chaque fois que la Promesse est mise en cause, on sait de quel côté il faut se tourner car la Loyauté d'Israël a souvent été défaillante et le sera sans doute encore. Cette situation délicate nous prépare aux grands discours d'exhortation de Josué avant sa mort. Toute l'idéologie du livre tient en ces quelques pages.

Dans la première conclusion du livre, on a le sentiment que la Promesse est accomplie et la Conquête parfaite (21,43-45). Mais au chapitre 23, le dernier discours de Josué remet les pendules à l'heure. D'abord, de façon coutumière, on a droit au panégyrique de Yhwh (23,3-5). À ses qualités de Libérateur s'ajoutent maintenant celles de Conquérant mais le message global ne varie guère: Israël lui doit tout (23,6-11). Jusqu'ici on nous sert le classique discours d'Alliance. Mais bientôt la bonne vieille rhétorique deutéronomiste de la carotte et du bâton refait surface: «Mais s'il vous arrive de vous détourner et de vous attacher au restant de ces nations qui subsistent près de vous, de contracter mariage avec elles, de vous mêler à elles et elles à vous, alors sachez bien que Yhwh votre dieu cessera de déposséder devant vous ces nations : elles seront pour vous un filet, un piège, un fouet contre vos flancs et des chardons dans vos yeux, jusqu'à ce que vous ayez disparu de ce bon sol que vous a donné Yhwh votre dieu » (23,12-13). Si la Promesse ne suffit pas à sceller l'Alliance, si ce peuple borné comprend mieux le langage de la menace, alors tant pis. Israël a-t-il besoin d'éclaircissements supplémentaires : « Eh bien ! De même que toute promesse faite par Yhwh votre dieu en votre faveur s'est réalisée pour vous, de même Yhwh réalisera contre vous toutes ses menaces, jusqu'à vous chasser de ce bon sol que Yhwh votre dieu vous a donné » (23,15). On est à nouveau en plein cœur de l'absolutisme éthique : ce que Yhwh exige, ce n'est pas simplement l'obéissance à la Loi mais par-dessus tout la Loyauté à sa personne, la reconnaissance inconditionnelle de sa Souveraineté absolue sur Israël ; et l'enjeu, c'est la Conquête ou l'Exil, tout ou rien, ou bien ou bien. Yhwh sait trop bien que l'Infidélité reste imminente et la menace d'Insoumission permanente. Il se tue à le répéter. Pour un peu, on irait jusqu'à se demander pourquoi il a choisi un peuple aussi peu doué pour la Loyauté, aussi lent à comprendre où se trouve son profit.

Puis, pour faire bonne mesure, le chapitre 24 reprend telle quelle la rhétorique du chapitre 23. D'abord, le long récit des exploits de Yhwh en faveur d'Israël, d'Abraham jusqu'à la Conquête (24,2-13) ; Josué conclut par une tirade qui relativise assez heureusement les méfaits de la guerre sainte : « Je vous ai donné une terre qui ne vous a demandé aucune fatigue, des villes que vous n'avez pas bâties [*sic !*] et dans lesquelles vous vous êtes installés, des vignes et des olivettes que vous n'avez pas plantées et qui sont votre nourriture » (24,13). Cela a de quoi laisser songeur l'exégète le plus complaisant. Vient ensuite la grande demande : « Et maintenant craignez Yhwh et servez-le dans la perfection et la fidélité » (24,14). La profession de foi unanime suit (24,16-18). Mais Josué surenchérit encore : « Vous ne pouvez pas servir Yhwh parce qu'il est un dieu saint, il est un dieu jaloux, qui ne tolérera pas vos transgressions ni vos péchés. Si vous abandonnez Yhwh pour servir les dieux de l'étranger, il se tournera contre vous pour faire du mal ; il vous anéantira après vous avoir fait du bien » (24,19-20). Et le bon peuple de protester à nouveau de sa totale bonne foi (24,21-24). Ce qui nous reconduit tout naturellement au renouvellement solennel de l'Alliance (24,25-27).

Tout ce qui manque à ces deux discours sur la Promesse et l'Alliance, c'est le paradigme deutéronomiste du Repentir et de la Grâce. Mais Conquête oblige. Il vaut mieux ne pas gâcher une circonstance aussi grandiose et aussi heureuse. Les quelques menaces savamment éparpillées à travers les deux discours de Josué doivent suffire à rappeler au peuple qu'il doit éviter tout triomphalisme et que bientôt sans doute il aura besoin de Yhwh bien plus qu'il ne le soupçonne. Aussi aurait-il grand tort de trop s'installer alors que la Conquête n'est même pas chose acquise.

Le livre des Juges

Le paradigme de l'Installation succède maintenant à celui de la Conquête mais il existe un lien profond entre ces deux phases et le livre des Juges s'attarde longuement à expliquer cette interrelation. Mais d'abord, dès le premier chapitre, une surprise nous attend. Au lecteur qui a auparavant perçu la Conquête comme pratiquement achevée et qui prévoit une Installation sans histoire dans la terre promise, on donne une sévère leçon de réalisme politique. Alors que dans le livre de Josué, Israël tout entier suivait la voie balisée par Yhwh et vidait pour ainsi dire chaque ville de tous ses habitants, maintenant les choses se passent tout autrement; chaque guerre semble être le fait d'une initiative tribale particulière et on n'a bien souvent affaire qu'à des conquêtes purement régionales et souvent même partielles. À vrai dire, on a encore affaire à un compte rendu idéologique mais, cette fois, le système explicatif a changé et Israël n'a ni le nombre ni la force qui lui permettraient de bouter dehors les Cananéens de façon massive. En fin de chapitre, le récit insiste particulièrement sur le fait que les Cananéens furent réduits à l'esclavage dans plusieurs cas mais furent rarement exterminés suivant l'ordre de Yhwh (1,27-36). La conclusion de cette description à grands traits, c'est que le paradigme de l'Installation se doublera constamment du paradigme de la Cohabitation.

Dès le début du chapitre 2, l'ange de Yhwh statue clairement sur cette calamité et donne ainsi le ton à tout le livre: «J'avais dit: "Je ne romprai pas mon alliance avec vous. De votre côté, vous ne conclurez pas d'alliance avec les habitants de ce pays; mais vous renverserez leurs autels." Or vous n'avez pas écouté ma voix. Qu'avez-vous fait là? Eh bien, je le dis: je ne les chasserai pas devant vous. Ils seront pour vous des adversaires et leurs dieux seront pour vous un piège» (2,1-3). On vient donc de passer d'une Conquête insatisfaisante à une Installation problématique ou, si l'on préfère, à une Cohabitation forcée.

Alors le récit prend l'apparence d'une reprise des derniers versets du livre de Josué (Juges 2,6-10, reprend Josué 24), mais le lecteur est averti que cette reprise est amenée en vue de créer un contraste entre la très loyale génération de Josué et la très infidèle génération qui la suit. Le reste du chapitre 2 condense tout le livre et en révèle par avance tout le message idéologique. Le langage deutéronomiste ne laisse aucun doute. Le texte dessine un schéma idéologique qui interprète et façonne par avance tous les événements à venir. En premier lieu, la Cohabitation forcée mène à l'apostasie, à la faute suprême : « Alors les Israélites firent ce qui est mal aux yeux de Yhwh et ils servirent les Baals. Ils délaissèrent Yhwh… » (2,11-12) En deuxième lieu, de la faute découle un châtiment proportionné, une rétribution mesurée : « Il les abandonna […], il les livra […]. Dans toutes leurs expéditions la main de Yhwh intervenait contre eux pour leur faire du mal, comme Yhwh le leur avait juré » (2,14-15). En troisième lieu, vient la déroute qui doit normalement mener au Repentir (3,9) et à la compassion divine. Ici on se contente d'évoquer le désarroi israélite : « leur détresse était extrême » (2,15). En quatrième lieu, Yhwh leur porte secours par l'intermédiaire d'un chef de guerre : « Alors Yhwh leur suscita des juges qui les sauvèrent de la main de ceux qui les pillaient […] car Yhwh se laissait émouvoir par leurs gémissements… » (2,16-18). En cinquième lieu, dès que leur sécurité et leur prospérité sont assurées, les Israélites retournent à leurs idoles favorites (2,19). Dans sa synthèse finale, l'auteur ajoute un élément fréquent dans les Nombres et le Deutéronome en montrant que la compassion et la Grâce divines doivent être complétées par des mises à l'épreuve qui pourront peut-être à la longue inciter le peuple à la Fidélité : « Puisque cette nation a transgressé l'alliance que j'avais prescrite à ses pères et qu'elle n'a pas écouté ma voix, désormais je ne chasserai plus devant elle aucune des nations que Josué a laissé subsister quand il est mort, afin de mettre par elles Israël à l'épreuve, pour savoir s'il garderait ou non le chemin de Yhwh… » (2,20-22).

Suivent alors, des chapitres 3 à 16, les récits de l'intervention de plusieurs juges dans l'histoire d'Israël. Ces légendes sont bien connues et n'appellent aucun commentaire particulier, si ce n'est que le pattern déjà analysé de libération semble de plus en plus fragilisé par les Infidélités répétées du peuple et qu'à la fin on se demande même si le Repentir du peuple et plus encore la compassion de Yhwh sont encore choses possibles. Dans le cas du premier juge Otniel, le pattern deutéronomiste ressort de façon nette (3,7-11). On nous raconte ensuite la ruse de Ehud qui mène sans encombre à la libération d'Israël (3,12-30). Puis, c'est la libération apportée par Débora et Baraq : mais cette fois Yhwh n'intervient qu'indirectement, par la voix de la prophétesse Débora qui doit négocier avec un chef de guerre (Baraq) passablement réticent, et la mise à mort du roi adverse, Sisera, n'est assurée que grâce à la trahison de Yaël, une non-Israélite (chap. 4-5). Suit le récit de Gédéon (chap. 6-8) qui n'accepte sa mission qu'in extremis mais finit par se montrer un chef de guerre exemplaire dans la guerre sainte qui suit (7,16-22) et jusque dans le châtiment de certains collabos Israélites (8,13-22). Vient après le récit étonnant de la mission de Jephté (chap. 10-12), qui laisse entrevoir en particulier combien la patience de Yhwh est à bout; lorsque, cette fois, les Israélites crient vers lui, il les reçoit assez fraîchement: «Mais vous, vous m'avez abandonné et vous avez servi d'autres dieux. C'est pourquoi je ne vous sauverai plus. Allez! Criez vers les dieux que vous avez choisis! Qu'ils vous sauvent, eux, au temps de votre détresse!» (10,13-14). Mais devant la réforme religieuse amorcée par Israël, Yhwh cède enfin et on a droit à l'histoire assez émouvante de Jephté. Le dernier récit est celui de Samson (chap. 13-16) qui n'est annoncé ni par le repentir du peuple ni par la pitié divine et qui de plus est constamment interrompu par les infidélités énormes et naïves de Samson lui-même; cette histoire est paradigmatique, au demeurant, car justement Yhwh finit par se servir à ses fins de ce juge improbable et même indigne qui n'en a que pour les femmes de l'ennemi et qui tombe dans tous les pièges qu'on lui tend. Mais Yhwh veille au grain et, dans la plus pure tradition deutéronomiste, le démérite de Samson ne fait que mettre davantage en évidence la grandeur du triomphe divin.

On trouve enfin une sorte d'appendice, aux chapitres 17 à 21, qui étale, par le biais de deux véritables histoires d'horreur, l'état de dégradation religieuse et morale dans lequel se trouve le peuple d'Israël. La deuxième (19,1 à 21,25) est particulièrement scabreuse à tous égards et donne même l'impression d'une certaine complaisance tout à fait délibérée de la part de l'auteur.

Ainsi, si l'on jette un regard rétrospectif sur l'ensemble Josué-Juges, il ressort que la grande Conquête de Josué qui devait nous apporter la certitude de la Réalisation de la Promesse s'est transformée peu à peu en Cohabitation forcée, étant donné l'Infidélité constante des Israélites. L'enjeu idéologique profond de ces deux livres, c'est finalement la Séparation d'Israël comme symbole de son Élection par Yhwh et de son Alliance avec Yhwh. Mais justement, ce que le livre des Juges nous montre de manière constante, ce n'est pas la Séparation d'Israël mais sa quasi-assimilation à la culture cananéenne. Si l'on va jusqu'au bout du portrait israélite présenté ici, il n'est pas difficile de constater qu'Israël ne représente alors ni une entité politique unifiée ni même une confédération si peu que ce soit organisée.

À cet égard, lorsqu'on nous raconte, au beau milieu du livre des Juges (chap. 9), l'histoire du roi Abimélek, on met simplement en scène un petit potentat local contesté par son propre peuple et récusé par Yhwh (9,23), bref un autre chef de guerre qui n'arrive même pas à donner une organisation minimale à son peuple. Ce simple récit symbolise tout le livre. Israël, le grand Israël, s'est donné une constitution théocratique unitaire, voire totalitaire ; mais à cette tête idéologique ne correspond aucun corps politique, sinon des tribus désunies qui s'assimilent tant bien que mal au milieu conquis et le parasitent au petit bonheur. C'est pourquoi il y a un tel écart entre le paradigme purement idéologique de la Conquête et le paradigme qui suit et qui doit mener tout droit à l'Âge d'or du peuple élu. Dans ce contexte, l'apostasie a bon dos puisqu'elle permet de justifier tous les déboires israélites au moment de la tentative d'Installation en Canaan ; reste toutefois à se donner les moyens sociopolitiques d'instauration effective d'une telle théocratie. C'est ce passage de la Conquête à l'Âge d'or que les livres de Samuel et des Rois auront pour tâche de mener à bien. Comment est-il possible de passer de la Conquête à la prise de possession, à l'appropriation effective de la terre promise tout en restant fidèle à l'idéal théocratique ou encore à l'Alliance : tel est le difficile problème que posent les livres de Samuel.

Les livres de Samuel

Nous entrons ici dans une toute nouvelle phase de la construction idéologique biblique, phase longue et complexe au cours de laquelle l'auteur doit assurer un passage de la Conquête à l'Âge d'or. La Réalisation de la Promesse ne peut se faire sans la pleine appropriation et le complet contrôle sur la totalité du territoire israélite ; or cela ne sera rendu possible que par une organisation politique très poussée qui ne se concilie pas sans difficulté avec la vieille théocratie de Moïse et de Josué. Dans les livres de Samuel, l'auteur tente d'apporter réponse à ce problème selon un agenda idéologique bien particulier et en mettant sans cesse en scène des événements réels ou inventés qui servent bien cet agenda. Le récit étant relativement long, il me semble souhaitable de répartir mon examen d'après les personnages autour desquels tout est centré ; de cette façon, les patterns idéologiques devraient ressortir avec plus de clarté.

Samuel (1S 1-7)

La récit de la montée au pouvoir de Samuel nous livre en miniature les principaux schèmes idéologiques qui vont parcourir le récit entier : d'une part, l'importance extrême de Yhwh comme metteur en scène et agent principal de l'ensemble ; d'autre part, l'exigence de légitimation du protagoniste (Samuel, Saül ou David), ce qui s'accompagne souvent d'une délégitimation de son prédécesseur. Ainsi Yhwh espère-t-il parvenir, seul ou avec l'aide de ses prophètes, à mettre en place par essais et erreurs le type de pouvoir monarchique qui convient à une théocratie radicale.

L'histoire de la légitimation de Samuel commence avec sa naissance inespérée et quasi miraculeuse. Ce thème est efficace mais n'a rien de particulièrement original. Anne, la mère, fait vœu de consacrer l'enfant à Yhwh, s'il vient à naître (1,11); Yhwh répond favorablement par l'entremise du prêtre Eli (1,17); Samuel vient au monde et il est amené au temple en très bas âge pour devenir prêtre de Yhwh (1,24-28). Il résulte de tout cela que Samuel est l'enfant de Yhwh. Après le classique Magnificat d'Anne (2,1-10), on annonce la couleur par ces simples mots: «... l'enfant était au service de Yhwh, en présence du prêtre Eli» (2,11). On peut déjà pressentir qu'Eli va élever Samuel jusqu'à ce que Samuel le supplante et le remplace. Le modèle légitimation-délégitimation est cousu de gros fil.

On entreprend d'abord de délégitimer Eli sur un mode assez typique. L'entreprise tient en quelques mots: «Or les fils d'Eli étaient des vauriens; ils ne connaissaient pas Yhwh» (2,12). Ce sont de mauvais prêtres: les sacrifices sont détournés à leur profit et le peuple se tait, se rendant ainsi complice d'un grand péché (2,13-17). De plus, ils utilisent leur position privilégiée pour se livrer à la fornication. Eli apprend tout cela et les réprimande assez vertement (2,23-25), mais sans résultat: «Cependant ils n'écoutèrent pas la voix de leur père. C'est qu'il avait plu à Yhwh de les faire mourir» (2,25). Yhwh aime bien de temps à autre endurcir le cœur des méchants pour mieux les perdre. Simple espièglerie divine, présumera-t-on. À vrai dire, les sombres desseins de Yhwh vont bien au-delà car on apprend très vite que, à travers les fils, c'est le père qui est visé. Aux yeux de Yhwh, le coupable ultime, c'est Eli: «Pourquoi honores-tu tes fils plus que moi, en vous engraissant du meilleur de toutes les offrandes d'Israël, mon peuple?» (2,29). L'argumentation de Yhwh est controuvée et à la limite injuste. Qu'à cela ne tienne: «C'est pourquoi — oracle de Yhwh, dieu d'Israël — j'avais bien dit que ta maison marcherait en ma présence pour toujours mais maintenant — oracle de Yhwh — je m'en garderai. Car j'honore ceux qui m'honorent et ceux qui me méprisent sont déconsidérés» (2,30; voir aussi 3,12-14). À la clé, Yhwh prédit même la montée au pouvoir de Samuel parallèlement à la déconfiture de la maison d'Eli (2,32-33). Plus loin, dans des circonstances tout à fait analogues, Samuel ne sera pas condamné par Yhwh. On nous montre par là, de manière plus ou moins habile, jusqu'à quel point Yhwh mène le jeu, et la démonstration de ce fait semble d'autant plus convaincante que Yhwh emprunte des méthodes plus arbitraires et injustifiables selon une perspective humaine. De la sorte, par surcroît, le thème de la gratuité de l'élection est complété par celui de la gratuité du rejet. Bref, on ne recule devant aucun paradoxe pour montrer que Yhwh est l'initiateur unique et l'agent absolu dans l'histoire. Mais cela pose de graves problèmes éthiques, comme on pourra le montrer plus loin.

En somme Eli vient d'être déboulonné, corps et biens. Tout est donc en place pour la légitimation de Samuel. Cette accession au pouvoir apparaît presque comme une formalité tant Samuel jouit depuis toujours de la faveur divine ; il n'a encore rien réalisé que déjà le rédacteur nous met au parfum : « Tout Israël sut, depuis Dan jusqu'à Bersabée, que Samuel était accrédité comme prophète de Yhwh » (3,20). Là est tout le ressort de l'intrigue : Yhwh s'est trouvé un nouveau représentant dans la plus pure tradition théocratique de Moïse et Josué, et Samuel sera présenté désormais comme un juge doublé d'un prophète, une sorte de Moïse de poche. Le mouvement du texte, délibéré ou non, ne laisse aucun doute sur la portée du pouvoir réel de Samuel. Dès le chapitre suivant, on règle le cas en une phrase : « La parole de Samuel s'adressait à tout Israël » (4,1). Samuel n'agit pas, il parle. Il est le faire-valoir de Yhwh et celui-ci, tout ragaillardi d'avoir ses coudées franches, se paie une bonne guerre contre les Philistins. Dans tout ça, pas un mot de Samuel. Le long récit de l'affrontement avec les Philistins (chap. 4-6) ne met en vedette qu'un seul personnage : Yhwh ou plus précisément son arche d'alliance. La mise en place est simple : d'abord les Israélites sont battus à plates coutures, puis les Philistins apportent l'arche chez eux et enfin leurs déboires s'accumulent jusqu'à ce qu'ils rendent l'objet exécré avec dépens. Après cet exploit à sens unique, le chapitre 7 nous montre Samuel dans ses fonctions de juge-prophète. Le contexte est minimal mais suffisant pour faire image : Samuel, le prophète type, ramène Israël vers Yhwh et renouvelle ainsi l'Alliance (7,3-6) ; puis il intercède auprès de Yhwh pour sauver Israël des Philistins ; suit une courte guerre sainte où le rôle de Samuel se réduit à assurer la commémoration de la victoire. Après cela, la vie de Samuel est celle d'un juge sans histoire. On peut penser que le personnage est terne à souhait mais attendons la fin.

Saül (1S 8-15)

Le schéma condensé de la relation d'Eli et de Samuel sous la coupe de Yhwh se retrouve tel quel quoiqu'en version amplifiée dans la relation de Samuel et de Saül. Le scénario semble sans surprise mais des variations apparemment minimes vont entraîner une modification substantielle de l'ensemble. Soyons circonspects.

D'abord, dès le chapitre 8, la problématique de base change du tout au tout puisque c'est le peuple qui, sans autre transition, demande un roi. Au fait, la demande a quelque chose d'ambigu: « Donne-nous un roi, pour qu'il nous juge » (8,6; aussi 8,5), et plus loin: « Nous aurons un roi et nous serons, nous aussi, comme toutes les nations » (8,19-20). Évidemment la demande est faussée par le contexte idéologique. Mais ce qui contribue à faire paraître cette demande un peu futile, c'est le prétexte invoqué: les fils de Samuel se conduisent comme naguère les fils d'Eli (8,3-5), ce qui n'a rien de rassurant pour l'avenir. On notera en passant que Yhwh ne sourcille pas à ce sujet et que Samuel garde toute sa légitimité de prophète, même après le sacre de Saül. Évidemment, tant que le problème monarchique est posé dans un cadre aussi étroit, la demande du peuple semble naïve; mais si l'on replace cette problématique dans un cadre adéquat, alors la monarchie risque bien d'apparaître comme un jalon important sur la voie du développement global d'Israël (centralisation administrative, unité politique, organisation militaire, etc.). L'entrée en matière choisie par les auteurs témoigne donc nettement de leur parti pris idéologique; en dépit de ce parti pris aisément repérable, il reste que le traitement de la question est plus nuancé qu'on ne le laisse entendre bien souvent.

Dès la demande faite (8,4-5), le rédacteur nous avise que « cela déplut à Samuel » (8,6) mais la suite du texte nous montre bien l'embarras de Yhwh. D'un côté, la position de Samuel est celle du traditionalisme théocratique pur et simple; de l'autre, celle de Yhwh n'est pas si claire, sans compter son évolution ultérieure. Il commence par se sentir menacé par la demande d'Israël et dit à Samuel: « Écoute la voix du peuple en tout ce qu'ils te diront, car ce n'est pas toi qu'ils rejettent, mais c'est moi qu'ils rejettent, ne voulant plus que je règne sur eux » (8,7). Ainsi, d'un côté, Yhwh se sent bel et bien menacé mais, de l'autre, il est disposé à écouter attentivement. Il nuance nettement sa réaction en s'assurant que le peuple sait dans quoi il s'engage: « Et maintenant, écoute leur voix, mais tu les avertiras solennellement et tu leur apprendras le droit du roi qui doit régner sur eux » (8,9). L'attitude en reste une d'écoute quoique Yhwh tienne à ce que le peuple connaisse bien les privilèges et abus que peut comporter toute monarchie. Après quoi Samuel n'est que trop content de tracer le portrait des aspects tyranniques de la monarchie telle qu'il la perçoit (8,10-18); le joug yahviste paraît bien léger en comparaison de cet esclavage… Mais curieusement, le peuple renouvelle sa demande telle qu'elle et Yhwh tranche sans que rien ne l'y oblige: « Écoute leur voix et fais régner un roi sur eux » (8,22). Yhwh a choisi l'écoute et il laisse finalement la décision au peuple. Les périls ne sont pas niés mais à ce stade l'anti-monarchisme est celui de Samuel. La position de Yhwh paraît ouverte et le texte lui-même reste ouvert. On a vu plus d'une fois la théocratie se corrompre, on craint pareillement que la monarchie ne dégénère. Rien n'est encore joué.

Suit le long récit de la légitimation de Saül, aux chapitres 9 à 11, modelé en bonne part sur celui de Samuel mais d'une autre envergure en raison sans doute de l'importance du personnage. D'abord, c'est la rencontre fortuite, quoique préparée par Yhwh, avec Samuel et la « reconnaissance » de Saül ainsi que la prédiction de son élévation future (chap. 9) ; ensuite l'épisode de la reconnaissance publique de Saül et de son onction sacrée par Samuel (9,27 à 10,8), à quoi s'ajoute l'intervention de l'esprit de Yhwh qui transforme Saül en profondeur (10,9-10) ; enfin, vient le récit qui confirme la stature royale de Saül, sa grande victoire sur les Ammonites (chap. 11). À ce propos, il convient d'insister sur le fait que l'initiateur de toute cette légitimation, c'est Yhwh lui-même qui a bien pris la peine d'aviser Samuel de ses intentions : « Demain à pareille heure, avait-il dit, je t'enverrai un homme de la tribu de Benjamin [Saül], tu lui donneras l'onction comme chef de mon peuple Israël ; il sauvera mon peuple de la main des Philistins, car j'ai vu mon peuple Israël et son cri est venu jusqu'à moi » (9,16). Yhwh ne manifeste ici aucune prévention contre Saül et il se conduit avec lui comme s'il s'agissait bel et bien d'un dirigeant désigné. De même, Samuel, qui a pourtant continué de manifester des réticences (10,17-19), finit par confirmer pleinement la royauté de Saül (11,12-15). Où est le piège ?

Au stade actuel, on sait que Saül a été légitimé par l'intermédiaire du prophète Samuel et on sait aussi que les réticences de Samuel ne se sont pas complètement tues. Mais ce qu'on doit surtout comprendre, à mon sens, c'est que Samuel n'a jamais été délégitimé (par contraste avec Eli) et qu'il conserve une position absolument privilégiée dans le triangle Yhwh-Samuel-Saül. Tandis que la relation Yhwh-David se jouera très régulièrement en direct et sans intermédiaire, ici au contraire celle entre Yhwh et Saül se joue presque constamment à travers un intermédiaire et, qui plus est, un intermédiaire qui varie de la défiance à l'hostilité.

Mais justement, dès la légitimation acquise, la délégitimation commence ; et, pour être bien au clair, il faut se rendre compte qu'elle commence dès le chapitre 12. Chapitre pivot, dans le plus pur style deutéronomiste, où Samuel donne enfin sa mesure. Ce chef-d'œuvre de manipulation idéologique mérite d'être analysé car la courbe qui conduit à la chute de Saül y est tracée. Au chapitre 12, Samuel joue les Docteur Jekyll, au chapitre 13, il deviendra Mister Hyde.

Le chapitre 12 constitue le discours d'adieu de Samuel ou plutôt sa sortie manquée. Il commence par énoncer les services extraordinaires qu'il a rendus au peuple (12,2-5) et par récapituler les immenses bienfaits qu'a apportés l'Alliance avec Yhwh (12,6-11). C'est le cheval de Troie. Une fois le piège en place, les manipulations commencent. Vous avez voulu un roi, explique Samuel, vous l'avez eu; si vous restez soumis à Yhwh, tout ira pour le mieux, sinon, gare (12,13-15). Je vais maintenant susciter un prodige divin, continue Samuel d'un ton présomptueux: «Je vais invoquer Yhwh et il fera tonner et pleuvoir. Comprenez et voyez la gravité du mal que vous avez fait envers Yhwh en demandant pour vous un roi» (12,17). L'homme est un sorcier pour l'homme, surtout lorsqu'il se trouve un complice divin. Naturellement, le peuple, saisi d'effroi, est prêt à avouer toutes ses fautes (12,18-19). Alors Samuel de conclure suivant une rhétorique deutéronomiste déjà bien rodée: «Ne craignez pas. Vous avez commis tout ce mal [de demander un roi]. Seulement, ne vous écartez pas de Yhwh et servez-le de tout votre cœur. [...] En effet, Yhwh n'abandonne pas son peuple [...]. Mais si vous commettez le mal, vous périrez, vous et votre roi» (12,20-25).

On peut maintenant procéder à la délégitimation de Saül. Elle s'opère en trois temps correspondant aux trois chapitres qui suivent. Au chapitre 13, on trouve la délégitimation par Samuel, jouant cette fois les Mister Hyde. Lors d'un combat très incertain contre les Philistins, Israël est pressé de toutes parts et Saül croit bon d'offrir un sacrifice à Yhwh pour réconforter ses troupes. Mais Samuel l'a bien averti qu'il devait attendre sept jours et que c'est lui, Samuel, qui allait offrir ce sacrifice (voir 10,8: trois chapitres plus tôt!). Saül attend sept jours et offre finalement l'holocauste. Il n'a pas sitôt fini que Samuel s'amène, trop content de le prendre en défaut et de le condamner sans appel: «Tu as agi en insensé! Tu n'as pas gardé le commandement que Yhwh ton dieu t'avait prescrit. Autrement Yhwh aurait affermi pour toujours ta royauté sur Israël, mais maintenant ta royauté ne tiendra pas: Yhwh s'est cherché un homme [David] selon son cœur...» (13,13-14). Évidemment l'accusation ne tient pas et est même assez odieuse: d'abord, Saül a bel et bien attendu sept jours; ensuite il était de toute manière en droit de procéder au sacrifice; et enfin Yhwh n'entérine aucunement la condamnation de Samuel: au contraire, lorsqu'on apporte l'arche au milieu de la mêlée, Yhwh met les Philistins en déroute et signe une autre victoire mémorable en faveur d'Israël (14,18-23). Reste que la prise de position de Samuel a toute la force qu'on reconnaît à l'autorité du prophète de Yhwh et que Saül ne saurait se soustraire à cette autorité.

La deuxième délégitimation est apportée par le peuple au chapitre 14 et elle n'est guère plus convaincante. La même vaste bataille contre les Philistins se transporte sur un autre front et, devant la situation précaire des siens, Saül décrète un jeûne général d'un jour en guise de vœu ou d'imprécation en sa faveur. La mêlée se poursuit et on en profite pour nous montrer Jonathan, le fils de Saül, en grand chef guerrier, ce qui le rend fort populaire auprès du peuple et fait plutôt mal paraître son père. Après la victoire, Saül apprend que Jonathan a contrevenu à son ordre. Il se résout à le condamner lui-même à mort. Le peuple conteste alors ouvertement son roi : « Est-ce que Jonathan va mourir, lui qui a opéré cette grande victoire en Israël ? » (14,45). Le peuple libère Jonathan, Saül est forcé de céder et Yhwh ne s'en mêle pas. Rien de très concluant en somme.

La troisième délégitimation est la bonne. Au chapitre 15, Israël entre dans une guerre sacrée contre les Amalécites, la victoire est bientôt acquise et il ne reste qu'à procéder, selon les règles du genre, à l'extermination de l'ennemi, corps et biens. Or Saül, par une de ces initiatives dont il a le secret, décide à la place d'épargner le roi ennemi et le meilleur des troupeaux pour les offrir à Yhwh au retour de l'expédition (15,9). Initiative sacrilège et impardonnable que Yhwh en personne condamne séance tenante : « Je me repens d'avoir fait de Saül un roi, car il s'est détourné de moi et n'a pas exécuté mes paroles » (15,10). Suit une longue explication avec le ministre de Yhwh, Samuel, lors de laquelle cette fois Saül subit une condamnation argumentée (15,22-31). Le cœur du message, c'est que « l'obéissance vaut mieux que le sacrifice » (15,22) et que la faute de Saül est impardonnable (15,26 et 29). Samuel s'en va à sa retraite, satisfait du devoir accompli. Le chapitre se clôt sur un passage d'un humour exquis : « Samuel ne revit plus Saül jusqu'à sa mort. En effet Samuel pleurait Saül, mais Yhwh s'était repenti de l'avoir fait roi sur Israël » (15,35).

Je réserve mes commentaires d'ensemble à la suite du récit de David puisqu'il convient assurément de confronter les deux récits d'Instauration de la Monarchie, celle qui est manquée et celle qui est réussie. Entre-temps le lecteur est en droit de se demander pourquoi, en dépit de ses bons et loyaux services, Saül se fait ainsi jeter comme un malpropre. On a un peu l'impression que l'auteur s'est senti tenu d'expliquer l'inexplicable. Dans sa perspective théologique, en effet, si David réussit à arracher le pouvoir à Saül, c'est non seulement parce que l'un a réussi à gagner la faveur divine mais tout autant parce que l'autre l'a perdue. Plus précisément, il a *dû* la perdre. Avec les moyens du bord, l'auteur essaie de mettre en scène ce drame appréhendé et n'y arrive que très laborieusement. Cela n'a rien pour étonner car son attitude idéologique a quelque chose de rigide et de naïf. On le voit à plusieurs signes très simples : d'abord, le seul personnage qu'on délégitime méthodiquement dans tout le livre de Samuel, c'est Saül ; ensuite, on ne dispose pas d'un dossier très étoffé sur son compte et l'on est couramment amené à se satisfaire de vétilles et d'arguties ; enfin et surtout, sans que l'auteur le signale de façon claire, Saül n'a jamais été en contact direct avec Yhwh, contrairement à Moïse et Josué ou encore David après lui. Ce dernier point parle de la construction idéologique du texte, du schéma mental qu'énonce et véhicule l'auteur et qui se situe au-delà de toute explication. Par construction, Samuel est à la fois le médiateur entre Yhwh et Saül et l'adversaire irréductible de toute forme de monarchie. Saül est piégé et doit tôt ou tard devenir le bouc émissaire du refus de la monarchie par la vieille théocratie mosaïque. Jamais Yhwh ne l'a conseillé et guidé comme il le fera pour David, jamais si ce n'est de façon ponctuelle et très réduite ; de même et parallèlement, Samuel a toujours attendu le moment de le perdre et il faut voir quelle méchante satisfaction il trouve enfin à le condamner. Et puisque les appréhensions de Yhwh et Samuel contre la royauté ne se sont pas vérifiées, alors on en est réduit à juger Saül sur des maladresses et des détails plus ou moins sordides.

David (1S16 à 2S 24)

Le récit de la montée au pouvoir de David et de sa succession est un des plus longs et des plus réussis de toute la Bible. Ici, les séductions d'un récit trop pittoresque risquent sans cesse de nous détourner de notre tâche. Car, en fin de compte, le travail idéologique des auteurs reste foncièrement simple et tout à fait analogue à ce qu'il a été dans le cas de Saül, quoiqu'en sens contraire et fréquemment par contraste. Je m'efforcerai donc de m'en tenir à l'essentiel, quitte à escamoter quelque peu les parties narratives du texte.

Pour les fins de l'exposé, je m'en tiendrai à la division traditionnelle de la carrière de David : d'abord sa longue montée au pouvoir (1S 16 à 2S 5), ensuite son règne proprement dit (2S 5-8) et enfin l'histoire de la famille de David et de la succession au trône (2S 9 à 1R 2).

Première phase : la montée au pouvoir. Les récits de légitimation n'occupent au sens strict que les chapitres 16 et 17. Ce récit transparent comporte trois courtes vignettes. D'abord, le jeune berger David est choisi par Samuel, qui reprend très brièvement du service lors d'une visite chez Jessé (le père de David) et d'une revue de ses fils ; c'est évidemment Yhwh qui est l'instigateur de ce choix (16,1-13). Puis, pure coïncidence, David est engagé à la cour comme joueur de cithare pour distraire et calmer le roi Saül qui commence à donner des signes inquiétants de trouble mental ; comme prévu, il séduit Saül comme il a séduit Yhwh et Samuel (16,14-23). Enfin, au moment où Goliath le Philistin lance un défi aux Israélites en vue d'un combat singulier et décisif, on apprend, à la surprise générale, que David est encore meilleur guerrier que musicien et surtout qu'il est un homme de foi. L'issue du combat est décidée par cette courte harangue de David : « Tu viens vers moi avec une épée, une lance et un cimeterre, mais moi, je viens vers toi au nom de Yhwh Sabaot, le dieu des lignes d'Israël, à qui tu as lancé un défi. Aujourd'hui Yhwh te remettra en ma main, je t'abattrai et je te couperai la tête [...]. Toute la terre saura qu'il y a un dieu en Israël... » (17,45-46). Ce qui fut fait. L'ensemble de cette légitimation montre une fois de plus que Yhwh a un faible pour les gens qui viennent de nulle part et qu'il peut contrôler à sa guise, tout comme il a choisi un peuple venu de nulle part et qu'il a pu s'attribuer tout le mérite de son établissement.

Après cette légitimation, aux chapitres 18 à 20, on observe la position toujours plus enviable de David à la cour et auprès du peuple. Plus on fait l'éloge de David, plus Saül s'irrite et se sent menacé. La rivalité entre Saül et David est expliquée d'un mot : « Saül craignit David, car Yhwh était avec celui-ci et de Saül, il s'était détourné » (18,12). Saül n'en finira plus, dans les chapitres qui viennent, de chercher à perdre David par divers subterfuges puis de le pourchasser lui-même pour le tuer. Or, en cette circonstance, les meilleurs alliés de David seront les propres enfants de Saül, principalement sa fille Mikal et son fils Jonathan. Pendant les premiers temps, alors que l'hostilité de Saül n'est pas encore à son comble, Jonathan intercède et obtient de son père le serment de ne pas attenter à la vie de David (18,4-7). Mais bientôt la vindicte de Saül reprend le dessus et David doit chercher son salut dans la fuite et finalement dans l'exil chez les Philistins. Tout cela se double d'une alliance indéfectible entre Jonathan et David (20,11-17) et d'une défiance de plus en plus virulente entre Saül et Jonathan (20,30-34).

On nous raconte d'abord la vie aventureuse de David comme chef de bande en Israël, sans cesse en butte au harcèlement de Saül et de ses troupes. Puis David passe finalement chez les Philistins, plus précisément chez le roi Akish dont il deviendra bientôt le protégé et le fidèle vassal. La poursuite de Saül prend un tour de plus en plus insensé quand ce dernier va jusqu'à l'assassinat collectif des prêtres qui ont hébergé David à Nob (22,12-19). Le récit devient très épisodique mais nous trace très bien le contraste entre un David béni des dieux et à qui tout réussit, et un Saül de plus en plus hagard et abandonné de tous et au premier chef de Yhwh lui-même.

En filigrane, pourtant, on commence à se former un portrait plus étoffé de David, un être favorisé par Yhwh, certes, mais tout autant un homme rusé et habile, sachant saisir les occasions propices pour avancer sa cause, sachant quand frapper et quand laisser les autres, Yhwh inclus, frapper à sa place, et sachant par-dessus tout sauver les apparences et préserver sa réputation et son honneur, bref un homme qui s'en remet constamment au ciel mais qui sait pertinemment comment l'aider. Ainsi, par exemple, c'est merveille de le voir naviguer entre les Philistins et les Israélites: tout à la fois, il assure ainsi sa sécurité presque à volonté, il arrive peu à peu à grossir ses troupes, et mine de rien il mène çà et là une guerre en faveur d'Israël, finissant ainsi par s'assurer peu à peu le contrôle d'une grande partie du sud d'Israël (la région de Juda) alors que Saül est de plus en plus affaibli face aux Philistins et refoulé vers le nord. Bien sûr, David reste un homme de foi et il consulte Yhwh à tout propos sur les initiatives qui lui semblent bonnes à prendre, allant même parfois jusqu'à lui souffler les réponses; mais s'il sait comme pas un ménager les susceptibilités divines, cela ne le distrait certainement pas de son plan de campagne et de sa visée ultime. Le rédacteur a beau jeu de faire passer Saül pour un paranoïaque mais justement, comme beaucoup de grands persécutés, Saül pressent parfaitement comment il est rejeté par Yhwh et trahi par tous, y compris ses propres enfants. Le narrateur est un grand maître du récit, cela va de soi, mais son propos politique et idéologique est si transparent et si unilatéral que le lecteur ne peut manquer d'être alerté.

Cependant, l'opportunisme de David n'est qu'une carte dans son jeu, d'autant que le narrateur n'a aucune peine à démontrer que David a été forcé par Saül de s'exiler et d'aller se réfugier chez les Philistins. Un aspect tout aussi important de la personnalité de David, c'est son sens très sûr de l'honneur et son grand souci des apparences. Entre autres manifestations de ce trait, je retiens les deux occasions qu'il a de tuer Saül et qu'il transforme en victoires bien plus grandes en se contentant de démontrer son bon droit et en humiliant Saül du fait qu'il le laisse entre les mains de la justice divine. Les deux passages sont parallèles et faciles d'analyse; ces récits sont trop éclairants pour qu'on les escamote. D'abord, au chapitre 24, Saül entre dans une grotte où David se trouve déjà. Les hommes de David flairent la bonne occasion mais ce dernier se contente de couper un pan du manteau de Saül. Quelques instants plus tard, David met ce geste à profit: «Puis David dit à Saül: "Pourquoi écoutes-tu les gens qui disent: 'Voici que David cherche ton malheur'? En ce jour même, tes yeux ont vu comment Yhwh t'avait livré aujourd'hui entre mes mains dans la grotte. On a parlé de te tuer, je t'ai épargné et j'ai dit: 'Je ne porterai pas la main sur mon Seigneur, car il est l'oint de Yhwh'» (24,10-11). Puis il poursuit, tirant les marrons du feu: «Je n'ai pas péché contre toi alors que toi, tu tends des embûches à ma vie pour me l'enlever. Que Yhwh soit juge entre moi et toi, que Yhwh me venge de toi...» (24,12-13). La joute d'honneur est à la fois ici un débat religieux et politique. Saül, dans son égarement, mesure mal les enjeux et prononce ces paroles fatales: «Tu es plus juste que moi, car tu m'as fait du bien et moi je t'ai fait du mal. [...] Que Yhwh te récompense pour le bien que tu m'as fait aujourd'hui. Maintenant je sais que tu régneras sûrement et que le royaume d'Israël restera en ta main» (24,18-21). La joute religieuse, Saül l'avait déjà perdue. Quant à la joute politique, il ne mérite pas de la gagner car, en ces choses, celui qui se confond en regrets et en excuses montre malheureusement qu'il n'est qu'un naïf ou un imbécile. David l'emporte donc sans combattre. Le récit du chapitre 26 suit une courbe semblable et culmine dans les mêmes aveux dérisoires de Saül: «J'ai péché. Reviens, mon fils David, je ne te ferai plus de mal, puisque ma vie a eu aujourd'hui tant de prix à tes yeux» (26,21). Et plus loin: «Béni sois-tu, mon fils David. Certainement tu entreprendras et tu réussiras» (26,25). Ce mélange bizarre d'humilité et de magnanimité ne sied pas à quelqu'un qui est en position de faiblesse et ne fait que manifester son incompréhension des véritables enjeux.

Nous venons de démontrer brièvement l'habileté consommée de David tant par son opportunisme politique que par son flair infaillible au jeu de l'honneur. Un récit célèbre nous montre encore son avidité profonde et marque bien les maladresses auxquelles ce désir d'imposer sa volonté et de contrôler tout ce qui l'entoure peut l'entraîner. On a de nouveau affaire à une joute d'honneur mais cette fois David risque fort d'être pris au dépourvu. En tant que petit chef de guerre, on sait qu'il mène une vie semi-nomade, à certains moments du moins, et que cela l'amène à s'installer dans des régions propices à l'élevage et à assurer de façon plus ou moins formelle la protection des bergers et de leurs troupeaux. Un jour, il vient demander à un riche éleveur nommé Nabal une certaine compensation pour la protection qu'il estime avoir apportée à ses biens. Sa réclamation n'a rien de si impératif: «Donne, je te prie, ce que tu peux à tes serviteurs et à ton fils David» (25,8). Il adopte la posture déférente du client mais le patron fait rapporter sa réponse qui s'avère d'une insolence assez grossière: il ne connaît ni ne reconnaît ces gens, c'est tout (25,9-12). C'est bien là le genre d'insulte qu'un homme d'honneur lave dans le sang. Mais ce serait une grave erreur lorsqu'on sait qui est véritablement David et à quoi il est destiné. Par bonheur, c'est la femme de Nabal, Abigayil, qui va le lui rappeler. Passons sur les invraisemblances de l'épisode et venons-en au propos essentiel d'Abigayil qui consiste, d'une part, à déconsidérer complètement son mari (25,24-26) et, d'autre part, à servir à David une belle leçon d'habileté politique: «Lors donc que Yhwh aura accompli pour Monseigneur [David] tout le bien qu'il a dit à ton sujet et lorsqu'il t'aura établi chef sur Israël, qu'il n'y ait pour toi, Monseigneur, ni trouble ni remords pour avoir versé le sang à la légère et pour avoir triomphé de ta propre main» (25,30-31). Auquel message se rajoutent quelques menus présents. David comprend aussitôt son aveuglement et n'a pas assez de mots pour remercier Yhwh et cette modeste épouse. Le fin mot de l'histoire est que Nabal crève d'humiliation et que David console la veuve en la prenant comme épouse.

Après cette analyse de l'attitude générale et de la stratégie politico-religieuse de David, on peut reprendre le cours du récit. Il faut bien préciser, à notre décharge, que ce récit est très épisodique et souvent plus éclairant par ses digressions que par son cours central. Retrouvons donc David et Saül: tandis que celui-ci s'enfonce dans son infortune personnelle et connaît un affaiblissement politique lent et continu, David au contraire consolide ses positions au sud. Il n'a qu'un problème, à ce stade, et il va être résolu par sa bonne fortune ou, si l'on préfère, par la faveur de Yhwh. En effet, depuis un bon moment, David joue double jeu, apparaissant parfois comme un allié des Philistins et parfois comme un défenseur très secourable des Israélites. Or, au moment où les Philistins projettent une offensive d'envergure contre Saül, ils donnent congé à David avec beaucoup d'égards car ils ne croient pas outre mesure à sa loyauté. Ce licenciement vient à point nommé car la situation était vraiment sur le point de devenir gênante pour notre héros. Dès lors, pendant que les Philistins s'en vont malmener Saül au nord, David, sur le conseil de Yhwh, s'occupe des Amalécites qui ont perpétré un raid assez malencontreux contre les Israélites du sud; suit une vengeance sanguinaire de David, une victoire complète qui assure son contrôle sur toute la région.

Ainsi apprend-on, d'un côté, que Saül et trois de ses fils meurent dans une bataille funeste où les Israélites sont mis en déroute par les Philistins; suit un deuil très éloquent et ostentatoire du grand David qui pleure à la fois la perte de Saül et de Jonathan. Mais, de l'autre côté, la position de David étant dûment consolidée au sud et le trône par ailleurs vacant, David monte sans plus attendre à Hébron où il est proclamé roi par les gens de Juda.

La fin de la première phase du récit, soit la montée au pouvoir de David, est tout à fait prévisible et n'appelle aucun commentaire particulier. La maison de Saül, au nord, est considérablement affaiblie et celle de David, au sud, unie et forte. Le reste suit de là. Les premiers chapitres du deuxième livre de Samuel nous montrent les jeux d'intrigues et d'alliances qui conduiront à l'intégration du nord dans le petit royaume de David ; le tout ne se fera pas sans guerres ni assassinats mais l'essentiel est que le favori de Yhwh monte sur le trône d'Israël et qu'il le fasse sans trop se salir les mains, même si tout le monde autour de lui a à s'acquitter de sales besognes et même si, comme on le devine, David ne peut qu'applaudir en silence. Après le carnage, la scène se libère : David a fait place nette et se retrouve roi incontesté d'Israël.

La deuxième phase de l'histoire de David, après le très long récit de sa montée au pouvoir, c'est le récit de son règne qu'on trouve en 2 Samuel 5 à 8. On s'attendrait ici à quelques précisions sur l'organisation interne et la consolidation du royaume d'Israël sous David mais l'auteur n'a à peu près rien à dire là-dessus ; on se contente, à la fin du chapitre 8, de nous dresser une très brève liste de dirigeants qui ne nous éclaire pas sur le développement de la monarchie ni sur les dangers de tyrannie tant redoutés par Samuel. Il est évident que l'intérêt de l'auteur n'est pas là, peu importe les raisons qu'on puisse être tenté d'invoquer. On trouve aussi un bref passage sur la descendance de David mais, encore là, le rédacteur ne semble pas accorder d'importance particulière à cette courte liste.

Pourtant, la construction de ces quatre chapitres est fort significative puisqu'elle montre parfaitement l'importance du règne de David aux yeux de l'auteur. Le centre de la question se trouve aux chapitres 6 et 7 et la périphérie aux chapitres 5 et 8. La périphérie est essentiellement composée d'une consolidation militaire du pouvoir israélite, exactement comme si David était devenu un chef de guerre particulièrement important et que son rayonnement politique dépendait essentiellement de sa force militaire. Ainsi, au chapitre 5, après le sacre de David à Hébron devant toutes les tribus d'Israël, on nous raconte la prise de Jérusalem, l'alliance avec Hiram de Tyr, le royaume phénicien le plus puissant de l'époque, et enfin la victoire décisive contre les Philistins. Puis au chapitre 8, à l'autre bout de l'épisode, on nous raconte les diverses guerres de David qui ont donné à Israël l'empire pleine grandeur qu'il est censé avoir à cette époque d'apogée. Ainsi, on réitère que les Philistins sont conquis, puis les Moabites à l'est, puis les Araméens de Syrie et enfin les Édomites. David semble bien se contenter d'une alliance avantageuse avec les Phéniciens. On évoque à peine en passant l'organisation de cet immense empire qui ressemble de plus en plus à celui que Yhwh avait promis à Israël et qui comprend pour l'essentiel la quasi-totalité de la Palestine et de la Syrie.

Tout cela fournit donc au lecteur l'image la plus précise à laquelle il puisse s'attendre de l'Âge d'or d'Israël sous David ; cette image se précisera sous Salomon mais les principaux symboles se trouvent déjà là et vont être développés selon la perspective idéologique de l'auteur dans les deux chapitres centraux, les chapitres 6 et 7. On sait que Jérusalem a été conquise comme par enchantement au chapitre 5. Au chapitre 6, on nous décrit en détail un acte important de David : la venue et l'installation de l'arche d'alliance à Jérusalem qui devient ainsi la capitale à la fois politique et religieuse d'Israël. Cette installation comporte bien des péripéties et fort peu d'explications véritables, mais on sait au total que toute l'élite d'Israël est mise à contribution dans cet exercice d'appropriation du symbole théocratique traditionnel et de légitimation religieuse du règne de David. Coup double par conséquent : David s'assure une légitimation yahviste à toute épreuve et, par surcroît, il unifie le nouveau pouvoir monarchique et dynastique et l'ancien pouvoir centré sur la personne et l'autorité de Yhwh.

Mais c'est le fameux chapitre 7 qui apporte une confirmation éclatante à cette opération politicoreligieuse. L'habileté politique de David ressort parfaitement dans ce texte. Tout Israël connaît la paix et la prospérité. Yhwh trône au milieu de son peuple. Aux yeux de David, toutefois, il ne suffit plus d'avoir installé l'arche de Yhwh à Jérusalem ; il faut désormais construire un temple pour Yhwh. Le prophète Natân est évidemment d'accord (7,3) mais Yhwh explique à Natân, dans une vision, qu'un tel changement de manière et d'habitudes ne cadre pas avec ce qu'il est et a toujours été. Le Patron a gardé des goûts simples et il se souvient avec délectation de tout ce qu'il a fait pour Israël depuis l'Exode jusqu'à la Conquête, dans son petit abri de fortune. Pour l'heure, il n'a aucune intention d'en changer. En revanche, il reconnaît fort bien la foi de son fidèle David et se sent d'une générosité sans borne pour celui qui a si bien dirigé Israël vers sa grande destinée. Sa réaction globale est donc celle de la magnanimité : ce n'est pas David qui lui construira une « maison », un temple, mais bien Yhwh qui assurera à David une « maison », une dynastie. La Promesse de Yhwh est donc superlative et ce texte est central pour le judaïsme et le christianisme. Voici donc cette Promesse dynastique : « J'ai été avec toi partout où tu allais, j'ai supprimé devant toi tous tes ennemis. Je te donnerai un grand nom comme le nom des plus grands de la terre. Je fixerai un lieu à mon peuple Israël, je l'y planterai, il demeurera en cette place, il ne sera plus ballotté et des scélérats ne continueront plus à l'opprimer comme auparavant [...]. Et quand tes jours seront accomplis et que tu seras couché avec tes pères, j'élèverai ta descendance après toi, celui qui sera issu de tes entrailles, et j'affirmerai sa royauté. C'est lui qui bâtira une maison pour mon nom et j'affermirai pour toujours son trône royal. Je serai pour lui un père et il sera pour moi un fils ; s'il se fourvoie, je le châtierai avec une verge d'homme et par les coups que donnent les humains. Ma fidélité ne s'écartera pas de lui comme je l'ai écartée de Saül que j'ai écarté de devant toi ; ton trône sera affermi à jamais » (7,9-16).

Ce texte est à n'en pas douter extrêmement important puisqu'il inaugure la grande dynastie israélite. Yhwh promet qu'il sera toujours présent au centre de son peuple, que la descendance de David formera à jamais une dynastie qui représentera Yhwh sur terre, et que rien ne pourra entamer la continuité de cette dynastie, même les infidélités humaines et y compris les châtiments divins ponctuels (7,14). On a couramment parlé à ce sujet d'une Promesse inconditionnelle de Yhwh et on l'a tout naturellement rapprochée de la Promesse à Abraham en Genèse 12 et 15. Je n'entrerai pas, à ce stade, dans un tel débat et je me contenterai de deux remarques. D'abord, la Promesse à Abraham, comme on l'a vu, devient une promesse explicite, bilatérale et conditionnelle dès qu'elle est élaborée dans des passages subséquents qui la mettent en contexte et la précisent comme cela doit évidemment arriver ; de la même manière, la Promesse dynastique, qui se situe effectivement dans le prolongement de celle à Abraham, deviendra explicite, bilatérale et conditionnelle dès qu'elle sera placée en contexte et qu'elle sera précisée à partir des circonstances et des interlocuteurs qui lui donnent son sens et sa portée réels. Ensuite, en contrepartie, il importe de reconnaître que l'*auteur* fait de cette Promesse une promesse éternelle, c'est-à-dire valant pour la suite des temps et peu importe la forme qu'elle doit éventuellement prendre. Il y a là un acte de foi énorme, démesuré qui rend compte de la transformation de cette Promesse dynastique en Promesse messianique mais qui ne doit pas faire oublier que déjà l'ombre de la conditionnalité plane sur elle. À cet égard, comme on le verra mieux plus loin, le débat a été grevé par les professions de foi et les analyses sommaires. Il faut le déclarer tout net : une Promesse inconditionnelle, pour Yhwh ou pour Israël, cela n'existe pas pour la simple raison que cela représente une contradiction dans les termes. Il n'y a pas d'Alliance, fût-elle dynastique, sans engagement réciproque, sans Loyauté des parties contractantes. Même dans ce texte, le plus hyperbolique de tous et le plus avare de clauses et stipulations précises, on trouve déjà le recours absolument imparable au conditionnel : « s'il se fourvoie » (7,14). Le texte ne précise rien, cela n'est pas son intention ou sa visée profondes; mais la condition demeure. Yhwh restera fidèle mais rien ne nous dit jusqu'à quand (voir encore le Psaume 89). Du reste, c'est précisément ce qui rendra nécessaire à long terme le passage d'une Promesse dynastique à une promesse de type messianique encore plus imprécise.

Le reste du chapitre 7 nous rapporte la prière d'action de grâces de David, à la suite de cette Promesse éternelle de Yhwh. Il est bon de noter à ce propos comment cette prière d'action de grâces se transforme peu à peu en une demande assez impérieuse: «Maintenant, Seigneur Yhwh, garde toujours la parole que tu as dite au sujet de ton serviteur et de sa maison, établis-les à jamais et agis comme tu l'as dit» (7,25). On le voit, David est très soucieux de corroborer la Promesse à fond; il n'est question nulle part de la Loyauté que la dynastie doit garantir à Yhwh en retour de son engagement, car la question n'est pas là; ce qui est reconnu et confirmé, à ce stade, c'est simplement l'immense Promesse de Yhwh, l'invraisemblable engagement de Yhwh. Le reste n'est pas en cause pour le moment mais interviendra à profusion et assez rapidement au gré de tous. En fin de compte, tout le récit du règne de David dérive dans l'Instauration de la dynastie davidique et culmine dans la Promesse de Yhwh (chap. 7) et la corroboration concrète de cette Promesse par l'établissement d'un véritable empire israélite (chap. 8).

La troisième grande phase du récit concerne l'histoire de la maison de David et les luttes intestines pour la succession: cela va de 2S 9 à 1R 2. De nombreux récits secondaires contribuent à former un tableau d'ensemble mais nous allons nous en tenir ici aux éléments les plus centraux. Au chapitre 9, David assure la sécurité au dernier survivant de la maison de Saül et il le met du même coup sous surveillance… Au chapitre 10, David défait une alliance des Ammonites et des Araméens de Syrie mais peu après il devra à nouveau livrer bataille aux Ammonites. Or il a confié cette tâche à son très fidèle second, Joab, et lui est resté à Jérusalem. C'est ici que survient un incident infime mais déterminant pour tout le cours de l'histoire de la maison de David. Seul et oisif à Jérusalem, il s'amourache de Bethsabée qui par malheur tombe enceinte. Comme il ne peut se permettre de prendre la responsabilité d'un tel écart de conduite, il cherche un subterfuge pour compromettre Urie, le mari de Bethsabée, n'y arrive pas et finit par comploter avec Joab pour faire tuer Urie durant un affrontement avec les Ammonites (11,14-17), ce qui lui permettra, faute de mieux, de faire passer Urie pour le père de l'enfant. David ne montre que satisfaction devant l'issue de l'affaire (11,25) et, pour clore définitivement le chapitre, recueille Bethsabée et l'enfant au palais.

« Mais l'action que David avait commise déplut à Yhwh » (11,17). On sent déjà que la belle Promesse dynastique pourrait subir certains contretemps. C'est le prophète Natân qui règle la mise en scène qui suit et elle ne manque pas de piquant. Natân sert à David une sorte de parabole qui ressemble point pour point à l'aventure que vient de vivre David avec Bethsabée et Urie ; il demande à David son jugement et naturellement David condamne avec véhémence l'agresseur de la parabole (12,5-6). Sur quoi, Natân n'a plus qu'à rétorquer : « Cet homme, c'est toi ! » (12,7). La rétribution de Yhwh est terrible et annoncée sur-le-champ : « Maintenant l'épée ne se détournera plus *jamais* de ta maison [...]. Je vais, de ta propre maison, faire surgir contre toi le malheur. Je prendrai tes femmes sous tes yeux et je les livrerai à ton prochain... » (12,10-11). Avec sa précision coutumière, le prophète ou, si l'on préfère, Yhwh annonce l'enfilade de malheurs qui doivent s'abattre sur la maison de David. En guise de repentir, David avoue simplement : « J'ai péché contre Yhwh » (12,13) et Natân lui annonce aussitôt : « De son côté, Yhwh pardonne ta faute, tu ne mourras pas. Seulement parce que tu as outragé Yhwh en cette affaire, l'enfant qui t'est né mourra » (12,13-14). Il me semble pertinent de noter au passage que les malédictions divines sont souvent aussi solennelles et aussi hyperboliques que les promesses et les bénédictions.

Et puis, naturellement, tout va se passer exactement comme le brave Natân l'a annoncé, ce qui n'est en somme que le procédé rhétorique de l'auteur pour annoncer et justifier la grave crise de succession qui va bientôt commencer. Je passerai rapidement sur tous ces récits qui ne nous concernent qu'indirectement. En premier lieu, l'enfant de Bethsabée va mourir, comme prévu, mais David aura peu après Salomon de la même Bethsabée. En deuxième lieu, Amnon, prétendant au trône de David, va violer sa demi-sœur Tamar et c'est Absalom, autre fils de David, qui va la venger en faisant assassiner Amnon ; son retour sera longuement négocié par Joab et il pourra enfin rentrer à Jérusalem quoique sans être reçu par David. En troisième lieu, Absalom va comploter et se révolter contre son père et organiser la prise du pouvoir avec ses nombreux alliés ; David va être obligé de s'enfuir et d'organiser pied à pied la résistance contre son fils, mais il va finir par l'emporter et récupérer le trône grâce à l'aide décisive de Yhwh (17,14 par exemple). La réconciliation ne se fera pas sans peine mais quelques règlements de compte bien orchestrés y contribueront fortement. Je laisse de côté les suppléments au deuxième livre de Samuel qu'on trouve aux chapitres 21 à 24 car ils sont tout à fait étrangers à l'intrigue qui nous concerne ici. Enfin, en quatrième lieu, en 1Rois 1-2, la lutte féroce pour la succession se continue, cette fois entre Adonias et Salomon, et c'est ce dernier qui l'emporte grâce en particulier à l'appui de David (et de Nâtan). Ces deux chapitres n'ont vraiment rien de glorieux: les auteurs nous font voir comment Salomon fait place nette de tous ses ennemis, de la même façon que David l'a fait avant lui et sur le conseil même de David. Entre autres, la vengeance de David contre Joab, son âme damnée, et celle de Salomon contre son frère Adonias laissent un goût franchement amer et l'on en vient à se dire que Yhwh est peut-être du côté des plus forts mais qu'il a tout de même de bien douteuses fréquentations.

Dans l'ensemble, tout au long de ces chapitres où l'on ne rencontre qu'intrigues, trahisons, règlements de compte, vengeances et massacres, le discours idéologique se fait rare et vole plutôt bas. On est en pleine realpolitik et, pour les besoins de la cause, les protagonistes ne reculent devant rien. Il est tout de même curieux qu'une seule faute de David, et qui par surcroît n'est parfaitement claire que dans l'esprit de Yhwh ou du narrateur omniscient, une seule faute bien passagère et purement passionnelle entraîne toute la famille royale dans une telle suite de malheurs et de turpitudes. À nouveau, que faut-il penser de la rétribution en chaîne que Yhwh a concoctée et annoncée par son prophète? Y a-t-il vraiment avantage pour le yahvisme biblique à ce qu'on accorde un pouvoir d'intervention aussi exorbitant et des partis pris aussi contestables au metteur en scène céleste? Yhwh doit-il se compromettre à ce point pour arriver à obtenir la reconnaissance qu'il convoite, et son Alliance avec la dynastie davidique ne comporte-t-elle pas des périls majeurs pour son «image»?

Il y a en définitive quelque chose d'embarrassant dans cet immense récit de succession qui va de 2Samuel 12 à 1Rois 2. Tout se passe comme si l'auteur négligeait un peu ses soucis idéologiques et se permettait une sorte de jeu de massacre purement anecdotique sur la base même des personnages qu'il a d'abord mis en scène et accrédités. On se retrouve donc devant un mélange étrange de dignité et d'indignité, de noblesse et de bassesse et, en prime, dès que les choses deviennent un peu sérieuses et que les événements semblent le requérir, on fait appel au deus ex machina par excellence, c'est-à-dire au jugement de Yhwh et à son intervention personnelle et, suppose-t-on, bien réelle. Est-il vraiment nécessaire ou même seulement souhaitable que Yhwh intervienne, donc qu'on le fasse intervenir, à tout propos et dans les situations les plus scabreuses ou les plus inattendues? Yhwh sait-il dans quoi il s'embarque, l'auteur songe-t-il à sa réputation, bref quel est l'objectif visé par ce curieux mélange de jugements et d'interventions?

Jusqu'à un certain point, la signification idéologique de l'ensemble du récit (1S 16 à 1R 2) est claire et même transparente. David est légitimé soigneusement et progressivement pendant de longs chapitres, puis, pour plus de sûreté, on prend la peine de déboulonner Saül au risque de faire passer Yhwh pour un étourdi ou un inconséquent qui choisit mal ses représentants ou ne sait pas favoriser suffisamment leur carrière et rectifier leurs erreurs d'orientation. Pour un lecteur détaché et sans parti pris, le récit de la chute de Saül ne peut que laisser une mauvaise impression, tant tout y semble apprêté, mal ficelé, plein de prévention et parfois même de hargne à l'endroit de ce pauvre hère. Ce qui est plus dérangeant encore, dans tout cet épisode, c'est le retournement de fortune subit et radical dont Saül est victime : lui qui a joui jusque-là de la faveur divine et qui a été légitimé à fond, tout comme David le sera à son tour, se retrouve soudain victime de la défaveur de Yhwh pour des raisons qui nous paraissent soit bénignes soit franchement douteuses ; enfin et par-dessus tout, il fait face à des verdicts sans appel (voir 1S 13 et surtout 15), contrairement à David qui est « pardonné » pour une faute au moins aussi grave (2S 12).

Mais au fait, Saül a-t-il jamais été légitimé, si l'on considère que Yhwh ne fait jamais affaire avec lui que par l'intermédiaire de son prophète et que Samuel n'en finit pas d'exprimer ses réticences (1S 8) ou son parti pris virulent (1S 12) contre la monarchie ? À vrai dire, tout au long du récit de Saül, l'auteur opère constamment selon une double contrainte qui n'est jamais harmonisée dans le texte même : d'une part, c'est constamment Yhwh ou Samuel qui ont la parole et manifestent leur préférence évidente pour le vieux pouvoir théocratique mis en place par Moïse et Josué ; d'autre part, le nouveau système de pouvoir est reconnu mais comme un mal nécessaire plutôt que comme le résultat d'une évolution sociopolitique qui de toute façon ne suscite guère l'intérêt du narrateur. Le résultat net, c'est que Saül ne dispose plus d'une ligne directe avec Yhwh, contrairement à David, et que le pouvoir est constamment partagé entre Saül et Samuel ; finalement, c'est le jugement prophétique qui fait et défait Saül.

Jusqu'ici donc, le seul paradigme idéologique qu'on puisse invoquer pour définir ce récit dans son ensemble, c'est le paradigme large et plutôt indifférencié de l'Instauration du Pouvoir monarchique. Il n'est que trop clair à cet égard qu'on ne nous promet dans ce cadre aucune forme d'Apogée ou d'Âge d'or. Ainsi peut-on poser, tout au plus, que le règne malheureux de Saül constitue une transition laborieuse vers une monarchie véritable, d'autant que Saül est constamment présenté comme un chef de guerre et non comme un politique ; du reste, même comme chef de guerre, on ne le présente pas comme un héros de la stature de David, loin de là (voir en particulier 1S 14).

Si l'on se tourne maintenant vers le règne de David, l'impression générale est celle du passage d'un paradigme d'Instauration du Pouvoir monarchique à celui d'Instauration d'une Dynastie monarchique. Encore ici, évoquer le paradigme d'un Apogée ou d'un Âge d'or, c'est solliciter les textes bien au-delà de ce qu'ils disent. D'abord, le récit de la légitimation n'a en lui-même rien de plus prometteur que celui de Saül, sinon du fait de la disparition de la vieille garde (Samuel) et surtout du fait complémentaire que David ne subit aucune interférence dans sa relation avec Yhwh. Reste que, dans l'ensemble et selon l'usage bien établi du yahvisme biblique, cette légitimation revient à remettre entre les mains de Yhwh un être obscur et sans charisme particulier qui devra se conformer docilement aux Plans divins et qui sera au bout du compte jugé sur sa Foi et sa Loyauté et non sur ses mérites personnels.

Mais au-delà du récit de légitimation, le récit beaucoup plus étoffé de la montée au pouvoir de David démontre encore bien plus clairement, à mon sens, que les auteurs n'ont aucunement en vue de décrire une période d'apogée. En raccourci, on nous raconte la longue rivalité entre deux chefs de guerre et la victoire finale du plus jeune et du plus habile; encore ici, on prend plaisir à faire mal paraître Saül à tout propos et à rehausser par contraste la valeur de David, manifestant ainsi la faveur divine dont ce dernier jouit et qui doit vraisemblablement rendre compte de l'issue de cette longue crise. Or la montée de David est le corrélat exact de la chute de Saül: tout comme on a été alerté constamment quant au sort éventuel de Saül, ainsi est-on encore constamment averti du succès éventuel de David. Mais, point essentiel, c'est dans tous les cas à des chefs de guerre et non à des monarques de stature qu'on a affaire jusque dans le détail du récit. David réussira mais comme chef de guerre, et le symbole de sa réussite, à ce titre, c'est son habileté et sa vaillance comme chef de bande puis comme allié des Philistins et enfin comme dirigeant de la faction sudiste du royaume israélite. Il n'est jamais question de rien d'autre à ce stade et ce qui fait ressortir le mieux sa belle réussite, c'est son repoussoir presque trop voyant, c'est-à-dire Saül et sa déchéance progressive et irréversible. Grâce à ce cadre schématique, tout est prévu et téléguidé dans ce récit contrasté de Saül et David.

Quand on en vient, après les récits de légitimation et d'accession au pouvoir, au court récit du règne sans partage de David, alors tout devient clair. David conquiert un petit empire en Syrie-Palestine par la force des armes et il devient ainsi l'ancêtre d'une dynastie royale ayant la faveur de Yhwh à jamais. C'est à ce moment que s'accomplit le paradigme de l'Instauration dynastique (2S 6-7). L'ancienne théocratie et la nouvelle monarchie fusionnent et s'harmonisent. Yhwh reconnaît la dynastie davidique et salomonienne comme représentant de plein droit le pouvoir théocratique traditionnel : « Je serai pour lui un père et il sera pour moi un fils » (2S 7,14). Le rôle de prophète demeure essentiel mais l'Alliance entre Yhwh et Israël est reformulée en profondeur dans le cadre de la relation que Yhwh établit avec la dynastie royale. En clair, David a conquis un Empire et instauré une dynastie. Mais il faut insister fortement sur le fait qu'on est ici encore loin d'un Âge d'or véritable : sur le plan religieux, il n'y a pas encore de temple à Jérusalem et, sur le plan politique, la machine étatique n'est à aucun moment présentée comme une organisation complexe, élaborée ni achevée.

On en a la preuve dans le long récit de l'histoire de la maison de David, récit qui nous apprend que l'empire israélite n'est consolidé ni à l'extérieur, puisque les guerres reprennent de plus belle, ni à l'intérieur, puisque les enfants de David convoitent déjà le trône et s'apprêtent à s'entretuer pour affermir leur position dans la lutte dynastique. C'est alors qu'on peut observer de la manière la plus transparente comme il y a loin de la Promesse dynastique de Yhwh (2S 7) à sa réalisation stable et harmonieuse. Bien sûr, si la promesse divine tarde à se réaliser et n'advient qu'à travers des violences épouvantables, c'est, d'après l'auteur, en raison de la faute de David contre Yhwh (2S 12-13). On le sait depuis toujours, c'est Yhwh et lui seul qui mène le jeu. Reste que l'empire n'a jamais été consolidé et pacifié de façon complète et que la faute de David survient précisément lors d'une autre campagne militaire contre les Ammonites. Dans ce contexte, avant ou après la faute de David à l'égard de Bethsabée et Urie, il me paraît tout à fait abusif de parler d'Âge d'or davidique, comme on l'a souvent fait. Les intentions expresses de l'auteur ne dépassent jamais le niveau du paradigme déjà énoncé : l'Instauration d'un Empire et d'une Dynastie. La Promesse est bien présente, démesurée même, mais c'est Salomon qui l'accomplira en organisant et en pacifiant complètement l'Empire israélite. Le modèle d'un Âge d'or parfait est encore à venir.

Les livres des Rois

Les deux livres des Rois ont pour propos de raconter l'histoire de la dynastie de David à partir de la montée au pouvoir de Salomon jusqu'à la fin des deux royaumes qui dérivent de cette dynastie, soit le royaume du nord (Israël) et le royaume du sud (Juda). Dans les deux cas, le récit se rend jusqu'à la défaite et la déportation d'une partie de la population israélite, en particulier de son élite. Les auteurs privilégient de manière très visible certains aspects et certains moments de ce long développement et il est évident qu'un de leur souci majeur est de rendre compte de cet échec historique de la dynastie israélite. Par souci de clarté, nous allons diviser notre analyse en deux temps: l'époque de Salomon, avant le schisme nord-sud, et l'époque postérieure à Salomon, après le schisme.

Le règne de Salomon

La lutte de succession qui a longtemps déchiré et décimé la maison de David a culminé dans l'affrontement d'Adonias et de Salomon et c'est ce dernier qui, jouissant de la faveur paternelle et de la bénédiction divine, a finalement pu monter sur le trône, non sans avoir d'abord liquidé toute opposition et bien établi son autorité par la ruse et la force. Je ne reprends pas ce récit (1R 1-2), sinon pour faire remarquer que la légitimation de Salomon se réduit essentiellement aux recommandations que David lui fait avant de mourir: «Tu suivras l'observance de Yhwh ton dieu, en marchant selon ses voies, en gardant ses lois, ses commandements, ses ordonnances et ses instructions, selon qu'il est écrit dans la Loi de Moïse, afin de réussir dans toutes tes œuvres et tous tes projets, pour que Yhwh accomplisse cette promesse qu'il m'a faite: "Si tes fils surveillent leur conduite en marchant loyalement devant moi, de tout leur cœur et de toute leur âme, tu ne manqueras jamais de quelqu'un sur le trône d'Israël"» (2,3-4). Plusieurs points essentiels ressortent de ce texte: d'abord et avant tout, David lui-même a compris la grande Promesse dynastique de Yhwh (2S, chapitre 7) comme une promesse conditionnelle et il *cite* Yhwh en conséquence; ensuite, la Soumission à la Loi soulignée fortement au verset 3 se ramène fondamentalement, au verset 4, à la Loyauté à la parole de Yhwh (et de ses prophètes); enfin et de façon moins explicite, la reconnaissance de Yhwh est conditionnelle à la réussite et à la prospérité qu'il apporte de la même façon que le bonheur d'Israël est conditionnel à sa Loyauté à l'Alliance avec Yhwh. Ce discours est concis mais complet et intégrateur.

Or cette Promesse dynastique s'accomplit de façon achevée durant le règne de Salomon et seulement durant ce règne. Le texte qui décrit ce paradigme de l'Apogée ou de l'Âge d'or d'Israël va des chapitres 3 à 10; c'est un texte idéologiquement très chargé et d'une allure bien particulière. Alors que les livres de Samuel ont un caractère fortement épisodique et énoncent couramment leur message à travers divers récits et anecdotes légendaires, le texte de 1Rois 3-10 expose et analyse de façon globale le règne de Salomon et évite le plus souvent de se laisser divertir par des cas particuliers ou des récits secondaires. L'auteur nous montre de façon succincte et programmatique comment la gestion monarchique d'Israël sous Salomon a pu représenter pour tous un Âge d'or. Naturellement, un tel exposé ne va pas sans nuances et même sans certaines ambiguïtés, mais je crois qu'il faut poser d'emblée que c'est là sa trajectoire idéologique bien découpée.

Le récit est si méthodique qu'il suffit de le déconstruire systématiquement pour ressaisir son message et ses « nuances ». Premier passage (1R 3,1-3) : d'un côté, Salomon se permet l'énorme imprudence de marier une princesse étrangère (risque évident de « contamination » religieuse) et, de l'autre, il rend un culte à Yhwh dans les sanctuaires locaux, extérieurs à Jérusalem (risque de culte hérétique pire encore). Pour l'instant les réticences du rédacteur restent au niveau de la fine observation, mais nous savons que les voies de la perdition sont remplies de ces petites initiatives apparemment innocentes...

Deuxième passage (1R 3,4-15) : Yhwh apparaît en songe à Salomon : il promet de lui donner les qualités ou vertus qu'il jugera bon de lui demander et Salomon a l'heureuse idée de demander simplement un bon jugement en tout, une bonne sagesse pratique en faveur de son peuple, qu'il devra administrer et juger (3,8-9). Yhwh est positivement enchanté d'une demande si bien inspirée et il en fait sur l'heure le roi le plus sage et le plus juste qui ait existé et qui existera jamais ; il ajoute en prime richesse et gloire, et, moyennant un léger supplément de loyauté, longue vie. Le sens du texte ne laisse pas de doute : Salomon a fait le bon choix en ne demandant rien pour lui-même (3,11) mais en se rendant plutôt compte que le discernement est la source de tout bien et apporte par surcroît prospérité et bonne réputation. On est ici en pleine idéologie de propagande royale : le roi est sage, la sagesse lui vient de Yhwh, elle assure le bonheur au bon peuple, etc. On donne aussitôt un bel exemple de la sagesse de Salomon (3,16-28).

Troisième passage (1R 4) : une simple liste de noms de hauts fonctionnaires et de « préfets » suffit à évoquer les merveilleux dons de gestionnaire de Salomon.

Quatrième passage (1R 5,1-5) : Salomon a complètement pacifié l'immense empire conquis par David et il a apporté à son peuple une prospérité et une sécurité sans nuage. Suit une fine observation-réticence sur l'énorme pouvoir militaire de Salomon (5,6 ; voir aussi 5,2-3), mais contrée aussitôt par un éloge grandiose de la sagesse absolument unique de Salomon (5,9-14).

Cinquième passage (1R 5,15 à 7,51) : on nous raconte avec un grand luxe de détails la construction du temple de Yhwh et du palais de Salomon à Jérusalem. La propagande royale est menée tambour battant et la prospérité découle effectivement de la sagesse. Notons encore en passant une autre « fine » observation-réticence des auteurs lorsqu'on décrit les fabuleuses corvées (travaux forcés ?) auxquelles Salomon doit recourir pour mener à bien ses projets (5,27-32). Au surplus, durant la construction du temple, la Promesse nettement conditionnelle de Yhwh est réitérée (6,12-13; voir 2,3-4). Dans tout cela, nulle menace, bien entendu, mais un grand souci de précision.

Sixième passage (1R 8,1 à 9,9): une fois le temple terminé, on raconte la grande cérémonie de consécration au cours de laquelle Salomon prononce un discours suivi d'une longue prière; ce texte est d'une importance exceptionnelle dans l'ensemble que nous examinons ici.

D'abord le récit annonce ou rappelle que, par la Promesse dynastique (voir 2S 7), Yhwh s'est de son propre gré rallié à une Alliance qui intègre la théocratie traditionnelle dans le cadre de la nouvelle administration royale. Mais c'est la prière qui suit qui explicite les implications de cette Alliance dynastique. On retrouve là ni plus ni moins tout l'arrière-plan idéologique en regard duquel peut et doit être mesuré le reste du récit des Rois. D'abord Yhwh est représenté comme le dieu de l'Alliance avec Israël et cette alliance est décrite comme bilatérale, réciproque (8,23). Puis l'Alliance dynastique est présentée comme un prolongement direct de l'Alliance avec Israël (8,24); on rappelle de plus que cette Alliance dynastique est elle aussi bilatérale et donc conditionnelle (8,25-26); ce dernier passage reprend pour l'essentiel les textes déjà cités (2,3-4; 6,12-13). Ainsi, désormais, le symbole de l'Alliance est parfaitement clair et concret: c'est le Temple de Jérusalem, fruit de l'Alliance, et c'est là et pas ailleurs que Yhwh réside et d'où il écoute et répond à ses fidèles. Du principe de centralisation politique (l'Alliance dynastique) découle de façon nécessaire le principe de centralisation religieuse et cultuelle; c'est à Jérusalem, au temple et là seulement, que l'on vient reconnaître de façon orthodoxe et adéquate le dieu de l'alliance. On pose du même coup l'unité indissoluble du peuple entier face à son dieu et cette unité dans l'Alliance Yhwh-Israël est assurée par un unique point de ralliement cultuel, le temple: un seul dieu, un seul culte orthodoxe et un seul lieu de culte acceptable. À la centralisation dynastique correspond la centralisation religieuse. L'État théocratique est maintenant centré à Jérusalem, garanti par le roi et situé dans le temple. L'idéal deutéronomiste vient de se réaliser, de s'incarner, et l'Instauration dynastique vient de trouver son sens véritable.

Mais ceci n'est à proprement parler que la moitié du programme deutéronomiste. L'autre moitié est d'une importance au moins égale car elle énonce la signification de la vie religieuse centrée sur le temple. Tout comme Moïse avant lui, Salomon sait que le peuple a péché, pèche et péchera, bref que le peuple est incapable d'une Fidélité sans faille s'il est laissé à lui-même ; aussi le Repentir devient-il dans cette perspective plus important que la vertu ou le mérite, et la Grâce divine plus indispensable que la seule volonté humaine de fidélité à l'Alliance et de soumission à la Loi. Le culte unique et orthodoxe au temple de Jérusalem trouve son sens profond ici : « Quand ton peuple Israël sera battu devant l'ennemi [l'Exil], parce qu'il aura péché contre toi, s'il revient à toi, loue ton nom, prie et supplie vers toi dans ce temple [le Repentir], toi, écoute au ciel, pardonne le péché de ton peuple Israël [la Grâce] et ramène-le dans le pays que tu as donné à ses pères » (8,33-34). Puis un peu plus loin, Salomon reprend la même prière et la même prédiction, mais cette fois la demande est encore plus humble. D'abord, il précise : « Quand ils pécheront contre toi — car il n'y a aucun homme qui ne pèche… » (8,46). Et plus loin : « … s'ils te prient, tournés vers le pays que tu as donné à leurs pères, vers la ville que tu as choisie et le temple que j'ai bâti pour ton nom… » (8,48). Enfin, la supplique très humble : « … pardonne à ton peuple les péchés […], fais-leur trouver grâce devant leurs conquérants, que ceux-ci aient pitié d'eux ; car ils sont ton peuple et ton héritage… » (8,50-51). À la règle du Repentir radical correspond l'appel à la Grâce divine comme à l'unique nécessaire : « Que Yhwh notre dieu soit avec nous […], qu'il ne nous abandonne pas et ne nous rejette pas. *Qu'il incline nos cœurs vers lui*, pour que nous suivions toutes ses voies et gardions les commandements… » (8,57-58). En échange de quoi il y a Promesse de reconnaissance, Promesse hyperbolique naturellement : « Tous les peuples de la terre sauront alors que Yhwh seul est dieu, qu'il n'y en a point d'autre, et votre cœur sera tout entier à Yhwh notre dieu… » (8,60-61).

Tous les rois futurs d'Israël seront jugés à l'empan de ce discours idéologique qui reprend le programme deutéronomiste et l'intègre dans un cadre dynastique et religieusement centralisé. Et pour confirmer la portée du discours de Salomon, Yhwh apparaît et réitère la même Promesse conditionnelle déjà énoncée aux chapitres 2, 6 et 8. Cette fois, cependant, elle est assortie de menaces qui se comprennent sans peine dans le prolongement de la prédiction d'Exil proférée par Salomon lui-même : « Mais si vous m'abandonnez, vous et vos fils, si vous n'observez pas les commandements et les lois que je vous ai proposés, si vous allez servir d'autres dieux et leur rendez hommage, alors je retrancherai Israël du pays que je lui ai donné ; ce temple que j'ai consacré à mon nom, je le rejetterai de ma présence, et Israël sera la fable et la risée de tous les peuples » (9,6-7). Ainsi donc trouve-t-on, enclavé entre deux récits de l'Âge d'or salomonien, le programme idéologique deutéronomiste rénové et adapté mais assorti des mêmes exigences de base et de toutes les menaces habituelles.

Septième passage (1R 9,10 à 10,29): le récit de l'Âge d'or se termine comme il a commencé, par un brillant étalage de sagesse, de puissance et de richesse. L'épisode de la visite de la reine de Saba ajoute une aura légendaire à l'ensemble. Parfois, on sent quelque réticence à travers les observations de l'auteur, mais ce n'est jamais vraiment transparent. Nous savons que le Deutéronome considère comme des idoles et des pièges très dangereux tous ces excès de prospérité, de pouvoir et d'honneur; mais tous ces biens n'ont-ils pas été donnés sans restriction par Yhwh lui-même (3,13-14) et Salomon ne lui est-il pas resté parfaitement fidèle? On a un peu l'impression que l'auteur a souhaité décrire un Âge d'or, un sommet dynastique, et qu'il n'a pas voulu mêler à cela d'autres questions.

Au dernier chapitre cependant, l'impression d'ensemble change assez brutalement et on est soudain mis devant le fait que tous les dangers qui menaçaient Salomon depuis le début de son règne viennent de se cristalliser. En bref, Salomon a pratiqué l'intermariage avec des princesses étrangères, malgré l'interdit deutéronomiste (Dt 7,3-4), puis il a construit des sanctuaires à des dieux étrangers comme on pouvait le craindre, et enfin il a lui-même rendu un culte à ces dieux. La formule deutéronomiste de condamnation est sans équivoque: «Il fit ce qui déplaît à Yhwh...» (11,6). Elle reviendra des dizaines de fois dans la suite des livres des Rois. Yhwh est hors de lui et sa condamnation prépare le schisme nord-sud et la suite du récit: «Parce que tu t'es comporté ainsi et que tu n'as pas observé mon alliance et les prescriptions que je t'avais faites, je vais sûrement t'arracher le royaume et le donner à l'un de tes serviteurs. Seulement je ne ferai pas cela durant ta vie, en considération de ton père David; c'est de la main de ton fils que je l'arracherai. Encore ne lui arracherai-je pas tout le royaume: je laisserai une tribu à ton fils...» (11,11-13). Point de temps ici pour les repentirs et les négociations: Salomon a péché, Yhwh est en colère, la cause est déjà entendue. L'Âge d'or a eu lieu. Rideau. Les troubles commencent pour Salomon, à l'extérieur et à l'intérieur.

À l'extérieur, de nouveaux ennemis reprennent du service, dont on pensait qu'ils avaient été anéantis à jamais. Mais c'est à l'intérieur surtout que la révolte gronde et que le schisme s'annonce. Le chapitre se termine sur un épisode assez ahurissant. Jéroboam, simple serviteur de Salomon, est devenu un homme de confiance et un dirigeant. Il fait un jour la rencontre du prophète Ahiyya qui reprend à son profit la prédiction funeste que Yhwh vient de faire à Salomon à propos de la dynastie davidique; sans autre transition, il lui annonce que c'est lui, Jéroboam, qui va régner sur tout le royaume du nord (Israël) et il lui fait cette Promesse dynastique solennelle : « Pour toi, je te prendrai pour que tu règnes sur tout ce que tu voudras et tu seras roi sur Israël. Si tu obéis à tout ce que je t'ordonnerai, si tu suis mes voies et fais ce qui est juste à mes yeux [...], alors je serai avec toi et je te construirai une maison stable *comme j'ai construit pour David.* Je te donnerai Israël et j'humilierai la descendance de David à cause de cela ; cependant pas pour toujours » (11,37 et 39). Décidément, Yhwh est aux abois et ne sait pas sur quel obscur faire-valoir il pourrait jeter son dévolu. On savait déjà que ses voies étaient impénétrables ; on apprend maintenant qu'il est prêt à jouer sa Promesse aux dés ou à la roulette dynastique. La formule finale est admirable d'ambiguïté : « cependant pas pour toujours ». Qui peut comprendre comprenne. Yhwh a repris ses billes et on va maintenant passer du paradigme de l'Âge d'or à celui du Déclin d'Israël.

Le schisme et le déclin

Tout le reste des livres des Rois n'est que l'interminable chronique d'un Déclin annoncé, d'une insurmontable déchéance, d'une marche forcée vers l'Exil. On va maintenant refaire notre chemin à sens inverse, marquer d'un signe négatif tous les paradigmes passés, retourner vers les origines, vers l'Exil. L'ensemble pourrait se résumer d'un trait : Israël devait être infidèle, il l'a été, il ne reste qu'à déterminer jusqu'où ira la faute et jusqu'où la punition.

Cet immense récit à clé est pour l'essentiel affreusement prévisible et souvent fastidieux. En particulier, c'est probablement le récit le plus épisodique et le moins intégré de toute la Bible. On passe à travers des dizaines de règnes plus ou moins enchaînés ; parfois ils sont résumés en quelques phrases et presque toujours ils font le même effet, la même impression un peu lugubre d'un lent Déclin, d'une banale descente aux enfers, d'un éloignement de plus en plus irréversible de Yhwh. Pourtant, sur le fond, le récit fonctionne et on se laisse prendre, non pas constamment bien sûr mais à certains moments privilégiés ; et s'il existe dans ce récit de tels moments privilégiés, c'est tout simplement parce que le récit est profondément polarisé, entraîné vers un terme que nous connaissons tous mais dont il faut malgré tout savoir s'il en est bien ainsi, si Israël doit déchoir jusque-là, si Yhwh est prêt à jouer sa reconnaissance jusqu'à la dernière carte et puis enfin s'il restera quelque chose au bout du désastre et quel visage aura ce « reste ».

Mais comme il s'agit en définitive de rendre compte de l'Exil et de bien marquer en cours de route les exigences fondamentales du yahvisme qui tout à la fois justifient l'Exil et indiquent la voie du Repentir et de la Réforme, cela nous indique déjà assez clairement la voie à suivre et à quoi il convient de s'en tenir. On escamotera donc sans regret quelques récits de batailles, quelques miracles de prophètes, quelques anecdotes plus ou moins juteuses mais aussi diverses notices de règnes et des quantités de jugements stéréotypés, et on se concentrera sur les éléments qui viennent structurer et orienter en profondeur cette longue histoire.

En premier lieu, cela va de soi, le récit du schisme. Texte assez pauvre mais qui donne le ton de l'ensemble. Lors d'une assemblée panisraélite tenue à Sichem, l'ensemble des tribus du nord se ligue pour exiger de Roboam, fils de Salomon, un traitement plus humain, particulièrement dans la gestion des corvées ; curieusement, Roboam prend la peine de consulter des anciens et des jeunes gens à ce propos mais finit tout de même par répondre aux rebelles qu'il va ajouter encore aux corvées et les transformer si possible en véritables travaux forcés. On nous apprend du reste que cette intransigeance lui est dictée par Yhwh qui veut ainsi accomplir sa promesse à Jéroboam. Sur quoi l'ensemble des tribus du nord font sécession et choisissent Jéroboam comme roi tandis que la seule tribu restante au sud demeure dans la maison de David avec Roboam comme roi. Ainsi s'effectue la séparation définitive du nord (Israël) et du sud (Juda).

Mais le schisme politique entraîne tout naturellement le schisme religieux, du moins aux yeux de l'auteur qui est sans aucun doute un « théologien » deutéronomiste pur et dur prônant la centralisation du culte à Jérusalem et l'orthodoxie parfaite de ce même culte. Sa réaction face au schisme religieux a de quoi étonner. En effet, Jéroboam se fait à lui-même le raisonnement suivant : « Comme sont les choses, le royaume va retourner à la maison de David. Si ce peuple continue de monter au temple de Yhwh à Jérusalem pour offrir des sacrifices, le cœur du peuple reviendra à son seigneur, Roboam, roi de Juda, et on me tuera » (12,26-27). Il organise donc le culte à Yhwh dans deux grands sanctuaires du royaume du nord, à Béthel et à Dan. Le narrateur deutéronomiste laisse aussitôt entendre qu'« il établit le temple des hauts lieux » (12,31), expression caractéristique désignant un culte hérétique, et que « cette affaire mena au péché » (12,30). Un prophète vient annoncer qu'un jour un certain Josias viendra effectuer une purge religieuse dans tous ces sanctuaires, par ordre de Yhwh (13,1-2). Ce jugement est repris en 13,33-34 mais le climax est servi par le même prophète qui a annoncé précédemment (11,37-39) la nouvelle dynastie de Jéroboam et qui vient cette fois annoncer sa condamnation en des termes extrêmement virulents : « Tu as agi plus mal que tous tes prédécesseurs [...] et tu m'as jeté derrière ton dos. C'est pourquoi je vais faire venir le malheur sur la maison de Jéroboam, j'exterminerai tous les mâles de la famille de Jéroboam, liés ou libres en Israël, je balayerai la maison de Jéroboam comme on balaie complètement l'ordure» (14,9-10). Il prophétise ensuite l'extermination de la maison de Jéroboam par un futur roi usurpateur puis annonce l'Exil éventuel de l'ensemble des tribus du nord (14,14-16). La cause est entendue.

En deuxième lieu, on peut résumer à grands traits l'histoire entière des royaumes d'Israël et de Juda. On sait dès maintenant que toute leur évolution se déroule sous le signe de la malédiction divine, soit celle qui s'attache à la dynastie de Jéroboam au nord, soit celle qui s'attache à celle de Salomon au sud.

On peut d'abord régler le sort des tribus du nord en quelques traits de plume puisque, dans leur cas, la malédiction de Yhwh est si féroce et si irréversible que nous savons d'entrée de jeu qu'en Israël les dynasties succéderont aux dynasties, les coups d'État aux coups d'État et les apostasies aux apostasies. Rien de bon, en effet, ne peut sortir d'un royaume qui va constamment et délibérément contre le principe deutéronomiste de la centralisation du culte et qui bien souvent ajoute à cette hétérodoxie en rendant un culte à de faux dieux. Le jugement que les auteurs portent sur chaque roi est donc à peu près uniforme et le plus souvent répété mot pour mot. Par exemple: «Il fit ce qui déplaît à Yhwh et il imita la conduite de Jéroboam et le péché où il avait entraîné Israël» (15,34). Parfois on en ajoute un peu, comme dans le cas du grand roi Omri (16,25-26), mais on en retranche bien rarement. La seule exception, à ma connaissance, est le roi Osée, dernier roi d'Israël, dont on dit: «Il fit ce qui déplaît à Yhwh, non pas pourtant comme les rois d'Israël ses prédécesseurs» (2R 17,2). Ces formules stéréotypées sont significatives, certes, mais ne doivent pas nous donner à croire que les deutéronomistes procèdent selon un principe de rétribution mécanique et uniforme; on reconnaît sans trop de peine que les jugements sur chaque règne doivent rester individualisés et que ces jugements doivent acquérir une valeur cumulative et à plus long terme. Et ce jugement à long terme, il prend forme et se précise dans le cadre d'un long processus menant au Déclin final et à l'Exil. Ainsi, dans le cas d'Israël, tout culmine dans la prise de Samarie en 721 par les Assyriens et dans le copieux jugement éditorial qui suit en 2R 17,7-23. Cette réflexion lourde et répétitive ne nous apprend rien de neuf et se contente de rassembler le dossier à charge contre Israël en quelques formules stéréotypées: tous les rois ont suivi l'exemple de Jéroboam, ils ont brisé l'Alliance avec Yhwh, ils ont été apostats, etc. Leur châtiment est bien mérité et Juda n'est pas non plus à l'abri d'un tel jugement (17,19).

On peut donc passer ensuite à la question tout de même plus délicate du royaume du sud (Juda). Ici, la première chose qui frappe, c'est que le jugement du rédacteur est déjà beaucoup plus partagé : d'une part, on peut répartir en deux moitiés à peu près égales les rois qui sont jugés bons et ceux qui sont condamnés ; d'autre part, cependant, même ceux qui sont considérés comme des yahvistes à peu près acceptables n'ont droit qu'à un jugement partagé. Ce jugement est toujours présenté par une formule stéréotypée mais elle est tout de même fort éclairante. Ainsi, par exemple : « Il [Josaphat] suivit entièrement la conduite de son père Asa, sans dévier, faisant ce qui est juste au regard de Yhwh. Seulement, les hauts lieux ne disparurent pas ; le peuple continua d'offrir des sacrifices et de l'encens sur les hauts lieux » (1R 22,43-44). La nuance intéressante tient au fait qu'un roi de Juda peut être jugé acceptable même si l'on concède que son peuple ne vaut pas mieux que la population du nord (Israël). Autrement dit, on considère le roi comme un yahviste fidèle à la dynastie davidique, même s'il règne sur un peuple apostat et qu'il manifeste forcément une certaine complaisance face à ses sujets. Il y a là un parti pris idéologique évident pour le petit « reste » que représente Juda ; alors qu'Israël est voué à la disparition dès le départ, depuis Jéroboam, Juda est constamment considéré comme la seule chance de salut pour le yahvisme et on continue donc d'examiner et d'évaluer son évolution avec une certaine indulgence. Cela conduit à un état de choses assez paradoxal puisque, de toute manière, l'ensemble du peuple d'Israël et de Juda pratique un culte hétérodoxe et va même jusqu'à l'apostasie pure et simple, mais la dynastie de Juda reste ininterrompue et comporte quand même plusieurs rois yahvistes.

Cette façon très particulière de poser le problème s'explique par le préjugé fondamental de l'auteur deutéronomiste. En effet, tout au long des livres des Rois, ce sont les rois entourés d'une élite yahviste plus ou moins importante qui peuvent infléchir la situation en réformant la pratique religieuse et en entraînant le peuple à leur suite. On concède donc que la situation d'ensemble est largement défavorable et même presque désespérée, mais on maintient l'existence d'un important noyau yahviste, une élite d'anciens, de prêtres et de scribes, et on compte beaucoup sur l'intervention du pouvoir en place pour promouvoir le yahvisme pur et assurer sa domination éventuelle. En simplifiant, on peut dire que les rois de Juda n'arrivent pas à empêcher l'infidélité du peuple face à Yhwh mais que le jugement final est constamment différé, d'abord en considération de la Promesse dynastique de Yhwh et aussi dans l'espoir que les rois vertueux finiront par faire pencher la balance et même par imposer le culte yahviste au peuple. Le yahvisme dynastique et élitiste peut s'expliquer de bien des façons mais je crois qu'en fin de compte le réalisme exige que même des idéologues se rendent compte que le peuple laissé à lui-même n'est pas yahviste et qu'on ne peut compter sur un quelconque mouvement de masse pour rétablir la situation.

Si l'on évite d'entrer dans le labyrinthe inextricable des mérites et des démérites des divers règnes en Juda, on est donc amené à examiner l'orientation fondamentale du récit deutéronomiste ou yahviste. À cet égard, on ne peut soupçonner chez l'auteur aucune naïveté et aucun romantisme : dans le cas de Juda comme dans le cas d'Israël, il ne croit aucunement à une rétribution à court terme, au cas par cas, et il est parfaitement conscient que le salut de Juda et surtout le salut du yahvisme passent par la dynastie royale et l'élite du pouvoir militaire, politique et religieux qui l'entoure. En somme, si l'on veut comprendre l'orientation générale du récit, il faut s'arrêter aux diverses tentatives de réforme yahviste qui le jalonnent et surtout, en fin de compte, à la réforme de Josias qui constitue de façon tout à fait avouée l'idéal politicoreligieux de ce rédacteur yahviste. Bref, hors du yahvisme, point de salut et hors de la dynastie qui l'imposera, point de moyen d'échapper à l'exil.

En troisième et dernier lieu, c'est donc sur les trois grandes réformes yahvistes rapportées par l'auteur qu'il faut concentrer toute notre attention puisque c'est dans ces descriptions qu'on peut enfin saisir son intention profonde et son idéal théologique et politique. L'absolutisme éthique prend ici une forme très caractéristique et très aiguë. Quelques récits particulièrement édifiants mettant en vedette les prophètes Élie et Élisée nous préparent de longue main à apprécier la radicalité des réformes yahvistes à venir ; ainsi, pour ne donner qu'un exemple, en 1R 18,20-40, on nous raconte l'affrontement d'Élie et des prophètes de Baal qui culmine dans le massacre collectif de ces derniers. Mais cela n'est qu'un hors-d'œuvre avant les plats de résistance.

Commençons par une réforme plus ou moins réussie, la première en date, celle de Jéhu. La purge commence vers 840 en Israël, après deux règnes impies comme il se doit, celui d'Achab et de Joram, tous deux de la maison d'Omri, roi honni entre tous. L'affaire est concoctée par un disciple d'Élisée, donc de la lignée prophétique d'Élie, sous l'instigation de Yhwh bien entendu. Le prophète donne l'onction royale à Jéhu en secret de façon à légitimer religieusement le coup d'État que va perpétrer ce simple chef de troupe (9,6-10). Il est aussitôt reconnu comme roi par l'armée et il procède à l'usurpation du pouvoir. Par bonheur, Joram d'Israël et Ochozias de Juda sont à ce moment-là alliés en vue d'opérations militaires, ce qui nous vaut un plus joli massacre. Jéhu commence par assassiner traîtreusement son roi, Joram, puis, par la même occasion, il ordonne l'assassinat d'Ochozias, roi de Juda. Il rentre ensuite en Israël pour achever son travail. Il fait d'abord assassiner Jézabel, la mère de Joram, puis procède au massacre des soixante-dix princes d'Israël, fils d'Achab, ainsi que de leur entourage ; il se met ensuite en route pour Samarie et, en chemin, il rencontre les quarante-deux princes de Juda qu'il fait aussi assassiner en masse ; arrivé en Samarie, il complète le massacre de la maison d'Achab. Les commentaires accompagnateurs méritent le détour, mais l'essentiel, pour notre gouverne, est que tous ces massacres sont menés à bien « selon la parole que Yhwh avait dite à Élie » (2R 10,17 ; voir 1R 21,21-24).

Tout cela risque de laisser au lecteur une fâcheuse impression d'improvisation. Détrompons-nous car à sa manière Jéhu est un homme méthodique. Après la purge politique, il procède à la purge religieuse. Il avait confié à un ami : « Viens avec moi, tu admireras mon zèle pour Yhwh » (2R 10,16). Il met maintenant ce zèle à profit pour immoler tous les prêtres de Baal dans leur propre temple puis supervise la destruction du temple lui-même (10,18-27). Comme dit un commentateur, on loue ensuite « sans réticence le yahvisme sincère et brutal de Jéhu » et c'est Yhwh lui-même qui prend la peine d'offrir cette louange bien méritée : « Parce que tu as bien exécuté ce qui m'était agréable et que tu as accompli tout ce que j'avais dans le cœur contre la maison d'Achab, tes fils jusqu'à la quatrième génération s'assiéront sur le trône d'Israël » (10,30). Les éditeurs deutéronomistes croient néanmoins bon d'ajouter, pour bien marquer qu'un roi d'Israël ne saurait être un yahviste au-dessus de tout soupçon : « Mais Jéhu ne suivit pas fidèlement de tout son cœur la Loi de Yhwh, dieu d'Israël : il ne se détourna pas des péchés de Jéroboam, où il avait entraîné Israël » (10,31). On vante parfois les traits d'humour des auteurs bibliques et l'on a bien raison.

On nous propose en parallèle, aux chapitres suivants, une petite réforme politique et religieuse menée par Joas en Juda (2R 11-12). Mais cette réforme paraît bien timide en comparaison avec celle de Jéhu et il ne faut pas se laisser influencer par le parti pris évident du rédacteur deutéronomiste à l'égard du roi de Juda. Cette réforme ne dépasse pas le niveau du simple règlement de comptes et ne va pas jusqu'à une réforme religieuse en profondeur.

La seconde véritable réforme religieuse est celle d'Ézéchias. Elle vient beaucoup plus tard, peut-être même trop tard pour échapper au jugement de Yhwh, mais elle a l'avantage d'être menée par un roi de Juda, ce qui laisse déjà un certain espoir. Selon un schéma sans doute un peu convenu, la réforme d'Ézéchias (716-687) est précédée et en quelque sorte rendue nécessaire par le règne franchement détestable d'Achaz (736-716); celui-ci, en effet, est un roi apostat à la manière des rois d'Israël (2R 16,2-4), mais en plus, il s'offre comme vassal aux Assyriens plutôt que de faire alliance avec le royaume d'Israël (16,7-9). Par contraste, l'arrivée d'Ézéchias représente une bouffée d'air frais pour les yahvistes. On nous le présente comme un réformateur religieux efficace (18,3-4) mais le contexte politique ne favorise ni les purges politiques ni les massacres religieux. Le narrateur deutéronomiste se rabat donc sur un modèle beaucoup plus modéré pour des motifs de crédibilité évidents. Ézéchias arrive en pleine tourmente assyrienne, alors que le royaume d'Israël vient de tomber en 721 et que Sennachérib s'apprête à s'emparer de toutes les villes importantes de Juda, vers 701, et à isoler ainsi Ézéchias dans son petit château fort de Jérusalem. On est donc assez loin du scénario idéal dont rêvaient les yahvistes mais, tout compte fait, il y a place pour une autre attitude, celle du roi pieux et du grand résistant. La présentation de départ prépare la scène: « C'est en Yhwh, dieu d'Israël, qu'il mit sa confiance. Après lui, aucun roi de Juda ne lui fut comparable; et pas plus avant lui. Il resta attaché à Yhwh, sans jamais se détourner de lui [...]. Aussi Yhwh fut-il avec lui et il réussit dans toutes ses entreprises. Il se révolta contre le roi d'Assyrie et ne lui fut plus soumis » (18,5-7).

Évidemment, la vérité historique n'est pas si simple. D'abord, lorsque Sennachérib dévaste la Palestine, Ézéchias se terre à Jérusalem et accepte de devenir vassal de l'Assyrie (18,13-16). Mais, tout de suite après, on nous présente l'agression assyrienne comme une joute d'honneur entre Sennachérib et Yhwh. Le défi de Sennachérib est clair jusqu'à l'invraisemblance: il va assiéger Jérusalem, les forces sont inégales, Ézéchias ferait mieux de se rendre, même Yhwh ne peut rien pour lui (18,17-35). Mais c'est faire bon marché du pouvoir de la prière d'Ézéchias et de l'oracle de Yhwh proféré par le grand Isaïe. Il est difficile de départager les mérites de l'oracle prophétique (19,5-7; 19,20-34) et de la prière royale (19,14-19), mais le résultat net, lui, ne laisse aucun doute: la nuit même, l'ange de Yhwh frappe cent quatre-vingt-cinq mille Assyriens et Sennachérib rentre chez lui tout penaud. La fin de l'histoire est pourtant moins rassurante. Grâce à la prière d'Ézéchias, Yhwh continue de protéger Jérusalem qui n'est d'ailleurs plus guère menacé par les Assyriens mais le sera bientôt par les Babyloniens; mais le règne d'Ézéchias s'achève sur un nouvel oracle d'Isaïe qui cette fois annonce la fin prochaine de Juda et l'Exil (20,16-18). La réponse d'Ézéchias est d'une ironie très fine: « "C'est une parole favorable de Yhwh que tu annonces." Il pensait en effet: "Pourquoi pas? S'il y a paix et sûreté pendant ma vie" » (20,19). On en vient à se demander si, en dépit de sa piété sans faille, Ézéchias disposait de la hauteur de vue suffisante pour être un grand réformateur…

Venons-en enfin à la fameuse réforme de Josias qui aurait eu lieu vers 622, à un moment où le petit État de Juda recouvre un semblant d'indépendance à l'égard des grandes puissances qui l'entourent et où, par suite, Josias peut rêver d'un rétablissement d'Israël dans son unité antérieure. La réforme est cependant présentée d'abord et avant tout comme une restauration religieuse. Deux éléments de l'analyse deutéronomiste nous prédisposent à la comprendre ainsi : d'une part, comme d'habitude, le règne de Josias est précédé par un règne impie, celui de Manassé, règne si abominable que Yhwh annonce cette fois la destruction de Juda (21,11-15) ; d'autre part, par une coïncidence extraordinaire, le début de la réforme de Josias est marqué par la découverte d'une copie du livre de la loi au moment où l'on rénove le temple de Jérusalem. À ces deux titres, la réforme de Josias se présente donc comme très urgente et pleinement légitime.

La péripétie décisive, naturellement, c'est la lecture du livre de la loi à Josias qui semble alors découvrir l'ampleur de l'Infidélité du peuple de Yhwh à son dieu : « Grande doit être la colère de Yhwh… » (22,13). La réforme est ainsi introduite de façon très habile. On se rend aussitôt consulter la prophétesse Hulda qui réitère la menace contre Juda : « Ma colère s'est enflammée contre ce lieu [Juda], elle ne s'éteindra pas » (22,17 ; voir aussi 21,14-15). En guise de consolation, Yhwh promet toutefois à Josias qu'il ne verra pas tous ces malheurs (22,19-20).

Mais paradoxalement, face à de telles menaces, Josias redouble d'ardeur et commence à préparer la grande purge d'Israël. Le tout commence par une lecture publique du livre de la loi et un renouvellement solennel de l'Alliance par le peuple. Le passage surprend quelque peu mais on est tout de même habitué à ces va-et-vient de ferveur et d'apostasie du peuple et puis, de toute façon, la suite du texte montre à profusion que la réforme est menée par le pouvoir en place et non par un mouvement populaire. Josias procède donc alors à une purge religieuse très systématique, d'abord en Juda puis en Israël. Il n'est pas bien utile à ce stade de raconter le détail de cette purge ; qu'il suffise de remarquer que Josias ne rencontre aucune opposition politique sur son passage, qu'il peut piller, profaner, brûler, immoler, massacrer comme il l'entend et à qui mieux mieux, et que sa ferveur deutéronomiste n'est entachée d'aucune marque d'intérêt personnel ou politique puisque Yhwh l'a déjà avisé de son intention de détruire Juda de toute façon. La réforme étant achevée, Yhwh rappelle une dernière fois sa décision irrévocable (23,26-27).

La réforme si zélée de Josias n'aura-t-elle donc été qu'un feu de paille et aurait-elle pu changer en quelque manière le cours des choses ? On sait déjà que l'Exil est inévitable au moment où Josias fait sa réforme et le narrateur ajoute encore, pour mieux circonscrire le débat, que tous les rois qui ont succédé à Josias ont « fait ce qui déplaît à Yhwh ». Le lecteur se bute donc à la réalité de l'Exil comme au destin implacable des Judéens. On peut deviner que, pour bien des commentateurs, l'attitude de Yhwh devant le très pieux Josias a quelque chose d'étonnant et même de rebutant. Comment expliquer une telle détermination de la part d'un dieu qui n'a plus rien à perdre, si ce n'est de mettre de nouveau à l'essai le peuple élu, le seul peuple qui puisse encore le reconnaître et renouer son Alliance avec lui ? Évidemment, une bonne part de l'énigme s'évanouit si l'on considère que la rédaction finale de ces textes se situe et ne peut se situer qu'après l'exil : auquel cas le désastre annoncé par les prophètes a déjà eu lieu et il devient moins étonnant que Yhwh se montre si impitoyable. Reste pourtant que la réforme de Josias apparaît en porte-à-faux puisqu'elle est manifestement inutile et qu'elle ne peut restaurer la relation de Yhwh avec Israël. Tout en évitant de me perdre dans des spéculations théologiques inutiles, je ferai tout de même la remarque globale suivante : dans la perspective idéologique des deutéronomistes, le péché répété et croissant d'Israël doit tôt ou tard entraîner une sanction proportionnelle et juste ; Yhwh a longuement mis à l'épreuve l'Alliance dynastique et cette expérience a abouti à un échec répété et incontestable ; le moment est donc venu de passer à une autre phase de la relation Yhwh-Israël et l'on peut croire qu'il se trouvera un Reste d'Israël à cette nouvelle étape comme il s'en est trouvé un avant l'Exil. Nous aurons bientôt l'occasion de commenter brièvement le message idéologique des prophètes à ce propos ; un leitmotiv essentiel de leur prédication peut nous aider à comprendre ce qui se passe ici : en un mot, c'est l'Épreuve et la souffrance d'Israël qui vont le purifier et préparer une nouvelle Alliance avec Yhwh. Si l'on peut se permettre cette métaphore, l'expérimentation s'interrompt mais doit être reprise autrement, dans des conditions plus serrées, plus exigeantes, avec un Reste davantage trié sur le volet, un noyau yahviste très pur.

L'essentiel des développements commentés ici entend simplement démontrer qu'après la Libération et la Conquête, l'Instauration dynastique et l'Âge d'or ont été possibles. L'Âge d'or, en particulier, nous fournit un modèle irremplaçable, une image très claire, du moins au plan idéologique, du triomphe de l'Alliance Yhwh-Israël et de la vie pacifiée et prospère qui en résulte dans la terre promise. En outre, à des moments très différents, on voit réapparaître cette image si difficile à fixer de l'Âge d'or, dans ces grandes Réformes yahvistes que sont les réformes de Jéhu, d'Ézéchias et surtout de Josias. Évidemment, ces tentatives de retour vers l'Âge d'or n'ont pas l'aisance et la grandeur suprahistoriques du règne de Salomon où tout semblait donné, assuré par la seule Promesse divine, mis en place à la façon d'une grâce (1R 3,10-14). Car si Yhwh manifeste sa satisfaction sans équivoque devant ces réformateurs impeccables, il reste qu'entre-temps le poids accumulé de l'Infidélité d'Israël devient de plus en plus irréversible et surtout peut-être que ces Réformes ont quelque chose de velléitaire et de contre-nature. Faut-il aller jusque-là pour contraindre le peuple à adhérer au yahvisme et pour garantir de façon constante la reconnaissance de Yhwh et de son Alliance ? Chose certaine, en tout cas, il y a un écart immense entre la faveur divine pratiquement inépuisable dont jouissent David et Salomon et le contentement beaucoup plus limité par lequel Yhwh salue les initiatives de Jéhu, Ézéchias et Josias. Bien sûr, le texte est plein d'ambiguïtés et il ne saurait en être autrement, dans la mesure où l'agenda deutéronomiste a peine à cadrer avec les faits (le peu de faits dont on dispose…) et donne souvent l'impression d'un système accroché à des lambeaux d'histoire.

Mais nous avons choisi de ne pas situer la discussion sur ce plan : seul le message idéologique et son lent déploiement doit nous concerner ici. Sous cet angle, l'histoire d'Israël après le schisme, sous la monarchie divisée, est reconstruite de façon à donner la nette impression d'une redescente, d'un lent Déclin qui mène fatalement à l'Exil ; de plus, cette redescente est constamment décrite et analysée comme une longue et irrémédiable crise de la relation entre Yhwh et Israël. Les deutéronomistes réussissent un exploit unique dans toute l'historiographie ancienne tant leur discours idéologique est exclusif et radical : tout ce qui arrive à Israël se réduit à la question de sa Fidélité ou de son Infidélité à Yhwh et *à rien d'autre* ; bien plus, même quand Israël s'est détourné de Yhwh et s'en est remis à d'autres dieux, c'est encore son Alliance avec Yhwh et elle seule qui détermine tout ce qui lui arrive ; plus encore, jusque dans la défaite et dans l'Exil, c'est Yhwh qui détermine entièrement le sort d'Israël, y compris la possibilité d'un retour d'Exil et d'une Restauration nationale. L'absolutisme éthique prend ici une tournure nouvelle, inouïe : le dieu abandonné, non reconnu, se tourne contre son peuple, le châtie et le force à une reconnaissance renouvelée, radicalisée, au moment même où il l'écarte de lui : « J'écarterai aussi Juda de devant moi, comme j'ai écarté Israël, je rejetterai cette ville que j'avais élue, Jérusalem, et le temple… » (2R 23,27). Peut-on exprimer dépit plus profond, rejet plus global, condamnation plus définitive ? Or ce verdict sort de la bouche même des yahvistes, nous le savons bien. Quelle stratégie de vie, quelle éthique, quelle sagesse sont impliquées dans un tel verdict ? Le même dieu qui a donné l'Âge d'or donne maintenant l'Exil.

Or la vérité profonde, c'est que le peuple de Yhwh vient de l'Exil et retourne à l'Exil. L'ensemble idéologique qu'on a sous les yeux est né de l'Exil, il y est enraciné et il ne se comprend pas autrement que comme un choix délibéré et suprahistorique prenant naissance et se développant dans cette posture fondamentale d'Exil. Toute lecture économique, politique ou largement socioculturelle de ce choix est rejetée d'emblée ; à longueur de pages, les auteurs yahvistes ne cessent de nous répéter à l'envi que ce n'est *pas du tout* de cela qu'il s'agit mais plutôt qu'Israël a été élu par Yhwh et que tout pour lui s'est joué sur sa relation avec Yhwh. Tout le reste n'est que fantômes, idoles et faire-valoir. L'histoire bien concrète, les événements et les personnages, les conditions et les facteurs déterminants, tout cela c'est du vent, un simple faux-semblant, une apparence que Yhwh vient dissiper à son heure terrible. Et bien sûr, derrière le décor, derrière Yhwh qui seul parle et agit pour de vrai, il y a les yahvistes qui revendiquent la réalité derrière les apparences, la juste voie de vie contre la voie de l'erreur et de l'illusion. Eux savent : ils peuvent affirmer que l'erreur est d'abandonner Yhwh, que c'est Yhwh qui condamne et exile Israël pour son bien, que cette Épreuve est nécessaire pour restaurer l'Alliance, etc. Cette explication n'hésite pas à aller au-delà de toute vraisemblance et de toute plausibilité, elle implique la destruction d'Israël et, par surcroît, sa culpabilité et son impuissance radicales. Ceux qui étaient dans la main de Yhwh y restent au moment même où il les laisse tomber et les écarte de lui ; c'est lui qui décidera du Retour et de la Restauration et, même s'ils doivent apprendre à vivre dans la posture de l'Exil, c'est tout de même lui qui leur montrera la juste manière de vivre face à lui. Le théocentrisme doit aller jusque-là pour livrer sa vérité. Quant à nous, ce sont ses implications éthiques qui nous concernent.

CHAPITRE 5
Suppléments à l'histoire d'Israël

Il nous reste encore à examiner quelques aspects importants du message idéologique biblique avant d'examiner ses implications éthiques dans la prochaine partie. Nous nous arrêterons pour commencer sur les deux livres des Chroniques. Nous verrons ensuite les livres d'Esdras et de Néhémie et ceux des Maccabées et terminerons le chapitre sur une note à propos des livres prophétiques.

Les livres des Chroniques

Les deux livres des Chroniques représentent un texte relativement tardif (écrit sans doute au quatrième siècle, probablement après 350 AEC) et reprennent d'une façon assez différente tout le récit des livres de Samuel et des Rois portant sur la dynastie royale d'Israël. Mes commentaires trop brefs ne feront sans doute pas justice à l'ensemble de ce texte mais il me semble tout de même nécessaire d'en indiquer sommairement la signification idéologique, du moins certains aspects de son cadre idéologique. Divers facteurs ont sans doute contribué à faire des Chroniques des textes d'apparence rebutante et pour ainsi dire voués à l'obscurité : ainsi, entre autres, le goût effréné de l'auteur pour les généalogies et les listes de toutes sortes ; ainsi encore son obsession à la longue assommante pour les choses du culte ; ainsi enfin sa manie archaïque de faire apparaître à temps et à contretemps un Yhwh décidément trop interventionniste dans le cours de l'histoire israélite. Pourtant, si l'on surmonte ces aspects peu invitants, le texte nous propose une relecture tout à fait originale de l'histoire israélite et parvient à une construction idéologique très radicale et par suite fort éclairante.

Comme il ne me semble pas souhaitable d'entrer dans le détail de ce texte, je m'en tiendrai à une analyse en survol de sa structure d'ensemble. En premier lieu, 1Ch 1-9 est assez strictement composé de listes généalogiques; ces listes évoquent très succinctement l'histoire d'Israël depuis les origines et conduisent à poser, tout particulièrement, une dynastie royale, la dynastie davidique, et une Dynastie sacerdotale, la dynastie des prêtres préposés au service du temple de Jérusalem. Du même coup, on sait que tout le récit suivant gravitera autour du temple, lieu de la présence de Yhwh en Israël. Dans ce contexte général, Israël est le peuple élu depuis toujours et son idéal en est un de Sainteté, c'est-à-dire de Foi et de Fidélité à l'égard du dieu qui lui a donné une telle position ou une telle mission face au reste de l'humanité. Cet idéal de Sainteté, tel qu'il est décrit en particulier dans le Lévitique, vient se cristalliser dans la vie cultuelle et se centrer sur le temple de Jérusalem (Sion). Il ne reste qu'à observer comment cet idéal prend forme historiquement.

En second lieu donc, l'histoire racontée par le chroniste commence avec l'Instauration de la Monarchie en Israël. Cette histoire est foncièrement simple car elle est religieuse et ne peut être que cela, comme on l'a laissé entrevoir dès le départ. De 1Ch 10 à 2Ch 9, on trouve l'histoire de la monarchie unie, sous David et Salomon, histoire qui correspond pour le chroniste à l'Âge d'or d'Israël et par conséquent au modèle idéologique qu'il préconise. Ici, tout est dessiné à gros traits et les livres de Samuel et des Rois sont révisés et expurgés pour les besoins de la cause. D'abord, le sort de Saül est réglé en un seul chapitre et le jugement de l'auteur tient en quelques lignes, non sans insister toutefois sur le critère capital qui commande tout le jugement du chroniste: « Saül mourut pour s'être montré infidèle envers Yhwh » (1Ch 10,13).

Mais aussitôt la monarchie israélite est rénovée par le grand David dont le règne court en 1Ch 11-29. Le simple schéma de ce règne est plus éclairant que bien des analyses. D'abord, David est sacré roi au départ (11,1-3), puis il s'empare de Jérusalem (11,4-9); suivent de longues listes montrant l'appui indéfectible dont il jouit (11,10 à 12,41). Ensuite, au cœur de son règne, deux entreprises: le transport de l'arche d'alliance à Jérusalem et la préparation de la construction du temple. D'une part, le transport de l'arche nécessite deux tentatives: la première avorte (chap. 13), mais cette tentative semble toutefois être rétribuée par une campagne décisive contre les Philistins (14,8-17); la deuxième tentative est couronnée de succès (chap. 15-16) et elle est rétribuée par la grande Promesse dynastique de Natân (chap. 17; voir 2S 7) et par de fort jolis massacres (chap. 18-20). Chez le chroniste, comme on le voit, la rétribution est normalement immédiate et individualisée, et Yhwh s'acquitte quand c'est possible en espèces sonnantes et trébuchantes (ici les Philistins, les Ammonites, les Araméens, etc.). D'autre part, on assiste aux immenses préparatifs pour la construction du temple. D'abord, David commet le forfait impardonnable d'instituer un recensement en Israël (car seul Yhwh doit tenir les registres des destins), mais la faute une fois expiée par une peste exemplaire tourne à l'avantage de David qui achète le futur emplacement du temple. Ensuite, on nous raconte les préparatifs pour la construction du temple (chap. 22 et 28-29), non sans insérer d'amples précisions sur l'organisation du personnel du temple (chap. 23-27). Tout cela est entrecoupé de discours édifiants où le souci dynastique trône en bonne place (22,5-19; 28,2-10; 29,10-20). Ici le messianisme devient plus palpable encore que chez les deutéronomistes: ainsi, chez le chroniste, le roi est choisi «pour siéger sur le trône de la royauté de Yhwh sur Israël» (28,5) car il représente Yhwh sur terre et toutes les puissances de ce monde s'inclinent devant lui pour lui rendre hommage (2Ch 9,22-24); reste que ce sionisme dynastique s'enracine dans un sionisme religieux car c'est dans son rapport à Yhwh et au temple que le roi bâtit sa puissance et sa renommée; à plusieurs reprises, néanmoins, on a nettement l'impression que face à Israël les autres nations sont bien peu de chose. Par exemple: «Mais ils [les Égyptiens] deviendront ses esclaves et ils apprécieront ce que c'est que de me servir et de servir les royaumes des pays» (2Ch 12,8).

En troisième lieu, on trouve le récit du règne de Salomon en 2Ch 1-9. Tout le récit est directement centré sur la construction du temple. Il est introduit par une Promesse dynastique (chap. 1; voir 2R 3) et couronné par un grand éloge de Salomon (chap. 9), mais le corps du texte ne fait référence qu'au temple, à la construction du temple et au rapport religieux au temple (la grande prière de Salomon au chap. 6 reprend 2R 8 pratiquement tel quel). On a ici une illustration typique d'histoire symbolique ou idéologique, à la limite du non-récit, où l'on se contente de présenter, de rendre présent un modèle quasi intemporel mais parfaitement recyclable dans le cadre de l'idéologie théocratique de l'époque du chroniste (fin du quatrième siècle).

En quatrième lieu, en 2Ch 10-33, on dresse le paradigme de l'Infidélité d'Israël menant au Châtiment et à l'Exil. Ce qui intéresse le narrateur ici, c'est le seul destin de Juda et ce destin est strictement conditionné par la Fidélité à Yhwh, c'est-à-dire par un culte parfaitement orthodoxe excluant toute forme d'idolâtrie et, naturellement, tout recours à d'autres dieux. Dans ce contexte, l'analyse idéologique de l'auteur devient extrêmement centrée et se réduit presque uniquement à la question religieuse. Ainsi, par exemple, les relations avec les autres nations et tous les enjeux politiques et économiques sont carrément mis de côté; de même, l'histoire du royaume du nord (Israël) n'est prise en compte que pour autant qu'elle peut affecter à l'occasion celle du royaume de Juda. Du reste, il faut aller plus loin: même l'histoire de Juda tend à se réduire de plus en plus à son évolution religieuse, ce qui concourt peu à peu à donner la place centrale à la vie du temple et à la Dynastie sacerdotale qui gravite autour de lui.

Il apparaît donc que le sionisme développé alors se définit de plus en plus comme un sionisme religieux et que le centre de gravité historique doit se déplacer de la dynastie royale à la Dynastie sacerdotale. Car il semble bien qu'aux yeux de l'auteur tant le peuple israélite que la dynastie davidique soient incapables d'une Fidélité soutenue à Yhwh et doivent tôt ou tard, s'ils sont laissés à eux-mêmes, tomber dans une quelconque forme d'Impureté cultuelle. Dès lors, le travail du Repentir et de la réparation devient fondamental et cela ne peut que justifier à la longue une forme plus ou moins radicale d'ecclésiocratie ou de hiérocratie, bref une sorte de «gouvernement» des prêtres. Un des grands modèles d'appel au Repentir et à la Grâce, c'est le type de discours que tient le très pieux roi Abiyya (de Juda) aux infidèles du nord (Israël), avant une guerre sacrée qui rappelle le bon vieux temps: «Notre dieu à nous, c'est Yhwh, et nous ne l'avons pas abandonné: les fils d'Aaron sont prêtres au service de Yhwh et les lévites officient. Chaque matin et chaque soir nous faisons fumer les holocaustes pour Yhwh [...]. Car nous gardons les ordonnances de Yhwh notre dieu, que vous, vous avez abandonnées. Voici que Yhwh est en tête avec nous, voici ses prêtres et les trompettes dont ils vont sonner pour que l'on pousse le cri de guerre contre vous! Israélites, ne luttez pas avec Yhwh, le dieu de vos pères, car vous n'aboutirez à rien» (2Ch 13,10-12). Cela est le modèle d'un sionisme triomphant et sans faille mais ce modèle demeure exceptionnel car bien rares sont les rois qui consentent à s'effacer devant le pouvoir supérieur des prêtres. Le modèle courant, si l'on peut dire, est plutôt celui de Roboam qui d'abord reçoit avec joie les prêtres chassés du nord par Jéroboam l'apostat, mais tombe à son tour dans l'Infidélité et subit une cuisante défaite aux mains des Égyptiens; mais le travail du Repentir et de la Grâce entre alors en jeu et le royaume est sauvé (2Ch 11,13 à 12,13). C'est ce dernier modèle qui l'emporte de loin en pratique, tant il est vrai que les Israélites peuvent difficilement aspirer à l'idéal de Sainteté et à la parfaite orthodoxie cultuelle mais doivent plutôt se contenter, le plus souvent, d'éviter l'idolâtrie et de chercher à revenir vers Yhwh après avoir péché contre lui. C'est pourquoi la prière la plus fréquente, chez le chroniste, ressemble à cette supplique d'Ézéchias : « "Que Yhwh dans sa bonté couvre la faute de quiconque s'est disposé de cœur à chercher Yhwh le dieu de leurs pères, même s'il n'a pas la pureté requise pour les choses saintes." Yhwh exauça Ézéchias et laissa le peuple sain et sauf » (2Ch 30,18-20).

Car lorsque le chroniste fait le bilan religieux des rois de Juda après Salomon, en 2Ch 10-36, il aboutit à un verdict presque constant et, en tout cas, sans appel dans l'ensemble. La spirale de l'Infidélité est allée en s'accroissant sans cesse, on n'a pas su être à la hauteur de l'idéal de Sainteté fixé, les offenses ont été de plus en plus profondes et délibérées, bref, malgré tous les avertissements et tous les gestes de clémence de Yhwh, la reconnaissance due à Yhwh n'a pas été rendue et les dons offerts par Yhwh doivent être repris. Le chroniste décrit parfaitement ce moment où la faute devient irréparable : « Yhwh, le dieu de leurs pères, leur envoya sans se lasser des messagers, car il voulait épargner son peuple et sa demeure. Mais ils tournaient en dérision les envoyés de Yhwh, ils méprisaient ses paroles, ils se moquaient de ses prophètes, tant qu'enfin la colère de Yhwh contre son peuple fut telle qu'il n'y eut plus de remède » (2Ch 36,15-16). Aussi le temps de l'expiation est-il venu, le temps où se trouve encore le chroniste lorsqu'il écrit ce texte vers la fin du quatrième siècle, le temps de l'Exil.

Les livres d'Esdras et de Néhémie

J'ai déjà évoqué l'époque postexilique de l'histoire d'Israël. Nous savons déjà que nous ne disposons que d'un minimum de témoignages sur l'Exil proprement dit et nous y reviendrons à nouveau plus loin, au moment d'examiner quelques aspects du discours idéologique des prophètes. Qu'il suffise pour l'instant de rappeler que tous les textes bibliques qui se réfèrent à la Défaite et à l'Exil en parlent comme d'une catastrophe nationale générale, une sorte d'apocalypse en miniature. Pour l'ensemble des auteurs bibliques, l'Exil est un symbole idéologique, le moment de la rupture radicale et du châtiment divin : tout est détruit en Juda et à Jérusalem, le pays est littéralement vidé de ses habitants, Yhwh déserte son peuple qui est amené en esclavage à Babylone. En tant que paradigme idéologique, l'Exil, c'est l'Exode à rebours. Yhwh a tout fait pour son peuple qui ne l'a pas payé de retour ; en échange de la Libération et de la vie heureuse en terre promise, Yhwh ne demandait que reconnaissance et Loyauté ; ses attentes ont été profondément déçues et son châtiment est proportionnel à la faute d'Israël ; ainsi l'Exil ne peut-il être qu'un retour à l'esclavage et un Exil de la terre promise.

Or, même si nous ne savons pas grand-chose ni des conditions réelles de l'exil ni des réactions personnelles ou collectives à l'exil, il semble assuré qu'il y a effectivement eu un certain retour d'Exil, à partir de la conquête perse de 539. Au moment de l'Exil de 587, il semble bien que le gros de la population judéenne soit restée sur place et que seule une certaine élite, peut-être 10 % à 15 % de la population, ait vraiment subi l'Exil. Il y a eu sans doute bien des destructions, principalement à Jérusalem, mais dans le pays, c'est-à-dire dans les campagnes, la vie a dû continuer à peu près comme avant, malgré une certaine désorganisation transitoire, malgré un système fiscal modifié et probablement plus lourd, malgré enfin des transformations religieuses mineures où le vieux syncrétisme populaire doit continuer de dominer comme toujours. En somme, sur place en Juda, rien de bien nouveau. Là où les choses ont dû changer de façon plus sensible, c'est du côté de l'élite en Exil et particulièrement des yahvistes. Nous n'avons aucune idée vérifiable de l'orientation ou de la réorientation prises par cet ensemble humain non homogène. Il est pourtant certain que plusieurs tendances politicoreligieuses coexistaient à l'intérieur de cette petite élite d'exilés, que certains se sont intégrés et même assimilés tandis que d'autres ont porté le flambeau et préservé les traditions, et enfin que le retour d'un petit nombre s'est fait plus d'une génération plus tard, de façon très progressive et sans doute sur une longue période de temps. Ce portrait est partiel et très sommaire mais il correspond à la pauvreté des sources et il prend garde de verser dans les conjectures inutiles.

Une chose ressort pourtant de tout cela et qui me paraît au-delà de toute spéculation : le peuple qui est resté sur place n'a guère changé et n'a jamais dû se payer le luxe d'un yahvisme unilatéral et convaincu, alors que, en contrepartie, l'élite exilée a comporté une certaine fraction de yahvistes purs et durs, de sionistes, et que cette fraction, ce reste purifié et plus radical que jamais, a un jour organisé un retour vers la Terre promise, une immigration volontaire vers Juda (appelé Yehud à l'époque perse). C'est cette histoire du Retour et de la Restauration postexiliques que racontent les livres d'Esdras et de Néhémie.

J'ai déjà longuement exposé les arguments qui nous interdisent de considérer l'ensemble des documents bibliques comme des témoignages historiques crédibles et fiables. Ce qui vaut pour l'Exode ou pour le livre de Josué vaut tout autant pour le livre d'Esdras ou celui de Néhémie :

aucun témoignage extérieur ne vient corroborer ces textes, pratiquement tous les passages de quelque importance ont été manipulés, remaniés ou censurés au long du temps et par-dessus tout l'intention fondamentale et constante des auteurs n'est jamais historique mais bien proprement idéologique. C'est donc sur ce plan et à son mérite qu'il faut envisager chaque texte, dans la mesure où il contribue à tracer le portrait d'une élite religieuse très influente et surtout à proposer une certaine éthique de vie dont j'entends démontrer qu'elle constitue un absolutisme extrêmement radical et d'une portée considérable. C'est donc dans ce cadre méthodologique que je vais maintenant présenter une brève analyse idéologique des livres en question.

La rédaction et l'édition multiples des livres d'Esdras et de Néhémie se situent quelque part entre 450 et 300, et l'on ne peut garantir l'authenticité d'aucun texte de ces livres. Néanmoins, leur construction et leur message sont forcément très éclairants pour tout ce qui concerne le projet sioniste de Restauration postexilique. Je m'en tiens évidemment à l'essentiel du texte de façon à bien faire ressortir sa structure.

Dans une première phase, le texte Esdras-Néhémie (envisagé comme un tout) nous décrit la Reconstruction menée à bien par les immigrants sionistes. Cette Reconstruction comporte trois étapes si l'on s'en tient aux indications du texte. Première étape (Esd 1-6): dès 538, sur l'ordre de Cyrus et sous l'inspiration de Yhwh, un certain groupe d'immigrants sionistes dirigés en particulier par Zorobabel et Josué rentrent à Jérusalem et s'affairent à la reconstruction du temple. L'entreprise est fortement légitimée (chap. 1) et elle est même assez lourdement subventionnée; tout cela n'est sûrement pas sans arrière-pensée du côté perse mais le rédacteur n'en a cure. Au chapitre 2, on nous donne la liste de ces immigrants: on les présente comme ceux-là mêmes qui ont subi l'Exil (2,1) et on s'assure de leur pureté généalogique, ce qui est d'une importance décisive pour les auteurs (2,62-63); ce petit recensement aboutit à des chiffres manifestement irréalistes. Le premier souci des nouveaux arrivants, dans la veine de ce genre de description à portée purement symbolique ou idéologique, c'est de rétablir le culte à Yhwh puis d'entreprendre de poser les fondations du temple; tout ce récit du chapitre 3 prend une tournure volontiers liturgique quoiqu'on y ajoute de nombreux éléments émotifs et festifs pour bien marquer que le reste élu est bel et bien en train de vivre un deuxième Exode. À première vue, il n'y a pas une once de réalisme dans tout cela; on nous présente le retour et la célébration religieuse comme se suffisant à eux-mêmes, bref on se retrouve un peu comme le peuple de Moïse au désert et on est enchanté de la chose. Le chapitre 4, toutefois, marque une sorte de retour à la réalité, mais une réalité d'un genre assez particulier. Imaginons plutôt: des gens qu'on présente d'emblée comme les «ennemis» des sionistes (4,1) viennent proposer leur collaboration: «Nous voulons bâtir avec vous car, comme vous, nous cherchons votre dieu et lui sacrifions...» (4,2). La réponse est cinglante (4,3) et aussitôt l'animosité s'installe, au moins autant provoquée que rencontrée, comme si un projet persécuté devait acquérir un mérite particulier. Les auteurs décrivent alors les manœuvres d'obstruction menées par les autochtones dépités (4,6-24). Les travaux resteront interrompus pendant une vingtaine d'années mais finalement, grâce à la parole des prophètes (Aggée et Zacharie) et surtout à l'assistance divine, la construction du temple reprendra et sera complétée dans la joie. Ainsi s'achève la première étape de la Reconstruction de Jérusalem: on reconstruit pour l'essentiel le temple et on s'installera plus tard; de plus, on prend bien soin d'exclure d'autorité le reste de la population qui ne peut pourtant manquer d'être en forte majorité.

La deuxième étape (Esdras 7-10) concerne cette fois la Reconstruction ou la réorganisation de la communauté yahviste. Cette deuxième mission de Reconstruction a les mêmes caractéristiques générales que la première: elle est autorisée par le roi Artaxerxès, elle jouit de la faveur divine et elle est dirigée par Esdras et composée de *purs* Juifs de souche (8,1-14); cette fois cependant la composante cléricale semble nettement dominante (7,7) et cela tient, semble-t-il, à la nature même de la mission. La mission ne peut être datée avec précision mais elle se situe probablement dans la deuxième moitié du cinquième siècle, donc à peu près un siècle après celle de Zorobabel et Josué. Outre la composition cléricale de la mission, ce qui frappe, c'est l'ambiguïté du statut d'Esdras, ambiguïté observée par plusieurs commentateurs. D'un côté, en effet, l'effort de légitimation d'Esdras comme chef spirituel de la communauté juive de Juda (Yehud) est énorme et constant, particulièrement au chapitre 7. D'un autre côté, cependant, Esdras n'est pas présenté de la même façon par Artaxerxès dans son document officiel (authenticité impossible à vérifier) que par le narrateur. Dans la présentation d'Artaxerxès, Esdras est un scribe attitré de l'administration perse, donc une sorte de représentant de la cour mandaté pour faire régner la loi en Juda; en revanche, le rédacteur ne cesse de répéter qu'Esdras est un descendant d'Aaron et un scribe versé dans la loi de Moïse (7,6; 7,10-11). Dès lors, l'autorisation d'Esdras est profondément ambiguë et facile à récupérer par l'auteur qui a des visées idéologiques très nettes. L'essentiel, en ce qui concerne les chapitres 7 et 8, c'est qu'Esdras part en mission muni de pouvoirs politiques et juridiques très grands conférés par l'empereur lui-même : « Qui ne la connaît [la loi du dieu du ciel], vous devrez l'en instruire. Quiconque n'observerait pas la loi du dieu du ciel — qui est la loi du roi — qu'une rigoureuse justice lui soit appliquée, mort, bannissement, amende ou emprisonnement[1] » (7,25-26).

Après cette légitimation massive, on aborde, aux chapitres 9 et 10, le problème de la réorganisation de la communauté juive de Juda à travers le problème très particulier mais tout à fait vital, aux yeux du rédacteur, de l'intermariage des Juifs avec des étrangers ou des autochtones non yahvistes. Le problème est posé par les leaders de la communauté : « Le peuple d'Israël, *les prêtres et les lévites* n'ont point rompu avec les peuples des pays plongés dans leurs abominations [...] : la *race* sainte s'est mêlée aux peuples des pays » (9,1-2). La situation est dramatisée à l'extrême et Esdras manifeste des réactions qui vont de l'hystérie à la prostration. Cela prépare un exercice de manipulation idéologique qui doit être considéré comme un modèle du genre. D'abord le reste du chapitre (9,6-15) nous montre Esdras dans une grande prière pénitentielle publique, ce qui permet de mettre en évidence la faute dans toute son étendue et sa profondeur. Ce qui est le plus apparent ici, c'est l'aspect émotif de la réaction d'Esdras : « ... vêtements et manteau déchirés, je tombai à genoux, étendis les mains vers Yhwh, mon dieu, et dis : "Mon dieu, j'ai honte et je rougis de lever mon visage vers toi, mon dieu. Car nos iniquités se sont multipliées jusqu'à dépasser nos têtes, et nos fautes se sont amoncelées jusqu'au ciel" » (9,5-6). Mais l'essentiel de ce texte tient dans une réinterprétation radicale et tendancieuse de la Loi et de la coutume ; alors que les opinions à ce sujet étaient à tout le moins partagées dans l'ancien Israël, maintenant, dans la communauté sioniste, l'interdit d'Esdras prend une tournure très radicale et à certains moments quasi raciste : « Le pays où vous entrez pour en prendre possession est un pays souillé par la souillure des peuples des pays, par les abominations dont ils l'ont infesté d'un bout à l'autre avec leurs impuretés. Eh bien ! ne donnez pas vos filles à leurs fils et ne prenez pas leurs filles pour vos fils ; ne vous souciez jamais de leur paix ni de leur bonheur, afin que vous deveniez forts, que vous mangiez les meilleurs fruits du pays et le laissiez en patrimoine à vos fils pour toujours » (9,11-12). Cette brillante homélie d'Esdras convainc immédiatement tout le monde et on nous présente le peuple entier venant pleurer sur ses péchés devant le temple en compagnie d'Esdras (10,1). Par la bouche d'un

1. L'ambiguïté déjà signalée est aisément perceptible dans cette seule citation : a-t-on affaire ici à la loi de Yhwh ou à celle de l'empereur perse ?

de ses chefs, il prend alors l'engagement solennel non seulement de ne plus pratiquer l'intermariage mais même de répudier les femmes déjà épousées et de les renvoyer chez elles avec leurs enfants (10,2-3). La procédure est plus compliquée en pratique, mais menée avec diligence et sous peine d'anathème et d'exclusion (10,7-8). On prend même la peine de publier la liste des coupables, sans doute pour assurer le bon suivi de l'affaire. Cette formidable mission d'Esdras sera complétée en Néhémie 8-10; nous y reviendrons. Ainsi, après la Reconstruction du temple, on évoque la Purification de la communauté juive. Le sionisme religieux trouve ainsi son orientation fondamentaliste.

La troisième étape se trouve en Néhémie 1-4 et 6, et consiste dans le récit de la Reconstruction des murs de Jérusalem. Cet ensemble textuel est encore plus suspect de manipulations diverses mais il correspond globalement à la démarche idéologique de l'auteur. Le thème général du récit est donné et repris dans les deux premiers chapitres: on rapporte la destruction de Jérusalem et de ses remparts et on insiste à la fois sur la détresse des immigrants sionistes et sur l'atteinte contre Yhwh que constitue cet état de choses; Néhémie réagit à cette calamité en indiquant son intention de corriger la situation. D'où sa mission, indatable elle aussi mais fortement autorisée par le pouvoir perse et sous inspiration divine naturellement. Sur quoi Néhémie se rend sans tarder à Jérusalem et expose son projet de Reconstruction des murs aux dirigeants (2,17-18), ce qui entraîne une décision immédiate et enthousiaste. La grande croisade commence mais, comme pour assurer son mérite incontestable, elle est constamment entravée par diverses moqueries, intimidations et bientôt chantages et menaces physiques. La description de cette persécution d'abord larvée puis de plus en plus ouverte n'est pas d'une vraisemblance à toute épreuve, d'autant qu'elle vise tous les peuples environnants et s'adresse en fin de compte à une communauté peu nombreuse et peu importante. Au total, cependant, cet épisode correspond parfaitement à l'agenda idéologique de l'auteur; ce n'est pas par hasard que le texte a des relents de guerre sacrée (4,14) et verse souvent dans une violence et un souci de vengeance qui donnent une allure très caractéristique à la croisade de Néhémie: «Écoute, ô notre dieu, comme nous voilà méprisés! Fais retomber leurs insultes sur leurs têtes. Livre-les au mépris en un pays de captivité. Ne pardonne point leur iniquité et que leur péché ne soit point effacé devant toi: car ils ont offensé les bâtisseurs» (3,36-37). Mais finalement, grâce au secours divin, la croisade est menée à bien et ce qui n'était somme toute qu'un projet prosaïque se transforme ainsi en une grande victoire du sionisme religieux.

En résumé, les trois étapes de cette première phase nous offrent une image très claire de la communauté sioniste à travers trois projets de Reconstruction de la ville sainte, Sion ou Jérusalem. D'abord, toute la communauté est centrée sur le temple; ensuite, elle ne retient en elle que les éléments sionistes purs et exclut toute influence extérieure et, à la limite, tout lien de quelque importance avec l'extérieur; enfin, elle rebâtit autour d'elle des remparts inviolables qui assureront à la fois sa sécurité et sa séparation effective avec le reste du monde. Les oppositions rencontrées ne font que mieux mettre en lumière le caractère indispensable et sacré de toute l'opération. En son fond, cette opération est constamment symbolique et idéologique, et à ce titre elle est très peu concernée par la description d'une véritable reconstruction de la ville et d'une réorganisation de la vie dans cette ville. Ce qu'on *reconstruit*, c'est le sionisme religieux dans ses conditions essentielles d'existence; à cette fin, on propose une *construction* idéologique qui se situe constamment dans le prolongement de la grande tradition israélite. Après l'Exil vient le nouvel Exode et la Reconquête. Le cycle sioniste se reproduit de lui-même, en vase clos, et ce qui constitue le mécanisme clé de ce processus fondamentalement symbolique, c'est le grand paradigme de la Restauration.

Ce qui fait pendant à la première phase de Reconstruction sioniste, c'est la deuxième phase de Restauration strictement religieuse. Bien sûr, ces deux phases sont complémentaires l'une de l'autre, mais il reste que, sur un plan idéologique, le point culminant, la Restauration véritable, c'est la Restauration religieuse que l'on présente souvent comme l'acte de naissance du judaïsme. Cette grande phase de Restauration est racontée en Néhémie 7-12 et elle est entièrement centrée sur le Renouveau de la communauté religieuse.

D'abord, au chapitre 7, pour ajouter à la crédibilité de la démarche, on nous sert une liste parallèle à celle qui nous a déjà été donnée en Esdras 2, avec les mêmes remarques sur les «impurs» (7,64-65). Puis, des chapitres 8 jusqu'à 10, vient la grande cérémonie présidée par Esdras, comportant lecture publique de la Loi et renouvellement solennel de l'Alliance avec Yhwh. Les commentateurs s'accordent pour repositionner cet ensemble textuel à la suite d'Esdras 7-8, mais cela n'affecte pas une analyse idéologique comme la nôtre. Ce qui est décisif à ce propos, c'est que la véritable Restauration religieuse passe par la réinstauration de la Loi comme autorité fondamentale et centre absolu de la vie religieuse des Juifs sionistes. Ici, Esdras n'apparaît plus comme un représentant du pouvoir perse mais purement et simplement comme un scribe et un interprète de la Torah juive. Nous ne saurons jamais quelles négociations et quels compromis se sont joués entre le pouvoir central et le pouvoir local ni quelle influence cela a pu exercer sur l'administration de Juda. L'essentiel reste la visée idéologique absolument transparente de l'auteur qui affirme tout simplement que, sous la pression populaire unanime (8,1), Esdras est investi du rôle de chef suprême de la théocratie juive de Jérusalem et qu'il procède à ce titre à une cérémonie officielle de réinstauration de la Torah au cœur de la vie juive. Il est évidemment impossible de se faire une idée bien fondée du texte dont Esdras donne alors lecture mais bien des spécialistes croient qu'il s'agit vraisemblablement d'une partie du Deutéronome, particulièrement dans sa section légale. De toute manière, le texte prend la peine d'expliquer qu'il s'agit d'une lecture glosée, interprétée et même discutée (8,7-8; 8,13; 8,18). Cette lecture publique est reprise pendant sept jours. Une grande cérémonie expiatoire lui succède où le livre de la Loi garde encore une importance centrale: «La race d'Israël se sépara de tous les gens de souche étrangère: debout, ils confessèrent leurs péchés et les iniquités de leurs pères. Debout et chacun à sa place, ils lurent dans le livre de la Loi de Yhwh leur dieu, durant un quart de la journée; pendant un autre quart, ils confessaient leurs péchés et se prosternaient devant Yhwh leur dieu» (9,2-4). Mais de façon plus immédiate, c'est la longue prière pénitentielle des lévites en 9,5-37 qui évoque l'esprit de toute cette cérémonie et prépare le renouvellement de l'Alliance qui suit au chapitre 10. On profite du reste de ce renouvellement solennel pour s'engager à ne pas contracter de mariages avec des étrangers ni même avec des autochtones qui ne sont pas sionistes (10,31-32). Les listes et la fête organisée par Néhémie, aux chapitres 11 et 12, sont surajoutées à l'ensemble et n'ajoutent évidemment rien à la cérémonie centrale des chapitres 8 à 10. On trouve pareillement deux passages (5,1-19; 12,44 à 13,31) qui font l'apologie de l'administration de Néhémie mais qui cadrent assez mal avec la construction d'ensemble des deux livres que je viens d'analyser.

Le point culminant du nouvel Exode dirigé par Esdras et Néhémie, c'est donc la Restauration de la Loi, la Restauration de la théocratie traditionnelle réappropriée et réassumée par les sionistes. D'une certaine façon, on ne trouve dans ces deux livres qu'une seule et immense mission qui consiste à reprendre et à actualiser l'Exode et le Deutéronome pour les placer au centre de la vie protojudaïque. Le nouveau paradigme de la Conquête semble encore loin mais le paradigme de la Restauration sioniste dans la terre promise y conduit aussi sûrement que Moïse conduit à Josué. Dans la situation postexilique, le passage de la Restauration à la Conquête sera assuré par les livres des Maccabées.

Les livres des Maccabées

Dans cet exposé, je m'attarderai aux causes profondes de la révolte et du mouvement de conquête des Maccabées. J'ai déjà rappelé les événements concernant cette «conquête» dans leurs grandes lignes: ils sont suffisamment clairs pour qu'on les traite de façon synthétique.

Commençons par évoquer brièvement l'arrière-plan historique de cette révolte. Après l'Exil, on peut probablement parler d'une certaine Restauration politicoreligieuse en Juda mais nous savons que cette restauration a été extrêmement lente et qu'elle aboutit en somme à la réorganisation d'une colonie confinée et affaiblie. Il est pratiquement assuré, en revanche, que c'est une théocratie sioniste ayant un grand-prêtre à sa tête qui est parvenue à accaparer l'essentiel du pouvoir en Juda, même si cette théocratie ne jouit que d'une indépendance politique très restreinte et qu'elle n'a de toute façon aucunement les ressources qui correspondent à ses ambitions. Cet état de choses persiste jusqu'à l'époque hellénistique. Il est évidemment possible que la situation générale aille en s'améliorant peu à peu dans cette petite province hellénistique mais il ne faut sûrement pas exagérer sa prospérité étant donné sa situation géopolitique très précaire, coincée qu'elle est entre l'empire ptolémaïque du sud (centré en Égypte) et l'empire séleucide du nord-est (centré en Syrie-Mésopotamie).

Il est pratiquement impossible d'évaluer les ambitions politiques de la petite théocratie sioniste de Juda: nous n'avons aucun témoignage précis là-dessus. Nous savons pourtant qu'une telle forme de gouvernement aspire dans toute la mesure du possible à l'indépendance intérieure et au contrôle idéologique complet sur la communauté considérée. Les livres d'Esdras et de Néhémie représentent parfaitement cette tendance politicoreligieuse et il est vraisemblable que la fraction dominante de l'élite juive partage ces vues.

Pour l'essentiel donc, le sionisme est vécu pendant longtemps de façon «réaliste», comme un phénomène principalement religieux, compte tenu des contraintes et limitations qui lui sont imposées par les circonstances. Or, ce sionisme religieux peut évoluer de diverses manières et les textes juifs produits pendant la période perse et surtout hellénistique attestent ce pluralisme inévitable. Pour les fins de l'analyse présente, cependant, je crois qu'on peut considérer qu'il existe deux tendances dominantes, deux lignes d'évolution possibles de ce sionisme religieux: une tendance plus réaliste, centrée sur le présent, aspirant à devenir une force politique régionale sans doute, mais potentiellement quasi indépendante, et prétendant gérer l'idéal sioniste avec un minimum d'opposition intérieure et extérieure; l'autre tendance beaucoup plus idéaliste et spiritualiste, axée sur le futur, se contente de vivre son idéal religieux dans les conditions imposées et s'en remet à Yhwh pour tout changement prochain ou éventuel de la situation dans laquelle ce sionisme peut être vécu. Donc, d'un côté, une tendance au sionisme politique, à l'établissement d'une théocratie forte et indépendante, avec des connotations activistes et pragmatiques; de l'autre côté, une tendance à se limiter à un sionisme purement religieux, avec des connotations à la fois quiétistes et messianistes [2]. Dès lors, tandis que la tendance spiritualiste s'en remet à Yhwh pour toute initiative et changement politiques et a tendance à reporter dans l'avenir toute forme de libération messianique, la tendance activiste, elle, est déjà au travail, accapare au maximum tous les instruments de pouvoir disponibles et saisit toutes les opportunités pour accroître son indépendance politique et son contrôle effectif sur la situation. Il suffira d'une occasion favorable pour que ce sionisme politique se manifeste dans toute sa virulence et réclame le pouvoir qui lui revient. Le mouvement des Maccabées représente cette sorte de messianisme actualisé, actif et impatient de conquérir le pouvoir.

J'ai déjà examiné la conjoncture historique qui a rendu possible ce mouvement sioniste. Si on la réduit à l'essentiel, voici le portrait qui se dégage. Vers la fin du troisième siècle et le début du deuxième, un certain vide politique impérial se met en place quand les Ptolémées affaiblis doivent céder beaucoup de territoire en Syrie-Palestine aux Séleucides et quand, peu après, les Séleucides sont requis sur plus de fronts qu'ils ne peuvent effectivement en contrôler, notamment par les Romains qui sont en expansion au Proche-Orient quoique pas encore en Palestine. Autrement dit, les Palestiniens, en particulier les Judéens qui avaient jusque-là servi de tampon entre les Ptolémées et les Séleucides, jouissent d'un certain répit tout à fait relatif et transitoire mais qui constitue une occasion «objective» qu'utiliseront les sionistes politiques pour faire valoir leurs aspirations à l'indépendance et même éventuellement à l'expansion territoriale.

Là où se situe tout l'intérêt du phénomène des Maccabées, toutefois, ce n'est pas à ce niveau d'analyse politique «objective» mais bien dans la perception toute particulière que les sionistes juifs se font d'une telle situation. À ce sujet, il faut bien comprendre que ce qui

2. Deux brèves remarques s'imposent: d'abord, les deux types que je décris ici sont inévitablement très simplifiés et proposent une grille commode mais qui ne peut rendre compte de toutes les positions possibles en réalité; ensuite, j'emploie le terme messianisme pour désigner une forme d'utopisme très courant dans ces milieux: je devrai y revenir de façon plus précise en troisième partie.

concerne au premier chef les sionistes, qui vivent dans un univers relativement clos et isolé, ce n'est pas tant le vide politique qui prend forme alors en Palestine que les luttes profondes qui ont déjà cours dans leur petite colonie de Juda et qui opposent les yahvistes théocratiques de tendance traditionaliste dont les modèles peuvent être Esdras et Néhémie, et les Juifs plus progressistes qui souhaitent que le sionisme religieux s'ouvre sur le monde extérieur et intègre dans son évolution les tendances culturelles les plus influentes et les plus dynamiques de l'époque, tout particulièrement l'hellénisme.

Aux yeux des sionistes traditionalistes et même intégristes, si l'on peut dire, l'ennemi se situe tant à l'intérieur qu'à l'extérieur : ce sont, bien sûr, les Séleucides (et avant eux les Ptolémées) qui risquent à tout moment d'helléniser les Juifs, mais ce sont surtout les Juifs hellénisants eux-mêmes qui, à l'intérieur, affaiblissent constamment la position sioniste traditionnelle et risquent finalement de la mettre en péril. Au fond, dans la perspective du sionisme politique, tant qu'on n'a pas conquis la souveraineté politique et éliminé tant les ennemis extérieurs que les opposants intérieurs, on se retrouve sans cesse en butte à diverses menaces et en tout cas à une opposition constante.

Ce n'est donc pas par hasard que le débat religieux, culturel et politique qui s'engage alors est présenté par les sionistes sur le mode d'une persécution extérieure et potentiellement aussi intérieure. Pour un mouvement théocratique qui se caractérise par son « purisme » et son exclusivisme, toute influence extérieure constitue un risque de contamination inacceptable qu'il faut combattre avec la dernière énergie. Le motif déclencheur du mouvement des Maccabées l'emporte en importance sur toutes les péripéties ultérieures. Dans le premier livre des Maccabées, la source du mal est clairement identifiée : « En ces jours-là surgit d'Israël une génération de vauriens qui séduisirent beaucoup de personnes en disant : "Allons faisons alliance avec les nations qui nous entourent, car depuis que nous nous sommes séparés d'elles, bien des maux nous sont advenus." Ce discours leur parut bon. Plusieurs parmi le peuple s'empressèrent d'aller trouver le roi [séleucide], qui leur donna l'autorisation d'observer les coutumes païennes » (1,11-13). Les hellénisants sont des traîtres à la nation juive et des transgresseurs de la Torah. Pour arriver à leurs fins, ils vont persécuter les sionistes. Dans ce contexte, le quiétisme politique n'est pas acceptable ; il faut au contraire s'engager dans une lutte armée contre les renégats et les envahisseurs. Dans les deux livres des Maccabées, on nous décrit les persécutions qui accompagnent la montée au pouvoir du parti hellénisant, on nous parle de massacres de populations juives, on évoque un décret interdisant toute forme de culte juif, abolissant la Torah et remplaçant tout cela par des coutumes hellénistes, et enfin on nous décrit la profanation du temple et le remplacement du culte de Yhwh par des cultes païens. Dans la perspective sioniste, ces récits et analyses sont incontestablement véridiques. Mais en revanche, si l'on prend la peine d'examiner de près la situation dans son ensemble, il devient vite évident qu'une telle persécution passe toute vraisemblance et cherche en réalité à apporter une justification idéologique à la révolte armée et à la guerre sacrée qui suit.

De fait, cette argumentation aboutit à la guerre sainte des Maccabées et à la contre-persécution des «infidèles»: «Ils [les Maccabées] se composèrent une forte armée, frappèrent les pécheurs dans leur colère et les méchants dans leur fureur; le reste s'enfuit chez les nations pour y trouver sauvegarde. Mattathias et ses amis firent une tournée pour détruire les autels et circoncire de force tous les enfants incirconcis qu'ils trouvèrent sur le territoire d'Israël. Ils chassèrent les insolents et l'entreprise prospéra entre leurs mains. Ils arrachèrent la loi de la main des nations et des rois et réduisirent le pécheur à l'impuissance» (1M 2,44-48). Il existe sûrement un lien subtil entre la paranoïa et la mégalomanie des Maccabées. Ici, au stade initial, on nous les montre luttant contre le reste du monde, y compris les opposants intérieurs. Mais, à plus long terme, ce mouvement s'amplifie sans cesse, allant de l'élimination des infidèles à l'intérieur à la guerre sainte contre les païens à l'extérieur; et comme il n'y a vraisemblablement pas de limite à la menace pressentie et à l'opposition rencontrée, la lutte contre la persécution se transforme au long des années en lutte pour le pouvoir à Jérusalem et en guerre de conquête à travers toute la Palestine.

Il n'est pas utile de revenir sur ces événements dramatiques que j'ai évoqués plus tôt. En pratique, on est passé de la méthode forte de Judas Maccabée, qui représente le héros unique et incontesté du deuxième livre des Maccabées, à une méthode beaucoup plus souple chez Jonathan et Simon. Il faut bien reconnaître que c'est cette dernière méthode, avec sa politique d'alliance et de compromis avec les forces hellénisantes et romanisantes, qui a de loin donné les meilleurs résultats: c'est sous Jonathan et Simon que le pouvoir religieux et politique a été conquis par les Maccabées et que le petit royaume sioniste a fini par s'étendre à presque toute la Palestine, réalisant ainsi une dernière (ou une première) fois le grand rêve théocratique mosaïque et le grand idéal dynastique davidique simultanément. Évidemment, le paradigme de la Conquête ne pouvait se réaliser que de façon réduite dans l'espace et dans le temps, puisque les Judéens ne disposaient pas de l'infrastructure socioéconomique correspondant à leurs ambitions et que de toute façon l'empire romain allait bientôt relayer l'empire séleucide au Proche-Orient. Mais en dépit de la réalisation limitée de l'idéal du sionisme politique, les livres des Maccabées permettent tout de même d'entrevoir clairement quelles sont les visées idéologiques et politiques d'un certain type de sionisme et à quelles extrémités cet idéal peut conduire. On laisse encore couramment entendre que cet idéal sioniste actualisé a effectivement reçu l'appui de la majorité de la population et qu'il a eu des effets économiques, sociaux et culturels bénéfiques à moyen et long terme. Cela est assurément contestable mais mon propos se limitait pour l'instant à examiner comment le paradigme de la Conquête a pu être mis à l'essai et relativement réalisé. La question des implications et des conséquences de tous ordres d'une telle réalisation est reportée à la troisième partie.

Le message prophétique

Plus d'un lecteur pourront s'étonner de voir ainsi l'ensemble des écrits prophétiques rejetés dans une sorte d'appendice aux livres historiques. Sans doute aurai-je l'occasion d'utiliser abondamment les textes prophétiques dans la prochaine partie; néanmoins, ces témoignages ne m'ont pas semblé susceptibles d'ajouter de façon substantielle à ma recherche de paradigmes idéologiques et c'est la raison pour laquelle ma présentation de ces textes aura un caractère limité.

Dans notre perspective, cela s'explique assez simplement. Traditionnellement, les textes prophétiques ont été valorisés à un point extrême pour plusieurs raisons. D'abord leur forme généralement poétique attire l'attention et permet de présenter le message biblique d'une manière souvent saisissante grâce à tout un ensemble de formules et d'images parfois très accessibles mais parfois aussi très recherchées. On trouve donc ici la fine fleur de l'activité des scribes bibliques et cela contribue naturellement à conférer au message des prophètes une aura assez singulière. Mais au-delà de la forme elle-même, c'est le statut des prophètes qui leur donne une place particulière aux yeux des croyants: les prophètes bibliques sont tenus pour des envoyés directs de Yhwh, des représentants ou des porte-parole jouissant d'une légitimité au-dessus de toute contestation; ils sont censés transmettre sans détour et sans distorsion, par leurs actions et leurs paroles, la volonté même de Yhwh, son point de vue sur l'histoire d'Israël et son Plan d'ensemble par rapport à l'avenir d'Israël et de l'humanité. Enfin, ce statut particulier est encore rehaussé par le contenu essentiel de leurs discours, par les thèmes autour desquels tous les textes sont centrés. Ce dernier point nous rapproche de notre propos. En effet, en dépit de la forme souvent complexe et même recherchée de ces textes, il n'est pas difficile de se rendre compte que le message prophétique considéré dans son ensemble ressort avec une grande constance et tend à se centrer sur quelques thèmes essentiels qui, de façon prévisible, récapitulent précisément quelques-uns de nos principaux schèmes idéologiques et ne font bien souvent que les mettre davantage en valeur.

C'est à ce niveau thématique qu'il convient d'analyser le message prophétique, de façon à faire ressortir sa valeur corroborante par rapport à notre enquête des derniers chapitres. C'est du reste dans cette perspective qu'on a de plus en plus tendance à analyser ces textes. À une certaine époque, on accordait d'emblée aux prophètes un charisme très particulier non seulement parce que leur parole était considérée comme la parole même de Yhwh mais aussi du fait que leurs discours annonçaient bien souvent par avance le Plan de salut de Yhwh par rapport à son peuple et même par rapport à l'humanité. De là est venu le sens qu'on attribue couramment encore à la fonction de prophète, fonction de prévision et de prédiction mais surtout, au fond, fonction de transmission des prévisions et annonces de Yhwh lui-même pour l'avenir. Cette conception de la fonction prophétique a fortement contribué à conférer aux prophètes un statut et une autorité tout à fait particuliers face à la communauté des croyants. Aujourd'hui, un tel point de vue n'est plus guère soutenu, sinon chez les théologiens les plus conservateurs, et cela pour une raison fort simple qui tient à la construction même du texte biblique. En effet, comme tous les autres textes bibliques, les textes prophétiques ont été constamment révisés et remaniés de toutes les manières possibles et sur une longue période de temps. Il n'est pas interdit, bien entendu, de chercher à reconstituer la logique interne d'une telle construction et d'y discerner l'évolution de certaines écoles de pensée, puisqu'une certaine pensée théologico-idéologique s'y fait jour et s'y élabore de façon complexe au long des siècles. Reste cependant que cette tâche, dans l'état actuel de nos connaissances, s'avère extrêmement délicate et exigeante et n'aboutit que très rarement à des consensus solides, faute d'informations suffisantes. Nous n'entrerons pas dans ces reconstitutions conjecturales puisqu'elles ne peuvent, de toute manière, rien ajouter d'essentiel à notre travail d'analyse idéologique. Il convient plutôt d'insister sur le fait à mes yeux incontestable que nous avons essentiellement affaire, dans presque tous les cas, à des textes de nature foncièrement rhétorique qui se donnent principalement pour objectif de promouvoir et de justifier les principaux aspects de l'idéologie biblique.

Cela signifie donc, en pratique, que pour utiliser correctement les textes prophétiques il faut renoncer à examiner leur valeur prévisionnelle, qui est probablement nulle, et renoncer même à une discussion serrée des rares analyses sociopolitiques qu'ils contiennent. Ainsi donc, si l'on examine ces textes de près et qu'on prend la peine de mettre entre parenthèses leurs diverses prétentions historiques, il ne reste en tout état de cause que quelques thèmes idéologiques constants et habituellement très clairs. En fin de compte, le message prophétique représente une prédication religieuse d'un type bien particulier sur ces thèmes essentiels.

Cette prédication est caractérisée par la même préoccupation fondamentale que tous les livres historiques de la Bible : retracer les principaux moments de la relation entre Yhwh et Israël en donnant à cette trajectoire une forme narrative ou quasi historique. Or comme on pouvait s'y attendre, la séquence décrite dans les livres prophétiques est foncièrement la même que celle déjà détectée dans les livres historiques. C'est le même ensemble de scribes qui ont édité et harmonisé ces récits et ils aboutissent logiquement à une vision d'ensemble parfaitement concordante.

Ce qui varie cependant ici, par comparaison avec l'ensemble des livres historiques, c'est le point de vue particulier qui est adopté et qui confère au texte prophétique sa signification spécifique. En un mot, tous les textes prophétiques sont centrés sur une réalité singulière et indépassable : la Défaite et l'Exil. Qu'il s'agisse des trois grands livres prophétiques (Isaïe, Jérémie, Ézéchiel) ou du livre des Douze prophètes (Amos, Osée, Michée, Zacharie, Malachie, etc.), tous les textes se réfèrent explicitement à la période critique de l'histoire d'Israël qui gravite autour de l'Exil. Parfois le prophète devance l'exil d'assez loin (Amos ou Osée, par exemple), parfois il le suit d'assez loin (Aggée ou Zacharie en particulier), mais toujours le centre d'attraction de la pensée prophétique demeure présent et commande de fond en comble la prédication des prophètes.

C'est ce fait simple et fondamental qui assure à la thématique prophétique sa cohésion profonde, et ce malgré les divergences sociopolitiques entre les divers prophètes et malgré les remaniements sans doute nombreux des textes. Lorsqu'on prend une telle vue sur l'ensemble prophétique, il devient facile de se rendre compte que les prédictions n'ont en elles-mêmes aucune importance, sinon en vue de légitimer l'idéologie en question, et que les quelques rares « analyses » politiques rencontrées sont toujours nettement subordonnées à un propos unique et surplombant : rendre compte de l'Exil et indiquer la voie vers une Restauration viable au-delà de l'Exil.

Dans cette perspective, tous les textes prophétiques s'organisent autour d'un petit nombre de thèmes polarisés par cette réalité centrale, l'Exil. Je ne multiplierai pas les exemples dans le cadre actuel, puisque je devrai de toute manière revenir sur de nombreux textes prophétiques dans la prochaine partie, mais je m'efforcerai tout de même de relever clairement les thèmes en question en les illustrant sommairement de façon que le lecteur puisse se faire une idée suffisamment précise de l'analyse idéologique qui pourrait être menée sur cette base et qu'il poursuive à son gré cette lecture particulière des textes prophétiques.

D'une certaine façon, il n'est pas déplacé de saisir le message prophétique comme un véritable tour de force rhétorique. Alors que, dans la perspective du sens commun, la chute d'Israël et de Juda se comprend sans difficulté dans le contexte de la montée des grands impérialismes entre le huitième et le sixième siècle, en particulier de l'impérialisme assyrien et de l'impérialisme néo-babylonien, aux yeux des prophètes yahvistes, tout cela n'est qu'apparence et au bout du compte illusion. En vérité, les forces profondes qui façonnent l'histoire israélite et rendent compte de l'assujettissement puis de la disparition des royaumes du nord et du sud n'ont rien à voir avec les facteurs politiques habituels mais obligent plutôt à dévoiler d'autres forces qui témoignent d'un Plan divin dans l'histoire et de la place occupée par le peuple élu dans le cadre de ce Plan. Au fond, tout le monde improvise et tâtonne : seul Yhwh dispose d'un véritable Plan stratégique. Il réalise ce Plan en utilisant les divers « instruments » qu'il a sous la main, comme bon lui semble et au moment qui lui convient. Or, en regard de ce Plan mystérieux que les prophètes seuls peuvent comprendre et dévoiler, il y a une considération absolument dominante et qui éclipse en importance tout autre facteur réel ou symbolique : c'est l'Alliance que Yhwh entretient avec Israël, le peuple élu, et c'est par suite le destin historique de cette Alliance. Yhwh intervient constamment dans l'histoire pour faire valoir et prévaloir son Plan stratégique et en pratique pour mener à bien l'évolution de son Alliance avec Israël. Il est difficile de dire jusqu'à quel point tel prophète particulier dispose de la juste vue d'ensemble sur la totalité de ce Plan stratégique mais ce qui importe, en définitive, c'est que l'ensemble prophétique livre effectivement cette vue d'ensemble. Tel prophète a tendance à insister davantage sur un aspect du Plan, tel autre sur un autre aspect, mais au bout du compte l'ensemble prophétique forme séquence et trace un portrait global qui explique et justifie adéquatement le Plan stratégique de Yhwh[3].

3. Pour une justification élaborée de ce mode de lecture globale du corpus prophétique, je renvoie au livre récent de O. H. Steck, *The Prophetic Books and Their Theological Witness.*

Et cette séquence est formée de thèmes bien liés, de paradigmes idéologiques formant un tout cohérent. Cette séquence est simple, malgré l'ampleur de la rhétorique qui l'accompagne. En premier lieu, il y a la Faute face à Yhwh, à son Alliance et à sa Loi. Le Châtiment est justifié d'un mot par Isaïe: «Que pouvais-je encore faire pour ma vigne [Israël] que je n'aie fait?» (Is 5,4). Et pour justifier le Châtiment final, au-delà des petites punitions, des blessures passagères: «Où frapper encore, si vous persévérez dans la trahison?» (Is 1,5). Au cœur de la faute, il y a l'abandon de Yhwh, l'ingratitude face à Yhwh: «Quand Israël était jeune, je l'aimai, et d'Égypte j'appelai mon fils. Mais plus je les appelais, plus ils s'écartaient de moi; aux Baals ils sacrifiaient, aux idoles ils brûlaient de l'encens. Et moi j'avais appris à marcher à Ephraïm [Israël], je le prenais par les bras, et ils n'ont pas compris que je prenais soin d'eux. Je les menais avec des attaches humaines, avec des liens d'amour [...]. Puisqu'il a refusé de revenir à moi, l'épée sévira dans ses villes...» (Os 11,1-6). Et derrière l'ingratitude d'Israël, il y a l'autosuffisance, la vanité: «Pourtant moi je suis Yhwh, ton dieu, depuis le pays d'Égypte, de dieu, excepté moi, tu n'en connais pas, et de sauveur, il n'en est pas en dehors de moi. Moi, je t'ai connu au désert, au pays de l'aridité. Étant au pâturage, ils se sont rassasiés; rassasiés, leur cœur s'est élevé; voilà pourquoi ils m'ont oublié» (Os 13,4-6). Le vice profond si bien décrit par le Deutéronome (chap. 6-11), on le retrouve chez les prophètes. Le Châtiment sera porté directement contre l'orgueil humain: «L'orgueil humain sera humilié, l'arrogance de l'homme sera abaissée, et Yhwh sera exalté, lui seul, en ce jour-là» (Is 2,17; voir 2,11-17). Et parallèlement, la Restauration et le Salut appartiendront aux humbles: «Je suis haut et saint dans ma demeure, mais je suis avec l'homme contrit et humilié, pour ranimer les esprits humiliés, pour ranimer les cœurs contrits» (Is 57,15). Avec sa radicalité habituelle, Ézéchiel va au cœur du grief de Yhwh contre Israël: «C'est Jérusalem que j'ai placée au milieu des nations, environnée de pays étrangers. Elle s'est rebellée avec perversité contre mes coutumes, plus que les nations, et contre mes lois, plus que les pays qui l'entourent. Car ils rejettent mes coutumes et mes lois, ils ne les pratiquent pas» (Ez 5,5-6). Suit une image très vive du châtiment (voir 5,7-17; aussi 7,15-27). L'interprétation de la Faute est foncièrement la même chez Jérémie: «Mais voici ce que je leur ai ordonné [au Sinaï]: "Écoutez ma voix, alors je serai votre dieu et vous serez mon peuple. Suivez en tout la voie que je vous prescris pour votre bonheur." Mais ils n'ont pas écouté ni prêté l'oreille; *ils ont marché selon leurs desseins*, dans l'obstination de leurs cœurs mauvais, tournés vers l'arrière et non vers l'avant» (Jr 7,23-24).

Plus loin, le message deutéronomiste revient plus clairement encore peut-être : « Que le sage ne se glorifie pas de sa sagesse, que le vaillant ne se glorifie pas de sa vaillance, que le riche ne se glorifie pas de sa richesse. Mais qui veut se glorifier, qu'il trouve sa gloire en ceci : avoir de l'intelligence et me connaître, car je suis Yhwh qui exerce la bonté, le droit et la justice sur terre » (Jr 9,22-23).

En deuxième lieu, après la Faute vient le Jugement, le juste Châtiment, la rétribution mesurée et justifiée. Ici on dispose d'une abondance de descriptions mais je me contente de renvoyer de nouveau, entre autres, à Ézéchiel 5,7-17 et 7,15-27. À propos de la question de la juste rétribution intervient un grave problème de théodicée que je me propose de discuter plus à fond dans la troisième partie. Pour l'instant, je m'en tiens à la remarque suivante : au-delà des descriptions souvent détaillées et quelque peu rebutantes du Châtiment qui attend Israël ou Juda, ce que tous les prophètes ont en vue, me semble-t-il, c'est de montrer que l'Exil est le seul Châtiment qui est à la hauteur de la Faute et que ce Châtiment, bien qu'extrêmement radical, constitue plus profondément une Épreuve et un moyen de purification que les meilleurs, « le reste d'Israël », sauront comprendre et qu'ils mettront à profit en vue d'un Renouveau, d'un recommencement. Même chez les prophètes plus anciens, même chez un prêcheur aussi pessimiste qu'Amos, le sens du Châtiment est clairement indiqué : « N'êtes-vous pas pour moi comme des Kushites [des étrangers], enfants d'Israël ? — oracle de Yhwh — N'ai-je pas fait monter Israël du pays d'Égypte [...] ? Voici, les yeux du seigneur Yhwh sont sur le royaume pécheur. Je vais l'exterminer de la surface du sol, toutefois je n'exterminerai pas complètement la maison de Jacob — oracle de Yhwh. Car voici que je vais commander et que je secouerai la maison d'Israël parmi toutes les nations, comme on secoue avec le crible, et pas un grain [pas un juste] ne tombe à terre » (Am 9,7-9). Dans la même logique, Jérémie insiste encore plus sur une rétribution mesurée : « Pourtant, même en ces jours-là — oracle de Yhwh — je ne vous exterminerai pas complètement. Et quand vous demanderez : "Pourquoi Yhwh notre dieu nous a-t-il fait tout cela ?" Tu leur répondras : "De même que vous m'avez abandonné pour servir en votre pays des dieux étrangers, de même vous servirez des étrangers en un pays qui n'est pas le vôtre" » (Jr 5,18-19). Dans cette logique de rétribution juste et mesurée, on n'hésite pas à aller jusqu'à prôner une forme de rétribution individualisée. Cette thèse demeure exceptionnelle dans le cas de la relation Yhwh-Israël (nous y reviendrons), mais il faut bien comprendre au surplus l'esprit dans lequel cette forme inédite de rétribution est préconisée. L'explication d'Ézéchiel va au cœur de la question: «Qu'avez-vous à répéter ce proverbe au pays d'Israël: Les pères ont mangé des raisins verts et les dents des fils ont été agacées? Par ma vie, oracle du seigneur Yhwh, vous n'aurez plus à répéter ce proverbe en Israël. Voici: *toutes les vies sont à moi*, aussi bien la vie du père que celle du fils, elles sont à moi. Celui qui a péché, c'est lui qui mourra» (Ez 18,2-4; aussi 18,20-23). Et cette thèse est explicitée plus loin: «C'est pourquoi je vous jugerai chacun selon sa manière d'agir, maison d'Israël, oracle du seigneur Yhwh. Convertissez-vous et détournez-vous de tous vos crimes, qu'il n'y ait plus pour vous d'occasion de mal. Débarrassez-vous de tous les crimes que vous avez commis et *faites-vous un cœur nouveau* et un esprit nouveau» (Ez 18,30-31). Même position chez Jérémie (30,29-30).

En troisième lieu, sur la base d'un Châtiment ainsi compris, le pardon et la Restauration du «reste d'Israël» apparaissent à leur tour comme un espoir justifié et mesuré. La souffrance a séparé le bon grain de l'ivraie et permis de dégager un Reste pur. Chez Ézéchiel, dans la perspective d'une rétribution personnalisée, cette idée d'un Reste vertueux se déduit très logiquement: «Bien que j'envoie mes quatre fléaux terribles, épée, famine, bêtes féroces et peste, vers Jérusalem pour en retrancher bêtes et gens, voici qu'il s'y trouve un reste de survivants que l'on a fait sortir, fils et filles; les voici qui sortent vers vous pour que vous voyiez leur conduite et leurs œuvres, et que vous vous consoliez du mal que j'aurai fait venir contre Jérusalem, de tout ce que j'aurai fait venir contre elle. Ils vous consoleront quand vous verrez leur conduite et leurs œuvres, et vous saurez que ce n'est pas en vain que j'ai fait tout ce que j'ai fait en elle, oracle du seigneur Yhwh» (Ez 14,21-23). L'idée d'une souffrance expiatoire assumée par le reste d'Israël atteint des sommets chez Isaïe dans ses fameux poèmes du serviteur souffrant. Voici des extraits pertinents du quatrième chant: «Comme un surgeon il a grandi devant lui, comme une racine en terre aride; sans beauté ni éclat pour attirer nos regards, et sans apparence qui nous eût séduits; objet de mépris, abandonné des hommes, homme de douleur, familier de la souffrance, comme quelqu'un devant qui on se voile la face, méprisé, nous n'en faisions aucun cas. Or ce sont nos souffrances qu'il portait et nos douleurs dont il était chargé. Et nous, nous le considérions comme puni, frappé par Yhwh et humilié. Mais lui, il a été transpercé à cause de nos crimes, écrasé à cause de nos fautes. Le châtiment qui nous rend la paix est sur lui, et dans ses blessures nous trouvons la guérison» (Isaïe 53,2-5). Et plus loin: «Yhwh a voulu l'écraser par la souffrance; s'il offre sa vie en sacrifice expiatoire, il verra une postérité, il prolongera ses jours, et par lui la volonté de Yhwh s'accomplira» (53,10). Dans cette entreprise de Réparation, c'est le serviteur de Yhwh, le Reste d'Israël, qui sert de bouc émissaire. Ce genre de texte est appelé à une fortune extraordinaire dans le christianisme mais, pour l'heure, le prophète ne prédit rien, il décrit et interprète pour le plus grand bénéfice des sionistes.

Mais quel que soit le mérite présumé du Reste d'Israël, il est essentiel de bien se rendre compte que Yhwh est encore et toujours présent dans le travail du Repentir qui est avant tout le travail de la Grâce. Aux yeux des prophètes, en effet, un tel travail implique un changement si profond qu'il n'est tout simplement pas concevable sans le secours de la Grâce. À ce propos, de même qu'Ézéchiel exhortait les exilés à se faire «un cœur nouveau et un esprit nouveau» (18,31), Jérémie parle à son tour de circoncision du cœur: «Circoncisez-vous pour Yhwh, ôtez le prépuce de votre cœur, gens de Juda et habitants de Jérusalem, sinon ma colère jaillira comme un feu…» (Jr 4,4; voir Dt 10,16; 30,6). La transformation exigée est si fondamentale qu'elle ne peut être concevable que dans le cadre d'une Nouvelle Alliance. On retrouve ici les idées exprimées dans la seconde Alliance du Sinaï, celle qui est précisément fondée sur la Grâce (voir Ex 32-34), de même que les idées mises en avant dans l'Alliance parallèle de Moab (Dt 29-30). Simplement, cette Nouvelle Alliance trouve ici son véritable contexte d'instauration et elle y gagne une clarté et une profondeur incomparables. Comme toujours dans ces matières théologiques, Ézéchiel est un guide exemplaire. Il explique d'abord que c'est par égard pour son honneur seul qu'il est venu à la rescousse de son peuple dispersé par les nations étrangères: «Mais j'ai eu égard à mon saint nom que la maison d'Israël a profané parmi les nations où elle est venue. Eh bien! dis à la maison d'Israël: ainsi parle le seigneur Yhwh. Ce n'est pas à cause de vous que j'agis de la sorte, maison d'Israël, mais *c'est pour mon saint nom* que vous avez profané parmi les nations où vous êtes venus. Je sanctifierai mon grand nom qui a été profané parmi les nations au milieu desquelles vous l'avez profané. Et *les nations sauront que je suis Yhwh* — oracle du seigneur Yhwh — quand je ferai éclater ma sainteté, à votre sujet, sous leurs yeux. Alors je vous prendrai parmi les nations, je vous rassemblerai de tous les pays étrangers et je vous ramènerai vers votre sol. Je répandrai sur vous une eau pure et *vous serez purifiés*; de toutes vos souillures et de toutes vos ordures je vous purifierai. Et je vous donnerai un cœur nouveau, je mettrai en vous un esprit nouveau, j'ôterai de votre chair le cœur de pierre et je vous donnerai un cœur de chair. *Je mettrai mon esprit en vous et je ferai que vous marchiez selon mes lois* et que vous observiez et pratiquiez mes coutumes» (Ez 36,21-27; voir aussi 36,28-32; 37,20-25). L'Alliance Nouvelle se déduit de ce contexte bien particulier où la Grâce de Yhwh est diffusée à ses fidèles en raison de son seul honneur: « Je conclurai avec eux une alliance de paix, ce sera avec eux une alliance éternelle. Je les établirai, je les multiplierai et j'établirai mon sanctuaire au milieu d'eux à jamais. Je ferai ma demeure au-dessus d'eux, je serai leur dieu et ils seront mon peuple. Et *les nations sauront que je suis Yhwh qui sanctifie Israël*, lorsque mon sanctuaire sera au milieu d'eux à jamais » (Ez 37,26-27).

Jérémie n'a pas l'implacable rigueur d'Ézéchiel dans la description des grands enjeux divins (honneur et reconnaissance) mais sa description de la Nouvelle Alliance est tout de même fort éclairante. En 31,31-32, il commence par démarquer radicalement la Nouvelle Alliance de la première Alliance du Sinaï (« *mon alliance* qu'eux-mêmes ont rompue bien que je fusse leur maître »), puis il en livre le sens humain, le sens pour Israël: « Mais voici l'Alliance que je conclurai avec la maison d'Israël après ces jours-là, oracle de Yhwh. *Je mettrai ma Loi au fond de leur être et je l'écrirai sur leur cœur.* Alors je serai leur dieu et eux seront mon peuple. Ils n'auront plus à instruire chacun son prochain, chacun son frère, en disant: "Ayez la connaissance de Yhwh." Car *tous me connaîtront*, des plus petits jusqu'aux plus grands — oracle de Yhwh — parce que je vais pardonner leur crime et ne plus me souvenir de leur péché » (Jr 31,33-34). Ou encore, au chapitre suivant: « En ce lieu je les ramènerai et les ferai demeurer en sécurité. Alors ils seront mon peuple et moi, je serai leur dieu. *Je leur donnerai un seul cœur et une seule manière d'agir*, de façon qu'ils me craignent toujours, pour leur bien et celui de leurs enfants après eux. Je conclurai avec eux une alliance éternelle: je ne cesserai pas de les suivre pour leur faire du bien et *je mettrai ma crainte en leur cœur pour qu'ils ne s'écartent plus de moi* » (Jr 32,37-40).

La Restauration sioniste découle de là et elle est très généralement marquée par un messianisme à la fois politique et religieux. Bien sûr, les visions utopiques varient mais ces deux composantes essentielles sont très généralement présentes. Quelques illustrations suffiront. D'abord chez Jérémie lui-même: « Voici venir des jours — oracle de Yhwh — où j'accomplirai la promesse de bonheur que j'ai prononcée sur la maison d'Israël et sur la maison de Juda. En ces jours-là, en ce temps-là, je ferai germer pour David un germe de justice qui exercera droit et justice dans le pays. En ces jours-là, Juda sera sauvé et Jérusalem habitera en sécurité [...]. Car ainsi parle Yhwh: Jamais David ne manquera d'un descendant qui prenne place sur le trône de la maison d'Israël. Et jamais les prêtres lévites ne manqueront de descendants qui se tiennent devant moi pour offrir l'holocauste, faire fumer l'oblation et offrir tous les jours le sacrifice » (Jr 33,14-18).

Chez Isaïe, les oracles de Restauration et de Salut sont si nombreux et diversifiés qu'il n'est pas toujours facile d'en déceler la cohérence profonde. D'un côté, chez lui, le sionisme religieux prend une teinte universaliste parfois très pure quoique cet universalisme soit nettement celui d'un prosélyte dangereusement exubérant: «Il arrivera dans la suite des temps que la montagne de la maison de Yhwh [Sion] sera établie *en tête* des montagnes et s'élèvera *au-dessus* des collines. Alors toutes les nations afflueront vers elle, alors viendront des peuples nombreux qui diront: "Venez, montons à la montagne de Yhwh, à la maison du dieu de Jacob, qu'il nous enseigne ses voies et que nous suivions ses sentiers." Car de Sion vient la Loi et de Jérusalem la parole de Yhwh. Il jugera entre les nations, il sera l'arbitre de peuples nombreux» (Is 2,2-4). Mais il arrive parfois aussi que ce sionisme prenne une forme beaucoup plus conquérante et inquiétante, au moment où le grand renversement se produit et que le serviteur humilié rentre en gloire et trouve vengeance: «Voici que je [Yhwh] lève la main vers les nations, que je dresse un signal pour les peuples: ils t'amèneront tes fils dans leurs bras et tes filles seront portées sur l'épaule. Des rois seront tes pères adoptifs et leurs princesses tes nourrices. Face contre terre, ils se prosterneront devant toi, ils lécheront la poussière de tes pieds. Et tu sauras que je suis Yhwh, ceux qui espèrent en moi ne sauront pas déçus. [...] Eh bien, le prisonnier du guerrier lui sera arraché et la prise du tyran sera libérée. Je vais moi-même chercher querelle à qui te cherche querelle, tes enfants, c'est moi qui les sauverai. À tes oppresseurs je ferai manger leur propre chair, comme de vin nouveau ils s'enivreront de leur sang. Et toute chair saura que moi, Yhwh, je suis ton sauveur, que ton rédempteur, c'est le Puissant de Jacob» (Is 49,22-26). Grâce à sa souffrance expiatoire, le serviteur de Yhwh s'est construit un levier si puissant, le bras vengeur de son sauveur, que les peuples environnants, petits et grands, ont tout à craindre au moment où le sionisme défait se transforme en sionisme victorieux. Ce renversement retiendra notre attention plus loin. Contentons-nous simplement de remarquer ici que l'attitude des prophètes face aux nations étrangères est franchement ambiguë: parfois Yhwh utilise ces peuples pour châtier Israël mais parfois aussi, dans les «oracles contre les nations», il venge Israël en massacrant ces mêmes peuples; puis, au moment de la grande restauration messianique, il lui arrive de joindre ces peuples à Israël mais non sans reconnaître une suprématie d'Israël sur eux. La question est trop complexe pour être traitée dans le cadre actuel: qu'il suffise de l'évoquer au passage.

On peut ainsi constater, en conclusion, que le message prophétique forme un tout cohérent et qu'il est possible de le reconstituer à la manière d'une séquence de paradigmes idéologiques allant de la Faute (le péché contre l'Alliance) au Châtiment (l'Exil), puis du Châtiment au Repentir, et enfin du Repentir à la Restauration. L'ensemble des ces paradigmes prophétiques est centré sur l'Exil qui représente la plaque tournante dans l'histoire de la relation entre Yhwh et Israël. Cet ensemble nous offre une sorte de condensé de la vaste séquence de paradigmes idéologiques que nous avons mise au jour dans les chapitres antérieurs. Je reviendrai sur cette séquence dans un instant — elle constituera notre plateforme pour l'examen des implications éthiques de l'idéologie biblique, car nous disposons maintenant de tous les éléments essentiels qui permettront d'examiner non plus comment mais pourquoi et en vue de quoi la Bible est ainsi construite.

Orientations bibliographiques

Cette deuxième partie porte sur l'histoire de la relation entre Yhwh et Israël telle qu'on la trouve dans les livres historiques de la Bible. Les indications bibliographiques données ici renvoient donc essentiellement à des études spécialisées portant sur une partie ou sur un livre de la Bible. Inutile de dire que les travaux spécialisés à ce sujet sont extrêmement nombreux. La sélection qui suit est strictement conçue pour le non-spécialiste et tend à dégager quelques études à la fois valables et accessibles sur les différents sujets abordés.

En premier lieu, voici quelques études portant sur le Pentateuque en tout ou en partie. Les meilleures présentations d'ensemble sont celle de R. N. Whybray, *Introduction to the Pentateuch*, et celle de J. L. Ska, *Introduction à la lecture du Pentateuque*. On trouvera des études plus spécialisées chez A. de Pury (dir.), *Le Pentateuque en question*, et chez D. J. A. Clines, *The Theme of the Pentateuch.*

Sur le livre de la Genèse en particulier, je retiens: C. Westermann, *Genesis: An Introduction*; A. Brenner (dir.), *A Feminist Companion to Genesis*; P. R. Davies et D. J. A. Clines (dir.), *The World of Genesis.* Je signale aussi d'autres études portant sur des aspects plus précis de la Genèse: J. Rogerson, *Genesis 1-11*; R. J. Clifford et J. J. Collins (dir.), *Creation in Biblical Traditions*; A. R. Millard et D. J. Wiseman (dir.), *Essays in the Patriarcal Narratives.* Enfin, quelques recherches importantes mais plus spécialisées: J. van Seters, *Prologue to History*; D. M. Carr, *Reading the Fractures of Genesis*, et *Biblos Geneseôs Revisited*; P. R. Williamson, *Abraham, Israel and the Nations.*

Sur le livre de l'Exode, l'excellent commentaire de T. E. Fretheim, *Exodus*, et l'ensemble d'études dans M. Vervenne (dir.), *Studies in the Book of Exodus.*

Sur le livre des Nombres, le commentaire détaillé de D. T. Olson, *Numbers*, et celui plus général de R. J. Burns, *Exodus, Leviticus, Numbers.*

Sur le livre mésestimé et difficile du Lévitique, les commentaires et études suivants: L. L. Grabbe, *Leviticus* (une introduction); E. S. Gerstenberger, *Leviticus* (détaillé et éclairant); J. G. Gammie, *Holiness in Israel* (une analyse théologique);

P. P. Jenson, *Graded Holiness* (un travail de spécialiste); F. H. Gorman, *The Ideology of Ritual* (pareillement); et les études rassemblées par J. F. A. Sawyer (dir.), *Reading Leviticus.*

Sur le très important livre du Deutéronome, d'abord quelques commentaires généraux: R. E. Clements, *Deuteronomy*; P. D. Miller, *Deuteronomy*; et surtout peut-être D. T. Olson, *Deuteronomy and the Death of Moses.* Puis des ouvrages ou des collections d'études plus spécialisés: M. Weinfeld, *Deuteronomy and the Deuteronomic School* (un classique); D. L. Christensen (dir.), *A Song of Power and the Power of Song* (une belle anthologie d'articles); F. G. Martinez *et al.* (dir.), *Studies in Deuteronomy*; M. Vervenne et J. Lust (dir.), *Deuteronomy and Deuteronomic Literature*; B. M. Levinson, *Deuteronomy and the Hermeneutics of Legal Innovation* (complexe mais passionnant).

En deuxième lieu, je propose quelques titres portant sur l'histoire deutéronomiste, étiquette commode qui recouvre l'ensemble des livres historiques allant de Josué aux livres des Rois. Parmi les études d'ensemble, on peut retenir deux travaux introductifs: T. E. Fretheim, *Deuteronomic History* et F. J. A. Nielsen, *The Tragedy in History* (une perspective particulière mais très éclairante). Puis des travaux plus spécialisés: M. A. O'Brien, *The Deuteronomistic History Hypothesis* (une synthèse très forte); A. de Pury *et al.* (dir.), *Israël construit son histoire* (plusieurs contributions remarquables); T. Römer, *The Future of Deuteronomistic History* (spécialisé).

En ce qui a trait aux livres particuliers, je signale d'abord quelques commentaires accessibles sur Josué et Juges: L. Hoppe, *Joshua, Judges* (très général); R. D. Nelson, *Joshua* (très complet); A. D. H. Mayes, *Judges* (une bonne introduction); E. J. Hamlin, *Judges*; B. G. Webb, *The Book of the Judges* (plus spécialisé). En ce qui concerne les livres de Samuel, on peut partir de R. P. Gordon, *1 and 2 Samuel*, puis utiliser le commentaire détaillé de W. Brueggemann, *First and Second Samuel.*

Pour les très importants livres des Rois, je suggère, du plus facile au plus difficile: T. R. Hobbs, *1, 2 Kings* (un point de départ); I. W. Provan, *1 and 2 Kings* chez Sheffield (bonne introduction), et *1 and 2 Kings* chez Hendrickson; R. D. Nelson, *First and Second Kings* (excellent commentaire); R. H. Lowery, *The Reforming Kings* (perspective historique); E. W. Nicholson, *God and His People* (perspective principalement théologique); J. R. Linville, *Israel in the Book of Kings* (recherche spécialisée); G. N. Knoppers, *Two Nations Under God* (pareillement).

En troisième lieu, je suggère quelques travaux sur divers livres bibliques qui ont une incidence historique importante. D'abord, des études sur les livres des Chroniques: G. H. Jones, *1 and 2 Chronicles* (excellente introduction); P. R. Ackroyd, *The Chronicler and His Age* (collection d'études accessibles et informatives); J. M. Myers, *The Kerygma of the Chronicler* (angle théologique); S. Japhet, *The Ideology of the Book of Chronicles...* (étude exigeante mais importante); W. Johnstone, *1 and 2 Chronicles* (une somme extraordinaire mais très spécialisée).

Puis, une courte liste de commentaires sur les livres de plus en plus étudiés d'Esdras et de Néhémie: H. G. M. Williamson, *Ezra and Nehemiah* (la meilleure introduction); M. A. Throntveit, *Ezra-Nehemiah* (commentaire accessible et très bien fait) ; T. C. Eskenazi, *In an Age of Prose* (plus spécialisé) ; K. D. Toffelson et H. G. M. Williamson, *Nehemiah as Cultural Revitalization* (un bel échantillon dans un vaste dossier polémique).

Puis, quelques études pour introduire la question des Maccabées et de la dynastie hasmonéenne : D. J. Harrington, *The Maccabean Revolt* (accessible, très informatif, nuancé) ; J. J. Collins, *Daniel, 1 and 2 Maccabees* (bon commentaire de base) ; D. Mendels, *The Rise and Fall of Jewish Nationalism* (étude historique spécialisée).

Enfin, je signale quelques titres à propos d'un sujet très vaste et difficile, les prophètes (Isaïe, Jérémie, Ézéchiel et les Douze). Ici, il faut toujours distinguer entre les études plus anciennes et celles plus récentes car le point de vue sur les prophètes varie en conséquence. D'abord, plusieurs excellentes introductions d'ensemble qu'il convient de comparer : G. von Rad, *The Message of the Prophets* ; K. Koch, *The Prophets* ; J. Blenkinsopp, *Une histoire de la prophétie en Israël* (au-delà du point de vue traditionnel) ; D. L. Petersen, *The Prophetic Literature* (une approche récente) ; O. H. Steck, *The Prophetic Books…* (l'approche la plus actuelle ; très exigeant). Ensuite, quelques études importantes sur divers aspects particuliers : R. P. Gordon (dir.), *The Place Is Too Small for Us* (belle anthologie d'articles) ; P. R. House, *The Unity of the Twelve* (étude moderne typique) ; J. Jeremias, *The Book of Amos* (un commentaire modèle) ; C. Westermann, *Basic Forms of Prophetic Speech* et *Prophetic Oracles of Salvation…* (analyse traditionnelle mais très utile) ; P. D. Miller, *Sin and Judgment in the Prophets* ; R. W. Klein, *Israel in Exile* (l'interprétation prophétique du châtiment). Enfin, quelques études plus spécialisées mais très importantes : J. Blenkinsopp, *Prophecy and Canon* ; J. Barton, *Oracles of God* ; R. E. Clements, *Old Testament Prophecy*.

TROISIÈME PARTIE

Interprétation d'ensemble de l'idéologie biblique

Introduction

Les textes examinés dans la deuxième partie nous mettent devant un ensemble de segments d'idéologies qui se présentent sous une forme narrative ou si l'on préfère quasi historique, mais dont la signification véritable, au-delà des détails descriptifs et narratifs, tient au fait que ces segments traduisent une certaine vision du monde et une certaine attitude face au monde. La reconstruction de l'idéologie biblique doit par conséquent passer par l'analyse méthodique de ces divers segments, et cette analyse ne peut consister qu'à extraire les divers schèmes idéologiques qui apparaissent parfois de façon bien thématisée mais qui demeurent parfois aussi relativement implicites et peu élaborés.

Ce travail d'analyse n'est pas le but final de notre travail de discussion critique de l'idéologie biblique mais bien une plateforme préliminaire devant permettre de tracer le portrait synthétique de l'idéologie en question et d'en faire ressortir les implications majeures. Cette plateforme me semble absolument indispensable et il est étonnant que les spécialistes prennent si rarement la peine de se donner un tel point d'appui. Car il faut affirmer sans détour que le texte biblique est relativement clair et peu problématique à cet égard : les schèmes sont bel et bien là, ils forment une certaine séquence et tout cela finalement donne à voir l'image du monde construite par les auteurs bibliques. Je ne prétends évidemment pas avoir tiré parti des toutes les ressources du texte dans une analyse aussi condensée que la mienne, mais là n'était pas mon propos non plus. Car ce qui fait l'intérêt d'une telle analyse préliminaire, justement, ce n'est rien de plus que de nous offrir une base schématique mais suffisamment solide à partir de laquelle on puisse ensuite s'arrêter à certains aspects de cet ensemble idéologique et en faire ressortir les implications les plus fondamentales et particulièrement les implications éthiques. En définitive, il convient de faire démarrer la discussion au niveau du texte lui-même et d'examiner comment l'idéologie biblique se construit selon son mouvement et ses intentions propres, dans le texte. Un travail second, de nature plus interprétative, devrait ensuite être possible et c'est ce que je vais maintenant tenter de faire dans la présente partie.

CHAPITRE 6
La séquence des schèmes idéologiques bibliques

LA RECHERCHE DES IMPLICATIONS ÉTHIQUES DE L'IDÉOLOGIE biblique doit constamment prendre appui sur la présentation de cette idéologie dans le texte même. Or précisément, l'idéologie biblique s'y présente comme une série plus ou moins unifiée de schèmes idéologiques: la Promesse, l'Alliance, l'Exode, etc. Il est donc impératif de regrouper et de présenter une revue adéquate de l'ensemble de ces schèmes idéologiques de façon que le lecteur ait constamment sous les yeux non pas seulement une liste, une série plus ou moins organisée de schèmes idéologiques, mais bien la plateforme idéologique elle-même, c'est-à-dire la séquence complète et intégrée de ces schèmes. Je me doute bien que cet esprit de méthode et de précision risque de mettre la patience du lecteur à l'épreuve, mais il faut aussi reconnaître, en revanche, qu'on ne prend guère la peine d'effectuer point par point la tâche d'analyse idéologique que je présente ici et qu'il devient dès lors très difficile pour le chercheur de se faire une idée bien fondée et bien structurée de la totalité de cette démarche. C'est pourquoi je me permets de présenter ici une revue rigoureuse de tous les schèmes idéologiques sujets à discussion et une synthèse englobante de la séquence dans laquelle s'inscrivent ces schèmes.

Les principaux schèmes idéologiques

Il faudra bientôt nous demander à partir de quel centre de gravité se construit la séquence des schèmes idéologiques étudiés; il est bon que le lecteur ait déjà cette préoccupation en tête. Pour l'instant, cependant, nous allons nous en tenir à une mise en séquence qui correspond tout simplement à l'ordre des schèmes proposé par le texte biblique. Cet ordre est significatif au plus haut point et il nous oriente déjà vers les discussions que nous mènerons plus loin. Reprenons donc les étapes dégagées par notre analyse de la deuxième partie.

Genèse 1-11

L'histoire des origines en Genèse 1-11 met en scène le paradigme de l'Alliance. Cela s'opère en deux temps: d'abord l'Alliance globale avec l'humanité à travers Adam, puis celle plus restreinte avec une partie de la race humaine à travers Noé; cela sera suivi d'une troisième Alliance encore plus restreinte avec Israël à travers Abraham. La première Alliance est rompue suite à la Faute humaine, en particulier celle d'Adam et Ève et celle de Caïn; le mécanisme qui assure le passage d'une Alliance à l'autre est le pattern faute-punition. La Faute paradigmatique est l'Insoumission d'Adam et le Châtiment paradigmatique est l'Exil, l'expulsion du paradis. Le pattern faute-punition se radicalise pourtant au moment du déluge et le passage de la première Alliance à la seconde est explicitement motivé par une surabondance de fautes. La deuxième Alliance prend alors le caractère d'un recommencement radical, à partir du déluge, et d'une initiative plus strictement liée à la Grâce divine; le pattern faute-châtiment, à l'occasion de l'épisode de la tour de Babel, constitue encore ici le mécanisme de transition vers la troisième Alliance, celle avec Abraham. Ici le sens paradigmatique de la Faute est plus difficile à interpréter, mais il semble clair que les hommes opposent leur volonté à celle de Yhwh et prétendent substituer leur ordre arbitraire et déficient à celui mis en place par le créateur. Le paradigme du Châtiment est encore ici une forme d'Exil, c'est-à-dire de division et de dispersion des humains. Cet ensemble textuel, Genèse 1-11, offre une sorte de miniature éclairante de l'ensemble plus vaste à venir.

Genèse 12-50

L'histoire patriarcale est tout entière centrée sur la troisième Alliance, celle avec Abraham et ses descendants. Ici, pour la première fois, le schème de l'Alliance devient analysable et sa forme narrative se fait plus détaillée. À la source de l'Alliance, il y a l'Élection d'Israël à travers

Abraham, c'est-à-dire la Grâce divine dispensée sous forme de bénédiction ou de faveur. En d'autres termes, l'Élection divine est la condition de possibilité de l'Alliance, du simple fait que Yhwh est avec celui qu'il a choisi, et qu'il marque cet accompagnement profond par sa faveur gracieuse et constante. Mais au-delà de l'Élection, ce qui symbolise l'Alliance c'est d'une part la Promesse de Yhwh et d'autre part la Foi d'Abraham. Le paradigme de l'Alliance est un paradigme interactionnel, bilatéral, réciproque : d'un côté Yhwh s'engage par Promesse à assurer le bonheur à Abraham et à ses descendants, bonheur par une vie comblée dans la terre promise et bonheur par une descendance innombrable et même l'instauration d'une dynastie régnant sur une terre promise aux proportions variables ; de l'autre côté, Abraham s'engage par sa Foi à reconnaître exclusivement Yhwh comme son dieu.

Il est capital de se rendre compte que cette Alliance est fondée sur la réciprocité des parties contractantes, donc qu'elle est structurellement conditionnelle et évolutive ; c'est ici que l'Élection prend forme « historiquement ». En effet, il y a un rapport de reconnaissance réciproque entre Yhwh et Israël, et l'engagement des parties dépend nécessairement du respect que chacune démontre pour cet engagement. La rhétorique de la Promesse et de la profession de Foi est souvent hyperbolique mais cela ne doit pas faire oublier qu'on a affaire ici à une construction stratégique-éthique qui implique en son fond reconnaissance mutuelle, réciprocité ; les deux parties se lient par Promesse et l'Infidélité ou la déloyauté d'une des parties délie à court ou long terme l'autre partie. La Foi et la Grâce ne sont pas par principe des ressources inépuisables ; sinon la réciprocité serait assurée de façon infaillible et l'on n'aurait plus affaire à une interaction bilatérale et dynamique.

Exode

Dans le livre de l'Exode apparaît le paradigme de la Libération ou de l'Exode comme premier symbole de la Réalisation de la Promesse. J'ai fait remarquer à plusieurs reprises comment Yhwh prenait le rôle d'initiateur de façon récurrente dans le cadre de l'Alliance avec Israël ; l'Exode est l'archétype de cela. La situation de fait d'Israël en est une d'Exil : telle est la donnée originelle, paradigmatique, pour le peuple élu. Sans Yhwh, Israël n'est rien ou du moins est voué à la servitude et au déracinement car, dans la perspective de l'Alliance, en dehors de sa relation avec Yhwh, Israël vit hors promesse, hors bonheur. Le tout-puissant choisit un peuple exilé qui n'est rien en dehors de lui. Or Yhwh « se souvient » de sa Promesse et procède à la Libération d'Israël, à la constitution d'un peuple. Il y a là une sorte d'initiative absolue du créateur. Mais, du même coup, la Libération crée la Dette de reconnaissance : Israël devient le vassal ou le client obligé du Souverain ou du Patron qui l'a racheté, sauvé, libéré. Il y a obligation de reconnaissance car il y a Réalisation indéniable de la Promesse. Et avec la Dette de reconnaissance viennent les conditions, stipulées par le libérateur, de cette reconnaissance : la Loi, l'Alliance formelle du Sinaï. Yhwh, l'initiateur de l'Alliance par la Promesse et la Libération, donne à Israël les moyens concrets de s'engager correctement dans l'Alliance et d'en faire ainsi une Alliance réciproque. Dans ce contexte, la Loi est un don de Yhwh qui encadre, balise et rend possible l'Alliance ; sans elle, la reconnaissance de Yhwh serait en péril. Mais survient alors une péripétie décisive : en dépit de l'Alliance contractée au Sinaï, Israël se montre aussitôt infidèle à Yhwh, ce qui menace sa relation avec lui et du même coup son existence comme peuple. Yhwh réalise alors que son peuple n'est pas en mesure de respecter l'Alliance s'il est laissé à ses seules ressources et il instaure alors une nouvelle Alliance dans laquelle Israël sera assisté par la Grâce divine dans son travail de soumission à la Loi et de reconnaissance de Yhwh. Cela constitue une brèche dans la réciprocité Yhwh-Israël, une brèche que seul Yhwh a le pouvoir de colmater ; du reste, une fois la brèche colmatée, il est malaisé de comprendre pourquoi le peuple continue d'être infidèle à Yhwh. Mais c'est là une autre question.

Nombres

Le livre des Nombres développe le paradigme de l'Exil, non plus l'exil-esclavage comme état de vie involontaire mais bien l'exil-épreuve, l'exil-punition, l'Exil mérité par l'Insoumission répétée d'Israël. Le paradigme de l'Errance au désert concrétise le problème de la réciprocité de l'Alliance : la Libération d'Israël est conditionnelle à la Fidélité à l'Alliance, au respect de la Loi ; de même, la Conquête et l'entrée dans la terre promise sont conditionnelles à la reconnaissance de Yhwh.

Deutéronome

Le Deutéronome opère une synthèse majeure de tout le chemin parcouru jusqu'ici et réfléchit sur les conditions de l'Alliance entre Yhwh et Israël. L'Exil véritable est un Exil de Yhwh, par rapport à Yhwh ; l'Exil est dû à la Déloyauté d'Israël et c'est la Loi de Yhwh qui rend seule possible la Fidélité d'Israël à l'Alliance. Sans la Loi, Israël tombe fatalement dans l'idolâtrie (la reconnaissance d'idoles ou de faux dieux) et dans l'apostasie (la non-reconnaissance de Yhwh). La Loi est conçue pour barrer la voie à Israël vers son propre malheur, son propre Exil.

Sans la Loi, Israël succombe aux pires idoles et au premier chef à ces idoles intérieures qui l'incitent à croire qu'il peut quelque chose sans Yhwh, par ses seules forces ou son seul mérite. Ici l'Alliance se radicalise car au don de la Loi doit s'ajouter le don de la Grâce pour assurer la Soumission à la Loi et le renoncement à suivre sa propre voie et à présumer de ses propres forces. Le message de l'Exode est donc explicité par le Deutéronome et il est désormais placé au centre de la relation Yhwh-Israël. Dans la nouvelle Alliance présentée ici, même la Foi en Yhwh devient un don de Yhwh et seule la Foi assure la soumission à la Loi qui est un autre don de Yhwh. Le théocentrisme est ainsi posé au cœur de l'idéologie biblique. Nous y reviendrons.

Josué et Juges

Le livre de Josué développe le paradigme de la Conquête et celui des Juges le paradigme de l'Installation en terre promise. Les auteurs donnent clairement à entendre que, si la terre promise est bel et bien donnée par Yhwh, elle n'est pas pour autant conquise et habitée de façon instantanée et pour ainsi dire magique. À partir de ces livres, qui marquent le début de ce qu'on appelle conventionnellement l'histoire deutéronomiste, on peut observer très concrètement ce que signifie la conditionnalité de l'Alliance. En effet, l'Alliance représente une tâche, une sorte de mission à remplir par les parties en présence; or si, de son côté, Yhwh est présenté comme juste et même comme excessivement généreux dans sa prestation, Israël, du sien, se montre parfois d'une Loyauté louable mais aussi souvent d'une Foi et d'une Soumission très douteuses en regard des Desseins d'ensemble de Yhwh. Ainsi, dans le livre de Josué, on nous présente d'abord une image presque idéale de la Conquête puis on nous laisse entrevoir des brèches dans le travail d'occupation et d'appropriation. Ces failles sont signalées avec encore plus d'insistance dans le livre des Juges et il apparaît alors que le paradigme de l'Installation en Canaan risque fort de se transformer en un mixte relativement décevant d'Appropriation de la Terre promise et de Cohabitation avec les autochtones du pays. Cette Cohabitation est un pis-aller et explique pour une large part que l'Alliance avec Yhwh soit trop souvent mise à mal; ainsi apparaît, en contrepoint, le pattern apostasie du peuple, abandon de Yhwh, repentir, délivrance (à travers les juges), pattern qu'on retrouvera ensuite de façon intermittente après l'instauration de la monarchie. La diligence et la clémence de Yhwh viennent donc constamment sauver la mise mais on pressent tout de même que l'organisation politique d'Israël est de plus en plus archaïque et mal adaptée aux exigences de la situation.

Les livres de Samuel

Dans les livres de Samuel, vient le difficile paradigme de l'Instauration de la Monarchie et, sous David, de la Dynastie monarchique. Le problème crucial consiste ici à concilier le vieil ordre mosaïque et le nouvel ordre davidique. Alors que, dans la théocratie ancienne, les dirigeants organisent la vie israélite en consultant sans cesse Yhwh et en ayant à recourir à tout instant à ses bons offices, désormais, après la période somme toute négative des Juges, Israël doit apparemment se donner un pouvoir qui intègre les bases de la théocratie traditionnelle mais qui les repense à l'intérieur d'un cadre politique plus puissant, plus stable et plus centralisé. Le récit met en scène avec une habilité consommée ce passage très exigeant et même très éprouvant vers une nouvelle forme de pouvoir. Yhwh apprend à composer avec ce pouvoir et son interventionnisme se modifie peu à peu, à mesure qu'il laisse plus de place au pouvoir royal tout en accordant une position médiatrice privilégiée à des prophètes. Au total cependant, les contraintes de l'Alliance demeurent telles quelles et, à chaque phase du processus, c'est la Foi et la Loyauté de ses sujets qui sont mises à l'épreuve et qui déterminent à la longue le cours du destin d'Israël. Après des débuts très chancelants sous Saül, qu'on peut être tenté d'attribuer tant aux maladresses du prophète Samuel qu'aux errements du roi lui-même, la véritable Instauration du Pouvoir monarchique s'effectue sous David et évolue tout naturellement vers la grande Promesse dynastique. Même à ce stade, d'ailleurs, on nous présente David non pas comme un politique impeccable mais comme un homme de Foi et un souverain capable de souplesse, d'humilité et de Repentir. La description de son règne n'est pas sans ambiguïté mais dans l'ensemble, grâce à lui, un certain Empire est conquis et une certaine Dynastie s'installe au pouvoir.

1 Rois 1-10

Au premier livre des Rois, essentiellement des chapitres 3 à 10, on décrit le passage du paradigme de l'Instauration du Pouvoir monarchique (et dynastique) à celui de l'Apogée ou de l'Âge d'or. Après le règne éblouissant mais non sans nuage de David vient le règne parfait de Salomon. Dans un récit à très haute teneur idéologique, on nous donne à voir la Réalisation complète, achevée de la Promesse; Yhwh, en donnant à Salomon la sagesse et l'esprit de justice, supervise de loin la Conquête d'un Empire entièrement pacifié et d'une prospérité sans pareille. Les auteurs ont déjà un œil sur la période suivante de l'histoire d'Israël (voir 1R 8) mais il reste qu'on peut se permettre de jouir un court moment de cet Âge d'or en fin de compte assez mérité.

1 Rois 11 à 2 Rois 25

Dans tout le reste des livres des Rois, on assiste au Déclin de l'Empire salomonien et à la Déchéance de la Dynastie davidique. Plusieurs symboles idéologiques contribuent à évoquer cette longue marche vers la Défaite et l'Exil. Au premier chef, le schisme marque une rupture dans l'évolution de la dynastie israélite et préfigure déjà les ruptures répétées de l'Alliance avec Yhwh. Puis, le destin du Royaume du nord (Israël) apparaît déjà comme pratiquement joué dans l'apostasie de Jéroboam, d'autant que tous ses successeurs suivent sa trace avec une fidélité peu enviable, jusqu'à la chute de Samarie. Ensuite, du côté du Royaume du sud (Juda), le sort de la dynastie davidique se décide peu à peu, dans un va-et-vient de loyautés et d'apostasies, mais au total sur un mode presque aussi dramatique et désespérant. Dans cet ensemble crépusculaire, les auteurs ont ménagé quelques issues à la fois partielles et très éclairantes par rapport à leur propos : je fais référence ici aux quelques Réformes religieuses (celles de Jéhu, d'Ézéchias et surtout de Josias) qui parviennent, au cœur de la tourmente, à évoquer une sorte de Restauration ou de Retour à la déjà lointaine monarchie théocratique de Salomon. L'effet de ces descriptions n'est pas toujours du meilleur goût mais l'objectif visé, lui, n'est jamais en doute : en dépit des péchés contre l'Alliance qui submergent Israël et le vouent à l'Exil, un retour ponctuel à Yhwh demeure toujours possible, tout comme une Restauration lente et partielle sera possible pour le Reste d'Israël après l'Exil.

L'Exil

Mentionnons le très important paradigme de l'Exil, même si ce schème idéologique n'est jamais évoqué qu'en passant, à la manière d'un événement traumatique qui ne se laisse pas nommer et encore moins raconter. L'Exil, c'est la grande rature sur la page de l'histoire israélite, c'est le trou noir, l'événement tragique, innommable. Par divers biais, les livres des Rois, les livres des Chroniques et surtout les Prophètes y font référence, surtout pour explorer ses causes ou ses conséquences, mais l'événement lui-même reste intouché, hors d'atteinte, impossible à comprendre et à ressaisir. Reste qu'il est toujours évoqué sur le même mode, celui du drame absolu, de la catastrophe, de la rupture épouvantable de l'Alliance. Le centre idéologique de la pensée israélite est un point aveugle.

La Restauration

On peut enfin regrouper diverses images de la Restauration, des plus politiques aux plus religieuses. Pour simplifier, on peut dire que plus on est proche de l'Exil même, plus l'image du Retour et du Renouveau est spiritualisée. Ainsi, chez les prophètes, on évoque tour à tour la fonction purificatrice de la souffrance et du châtiment, on place son espoir dans la résilience d'un Reste ou d'une semence sacrée d'Israël, on envisage la possibilité d'une Nouvelle Alliance qui viendrait prolonger et parfaire la première, et parfois même on va jusqu'à proposer des visions consolatrices qui projettent dans l'avenir une Libération ou un Salut de type foncièrement utopique ou quasi apocalyptique.

Mais si l'on cherche une vision plus organique et plus concrète de la Restauration, c'est du côté des Chroniques et surtout des livres d'Esdras et de Néhémie qu'il convient de se tourner. Ici, on prend véritablement la peine de décrire de façon relativement détaillée un rétablissement de la théocratie judaïque. Cette Restauration peut comporter des variantes nombreuses mais tous les témoignages convergent sur un point crucial : la Restauration aura son centre de gravité au Temple de Sion (Jérusalem) et sera enracinée dans un sionisme religieux aménagé à la façon d'une théocratie dirigée par un grand-prêtre et l'élite qui l'entoure. On passe ici de la dynastie royale à la Dynastie sacerdotale, de l'instauration monarchique à l'Instauration théocratique. Après l'Exil et le Retour, après l'Exode pourrait-on dire, il n'y a d'autre espoir que dans le rétablissement de la théocratie mosaïque, dans le retour au traditionalisme yahviste avec sa loi et ses coutumes. Le circuit historique est bouclé et se referme, le cercle idéologique prend sa forme définitive. La fusion du roi dynastique et du prophète de Yhwh, c'est le prêtre qui doit la réaliser, c'est le grand-prêtre qui la personnifie avec le reste sacré d'Israël, dans cette enclave complètement préservée qu'est le nouvel Israël, dans ce milieu clos et centré sur le temple.

Ainsi l'histoire recommence ou plutôt l'idéologie continue et s'éternise. Car ce sionisme religieux ne peut se concevoir qu'en circuit fermé, en vase clos, à l'abri des infidèles. C'est la seule manière d'échapper à l'Exil : les leçons de l'histoire ou de l'idéologie bibliques, comme on voudra, le démontrent. Le risque de dérive politique d'un tel sionisme religieux est manifeste car sa visée exclusiviste et autonomiste est presque insurmontable. La tentation de la Conquête doit tôt ou tard succéder à l'Exil, puis à l'Exode (Libération), puis à la Restauration. Le tracé idéologique sioniste a bien une portée historique, après tout, et c'est dans les livres des Maccabées que ce tracé prend forme, puis trouve son apogée chez les derniers Maccabées et enfin connaît sa descente aux enfers durant les révoltes subséquentes qui culminent dans un nouvel Exil, c'est-à-dire la destruction du temple en 70 EC et l'expulsion des Juifs de Jérusalem. Mais tout cela est une autre histoire. Du reste, on peut évidemment se demander si une autre histoire est possible, là où continue de régner la même idéologie.

La séquence cyclique et son centre de gravité

Quant à notre propos, l'essentiel tient au fait que la séquence de ces paradigmes idéologiques forme un cycle, un circuit fermé qui tend de lui-même à se reproduire indéfiniment. Et dans un tel cadre idéologique rien n'est laissé au hasard. L'image du monde projetée se réalise aussi sûrement que dans les prophéties après coup dont fourmille la Bible. Cette séquence circulaire mérite d'être schématisée, pensée à fond, percée à jour. Au départ, il y a la Promesse unilatérale, gracieuse ; à elle correspond la Foi totale mais attentiste d'Abraham. Puis vient naturellement l'Alliance, entièrement initiée et mise en place par Yhwh ; l'Alliance dessine le cadre interactionnel dans lequel seront vécues la Promesse et la Foi-Loyauté. Cette Alliance reste encore « abstraite » puisque la Promesse n'est pas réalisée et que la Foi demeure en attente. Mais le cadre idéologique est déjà là : il n'y a même que lui qui soit là, non inscrit dans l'histoire, en attente d'histoire, manifestement dessiné après coup comme une brillante idée en quête d'auteur.

Donc, d'abord l'Alliance entre Yhwh et Abraham, entre la Promesse et la Foi. Puis la *première phase* de la Réalisation de la Promesse : la Libération d'Égypte, l'Exode, la marche vers la terre promise. Le texte ne le dit pas mais tout donne à penser que les Israélites rentrent chez eux. Rentrer chez soi, c'est le grand symbole de l'enracinement : les Israélites s'en vont vers eux-mêmes, ils s'approprient leur propre identité, ils découvrent leur appartenance. Toutefois ce n'est pas leur voie propre, choisie délibérément, mais bien la voie de l'Alliance, marquée par Yhwh. Yhwh libère, sauve et rachète Israël et en retour Israël doit allégeance et reconnaissance à Yhwh. Les Israélites ne s'en vont pas tout simplement vers eux-mêmes, librement, selon leurs projets et leurs ressources propres ; au contraire, c'est Yhwh qui les libère, les guide, les dirige. Yhwh, c'est le Sauveur, le Souverain, le Patron. Il promet et accomplit sa promesse sans restriction préalable, mais en échange, en retour, il exige que la dette de gratitude soit payée, qu'Israël manifeste sa reconnaissance ; et la reconnaissance due à Yhwh, c'est précisément qu'Israël reconnaisse la souveraineté de Yhwh Sauveur sur lui et qu'il vive selon sa Loi et ses Desseins sur lui. Le fait est que, avant Yhwh, Israël ne possède ni liberté ni voie propres ; après Yhwh, il doit tout à son Sauveur et doit par conséquent renoncer à sa propre voie (qui est une pure illusion, un rêve sans substance) et suivre la voie indiquée par son Sauveur.

Maintenant le cadre idéologique n'est plus vide : la Promesse, c'est la Libération d'Égypte et la marche vers la terre promise ; la Foi, c'est la Loyauté à la Loi du libérateur, c'est la reconnaissance *radicale* du libérateur. Non pas ma voie mais la tienne, non pas ma volonté mais la tienne. C'est la substance du Deutéronome, livre clé entre tous. À vrai dire, le cadre idéologique n'est pas vide, désormais, il est plein à ras bord, au point qu'il reste très peu de chose à ajouter. L'Alliance vient de s'incarner dans l'acte libérateur de Yhwh et dans la Loyauté d'Israël à la Loi qui est ni plus ni moins la Loi de Reconnaissance de Yhwh.

Telle est la construction fondamentale, la construction fondatrice. Le reste découle de là. La *deuxième phase* de la Réalisation de la Promesse est analogue à la première : seul le décor change. Cette fois, c'est la Conquête de la terre promise, accompagnée de la même exigence de Fidélité à la Loi et au Plan de Salut de Yhwh. Et naturellement, des péripéties analogues qui manifestent sans fin la Déloyauté d'Israël, sa difficulté à se conformer à la Loi de reconnaissance *radicale* de Yhwh et au Plan *exclusif* de Yhwh pour Israël. Pourtant, le bonheur est là, dans la conformité à ces exigences. Yhwh fait tout en son pouvoir, en sa grâce, pour rendre possible cette Foi-Loyauté, mais Israël vacille et échoue, surtout lorsque sa situation se consolide et que sa prospérité et son pouvoir semblent acquis.

La *troisième phase* de la Réalisation de la Promesse, c'est la Dynastie et l'Empire. Le rayonnement succède à l'enracinement ; Israël est chez soi, il est maître de la situation, il domine tout l'environnement. Le piège se referme aussitôt sur lui car son pouvoir est sa perte dans la mesure où ce pouvoir l'entraîne vers l'Infidélité et l'Insoumission. Sitôt au pouvoir, Israël croit à son pouvoir, à son mérite, à sa voie ; sitôt chez soi et déployant son assurance, il se détourne fatalement de Yhwh car se détourner de Yhwh, c'est précisément cela : le fait simple, l'illusion naturelle de croire en soi, en ses propres ressources et en son propre cheminement. La Loi de Reconnaissance radicale était pourtant claire, dûment inscrite dans le grand contrat d'Alliance : vous devez me reconnaître, moi et moi seul, je vous demande seulement cela ; vous devez donc simplement vous conformer à mes desseins car vous savez déjà que je peux tout pour vous et que vous n'êtes rien sans moi ; il ne vous reste qu'à m'obéir, me suivre, vous laisser diriger par mon pouvoir gracieux et par conséquent cesser de rêver votre vie à votre façon, cesser de croire que vous pouvez vous orienter et vous organiser comme bon vous semble, au petit bonheur et au gré de vos souhaits et projets illusoires.

Ainsi, après les trois phases de Réalisation de la Promesse, le cadre idéologique, déjà plein à ras bord, déborde et s'inverse. Après la

Promesse et la Réalisation de la Promesse, Israël n'a plus besoin de Yhwh et ne peut plus le reconnaître comme il l'entend. Yhwh savait cela, il l'avait clairement annoncé. Une fois son existence assurée, une fois ses capacités éprouvées et son mérite acquis, Israël ne reconnaît plus Yhwh et brise systématiquement l'Alliance, de façon de plus en plus irrémédiable. Aucune Réforme n'y fait; la partie est jouée. L'échec survient mais il était déjà prévisible, contenu dans la construction même du cadre idéologique initial. Plus Israël grandit et se développe, comme l'enfant face aux parents, comme le client face au patron, comme l'esclave face au maître, bref plus il gagne en pouvoir et en autonomie, plus sa gratitude totale face à Yhwh l'empêche de suivre sa voie, de s'orienter à sa façon. Israël ne peut, par construction, reconnaître Yhwh comme il croit qu'il doit être reconnu pour la simple raison qu'Israël n'a plus besoin de Yhwh comme Yhwh le prétend; la reconnaissance d'Israël envers Yhwh est redevenue une reconnaissance non radicale, à taille humaine et, par-dessus tout, qui n'empêche pas Israël d'établir sa propre loi et sa propre voie, bref une reconnaissance relative, à la fois récurrente et transitoire, stable et passagère. Israël a oublié qu'il doit tout à Yhwh, il ne croit plus qu'il ne peut rien sans Yhwh.

Il ne reste qu'une issue à Yhwh: montrer à Israël qu'il n'est effectivement rien sans lui, abolir la Promesse et l'Alliance, ramener Israël à son état originel, au moment de l'Exil et de la servitude. Dans cette Épreuve, Israël souffrira, comprendra, reviendra vers Yhwh, reprendra sa relation avec lui, recommencera à le reconnaître comme il doit être reconnu. Grâce à l'Exil, grâce à Yhwh, l'Alliance sera à nouveau possible mais cette fois Israël saura ce que signifie et ce qu'exige cette Alliance. Et tout redeviendra comme avant.

Un cycle est complet, un autre recommence. Maintenant, nous connaissons bien cette logique circulaire, cette séquence cyclique: la Promesse et l'Alliance; la Réalisation de la Promesse (Libération, Conquête, Dynastie...) et la Fidélité à la Loi; la Promesse conditionnelle par Yhwh qui s'inverse en Menace et la Reconnaissance de la Loi et du Plan divins par Israël qui s'inverse en Autosuffisance et en Orgueil; le Châtiment et l'Exil. Puis fin du cycle et reprise. Reprise car retour à l'origine par l'Exil. Recommencement. Or comme dans n'importe quelle œuvre à thèse, n'importe quel récit idéologique, on a ici encore affaire à une histoire reconstruite à partir de son aboutissement, c'est-à-dire de son point de crise et de son dénouement. À partir du dénouement, quand on sait quel destin se joue et comment il s'est effectivement joué, on peut *reconstituer* l'ensemble du scénario, tracer le portrait des personnages et la trajectoire des événements, offrir une *séquence narrative* hypothétique mais si vraisemblable, si crédible qu'elle semble *rendre compte* parfaitement du destin qui s'est joué et principalement du dénouement. À la limite, dans une telle reconstitution idéologique, le respect des faits historiques ne concerne pas les auteurs puisque la vraisemblance, la recevabilité suffit et que de toute façon on connaît mal ces faits et que même ceux qu'on connaît ne peuvent qu'être manipulés et utilisés en vue d'un objectif beaucoup plus important, à savoir de rendre compte du destin qui s'est joué, de l'aboutissement bien réel qu'il s'agit d'expliquer et de justifier. Je ne connais aucun roman et aucun récit historique classiques qui échappent à cette loi qui gouverne toute pensée idéologique de type narratif et séquentiel : cette loi, c'est l'illusion rétrospective, la reconstitution du passé en fonction du présent et du futur, la rétrojection en fonction du moment clé qui rend nécessaire un récit explicatif-justificatif, une reconstitution idéologique.

Au surplus, il faut éviter toute illusion naïve en ce qui concerne l'aboutissement, le moment clé, le destin actuel d'un tel récit idéologique. Ce destin à expliquer et à justifier n'est pas lui non plus une pure et simple donnée concrète, factuelle, dotée d'une historicité objective. Ce moment clé reflète lui aussi la perspective idéologique des auteurs, il fait lui aussi partie de la séquence idéologique, il représente lui aussi une construction ; simplement, il a une importance décisive car c'est à partir de lui que l'ensemble est reconstitué et que la représentation idéologique du monde prend forme.

En réalité, le cycle que l'on reconstitue « historiquement » dans le texte biblique, c'est précisément le cycle qu'on est en train de recommencer au moment où l'on en rédige l'histoire symbolique. Essayons d'être clair. Le texte biblique sert les auteurs et le groupe auquel ils appartiennent ; il sert les intérêts et les valeurs de ce groupe, il est écrit en faveur de ce groupe. Afin d'éviter toute conjecture inutile, j'affirmerai simplement que ce groupe, c'est l'élite qui essaie d'établir un gouvernement théocratique ou ecclésiocratique en Juda après l'exil et cela pendant plusieurs siècles. Il n'est pas utile d'essayer d'être plus précis pour le moment. Ce groupe de prêtres, de scribes et de notables est essentiellement composé de yahvistes ou de sionistes de tendances diverses qui sont sans doute en lutte pour le pouvoir mais qui s'entendent minimalement pour maintenir ce pouvoir à l'intérieur d'un cercle restreint, le cercle de l'élite sioniste postexilique. Ce sont eux qui dirigent la petite colonie centrée sur Jérusalem et ses environs, sur une base théocratique et selon un agenda politicoreligieux de type sioniste. Plus précisément, ils sont en train d'inventer la théocratie sioniste à partir de la tradition yahviste plus ou moins bien établie et à l'occasion du vide économicopolitique créé par la défaite de 587 et l'exil subséquent de l'élite antérieure.

Dans ce contexte, la reconstitution idéologique de l'histoire israélite est un instrument de pouvoir absolument privilégié. Cet instrument doit leur permettre de concevoir et d'instaurer un projet collectif sioniste pour la population de Juda. Leur situation concrète est sans doute précaire et leur pouvoir probablement chancelant: dépendance coloniale sûrement très lourde, opposition politique interne peut-être faible mais non négligeable, environnement de Judéens «autochtones» plus ou moins sympathiques à leur cause, etc. En dépit de toutes ces faiblesses et de toutes ces difficultés, leur pouvoir est acquis et consolidé peu à peu à partir d'un centre de gravité politicoreligieux d'une grande importance stratégique et d'une grande crédibilité socioculturelle: le temple de Jérusalem. Les récits d'Esdras et de Néhémie, en particulier, sont impensables sans ce contrôle relatif mais somme toute suffisant du seul centre politicoreligieux important de la colonie judéenne: le temple de Sion. Le temple est à la fois un centre réel et symbolique de pouvoir: centre réel, puisque bien des enjeux économiques, commerciaux, légaux, politiques et culturels s'y décident; mais centre symbolique aussi dans la mesure où une Dynastie sacerdotale héréditaire et très élaborée y prend forme et dans la mesure aussi où les dirigeants suprêmes de cette caste y exercent un pouvoir à la fois religieux, politique et économique. Et ce pouvoir va sans cesse croissant comme nous aurons l'occasion de le voir.

Cependant, ce pouvoir centré sur le temple doit trouver des assises idéologiques solides pour prendre forme et se déployer. La tradition de pensée biblique ou protojudaïque prend toute sa valeur et son importance dans ce cadre théocratique et elle est incompréhensible en dehors de lui. Cette tradition de pensée est marquée par une certaine diversité de tendances et cette diversité transparaît clairement à travers les divers livres de la Bible; malgré les aléas d'une telle recherche, il est indéniable que les spécialistes modernes sont parvenus à définir un certain nombre de ces tendances parfois convergentes et parfois antagonistes; mais tout cela fait partie de l'évolution dynamique d'une tradition de pensée et ne peut que contribuer à sa valeur et à son rayonnement; et surtout, enfin, cela ne contredit en rien l'unité fondamentale de sa démarche et de sa finalité idéologiques, soit la mise en place d'une théocratie sioniste dominante.

Or le travail idéologique sioniste comporte une forme privilégiée entre toutes: la reconstruction idéologique de l'histoire israélite. Le fait que cette reconstruction prenne une forme historique s'explique sans aucun doute par des facteurs socioculturels ou si l'on veut par certaines caractéristiques fondamentales de la mentalité ancienne, mais ce choix ne nous concerne pas en lui-même; tout ce qui importe, dans le cadre actuel de discussion, c'est la construction à laquelle ce choix donne lieu et les implications profondes de cette construction.

Résumons ce développement. La séquence unifiée des schèmes idéologiques présentés dans le texte biblique est une séquence sensée et orientée. Cette séquence trouve sa signification et sa portée réelles dans le contexte sioniste de la communauté de Juda après l'exil, nonobstant la possibilité que divers textes, documents et sources orales antérieurs aient pu être recyclés et repensés dans ce cadre global. Le contexte socioculturel dans lequel cette tradition de pensée prend naissance et s'élabore est évidemment d'une importance décisive, même si nous n'avons accès à ce contexte qu'à travers la lecture idéologique que les sionistes eux-mêmes en font. Cela signifie que nos informations à ce sujet sont hautement sélectives et fréquemment tendancieuses, mais en revanche cela n'entame pas notre conviction tout à fait fondée sur au moins deux points: d'une part, l'ensemble des textes bibliques et intertestamentaires est né dans le milieu de la théocratie sioniste; d'autre part, l'idéologie contenue dans ces textes représente un témoignage objectif et irrécusable de ce mouvement ou de cette tradition de pensée sioniste. En conséquence, il m'apparaît incontestablement possible d'effectuer une discussion critique de ce mouvement idéologique et de faire ressortir ses implications éthiques générales.

On peut maintenant reprendre l'analyse entamée et achever de préparer la discussion que nous mènerons tout au long de cette partie. Ainsi donc, la base incontournable de notre discussion critique, c'est l'ensemble des schèmes ou des paradigmes idéologiques qui ressortent du texte biblique lui-même. Et ce qui rend cette séquence de schèmes intelligible et sensée, c'est leur orientation et leur finalité en contexte, le contexte étant l'édification de la théocratie postexilique des sionistes de Jérusalem. Les schèmes bibliques étant ainsi contextualisés, il devient possible de déterminer leur orientation générale, leur finalité idéologique.

Cette finalité ne laisse aucun doute, mais elle mérite d'être explicitée avec rigueur et précision. La meilleure image que je puisse offrir du texte biblique est celle d'un roman d'apprentissage, mais d'un roman d'apprentissage collectif, composite et sans cesse remanié et approfondi. Ce roman d'apprentissage est à l'image de toute l'historiographie ancienne; l'écriture historique ancienne comporte des composantes symboliques, psychologiques et morales très marquées et, grâce à ces caractéristiques, elle aspire à tirer les grandes leçons des gestes et événements passés et à contribuer ainsi à éviter certaines erreurs et à renouveler certaines réussites; dans cette perspective, les paradigmes idéologiques constituent pour les contemporains autant de modèles à suivre ou de contre-modèles à éviter, ce qui finit par composer un certain message d'ensemble. Le roman d'apprentissage biblique trace donc une séquence de modèles ou de paradigmes et en tire les leçons.

Le but de ce vaste récit séquentiel est maintenant clair pour nous : il y a eu Défaite et Exil, d'une part, il y a maintenant entreprise de Restauration ou d'Instauration théocratiques, d'autre part. Si l'on compose le récit menant à cet Exil et à cette Restauration, il faut donc que ce récit montre clairement comment et pourquoi l'Instauration théocratique antérieure a pu aboutir à la Défaite et à l'Exil (leçon négative), mais aussi bien comment et pourquoi cette Instauration originelle de la théocratie sioniste peut et doit servir de modèle ou d'idéal pour l'entreprise sioniste actuelle (leçon positive). Or effectivement, pour tout lecteur attentif et relativement indépendant du texte biblique, il est incontestable que la séquence de modèles et de contre-modèles qu'on y présente doit permettre à part égale de montrer clairement tant ce qu'il faut éviter que ce qu'il convient de reprendre et d'imiter. C'est pourquoi les auteurs bibliques croient en la possibilité d'un recommencement et d'une continuation tout à la fois : recommencement parce qu'il y a eu échec, exil et dispersion, mais aussi continuation car il est possible d'identifier les erreurs passées de façon à les éviter dans l'avenir et il est tout autant possible de signaler et de bien faire ressortir les grands modèles passés de façon à les reproduire et à les prolonger. Certains livres parviennent à établir un équilibre remarquable dans leur présentation de modèles et de contre-modèles : ainsi du Deutéronome, par exemple. Mais tous participent au même effort qui peut se résumer en deux mots : rendre compte adéquatement de l'échec (l'Exil) et rendre effectivement possible la réussite (la Restauration); ou encore, reconstituer un modèle du sionisme en apprenant à la fois de ses erreurs et de ses succès.

En traçant le portrait d'ensemble de l'idéologie sioniste, on aura compris que je fais porter l'effort sur ce qui polarise et unifie cette entreprise, même si je reconnais volontiers la diversité des tendances qui la caractérise. En effet, il s'agit pour moi ici de dévoiler clairement la stratégie sioniste dans son ensemble et dans ses caractéristiques les plus centrales. Par suite, lorsque je prétends que cette stratégie a un caractère foncièrement absolutiste, je table évidemment sur ce qui unifie cette stratégie et lui donne un centre de gravité et une orientation de base. Nous sommes maintenant prêts à examiner les caractéristiques principales de cette stratégie sioniste et à tenter du même coup de mettre en évidence ses implications éthiques.

CHAPITRE 7
La reconnaissance comme objectif stratégique

L'HYPOTHÈSE QUI VA GUIDER TOUTE MA RÉFLEXION, À PARTIR DE maintenant, c'est que la construction idéologique que nous venons de rappeler est caractérisée par une forme particulière et très radicale d'absolutisme éthique.

Avant d'entrer dans le vif du sujet, j'aimerais faire deux remarques qui ne sont autre chose que deux invitations au réalisme. En premier lieu, il ne s'agit pas pour moi de proposer une définition toute faite de l'absolutisme éthique et d'appliquer mécaniquement cette définition à l'idéologie biblique. Ma démarche est plus modeste et plus inductive car elle doit rester proche des paradigmes idéologiques relevés dans le texte lui-même. Ainsi, d'un côté, je m'efforcerai bel et bien de dégager les assises fondamentales de cet absolutisme dans les prochains chapitres (chap. 7 à 9), mais malgré cette entreprise de type global ou synthétique, mon objectif reste de mettre au jour une à une pour ainsi dire les caractéristiques particulières de cette vision du monde absolutiste et non de la définir sur un mode théorique, à la façon d'un système fermé et achevé. C'est pour cette raison que je parle à ce propos d'une recherche inductive, quasi empirique.

Du reste, c'est le texte biblique lui-même qui nous invite à cette méthode. On a affaire ici à une tradition de pensée qui se présente comme un mouvement de pensée dynamique, évolutif, inachevé ; le texte biblique ne forme pas un système structuré et discursif mais plutôt un certain ensemble de récits et de témoignages donc le style est essentiellement discontinu, paratactique et cumulatif. On peut expliquer ce fait de bien des manières mais l'essentiel demeure, à ce stade de la recherche, de traiter cet ensemble pour ce qu'il est en respectant le plus possible son caractère ouvert et non systématique.

Pour rendre compte plus simplement du genre de procédé que je préconise ici, j'aurais volontiers recours à ce que Wittgenstein appelle des « airs de famille » dans l'identification d'un phénomène quelconque. La question n'est pas si complexe qu'il peut sembler mais doit être abordée avec prudence et méthode. À un certain niveau, on peut poser que tous les textes bibliques développent peu ou prou un certain absolutisme éthique, mais en pratique on ne retrouve évidemment pas *toutes* les caractéristiques de cet absolutisme dans *tous* les textes bibliques ; il est même possible que certaines caractéristiques qui sont promues dans la plupart de ces textes soient critiquées dans tel texte à cet égard exceptionnel. Dans le cas d'un ensemble non systématique, cet état de choses est normal, inévitable même. C'est pourquoi, de façon réaliste, nous devons partir à la recherche des airs de famille absolutistes dans divers textes bibliques et éviter de demander au document global un niveau de généralité et de systématicité qu'il n'ambitionne pas. Nous nous estimerons heureux de retrouver dans la majorité des textes la majorité des caractéristiques détectées et nous nous efforcerons de montrer qu'elles ont en commun un certain air de famille et renvoient à certaines assises fondamentales de l'absolutisme éthique. Et c'est de ces fondements que nous partirons tout d'abord de façon à donner à notre enquête une forme structurée et plus aisément compréhensible. Ces fondements seront ensuite éclairés et explicités par le reste de la démarche qui, elle, aura une forme plus inductive et plus inachevée.

Une deuxième remarque doit être greffée sur la première. Je m'efforcerai d'illustrer au besoin et par des exemples typiques les divers aspects de ma recherche mais j'éviterai le plus possible d'entrer dans des revues interminables de textes bibliques et de références aux spécialistes. Il faut être conscient à ce propos de ma position particulière comme non-spécialiste : en réalité, il n'est aucun aspect de l'absolutisme biblique qui n'ait été analysé en lui-même et souvent en profondeur par toute une série de spécialistes ; de ce point de vue ma démarche ne revendique aucune originalité particulière. Mon ambition n'est donc pas de pousser plus avant ce type d'analyse que j'estime par ailleurs indispensable, mais plutôt de proposer une interprétation d'ensemble qui rende compte de la construction idéologique biblique entendue comme une construction cohérente et englobante bien que non systématique. C'est en somme une réflexion philosophique que je propose, une interprétation fondamentale d'un vaste ensemble, d'une tradition de pensée ; dans le domaine des études bibliques, à l'évidence, on n'a pas abusé de ce type de réflexion. J'ajoute enfin que toutes les caractéristiques que je vais maintenant mettre en relief à propos du texte biblique sont en quelque sorte déjà contenues dans la séquence préliminaire de paradigmes idéologiques synthétisée au chapitre précédent.

Le problème de la reconnaissance

On peut maintenant procéder. Notre première démarche doit établir avant toute chose l'objectif stratégique poursuivi constamment par les auteurs bibliques à travers l'ensemble des textes considérés. Cet objectif stratégique doit être défini avec soin car il détermine tout le reste de notre démarche. Comme nous l'avons montré au chapitre précédent, dans le contexte postexilique, les auteurs bibliques écrivent et, dans certains cas, réécrivent les textes en entrant en discussion avec d'autres textes contemporains ou antérieurs, et il s'agit pour eux à la fois de rendre compte de l'Exil considéré comme châtiment divin, à la suite de la rupture de l'Alliance entre Yhwh et Israël, et parallèlement de préparer une certaine Restauration sioniste impliquant fondamentalement un renouvellement de cette Alliance. Ce sont les auteurs bibliques qui perçoivent les choses ainsi et qui construisent une idéologie théocratique sur la base de cette problématique : il est donc tout à fait secondaire, à ce stade, de savoir si leur perception est historiquement *juste* puisqu'ils écrivent précisément pour la *justifier* et que leur démarche est à ce titre inévitablement idéologique.

Ainsi, ils écrivent pour le reste d'Israël, pour le Juif sioniste qui, comme eux, se demande comment la vie peut être repensée, réorientée, réaménagée, après l'Exil, au-delà de l'Exil. Il n'est pas douteux qu'ils écrivent l'histoire d'Israël en fonction de leur présent et avec leur avenir ou leur idéal futur en vue et qu'ils sont donc amenés à construire cette histoire rétrospectivement comme la source et la condition de possibilité de ce présent et de cet avenir ; il est par conséquent très probable que les événements, les conditions et les idéaux qu'ils rétrojettent dans le passé n'ont jamais eu lieu et ne représentent pour eux qu'un mythe d'origine et un récit de légitimation en regard de leur tâche politicoreligieuse présente et à venir. C'est là du moins la position adoptée par bon nombre de spécialistes qui lisent les textes de façon critique. Mais peu importe que les auteurs aient inventé complètement ou partiellement ce passé, peu importe qu'ils aient utilisé des sources pauvres ou copieuses de façon naïve ou critique et qu'ils aient transmis, recyclé ou remanié des textes plus anciens dans certains cas : de toute manière, il est absolument certain que tout leur travail a consisté à repenser l'histoire d'Israël dans la perspective de l'Exil et de la Restauration, et en fonction de l'idéologie sioniste qu'ils mettent au point et adaptent en fonction de leur tâche présente.

Tel est donc le contexte d'instauration de l'idéologie sioniste qu'on trouve dans la Bible. Or le levier unique, radical et suffisant de toute cette instauration idéologique, c'est l'Alliance de Yhwh et d'Israël avec tout ce que cela comporte. Les textes fondateurs, de l'aveu même de ces auteurs, se trouvent dans le Pentateuque et tout particulièrement dans l'Exode et le Deutéronome : les textes du Pentateuque ou de la Torah, en effet, contiennent l'idéal de vie sioniste, c'est-à-dire l'ensemble des récits, des prescriptions et des normes rendant possible l'Alliance de Yhwh avec Israël. Tous les autres textes gravitent autour de ceux-là, d'après ces auteurs eux-mêmes et non d'après quelque interprétation arbitraire de commentateurs modernes.

En d'autres termes, d'après ces auteurs, il existe une éthique et une seule, une juste manière de vivre et une seule, un idéal de vie et un seul : il vise à rendre possible une relation adéquate et satisfaisante entre Yhwh et Israël. L'objectif stratégique des auteurs bibliques se ramène de ce fait à déterminer clairement la forme que doit prendre la relation Yhwh-Israël et à expliciter les conditions et les exigences qui rendent cette relation valable. Et cette relation ne comporte en définitive qu'un unique enjeu fondamental et déterminant : la reconnaissance réciproque de Yhwh et d'Israël. L'objectif stratégique ou éthique des auteurs consiste donc à élucider ce que signifie un juste rapport de reconnaissance entre Yhwh et Israël. Depuis Abraham jusqu'à Moïse et au-delà, il n'est question que de cela : établir de façon *idéale* ou *normative* le juste rapport de reconnaissance entre Yhwh et Israël. C'est justement pourquoi il importe assez peu de savoir si un tel travail d'élucidation comporte une base historique : même s'il n'en comportait pas, il reste que les textes prétendraient de toute façon à une signification et une portée idéales ou normatives et que leur valeur (ou leur non-valeur) historique n'entamerait pas cette signification et cette portée idéologiques.

Tous les paradigmes idéologiques que nous avons relevés gravitent autour de la question cruciale de la reconnaissance réciproque de Yhwh et d'Israël. Nous disposons donc d'une solide base d'analyse pour approfondir l'objectif stratégique de l'idéologie sioniste. Mais pour bien saisir cet idéal éthique central, je crois qu'il vaut la peine de le mettre en contexte, de le situer sur l'arrière-plan socioculturel qui rend compte à la fois de sa naissance et de son développement. Cet arrière-plan socioculturel nous est mal connu dans son détail mais pourtant fort bien connu dans son ensemble. Je m'explique. Si l'on prend la peine de recourir aux grands modèles anthropologiques couramment utilisés pour décrire et comprendre les sociétés anciennes (Égypte, Mésopotamie, Syrie, Israël, Grèce, etc.), on est rapidement amené à constater que ces sociétés comportent une base de fonctionnement relativement simple et uniforme, en dépit de tout ce qui les distingue. En regard d'une analyse idéologique comme la mienne, ce sont ces modèles qui sont les plus utiles.

Dans la mise en contexte socioculturelle qui suit, j'aurai recours à trois modèles complémentaires et convergents : le modèle du patriarcat, le modèle de la relation patron-client (ou modèle des sociétés de patronage) et le modèle des sociétés de l'honneur. Je les ai déjà présentés dans leurs grandes lignes [1] et je n'ai donc pas l'intention de les reprendre à partir des bases mais simplement d'en tracer les contours généraux et surtout de les appliquer à la société juive ou israélite à laquelle se réfèrent les auteurs bibliques dans leur travail de reconstitution idéologique.

Le modèle le plus simple et le mieux connu est sans doute celui d'une société patriarcale. Dans une société comme la société juive de l'époque babylonienne et perse (autour de l'époque de l'exil en somme), le modèle patriarcal est de première importance car il s'agit d'une société relativement simple dans laquelle le lien communautaire domine complètement. Une telle société s'organise avant tout autour de la famille, du clan ou de la lignée, dans des groupes restreints (petites localités, bourgs ou villages). Cet effet de lignée et de communauté peut être tempéré mais assurément pas aboli dans le contexte élargi d'une petite ville comme Jérusalem, et cela malgré les clivages économiques qui s'y dessinent et malgré une tendance plus ou moins marquée à la centralisation du pouvoir. En réalité, dans un cadre socioculturel relativement peu complexe comme celui-là, la structure patriarcale qu'on observe au niveau de la famille et du clan vient se prolonger tout naturellement dans une structure de patronage au niveau de la communauté dans son ensemble. Les deux modèles se rejoignent donc dans une société comme celle de Juda autour de la période d'exil.

On peut analyser un tel type de société soit dans sa structure horizontale soit dans sa structure verticale. Dans le premier cas, on se réfère

1. Je les ai présentés à un niveau général dans *Sagesses*, vol. 1, introduction générale, sections III et IV, et je les ai appliqués à la société mésopotamienne dans *Sagesses*, vol. 2, chap. 3. On trouvera là un ensemble de références pertinentes.

essentiellement au lien de solidarité communautaire qui unifie le groupe en une totalité organique, qui relie les membres du groupe par un réseau de relations à la fois intenses et personnalisées et qui contribue à donner à cette solidarité une forme relativement égalitaire, au moins sur un plan idéal. Dans l'autre cas, on peut observer le même milieu mais cette fois dans son organisation hiérarchique et dans les structures de pouvoir qu'il laisse entrevoir. Ainsi, même s'il s'agit d'une société peu complexe, elle constitue un ensemble dynamique où interviennent des éléments de solidarité et d'égalité mais aussi des éléments de hiérarchie et d'autorité. Il est clair qu'au surplus des forces de rivalité et de conflit sont présentes dans un tel contexte mais, dans des circonstances normales, ce sont au total les forces de cohésion et d'unification qui l'emportent.

Dans la société juive de la période d'exil, les forces de cohésion et d'unification l'emportent assez nettement mais assurément pas de façon exclusive. Les bases unificatrices d'un tel milieu peuvent être analysées de façon simplifiée : d'un côté, il y a la solidarité communautaire et de l'autre côté, de façon complémentaire, il y a l'autorité dominante qui assure un certain leadership et une certaine orientation globale à la communauté de base. Cela n'exclut pas les rivalités de leadership ni les divisions plus ou moins profondes entre divers groupes communautaires en présence, mais ce qu'il importe de retenir c'est que la communauté sioniste, en dépit des tensions de toutes sortes qui la traversent, aspire à former un ensemble profondément uni et solidaire et à se donner une orientation collective grâce à un leadership relativement fort. Ce sont ces deux dimensions d'unité communautaire et de leadership puissant qui doivent être prises en compte de façon prééminente lorsqu'on propose des modèles anthropologiques pour mieux penser la société juive de l'époque. En simplifiant, on peut donc dire que le modèle de leadership qui convient le mieux, c'est le modèle conjugué d'une société patriarcale et d'une société de patronage. Et puisqu'on a affaire ici à une société qui se développe très lentement et qui préserve une base de fonctionnement traditionnel pendant de longs siècles, je crois que les modèles proposés valent, toutes proportions gardées, tant pour la période préexilique que pour la période postexilique.

Quant à notre propos, ce modèle entraîne certaines conséquences pratiques tout à fait essentielles. D'abord, on a affaire à un système hiérarchique très simplifié dans lequel l'autorité tend à se concentrer strictement entre les mains des chefs de famille et des aînés masculins. Autrement dit, le personnage qui constitue le modèle et le point de référence absolus pour toute valeur, tout projet et toute décision, c'est le Patron, le Chef de famille, l'Ancien. C'est pourquoi, idéalement, la solidarité communautaire prend forme autour de ce point de référence. Ensuite, on a affaire à un système traditionnel dans lequel les valeurs privilégiées prennent la forme de coutumes anciennes et vénérables et où l'on attend des membres de la communauté un respect et une loyauté indéfectibles à l'égard de ces valeurs et des autorités qui les incarnent au premier chef. Je ne conteste pas que ce modèle soit simplifié et décrit de façon trop sommaire mais, à ma connaissance, il constitue une base de travail solide pour les historiens des sociétés traditionnelles.

Dans la société sioniste postexilique, le leadership appartient de façon quasi exclusive (idéalement en tout cas) aux anciens et aux prêtres, et cette autorité vient converger dans la personne du grand-prêtre qui n'est lui-même que le représentant du Patron suprême, du Chef de communauté unique et absolu, Yhwh. Dans cette société, on s'affaire à mettre au point un système de valeurs et de traditions dont l'autorité et la légitimité dépendent de ce Patron suprême et de son représentant terrestre. La question de la reconnaissance de cette autorité unique et absolue est donc tout à fait primordiale. J'ajoute, sans préciser davantage pour l'instant, que le contexte général d'élaboration du sionisme postexilique ne peut que contribuer à renforcer cette tendance qu'on peut qualifier largement (et sans souci d'évaluation) de traditionaliste et d'autoritariste.

On peut maintenant examiner brièvement comment un tel modèle patron-client ou chef de communauté-membres de communauté peut s'appliquer à la relation entre Yhwh et Israël. Le texte biblique est, ici comme ailleurs, le seul témoin qui convient pour effectuer cet examen. De fait, il nous brosse un tableau idéologique où l'on peut distinguer très clairement l'idéal de reconnaissance du Patron divin ainsi que les déviations souvent instructives mais toujours funestes par rapport à cet idéal. Commençons par rappeler ce qui nous est déjà familier: dans tous les livres du Pentateuque, l'attitude juste face à la Promesse, c'est la Foi, et l'attitude juste face à la Loi qui vient sceller l'Alliance, c'est la Soumission et la Loyauté. Il est évident pour nous que tous ces textes sont conçus par les sionistes postexiliques de façon à légitimer l'autorité des représentants terrestres de Yhwh, bref leur propre autorité. Mais ce n'est pas cela qui doit nous retenir pour le moment. Tenons-nous-en donc à la métaphore idéologique soutenue par le texte lui-même.

Ce qui domine en importance dans tous ces textes, c'est la posture même des protagonistes, soit Yhwh et Israël. On est alors strictement dans le cadre idéal et idéologique d'une relation patron-client. Le Patron, Yhwh, conçoit, initie, dirige et mène à bien chaque phase de l'opération; étant celui qui inaugure et organise tout, Yhwh exige une reconnaissance totale de ses clients ou plutôt de son client unique et solidaire, Israël. Cette reconnaissance exigée est si radicale, si exclusive et si complète qu'elle vise idéalement à l'inconditionnalité : la seule réponse parfaitement adéquate est la *Foi sans condition* que les auteurs ont personnifiée dans un modèle utopique : Abraham et, après lui, Moïse, David, etc. Cette visée d'une reconnaissance inconditionnelle est une composante essentielle du sionisme théocratique. Mais, bon gré mal gré, cela reste une visée idéale, utopique. Car en pratique, ce qui est dessiné comme projet politico-religieux, c'est une Alliance réciproque et, par suite, fondée dans une interaction et un échange. En d'autres mots, dans l'Alliance instaurée unilatéralement par Yhwh (« mon alliance… »), il y a Promesse, Réalisation de la Promesse et par conséquent échange : Israël reconnaît Yhwh dans la mesure où Yhwh s'engage dans l'Élection d'Israël et dans l'Alliance avec Israël ; en s'engageant ainsi, Yhwh promet à Israël prospérité et postérité, il promet donc à Israël ses faveurs et sa reconnaissance, c'est-à-dire au bout du compte le bonheur dans la terre promise.

On se retrouve donc dans une forme de réciprocité et d'échange bien particulière et cela représente à mes yeux une caractéristique tout à fait centrale du jeu de la reconnaissance tel qu'il est pratiqué dans la relation Yhwh-Israël. Dans cette relation extrême entre Patron et client, on peut en effet observer un circuit interactionnel très singulier : au premier degré, Yhwh reconnaît Israël dans la mesure où Israël reconnaît Yhwh, et réciproquement ; mais à un second degré, on a affaire à un jeu de reconnaissance bien plus radical en raison de son enjeu profond. À vrai dire, Yhwh ne peut reconnaître, favoriser, promettre que pour autant qu'Israël reconnaît *déjà* Yhwh de façon radicale et complète, c'est-à-dire pour autant qu'Israël a totalement Foi en Yhwh (sans garanties préalables), qu'Israël se soumet totalement aux Plans d'Alliance de Yhwh, et qu'Israël est, sera fidèle pour la suite des temps à ce Plan divin. Et cet enjeu se construit dans la posture de base des protagonistes : Yhwh donne tout et Israël reçoit tout ; seul Yhwh donne et Israël ne fait que recevoir. Dans une telle interaction patron-client, on a affaire à une relation bilatérale mais construite sur une base unilatérale ; à ce niveau, il n'y a aucune place pour la négociation de l'Alliance ni même pour l'acceptation conditionnelle de l'Alliance. À nouveau, il faut tout de suite ajouter que cette visée idéale est irréalisable en pratique et que tous les textes s'accordent pour admettre qu'Israël est incapable d'une telle Foi et d'une telle Fidélité. L'unanimité des auteurs du Pentateuque est à ce propos sans faille.

Mais alors le problème qui se pose à eux est particulièrement redoutable : est-il possible de *réaliser* une telle construction idéale, de la rendre historiquement opérationnelle, si je peux m'exprimer ainsi ? Cette construction idéale parvient à merveille à expliquer et à justifier l'Exil comme châtiment divin mais aussi bien toutes les punitions que Yhwh inflige justement à son peuple au cours de son histoire ; elle y parvient si bien, à vrai dire, que la posture de base de la majorité des auteurs bibliques est précisément l'Exil. Nous reviendrons là-dessus plus loin. Cette réserve étant faite, le problème crucial qui se pose aux auteurs, c'est de savoir si une telle Alliance fondée sur la reconnaissance inconditionnelle de Yhwh par Israël est possible, si une telle Foi et une telle Fidélité sans garanties sont possibles. Là est le nœud du problème de la reconnaissance Yhwh-Israël. Les textes en discussion ne se demandent jamais si Yhwh peut reconnaître inconditionnellement son peuple puisque Yhwh est le Patron et que c'est lui qui construit l'Alliance avec son peuple ainsi que la *forme unilatérale* qu'il lui donne. La question unique et centrale que ces textes posent est plutôt de savoir si Israël peut reconnaître Yhwh selon ses exigences légitimes, c'est-à-dire selon les exigences que peut avoir un Patron absolu qui peut tout pour son peuple, lequel ne peut rien par lui-même ou sans son dieu. Le problème de reconnaissance devient donc, on le voit, un problème de construction, c'est-à-dire un problème qui surgit à travers la construction même de la relation entre Yhwh et Israël. Le modèle patron-client n'est pas inventé de toutes pièces par les historiens et les interprètes mais bien ressaisi à même le texte biblique et reconstitué de façon formelle et plus discursive.

Tel est donc le modèle patron-client tel qu'il apparaît dans les textes considérés jusqu'ici. Ce modèle détermine fortement la manière dont le problème de la reconnaissance est posé ou, comme j'aime à le dire, la manière dont le jeu de la reconnaissance est pratiqué entre Yhwh et Israël. Et le fait qu'il s'agisse d'une rétrojection historique-idéologique ne change rien à l'affaire.

Pour achever de mettre en place cette problématique de la reconnaissance, j'aimerais maintenant introduire le modèle des sociétés de l'honneur et l'intégrer peu à peu dans le cadre déjà en place des modèles du patriarcat et du patronage. Comme j'ai déjà décrit ce modèle de l'honneur[2], je vais plutôt concentrer mes efforts sur l'application de ce modèle à l'idéologie biblique. Le lecteur aura déjà compris qu'il s'agit bien ici d'utiliser de tels modèles de façon souple et en faisant ressortir ce qu'ils ont de fécond pour une analyse comme la nôtre. Sans minimiser leur valeur, il faut prendre garde que le centre de gravité de notre analyse demeure le texte biblique et l'idéologie qu'il propose.

2. *Sagesses*, vol. 1, introduction générale, sections III et IV.

Commençons par dire que l'application normale du modèle de l'honneur a cours habituellement dans un cadre social, c'est-à-dire dans le cadre du réseau interactionnel qui prend forme entre des individus ou des groupes. L'enjeu de ces interactions, c'est l'honneur des individus ou des groupes concernés. Plus précisément, l'objectif stratégique du jeu de l'honneur, c'est la promotion, pour un individu ou un groupe donnés, de son nom, de son statut, de son pouvoir, etc. La promotion de ces valeurs a naturellement un caractère holistique et c'est pourquoi on les regroupe constamment sous le vocable de l'honneur. Reste cependant que dans tous les cas le nom revêt une importance absolument centrale dans la mesure où il recouvre tout ce qui concerne la réputation de l'individu ou du groupe en question. Jusqu'à un certain point, les autres valeurs gravitent autour de celle-là : la descendance, la richesse, le statut social, le pouvoir, etc. Comme on le voit, l'honneur représente la valeur ou le symbole fondamental sur la base duquel se joue le jeu de la reconnaissance dans les sociétés anciennes. On joue son honneur, on promeut son honneur, on défend son honneur, comme on cherche à être reconnu. Et puisqu'on se trouve constamment, dans ces sociétés, dans un contexte de solidarité communautaire, il doit être clairement établi que l'honneur se joue invariablement au niveau des divers groupes ou réseaux de relations qui interagissent ensemble ; les individus ne sont donc qu'exceptionnellement des entités séparées mais se trouvent plutôt intégrées à titre de membres d'un ou de plusieurs groupes (famille, quartier, clan, etc.). Ainsi, ce qui se joue normalement, c'est l'honneur d'un groupe en interaction et bien souvent en rivalité avec d'autres groupes. Pour compléter ce portrait simplifié, il convient d'ajouter que le jeu de l'honneur se pratique sur deux plans bien distincts : d'abord, sur un plan horizontal, entre groupes de statut socioéconomique à peu près équivalent, ce qui rend évidemment la joute d'honneur possible ou réaliste ; ensuite, sur un plan vertical, dans les relations patron-client qui ont cours dans le même milieu global.

Quant à notre propos, c'est évidemment ce dernier plan interactionnel qui occupe une place dominante. Nous savons déjà que la relation Yhwh-Israël peut être comprise d'après ce modèle patron-client ; il reste à ajouter et à comprendre que le jeu de la reconnaissance qui est pratiqué entre le Patron Yhwh et le client Israël prend, selon notre modèle de l'honneur, la forme d'une recherche de promotion et de défense de l'honneur divin et, par contrecoup, de l'honneur sioniste. La question est moins simple qu'il n'y paraît et il faut procéder méthodiquement pour bien faire ressortir toutes les dimensions impliquées là.

L'interaction entre Yhwh et Israël, lorsqu'on l'examine de près, a une forme double et même, à certains égards, dichotomique. Telle est la dimension la plus apparente, celle dont il convient de partir pour proposer une analyse claire et rigoureuse de ce jeu d'honneur. La problématique de l'honneur doit être posée en prenant en compte la dimension patron-client : en effet, la relation qui se construit entre Yhwh et Israël a une forme très particulière, celle qu'on trouve entre un souverain, un monarque absolu, et ses sujets ou ses vassaux. Dans cette perspective, ce qui se joue de façon prééminente, c'est l'honneur de Yhwh, et ce qui symbolise cet honneur, c'est d'abord son Nom ou sa Gloire (sa réputation), c'est ensuite sa Force ou son Pouvoir démesuré, incomparable, et c'est enfin l'ensemble de ses Possessions sur lesquelles nous reviendrons. Parallèlement, du côté du client Israël, la posture fondamentale en est une de déférence, de réserve modeste, de soumission passive, de loyauté et de non-revendication ; cependant, le sujet ou le client n'est pas pour autant aussi démuni et désintéressé qu'il peut le sembler à première vue car, s'il est vrai que son plus grand souci consiste à manifester de façon constante et inconditionnelle sa Foi et sa Loyauté à l'égard de son Patron, il n'en reste pas moins qu'il escompte tirer profit de cette attitude soumise en obtenant en retour des faveurs, des dons et des privilèges du Patron divin. C'est pourquoi il est si difficile d'aboutir à une reconnaissance inconditionnelle du Patron *ou* du client dans un tel contexte : ce n'est pas qu'il ne s'agisse d'une relation réciproque et bilatérale, mais cette relation est si particulière que cette manière de la caractériser apparaît tout à fait insuffisante.

C'est que la position du client et du Patron est profondément ambiguë et qu'il est extrêmement difficile sinon impossible de dépasser cette ambiguïté. D'une part, du côté du client, il y a une faiblesse et une précarité fondamentales mais cela n'enlève pas au client son importance cruciale : sous un angle, le client est celui qui reconnaît le Nom ou la Souveraineté du Patron et à ce titre il est *irremplaçable* ; sous un autre angle, le client est dans la main de son dieu et il ne peut rien sans lui à ses propres yeux, ce qui fait qu'il en attend tout, y compris la promotion de son honneur ou de son statut ; la reconnaissance prend donc chez lui la forme de faveurs, de bénédictions ou de promesses divines, et c'est ce qui fait que son bonheur est suspendu tout entier au bon plaisir de son dieu. D'autre part, du côté du Patron, ce qui ressort de façon éclatante, c'est évidemment sa Puissance et sa Souveraineté mais cela n'empêche malheureusement pas qu'il doive lui aussi se retrouver dans une position de dépendance relative : sous un angle, Yhwh est celui qui sait tout, peut tout et fait tout dans la relation qu'il instaure et aménage avec son sujet Israël, et à ce titre il peut se permettre en toute indépendance de promettre ou de menacer, de récompenser ou de châtier ; sous un autre angle, néanmoins, il poursuit bon gré mal gré un objectif stratégique de reconnaissance qui le place, quoi qu'il en ait, entre les mains de ses sujets et à la merci de leur bon vouloir, et cela, en dépit de leur soumission déférente et de leur loyauté supposément indéfectible.

C'est dans ce contexte général qu'apparaît l'envers de l'honneur, c'est-à-dire la possibilité de l'échec au cœur du jeu de la reconnaissance, bref la possibilité du rejet et de l'humiliation. La honte est l'envers de l'honneur : chez le client, l'humiliation prend la forme de l'abandon et de la disgrâce, et chez le Patron, la forme moins cruelle mais tout aussi cuisante du simple déshonneur qui est elle aussi marquée au coin du rejet.

La recherche de reconnaissance du côté de Yhwh

Notre grille étant suffisamment éclaircie et ajustée à son objet particulier, nous sommes maintenant en mesure de l'appliquer correctement au texte biblique de manière à enrichir et approfondir notre compréhension de l'idéologie qu'il véhicule. Notre premier point devrait tout simplement consister à examiner ce que signifie la recherche de la reconnaissance pour un Patron aussi absolu et incomparable que Yhwh. Malgré son importance très grande, cet aspect du jeu de l'Alliance Yhwh-Israël a été relativement négligé par les chercheurs. Pourtant le texte biblique donne constamment la parole à Yhwh et son discours étale de façon aveuglante son insatiable souci de reconnaissance. Nous nous en tiendrons ici à ce qui définit ce souci de façon centrale : le Nom, le Renom, la Gloire, la Souveraineté de Yhwh, tout cela formant un bloc indissociable.

À un premier degré, on observe ce souci de reconnaissance chez Yhwh par la façon même dont Yhwh se présente lorsqu'il promulgue son Alliance et sa Torah pour le bénéfice de son peuple. Ainsi, par exemple, une formule d'auto-présentation court à travers de nombreux textes du Lévitique, particulièrement dans le Code de sainteté des chapitres 19 à 26. Un exemple suffira : « Gardez toutes mes lois et toutes mes coutumes, mettez-les en pratique. Je suis Yhwh » (19,37). Cette simple auto-présentation contient déjà implicitement le Renom et la Souveraineté de Yhwh et elle nous dirige ainsi vers une formule qui dépasse la simple auto-présentation et va jusqu'à l'auto-glorification. La formule peut alors être précisée de la manière suivante : « Vous aurez des balances justes, des poids justes, une mesure juste, un setier juste. Je suis Yhwh votre dieu qui vous ai fait sortir du pays d'Égypte » (19,36). En clair, je suis le Patron incontesté, vous me devez la liberté, le salut, la vie, et je vous promets le bonheur en Canaan par surcroît. Votre dette de reconnaissance est donc énorme, à la limite impayable. Le rachat assuré par Yhwh entraîne une dette sans compensation possible, une dette que rien ne peut éponger sinon la reconnaissance inconditionnelle que vise Yhwh et qui *commande* justement ces actes si gracieux. Mais une fois la dette *créée*, Israël s'engouffre dans un circuit transactionnel sans fin et sans fond. Par la formule de présentation et de glorification de soi utilisée par Yhwh, c'est ce qui est rappelé à Israël à tout moment. Tous les prétextes sont bons pour ramener Israël à sa dette mais à vrai dire ce message divin est presque toujours centré sur la Loi, comme par hasard. Au bout du compte, lorsque Yhwh se pose comme Patron et Souverain, lorsqu'il invoque son Nom et son Renom, c'est pratiquement toujours pour rappeler Israël à ses devoirs c'est-à-dire à sa Soumission à la Loi et plus profondément à l'exigence absolue de reconnaissance face à Yhwh. Car finalement c'est son honneur que Yhwh a en vue et s'il se montre particulièrement chatouilleux, ombrageux et jaloux à ce sujet, c'est à la fois parce que la vraie reconnaissance qu'il convoite est une denrée extrêmement rare et parce que son honneur même, son Nom-Renom est une chose extrêmement précieuse et fragile. Je sais que le mot est horrible, intolérable, crucifiant, mais le Patron divin *dépend* de ses clients dans sa recherche de reconnaissance, même s'il les a choisis lui-même, même s'il les a sauvés de la servitude, même s'ils sont écrasés sous la dette et même s'ils ne peuvent absolument rien sans lui. De façon directe ou par l'intermédiaire de ses prêtres et de ses prophètes, Yhwh n'en finit pas et s'épuise à exhorter, exiger, revendiquer et même supplier ses sujets ; son besoin de reconnaissance est son talon d'Achille pour employer une image qui me paraît assez adaptée.

Cela mérite d'être illustré. Là où il est le plus facile de discerner l'importance de la reconnaissance pour Yhwh, c'est lorsque les textes décrivent les risques courus lors d'une non-reconnaissance ou d'une infidélité de la part d'Israël. L'histoire deutéronomiste est remplie de ces infidélités et leur accumulation finit par assommer le lecteur tant elles menacent de banaliser l'enjeu à force de répétitions et de formules stéréotypées. Je n'y reviens donc pas. Outre cela, on trouve chez Amos la même obsession de l'infidélité, exposée à pleines pages, par le biais d'images machistes et parfois même obscènes où Israël est comparé à une épouse adultère, à une prostituée, à une femme de rien. Avec sa verve hargneuse et un brin hystérique, le grand Ézéchiel a assez bien résumé le propos en question : « Tu fus renommée parmi les nations pour ta beauté [...]. Mais tu t'es infatuée de ta beauté, tu as profité de ta renommée pour te prostituer, tu as prodigué tes débauches à tout venant » (Ez 16,15). Et plus loin : « Comme ton cœur était faible en commettant toutes ces actions dignes d'une véritable prostituée! Lorsque tu te bâtissais un tertre à l'entrée de chaque chemin [...], tu n'étais pas comme la prostituée. La femme adultère, au lieu de son mari, accueille les étrangers. À toutes les prostituées, on donne un cadeau. Mais c'est toi qui donnais des cadeaux à tous tes amants et qui leur a offert des présents, pour que, de tous côtés, ils viennent à toi dans tes prostitutions» (16,30-33). Et il conclut: «... pour cela, je vais rassembler tous les amants à qui tu as plu, tous ceux que tu as aimés et tous ceux que tu as haïs, je vais les rassembler d'alentour contre toi, et je vais découvrir ta nudité devant eux, pour qu'ils voient toute ta nudité. Je vais t'infliger le châtiment des femmes adultères et sanguinaires: je te mettrai en sang avec fureur et jalousie, je te livrerai entre leurs mains; ils nivelleront ton tertre et démoliront tes hauteurs, ils t'arracheront tes vêtements et te prendront tes parures, ils te laisseront toute nue» (16,37-39). On admire ici Yhwh en médecin de son honneur. La seule vengeance convenable du Chef de famille humilié, c'est d'humilier son épouse infidèle à son tour. Le fait que ces jugements prophétiques soient foncièrement anachroniques et déplacés[3] ne fait qu'ajouter à notre ahurissement devant une telle violence. Mais, au-delà de ces propos abusifs, on voit bien le risque terrible couru par le Patron en quête de reconnaissance: malgré lui, il est menacé de déshonneur et d'humiliation; malgré lui, il est vulnérable et dépendant; lui aussi, le rejet l'atteint, le touche en plein cœur et le mortifie.

Si l'on pousse plus loin l'examen des conséquences négatives ou des risques inhérents à la recherche de reconnaissance dans le contexte patron-client, il faut ajouter que Yhwh risque d'être humilié non seulement par Israël mais aussi par les nations qui s'attaquent à Israël et mettent alors son pouvoir en jeu. Cela est évident au cours des nombreuses guerres sacrées décrites dans la Bible, par exemple dans le livre de Josué. Mais cela l'est encore davantage lorsque l'ennemi est plus puissant et véritablement menaçant, comme dans le récit symbolique du défi de Goliath à David qui donne lieu à cette réponse exemplaire: «[...] je viens vers toi au nom de Yhwh Sabaot, le dieu des lignes d'Israël, à qui tu as lancé un défi. Aujourd'hui, Yhwh te remettra en ma main...» (1S 17,45-46). Toutefois, le modèle de ce genre de défi à l'honneur divin se trouve en 2Rois 18,17 à 19,19, où l'on nous raconte une joute d'honneur surhumaine entre Sennachérib, l'empereur assyrien, et Yhwh. L'envoyé de l'empereur, dans une série de discours à Ézéchias,

3. Les yahvistes postexiliques présupposent régulièrement un Israël yahviste même avant l'Exil, ce qui est manifestement anachronique.

explique d'abord que Sennachérib est envoyé par Yhwh lui-même pour détruire Juda (2R 18,25), puis il en vient au fait: «Mais n'écoutez pas Ézéchias, car il vous abuse en disant: "Yhwh nous délivrera!" Les dieux des nations ont-ils vraiment délivré chacun leur pays des mains du roi d'Assyrie? [...] Parmi tous les dieux des pays, lesquels ont délivré leur pays de ma main, pour que Yhwh délivre Jérusalem?» (18,32-35). À quoi Ézéchias riposte par une prière dans laquelle il se remet entre les mains de Yhwh, non sans transmettre à ce dernier le défi assyrien: «Yhwh, dieu d'Israël, qui siège sur les chérubins, c'est toi qui es seul dieu de tous les royaumes de la terre, c'est toi qui as fait le ciel et la terre. Prête l'oreille, Yhwh, et entends, ouvre les yeux, Yhwh, et vois! Entends les paroles de Sennachérib qui a envoyé dire des insultes au dieu vivant. [...] Mais maintenant, Yhwh, notre dieu, sauve-nous de sa main, je t'en supplie, et que tous les royaumes de la terre sachent que toi seul es dieu, Yhwh» (19,15-19). Effectivement, Yhwh sauve Jérusalem, conformément à la thèse sioniste centrale qui veut que tout arrive à Israël de la main de Yhwh, sa récompense ou son châtiment, son Salut ou son Exil, et que rien ne saurait lui arriver par des humains, sinon en tant que simples instruments du jugement de Yhwh.

Tous ces exemples concourent à démontrer que Yhwh devient implacable lorsque son honneur n'est pas reconnu ou qu'il est mis en péril soit par ses propres clients soit même par des étrangers. Mais revenons à nouveau à la façon dont Yhwh lui-même évoque son honneur de façon positive, c'est-à-dire son Nom et son Renom, sa Souveraineté et sa Puissance. J'ai déjà montré que la formule utilisée va de la simple présentation de soi jusqu'à l'évocation des hauts faits dont il peut se glorifier. Dans les textes du Lévitique, cette formule s'accompagne invariablement d'une invitation à la soumission et à la loyauté. On est déjà en plein processus de reconnaissance. Dans la plupart des passages, Yhwh exige simplement de son peuple d'être à la hauteur de ses attentes et exigences, donc de se conformer à ses lois (par exemple Lv 18,2-5, passage tout à fait typique). Mais cette démarche va bien au-delà d'une simple conformité de type rituel ou légal. Reconnaître Yhwh, vivre selon ses attentes et ses desseins, c'est être à la hauteur, c'est *faire honneur* à Yhwh, c'est se modeler sur sa perfection et sa sainteté, c'est à la limite être comme lui. La demande peut, bien sûr, paraître démesurée puisque l'écart entre le client et le Patron ne saurait être comblé si facilement et que le client, voué qu'il est à la foi, à la soumission et à la loyauté, ne sera jamais qu'une pâle réplique de son bienfaiteur. Mais c'est l'intuition géniale des rédacteurs du Code de sainteté que de nous faire entrevoir que la reconnaissance parfaite de Yhwh passe par ce façonnement total du client *sur* et *par* son Patron. Le texte classique: «Soyez saints, car moi, Yhwh votre dieu, je suis saint. [...] Ne vous tournez pas vers les idoles et ne vous faites pas fondre des dieux de métal. Je suis Yhwh votre dieu» (Lv 19,2-4). Et plus clairement encore peut-être: «Vous vous sanctifierez pour être saints, car je suis Yhwh votre dieu. Vous garderez mes lois et vous les mettrez en pratique, car c'est moi Yhwh qui vous rend saints» (Lv 20,7-8). Ici la Loi et la Grâce de Yhwh forment une équivalence et même un tout indissociable: être comme Yhwh, c'est suivre sa voie, sa volonté, et le moyen donné par Yhwh, c'est la Loi. Nous reviendrons plus loin sur tout cela.

Comme on le voit, la simple formule d'auto-présentation de Yhwh contient déjà implicitement une exigence de reconnaissance. Mais cette formule peut être explicitée et déployée pour devenir une formule de demande ouverte de reconnaissance. Yhwh prétend alors à la reconnaissance en raison des actes qu'il a commis en faveur d'Israël. Dans le livre de l'Exode, le discours divin prend cette tournure à plusieurs reprises. Voici le passage le plus caractéristique, où Yhwh s'adresse à Moïse: «*Je suis Yhwh.* Je suis apparu à Abraham, à Isaac et à Jacob [...]. J'ai aussi établi *mon* alliance avec eux pour leur donner le pays de Canaan, la terre où ils résidaient *en étrangers.* Et moi, j'ai entendu le gémissement des Israélites et je me suis souvenu de *mon* alliance. [...] Je vous prendrai pour mon peuple et je serai votre dieu. Et *vous saurez que je suis Yhwh*, votre dieu, qui vous aura soustraits aux corvées des Égyptiens. Puis je vous ferai entrer dans la terre que j'ai juré de donner...» (Ex 6,2-8). La même formule est reprise plus loin, mais cette fois avec les Égyptiens en vue: «*Ils sauront*, les Égyptiens, *que je suis Yhwh*, quand j'étendrai ma main contre les Égyptiens...» (7,5). De même encore: «*Les Égyptiens sauront que je suis Yhwh* quand je me serai glorifié aux dépens de Pharaon...» (14,18).

Le message est si clair qu'il appelle peu de commentaires. D'abord, on est dans un contexte où le Patron accorde ses faveurs au peuple élu de façon unilatérale et parfaitement gracieuse; c'est ce genre de discours qui fait parfois croire à une Promesse inconditionnelle. Mais c'est manquer complètement le sens du texte: vous n'étiez rien, des étrangers en Canaan même, des esclaves en Égypte, et je vous ai rachetés, sauvés, libérés pour que vous sachiez, compreniez, reconnaissiez que je suis Yhwh, votre Sauveur, votre Patron; vous n'étiez *rien*, vous me devez *tout*. Reste pourtant que cette construction est fragile puisqu'on ne peut confondre une obligation de gratitude reconnaissante et un engagement libre par lequel Israël mettrait inconditionnellement sa foi en Yhwh. Aussi la logique profonde de l'interaction nous force-t-elle de conclure que Yhwh ne fait pas promesse inconditionnelle puisqu'il recrute son peuple pour en obtenir reconnaissance, et qu'Israël ne lui promet pas non plus allégeance inconditionnelle puisqu'il est déjà lié par une dette impayable et non par un engagement libre. La marge de liberté d'Israël est purement virtuelle : Yhwh ne dit pas « vous croirez » que je suis le Patron mais bien « *vous saurez* »… Il y a malentendu entre Yhwh et Israël : la promesse n'engage que Yhwh et la libération subséquente oblige Israël mais ne l'engage pas librement et ne permet donc pas une attitude de réciprocité grâce à laquelle pourrait se développer une loyauté sans restriction, une reconnaissance complète. À la base, la libération opérée par Yhwh n'est elle-même pas inconditionnelle dans la mesure où le Patron oblige le client à la reconnaissance, à la glorification de son honneur. Yhwh n'est pas autonome ni autosuffisant, il est avide de reconnaissance et jaloux de son honneur. Sa souveraineté est illusoire, c'est son talon d'Achille, il vit dans le besoin (de reconnaissance) et ce besoin le rend vaniteux et tyrannique.

La recherche de reconnaissance du côté d'Israël

Jusqu'ici, nous avons pour l'essentiel examiné comment se pose le problème de la reconnaissance du côté de Yhwh. Nous allons maintenant introduire le problème complémentaire de la reconnaissance du côté d'Israël. Évidemment, comme on le sait déjà, ces deux problèmes ne se laissent pratiquement pas séparer puisque Yhwh et Israël jouent leur honneur ou leur déshonneur en interaction l'un avec l'autre. Reste que pour être intelligible notre exposé doit procéder par analyses et distinctions.

La Foi inconditionnelle

Le problème de l'honneur se pose d'une manière très particulière dans la perspective du client. Dans un premier temps, on peut poser que lorsque la relation Yhwh-Israël est au beau fixe, cela signifie que le client s'en tient à l'attitude idéale qu'il doit avoir face au Patron divin : foi, soumission, loyauté. Sa posture idéale consiste alors à s'en remettre au Patron et à faire confiance à la capacité de ce dernier d'assurer son bonheur et de préserver son honneur. Mais cette attitude exige une foi à toute épreuve. On le constate, par exemple, lorsque le prophète Isaïe exige qu'Israël ne fasse aucune alliance avec les peuples étrangers et qu'il s'en remette exclusivement au libérateur divin et à ses Plans mystérieux (voir par exemple 30,1-5 ; 30,15-17 ; 31,1-4 ; 38,1-22). Ce qu'on trouve au fond de cette attitude de confiance en Yhwh, c'est la logique de la reconnaissance parfaite élucidée en Deutéronome 6-11: ne pas croire aux idoles étrangères et au bout du compte ne pas faire confiance même à ses propres forces et à ses propres vertus; la force appartient à Yhwh seul et ce sont ses seuls desseins et ses seules voies qui doivent être suivis et finalement l'emporter. La reconnaissance de Yhwh doit aller jusque-là pour être complète et exclusive: tout attendre de Yhwh et ne rien attendre de tout autre, y compris de soi-même; s'en remettre à Yhwh pour tout, être dans sa main comme un sujet confiant, comme un instrument docile, comme le client d'un Patron absolu. La reconnaissance inconditionnelle de Yhwh ne peut être réalisée qu'au prix d'une confiance parfaite et d'un décentrement total. S'abandonner à Yhwh, c'est cela. Et la rétribution attendue pour cette attitude, c'est le bonheur sous les formes convenues. Mais nous savons déjà par de nombreux textes qu'Israël n'arrive pas à réaliser cet idéal de confiance et de décentrement parfaits. Tout cela nous est maintenant familier.

L'Infidélité et l'Exil

Dans un deuxième temps, par suite, le problème de l'honneur d'Israël doit être posé dans le contexte habituel d'une relation inadéquate avec Yhwh. L'histoire deutéronomiste, du livre de Josué jusqu'aux livres des Rois, décrit cette relation manquée au cours de laquelle Israël ne cesse à la fois de rejeter Yhwh et de s'en remettre à toutes sortes d'idoles extérieures et intérieures. Si on laisse de côté le caractère manifestement anachronique des jugements portés par les auteurs deutéronomistes et qu'on s'en tient à la logique des textes, il est facile d'observer que toute la période de la monarchie divisée (après David et Salomon) n'est qu'une longue enfilade d'infidélités et de reniements. C'est dans un tel contexte que les ressorts profonds de l'interaction entre Israël et Yhwh apparaissent.

Le client Israël se retrouve assez rapidement dans une conjoncture où il se sent presque constamment menacé et affaibli face à l'extérieur et où il a à défendre son honneur avec les moyens du bord, sans vraiment savoir quelle stratégie pourrait le tirer d'affaire. La fidélité d'Israël face au Patron divin est alors mise à l'épreuve à un degré extrême et qui dépasse de loin ses forces. Durant plusieurs siècles, les atteintes graves à l'honneur divin s'accumulent jusqu'à ce que, en dépit de rares embellies, le poids de la faute devienne trop grand pour être tolérable. On assiste, au terme de ce processus, à une sorte de jeu de bascule entre l'honneur de Yhwh et le déshonneur d'Israël et inversement. C'est là une construction idéologique et d'ailleurs une construction rétrospective (peut-être avec des matériaux contemporains, dans certains cas), mais ce qui nous intéresse, de toute façon, c'est le sens de cette construction. Israël n'est plus dans la main de

Yhwh, il essaie de se tirer d'affaire sans lui et de ce fait il brise l'Alliance, le lien de reconnaissance. Yhwh est rejeté, déshonoré, humilié. Il ne reste alors qu'une issue au Patron, dans la mesure où il souhaite laver son honneur bafoué : c'est d'humilier le client à son tour, de l'abandonner à ses ennemis et de fomenter sa défaite et son expulsion de la terre promise. Ainsi sera faite la preuve qu'Israël n'était rien sans Yhwh puisqu'une fois abandonné par lui, il retourne précisément à la case départ, au statut d'Exil. Le texte qui expose de la manière la plus pure cette logique interne de la vengeance divine et de l'humiliation d'Israël, c'est le fameux oracle de Yhwh au chapitre 20 du livre d'Ézéchiel.

Ici, toute l'histoire d'Israël est passée en revue et décrite comme une suite ininterrompue d'infidélités. L'infidélité commence du reste en Égypte, se continue au désert, puis dans la terre promise et enfin sous les rois d'Israël et de Juda. À chaque phase le leitmotiv revient : ils se rebellèrent contre moi. Et Yhwh explique que par égard pour son Nom-Renom, il a sauvé à plusieurs reprises un peuple à qui il avait tout donné et qui ne méritait en rien ses faveurs. Il explique d'abord la libération d'Égypte non pas comme une faveur à son client ou une réalisation de sa promesse mais purement et simplement comme une défense in extremis de son honneur : « Mais j'eus égard à mon nom, et je fis en sorte qu'il ne fût pas profané devant les nations au milieu desquelles ils étaient et aux yeux desquelles je me suis fait connaître à eux pour les faire sortir du pays d'Égypte » (20,9). En vertu de son besoin de reconnaissance, Yhwh est sous le regard des Israélites mais aussi des Égyptiens ; abandonné à lui-même, il doit sauver son honneur aux yeux de tous, envers et contre tous. Dans la logique de la construction biblique, l'initiative lui appartient à nouveau afin d'assurer sa propre reconnaissance par ses seules ressources et jusqu'en l'absence de reconnaissance extérieure. La même situation se représente après l'Alliance du Sinaï et la réaction divine est la même et dans les mêmes termes (20,14) : Yhwh sauve son peuple pour sauver son honneur. Le ressort de la Grâce divine, c'est la crainte de l'abandon et au bout du compte la nécessité de se reconnaître soi-même en désespoir de cause. Même situation encore avec les descendants de la génération du désert, avant l'entrée en Canaan, et même réaction du Patron divin ; cette fois, pourtant, non seulement Yhwh sauve-t-il son honneur mais il manifeste clairement l'intention d'endurcir le cœur de son peuple pour mieux l'écarter de lui et le perdre : « Mais encore une fois, je levai la main vers eux, au désert, pour jurer de les disséminer parmi les nations et de les disperser dans les pays étrangers. Car ils n'avaient pas pratiqué mes coutumes [...] et leurs regards s'étaient attachés aux ordures de leurs pères. Et j'allai jusqu'à leur donner des lois qui n'étaient pas bonnes et des coutumes dont ils ne pouvaient pas vivre… » (20,23-25). Pour sauver son honneur, le Patron divin avoue qu'il est prêt à assumer l'abandon dont il est victime, à en revendiquer la responsabilité, à le provoquer même : Israël ne s'est pas égaré de son propre chef, c'est moi qui l'ai égaré ; le client n'a même plus l'initiative de sa propre faute.

On en arrive enfin aux infidélités plus récentes d'Israël et de Juda, sous la monarchie divisée. Ici l'argumentation de Yhwh se modifie : puisque vous persistez à me rejeter et à vouloir être comme les autres peuples qui se contentent d'idoles, alors je veillerai à contrecarrer votre entêtement ridicule et je vous forcerai à me reconnaître : « Quant au rêve qui hante votre esprit, il ne se réalisera jamais […]. Par ma vie, oracle du Seigneur Yhwh, je le jure : c'est moi qui régnerai sur vous, à main forte et à bras étendu, en déversant ma fureur. Je vous ferai sortir du milieu des peuples et je vous rassemblerai des pays étrangers où vous avez été dispersés […] ; je vous mènerai au désert des peuples et je vous y jugerai face à face. […] Je vous ferai passer sous la houlette et je vous amènerai à respecter l'alliance ; je séparerai de vous les rebelles, ceux qui se sont révoltés contre moi, je les ferai sortir du pays où ils séjournent, mais ils n'entreront pas au pays d'Israël, *et vous saurez que je suis Yhwh*. […] Et vous ne profanerez plus mon saint nom par vos offrandes et vos ordures » (20,32-39). La péroraison de ce discours renversant mérite aussi d'être méditée : « … *et vous saurez que je suis Yhwh*, lorsque je vous ramènerai sur le sol d'Israël, au pays que j'ai juré solennellement de donner à vos pères. C'est là que vous vous souviendrez de votre conduite et de toutes les actions par lesquelles vous vous êtes souillés, et vous éprouverez du dégoût pour vous-mêmes, à cause de tous les méfaits que vous avez commis. *Et vous saurez que je suis Yhwh*, quand j'agirai envers vous *par égard pour mon nom* et non pas d'après votre mauvaise conduite et vos actions corrompues, maison d'Israël, oracle du seigneur Yhwh » (20,42-44). On trouve strictement la même argumentation en 16,59-63.

Ce texte est sans doute l'un des plus radicaux et des plus profonds de toute la Bible. Les implications ultimes de la stratégie de Yhwh au jeu de la reconnaissance y sont dévoilées comme nulle part ailleurs. Ézéchiel, prophète de lignée sacerdotale, endosse à fond la perspective divine et montre sans aucun respect humain jusqu'où le Patron est prêt à aller pour réaliser son objectif stratégique fondamental : assurer sa reconnaissance telle qu'il la convoite et estime la mériter. L'oracle le montre prêt à tout, strictement à tout, et cela au point qu'il oscille entre deux possibilités extrêmes : ou bien contribuer de lui-même à enfoncer son peuple dans l'apostasie, ce qui revient à susciter et provoquer l'abandon dont il sera victime ; ou bien sauver son peuple contre son gré et le forcer à le reconnaître en dépit de son démérite constant et de toutes ses conduites honteuses. La vraie question est finalement de savoir ce que suppose une telle problématique, du côté des sionistes qui la conçoivent et l'élaborent.

On savait déjà que Yhwh avait proposé et établi l'Alliance de façon unilatérale et on pouvait déjà se demander s'il n'y avait pas quelque naïveté à construire une Alliance bilatérale sur une base aussi nettement unilatérale, inscrivant par là Israël comme un simple répondant, un pur faire-valoir de Yhwh. À vrai dire, l'entrée de jeu de la relation Yhwh-Israël est déjà révélatrice de la totalité de la construction interactionnelle et cela ne devrait pas nous surprendre. Seulement, les textes permettent rarement de se rendre pleinement compte de la logique absolutiste dans laquelle nous entraîne nécessairement, à la longue, une telle entrée de jeu. On a généralement l'impression que le Patron est disposé à tout mettre en œuvre pour sauver et racheter son peuple et tenir sa promesse aux patriarches. Autrement dit, quand on s'en tient à la perspective du client, du bénéficiaire, on entretient facilement l'illusion que Yhwh n'est que bonté et clémence et que même sa colère n'est qu'un recours passager et en fin de compte justifié par la poursuite du salut d'Israël. Mais cette demi-vérité doit être complétée par la perspective du Patron, du bienfaiteur.

Yhwh s'est avancé, il s'est compromis radicalement par ses initiatives unilatérales, il a avoué plus ou moins son Plan, son objectif, son besoin ; nous pressentions déjà qu'il jouait gros en s'engageant *de cette manière* dans le jeu de la reconnaissance mais Ézéchiel nous montre maintenant jusqu'où cette entrée de jeu l'entraîne fatalement. On voit ici très crûment quelle est la perspective sioniste extrêmement particulière sur Yhwh, sur son Nom-Renom, sur son intervention historique, sur son Plan de salut et, par-dessus tout, sur ses objectifs stratégiques *propres*. Généralement, on s'en tient à un examen des intentions et des actions divines, comme si Yhwh ne vivait et n'agissait qu'en fonction d'Israël et que le reste n'importait pas ou ne nous était pas accessible. En outre, lorsqu'on s'avance jusqu'à l'élucidation des désirs et des sentiments « personnels » de Yhwh, c'est presque invariablement pour nous montrer un Patron qui réalise sa Promesse ou qui restaure l'Alliance avec son client, s'assurant par là un règne glorieux et sans partage sur Israël et même, dans certains cas, sur l'univers. Ces analyses sont utiles mais insuffisantes. Si l'on veut vraiment comprendre ce que signifient la déception, le dépit, l'humiliation du Patron, puis sa fureur, sa vindicte, sa violence sans mesure, il faut reprendre l'analyse exceptionnelle d'Ézéchiel qui prend la peine de montrer avec une sorte de candeur lucide ce qu'est la posture du Patron déçu, désabusé, désillusionné, désespéré.

Car au bout de son entreprise folle et impossible, Yhwh se retrouve littéralement *hors de lui*, pris d'un désespoir et d'un emportement passionnel difficiles à mesurer et à contrôler. Le châtiment dont il parle constamment à ce stade, c'est le massacre, l'extermination, la dispersion totale, l'Exil définitif. Son dépit est radical, irréversible. Or, lui qui a tout préparé, inauguré et dirigé, lui qui sait tout et peut tout, qui ne saurait se tromper, faillir ou échouer, il est acculé à se rendre compte à lui-même de sa défaite et de son erreur. Mais justement, il ne s'est pas trompé, à aucun moment il n'a erré : ainsi, si son peuple s'est détourné de lui ou simplement n'a pas répondu à son attente, il doit avancer qu'il le savait depuis le début et que c'est lui-même qui a préparé et causé cela comme tout le reste ; ainsi encore, si son peuple le délaisse et ne se repent pas, s'il perçoit infailliblement que son peuple a brisé l'Alliance sans retour, ne doit-il pas le châtier impitoyablement ? Là est le dilemme ultime du Patron. Car s'il disperse et anéantit son peuple, il scie la branche sur laquelle il est assis, il déboulonne lui-même son piédestal. D'où cette réaction à première vue étrange de Yhwh qui annonce que, de la même façon qu'il a égaré de son plein gré son peuple pour le perdre (au double sens de cette expression), de même encore il veillera à le châtier comme bon lui semble mais aussi à le ramener à lui de force à son heure et sans se soucier de ses intentions ou de son mérite.

Mais justement, cette logique de désespoir était présente depuis le début et elle court à travers le Deutéronome comme un présage fatal et imparable. Le texte d'Ézéchiel, en se situant rétrospectivement face à tout cela, met au jour la dimension tragique du destin d'Israël mais aussi de Yhwh. Le nœud du problème se réduit à ceci : Yhwh a joué, il a tout misé sur une reconnaissance complète et exclusive, il ne peut plus revenir en arrière, abandonner sa prise, admettre l'échec ; alors, il se raidit, sa position va sans cesse en se radicalisant et il est prêt à la justifier par des arguments qui l'entraînent dans la déraison. Je reconnais évidemment que l'oracle d'Ézéchiel est extrême, apparemment délirant, mais en réalité il ne fait que pousser à bout *la logique d'une entreprise unilatérale de reconnaissance absolue* ; pour échapper à cette logique, il n'y a qu'une issue hors du désespoir divin : c'est la Soumission totale d'Israël, la Foi inconditionnelle que prôneront les sionistes après l'Exil ; en définitive, seul le client peut éviter la défaite et l'humiliation au Patron en se décentrant et s'abandonnant au dessein délirant du Patron. Comme on le voit, le jeu de la reconnaissance joué sur un mode absolutiste n'a rien d'inoffensif.

Le Repentir et le Retour

Mais par bonheur, il existe un troisième temps, après le temps de l'Alliance et celui de l'Exil, et c'est celui du Retour et de la Restauration. Car il arrive que le client, purifié par l'Exil et la défaite, se tourne vers le Patron, se repente de ses infidélités et reconnaisse enfin qu'il n'est rien et ne peut rien sans Yhwh. Alors la relation entre Yhwh et Israël peut être restaurée et l'honneur du client finit par se présenter sous un meilleur jour. Cela ne va pas sans incertitudes et sans péripéties souvent angoissantes mais du moins une ligne générale d'espoir apparaît-elle enfin. Je n'analyserai pas ce point en détail puisque nous aurons à y revenir plus loin. Je me contenterai donc de quelques indications plutôt générales.

Mon propos ne consiste pas, pour l'heure, à examiner la Restauration postexilique de Jérusalem comme phénomène historique-idéologique mais plus modestement à montrer ce que devient l'honneur du client lorsqu'il rentre en grâce et retourne dans la main du Patron. À vrai dire, il avait toujours été dans la main de Yhwh, bon gré mal gré, mais il arrivait bien souvent qu'il l'oubliât et que le poing du Patron se resserrât trop fort, au point de le faire gémir de douleur, ou qu'il risquât de se desserrer, jusqu'à le laisser tomber. C'est l'Exil qui lui a appris la juste attitude, la bonne façon de se tenir et de rester dans la main du Patron. Bien sûr, ce n'est pas le beau fixe de l'époque d'Abraham et de Moïse (et encore...), mais tout de même, l'espoir est là, entretenu, renaissant, fragile mais suffisant.

La posture de base du fidèle peut à ce stade être analysée selon deux dimensions qui interfèrent et se chevauchent sans cesse mais qu'il vaut mieux distinguer au moins formellement : d'une part, la posture du pécheur repentant ou repenti, celle que le client adopte le plus généralement *face au Patron*, dans la mesure où il se considère comme un pécheur, comme un client à jamais inadéquat devant lui, mais malgré tout comme un pécheur repentant, revenant vers lui, se remettant entre ses mains et attendant son aide, sa clémence ou sa faveur ; d'autre part, sous bénéfice d'inventaire, on peut évoquer la posture du serviteur souffrant ou du juste souffrant, celle que le client tient plutôt lorsqu'il est *en butte aux persécutions extérieures*, que son honneur est mis en péril et qu'il en appelle au Patron et s'en remet à lui pour redresser les torts subis, le venger, ou lui éviter divers outrages ou humiliations. Toute approche purement analytique de ces deux postures est insuffisante dans la mesure où le client s'en remet au Patron de même façon dans les deux cas et en attend une réponse foncièrement semblable, mais, dans le premier cas, celui du pécheur repentant, le client se situe face au Patron et admet que les humiliations subies constituent malgré tout des épreuves ou des châtiments justes pour des fautes passées ou récentes, tandis que dans le second cas, celui du serviteur souffrant, les torts subis sont généralement perçus comme provenant non du Patron mais de persécuteurs ou d'ennemis extérieurs. La distinction est donc relative mais commode et elle correspond au total à deux façons différentes de jouer son honneur ou d'atteindre à une certaine reconnaissance, invariablement grâce au Patron considéré comme un garant absolu.

Examinons d'abord la posture du pécheur repentant en nous efforçant d'en discerner le schéma fonctionnel en termes d'honneur ou de reconnaissance. Le Psaume 32 dessine bien le cadre général de cette attitude: «Je me taisais et mes os se consumaient à rugir tout le jour; la nuit, le jour, *ta main pesait sur moi* [...]. Ma faute, je te l'ai fait connaître, je n'ai point caché mon tort; j'ai dit: j'irai à Yhwh. *Confesser mon péché.* Et toi, tu as absous mon tort, *pardonné ma faute*. Aussi tous les fidèles te prient à l'heure de l'angoisse» (Ps 32,2-6). Le même schéma est repris dans le Psaume 89 mais la dimension du châtiment y ressort plus clairement, quoique le pécheur repentant revendique non moins clairement le retour en grâce: «Mais toi [Yhwh], tu as rejeté et répudié, tu t'es emporté contre ton oint [la dynastie de David]; tu as renié l'alliance de ton serviteur, tu as profané jusqu'à terre son diadème» (Ps 89,39-40). La lamentation se prolonge, puis: «Jusques à quand, Yhwh, seras-tu caché? Jusqu'à la fin? Brûlera-t-elle comme un feu, ta colère? Souviens-toi de moi: quelle est ma durée? Pour quel néant as-tu créé les fils d'Adam? [...] Où sont les prémices de ton amour, Seigneur? Tu as juré à David sur ta vérité» (Ps 89,47-50). On s'éloigne donc ici du schéma orthodoxe du Psaume 32 mais, même si le client revendique fortement en faveur de son honneur et se justifie avec insistance, il reste qu'il s'abaisse et s'en remet au Patron. On sent que ce qui l'inquiète le plus, c'est le fait que le châtiment divin passe par les persécutions extérieures et le spectacle de son humiliation. Dans le même contexte, on trouve une revendication plus claire dans le livre des Lamentations: «Entends-moi qui gémis: pas un qui me console! Tous mes ennemis ont appris mon mal, ils se réjouissent de ce que tu as fait. Fais venir le Jour que tu avais proclamé, pour qu'ils soient comme moi! Que toute leur méchanceté te soit présente et traite-les comme tu m'as traité pour tous mes crimes» (Lm 1,21-22).

Mais c'est dans la troisième Lamentation qu'on peut détecter le schéma complet de ces prières pénitentielles où le pécheur se plaint à la fois du châtiment divin et de la persécution des ennemis et attend du Patron à la fois rachat de ses fautes et vengeance contre ses ennemis. Je ne cite que les articulations principales de l'argument : « Souviens-toi de ma misère et de mon angoisse : c'est absinthe et fiel. [...] Les faveurs de Yhwh ne sont pas finies ni ses compassions épuisées [...]. Yhwh est bon pour qui se fie à lui, pour l'âme qui le *cherche*. Il est bon d'attendre en silence le salut de Yhwh. [...] Car le Seigneur ne rejette pas les humains pour toujours : s'il a affligé, il prend pitié selon sa grande bonté. Car ce n'est pas de bon cœur qu'il humilie et afflige les fils d'homme. [...] Pourquoi l'homme murmurerait-il ? Qu'il soit plutôt brave contre ses péchés. [...] Nous, nous avons péché ; nous, nous sommes rebelles : toi, tu n'as pas pardonné. [...] J'ai invoqué ton nom, Yhwh, de la fosse profonde. Tu entendis mon cri, ne sois pas sourd à ma prière, à mon appel. [...] Tu as défendu, Seigneur, la cause de mon âme, tu as *racheté* ma vie. Tu as vu, Yhwh, le tort qui m'était fait : rends-moi justice. [...] Rétribue-les, Yhwh, selon l'œuvre de leurs mains. Mets en leur cœur l'endurcissement, ta malédiction sur eux » (Lm 3,19-65).

Comme on le voit, la posture du pécheur repentant ne se comprend dans toute sa radicalité que sur fond de défaite et d'Exil. Ces paradigmes constituent le contexte de base pour la construction d'un tel modèle et c'est pourquoi j'ai choisi mes exemples dans cette sphère privilégiée. Le schéma de fonctionnement du pécheur repentant y apparaît avec une clarté infaillible : jadis il y a eu faveur divine et le pécheur veut la retrouver ; s'il a perdu cette faveur, c'est en raison de ses fautes, cela est indiscutable (on n'a pas affaire à un *juste* souffrant mais à un *pécheur* repentant) ; étant donné ses fautes, le Patron l'a abandonné, châtié, humilié, exilé et c'est à bon droit, quoique la main de Yhwh paraisse bien lourde à certains, d'autant qu'il peut avoir recours alors à des persécuteurs franchement détestables ; mais le pécheur se tourne vers Yhwh, son épreuve lui ouvre les yeux et il se repent, confesse ses péchés et s'en remet à Yhwh pour tout ; le pardon suit, le retour en grâce ne saurait tarder avec, en prime, si possible, une douce vengeance contre les persécuteurs. Donc faveur initiale-faute-châtiment-repentir-retour en grâce : bref, honneur à l'origine, honneur perdu, honneur retrouvé. Et la plaque tournante, c'est l'Exil, car ce châtiment traumatique purifie les perspectives et radicalise les enjeux. Yhwh est enfin reconnu comme il le souhaite et il peut se répandre en faveurs et en grâces diverses.

Le second modèle est celui du serviteur souffrant ou du juste souffrant qui est en butte aux persécutions. Mais, comme on va le voir, ce modèle n'apparaît que très rarement de façon pure, comme chez Job par exemple, comme nous le verrons. La situation initiale est simple : le fidèle se sent abandonné sans raison et en appelle à son Sauveur, au grand Patron. Cependant, la situation est loin d'être toujours transparente puisque le juste évoque très souvent dans sa prière la défaite et l'Exil et on devine alors qu'il ne peut pas vraiment revendiquer une vertu parfaite mais plus modestement une volonté de retour vers Yhwh, un repentir. Le modèle reste donc éclairant mais malheureusement teinté d'une certaine ambiguïté. Le schéma fonctionnel qui correspond à ce modèle mérite tout de même d'être examiné.

Le Psaume 22 est ici tout à fait typique : « Mon dieu, mon dieu, pourquoi m'as-tu abandonné, insoucieux de me sauver, malgré les mots que je rugis ? Mon dieu, le jour j'appelle et tu ne me réponds pas, la nuit, point de silence pour moi. […] Et moi ver et non pas homme, risée des gens, mépris du peuple, tous ceux qui me voient me bafouent, leur bouche ricane, ils hochent la tête : "Qu'il s'en remette à Yhwh, qu'il le délivre ! Qu'il le libère puisqu'il l'aime !" » (Ps 22,2-3 ; 7-9). Suit un long appel à la libération et à la vengeance. Le Psaume 35 insiste davantage sur la vengeance de Yhwh : « Accuse, Yhwh, mes accusateurs, assaille mes assaillants ; prends armure et bouclier, et te lève à mon aide ; brandis la lance et la pique contre mes poursuivants. Dis à mon âme : "C'est moi ton salut." Honte et déshonneur sur ceux-là qui cherchent mon âme ! Arrière ! Qu'ils reculent confondus, ceux qui ruminent mon malheur ! » (Ps 35,1-4).

Par contraste avec le premier modèle, ici, la faute est pratiquement passée sous silence et le schéma fonctionnel devient pour l'essentiel : faveur originelle suivie d'une épreuve ou d'une crise lors de laquelle le serviteur souffrant se sent abandonné par le Patron, abandonné vraisemblablement sans raison ; mais ce qu'il évoque, c'est moins l'abandon divin que la persécution des ennemis ; au stade suivant, ce qu'il évoque, en conséquence, c'est moins son repentir que sa confiance inébranlable en Yhwh et l'attente d'un retournement de situation et d'un retour de faveur accompagnés de vengeance ; dans ce cadre d'ailleurs, l'attente est généralement très forte, symbolisée par l'abaissement radical des ennemis et un retournement en faveur du serviteur, si possible à un statut plus élevé qu'auparavant. Donc à nouveau : honneur originel, honneur perdu et honneur retrouvé, mais cette fois l'honneur retrouvé devrait normalement être plus grand car le fidèle est pour l'essentiel un juste souffrant qui n'a pas mérité ce qui lui arrive ou du moins qui ressent comme une injustice le fait d'être humilié par et face à des persécuteurs qui ne devraient pas normalement l'emporter sur lui, soit en l'humiliant davantage qu'il ne le mérite soit en donnant l'impression de jouir plus que lui de la faveur divine. Ici la lutte pour la reconnaissance prend sa forme la plus fréquente, celle où se mêlent le désir de faveur, l'envie face aux autres et une certaine poursuite de réparation et de vengeance.

Mais le schème du serviteur souffrant se brouille lorsqu'on évoque l'épreuve par excellence, l'Exil, car cette épreuve est presque indissociable de la faute et du châtiment qui l'accompagne. Alors l'argumentation doit se faire plus habile et plus humble tout à la fois. Ainsi le Psaume 79: « Yhwh, ils sont venus, les païens, dans ton héritage, ils ont souillé ton temple sacré, ils ont fait de Jérusalem un tas de ruines [...]. Jusques à quand, Yhwh, ta colère ? Jusqu'à la fin ? Ta jalousie brûlera-t-elle comme un feu ? Déverse ta fureur sur les païens, eux qui ne te connaissent pas, et sur les royaumes, ceux-là qui n'invoquent pas ton nom. [...] Ne retiens pas contre nous les fautes des ancêtres, hâte-toi, préviens-nous de ta tendresse, nous sommes à bout de force ; aide-nous, dieu de notre salut, *par égard pour la gloire de ton nom* ; délivre-nous, *efface nos péchés à cause de ton nom* » (Ps 79,1-9). Dans le cas de l'Exil, la faute ne peut être ignorée, passée sous silence. Le recours du client consiste plutôt à noircir les persécuteurs et surtout à en appeler à Yhwh pour qu'il sauve son honneur, ce qui suppose, en douce, une remise des péchés, un rachat de son peuple. La situation est délicate et oblige le client à cumuler les deux schémas, ce qui revient à s'en remettre d'autant plus complètement au Patron ; d'où l'appel à son honneur pour sauver la mise.

L'argument qui consiste à supplier humblement Yhwh de sauver lui-même son honneur comporte une certaine pureté mais il vient rarement seul. Déjà en 79,9 on trouve un autre argument, seulement esquissé : « délivre-nous, efface nos péchés à cause de ton nom ». Dans la cinquième Lamentation, l'argument est développé à fond : « Pourquoi nous oublierais-tu pour toujours, nous abandonnerais-tu jusqu'à la fin des jours ? *Fais-nous revenir à toi*, Yhwh, et nous reviendrons. Renouvelle nos jours comme autrefois, si tu ne nous as tout à fait rejetés, irrité contre nous sans mesure » (Lm 5,20-22). Dans le contexte de nos modèles anthropologiques, la Grâce qu'on évoque ici n'est qu'une forme extrême de la faveur divine, la forme que prend l'honneur du Patron lorsqu'il prend en charge à la fois la gloire de son Nom-Renom et le salut de son peuple et de son lieu d'élection. Aussi le fidèle force-t-il l'issue fort habilement lorsqu'il s'en remet au Patron en prétendant qu'il n'a rien de mieux à faire que de prendre en charge en bloc son honneur et celui de son peuple.

Dans cette logique, un autre argument s'ajoute tout naturellement aux deux premiers et c'est justement celui qui a donné son nom au serviteur souffrant : « C'est pour toi que je souffre l'insulte, que l'humiliation me couvre le visage, que je suis un étranger pour mes frères, un inconnu pour les fils de ma mère ; car le zèle de ta maison me dévore, *l'insulte de tes insulteurs tombe sur moi* » (Ps 69,8-10). Tout le Psaume mériterait d'être cité, tant il illustre avec mesure et à-propos le drame du client qui s'est engagé aux côtés du Patron et qui est condamné à en attendre son salut; son stratagème est si bien amené qu'on en oublie ses fautes et qu'on voit presque s'effacer le châtiment d'Israël derrière le problème de l'honneur du Patron. Le langage de l'honneur va ici jusqu'au bout de ses ressources car, dans son humiliation même, le client trouve une sorte de pouvoir de négociation insoupçonné qui par surcroît ne fait que grandir le Patron. Il arrive même, mais beaucoup plus rarement, que le fidèle aille jusqu'à montrer au Patron qu'il a besoin de lui et a tout avantage à le racheter: « Vers toi, Yhwh, j'appelle, à mon dieu je demande pitié: Que gagnes-tu à mon sang [à ma mort], à ma descente en la tombe? Te loue-t-elle, la poussière, annonce-t-elle ta vérité?» (Ps 30,9-10).

Il doit être clair au lecteur attentif que nos deux modèles se recoupent jusqu'à un certain point mais qu'ils se distinguent aussi, même au moment où le serviteur souffrant avoue tous ses torts de façon comparable au pécheur repentant. En réalité, il me semble juste de distinguer ces deux modèles tout en les plaçant au bout du compte sur un même vecteur qui va du pécheur conscient de sa défaveur jusqu'au serviteur confiant en son retour de faveur éventuel; car, en définitive, le pur modèle du juste souffrant est exceptionnel, comme nous le verrons plus loin, et dans le contexte de notre modèle anthropologique de l'honneur le client en vient très logiquement à jouer sur toutes les ressources de sa situation pour obtenir le retour en grâce qu'il souhaite. Comme on le verra bientôt, le fait qu'il insiste sur son humiliation face aux oppresseurs *et* sur son statut de pécheur face au Patron, tout cela finit par concourir à la défense de son honneur.

Je crois pertinent, pour terminer ce développement, d'indiquer brièvement deux réactions tout à fait typiques et au fond complémentaires du Patron à l'écoute de la prière de son client. Chez Ézéchiel, on trouve le discours d'un Patron qui se soucie par-dessus tout de son honneur et cela n'a rien pour surprendre. Dans un discours symbolique où Israël est comparé à un mort qui ressuscite du tombeau, Yhwh donne sa position sans compromis: « Voici que j'ouvre vos tombeaux; je vais vous faire remonter de vos tombeaux, mon peuple, et je vous ramènerai sur le sol d'Israël. *Vous saurez que je suis Yhwh*, lorsque j'ouvrirai vos tombeaux et que je vous ferai remonter de vos tombeaux, mon peuple. Je mettrai mon esprit en vous et vous vivrez, et je vous installerai sur votre sol, et vous saurez que moi, Yhwh, j'ai parlé et je fais, oracle de Yhwh» (Ez 37,12-14). Chez Ézéchiel, le Patron a la compassion sobre et ne semble se soucier que de justice et d'honneur. Le message d'espoir d'Isaïe témoigne par contraste d'un lyrisme et d'une sensibilité où transparaît la compassion du Patron pour son client privilégié. Je m'en tiens à deux passages justement fameux: « Et toi, Israël, mon serviteur, Jacob, que j'ai choisi, race d'Abraham, *mon ami* [...], je t'ai dit: "Tu es mon serviteur, *je t'ai choisi*, je ne t'ai pas rejeté." Ne crains pas car *je suis avec toi*, ne te laisse pas émouvoir car je suis ton dieu; je t'ai fortifié et je t'ai aidé, je t'ai soutenu de ma droite justicière. Voici qu'ils seront honteux et humiliés, tous ceux qui s'enflammaient contre toi [...]. Car moi, Yhwh, ton dieu, je te saisis la main droite, je te dis: "Ne crains pas c'est moi qui te viens en aide, oracle de Yhwh, *celui qui te rachète*, c'est le Saint d'Israël" » (Is 41,8-14). Puis cet autre passage où le serviteur d'Israël prend la parole et dialogue avec Yhwh: « Il m'a dit: "Tu es mon serviteur, Israël, *toi en qui je me glorifierai.*" Et moi j'ai dit: "C'est en vain que j'ai peiné, pour rien, pour du vent, j'ai usé mes forces." Et pourtant mon droit était avec Yhwh et mon salaire avec mon dieu. Et maintenant Yhwh a parlé [...], il a dit: "C'est trop peu que tu sois pour moi un serviteur pour relever les tribus de Jacob et ramener les survivants d'Israël. Je fais de toi la lumière des nations pour que mon salut atteigne aux extrémités de la terre." Ainsi parle Yhwh, le rédempteur, le Saint d'Israël, à celui dont l'âme est méprisée, honnie de la nation, à l'esclave des tyrans » (Is 49,3-7).

Dans les deux cas, pourtant, la réponse est sans ambiguïté, qu'elle soit axée sur la gloire du Patron ou plutôt sur l'honneur du client. La promesse est là, elle revient sans cesse à la surface, elle doit tôt ou tard assurer la libération, la Restauration, le Salut d'Israël. Mais plus profondément, derrière les deux postures analysées ici, il y a un contexte unique et constant dans lequel toute la problématique de la reconnaissance s'établit peu à peu, à travers tout le texte biblique, et ce contexte, c'est la défaite, la dispersion, l'Exil.

Une posture éthique

À travers l'ensemble de cette enquête sur la recherche de reconnaissance, nous avons utilisé des modèles anthropologiques simples et bien connus et nous y avons eu recours de façon souple et très libre, dans le but non de forcer le texte ou de le solliciter sans mesure mais simplement de le mieux entendre en en faisant ressortir un discours qui demeure trop souvent latent ou implicite. Notre prétention ne s'est jamais étendue au-delà de cette compréhension affinée et plus sensible du texte. Effectivement, il ressort de cet examen patient une observation centrale et irrécusable: les sionistes postexiliques pratiquent invariablement le jeu de la reconnaissance par rapport à Yhwh et même, pourrait-on dire, par rapport à lui seul. Comprenons-nous bien : il est hors de doute que ce discours très particulier n'affecte pas l'ensemble de la population juive avant et après l'Exil et qu'il a pendant longtemps une influence assez limitée. Quoi qu'il en soit, notre propos porte essentiellement sur la manière dont leur discours idéologique se construit. Notre point de départ, après les analyses que nous venons de mener, ne peut être que le suivant : pour les sionistes considérés dans leur ensemble, la reconnaissance de Yhwh constitue l'objectif stratégique central, et le contexte de référence sur la base duquel cet objectif transparaît est l'Exil.

Il est extrêmement important de se rendre compte que toute l'histoire d'Israël est constamment pensée et repensée dans ce contexte d'Exil. Et ce contexte prend une portée mythique du fait qu'il est rétrojeté jusqu'aux origines israélites, c'est-à-dire jusqu'à l'histoire patriarcale et l'exode. Le lecteur qui n'est pas sensibilisé à cet aspect risque fort de manquer la dimension la plus fondamentale de l'absolutisme éthique israélite. Il existe quelques textes incontournables à ce sujet et qui rendent compte sur un plan idéologique ou paradigmatique de la posture sioniste d'Exil. Et d'abord, un des plus connus, une véritable profession de foi : « Mon père [Abraham] était un Araméen errant qui descendit en Égypte, et c'est en petit nombre qu'il y séjourna, avant de devenir une nation grande, puissante et nombreuse. Les Égyptiens nous maltraitèrent, nous brimèrent et nous imposèrent une dure servitude. Nous avons fait appel à Yhwh le dieu de nos pères. Yhwh entendit notre voix, il vit notre misère, notre peine et notre oppression, et Yhwh nous fit sortir d'Égypte à main forte et à bras étendu, par une grande terreur, des signes et des prodiges. Il nous a conduits ici et nous a donné cette terre, terre qui ruisselle de lait et de miel » (Dt 26,5-9). Derrière ce discours, on peut aisément discerner le thème de l'élection et l'appel à la reconnaissance d'Israël par Yhwh et de Yhwh par Israël (voir aussi Dt 32,8-14). Cette élection est gratuite, sans raison, et nous connaissons déjà le message du Deutéronome à ce sujet (voir Dt 7,7-8; 8,17; 9,4-6, par exemple) : Yhwh ne choisit pas son peuple en raison de sa grandeur, de sa force ou de son mérite ; tout cela est un effet et non une cause de la Promesse ; au contraire, Yhwh a choisi un peuple qui n'était rien, qui vivait dans la servitude égyptienne et qui était donc dans une situation d'Exil tragique (Ex 20,2-6).

Le signe de l'élection, pour Israël, c'est précisément le fait que Yhwh le prend en charge dans sa position essentielle d'Exil et consent gracieusement à marcher avec lui au désert. Tel est le discours de Moïse à Yhwh : « "… comment saura-t-on alors que j'ai trouvé grâce à tes yeux, moi et ton peuple ? N'est-ce pas à ce que tu iras avec nous ? *En sorte que nous soyons distincts*, moi et ton peuple, de tous les peuples qui sont sur la face de la terre." Yhwh dit à Moïse : "Cette chose que tu as dite, je la ferai encore parce que tu as trouvé grâce à mes yeux et que *je te connais par ton nom*" » (Ex 33,16-17). Mais justement, Israël a été racheté par Yhwh et il lui doit tout, y compris la terre sur laquelle il séjourne : « La terre ne sera pas vendue avec perte de tout droit, car la terre m'appartient et vous n'êtes *pour moi* que des étrangers et des hôtes » (Lv 25,23). Il est difficile d'être plus clair : la posture de l'Exil est ce qui rend Israël différent et unique ; cette posture n'est pas abolie par le don de la terre promise car, même alors, le sioniste demeure un être en séjour et son statut en est un de locataire qui trouve identité et appartenance sous condition. La belle prière d'action de grâces de David met cela en lumière de façon remarquable : « À cette heure, ô notre dieu, nous te célébrons, nous louons ton éclatant renom ; car qui suis-je et qu'est-ce que mon peuple pour être en mesure de faire de telles offrandes volontaires ? Car tout vient de toi et *c'est de ta main même que nous t'avons donné*. Car nous ne sommes devant toi que des étrangers et des hôtes *comme tous nos pères* ; nos jours sur terre passent comme l'ombre et il n'est point d'espoir. Yhwh, notre dieu, tout ce que nous avons amoncelé pour la construction d'une maison à ton saint nom provient de ta main, et tout est à toi » (1Ch 29,13-16).

La question cruciale est de savoir quelle est ici l'intuition originaire des sionistes. Bien sûr, ce qui conditionne de part en part cette perception de soi, c'est le vécu exilique lui-même : ces gens ont connu une défaite historique et ils ont subi la déportation et l'Exil sous diverses formes. Mais il est bien évident que cela n'explique rien si l'on ne prend pas en compte l'interprétation qui s'y est surajoutée. Dans la même situation, d'autres Juifs (et d'autres Palestiniens ou d'autres Syriens, par exemple) ont eu d'autres réactions et l'on peut même penser que la majorité d'entre eux ont réorienté leur vie autrement et avec d'autres dieux. Il est même possible que les sionistes auxquels je fais référence aient tenu une position tout à fait marginale dans leur propre communauté, soit en Juda soit dans la diaspora babylonienne. On peut même croire que cette marginalité relative a pu contribuer à les enfoncer dans la perception d'eux-mêmes dont nous avons à rendre compte.

Il est donc clair, au total, que l'explication ne saurait se trouver de ce côté, c'est-à-dire dans les *conditions* qui ont rendu nécessaire une révision ou une réinterprétation de la perception de soi des Juifs exilés ; ces conditions de crise les ont mis en position de choix et le choix sioniste est très particulier, très radical et s'est avéré à la longue très influent. Sur un plan historique, combien d'individus ou de groupes défaits, brisés, vaincus seront tentés par ce choix, influencés par la version sioniste très élaborée de ce choix, incités à orienter leur vie sur la même base ou en tout cas sur une base comparable ? C'est ainsi qu'un choix qui au départ paraissait improbable et peut-être même contre-nature a reçu des lettres de créance éblouissantes à travers le texte biblique et est devenu une voie éthique fondamentale pour toute l'humanité. Car quelqu'un qui reprend à son compte ce choix ne peut manquer de prendre conscience tôt ou tard de la posture de vie qui y est impliquée, même s'il lui est très difficile d'en élucider les implications éthiques globales et à plus long terme.

Il va de soi qu'une telle posture s'enracine dans une certaine Foi et il est incontestable, aux yeux des théologiens sionistes ou chrétiens, que cette foi est de nature religieuse et renvoie en somme à l'existence d'une divinité telle que la divinité biblique. On peut même aller jusqu'à penser, dans cette perspective, qu'une telle Foi est un don de Yhwh lui-même et qu'elle suffit à ce titre à assurer le salut et le bonheur du fidèle en question. Mais pour celui qui adopte une attitude morale et stratégique face à sa propre vie et à ses propres choix de vie, un tel discours fidéiste n'est qu'un discours idéologique de second degré, une sorte de discours reflet qui ne comprend pas les attitudes impliquées et les choix fondamentaux qui les commandent, ni n'en rend compte.

Le sionisme est une construction idéologique et, dans cette construction, tout relève de choix plus ou moins clairs, plus ou moins réfléchis, plus ou moins discutés ou critiqués. Et ce qui est au centre de tous ces choix, c'est une certaine perception du jeu de la reconnaissance et une certaine attitude bien précise face à ce jeu stratégique. Nous ne disposons pas encore de tous les éléments qui permettraient de mener une discussion critique complète de ce choix fondamental mais nous pouvons tout de même discerner certaines caractéristiques de cette attitude de base au jeu de la reconnaissance.

Le jeu de la reconnaissance se définit par une certaine forme d'interaction avec un ou plusieurs individus ou milieux privilégiés et l'enjeu qui s'y dessine invariablement, c'est le bonheur de l'individu qui pratique ce jeu. Autrement dit, l'individu assure son bonheur personnel (bien-être, sécurité affective, épanouissement, réalisation de soi, etc.) à travers la ou les relations avec les autres sur fond desquelles il choisit de construire son rapport au monde et à lui-même. Le bonheur, la liberté ou le salut se jouent pour chacun de nous à travers quelques relations d'amour, de communication, d'échange réciproque, bref de reconnaissance.

Pour les sionistes postexiliques, le rapport de reconnaissance unique et essentiel, c'est le rapport avec Yhwh. Pour eux, tout se joue là, tout y compris leurs relations avec les autres, proches ou lointains, amis ou ennemis, sionistes ou non sionistes. Le choix fondamental ici, c'est donc le choix d'*une certaine forme d'interaction* dans un certain contexte chargé symboliquement, selon une certaine posture fondamentale face à la vie et face à un certain type d'interlocuteur divin.

Cette interaction n'a d'ailleurs rien de simple, soulignons-le dès maintenant, car les clercs qui mettent en place cette forme particulière de recherche de la reconnaissance ont nécessairement en vue au moins deux dimensions du jeu concerné : d'abord, la dimension de premier degré par laquelle ils s'engagent directement face à Yhwh et en espèrent bonheur et salut ; ensuite, une dimension de second degré par laquelle ils revendiquent un statut de leadership et d'autorité en regard de la communauté sioniste globale qu'ils guident et orientent vers son bonheur et son salut. Leur manière de construire stratégiquement le jeu de la reconnaissance entre Israël (la communauté sioniste) et Yhwh (le Patron libérateur) renvoie donc nécessairement à la fois à leur perception de sionistes face à Yhwh et à leur pouvoir face à la communauté sioniste qu'ils dirigent. Ces deux niveaux se croisent forcément, parfois pour se concilier harmonieusement, mais parfois aussi pour produire une tension qui n'est pas sans problème.

Au stade actuel de notre réflexion, on peut avancer ceci sans risque d'erreur, dans la mesure où la stratégie sioniste face au jeu de la reconnaissance est décrite de façon relativement claire dans le texte biblique lui-même. Le sioniste, au premier degré, est un individu qui joue son bonheur sur la reconnaissance que Yhwh lui offre conditionnellement ; cette reconnaissance est nécessaire et suffisante à son bonheur. Et s'il en est ainsi, c'est en raison des deux postures qui entrent en interaction et qui sont construites toutes deux par le sioniste lui-même : d'un côté, l'exilé, l'exclu, l'être sans ressources ni statut qui ne peut rien s'il est abandonné à lui-même et acculé à vivre seul et sans assistance ; de l'autre côté, son exact contre-pied et complément, la divinité souveraine et toute-puissante qui a élu de façon totalement arbitraire et gracieuse cet exilé, cet être sans identité ni appartenance. Ces deux postures sont l'envers l'une de l'autre et n'ont pas de sens l'une sans l'autre. Le sioniste construit une image renversée de lui-même qui rend possible l'exacte manifestation de grâce et de puissance dont son vis-à-vis est capable, et il lui suffit d'accepter de n'être rien et de s'abandonner à ce vis-à-vis pour se transformer par miracle de vaincu en vainqueur, d'individu sans honneur en individu comblé par la faveur divine, d'être souffrant et malheureux en être sauvé et heureux. Et de façon à être parfaitement en mesure de s'abandonner à l'action libératrice de son Patron, il doit s'efforcer de cultiver la posture qui lui permet précisément de se remettre entre les mains de ce Patron et de s'en remettre complètement à lui : la posture du dépossédé, du déraciné, de l'exilé qui n'est rien et n'a rien sinon justement un Patron capable de l'emporter « sur des ailes d'aigle » là où il aspire à aller, dans la situation et l'état de vie où il aspire à se trouver, ce qui s'appelle le bonheur total, le Salut.

C'est ici qu'on peut introduire une composante apparemment paradoxale mais à vrai dire toute naturelle de cette stratégie de reconnaissance. Le sioniste, en effet, est un vaincu dans la main d'un vainqueur, donc finalement un vainqueur. Mais s'il est dans la main d'un tel Patron, c'est qu'il est l'élu de ce Patron, l'élu unique et singulier, totalement distinct de tout autre humain et totalement identifié à ce Patron divin, en symbiose parfaite avec lui. Cela est réalisé de façon prééminente chez les représentants terrestres du Patron que sont les prêtres sionistes au sens le plus englobant que ce sacerdoce peut avoir. On y reviendra plus loin, mais il n'est pas malaisé de comprendre que leur position privilégiée de représentants leur confère une légitimité, une autorité et un pouvoir politicoreligieux incontestables, particulièrement dans le contexte d'une théocratie en voie d'édification.

Dans ce contexte, on voit donc en quel sens il convient de parler d'une stratégie de reconnaissance se déployant à deux niveaux ou selon deux dimensions. Le sioniste qui met en place la stratégie de reconnaissance examinée ici est à la fois un simple fidèle qui attend tout du Patron céleste et un leader qui façonne l'idéologie de salut selon laquelle vivent tous les fidèles ; comme partout ailleurs, tous les sionistes sont égaux mais parmi eux certains sont plus égaux que d'autres. En un sens, cela ne change au bout du compte rien car le pouvoir théocratique ne donne pas de meilleures chances de bonheur ou de salut au jeu de la reconnaissance ; mais il n'en demeure pas moins que le leader sioniste se retrouve dans la situation rêvée pour adopter à la fois la posture du client sans identité ni appartenance et celle du fidèle qui s'identifie à son dieu et qui connaît tous les ressorts secrets du jeu du salut, y compris les mécanismes de la Grâce, du Repentir et du Pardon des péchés. Au Moyen Âge, on appelait judicieusement cela le « pouvoir des clés », expression évoquant cette autorité sacerdotale qui détient le pouvoir irremplaçable de donner accès au salut en « administrant » les faveurs, bénédictions et grâces divines. Dans une communauté qui s'en remet totalement et exclusivement à la reconnaissance divine, un tel pouvoir peut difficilement être méconnu ou mésestimé. Le pouvoir des clés s'étend naturellement jusqu'aux clés de la reconnaissance, les seules clés de la seule reconnaissance. Il n'y a donc rien d'étonnant à ce que le jeu de la reconnaissance de premier niveau entre le fidèle et son Patron se double d'un jeu de reconnaissance de second niveau chez ceux qui aspirent au pouvoir et à l'autorité tout en ayant en vue, bien entendu, le plus grand bien du sionisme. Ces deux dimensions du jeu risquent donc de se conjuguer de bien étrange façon, mais le fond d'absolutisme et d'exclusivisme demeure malgré tout car la stratégie centrale reste la même pour l'immense majorité des sionistes purs et convaincus, comme nous pourrons nous en convaincre de mieux en mieux à mesure que notre enquête progressera. Au demeurant, il était sans doute souhaitable, en concluant ce chapitre, de tenter de se former une première vue d'ensemble de l'absolutisme éthique qui caractérise le sionisme religieux qu'on rencontre après l'Exil, dans le protojudaïsme.

CHAPITRE 8
Le théocentrisme comme fondement stratégique

Le sionisme postexilique préconise une certaine éthique ou une certaine stratégie de vie et l'étude de cette stratégie de vie nous intéresse en elle-même, bien sûr, mais aussi en raison de l'influence décisive qu'elle a exercée sur l'Occident chrétien. Comprendre cette stratégie de vie n'est pas au bout du compte un travail de spécialiste mais bien plutôt un travail d'interprétation globale et de réflexion éthique. C'est là que nous en sommes.

Nous venons de poser dans le chapitre précédent ce qui constitue le pivot de toute notre entreprise herméneutique, nous venons de définir le projet central de toute l'entreprise sioniste postexilique, l'objectif ultime de sa stratégie de vie : le jeu de la reconnaissance entre Yhwh et Israël. Il reste bien des éclaircissements à apporter à ce sujet mais ce pivot essentiel semble incontestable, si incontestable à vrai dire qu'il risque maintenant de passer pour une évidence. Néanmoins, nous aurons amplement l'occasion de montrer que ce *choix* stratégique n'a rien de naturel, de simple ou d'inévitable.

Pour bien saisir ce que ce choix a de particulier, et même de tout à fait singulier, rien ne vaut la bonne vieille méthode des philosophes : s'étonner de la possibilité d'un tel choix, prendre la peine d'être en arrêt devant son caractère paradoxal, problématique et extrêmement périlleux.

Puis le reconstruire dans son originalité historique et en montrer les implications profondes.

Ce qui est étonnant dans un tel projet stratégique, ce n'est évidemment pas le fait que les sionistes choisissent de jouer le jeu de la reconnaissance comme tel, puisqu'il est facile de démontrer que toutes les traditions de pensée occidentales axent leur recherche sur cet *objectif* de reconnaissance. J'ai déjà suffisamment démontré ce point pour ne pas avoir à y revenir [1]. Bien plutôt, ce qui est presque ahurissant, à première vue du moins, c'est la *manière* dont les sionistes entreprennent de jouer ce jeu. Et c'est précisément là que nous en sommes : il faut maintenant tenter de caractériser l'*attitude de base* qui préside à la stratégie très particulière de reconnaissance chez les sionistes postexiliques.

Notre *point d'appui* le plus solide dans cette reconstruction historique, c'est bien sûr le contexte dans lequel ce choix stratégique est mis au point. Car le contexte conditionne en profondeur le choix qui est fait, il le conditionne sans le déterminer. Il n'y a pas de choix naturels pour l'être humain, il n'y a que des constructions historiques faites en situation, des stratégies contextualisées. Hors de ce contexte, le choix sioniste est inintelligible. Notre examen patient de la séquence des schèmes idéologiques conçus par les sionistes postexiliques porte ici ses fruits, comme j'ai commencé à le montrer au chapitre précédent. Car en fin de compte, le contexte d'élaboration est aussi irrécusable que l'objectif stratégique lui-même : les sionistes postexiliques mettent au point une certaine manière de jouer le jeu de la reconnaissance dans le contexte de l'Exil et d'une certaine Restauration à mener à bien.

La posture de base : l'Exil et son contexte global

L'attitude de base face au jeu de la reconnaissance est conditionnée de fond en comble par une certaine posture de base qui rend possibles divers choix stratégiques et diverses attitudes face au jeu de la reconnaissance mais qui dessine tout de même un certain angle d'approche, une certaine *entrée de jeu*. Contentons-nous de dates très larges pour déterminer ce contexte puisqu'il s'agit d'une situation historique globale au fond très simple et de longue durée. Encore une fois, si on laisse de côté les détails (du reste nombreux et pas toujours clairs) qui entourent cette définition du contexte sioniste, il devient rapidement hors de doute que le centre de

1. À vrai dire, la recherche de reconnaissance constitue le centre de gravité de tout projet humain et par conséquent de toute attitude éthique. C'est ce que j'ai essayé de démontrer dans *Autonomie personnelle et stratégie de vie*.

gravité des récits bibliques déjà examinés, c'est l'Exil, c'est-à-dire l'immense période de temps où les deux royaumes (celui d'Israël et celui de Juda) subissent la domination de plus en plus écrasante des grands empires environnants (principalement l'empire assyrien puis l'empire néo-babylonien et enfin l'empire perse) et finissent par devenir des colonies très affaiblies et presque totalement dépendantes de ces empires. En pratique, entre -750 et -350, pour s'en tenir à des repères commodes, on assiste d'abord à une sorte de réduction radicale de l'ancien royaume d'Israël: schisme et fragmentation subséquente, vassalisation puis conquête complète du royaume du nord (accompagnée de déportations apparemment assez massives); ensuite à la réduction progressive puis à la conquête du royaume du sud, accompagnée elle aussi de déportations assez importantes; et enfin à une tentative de reconstruction de l'ancien Israël réduit à une minuscule province centrée sur Jérusalem. Pratiquement tous les textes bibliques qui racontent cette longue histoire de défaites et de déportations sont conçus ou « édités » après l'exil et se présentent explicitement comme une interprétation de ce destin historique d'Israël. Or un tel destin a effectivement été vécu par des douzaines de peuples du Proche-Orient durant cette même période; les attitudes ou réactions ont varié, allant de la soumission passive à la résistance armée et aboutissant de toute façon à une position de dépendance politique plus ou moins complète, avec ou sans destructions, déportations, etc. Bien sûr, la situation de ces peuples n'avait rien de réjouissant et la manière dont chacun a aménagé sa survie ne saurait être donnée en modèle.

Mais peu importe les comparaisons qu'on tente de faire, de toute façon il ressortira toujours que la réaction des sionistes judéens a quelque chose d'absolument unique. Le contexte lui-même n'a rien de particulièrement original. Juda alterne entre la soumission et la résistance mais choisit de plus en plus nettement la résistance et en subit forcément les conséquences: conquête de Jérusalem par les Néo-Babyloniens, déportation d'une partie assez importante de l'élite judéenne et reconstitution assez tardive d'une petite colonie vassale avec administration mixte (mi-impériale, mi-locale). Toutefois, le texte biblique interprète les événements d'une manière beaucoup plus radicale, évoquant une défaite quasi totale, une destruction massive de Jérusalem, et surtout une évacuation presque complète du pays avec des déportations en conséquence. C'est le paradigme bien connu du Pays vide, et de la Défaite totale, de l'Exil massif. Et naturellement, chez tous ces petits peuples assaillis et dépossédés, on ne raconte pas une telle histoire sur le vif mais plutôt, quand cela est possible par miracle, après coup et dans la perspective d'une situation de fait à comprendre et d'un avenir à construire.

Or pour tous ces peuples, qui sont profondément religieux, l'explication s'effectue invariablement selon un principe de double causalité, l'une humaine l'autre divine. Si on a subi la défaite, c'est pour des raisons militaires et politiques de toutes sortes mais, tout autant, c'est que les dieux nous ont abandonnés ou ont été vaincus par des forces adverses supérieures : destin, dieux étrangers, etc. Ces dieux étaient rattachés à cette terre et à ce peuple, ils sont donc défaits au moment où leur peuple de référence est défait, ce qui oblige à reconstituer l'avenir sur d'autres bases et avec d'autres dieux, normalement les dieux vainqueurs. Les anciens dieux devaient assurer protection et prospérité, ils ont failli à la tâche, on se trouve du coup dégagé de toute obligation envers eux. En cas de soumission et de vassalisation constantes, le problème est plus simple car les anciens dieux risquent alors d'être intégrés dans un panthéon élargi, mais de toute façon il y a révision plus ou moins radicale des allégeances. Au total, même sur le plan religieux, on se trouve ainsi dans un contexte de reconnaissance *relative* et *mesurée* entre les humains et les dieux, c'est-à-dire dans un cadre pragmatique où l'alliance hommes-dieux suit invariablement la règle du donnant, donnant. Ce modèle de reconnaissance relative et graduelle est de loin le plus fréquent et cela n'a rien à voir avec le statut antérieur des dieux en question qui est presque toujours très élevé pour ne pas dire superlatif ou même « absolu ». Il est d'usage de survaloriser les dieux, de les absolutiser, de les considérer comme tout-puissants et incomparables, mais en pratique, il n'est aucun de ces dieux qui ne soit sujet au « jugement de l'histoire » et éventuellement à la rétrogradation ou même à la disparition pure et simple. On a besoin de dieux surpuissants mais, sous un certain angle, ces dieux sont au service de leur peuple et, en cas de défaite, ils doivent partager son triste sort. On court se consoler chez des dieux plus puissants ou du moins plus secourables.

Je décris à grands traits ce modèle commun et assurément très courant pour dessiner un contraste. Par comparaison, en effet, il est facile d'observer que l'interprétation sioniste est tout à fait singulière et étonnante. Pourtant, la situation originelle est globalement la même : un certain polythéisme a sans aucun doute dominé l'histoire israélite antérieure à l'exil et continue très probablement de dominer bien au-delà de l'exil pour la majorité de la population de Juda, et cela en dépit du fait que Yhwh ait été un des principaux, sinon le principal dieu du panthéon israélite ; la plupart des principaux dieux israélites ont accompagné le peuple juif depuis fort longtemps, tant dans ses périodes favorables que dans ses moments plus difficiles, tant pour le secourir ou même le sauver du désastre que pour le rappeler à l'ordre ou lui envoyer divers épreuves et châtiments mineurs, selon les époques et les conjonctures ; et puis à travers tout cela, il s'est inévitablement construit un certain pouvoir clérical, vraisemblablement assez puissant, avec ses factions et ses jeux de coulisse, et vraisemblablement aussi avec une aile yahviste assez développée et assez influente qui peut être considérée comme l'ancêtre du noyau sioniste qui refait surface après l'exil. Mais, répétons-le, cette situation préexilique n'a rien de si particulier et il me semble vain de chercher des explications solides de ce côté ; en ce domaine, il est souhaitable d'éviter les spéculations et de tabler le plus possible sur ce qu'on a en main, c'est-à-dire sur les interprétations élaborées par les sionistes eux-mêmes. Et de fait, l'interprétation sioniste de l'Exil nous est accessible et elle se met en place pour justifier une certaine forme de Restauration théocratique et un certain projet collectif que je qualifie de façon neutre de sioniste.

L'interprétation sioniste de l'Exil et de la Restauration

Ce qui domine cette lecture sioniste de l'histoire israélite, surtout l'histoire de la longue défaite et vassalisation qui va environ de -750 à -350 (et qui se continue d'ailleurs même au-delà), c'est un certain nombre de perceptions ou mieux de symbolisations radicalisantes :

1) L'Exil est un désastre total qui fait de Juda un territoire déserté, qui fait des Israélites un peuple complètement dépossédé, exproprié et dispersé, et qui rend toute reconstruction très problématique.

2) Le désastre total n'est pas le résultat d'une conjoncture malheureuse accompagnée de diverses erreurs politiques, diplomatiques et militaires, comme le croient volontiers les insensés et les impies, mais bien plutôt la conséquence inévitable de l'abandon du seul vrai dieu d'Israël, Yhwh. Cet abandon est lié aux fautes très graves accumulées pendant l'histoire d'Israël depuis Salomon lui-même ; ces fautes innombrables et impardonnables peuvent se ramener à deux péchés fondamentaux : le culte inadéquat rendu à Yhwh et l'apostasie de Yhwh en faveur d'autres dieux, bref, la rupture profonde et constante de l'Alliance avec Yhwh.

3) Dans la défaite désastreuse d'Israël, il ne faut pas voir la supériorité des autres nations victorieuses et de leurs idoles creuses ; les nations qui ont dépossédé et dispersé Israël n'ont été rien de plus que des instruments plus ou moins appropriés du châtiment de Yhwh à l'endroit de son peuple infidèle. Ainsi, tout comme Israël a abandonné son dieu, de même Yhwh a abandonné Israël à son tour, et tout le reste n'est qu'occasion, prétexte ou effet de conjoncture.

4) Par la destruction et la dispersion, Yhwh châtie Israël de façon juste et mesurée, mais en même temps il lui sert une leçon d'histoire absolument cruciale et irremplaçable : l'Exil est une épreuve, une occasion d'apprentissage et une préparation à l'avenir tout à la fois. Avant l'Alliance, Israël n'était rien, comme l'Exode et tout le Pentateuque le démontrent ; en dehors de l'Alliance, Israël n'est rien, comme les livres des Rois et toute l'histoire deutéronomiste le démontrent. Le nouvel Israël d'après l'Exil doit comprendre qu'il n'est rien sans Yhwh : il est maintenant exilé de Yhwh et il doit restaurer son Alliance avec Yhwh. Tout le reste n'est qu'apparences trompeuses et détails insignifiants.

Aussi peut-on se rendre compte que le contexte auquel je fais référence ici est à la fois une donnée événementielle et un symbole idéologique, un fait et l'interprétation qui le dévoile et l'occulte dans un même mouvement. C'est ce qui fait que le choix stratégique ou l'attitude stratégique essentiels qui prennent forme sur la base de cette posture de dépossession et de dispersion sont nécessairement conditionnés en profondeur par cette posture. Je ne veux pas laisser entendre par là qu'il n'y a aucune dimension d'historicité objective derrière cet ensemble posture-attitude ; simplement, la situation objective est toujours déjà ressaisie dans le mouvement interprétatif qui lui donne sens, qui l'oriente et la transforme en projet éthique ou stratégique. Dans ce cadre herméneutique où l'on prend la peine de reconstituer le projet sioniste de l'intérieur, l'Exil est nécessairement une catastrophe, une défaite radicale, une réduction extrême de l'espoir yahviste-sioniste.

Mais il faut revenir sans relâche sur le constat majeur qui nous guide dans toute cette reconstitution herméneutique, à savoir que l'histoire israélite et au premier chef l'histoire de la Défaite et de l'Exil ne sont pas écrites, construites, encodées au moment de la Défaite mais seulement après coup et, selon moi, au long des décennies et sans doute des siècles qui voient naître le projet de Restauration sioniste. Ce point est capital car c'est dans un tel cadre englobant qu'on peut espérer rendre compte du « choix originel » sioniste. En bref, ce choix originel peut être approché ainsi : l'Exil est inventé comme le contexte indispensable qui rend concevable la Restauration sioniste, l'espoir sioniste. Nous ne saurons jamais à coup sûr quels textes ont été écrits avant ou après l'Exil, à l'intérieur ou à l'extérieur de Juda ; ce qui est pratiquement certain, en revanche, c'est que les sionistes peuvent endosser à fond la posture de l'Exil à partir du « moment » où ils se rendent compte que cet Exil particulier, ce mode de vie particulier, représente la condition qui peut seule rendre possible, pensable, viable la Restauration sioniste.

Ce n'est pas par hasard que les textes bibliques qui font référence à cette époque globale de l'Exil et de la Restauration parlent infiniment peu de l'Exil, sinon comme symbole idéologique de châtiment, d'épreuve et de préparation à l'avenir, et presque constamment de l'espoir et du projet de Restauration, sous divers angles bien entendu. Les sionistes se mettent à exister comme communauté et comme mouvement de vie et de pensée à partir du « moment » où un projet s'élabore dans leur esprit : tabler sur la posture de l'Exil pour surmonter l'Exil, assumer à fond leur statut fondamental face à Yhwh et s'en servir comme d'un tremplin pour accéder au renversement total, au rêve théocratique, donnant du même coup un pouvoir très significatif aux sionistes eux-mêmes. Pour bien entendre tout cela, il convient de situer la Restauration comme un fait et comme un symbole tout à la fois, ainsi qu'on l'a fait pour l'Exil. Et nous en savons juste assez sur ce projet de Restauration pour reconstituer ce contexte total, c'est-à-dire factuel et symbolique.

À ce propos, nous savons déjà que les pseudo-chroniques d'Esdras et Néhémie ainsi que les grands rêves sionistes d'Ézéchiel ou d'Isaïe, par exemple, n'ont qu'une valeur historique très mince. Pourtant, il me semble de mauvais aloi de rejeter du revers de la main ce genre de textes sous prétexte qu'ils ne nous fournissent pas les « informations » que nous souhaiterions avoir. À mon sens, on n'invente pas de toutes pièces une idéologie sioniste comme celle élaborée par Esdras et Néhémie, même si ces auteurs-éditeurs viennent assez longtemps après le fait et en prennent bien trop à leur aise avec les faits historiques. Au surplus, l'ensemble des textes subséquents, bibliques ou parabibliques, d'époque hellénistique ou romaine, attestent indubitablement l'existence d'un groupe sioniste large et diversifié, gravitant principalement autour du temple d'Israël et exerçant une influence politicoreligieuse globale dans la petite province de Juda. Nous n'en sommes pas pour le moment à examiner les principales tendances détectables à l'intérieur et à la périphérie de ce mouvement sioniste, mais ce mouvement lui-même est à mes yeux absolument irrécusable. Nous aimerions en savoir plus sur lui, cela va de soi : du moins disposons-nous d'un ensemble d'indications assez nettes sur son (ses) orientation(s) idéologique(s) grâce aux textes bibliques, peu importe qu'ils procèdent par rétrojection ou projection historiques. Or, sous cet angle, l'idéal de théocratie sioniste est partout dans la Bible, peu importe la date où commence cette grande mission, la provenance pratiquement impossible à établir des multiples sous-groupes et factions qui forment cette communauté, ou les résultats bien réels auxquels ils aboutissent, sans parler de l'opposition qu'ils rencontrent et des zones de pouvoir qu'ils contrôlent et de celles qu'ils se contentent de partager.

Ainsi, par exemple, même si l'on admet que l'édition finale du Pentateuque est forcément tardive, probablement d'époque hellénistique, il m'apparaît qu'un tel ensemble textuel est impensable sans une élite cléricale forte et organisée, disposant de ressources et de pouvoirs importants dans la communauté de Jérusalem. Ces textes fort élaborés, aux couches rédactionnelles multiples, mêlant observations et réminiscences, recourant tant aux récits qu'aux visions utopiques et aux vastes homélies rhétoriques, ces textes, dis-je, dans leur ensemble, évoquent une vaste construction théocratique, un projet de Restauration-instauration du yahvisme sioniste. À ce titre et avec la prudence qui convient, il ne faut pas hésiter selon moi à recourir à tous ces témoignages idéologiques et à y déceler, dans la mesure du possible, les éléments de contexte qui permettent de se faire une idée du projet collectif et de l'éthique de vie sionistes. Le texte du Pentateuque revêt à cet égard une importance extrême car tous les sionistes s'accordent à lui conférer une valeur idéologique fondatrice et dans la mesure surtout où l'on y voit s'élaborer une Restauration théocratique sur fond d'Exil et d'errance. Si l'on conjugue ce livre de la Torah avec les divers travaux postexiliques (et parfois même avec certains éléments de l'histoire deutéronomiste), on peut se former un portrait relativement complet et fiable du projet idéologique sioniste et de certaines de ses réalisations.

L'absolutisme théocentrique

Nous venons de poser deux éléments décisifs pour l'ensemble de notre enquête : d'une part, l'*objectif stratégique* absolument dominant et à bien des égards quasi exclusif des sionistes, c'est d'établir un lien de reconnaissance ou d'Alliance adéquat entre Yhwh (leur dieu) et Israël (qui symbolise ni plus ni moins la communauté sioniste elle-même) ; d'autre part, la mise en place de ce lien de reconnaissance a pour *contexte* et *plaque tournante* la posture historique-idéologique de l'Exil, pour autant que cette posture dérive d'une rupture d'Alliance et d'un châtiment de Yhwh, et qu'elle doit préparer une Restauration de l'Alliance avec Yhwh et de la théocratie sioniste qui doit accompagner cette Alliance nouvelle avec Yhwh. La première et la plus évidente marque d'un absolutisme éthique tient au fait que les sionistes postexiliques font le choix de ne privilégier qu'*un seul rapport de reconnaissance*, celui qui doit s'établir entre Yhwh et Israël ; tout autre rapport de reconnaissance est secondaire, subordonné ou dérivé par rapport à celui-là. En clair, il n'y a qu'une chose vraiment importante dans la vie de cette communauté à ses propres yeux : reconnaître Yhwh comme il convient et être reconnue de lui comme elle le souhaite. L'examen de la *manière* de jouer le jeu de la reconnaissance dérive de là : dans le cadre de la posture de l'Exil subi et de la Restauration projetée, quelle est l'*attitude éthique fondamentale* qui doit être cultivée en vue de permettre l'établissement d'un rapport de reconnaissance adéquat (satisfaisant pour les parties) entre Yhwh et Israël ?

Ici, notre enquête est complexe, semée d'embûches et parfois très dépaysante. Pour poser des jalons nets et aboutir à quelques résultats incontestables, il faut se montrer extrêmement méthodique. La difficulté tient pour une grande part au fait que le rapport de reconnaissance entre Yhwh et Israël s'établit *à travers l'interaction* constante des protagonistes et qu'il est par suite problématique de les distinguer de façon à procéder de façon claire et analytique. Nous avons déjà décrit cette interaction comme un jeu de bascule entre Yhwh et Israël. Comme on l'a vu alors, Israël est l'image renversée de Yhwh : dans la posture de l'Exil, confronté à un recommencement à zéro, dépossédé et démuni, Israël n'est rien face à son dieu et la métaphore qui lui convient le mieux est celle de l'Exil et de la servitude en Égypte, celle du cri vers Yhwh décrit dans l'Exode. Dans cette posture de nudité et d'abandon, Israël n'a ni territoire, ni dirigeants, ni surtout de rapport privilégié avec son dieu ; n'ayant plus ni identité ni appartenance, il est perdu ; il n'est rien et n'a rien. Et le symbole sioniste radical de cette déperdition, c'est le fait d'être privé de relation avec Yhwh, d'être fondamentalement en Exil de Yhwh et face à Yhwh. C'est alors et seulement alors, enfoncé dans cette posture absolument privilégiée, qu'Israël découvre une issue à sa situation désespérée, la seule issue possible en vérité : le cri vers Yhwh, l'appel à l'aide, l'intuition déchirante que Yhwh peut tout pour lui, est tout pour lui. C'est pourquoi j'affirme que ces deux images, celle de Yhwh et celle d'Israël, sont les images renversées l'une de l'autre, les deux faces complémentaires d'une même interaction.

Israël est le serviteur souffrant et Yhwh le sauveur tout-puissant ; si Israël se met dans la main de Yhwh, celui-ci pourra renverser radicalement la situation et redonner identité et appartenance à son serviteur. À situation désespérée, stratégie de désespoir. Ce qui émerge dans la posture de l'Exil et de l'abandon, c'est la vision des vaincus : au moment où Israël touche le fond de l'abîme et est abandonné de tous, l'issue magique, miraculeuse surgit d'elle-même ; *abandonné* de tous, il lui suffit seulement d'aller au bout de cette attitude et de *s'abandonner* à Yhwh, de s'en remettre à lui pour tout, de croire au salut qu'il peut apporter, qu'il est conçu pour apporter. Cette attitude, c'est ce que j'appelle le *qui perd gagne absolutiste*, et elle culmine dans l'absolutisme éthique le plus extrême qui se puisse concevoir. En d'autres termes, lorsque Israël se vide de sa substance et n'est plus rien, sa défaite se transforme par le fait même en victoire car cet état de nudité radicale est la condition qui rend possible le décentrement radical, l'abandon à son Sauveur. Le jeu du tout ou rien absolutiste se dessine ici et il représente la seule issue possible aux yeux des sionistes. Il est extrêmement important de bien voir que ce type de recherche de reconnaissance s'invente dans une sorte de contre-autonomie ou de décentrement radical de soi : selon le mot des auteurs bibliques, Israël *se tourne* vers Yhwh ; on décrit par là le mouvement du repentir mais ce mouvement dépasse de loin la simple culpabilité et la simple confession de ses fautes ou de ses erreurs, c'est un mouvement actif de décentrement vers et de recours à Yhwh. Au moment où Israël découvre sa faute ou son erreur, il découvre justement qu'il n'est rien sans Yhwh et il se met en position de rétablir sa relation avec lui. La foi est un geste, immense et définitif, un acte total qui prétend transformer d'un seul coup toute la situation, du seul fait de s'abandonner à Yhwh, d'offrir à Yhwh son état d'abandon et de le lui offrir en toute confiance. Le joueur absolutiste joue son va-tout ; sa dernière carte, il la place sur le coup le plus improbable et le plus délirant ; mais s'il gagne, il emporte tout et la défaite appréhendée, déjà pressentie, se transforme d'un seul coup en un triomphe glorieux. Et il n'y a qu'un coup qui puisse assurer ce triomphe : le recours à Yhwh, le salut par la reconnaissance de Yhwh. Je dessine ainsi à grands traits l'arrière-plan idéologique ou éthique qui commande l'interaction Yhwh-Israël car je crois utile de ramasser en quelques formules les acquis de nos analyses antérieures avant de procéder à un examen plus méthodique de la stratégie absolutiste sioniste. En bref : une posture d'abandon où Israël n'est plus rien ; le jeu de bascule par lequel Israël se décentre et s'abandonne à Yhwh son sauveur qui est tout et peut tout pour lui ; le résultat, c'est le qui perd gagne, le renversement total de situation, le retour en grâce. Cela est l'hypothèse stratégique sioniste et cette hypothèse, nous lui donnerons un nom : le théocentrisme, l'absolutisme théocentrique.

Les protagonistes du drame

Nous devrions maintenant être en mesure d'analyser quelques aspects qui donnent une forme bien précise à cette hypothèse. Notre propos central va consister à analyser et caractériser le rapport de reconnaissance entre Yhwh et Israël. Mais au préalable, il faut absolument examiner de près le statut précis de chacun des deux protagonistes, Yhwh et Israël, et le point focal de rencontre entre ces protagonistes. Notre analyse idéologique préliminaire nous a permis de dégager tous les éléments pertinents et notre exposé devrait s'en trouver allégé.

Commençons par examiner les protagonistes eux-mêmes. Il y en a deux et seulement deux, malgré tous les figurants qui ne sont que des faire-valoir de Yhwh pour sauver ou châtier son peuple. On a assez déploré la quasi-absence d'analyse politique dans la Bible ; il est temps de se rendre compte que cela correspond à une mise en scène idéologique concertée et tout à fait adéquate, soit la mise en scène qui correspond à une stratégie absolutiste. Dans un tel cadre stratégique, comme nous l'avons montré au début de ce chapitre, il n'y a qu'un rapport de reconnaissance qui soit déterminant et c'est le rapport Yhwh-Israël. La mise en scène qui découle de cela, c'est qu'il n'y a au bout du compte que deux personnages sur le devant de la scène. Le drame du qui perd gagne se joue dans un strict face à face : d'un côté Yhwh, de l'autre Israël. Le drame prend la forme d'une vaste rétrospective historique-idéologique et, de nouveau, cela est parfaitement cohérent, dans la mesure où l'on a affaire à une projection profondément intemporelle (métatemporelle) et strictement réduite à l'essentiel : seulement deux personnages dans des postures extrêmement typées et dans des situations presque toujours extrêmes, bref un cadre épique.

Israël

Soit le premier personnage, Israël. Ce personnage a tout pour étonner et même déconcerter mais il a été si banalisé qu'on ne se formalise guère de voir un peuple transformé en corps constitué ou même en personne morale. À ma connaissance, les seuls spécialistes qui font mine de s'offusquer de cela finissent généralement par contester le fait ou le nier carrément. Or les sionistes postexiliques qui ont rédigé ou édité la Bible se projettent eux-mêmes dans ce symbole historisé et leur projection est constamment celle d'une sorte d'entité corporative, un corps de croyants, une communauté formant un bloc indissoluble face à Yhwh, bref une personne morale.

Israël est une entité d'un genre assez particulier car il est extrêmement rare qu'on pousse jusque-là une telle fiction idéologique. En réalité, le seul Israël historique que l'on puisse accréditer de façon fiable, c'est un petit royaume déjà divisé en deux petits royaumes qui ne professent ni l'un ni l'autre une foi yahviste exclusive. Pour autant qu'on puisse en juger, cet Israël n'a vraisemblablement jamais formé un tout, ni par alliance continue entre le royaume du nord et le royaume du sud, ni par politique dynastique suivie à l'intérieur de l'un ou l'autre de ces deux royaumes, ni même par une allégeance nette et constante à une divinité unique. On a donc affaire à un imaginaire idéologique rétrojeté jusque dans un lointain passé par les sionistes postexiliques, un mythe d'origine qui légitime et cautionne le projet sioniste. On a souvent décrit ce personnage corporatif comme un simple effet de la mentalité archaïque des auteurs bibliques, un reliquat de la très lointaine époque tribale ou préétatique; il y a là assurément une part de vérité mais le topos idéologique demeure et doit être traité dans son cadre stratégique authentique, soit un seul peuple, pris en bloc, formant une Alliance exclusive et totale avec un seul dieu.

Il ne me semble pas utile de revenir sur chacune des Alliances décrites en deuxième partie : à l'évidence, ce sont toujours des Alliances instituées par Yhwh et liant le peuple entier de façon conjointe et solidaire. Il est incontestable que le principe de solidarité ici appliqué avec grand effet remonte très loin dans les sociétés de l'honneur, jusque dans le cadre familial ou clanique le plus archaïque. À ce titre, la vengeance du sang, l'impureté rituelle ou la souillure morale ont toujours une portée collective et c'est pourquoi le principe de solidarité dérive invariablement, dans les sociétés traditionnelles, dans un principe de responsabilité collective. La société israélite ne fait pas exception à la règle, cela va de soi. Mais ce qui importe bien davantage pour notre propos, c'est la récupération idéologique de cette notion de responsabilité collective et son utilisation très habile par les auteurs bibliques.

Décrivons d'abord le phénomène dans ses grandes lignes. On compte trois grandes séries d'Alliances marquant l'élection d'Israël par Yhwh : d'abord l'Alliance avec Abraham et les patriarches qui se définit comme une simple Promesse et qui ne fait que préfigurer les véritables Alliances à venir avec Israël; ensuite, les Alliances du Sinaï (Exode) et de Moab (Deutéronome) qui engagent le peuple en bloc face à Yhwh à travers la médiation de Moïse; enfin les Alliances avec David (deuxième livre de Samuel) ou avec Salomon (premier livre des Rois) qui ne font que transposer cette même Alliance de base sur un plan dynastique. Tout au long du Pentateuque ainsi que dans les livres historiques (de Josué aux Rois), cette Alliance engage Israël comme personne morale. L'Alliance de Moab est fondamentale et indiscutablement corporative : «... tu vas passer dans l'alliance de Yhwh ton dieu [...], pour faire aujourd'hui de toi un peuple tandis que lui-même sera pour toi un dieu...» (Dt 29,11-12). Bien plus, elle engage aussi bien le peuple présent «que celui qui n'est pas ici avec nous, aujourd'hui» (29,14). Or l'Alliance dynastique avec David n'est qu'une adaptation de celle avec Moïse : «Je fixerai un lieu à mon peuple Israël, je l'y planterai, il demeurera en cette place...» (2S 7,10). Le cadre n'a pas changé, seule la médiation humaine évolue et implique une adaptation du discours.

De la même façon, quand le Deutéronome annonce ou prédit l'Exil rétrospectivement, il fait référence à Israël en bloc: «Parce que tu n'auras pas obéi à la voix de Yhwh ton dieu, autant Yhwh avait pris plaisir à vous rendre heureux et à vous multiplier, autant il prendra plaisir à vous perdre et à vous détruire» (Dt 28,62-63). Cela est parfaitement corroboré par la tradition sacerdotale du Lévitique (voir 26,27-33). À nouveau, on retrouve le même type de jugement collectif dans les livres de Rois. Ainsi, par exemple, quand les auteurs justifient le châtiment du royaume du nord puis celui des deux royaumes: «Alors Yhwh fut profondément irrité contre Israël et l'écarta devant sa face. Il ne resta que la seule tribu de Juda. Juda non plus n'observa pas les commandements de Yhwh [...]. Et Yhwh repoussa toute la race d'Israël...» (2R 17,18-20). Le contexte de ce passage important, c'est l'explication d'ensemble du chapitre 17: l'Exil est justifié par la rupture d'Alliance d'Israël. En clair, une seule chose est encore et toujours en jeu ici: le rapport manqué de reconnaissance entre Yhwh et Israël; Yhwh rétribue la faute d'Israël et rien d'autre n'intervient. Le théocentrisme le plus pur domine toute cette analyse à un point ahurissant. On retrouve une analyse plus détaillée mais foncièrement analogue lorsque les auteurs justifient la Défaite et l'Exil en Juda et rapportent ce châtiment au règne abominable de Manassé (2R 21,11-16); l'intérêt particulier de l'analyse deutéronomiste, c'est que la faute de Manassé engage tout son peuple et que cette responsabilité s'étend aux générations à venir, nonobstant les réformes pourtant massives de Josias: «Pourtant Yhwh ne revint pas de l'ardeur de sa grande colère, qui s'était enflammée contre Juda pour les déplaisirs que Manassé lui avait causés» (2R 23,26; voir aussi 24,3-4). Je ne peux malheureusement pas tout citer mais ces passages méritent d'être regardés avec un regard neuf. On est aux sources d'une création théocratique de type unitaire, centralisée et totalitaire.

Il convient d'ajouter encore une remarque à propos de quelques textes prophétiques déjà cités qui semblent prôner un passage apparemment révolutionnaire de la responsabilité collective à la responsabilité individuelle (Ez 18,2-4; 18,20-23; 18,30-31; Jr 31,29-30). Qu'il me suffise de souligner à ce sujet que, si ces idées nouvelles semblent prometteuses pour l'avenir d'Israël, elles n'entament pas la position de ces mêmes prophètes quant au passé d'Israël. Ainsi, chez Jérémie, Yhwh explique de cette façon le châtiment collectif d'Israël: «C'est que vos pères m'ont abandonné [...]. Et vous, vous avez agi plus mal que vos pères» (Jr 16,11-12; voir aussi le recours à la formule traditionnelle en 32,17-19). De même, lorsque Ézéchiel évoque les châtiments passés d'Israël, c'est toujours dans une perspective englobante: par exemple,

Ez 20,23-26; 36,22-32. Par surcroît, on trouve le même genre de jugement englobant dans les Chroniques, par exemple 2Ch 36,14-16.

Une dernière remarque à ce sujet. À l'Alliance collective ou corporative correspond une rétribution (positive ou négative) corporative. Mais cela ne signifie pas que les récits ne pointent pas à maintes reprises des fautes individuelles, que ce soit celles d'un dirigeant ou celles d'un particulier. Au contraire, le cas est fréquent, comme l'illustre, par exemple, la faute d'Akân en Jos 7 ou celle de David en 2S 24. Mais toujours alors la solution est radicale si l'on veut justement éviter la colère divine: « Si ton frère, fils de ton père ou fils de ta mère, ton fils, ta fille, l'épouse qui repose sur ton sein ou *le compagnon qui est un autre toi-même*, cherche dans le secret à te séduire en te disant: "Allons servir d'autres dieux" [...], tu ne l'approuveras pas, tu ne l'écouteras pas, ton œil sera sans pitié, tu ne l'épargneras pas et tu ne cacheras pas sa faute. Oui, tu devras le tuer... » (Dt 13,7-10). Et le même remède contre la contamination morale-religieuse vaut contre toutes les communautés du pays (Dt 13,13-19) ainsi que contre tous les étrangers idolâtres (Dt 7,1-6). En somme, Israël est un symbole idéologique unitaire et séparé; en tant que tel, il est défini, compris et évalué en bloc et strictement en fonction de son Alliance avec Yhwh.

Yhwh

Le cas de Yhwh est plus simple mais mérite une élucidation minutieuse. La séquence de paradigmes idéologiques de la Bible donne facilement l'impression que Yhwh est le Patron d'Israël depuis des temps immémoriaux et qu'en ce sens il n'y a pas à expliquer ce monothéisme intemporel. Mais la réalité est tout autre. Pour bien comprendre la concentration sioniste exclusive sur le culte de Yhwh, il est bon d'en montrer très sommairement la genèse. Il a dû exister un mouvement religieux yahviste en Israël à compter du septième ou huitième siècle, un mouvement plus ou moins organisé et influent qui considérait Yhwh comme le maître incontesté du panthéon israélite et qui préfigurait de façon encore bien restreinte le mouvement sioniste postexilique. Cependant, il me paraît hors de doute que l'ensemble d'Israël et de Juda vivait dans un cadre polythéiste en tout point comparable aux autres nations. Ces dieux relativement variés accompagnaient Israël dans son destin historique et, en tant qu'accompagnateurs-protecteurs, ils avaient partie liée avec le destin d'Israël et de Juda. Selon de nombreux spécialistes, toute autre perspective est anachronique et en fin de compte idéologique.

On ne peut mesurer avec précision l'importance du mouvement yahviste préexilique mais il est tout à fait vraisemblable de poser que l'école deutéronomiste et le mouvement prophétique ont pris forme dans cette mouvance et se sont développés autour de l'Exil, peut-être un peu avant et surtout après l'Exil. À l'époque de la défaite et de la déportation, l'ensemble du peuple est sûrement demeuré polythéiste, quoique ce polythéisme ait dû subir des repositionnements substantiels, étant donné les changements d'allégeance occasionnés par la défaite et la réduction à l'état de colonie assyrienne ou néo-babylonienne. Un certain vide politicoreligieux a inévitablement accompagné cette période troublée et cela a très probablement constitué une occasion inespérée pour la formation d'un mouvement sioniste beaucoup plus organisé et plus actif. Au moment de la faillite des anciens dieux accompagnateurs et de l'arrivée de dieux étrangers mal connus et encore peu influents, Israël connaît donc un passage à vide et devient disponible au changement. La reconstruction politicoreligieuse n'est pas faite et on s'interroge sans doute sur les bases qu'elle peut se donner. Le sionisme saisit l'occasion et repense le destin d'Israël.

C'est dans ce contexte global, très difficile à préciser sans tomber dans des conjectures sans fondement, que survient ce tour de force idéologique qu'on appelait à une certain époque le monothéisme moral. Ce tour de force est si audacieux et global qu'il se pose comme un ensemble axiomatique à prendre ou à laisser, situé au-delà de toute discussion et contestation. La vision deutéronomiste domine cette interprétation d'ensemble et s'adjoint tout ce qui peut contribuer à la légitimer et la renforcer. Ici naît la stratégie théocentrique.

D'après cette interprétation historique-idéologique, même longtemps avant l'Exil, Israël n'a jamais eu qu'un seul dieu, Yhwh, et cela est si vrai que les autres dieux idolâtrés par le peuple n'ont jamais été que des morceaux de bois ou de métal, des illusions pures, des êtres sans substance, du vent. Et bien sûr le mouvement yahviste savait cela depuis longtemps. Mais cette position simple et inattaquable souffre d'un point faible de taille : si Yhwh est depuis toujours le seul dieu d'Israël et s'il marche avec son peuple par Alliance éternelle, alors comment expliquer la défaite sans compromettre fatalement ce dieu qui devrait alors subir le même sort que tous les dieux accompagnateurs au moment où leur peuple est vaincu ? Problème apparemment insurmontable qui fait appel, pour sa solution, à une révolution de pensée que j'appelle précisément l'absolutisme théocentrique. Car quel mérite un peuple a-t-il à se donner un dieu-reflet qui se contente d'enregistrer les victoires et les défaites de son peuple et d'apparaître et de disparaître avec lui ? À ce titre, comme l'a merveilleusement bien compris Isaïe, Marduk n'est qu'un faire-valoir de l'empereur assyrien, un *shadow-boxer*, un pur et simple fantoche, une idole justement.

Or Yhwh n'est pas de cette sorte. C'est un personnage d'une autre trempe, comme les sionistes eux-mêmes d'ailleurs. En vérité, si l'on veut vraiment comprendre ce qui s'est passé, il faut en finir avec de telles apparences et pénétrer jusqu'au fond des choses. Pour comprendre le Plan historique de Yhwh, il faut cesser complètement et radicalement de penser comme les insensés et les impies, fussent-ils des riches, des puissants ou des vainqueurs. Il faut repenser le drame historique d'Israël à sa racine. Dans le décor historique du Proche-Orient de l'époque, un vaste spectacle de marionnettes est donné en permanence et au centre de ce spectacle de grands empires se font et se défont, donnant sans cesse l'illusion du pouvoir, de la domination et de la réussite. On croit donc d'emblée que c'est là la réalité réelle et que le monde doit être décrit et compris de cette façon. Erreur ridicule et totale. Car derrière les marionnettes, derrière ce décor, un autre jeu se dessine, le vrai jeu, le seul jeu : c'est là que se joue le destin du peuple élu par Yhwh et par contrecoup, à long terme, le sort de l'humanité elle-même. Et dans ce jeu, Sennacherib, Nabuchodonosor ou Cyrus ne sont que de purs instruments entre les mains de Yhwh. Sur cette scène, il n'y a qu'*un seul véritable intervenant*, un seul acteur ayant compréhension, plan et pouvoir complets sur ce qui se passe. Et cet acteur va constamment à l'essentiel et ne se préoccupe des détails que par rapport à l'essentiel.

Yhwh a compris depuis longtemps que son peuple était incapable de se soumettre à son Alliance et d'instaurer en Israël le parfait modèle théocratique qui soit le centre de gravité religieux de toute l'humanité et qui apporte le salut au monde (paix, prospérité, ordre, etc.). Le peuple de Yhwh a constamment péché contre son dieu, il a trahi l'Alliance, et il doit être châtié sans pitié. Il n'y a jamais eu de défaite aux mains des Assyriens ou des Néo-Babyloniens, il y a eu châtiment divin purement et simplement, et Yhwh a choisi ces instruments aveugles et sans avenir pour exercer son châtiment. Le Plan de Yhwh est pourtant simple, transparent même, pour ceux qui sont fidèles à son Alliance et croient en son pouvoir infaillible. Par ce châtiment, Yhwh a à la fois éliminé tous les impies d'Israël et dégagé un reste pur (les sionistes) qui subira lui aussi l'épreuve terrible envoyée par Yhwh et qui en sortira purifié et renforcé. Car dans la perspective du Plan divin, l'Exil n'est pas une défaite mais bien une épreuve et un nettoyage par le vide ; seuls des moyens aussi radicaux peuvent permettre de dégager le reste, le germe sacré à partir duquel pourra fleurir la théocratie sioniste. Et le fait que l'immense majorité ne perçoive pas le grand dessein divin n'entame évidemment pas la certitude de foi des élus sionistes; parallèlement, il est bien normal que Yhwh table sur un petit reste sioniste et que ce soit précisément eux qui pénètrent le message divin grâce à leur foi éclairée. Tout se tient, même si à l'extérieur on tient ces propos pour un délire idéologique. Dans cette perspective radicale et seule vraie, la défaite est une purification et une épreuve tandis que l'Exil est le tremplin idéal pour une nouvelle Alliance solide et parfaite. La voie qui mène à la théocratie sioniste est évidemment aride et rebutante, mais pour qui comprend le Plan de salut de Yhwh, tout cela n'est qu'un appel à la pureté et à la sainteté, un creuset d'où émergera le bonheur total promis aux élus sionistes.

Selon le point de vue, on verra là une simple envolée rhétorique ou au contraire un tour de force idéologique. Restons sobres et contentons-nous de dégager les implications d'un tel message quant au personnage même de Yhwh. Jusqu'ici le Proche-Orient n'a connu que des dieux-reflets accompagnant leur peuple et partageant leur sort éventuel, disparition ou rétrogradation incluses. La stratégie politicoreligieuse deutéronomiste consiste à *transfigurer* la défaite et l'Exil en un tremplin sûr et solide pour l'instauration de la théocratie sioniste. Mais ce coup de force admirable a un prix, comme tous les coups de force idéologiques. Le levier nécessaire et suffisant de la stratégie sioniste, c'est le nouveau dieu décrit par les deutéronomistes, Yhwh. Ce dieu a un statut tout à fait particulier. On invente Yhwh, le dieu de la théocratie, pour nier ou transfigurer la défaite israélite en victoire sioniste (éventuelle), mais cette invention idéologique, de nouveau, comporte un coût énorme. Si j'insiste lourdement sur ce passage révolutionnaire, c'est qu'il est absolument décisif et trop souvent mal compris.

De la même façon que les Assyriens et les Néo-Babyloniens sont les instruments de Yhwh, de même Yhwh est un instrument entre les mains des sionistes: un outil unique et inouï, un levier prodigieux et terriblement dangereux. Car pour se donner un tel dieu qui détruit Israël et le reconstruit en communauté sioniste, il faut se livrer à une opération surhumaine: il faut cesser de comprendre la divinité comme un reflet et un accompagnateur, et il faut lui accorder une indépendance radicale par rapport à ses croyants ou à son peuple de référence. Et par malheur, cette opération est illimitée et irréversible. Ce dieu qui juge, transforme, reconstitue son Israël à son gré selon ses seuls desseins, ce dieu qui est le seul Intervenant, le seul Acteur, le seul Initiateur des seuls vrais actes historiques de quelque importance, ce dieu, pour être à la hauteur du propos stratégique des sionistes qui l'inventent, ce dieu doit donc être strictement autonome et transcendant, strictement hors de portée de toute projection humaine, de toute manipulation humaine. Ce dieu est une sorte de point fixe hors de l'histoire sioniste, le levier transcendant, métahistorique qui transforme la défaite en victoire, le désordre en ordre, l'Exil en Salut. Il faut un dieu radicalement *arbitraire et indépendant* pour disposer ainsi du destin des peuples et au premier chef du destin d'Israël. Comme on le voit, dans une telle perspective métahistorique, il n'y a aucune difficulté à rétrojeter et projeter les desseins divins sur l'ensemble de l'histoire d'Israël et à recomposer un passé (l'histoire biblique) ou un avenir (le message prophétique et apocalyptique) qui représentent la seule véritable histoire possible ou concevable pour l'Israël sioniste.

On présente fréquemment le monothéisme comme un grand progrès de la conscience, comme une révolution historique décisive. C'est là faire de l'idéologie au second degré. Car pour l'essentiel, cette invention humaine survient dans un certain cadre stratégique qui l'appelle et la rend nécessaire. On a besoin à un point donné, dans un contexte donné, dans un cadre idéologique donné, d'un dieu surpuissant, sans concurrent et qui agit de façon totalement arbitraire et indépendante. Ce Moloch est mis en place pour exercer une *certaine fonction stratégique* dans le vaste dispositif sioniste. Le danger de ce genre de création, c'est que toute l'histoire israélite est engloutie, récupérée et reconstituée par ce Moloch, selon les besoins et le programme sionistes, et que tout contrôle humain sur l'histoire est nié en bloc et d'un seul coup. Yhwh seul pense, agit, parle. Tant rétrospectivement que prospectivement, tout arrive par Yhwh, selon le Plan de Yhwh, en fonction de ses volontés. Une communauté de croyants peut *reconstruire* toute l'histoire israélite (et aussi bien l'histoire humaine) d'après la vision qu'il s'agit de promouvoir: la vision des vaincus et le renversement de situation qui doit survenir en leur faveur. S'il y a eu Exil, c'est qu'il doit y avoir Restauration. Mais surtout, s'il y a eu châtiment divin, abandon par Yhwh, c'est qu'il doit y avoir eu préalablement infidélité envers Yhwh, donc bris d'Alliance, donc Alliance préalable entre Yhwh et Israël, etc. La vérité prend ici la forme d'un vaste mouvement rétrograde où tout vient prendre sa place comme par enchantement.

Les sionistes s'inventent un dieu qui réalise leur plan en recyclant à son bénéfice tous les éléments de la situation où ils se trouvent et de l'histoire qu'ils ont vécue. Par personne interposée, le plus faible de tous devient le plus fort, le serviteur souffrant devient un élu glorieux. Par personne interposée, cependant, car pour parvenir à un tel coup de force, il faut et il suffit de se donner un dieu autonome et souverain qui dispose d'une initiative totale et d'un Plan irréfutable. Partant de là, toute l'histoire se recentre et est transfigurée : par la seule Grâce et le seul pouvoir divins, il y a Élection israélite (sioniste), Promesse inaltérable de salut, Alliance initiée et menée de main de maître par Yhwh, don de la Loi pour assurer la soumission et la fidélité au Plan de Yhwh, Grâce surabondante pour permettre le retour du peuple infidèle et enfin Salut apporté en fin de compte par Yhwh seul. On a affaire à une stratégie à double fond : le plan sioniste implique décentrement total et abandon confiant au plan de Yhwh ; le serviteur souffrant se remet entre les mains du dieu qu'il a créé et qui doit le sauver, et ce dieu est à la fois celui qui remplit ses obligations envers Israël (promesse et réalisation de la promesse) et celui qui rend possible le respect des obligations d'Israël (par le don de la Loi et la dispensation de la Grâce). Rappelons, pour conclure ce point, la formule deutéronomiste qui contient tous les éléments de la stratégie théocentrique sioniste : « Tu as obtenu aujourd'hui de Yhwh cette déclaration, qu'il serait ton dieu — mais à condition que tu marches dans ses voies, que tu gardes ses lois, ses commandements et ses coutumes et que tu écoutes sa voix. Et Yhwh a obtenu de toi aujourd'hui cette déclaration, que tu serais son peuple à lui, comme il te l'a dit — mais à condition de garder tous ses commandements ; il t'élèverait alors au-dessus de toutes les nations qu'il a faites, en honneur, en renom et en gloire, et tu serais un peuple consacré à Yhwh ton dieu, ainsi qu'il te l'a dit » (Dt 26,17-19). Le pendant de cette Alliance, c'est évidemment l'Alliance fondée sur la Grâce dont parle Jérémie lorsqu'il annonce l'imminence de la Restauration : « Mais voici l'alliance que je conclurai avec la maison d'Israël après ces jours-là, oracle de Yhwh. Je mettrai ma loi au fond de leur être et je l'écrirai sur leur cœur. Alors je serai leur dieu et eux seront mon peuple. *Ils n'auront plus à instruire chacun son prochain* [...]. Car tous me connaîtront, des plus petits jusqu'aux plus grands — oracle de Yhwh — parce que je vais pardonner leur crime et ne plus me souvenir de leur péché » (Jr 31,33-34).

La négociation de la reconnaissance entre Yhwh et Israël

Voici donc les deux protagonistes du drame du salut construit par la stratégie sioniste. Pour arriver à comprendre à fond l'*interaction* Yhwh-Israël, c'est-à-dire le rapport très particulier de reconnaissance qui s'établit entre Yhwh et Israël, il m'a semblé nécessaire, dans un premier temps, de proposer l'analyse des personnages eux-mêmes qui rendent possible cette interaction. De façon à épurer le drame qui se joue entre Yhwh et Israël de tout élément accessoire ou illusoire, il importe de réduire la scène à trois éléments car l'absolutisme éthique implique une telle réduction : d'un côté, un pur face à face entre deux et seulement deux personnages essentiels ; de l'autre côté, un point de rencontre unique, un carrefour central où se joue leur interaction, où l'enjeu de la reconnaissance apparaît de façon absolument claire. Ce carrefour central, selon la perspective d'analyse qu'on adopte, c'est l'Alliance elle-même ou encore la Loi comme noyau dur de l'Alliance ou même le Temple sioniste comme lieu où s'effectue la soumission-fidélité à la Loi. Ce centre de gravité du rapport de reconnaissance entre Yhwh et Israël n'a pas à être analysé à nouveau puisqu'il est au cœur de tous les paradigmes idéologiques déjà élucidés.

Le respect de l'Alliance est la condition unique du Salut d'Israël, le Salut étant tout simplement le beau nom que prend le bonheur total d'Israël promis et éventuellement assuré par Yhwh. Or le respect de l'Alliance se ramène à la soumission à la Loi. Cela est le noyau irréductible de l'Alliance. C'est l'instauration divine de la Loi qui assure la pérennité de l'Alliance, par-delà les infidélités, par-delà l'Exil, par-delà même l'attente interminable de la grande Restauration. Yhwh est l'initiateur absolu et c'est au bout du compte son honneur qui est en jeu, comme l'a parfaitement compris Ézéchiel. Hors de cette Alliance et de cette soumission à la Loi, la reconnaissance de Yhwh par Israël devient impossible et tout le calcul stratégique sioniste s'effondre puisque Yhwh cesse d'être au centre et Israël d'être dans sa main. Yhwh joue donc sa reconnaissance sur son Alliance (« mon alliance »), sur sa Loi (« ma loi »). Comme on peut le constater, dans une perspective théocentrique, le centre-carrefour de l'interaction Yhwh-Israël est constamment axé sur Yhwh, son Plan, sa Loi, etc. C'est pourquoi, si l'on reformule ce centre comme le lieu où se réalise l'Alliance, où s'exprime la soumission-fidélité à la Loi, on peut aussi bien poser le Temple sioniste comme le point de rencontre parfait entre Yhwh et Israël. La grande prière de Salomon au temple (2R 8) énonce fort bien ce principe de toute la stratégie éthique sioniste. De même la grande promesse de Restauration sioniste est centrée sur le temple de Jérusalem en Is 2. De même encore les grands hymnes à la gloire de Sion (Ps 48 et 87 en particulier). Il n'est pas utile de détailler davantage ce point qui nous est maintenant bien connu.

C'est la conséquence globale de toute cette partie de notre analyse qui nous importe. Nous avons dessiné la base de l'interaction Yhwh-Israël en nous efforçant d'aller à l'essentiel ; l'interaction est déjà fortement orientée par la mise en scène qui la précède. Cette mise en scène est parfaitement centrée et unitaire : un seul dieu, Yhwh, un seul peuple, Israël, et un seul centre-carrefour, le Temple comme lieu unique du culte orthodoxe et exclusif de Yhwh par Israël. Cet ensemble est un bloc interactionnel indissociable, absolument distinct et absolument séparé de tout le reste (en principe du moins), et c'est ce centrage et cette unification totalisants (je n'ose dire totalitaire en raison des connotations malheureuses associées à ce mot mais c'est bien à une stratégie de réduction et d'unification de type totalitaire qu'on a affaire ici) qui doivent rendre possible la stratégie de salut sioniste. Effectivement, l'absolutisme éthique sioniste est en quelque sorte précontenu dans cette construction de base car la manière dont les protagonistes sont dégagés et mis en évidence et la manière dont ils sont centrés sur l'Alliance, la Loi et le Temple impliquent d'emblée une position théocentrique radicale et une forme d'interaction en conformité avec cette position.

Nous devrions être maintenant en mesure de décrire et de comprendre le rapport de reconnaissance qui s'établit entre Yhwh et Israël. C'est ici que la grille éthique doit manifester pleinement sa valeur heuristique. Cela va du même coup nous mettre en face du véritable prix à payer pour le coup de force idéologique sioniste et sa stratégie théocentrique. Comme on peut s'y attendre, la forme que prend le rapport de reconnaissance entre Yhwh et Israël n'est jamais analysée comme telle dans la Bible puisqu'on n'a pas affaire à un texte réflexif. Pourtant, si l'on rassemble tous les éléments pertinents à ce propos, alors, malgré quelques distorsions normales dans un texte à forte teneur idéologique, nous disposons d'un «exposé» tout à fait satisfaisant sur la question en discussion. Le centre de ce rapport de reconnaissance est rappelé à maintes reprises dans le texte: «pour qu'Israël soit le peuple de Yhwh et que Yhwh soit le dieu d'Israël…». Dans le drame historique auquel nous assistons, il n'y a que deux protagonistes et l'enjeu est constitué par une Alliance réussie entre eux, c'est-à-dire par un rapport de reconnaissance mutuelle. Les deux grands pôles d'analyse sont donc, d'une part, les objectifs poursuivis par chaque partie dans cette Alliance et, d'autre part, les conditions qui la rendent effective. Nous distinguons ces deux pôles pour fins d'analyse mais naturellement ils forment un tout.

L'objectif poursuivi

Le premier pôle d'analyse concerne l'objectif poursuivi par chacune des parties. Pratiquement, cet objectif stratégique découle directement de la compréhension que nous nous sommes déjà formée de chaque protagoniste. D'abord, le statut essentiel d'Israël en dehors de son Alliance avec Yhwh en est un d'Exil, de dépossession et d'oppression générale: avant l'Alliance du Sinaï, Israël est un peuple sans identité ni appartenance, vivant sous le joug égyptien et attendant une libération qui ne peut apparemment pas venir de ses propres efforts concertés; après la rupture d'Alliance avec Yhwh, Israël redevient un peuple défait et dispersé qui n'arrive pas à se réorganiser par lui-même et qui vit dans une attente de Restauration très pénible. Cette situation essentielle de dépendance est pour Israël une occasion de prise de conscience et d'apprentissage; le client n'est rien sans son Patron, il ne peut rien par lui-même, laissé à ses seules ressources et initiatives; mais si au contraire il s'abandonne en toute confiance à son Patron qui peut tout pour lui, alors le Salut est possible sous la forme d'une libération de la servitude et de l'Exil, du don d'une terre ou de la Restauration de la vie en cette terre, de la paix et de la prospérité en cette terre, etc. Ainsi donc, la reconnaissance d'Israël par Yhwh mène au Salut, à un bonheur sans partage et bien tangible. À la limite, Israël n'existe tout simplement pas sans Yhwh; en ce sens, son choix de reconnaître Yhwh comme son Patron est assez limité, sinon inexistant. Par construction (idéologique), Israël a besoin de Yhwh et la reconnaissance de Yhwh comme Patron est la condition nécessaire et suffisante pour son bonheur. En pratique, cependant, Israël se conduit, du moins avant l'Exil, constamment comme s'il avait le choix de reconnaître ou non Yhwh et se permet apparemment toutes les infidélités à son égard; on peut évidemment penser que c'est par inconscience ou par mauvaise volonté, mais il y a tout de même là quelque chose de paradoxal. Peut-être la vérité de ce rapport Yhwh-Israël se trouve-t-elle dans les conditions mêmes de l'Alliance. Nous allons y revenir bientôt.

Ensuite, du côté de Yhwh, l'objectif de reconnaissance découle lui aussi de la construction (idéologique) même du personnage. Ce qui caractérise par-dessus tout le Patron divin, c'est son autonomie radicale et sa souveraineté incontestable par rapport à l'ensemble des nations et tout particulièrement par rapport au peuple qu'il a choisi. De par sa position dans le jeu stratégique de reconnaissance, Yhwh peut tout pour Israël à condition qu'Israël le reconnaisse comme souverain, ce qui devrait aller de soi puisqu'il est déjà admis qu'Israël ne peut devenir ce qu'il est sans la reconnaissance de son dieu. Or justement, comme le texte le répète à satiété, Yhwh ne demande rien à Israël sinon cette reconnaissance qui correspond en fin de compte à un état de choses évident pour les deux parties et qui doit par surcroît apporter à Israël des bénéfices énormes et du reste impossibles à obtenir autrement.

Pour le moraliste rompu à ces exercices stratégiques simples, il est clair que les deux personnages s'emboîtent pour former une interaction prédéterminée et inaltérable. Or toute l'histoire d'Israël écrite par les sionistes eux-mêmes montre que la réalité n'est pas si simple, et de loin.

Le jeu de bascule attendu ne se produit pas et le rapport de reconnaissance entre Yhwh et Israël est sans cesse menacé et rendu problématique, vraisemblablement par le comportement d'Israël. On a donc tout lieu de croire que la construction idéale des personnages avec les objectifs attendus par chacun n'a pas la simplicité et la transparence qu'elle est censée avoir. Faut-il « déconstruire » les personnages et leurs objectifs stratégiques, comme on dit aujourd'hui ? Ou plutôt, les personnages se déconstruisent-ils d'eux-mêmes à l'usage en raison de leur évolution interne et de leur interaction problématique ?

Les conditions à remplir pour atteindre l'objectif

Pour bien comprendre ce qui se passe entre Yhwh et Israël, il m'apparaît clair qu'il faut aller au-delà des personnages très typés et de leurs objectifs prédéterminés, et entrer dans la discussion cruciale des conditions de l'Alliance entre eux. Un très bref détour est ici éclairant. Dans les conditions habituelles de l'interaction entre humains, la structure de l'alliance est tout à fait différente et il convient généralement de parler plutôt de reconnaissance relative, graduelle et conditionnelle. En simplifiant, on doit affirmer que l'interaction est pratiquement toujours marquée par une sorte d'échange ou de donnant, donnant qui place les parties relativement à égalité l'une face à l'autre. Chacun apporte divers éléments dans la relation et il est reconnu et valorisé dans la mesure où il reconnaît et valorise l'autre et pour autant que chacun apporte et obtient des bénéfices mutuels à l'intérieur de la relation. Mais dans un tel cas, qui est le cas courant, on travaille sur une base commune, dans des conditions communes et avec des objectifs communs. Chacun poursuit ses avantages et ses intérêts propres, cela va de soi, mais ces avantages et intérêts se disent dans un langage commun et sont profondément apparentés. En fin de compte, on échange des besoins contre des besoins, de la dépendance contre de la dépendance, de la considération contre de la considération, de l'amour contre de l'amour, etc. Cela n'exclut pas les dettes, les ingratitudes et les frustrations, les échanges inégaux, les ruptures et les retours, mais invariablement, on reste sur des bases communes, avec des unités de mesure communes, avec des complicités ou des ententes explicites communes. Le rapport de reconnaissance se construit donc au long du temps, de façon graduelle, petit à petit, à travers un circuit d'interactions et d'échanges que chacun évalue librement comme étant ou non à sa satisfaction et par suite comme méritant ou non d'être poursuivi, modifié, repris différemment, etc. Et la reconnaissance recherchée par chacun est obtenue à un certain degré qui n'est ni rien ni tout mais simplement une satisfaction relative, à taille humaine, sujette à amélioration et à évolution. Bref, entre humains, le rapport de reconnaissance se joue le plus souvent sur un mode relativiste et gradualiste, avec des objectifs et des satisfactions en conséquence. Cela est la base du relativisme éthique commun.

On n'a pas à présumer a priori qu'un tel relativisme représente la norme ou la vérité standard dans toute recherche de reconnaissance. Une telle stratégie, si courante soit-elle, ne se juge qu'à ses résultats en termes de reconnaissance et surtout à ses conséquences plus globales en regard de la satisfaction et de l'épanouissement personnels de chacun. De plus, la discussion critique d'une telle stratégie, apparemment simple et naturelle, renvoie encore à des comparaisons approfondies avec d'autres choix stratégiques peut-être plus marginaux ou plus risqués mais tout aussi légitimes a priori. À ce propos, il arrive assez souvent, dans la vie de la plupart des humains à vrai dire, que cette stratégie relativiste de base soit relayée, suppléée ou même carrément remplacée par une autre stratégie, de type absolutiste celle-là, dans laquelle le joueur recherche une autre forme de reconnaissance, plus complète, plus globale, plus définitive et plus inconditionnelle, et soit disposé à s'engager dans des formes d'interaction et d'échange beaucoup plus radicales, beaucoup plus exclusives et beaucoup plus compromettantes. Pour m'en tenir à un exemple évident, je mentionne au passage le jeu de la passion amoureuse, vécu à vif, dans lequel l'amant joue sa vie de façon globale et irréversible et a le sentiment de pouvoir obtenir en retour de son engagement massif une reconnaissance d'un autre ordre et en définitive tout à fait incomparable. Tout jugement sommaire sur de telles attitudes stratégiques est évidemment naïf mais il reste que nous devons tôt ou tard effectuer la discussion critique, approfondie et comparative de ces attitudes si nous espérons comprendre comment se construisent les diverses traditions de pensée et nous orienter de façon éclairée par rapport à elles [2].

En résumé, il est sans doute utile de proposer une sorte de typologie très préliminaire des diverses attitudes humaines face au jeu de la reconnaissance, mais une fois qu'on a distingué en particulier entre un certain relativisme et un certain absolutisme éthiques, la tâche demeure d'examiner comment, dans une tradition de pensée très précise construite au long du temps par un ensemble de personnes, un certain

2. J'ai décrit de façon beaucoup plus approfondie ces deux attitudes stratégiques-éthiques de base dans *Autonomie personnelle et stratégie de vie*, troisième partie.

absolutisme éthique s'élabore avec ses caractéristiques et ses conséquences propres. C'est ce que nous nous sommes engagés à faire dans le cas de l'absolutisme sioniste et nous en arrivons au point où, par-delà les personnages types déjà considérés et les objectifs stratégiques poursuivis, il faut nous pencher sur les conditions particulières selon lesquelles se déroule la négociation de la reconnaissance. Car il y a malgré tout négociation, inévitable négociation en vue de l'établissement d'un rapport de reconnaissance satisfaisant pour les parties impliquées. Et les termes de cette négociation s'expriment inévitablement *sous forme de conditions*. J'entends par conditions à la fois la position des protagonistes l'un par rapport à l'autre et les formules quasi contractuelles par lesquelles les parties s'engagent dans une Alliance. Ces formules représentent l'ensemble des stipulations expresses à travers lesquelles l'Alliance peut prendre effet: Israël reconnaît Yhwh *à condition que et dans la mesure où* Yhwh s'engage par promesse et s'oblige à réaliser telle ou telle faveur pour Israël; et réciproquement Yhwh reconnaît Israël *à condition que et dans la mesure où* Israël adopte tel ensemble d'attitudes et de comportements envers Yhwh. Et ces conditions fixées ou consenties d'un commun accord dépendent essentiellement de la position relative des protagonistes l'un face à l'autre. Mais l'analyse qui révèle cette position relative, c'est précisément l'analyse minutieuse des conditions posées par les parties à l'Alliance; autrement dit, il faut remonter inductivement de ces conditions à la position des parties que ces conditions révèlent.

Les conditions posées par Yhwh

Il arrive que des exégètes bien intentionnés discernent à la base de la relation de Yhwh avec Israël une position de reconnaissance inconditionnelle. Il est très important de rectifier dès le début cette erreur d'interprétation qui s'explique facilement mais menace de fausser tout le débat. Il est normal que les auteurs bibliques aient tendance à donner de Yhwh une image si valorisante que son indépendance souveraine et sa générosité gracieuse apparaissent comme une pure émanation de son être, comme un don sans contrepartie. Cela est particulièrement visible lorsqu'on décrit les bénédictions ou les faveurs qu'il fait pleuvoir à tout propos sur ses fidèles: par exemple, l'histoire d'Abraham peut être examinée dans cette perspective. Toutefois, cette générosité surabondante se réduit comme une peau de chagrin dès que les auteurs font référence à l'Alliance avec Israël et aux conditions qui y président. Alors, il est facile de se rendre compte cas par cas que l'Alliance de Yhwh avec

Israël est invariablement conditionnelle car il en va alors de la reconnaissance de Yhwh par Israël.

On a généralement avancé deux exceptions à cet état de choses : l'Alliance avec Abraham (Gn 12,15 et 17 principalement) et l'Alliance dynastique avec David (2S 7). Ces deux séries de passage ne sont pas du tout concluantes, d'abord parce qu'elles doivent être replacées dans la perspective d'ensemble d'une Alliance conditionnelle et ensuite parce que leur contexte particulier ne permet pas de solliciter ces textes comme on le fait parfois. En premier lieu, les textes qui concernent l'Alliance avec Abraham laissent une certaine impression de flottement pour la simple raison qu'on se trouve alors dans le contexte de la Promesse pure et simple et point du tout de sa réalisation : par exemple Gn 12,1-3 ou encore 15,1-6 et 15,17-18. Lorsque cette Alliance prend forme plus concrètement au chapitre 17, elle est instituée de façon très explicite et avec les stipulations pertinentes : « Et toi, tu observeras mon alliance, toi et ta race après toi… » (Gn 17,9). Mais à vrai dire, cette pré-alliance prend son véritable sens, dans l'Exode et le Deutéronome, lorsque Yhwh entreprend de réaliser *sa* Promesse et d'exiger en retour la fidélité à *son* Alliance et la soumission à *sa* Loi. L'immense foi d'Abraham dans la promesse de Yhwh n'en ressort que plus clairement mais il ne faut pas confondre ce modèle idéal avec la négociation effective de l'Alliance à une étape subséquente.

En second lieu, l'Alliance dynastique avec David supporte encore moins la thèse d'une reconnaissance inconditionnelle d'Israël par Yhwh. Le passage clé est le suivant : « Je serai pour lui [ton successeur] un père et il sera pour moi un fils : s'il se fourvoie, je le châtierai avec une verge d'homme et par les coups que donnent les humains. Ma fidélité ne s'écartera pas de lui comme je l'ai écartée de Saül que j'ai écarté devant toi. Ta maison et ta royauté subsisteront *à jamais* devant toi ; ton trône sera affermi *à jamais* » (2S 7,14-16). Ce genre de rhétorique tardive est bien propre à réconforter les sionistes éprouvés et en attente de Restauration mais il ne faut pas confondre une envolée rhétorique et le message deutéronomiste global dans lequel elle prend place. D'abord, le texte lui-même ne va pas sans ambiguïté puisque la promesse « inconditionnelle » n'exclut pas les châtiments en cas d'infidélité et qu'on ne voit pas clairement pourquoi les faveurs de Yhwh seraient plus fiables à l'endroit du successeur Salomon que du prédécesseur Saül (et de fait, la suite de l'histoire a de quoi faire réfléchir les plus optimistes). Ensuite, lorsque David reprend la *même* promesse au profit de Salomon en 1R 2, il est facile de se rendre compte qu'il l'a toujours comprise comme inscrite dans le cadre d'une Alliance conditionnelle (voir 1R 2,4 en particulier).

Enfin, la promesse peut bien être qualifiée d'*éternelle* en un sens vague et impossible à préciser, mais elle est constamment interprétée comme radicalement *conditionnelle* par les prophètes qui reprennent le discours de Yhwh à l'endroit des divers successeurs de David tout au long des livres des Rois. En résumé, la *Promesse* gagne à être symbolisée comme gratuite et inconditionnelle dans la perspective sioniste mais il en va tout autrement de l'*Alliance* elle-même qui est modelée sur des traités conditionnels de vassalité, comme de nombreux spécialistes l'ont démontré.

Ce détour n'aura pas été inutile s'il nous a sensibilisés à la forme normale que Yhwh donne à son Alliance avec Israël. Mais la vérité de la relation de reconnaissance entre Yhwh et Israël va bien au-delà de la discussion de textes à certains égards exceptionnels. Car à vrai dire, l'Alliance *décrétée* unilatéralement par Yhwh est *structurellement conditionnelle* et cela, non pas simplement à cause de quelque accident de parcours ou de quelque effet de conjoncture. Les deux textes fondateurs sont ici l'Exode et le Deutéronome, déjà amplement commentés. La marque la plus évidente de cela nous est livrée dans le processus même de l'Alliance : chaque phase de ce processus est mise en branle et menée à bien par Yhwh qui est seul maître du sens, de la portée et des modalités de l'Alliance. C'est pourquoi il parle constamment de « son » Alliance et non de « notre » alliance ; l'Alliance dérive de l'élection gratuite [3] d'Israël et dans cette logique elle ne peut être gérée et menée à bien que par Yhwh seul. Et c'est justement dans ce contexte qu'il faut entendre l'aménagement divin de l'Alliance. Les textes sont à ce sujet d'une rigueur impitoyable. Comme l'explique le Deutéronome, Yhwh n'a pas choisi Israël en raison de son mérite ou de sa vertu et son seul espoir consiste à donner à Israël une Loi (qui lui permettra d'être fidèle à l'Alliance) et par surcroît à dispenser sa Grâce à Israël (de façon à assurer sa soumission à cette Loi) ; car Yhwh sait depuis toujours qu'Israël laissé à lui-même est incapable de remplir cette *condition* pourtant minimale de l'Alliance, à savoir la simple foi en la Promesse et la fidélité à sa Loi. Nous reviendrons là-dessus de façon plus précise un peu plus loin. Je me contente pour l'instant de tracer le cadre contraignant de l'Alliance conçue dans la perspective de Yhwh — c'est-à-dire dans la perspective construite par les sionistes. Comment l'Alliance pourrait-elle être inconditionnelle alors que Yhwh sait de façon infaillible qu'Israël est

3. Tout compte fait, lorsque l'Alliance se présente sous forme de *Promesse unilatérale*, comme c'est le cas face à Abraham et à David, elle prend une tournure hyperbolique, ce qui est symbolisé naïvement comme un engagement éternel ; mais dès que cette Promesse hyperbolique devient une *Alliance historique* à caractère contractuel, alors elle est invariablement symbolisée comme conditionnelle.

justement incapable de respecter les conditions mêmes de l'Alliance et que son seul recours pour assurer ce respect consiste en désespoir de cause à recourir à sa propre Grâce comme moyen ultime du salut d'Israël? Lorsqu'on affirme que Yhwh prend l'initiative de chaque phase du processus d'Alliance, on ne fait que mettre en lumière le fait que l'Alliance conçue et menée par Yhwh est structurellement conditionnelle et ne peut être construite que dans un tel cadre. Être dans la main du Patron céleste, c'est cela: être élu de bout en bout, de l'Exil au Salut, dans l'attente du grand renversement, de la grande Restauration. Et la condition unique et nécessaire, c'est le décentrement radical qu'explique encore le Deutéronome: cesser d'agir selon une force ou une vertu que l'on n'a pas et s'abandonner à la Grâce divine; cesser de suivre sa voie et son discernement qui ne nous mènent qu'à des entreprises blâmables et à la perdition, et s'attacher à la Loi, à la seule voie qui mène au Salut. C'est là ce que certains commentateurs appellent très justement le piétisme sioniste: le sage ne se distingue pas de l'insensé par son discernement supérieur mais simplement par son renoncement ou son décentrement en faveur de la Loi divine; contrairement à l'impie, le pieux a compris que la foi et l'abandon confiant à Yhwh sont les seuls remèdes à la vanité et à l'aveuglement humains. Il accepte les conditions de l'Alliance car ce sont là les conditions de la libération et du Salut. Mais du même coup, il doit consentir à ces conditions dans leur ensemble: reconnaître Yhwh et nul autre, c'est reconnaître la souveraineté absolue de Yhwh sur Israël et cela est possible dans la mesure où l'on renonce à sa propre voie pour suivre celle indiquée par Yhwh et pour se soumettre sans restriction à chacune de ses lois. Une seule condition, une seule tâche, un seul idéal: le décentrement radical en faveur de Yhwh et, en définitive, de la Loi sioniste. Le théocentrisme, c'est cela.

Ainsi donc, l'interaction Yhwh-Israël examinée du point de vue de Yhwh mène à une conclusion inébranlable: Yhwh reconnaît conditionnellement Israël; plus précisément, il reconnaît Israël dans la mesure où celui-ci se soumet à sa Loi et par-dessus tout lui offre une allégeance constante et exclusive. Et le seul moyen sûr de parvenir à la fidélité radicale exigée par Yhwh, c'est de renoncer à sa propre voie et à son propre discernement et de suivre sans restriction la voie de Yhwh et elle seule. Les sionistes sont parfaitement conscients des exigences ainsi posées au croyant et les textes évoquent constamment l'extrême difficulté sinon l'impossibilité de satisfaire cette demande. Le *stratagème justificatif* utilisé par les sionistes est simple: il consiste à poser qu'Israël ne peut suivre sa voie sans dommage et qu'il ne lui reste donc qu'à suivre la voie de Yhwh. Le bonheur est à ce prix: une foi et une fidélité radicales à

Yhwh. C'est pourquoi l'Alliance avec Israël est construite par Yhwh de façon unilatérale. Dans la perspective de Yhwh (ou des sionistes), Israël n'a pas le choix: ou bien il est sauvé par Yhwh, par l'Alliance médiatisée par la Loi, ou bien il est laissé à lui-même et se perd fatalement en suivant sa propre voie. Du point de vue humain — du point de vue d'Israël —, il faut user de discernement pour comprendre et accepter cela: même la soumission est un geste *libre*, qu'on le veuille ou non, et Israël doit effectivement être tenu responsable de ses infidélités. Mais du point de vue de Yhwh, l'Alliance est construite et présentée comme si Israël n'avait aucunement le choix, sinon entre la vie et la mort, entre tout et rien. À aucun moment Yhwh n'estime-t-il qu'Israël a un véritable choix à faire: la liberté d'Israël ne peut être respectée car, en dernière analyse, cette liberté, si par impossible elle existe, n'est qu'une liberté pour la mort, les errements et les échecs. La posture de Yhwh est fondée là-dessus: d'un même mouvement, il propose et impose tout à un peuple qui ne comprend rien sans lui et ne peut rien sans sa Loi et sans sa Grâce. La structure théocentrique interdit tout respect de la fausse liberté d'Israël. En particulier, le mythe de l'Exode signifie que Yhwh doit sauver et racheter Israël et lui donner ensuite tous les moyens pour rester sur la voie du salut et payer sa dette de reconnaissance à l'égard de son sauveur. Ce mythe fondateur justifie à la fois la demande de reconnaissance radicale et l'imposition de la Loi comme condition de l'Alliance. Le sens de la conditionnalité de l'Alliance, c'est en fin de compte qu'Israël puisse être sauvé malgré lui, envers et contre sa vaine liberté et son illusoire discernement. Yhwh n'a pas à respecter cela, il ne doit pas respecter cela, s'il souhaite vraiment sauver Israël; en contrepartie, Yhwh doit imposer sa Loi, il ne peut qu'imposer sa Loi s'il souhaite vraiment sauver Israël. Or c'est Yhwh qui mène le jeu d'un bout à l'autre: c'est lui qui sait que le discernement d'Israël est illusoire et que sa Loi est juste et salvatrice; c'est lui qui sait comment le salut est possible pour Israël et comment la reconnaissance est possible pour lui-même; c'est lui qui propose l'Alliance, qui l'impose, qui la rend possible et qui juge de son observance. Israël ne doit à la limite apparaître à aucun moment comme sujet libre et respecté dans sa liberté au cours de toute cette opération. Et si Israël apparaît un seul moment comme sujet libre ce sera pour choisir de s'abolir aussitôt comme sujet libre. La condition imposée pour la reconnaissance et le salut d'Israël exclut la réciprocité: Israël ne peut être reconnu que s'il renonce à sa liberté et se soumet à la Loi de Yhwh; Israël ne peut être reconnu que s'il cesse de se reconnaître lui-même comme sujet libre de l'Alliance et que s'il se satisfait de la reconnaissance de quelqu'un qui ne le reconnaît pas comme sujet libre.

La demande de Yhwh, vue dans la perspective même de Yhwh, est donc hautement problématique et extrêmement périlleuse car elle exclut toute forme de liberté et de réciprocité : de ce fait, il devient très difficile, sinon impossible pour Israël de satisfaire les exigences de Yhwh, même s'il le désire de toutes ses forces (qu'on lui conteste) et de toute sa liberté (qu'on lui dénie).

À ce point, on peut être tenté de poursuivre cette réflexion de l'extérieur de façon à la radicaliser davantage. Ainsi, un observateur purement extérieur pourrait être tenté de considérer que les leaders sionistes sont des ventriloques de haute volée qui créent un personnage de toutes pièces, Yhwh, et le font parler selon leurs besoins et leurs attentes. Dans le contexte où ils se trouvent, ils sont acculés à inventer un dieu transcendant, c'est-à-dire indépendant et arbitraire ; parallèlement, ils rêvent d'un dieu qui fait au peuple élu (au groupe sioniste) des promesses éternelles et qui le reconnaît inconditionnellement. Ce rêve, à nouveau, est une image inversée de la situation où ils se trouvent. Par contre, là où il y a une projection directe chez les leaders sionistes, c'est bien dans l'idée qu'ils se font d'une interaction divine parfaitement réussie avec le groupe sioniste : selon eux, en effet, une telle interaction ne peut être que de souverain à sujet, c'est-à-dire autoritaire, unilatérale (à sens unique) et sans réciprocité ni négociation possibles. Le modèle deutéronomiste est donc pour eux indépassable sur tous les plans. Mais ce n'est pas la perspective que j'ai choisie pour interpréter le sionisme et je ne crois pas utile de m'avancer davantage sur ce terrain.

Revenons à notre argumentation principale et concluons brièvement. Ainsi nous apparaît le prix à payer pour le coup de force théocentrique. Le Moloch sioniste se nourrit de la vie même de ceux qu'il sauve et il les laisse à la fin sans liberté et sans force propres. Mais par construction, cette exigence extrême posée par Yhwh est pratiquement impossible à satisfaire. Sur ce plan, le coup de force sioniste est un rêve impossible. Du même coup, on sait par avance que le jeu de reconnaissance ne s'arrête pas là, qu'il ne peut s'arrêter là. On peut donc se rassurer, d'autant que cela ne représente que la moitié de la transaction entre Yhwh et Israël, si l'on peut dire, ou encore cette transaction perçue dans la perspective de Yhwh et selon son entrée de jeu particulière. Cependant la question devra tôt ou tard se poser de savoir s'il existe une autre perspective que celle-là, dans un cadre stratégique théocentrique. Nous aurons à revenir là-dessus bientôt mais il nous reste d'abord à examiner si la stratégie sioniste peut être rachetée et justifiée lorsqu'on passe de la perspective de Yhwh à celle d'Israël et qu'on se demande cette fois quelle forme de reconnaissance Israël pratique à l'égard de Yhwh.

Les conditions posées par Israël

La transition obligée pour l'examen de cette question, c'est la stratégie initiatrice de Yhwh. On l'a vu, Yhwh reconnaît Israël conditionnellement, plus précisément conditionnellement à une adhésion *sans restriction* à sa personne et à sa voie. L'implication est limpide, incontournable : Yhwh reconnaît Israël (conditionnellement) si (dans la mesure où) Israël reconnaît inconditionnellement Yhwh et s'abandonne en toute confiance à sa volonté souveraine. *Ce qui définit l'absolutisme théocentrique*, en fin de compte, c'est cette exigence de reconnaissance inconditionnelle, de décentrement en faveur de Yhwh et de renoncement à soi-même. Or, si Israël reconnaît inconditionnellement Yhwh, cela comporte deux exigences nécessaires : d'abord qu'Israël considère une telle reconnaissance comme humainement acceptable et éthiquement valable, et ensuite que cette reconnaissance soit accordée sans restriction, sans contrepartie, sans attente de retour, en un mot inconditionnellement. Il faudra tôt ou tard examiner ces deux exigences avec le plus grand soin car c'est dans la perspective humaine, comme on peut le deviner, que se justifie finalement la stratégie sioniste.

C'est cependant la deuxième exigence qui doit surtout retenir notre attention ici car c'est elle qui nous révèle les enjeux véritables du jeu sioniste de reconnaissance. La question posée est particulièrement redoutable car le texte biblique appelle un travail d'interprétation constant et n'offre que des points d'appui très fragiles pour ce travail. Le discours apparent de la Bible est fort simple mais il faut tout de même se rendre compte qu'il est grevé par un programme idéologique qui lui enlève beaucoup de crédibilité. Je m'explique. Le texte affirme constamment que si Israël reconnaît Yhwh, c'est parce que Yhwh est son Sauveur ou, en d'autres termes, c'est dans la mesure où Yhwh lui promet le Salut, c'est-à-dire la libération de la servitude, le bonheur dans la terre promise, un rayonnement dynastique et impérial, etc., et bien entendu c'est encore dans la mesure où Yhwh réalise cette promesse peu à peu au cours de l'histoire d'Israël. Tous les attributs du Salut promis par Yhwh sont peu à peu dispensés à Israël : paix et sécurité, postérité nombreuse et prospérité très grande, pouvoir, etc. Bref, le Salut promis et accordé, c'est le bonheur total, un bonheur terrestre et humain certes, mais tout de même un bonheur total. *Si* Israël accorde sa foi sans condition à Yhwh et renonce à suivre sa voie propre, alors Yhwh lui accordera sa faveur immense et constante, donc le bonheur. La reconnaissance du client ne réside pas dans sa liberté mais dans son bonheur ; ou encore, le résultat humain de la reconnaissance, c'est couramment le bonheur. Selon toute apparence, Yhwh accorde à Israël ce qu'Israël est en droit d'attendre et ce qui lui apportera satisfaction. La sécurité, la prospérité et le rayonnement attendus peuvent varier mais pour l'essentiel, ils sont la preuve d'une transaction réussie avec Yhwh. La question, si l'on s'en tient à cette seule exigence pour l'instant, est de savoir si cette transaction suffit à compenser la condition posée par Yhwh : renoncement contre bonheur, décentrement contre salut. Naturellement, les faveurs accordées par le Patron ne lui coûtent rien, d'autant qu'elles contribuent à accréditer sa puissance et à faire rayonner sa souveraineté ; mais ce facteur ne doit pas nous retenir puisqu'il correspond ni plus ni moins à la construction des personnages, à leur définition même.

Mais plus radicalement la question est de savoir si Israël peut reconnaître inconditionnellement Yhwh, adhérer sans restriction ni contrepartie à la Loi et à la voie divines, *alors que sa fidélité est inévitablement dépendante de la promesse* de Yhwh et, à terme, de la réalisation de cette promesse. Le problème se ramène à ceci : la promesse de Yhwh demeure tout au long conditionnelle mais, à son tour, la fidélité d'Israël ne devient-elle pas conditionnelle à la réalisation de la promesse ? Je rappelle que nous n'en sommes pas encore à nous demander si le renoncement à soi-même impliqué dans la reconnaissance inconditionnelle de Yhwh par Israël est humainement acceptable, c'est-à-dire valable sur un plan éthique. Notre questionnement est plus simple mais tout de même bien plus déterminant qu'il n'y paraît à première vue.

À un premier niveau, le problème concerne simplement le *mobile* qui anime les sionistes. Lorsqu'on examine la foi d'Abraham et son angélisme sans limite, on croit percevoir les hauts standards d'exigence sionistes, mais quand on examine la transaction réelle entre Israël et son dieu, on ne peut manquer d'être frappé par les mobiles intéressés qui le guident constamment et le confortent fort avantageusement dans sa foi. Le jeu de bascule absolutiste est ici si flagrant qu'il laisse un peu songeur : renoncer à tout pour s'assurer un bonheur total. On peut répondre à cette première difficulté en observant qu'après tout, la promesse et sa réalisation sont de Yhwh et de Yhwh seul, mais à cela il faut ajouter une considération sans doute plus convaincante : *par construction* (idéologique), si Yhwh demande à Israël de renoncer à sa voie, c'est bel et bien parce que *la voie de Yhwh mène au salut*, au bonheur sans partage, et c'est pourquoi la promesse et sa réalisation sont en quelque sorte précontenues dans l'offre d'Alliance de Yhwh. Autrement dit, il suffit de se soumettre totalement, de reconnaître inconditionnellement Yhwh et sa Loi pour être sauvé et parvenir au bonheur. Le jeu de bascule absolutiste est ainsi construit, c'est tout. Dans ce contexte franchement paradoxal, la promesse devient un leurre superflu car l'abandon confiant à l'Alliance divine se suffit d'emblée. Le salut n'est qu'un bénéfice collatéral, rien de plus. Dans une perspective piétiste, ce genre d'argument m'apparaît irréfutable, quoiqu'il soit bien rarement formulé clairement par les sionistes eux-mêmes. On peut le déplorer.

Mais un deuxième niveau de difficulté nous attend aussitôt, soulevé par le deutéronomiste mais plus clairement encore par le récit de Salomon. Au moment où Israël connaîtra la prospérité, le pouvoir et le renom, ne sera-t-il pas tenté de croire en sa force, en ses ressources et en son mérite et ne sera-t-il pas du même coup entraîné vers sa propre voie et éloigné de celle de son dieu ? Tout se passerait alors comme si le Salut qui bourgeonne sur l'arbre de la Loi venait empoisonner la reconnaissance acquise et la rendre terriblement dommageable ; à ce titre, Yhwh aurait provoqué par sa générosité surabondante l'infidélité d'Israël ; à la limite, l'infidélité dériverait de la fidélité à la manière d'une tentation naturelle et irrésistible. Dans un premier temps, nous avons observé que l'intérêt ou l'attente de profit peuvent être des guides dangereux ; dans un deuxième temps, il nous faut maintenant constater que l'encaissement des bénéfices escomptés est un écueil plus perfide encore puisqu'il risque de nous détourner plus sûrement encore de la voie du salut et de nous faire lâcher la proie pour l'ombre. Les sionistes ont fort bien compris cela qui ont toujours cru que l'Exil constituait la posture privilégiée d'Israël face à son dieu. Mais l'espoir persiste et le serviteur souffrant le plus pieux et le plus vigilant doit veiller et se purifier sans relâche. Seule une reconnaissance inconditionnelle et *sans attente de retour* peut garantir le maintien de l'Alliance. Encore ici, on se retrouve dans un climat spirituel aux teintes assez paradoxales car la seule façon d'atteindre et de préserver le salut, c'est de ne pas y entrer de plain-pied, de garder ses distances et de chercher le plus possible sa satisfaction dans le service assidu de son dieu. Alors que le puissant risque toujours de devenir le rival de Yhwh et de se perdre par là même, le serviteur souffrant, du fond de sa résignation pieuse, tend un bien plus grand défi à son dieu et l'oblige tôt ou tard à le compenser de quelques menus bienfaits qu'il saura du reste gérer à la manière de simples surcroîts. Il y a là un jeu de misère volontaire qui préserve le sioniste pieux en le gardant dans la main de son dieu. On peut donc se rendre compte combien l'équilibre de l'Alliance est une chose fragile : le plus faible deviendra le plus fort grâce à son dieu, mais s'il sait malgré tout demeurer humble et dépendant. La posture d'Exil est un tremplin sans doute, mais elle devient ici bien davantage un mode de vie.

Le troisième et dernier niveau de difficulté va nous amener au cœur de la question. Le texte biblique ne cesse de donner l'impression que Yhwh a rempli sa promesse à l'endroit d'Israël tout au long de son histoire et en dépit de ses ingratitudes de plus en plus impardonnables. Ici une saine défiance est de mise. Dans le cadre idéologique sioniste, on a affaire à une histoire à double fond, avec deux exils, deux libérations, deux restaurations, etc. Et dans une telle perspective, la première histoire, l'histoire mythique de la promesse aux patriarches, de l'exode égyptien, de la conquête, etc., cette histoire légitimante constitue le modèle passéiste de la deuxième histoire, l'histoire réelle de la défaite et de la déportation, du retour d'exil, de la restauration sioniste, etc. Pour le croyant sioniste, il est hors de doute, je suppose, que ces cycles d'Exil et de Salut figurent parfaitement le travail de l'Alliance Yhwh-Israël et la trajectoire qui justifie l'espoir sioniste. Pourtant, ces deux cycles, le mythique et le réel, sont loin de se recouvrir et sont au contraire très faciles à distinguer. Alors que le premier exil est précédé de la promesse, le second est précédé et expliqué par un châtiment divin; alors que la promesse aux patriarches et la libération d'Égypte ont tout d'une intervention divine gracieuse et même aux allures inconditionnelles, les promesses prophétiques de restauration et le retour très graduel du reste d'Israël n'ont au contraire rien de glorieux et se présentent plutôt sous l'apparence d'une survie précaire et laborieuse; enfin, le contraste entre la conquête et l'instauration d'une dynastie impériale, d'une part, et la restauration extrêmement lente et à certains égards avortée, d'autre part, ce contraste est si saisissant qu'il n'a pas dû échapper aux Juifs ordinaires de l'époque perse.

Évidemment, nous ne saurons jamais combien de temps a mis cette histoire mythique à s'édifier sur la base des légendes et des lambeaux de chroniques locales ni non plus quelle fraction de la population de Juda a entendu, retenu et ajouté foi à ce vaste mythe d'origine et de légitimation. Comme je l'ai déjà expliqué en détail, nous n'avons rien pour étayer ni infirmer tous ces récits allant de Moïse à Salomon et nous n'aurons sans doute jamais rien non plus. La question n'est pas là. J'imagine facilement qu'une certaine fraction de la population a pu se rassurer avec ces promesses, ces libérations et ces conquêtes de rêve. Mais il est plus que probable qu'une inquiétude légitime a continué de ronger les plus lucides et que leur calcul stratégique n'a pu trouver son fondement premier dans ces légitimations mythiques.

Car en fin de compte l'histoire connue d'Israël, s'étendant sur les deux ou trois siècles précédant l'Exil, n'était en tout état de cause qu'une histoire de défaite et d'assujettissement. On pouvait bien expliquer les événements par un châtiment divin mais, même alors, l'histoire accessible à la mémoire collective commençait justement avec l'Exil et son onde de choc quasi palpable. Le sionisme prenait bon gré mal gré racine dans le châtiment et non dans la promesse, dans la survie et non dans l'espoir. La foi sioniste constituait assurément un choix stratégique possible en cette situation dramatique, mais il me paraît incontestable que cette foi avait forcément pour les plus lucides un caractère de foi sans garanties, de foi inconditionnelle en somme. Il y a là une difficulté énorme pour le système idéologique sioniste, une difficulté quasi insurmontable qui tient non à quelque vue de l'esprit mais au contexte concret et persistant dans lequel ce système a vu le jour et s'est développé. Les conséquences de cet état de choses ont rarement été appréciées à leur juste valeur car on a toujours compris le sioniste comme un être tout fait, se promenant avec sa Bible sous le bras et pratiquant un protojudaïsme à peu près complet et solidement établi. Or il n'en est rien.

Au moment où les sionistes se ressaisissent et tentent de se réorganiser, au moins *deux générations* après l'Exil, ils vivent encore pour longtemps sous le traumatisme de l'Exil et de la destruction de Jérusalem. Tout leur rappelle l'abandon divin. La Restauration tardera encore à venir et les attentes des plus fidèles resteront largement déçues. Le second cycle ne remplit pas les promesses du premier et ne représente en comparaison qu'une très pâle analogie. Cela n'a dû échapper à personne, sauf peut-être à un petit groupe d'illuminés. Laissons de côté le livre de la Genèse et les patriarches qui ont tout pour faire rêver mais qui ne peuvent être d'un grand secours à cette époque de cauchemar. Si l'on veut confronter l'histoire mythique et l'histoire réelle, on doit se rabattre sur Esdras et Néhémie en guise d'Exode, ou sur des nouvelles édifiantes comme Esther ou Judith, ou encore sur la grande reconquête des Maccabées. La confusion des genres et des époques n'est pas possible, l'écart entre le mythe et la réalité est tout simplement trop grand.

Ce qui se déduit de cela est assez limpide et à mon sens tout à fait indiscutable : la foi sioniste qui se construit autour de l'Exil et du retour ne peut être autre chose qu'une foi inconditionnelle en Yhwh, un espoir désespéré. La grande machine idéologique de la Bible est encore loin d'être en place et le sionisme religieux mettra plusieurs siècles à la penser et à la raffiner. On dispose probablement de quelques récits, recueils de prières, textes juridicoreligieux, etc., mais la machine que l'on connaît maintenant est le résultat d'un travail de stratégie extrêmement organisé et complexe qui ne se réduit pas à une mosaïque de textes en gestation. C'est pourquoi le problème du sionisme religieux se pose alors dans toute son acuité et c'est pourquoi encore il prend une orientation à la fois radicale et incertaine.

Essayons à nouveau de reconstituer dans ses grandes lignes la problématique sioniste telle qu'elle s'invente alors. La foi d'Abraham n'est rien en comparaison de la foi tragique qui apparaît ici. Yhwh a abandonné Israël: pourquoi? Faut-il persister à attendre secours et réconfort de ce dieu? S'il a châtié son peuple, comme le croient à tout le moins les deutéronomistes et les prophètes, peut-il après cela lui pardonner ses erreurs passées et le sauver? A-t-il déjà effectivement sauvé et restauré Israël dans le passé? Peut-on imaginer d'autres issues dans la situation où l'on se trouve? Comme je l'ai déjà soutenu, le choix sioniste est sans doute le choix extrême d'une minorité de déportés et d'autochtones qui, profitant du vide sociopolitique en Juda, tentent de reconstruire autour de Jérusalem une modeste communauté de vie avec la foi yahviste comme base idéologique encore peu structurée. Leur choix est extrême et leur attitude stratégique sera de même extrême. Leur hypothèse de travail est celle du piétisme radical, ce que j'appelle l'absolutisme éthique sioniste: Yhwh nous reconnaîtra et nous sauvera si nous avons foi en lui et si nous adhérons sans restriction à sa Loi, c'est-à-dire en pratique à la loi proposée et gérée par l'élite religieuse en place ou du moins en voie de légitimation. Pour ces gens, la reconnaissance attendue de Yhwh est conditionnelle au respect de sa Loi, cela va de soi; mais en contrepartie, la foi en Yhwh doit être totale, sans conditions ni garanties. Dès lors la voie de la reconnaissance n'est pas la voie de la promesse et de la négociation mais bien *celle du repentir et de la grâce*. La reconnaissance inconditionnelle sioniste ne relève pas d'une transaction avec négociation et promesse à la clé; elle relève d'un espoir désespéré, d'un coup de force de la dernière chance. Le sioniste est un pécheur justement châtié par son dieu; il confesse et expie sa faute, il s'engage à vivre dans le repentir aussi longtemps qu'il le faudra, et enfin il espère et se soumet silencieusement à la volonté divine. Le sioniste est un individu à la fois complètement dépassé et plein d'espoir. Le piétisme, c'est cela.

Lorsqu'on part de l'idéologie biblique déjà constituée pour examiner la perspective du sioniste au jeu de la reconnaissance, on commet une erreur d'appréciation importante. Après coup, en effet, tout deviendra limpide, justifiable, pleinement légitimé. Au moment où l'entreprise sioniste s'invente, il n'en va pas ainsi et de loin. Car alors, la posture de l'Exil n'est pas une pose mais un contexte de vie indépassable et qui reste à comprendre et justifier. C'est dans cette posture de dépossession et d'attente que l'absolutisme prend racine; dans cette posture privilégiée, et peut-être dans cette seule et unique posture, la foi inconditionnelle est possible dans toute sa pureté. Abandonné de tous et confronté au néant de sa vie, le sioniste s'abandonne à Yhwh; il ne lui reste que cette foi en un dieu qui accueille sa reconnaissance absolue, qui pardonne et qui sauve. Il croit et se met au travail: la Restauration viendra un jour, par surcroît, c'est tout. Et cette foi s'entretient dans un milieu communautaire restreint, elle se nourrit de son zèle pieux, elle persévère dans son espoir quotidien modeste mais inébranlable. De fait, le sioniste n'a rien d'autre puisque c'est cela qu'il a choisi et à quoi il s'en tient. Mais cela lui suffit.

On a très souvent décrit la foi sioniste comme une sorte de transaction somme toute avantageuse où le fidèle échange sa soumission contre des faveurs divines. Or l'arme de l'absolutisme n'est pas la promesse divine mais le repentir humain. Yhwh ne peut rien contre le serviteur souffrant qui lui lance le défi terrible de sa nudité souffrante et de son repentir. Toute sa force insoutenable est là: il ne demande rien, il croit et expie. Ce que nous croyions être une difficulté, un problème posé par son attitude face au jeu de la reconnaissance, cette difficulté s'évanouit d'elle-même dans la perspective piétiste. Après coup, bien sûr, le sionisme s'inventera une promesse délirante, une restauration de rêve, des techniques de purification et de repentir, bref toute une machine idéologique de salut sur laquelle nous reviendrons plus loin puisque ce sont là des *implications nécessaires* du choix absolutiste. Mais au stade actuel, ce n'est pas du tout de cela qu'il s'agit. Dans une situation sans issue, le sioniste a inventé la seule issue possible et il est allé au bout de ses ressources. Il ne s'abandonne pas à Yhwh parce que Yhwh lui promet en retour le bonheur total dont tout le monde rêve; il s'abandonne à Yhwh car c'est là son seul recours et qu'il est acculé à croire à ce recours et à *le construire* ensuite sur tous les plans. Cela est un choix stratégique extrême et même exceptionnel: la foi inconditionnelle en Yhwh, la reconnaissance absolue de Yhwh, avec le renoncement et le décentrement radicaux qui les accompagnent.

La première exigence rencontrée par l'absolutisme sioniste est donc satisfaite de façon étonnante, je le concède, mais surtout de façon cohérente et justifiée. À ce stade, il n'y a pas de place pour le marchandage et le donnant, donnant dans la religiosité sioniste: une foi inconditionnelle suffit et a réponse à tout. Ce qui semblait absurde ou contradictoire, vu dans la perspective de Yhwh, s'avère pleinement acceptable dans la perspective du sionisme originel.

Il ne faut pourtant pas se méprendre sur l'intention centrale de la lecture que je propose. Je décris ici le point de naissance du sionisme religieux et je pose que c'est la seule manière d'en rendre compte de l'intérieur. Je n'affirme pas de ce fait que tous les sionistes ont fait leur choix éthique fondamental dans cette même perspective et je ne prétends pas non plus que ce qui justifie le sionisme naissant peut fournir une justification adéquate pour un sionisme pleinement développé. J'affirme simplement que, dans le contexte extrême de l'exil, un certain noyau de sionistes a choisi d'interpréter la situation dans une perspective théocentrique. Ils ont fait le nécessaire pour assurer le décentrement qu'ils croyaient salutaire: ils ont inventé un dieu transcendant et tout-puissant, ils y ont cru inconditionnellement et ils ont estimé que leur meilleure chance stratégiquement consistait à s'en remettre à lui pour tout. Mais évidemment, la consolidation de ce choix stratégique a bientôt après obligé les sionistes dans leur ensemble à se donner tous les éléments indispensables pour qu'un rapport de reconnaissance soit possible avec ce dieu: promesse de salut, Alliance, donnant, donnant, etc. Reste que, *à son point de naissance*, la foi inconditionnelle des piétistes sionistes représente une sorte de saut dans l'inconnu, une manœuvre stratégique dictée par l'orgueil et le refus désespéré de la réalité historique.

Revenons donc à notre argumentation centrale et concluons. Au total, il demeure que si cette exigence fondamentale est satisfaite, à savoir de rendre compte de la possibilité même fragile et transitoire d'une reconnaissance inconditionnelle de Yhwh par Israël, notre questionnement est aussitôt reporté sur l'autre exigence que nous n'avons fait qu'évoquer au passage: est-il possible et valable sur le plan humain ou sur le plan éthique d'adopter une attitude qui consiste à renoncer à sa liberté, à renoncer à suivre sa propre voie, à renoncer à se donner soi-même sa propre orientation de vie, et cela en faveur d'un acte de foi pur et simple? On le voit d'emblée, cette question est encore bien plus redoutable que la première et ce n'est que dans quelques textes de sagesse qu'elle sera clairement posée — pensons à Job et à l'Ecclésiaste en particulier. Au stade actuel, je me contenterai donc de tabler sur les acquis de mon analyse précédente et de proposer le questionnement suivant: celui qui vit dans la posture de l'Exil peut parfaitement considérer que sa situation est sans issue et que sa voie propre mène à une impasse; renonce-t-il à sa dignité personnelle ou au respect de soi lorsqu'il s'en remet à une foi aussi extrême que celle du piétisme sioniste et qu'*il choisit de s'ancrer dans le mode de vie qui correspond à cette foi*? Peut-il légitimement croire que son dieu le traitera avec respect et justifiera sa soumission et son renoncement? Une fois le pas franchi du théocentrisme et de tous les comportements et attitudes qu'il entraîne, y a-t-il un retour en arrière possible, un jugement indépendant possible? Que reste-t-il à espérer sinon un dieu puissant et clairvoyant mais surtout un dieu juste qui sache prendre en compte et rétribuer la loyauté de son serviteur souffrant? Mais tout cela nous entraîne sur un autre terrain car il faut maintenant nous demander comment peut se poser le problème de la théodicée dans un contexte radicalement théocentrique. La dignité humaine du sioniste est désormais entre les mains de Yhwh. Yhwh mérite-t-il la confiance du sioniste, Yhwh est-il un dieu respectueux et équitable ? Telle est la question qui se pose maintenant au fidèle inconditionnel de Yhwh.

CHAPITRE 9
La théodicée comme superstructure stratégique

Faisons brièvement le point. Nous avons commencé par dégager les principaux paradigmes idéologiques des textes bibliques et nous avons ensuite montré qu'ils forment une séquence enchaînée mais de forme cyclique et que cette séquence cyclique a pour plaque tournante l'Exil. Dans ce cadre général, nous avons établi que les auteurs bibliques mettaient en place une stratégie ou une éthique de vie qui est entièrement centrée sur la relation entre Yhwh et Israël et qui a pour objectif nécessaire et suffisant la reconnaissance d'Israël par Yhwh, laquelle constitue la voie royale pour l'atteinte du Salut et du bonheur. La discussion doit dès lors tourner autour des calculs stratégiques appropriés en vue de l'atteinte de cet objectif stratégique, le Salut. Ces calculs stratégiques se comprennent sur la base de la posture centrale qui les conditionne à fond, soit la posture de l'Exil. Réduit à l'essentiel le calcul sioniste consiste à prendre en compte les éléments suivants : il n'y a que deux protagonistes en cause dans le jeu de reconnaissance qui s'engage ; le destin d'Israël (ou des sionistes postexiliques) se joue strictement sur le rapport de reconnaissance qu'il arrive à établir avec son dieu ; dans la posture de l'Exil, Israël reconnaît qu'il n'est rien et qu'il ne peut rien sans son dieu et que Yhwh au contraire peut tout pour lui ; sur cette base, l'élite religieuse sioniste préconise pour l'ensemble des fidèles une stratégie de renoncement à soi-même et de décentrement radical en faveur de Yhwh et de sa Loi; dans ce calcul stratégique, Israël doit reconnaître inconditionnellement Yhwh par une Foi constante en sa personne souveraine et par une Soumission sans failles à sa Loi; on estime qu'*en retour* Yhwh offrira sa reconnaissance conditionnelle à son serviteur souffrant et le rétribuera de sa reconnaissance inconditionnelle à son égard; le calcul stratégique absolutiste consiste à s'abandonner totalement à Yhwh, à s'en remettre à lui pour tout et à espérer que Yhwh consente alors à faire passer Israël du statut d'Exil au statut de libération et de Salut. Par conséquent, dans cette construction stratégique, tout se joue sur un seul rapport de reconnaissance, sur un seul objectif stratégique (la reconnaissance d'Israël par Yhwh), sur un seul levier stratégique (le pouvoir de Yhwh de guider son peuple vers le Salut) et sur un seul calcul stratégique (le renversement de situation en faveur du serviteur souffrant qui reconnaît inconditionnellement son dieu).

On dispose donc maintenant de tous les éléments qui permettent de comprendre l'absolutisme théocentrique comme éthique de vie. La tradition de pensée biblique n'est rien d'autre qu'une exploration des implications de cette stratégie de vie extrêmement radicale. Je crois qu'on peut réduire l'ensemble de ces implications à deux ordres de considérations: d'un côté, les problèmes de théodicée posés par le théocentrisme sioniste, que nous examinons dans ce chapitre, et, de l'autre, les problèmes liés à l'instauration d'un mode de vie sioniste, mode de vie qui se ramène pour l'essentiel à un idéal théocratique, que nous verrons au chapitre suivant. C'est dans ce dernier chapitre que devraient apparaître clairement les conséquences pratiques de l'idéologie absolutiste sioniste. Mais auparavant, il est nécessaire d'examiner comment le problème de théodicée se pose dans un tel cadre idéologique.

À l'époque moderne, ce problème a été posé de façon essentiellement théorique et abstraite, généralement dans un cadre déiste et non à partir d'une tradition de pensée historique. La théodicée désigne alors la question de la justice divine: si Dieu est juste comment peut-il permettre la souffrance des justes et même des innocents? S'il est tout-puissant, pourquoi n'intervient-il pas? Sinon, il n'est pas tout-puissant ou, pis encore, il n'est pas juste. On a là le squelette décharné et exsangue d'une problématique qui s'est élaborée d'abord dans la religion mésopotamienne, ensuite dans la religion biblique et enfin dans la religion chrétienne. Naturellement, lorsque le problème est posé sur un mode purement abstrait, il n'offre aucune solution puisque, par construction, on est condamné à sacrifier soit la toute-puissance soit la justice divines.

Mais si on le replace dans le cadre stratégique déjà élaboré, alors on constate vite que le problème peut et doit être posé tout autrement.

L'importance centrale du problème de théodicée

Et pour commencer, il importe de bien se rendre compte jusqu'à quel point ce problème est névralgique dans la perspective de l'absolutisme théocentrique. Nous avons d'emblée reconnu que cet absolutisme se construit historiquement dans la posture de l'Exil. Cette posture ne justifie a priori aucune attitude particulière, aucun choix stratégique particulier, mais elle contribue fortement à les comprendre, à les expliquer. Dans ce contexte, il y a sans doute une phase très caractéristique dans le calcul stratégique sioniste, où le fidèle n'a à ses propres yeux aucun autre choix que de se décentrer radicalement et de reconnaître inconditionnellement son dieu. Mais il y a aussi, tôt ou tard, une autre phase pendant laquelle surgissent des espoirs de Restauration et de renversement de situation; alors le décentrement confiant acquiert une nouvelle dimension et devient le calcul stratégique que nous devons analyser.

En définitive, il paraît utile mais tout de même dangereux de distinguer ainsi deux phases dans l'élaboration de la stratégie sioniste. Car au départ, dans la posture du dénuement et de l'Exil, le sioniste croit déjà globalement que la fidélité à la voie de Yhwh est *en elle-même* la voie du Salut et du bonheur; la façon dont il surajoute à cette foi une rhétorique de la promesse ne change rien à l'affaire. Au bout du compte, le sioniste peut bien reconstruire toute une histoire légitimante dans le but de prouver que sa foi inconditionnelle en Yhwh est justifiée et peut seule le sauver: il n'en demeure pas moins que cette justification idéologique le laisse démuni devant l'avenir et devant l'intervention imprévisible de ce dieu transcendant et par suite complètement indépendant. Le fait brutal dont il est contraint de repartir sans cesse, au-delà de ses professions de foi de toutes sortes, c'est sa situation présente, sa Défaite présente, son espoir très mince de Restauration, etc. Cela constitue le contexte réel de son calcul stratégique, de sa foi. Et dans ce contexte réel, comme je l'ai maintes fois rappelé, Yhwh ne promet guère mais très certainement il châtie. Bien sûr, on entendra bien des discours de consolation et même quelques paroles utopiques durant toute cette période, mais la situation courante est tout autre: à vrai dire il n'y a aucune promesse qui tienne, et la foi semble suspendue dans le vide, sans garantie extérieure justement. En outre, cette situation persiste très longtemps et la restauration tarde désespérément. Comment dès lors justifier une foi inconditionnelle, comment prétendre que la soumission à la Loi mène au Salut?

Le problème de théodicée se pose ainsi dans un contexte d'extrême rareté et pour une petite communauté de croyants qui arrive mal à justifier sa foi et ses espoirs en l'avenir. Dans la posture de l'Exil, ils ont fait un choix très radical, extrême même : celui du serviteur souffrant qui reconnaît les fautes d'Israël et s'engage dans un très pénible processus d'expiation. Mais eux, seront-ils abandonnés comme tous les pécheurs ordinaires ? Yhwh ne voit-il pas leur foi et leur fidélité à sa Loi ? Ce qui est en cause ici, c'est que, de tous les pécheurs qui ont mené Israël au châtiment et au désastre, il en est quelques-uns qui ont reconnu leurs fautes, qui sont revenus vers Yhwh et ont accepté la réparation exigée. Ce sont les sionistes. Peut-être la majorité d'Israël est-elle égarée, perdue à jamais, cela on n'en sait rien. Mais le reste pur et repentant, les sionistes fervents et espérants, qu'en advient-il ? Yhwh les entend-il ? Reconnaît-il leur repentir et leur fidélité renouvelée ? Se souvient-il de son Alliance ?

Ce qu'il faut absolument comprendre pour poser correctement le problème de théodicée, c'est que le sioniste qui le pose est *déjà ancré dans une foi inconditionnelle* et que son interrogation déborde de loin la simple question de la justice de Yhwh pour aller jusqu'à des inquiétudes bien plus lancinantes qui concernent sa présence même et son lien profond avec la communauté sioniste. Au moment de l'Exil, lorsque s'est dessiné le calcul stratégique théocentrique, on a transformé de fond en comble la vieille foi yahviste et on est passé d'un dieu protecteur-accompagnateur assez traditionnel à un dieu nettement plus autonome et transcendant qui fonctionne selon son propre Plan et rétribue les humains selon son propre jugement. L'absolutisme sioniste requérait un tel être car il fallait alors se donner un dieu qui puisse à la fois châtier ses fidèles au point de risquer leur disparition, et les faire renaître de leurs cendres à sa guise. Mais une fois ce dieu mis en place et une fois toute l'histoire d'Israël repensée avec ce dieu pour centre, la construction stratégique sioniste prend forme et devient très vite irréversible.

Les sionistes sont devenus le reste d'Israël, le serviteur souffrant de Yhwh, le petit groupe dont tout dépend. Mais leur statut est très problématique car ils vivent sous le coup d'un jugement et d'un châtiment qui les dépassent complètement. Les sionistes se sont donné un dieu qui les transcende et les écrase. Le jugement de ce dieu suffit à rendre compte de l'Exil, son Plan arbitraire devrait éventuellement rendre compte du retour et de la Restauration. Ce qui s'est passé était terrible au point de ne pouvoir être assumé humainement, du moins pas sans recours radical à un tel dieu. Pour arriver à assumer et à transfigurer l'Exil, il a fallu se remettre entre les mains d'un dieu indépendant et arbitraire, il a fallu le jugement infaillible de ce dieu et les conséquences profondes et à long terme de cette condamnation, et puis au bout du compte il a fallu accepter le statut de dépendance radicale et de culpabilité quasi insurmontable face à ce dieu. Le nouveau Moloch est parfaitement à la hauteur de la tâche comme juge et comme bourreau; Israël ou plutôt le petit groupe sioniste a été réduit au statut de serviteur souffrant comme il le souhaitait. De ce côté, tout est bien.

Mais alors se pose le problème du grand retournement espéré: comment un juge aussi indépendant et aussi implacable pourrait-il devenir soudain, sans autre raison que sa grâce ou sa miséricorde arbitraires, le grand libérateur qui sauve et restaure Israël? On a affaire ici à une forme typique de double emploi ou, pour parler clair, de surcharge et de surinvestissement théologiques. En réalité, les sionistes ont besoin d'un deus ex machina, d'un ressort idéologique à usages multiples et divergents, et qui arrive à se transformer selon les besoins de la situation. Le dieu qu'ils reconnaissent inconditionnellement, c'est le dieu qu'ils ont inventé selon leurs besoins et qu'ils tentent de «manipuler» du mieux qu'ils peuvent. Mais justement, ils ont inventé un dieu transcendant et tout-puissant, donc un dieu qui pense, juge et agit à sa convenance; ils doivent donc reconnaître ce dieu comme se situant au-delà de leurs volontés et leurs attentes, comme leur échappant constamment et pouvant par suite se retourner sans avertissement *contre ses concepteurs*. Ce dieu a rendu de bons services au moment de l'Exil car il a transformé, au bénéfice des sionistes, la défaite et la déportation en châtiment divin et en épreuve purificatrice, donc en un puissant tremplin pour la transformation des fidèles et pour la mise en branle du grand retour et de la Restauration projetée. Mais est-il possible de faire servir ce dieu-juge à autre chose, de le recycler en berger compatissant et si possible même en sauveur?

Pour transformer la défaite en tremplin, il a fallu écraser les sionistes sous le jugement divin: pour justifier ce juge implacable, on l'a autonomisé, on l'a reconnu comme souverain et infaillible; mais du coup, l'erreur, la faute et la culpabilité ont reflué sur Israël. Comment pourrait-on ensuite demander des comptes à ce Moloch? Tout compte fait, si son jugement rétributif est juste et infaillible, alors Israël est submergé pour longtemps dans sa propre faute et sa propre culpabilité; mais si après coup on lui demande de redevenir le Yhwh partial qu'il fut jadis, avec ses grosses colères et ses bons retours, avec ses promesses débonnaires et ses sautes d'humeur imprévisibles, mais au total le Yhwh partial qui accompagnait Israël, qui pardonnait tout et promettait la lune contre un peu de foi, alors il faut se demander où logent les apprentis sorciers sionistes et ce qu'ils espèrent de ces demandes contradictoires. Que se passe-t-il quand le concepteur-inventeur a perdu toute maîtrise sur sa créature ou, plus précisément, a été acculé à mettre au point un être qui lui échappe et qui arrive par là à réaliser des prodiges inespérés mais de la façon la plus imprévisible et la plus arbitraire ? Que l'on pense aux lois de la nature ou à celles de l'histoire, que l'on fasse référence aux normes inviolables de la raison ou du destin, rien de tout cela ne suffit à encadrer ou à contrôler le dieu sioniste, ce dieu centré sur son propre plan et sa propre souveraineté, ce dieu mystérieux et incompréhensible mais surtout ce dieu totalement indépendant et arbitraire, même par rapport aux sionistes, ses serviteurs souffrants, ses fidèles totalement soumis et totalement confiants.

Pour le philosophe ou le théologien qui se situent de façon purement théorique par rapport à cette notion de transcendance divine, il y a là une énigme de taille. Mais pour celui qui replace cette notion dans une perspective *stratégique*, il en va tout autrement. Ce sont des humains qui inventent une telle notion et elle correspond à un plan stratégique ou plus précisément à un calcul stratégique. Dans le cadre d'un tel calcul, on a besoin d'un être transcendant et on est disposé à assumer les coûts et les bénéfices d'un tel choix. Les bénéfices sont plus évidents, sans doute, mais les inconvénients finissent aussi par apparaître, tôt ou tard : ainsi par exemple, le fait qu'on se donne un dieu qui nous échappe, qui nous juge de façon indépendante et arbitraire, et surtout qui peut se permettre d'exiger de nous une reconnaissance inconditionnelle, c'est-à-dire une reconnaissance qui correspond justement à sa transcendance. Mais il reste qu'au total on calcule que ce dieu rendra de si bons services que les avantages compenseront les inconvénients. Comme on le voit, il n'y a aucune supériorité de principe à choisir un dieu transcendant : toute la question se ramène à un calcul stratégique-éthique.

La rétribution naturelle ou quasi mécanique

J'ai cherché à évoquer ici de façon sans doute trop sommaire le climat mental et affectif dans lequel les sionistes postexiliques ont eu à poser le problème de la justice divine. Pour aller plus loin, il faut maintenant essayer de distinguer des phases à l'intérieur de la façon dont ce problème a été posé historiquement. Il est certain, en effet, que cette problématique a connu une évolution importante et que c'est dans un cadre génétique qu'on peut le mieux saisir la révolution sioniste conduisant à une forme d'absolutisme tout à fait inédit.

On peut poser que, dans un premier temps, dans un cadre de pensée strictement traditionnel, l'homme religieux ne conçoit l'intervention divine que d'une manière extrêmement simple. La Bible a conservé des traces très nettes de ce premier palier théologique. L'Israélite des temps anciens, pour utiliser une étiquette commode, vit dans un ordre pratiquement intangible et cet ordre est régi par des règles *immanentes* à la nature, ce qu'on peut appeler largement les lois du destin. Même les dieux sont intégrés et subordonnés à ces lois du destin et on peut les concevoir et les valoriser comme de simples garants du destin. De même, dans l'ordre de l'agir humain, il y a une loi destinale qui fonde et prime toute autre considération : c'est le principe de rétribution selon lequel tout geste « juste », vertueux ou valable entraîne des conséquences favorables ou heureuses pour la personne qui le pose et, à l'inverse, tout acte injuste ou non valable entraîne des conséquences malheureuses. La rétribution correspond ici à une sorte de loi homéostatique qui règle les rapports entre les êtres et qui assure de façon presque mécanique la préservation de l'ordre naturel et de l'équilibre entre les êtres vivants et entre les divers phénomènes de la nature. L'image la plus simple qu'on puisse utiliser pour rendre compte de ce principe rétributif, c'est une image de type naturaliste et biologique. Dans un contexte aussi archaïque, la personne ne se distingue pas nettement de ses actes, ses actes ne se distinguent pas nettement de leurs conséquences et leurs conséquences individuelles ne se distinguent pas nettement de leurs conséquences sociales ou communautaires. L'acte ressemble donc à une graine que l'on sème et qui croît d'elle-même pour aboutir à un résultat naturel et prévisible qui représente la « rétribution » de cette croissance. On peut imaginer un agent divin qui se surajoute à cela pour faciliter le bon maintien de cet ordre et assurer la conformité de la conséquence par rapport aux actes ; ainsi, la rétribution quasi mécanique se double alors d'une sorte de principe de justice, mais ce principe était déjà contenu implicitement dans la loi même du destin puisque l'ordre naturel et son maintien vigilant offraient déjà en eux-mêmes des garanties de juste rétribution. Le Destin ou la Nature comme forces impersonnelles et autorégulées suffisent à rendre compte d'une rétribution aussi mécanique et aussi minimale ; l'idée d'une intervention divine est donc superflue.

On trouve couramment cette forme archaïque de rétribution dans la pensée mésopotamienne mais aussi dans une strate probablement ancienne et en tout cas traditionnelle de la pensée israélite. La sagesse des Proverbes et la piété des Psaumes illustrent bien cette phase où les dieux ne sont que des accompagnateurs des hommes et des garants du destin, et où l'on croit spontanément en une harmonie préétablie entre la personne et son milieu et entre ses actes et leurs conséquences. Dans cette vision naturaliste des choses, par exemple, la souillure rituelle liée à un acte contamine toute la personne et menace de la même façon de contaminer tout le groupe social; il en est de même du sang versé qui appelle une vengeance du sang en guise de rétablissement d'équilibre. Tenons-nous-en à quelques exemples de cette rétribution interne à l'acte, quasi mécanique et au bout du compte largement amorale.

Le type peut être: « Qui sème l'injustice récolte le malheur et il paiera le châtiment de ses œuvres » (Pr 22,8). Ou encore: « À l'automne, le paresseux ne laboure pas, à la moisson il cherche, et rien! » (Pr 20,4). On tend d'ailleurs à rapprocher la récompense et l'acte jusqu'à les faire coïncider si possible: « Le méchant accomplit un travail décevant; à qui sème la justice, la récompense est assurée » (Pr 11,18). Autre exemple: « Un homme coupable de meurtre fuira jusqu'à la tombe: qu'on ne l'arrête pas » (Pr 28,17). En somme, la conséquence se construit au sein de l'acte, à même l'attitude: « La justice de l'homme honnête rend droit son chemin, le méchant succombe dans sa méchanceté » (Pr 11,5; aussi 11,30-31). Dans tous ces cas, les dieux ne sont pas surmenés; tout au plus facilitent-ils le travail mécanique du destin en ajoutant leur poids à la balance: « Qui vise le bien obtient la faveur [de Yhwh], qui poursuit le mal, celui-ci l'atteindra » (Pr 11,27). Quel mal y a-t-il à croire que la nature est merveilleusement bien faite? On trouve le même schème rétributif jusque chez les prophètes: « Vous avez labouré la méchanceté, vous avez moissonné l'injustice, vous avez mangé le fruit du mensonge » (Os 10,13).

Lorsque nous lisons ces jugements, nous avons tout naturellement tendance à les ramener à une séquence logique de type antécédent-conséquent ou cause-effet. C'est que nous avons de plus en plus de difficulté à comprendre un autre type de jugement, dans lequel le lien entre l'acte et sa conséquence (ou sa rétribution) est un lien bien davantage mécanique ou magique que logique. L'idée qu'un acte irradie et contamine tant la personne qui le pose que le milieu tout entier dans lequel il est posé, nous est de plus en plus étrangère. Pourtant, dans la « logique » archaïque des effets et des conséquences, les actes ont le pouvoir d'infecter l'environnement et de laisser un résidu ou un « effet » qui se prolonge de façon quasi autonome. Nous aurons à revenir dans le prochain chapitre sur la question de la pureté rituelle et de ses conséquences globales sur le milieu; signalons simplement qu'un texte aussi évolué, à certains égards, que le Deutéronome abonde en raisonnements magiques de ce genre (voir par exemple Dt 13,7-11, déjà cité). Ajoutons un texte pour clarifier ce point: « S'il se trouve au milieu de toi [...] un homme ou une femme qui fasse ce qui est mal aux yeux de Yhwh ton dieu, en transgressant son alliance, qui aille servir d'autres dieux et se prosterner devant eux [...] tu lapideras cet homme ou cette femme jusqu'à ce que mort s'ensuive. [...] *Tu feras disparaître le mal au milieu de toi*» (Dt 17,2-7). Ainsi la souillure tout particulièrement a-t-elle ce pouvoir insidieux de polluer un milieu entier, comme si la conséquence d'un acte pouvait se répandre sans fin et venir infecter même les gens qui n'en savent rien ou qui sont par ailleurs parfaitement vertueux. La rétribution magique ou mécanique agit selon ce même modèle et c'est justement pourquoi le deutéronomiste suggère de couper le membre malade du corps social et d'assurer ainsi un fonctionnement pur et séparé au corps en question.

Le passage de la rétribution naturelle à la rétribution morale

Malgré les nombreux exemples d'actes qui contiennent leurs conséquences en eux-mêmes et qui étendent leur effet infectieux jusque sur le milieu entier, il faut poser clairement que ce n'est pas là la forme de rétribution privilégiée par le texte biblique. Dans le domaine de l'impureté rituelle et de la souillure quasi morale, il est bien vrai que ce type de raisonnement demeure dangereusement fréquent et mérite qu'on s'y arrête de façon critique. En revanche, dans le domaine des gestes sans connotation directement rituelle ou religieuse, il en va tout autrement et souvent même à l'inverse. Car dans le contexte théocentrique de la Bible, le jugement appartient finalement à Yhwh, surtout lorsqu'on se réfère à la relation centrale Yhwh-Israël et qu'on place cette relation dans le cadre historique-idéologique de l'Alliance entre Yhwh et Israël. On continue alors de croire au grand principe rétributif, à savoir que la vertu mène au bonheur et l'impiété ou l'injustice au malheur, mais dans la majorité des cas, ce principe est pris en charge et garanti par l'interventionnisme divin. Il faut donc replacer dans ce cadre théocentrique toute notre analyse des divers niveaux ou formes de rétribution.

Effectivement, même la rétribution mécanique déjà mentionnée peut rendre compte d'un certain type d'intervention divine: «Gardez-vous d'oublier l'alliance que Yhwh votre dieu a conclue avec vous et de vous fabriquer une image sculptée de quoi que ce soit, malgré la défense de Yhwh ton dieu, car Yhwh ton dieu est un feu dévorant, un dieu jaloux» (Dt 4,23-24). Sa colère une fois attisée court comme une traînée de poudre et détruit tout ce qu'elle touche, sans discernement, par simple contact. Même approche archaïsante en 29,23-27. De même quand Yhwh annonce le châtiment de Juda: «Ma colère s'est enflammée contre ce lieu, elle ne s'éteindra pas» (2R 22,17).

Mais ce n'est pas ainsi que les choses se passent généralement à partir du moment où l'on a affaire à une intervention rétributive de type personnalisé. Le problème de la rétribution devient alors un problème moral et théologique. Il demeure évident, à ce nouveau stade de rétribution morale, que l'acte porte en lui-même sa conséquence mais un nouvel aménagement s'ajoute à ce dispositif quasi mécanique; désormais, l'intervention de Yhwh implique une *corrélation* plus ou moins étroite entre l'acte et sa rétribution. On pose de plus en plus clairement un principe rétributif et ce principe est visible à travers les schémas péché-punition et vertu-récompense, schémas dans lesquels on doit trouver une certaine *correspondance* entre l'acte et sa rétribution positive ou négative. Cela n'entame qu'exceptionnellement le principe déjà discuté de rétribution collective ou corporative, mais du moins un principe de justice intervient-il explicitement. On est en train de dépasser les lois de la « nature » ou du destin en faveur de lois où le jugement moral intervient. Ce principe de justice intervient constamment dans la Bible. Un exemple typique : « Puisque tu n'auras pas servi Yhwh ton dieu dans la joie et le bonheur que donne l'abondance de toutes choses, tu serviras l'ennemi que Yhwh enverra contre toi, dans la faim, la soif, la nudité, la privation totale » (Dt 28,47-48). Ou encore, plus simplement : « Il [Israël] m'abandonnera et rompra l'alliance que j'ai conclue avec lui. Ce jour-là même ma colère s'enflammera contre lui, je les abandonnerai et je leur cacherai ma face » (Dt 31,16-17). La colère de Yhwh devient mesurée, proportionnée, si l'on peut dire, et cela malgré le principe de rétribution collective et intergénérationnelle qui reste clairement affirmé : « Car moi, Yhwh, ton dieu, je suis un dieu jaloux, qui punis la faute des pères sur les enfants, les petits-enfants et les arrière-petits-enfants, pour ceux qui me haïssent, mais qui fais grâce à des milliers, pour ceux qui m'aiment et qui gardent mes commandements » (Dt 5,9-10; aussi Ex 20,5-6).

Pour effectuer un tel passage de la rétribution naturelle à la rétribution morale, la seule condition à remplir, selon toute vraisemblance, consiste à disposer d'un dieu juge qui ne se contente pas d'assurer le bon fonctionnement des lois naturelles du destin mais intervient de façon délibérée pour *établir une norme axiologique* qui justifiera son jugement, son acte de jugement. Ainsi, par exemple, lorsque Josué porte jugement : « Josué dit : "Pourquoi nous as-tu [l'affaire d'Akân] porté malheur ? Que Yhwh, en ce jour, t'apporte malheur !" et tout Israël *le* lapida et on *les* livra au feu... » (Jos 7,25). Ou encore le jugement de Saül par Samuel : « Parce que tu as rejeté la parole de Yhwh, il t'a rejeté; tu n'es plus roi ! » (1S 15,23). On pourrait aisément multiplier les exemples.

Le véritable problème qui se cache derrière la transformation du principe rétributif, c'est de savoir quelle est la raison d'être de cette transformation et son aboutissement éventuel. Car à un premier niveau, si l'on a ainsi recours à un dieu moral et interventionniste, n'est-ce pas simplement pour « sauver » le principe rétributif qui ne peut être appliqué mécaniquement sans dommage ? On sait que dans toutes les sociétés traditionnelles ce principe est d'une extrême importance pour la légitimation et la sauvegarde de l'ordre social. S'il est possible, en effet, d'assurer la récompense des actes justes et la punition des actes injustes par un dispositif naturel et autorégulé, alors la morale sociale devient une chose très facile à gérer puisque, à la limite, elle se gère d'elle-même. Toutefois, les démentis apportés à ce principe par l'expérience commune sont si nombreux et si évidents qu'il faut bien tôt ou tard greffer sur ce principe de nouvelles régulations. Les dieux apportent alors à peu de frais de telles régulations à partir du moment où on les utilise soit comme simples garants passifs (au service du pouvoir judiciaire, par exemple dans le serment) soit comme intervenants actifs dans la grande lutte pour l'ordre et la justice (par exemple comme agents punitifs). Mais de façon plus globale, il doit alors être très clair qu'on a encore affaire au *même* principe rétributif, mais géré cette fois dans une perspective beaucoup plus explicitement anthropocentrique et sociocentrique. En somme, l'ensemble des justes exigent une justification adéquate pour le maintien du principe de justice et des comportements justes. Si le destin ne suffit pas à la tâche, s'il est par trop aveugle et impersonnel, alors il faut lui superposer des dieux, c'est-à-dire des êtres quasi humains bien que plus clairvoyants et plus puissants, qui pourront suppléer aux manques du destin et au besoin se substituer à lui. On sauve donc le principe rétributif mais on demeure aussi bien dans une perspective humaine de part en part. Simplement, les nouvelles normes divines permettent d'affiner la vieille mécanique rétributive et de colmater ses brèches.

Un tel stratagème a quelque chose de tout à fait inoffensif et on songe d'autant moins à le remettre en question qu'il contribue très fortement à renforcer l'ordre établi ou du moins l'ordre qui favorise un certain groupe de justes. Dans la Bible, on croit couramment que Yhwh établit sa loi et la défend activement ; cela légitime d'un seul coup la loi sioniste et la souveraineté divine. Entre mille exemples : « Vous suivrez tout le chemin que Yhwh votre dieu vous a tracé, alors vous vivrez, vous aurez bonheur et longue vie dans le pays dont vous allez prendre possession » (Dt 5,33). L'effet de ce subterfuge sur la justice sociale paraît de même hautement bénéfique : « C'est la stricte justice que tu rechercheras, afin de vivre et de posséder le pays que Yhwh ton dieu te donne » (Dt 16,20).

On se doutait bien que l'idéologie biblique ne pouvait pratiquer un théocentrisme sans contrepartie et qu'il devait comporter à tout le moins une certaine dimension pragmatique. L'Alliance avec Yhwh est payante et le texte ne se fait pas scrupule de le rappeler à tous les tournants : « Tu feras ce qui est juste et bon aux yeux de Yhwh afin d'être heureux et de prendre possession de l'heureux pays… » (Dt 6,18). Par une sorte d'harmonie préétablie, le moralisme le plus intransigeant peut donc trouver constamment appui sur un pragmatisme apparemment facile à justifier et point du tout onéreux. On a troqué le destin contre Yhwh et on ne s'en porte que mieux. Et c'est ainsi qu'à ses plus belles heures Israël pourra se contenter d'évaluer sa situation globale comme très favorable, tout simplement en se contentant d'accumuler les bénéfices objectifs de son Alliance avec Yhwh. Or, c'est là un raccourci typique de toute morale pragmatique : il suffit, pour juger de la valeur de ses actes, d'en apprécier les conséquences bénéfiques et de laisser ces conséquences refluer sur les actes pour les justifier comme par enchantement. Si Yhwh récompense sans cesse Israël, c'est qu'Israël est juste, qu'il est le peuple élu avec promesse inconditionnelle à la clé. Et le cadre idéologique de l'Alliance ne fait que renforcer ce pragmatisme tout naturel. Apparemment, on n'est pas si loin de la rétribution mécanique dont on est parti : peut-être s'agit-il en fin de compte d'une version améliorée et plus adaptée à Israël !

De la perspective anthropocentrique à la perspective théocentrique

Il y a donc un moment anthropocentrique et même carrément pragmatique dans l'évolution de ce principe rétributif en Israël. Mais comme il se doit, on se heurte de nouveau à l'incontournable problème du juste souffrant : qu'arrive-t-il quand la vertu du juste n'est pas rétribuée selon son mérite et quand il observe par surcroît que des gens injustes ont accès, autant ou plus que lui, au bonheur qu'il convoite et que sa vertu devait lui assurer ? D'ailleurs, dans le contexte particulier de l'Alliance, le problème d'Israël est décuplé puisqu'alors les fautes engagent toute la communauté et que les châtiments deviennent à la longue terribles. L'attitude confiante mais un peu naïve du psalmiste consiste fréquemment à revoir à la baisse ses espérances pragmatiques et à persister dans sa confiance de base en Yhwh. Un texte typique, parmi bien d'autres : « *Malheur sur malheur pour le juste*, mais de tous Yhwh le délivre ; Yhwh garde tous ses os, pas un ne sera brisé. Le mal tuera l'impie, qui déteste le juste expiera. Yhwh rachète l'âme de ses serviteurs, qui s'abrite en lui n'expiera point» (Ps 34,20-23). Plus radical encore peut-être: «Es-tu [Yhwh] l'allié d'un tribunal de perdition, érigeant en loi le désordre? On s'attaque à la vie du juste, et le sang innocent, on le condamne. Mais Yhwh est pour moi une citadelle, et mon dieu le rocher de mon refuge; il retourne contre eux leur méfait et pour leur malice il les fait taire, il les fait taire, Yhwh notre dieu!» (Ps 94,20-23). Le fidèle croit encore pleinement au châtiment des méchants, cela est net, mais sa confiance en la rétribution des justes est ébranlée. Que s'est-il passé?

Disons-le clairement, il y avait une faille béante dans ce petit calcul anthropocentrique. Le pragmatisme se ramène à un pieux souhait: on croit pouvoir lire le schéma acte-conséquence à partir des conséquences et justifier ainsi sa vertu. Mais on a oublié une clause essentielle de ce calcul stratégique: en faisant de Yhwh le garant tout-puissant et de plus en plus exclusif du schème rétributif, on a compté sans ses exigences prohibitives et sans l'autonomie totale de ses jugements. On a cru faire sa part au théocentrisme, en prendre le meilleur et en mettre de côté le pire; en réalité, on s'est engagé dans un engrenage implacable et on ne peut plus revenir en arrière.

C'est le Deutéronome qui a le mieux perçu les implications profondes d'un théocentrisme cohérent et nous avons commenté de près ses considérations à ce sujet, particulièrement en Dt 6-11. En bref, le juste, en croyant se construire un dieu qui peut le justifier, s'est aussi donné un dieu qui peut le perdre. À partir du moment où l'on renonce à la rétribution naturelle et au mécanisme simple et constant du destin, on est nécessairement amené à fonder le principe rétributif sur un nouvel ensemble de lois. Les lois dont Yhwh est le garant sont tout à fait irréductibles aux lois du destin. Sans s'en rendre clairement compte, on a troqué les lois «naturelles» du destin contre celles de Yhwh: alors qu'on pouvait lire assez facilement ces lois du destin en observant tout simplement les conséquences qui naissaient à même nos actes, désormais entre l'acte et ses conséquences, la norme divine s'interpose, la loi avec son indépendance souveraine et son arbitraire essentiel. En d'autres termes, si l'on veut vraiment un garant au principe de justice et de rétribution morale, il faut accepter qu'une norme extérieure, transcendante aux actes et à leurs conséquences, s'interpose et soit cautionnée par l'autorité divine. Pour que le principe rétributif fonctionne, il faut un agent qui assure son fonctionnement et il faut un ensemble normatif de lois qui assure son fonctionnement juste. Le bon fonctionnement du principe rétributif est donc *conditionnel* à la reconnaissance de cet agent divin et à la soumission pure et simple aux lois prescrites par cet agent. Au bout du compte, la gestion du principe rétributif et de l'ordre naturel et social doit nécessairement échapper à la sagesse trop courte des hommes et être remise entre les mains des dieux, en l'espèce de Yhwh seul. En voulant sauver le principe rétributif archaïque et son pragmatisme latent, on a fait intervenir un agent extérieur, autonome, arbitraire; cet agent est le seul juge et le seul justicier.

Ce que beaucoup de justes sionistes n'ont sans doute pas vu, au départ, ce sont ces implications profondes et immenses du choix stratégique théocentrique. Désormais, les punitions et les récompenses ne dérivent plus directement (ou mécaniquement) des actes ou plus précisément de l'idée que la pauvre sagesse humaine peut s'en faire, mais bien d'un jugement divin, jugement contractualisé par une Loi venant de Yhwh et rendu opérant par des actes divins efficaces et autoritaires. Et face à ce dieu transcendant et à sa Loi, il n'y a de salut que dans la Foi et la soumission inconditionnelles. À la limite, le juste n'est plus cette espèce de sage qui s'oriente dans la vie selon son discernement et sa vertu mais plutôt cette espèce de fidèle qui croit que la Loi de Yhwh mène au bonheur et qui s'y conforme aveuglément. Le sort du principe rétributif continue de se jouer mais on l'a remis en d'autres mains et il se joue tout autrement. Alors que le principe rétributif était conçu de tout temps pour légitimer l'ordre en place et le mérite de ceux qui le justifiaient et contribuaient à son maintien, désormais il a changé de mains et il sert à justifier un ordre théocratique fondé sur une autorité absolument transcendante et souveraine. On a résolu le problème mais en lui apportant une solution qui nous échappe. La sagesse des proverbes explique cela très simplement: « Que piété et fidélité ne te quittent! Fixe-les à ton cou, inscris-les sur la tablette de ton cœur. Tu trouveras ainsi faveur et réussite aux regards de dieu et des hommes. Repose-toi sur Yhwh de tout ton cœur, *ne t'appuie pas sur ton propre entendement*; en toutes tes démarches, reconnais-le et il aplanira tes sentiers. *Ne te figure pas être sage*, crains Yhwh et te détourne du mal» (Pr 3,3-7).

Le prix à payer du théocentrisme radical des sionistes est là. Le principe rétributif ne peut jouer en faveur d'Israël que s'il en cède complètement le contrôle à son dieu et s'il admet qu'il n'a par lui-même ni la sagesse ni le mérite pour assurer son bonheur ou son salut: « Si, après avoir entendu cette imprécation, quelqu'un se bénit lui-même en son cœur en disant: "À marcher selon l'assurance de mon propre cœur, je ne manquerai de rien, si bien que l'abondance d'eau fera disparaître la soif." Yhwh ne consentira pas à lui pardonner» (Dt 29,18-19; voir aussi Dt 8,17-20; 9,4-6; 10,12-22; 30,6-10). Le message deutéronomiste est constant: la stratégie théocentrique implique renoncement et décentrement radicaux; la rétribution positive, la récompense appartient à ceux qui se soumettent inconditionnellement à la Loi divine et qui ont foi inconditionnellement en Yhwh. Il n'y a plus de place pour le pragmatisme ici, à moins de considérer l'abandon confiant à Yhwh comme le seul gage de réussite et de bonheur (voir Pr 3, cité plus haut). Yhwh seul connaît et applique avec justice et discernement le principe rétributif; toute intervention humaine à ce propos constitue une interférence, une nuisance, une insoumission. Tel est le choix fondamental.

Or il y a tout lieu de croire que c'est dans le contexte de la défaite et dans la posture de l'Exil qu'Israël apprend ce que signifie en profondeur un tel choix stratégique. Ici le schème rétributif et tout particulièrement le schème faute-châtiment deviennent clairs: s'il y a eu un tel châtiment, c'est que la faute était grande, presque impardonnable. Ce verdict est infaillible aux yeux des sionistes. Si Yhwh ne reconnaît pas Israël mais au contraire le condamne à l'Exil, cela ne peut s'expliquer que d'une seule manière: c'est qu'Israël n'a pas reconnu inconditionnellement Yhwh. Dans cette perspective, le châtiment constitue la preuve suprême de la justice divine et Yhwh apparaît plus que jamais comme le garant incontesté du principe rétributif. Ceux qui remettent cela en question ne sont déjà plus des fidèles de Yhwh car hors de la foi inconditionnelle en Yhwh, il n'y a point de salut. Ainsi, si Israël est en Exil, c'est qu'il a péché et qu'il doit expier. Mais en outre, si l'Exil se prolonge et que la Restauration tarde à venir, c'est encore et toujours parce qu'Israël ne reconnaît pas suffisamment son dieu et s'entête à ne pas revenir vers lui avec toute la soumission voulue.

L'impossible théodicée sioniste

Dans le cadre très contraignant de ces certitudes axiomatiques ou, si l'on préfère, de ces calculs stratégiques extrêmement radicaux, il est évident qu'il ne reste qu'un espace très mince pour une théodicée. Puisqu'il faut préserver à tout prix le théocentrisme sioniste, la seule stratégie qui reste consistera à disculper Yhwh et à inculper Israël. Par conséquent la voie du salut ne peut être que celle du retour vers Yhwh, du repentir. Les sionistes élaborent une image d'eux-mêmes et de Yhwh dans ce contexte stratégique très limitatif. Ils sont le reste d'Israël, les serviteurs souffrants de Yhwh, et seuls le repentir et l'expiation des fautes d'Israël peuvent modifier la donne.

Il suit de là que la théodicée sioniste ne trouve que deux voies ouvertes devant elle et ces deux voies tiennent essentiellement au statut que le serviteur souffrant se donne face à Yhwh et à la variation plus ou moins substantielle que cela produit quant à l'image qu'on se fait alors de

Yhwh. C'est là le cadre de notre problématique. D'un côté, et à un niveau très fondamental, l'image de Yhwh comme responsable souverain et infaillible de toute rétribution ne peut pas se modifier facilement car cette image est au fondement de toute la construction stratégique que j'appelle l'absolutisme théocentrique. De l'autre côté, et à un niveau plus concret, se trouve la posture du fidèle face à son dieu : la question est de savoir jusqu'à quel point cette perception de soi du fidèle peut affecter l'image de Yhwh et entraîner des modifications de cette image. À la base, on le sait, le sioniste est de toute manière un serviteur souffrant face à Yhwh : il avoue, confesse, expie, répare, tout cela par la vertu de l'Exil, par la vertu de sa posture fondamentale. Or, sur cette base, la question est de savoir si ce serviteur souffrant peut se considérer comme un *juste* souffrant ou s'il doit se limiter à n'être qu'un *pécheur* repentant. La nuance est énorme : d'une part, le juste souffrant est un être faillible mais impeccablement soumis et bien intentionné, donc vertueux au sens piétiste de ce terme ; d'autre part, le pécheur repentant est un être incapable de la foi et de la soumission inconditionnelles que Yhwh attend de lui mais tout de même conscient de sa faute fondamentale (son insoumission même) et anxieux de la confesser et de la réparer. Ainsi le juste souffrant en appelle à la justice divine et met en cause sa bonne gestion du principe rétributif tandis que le pécheur repentant en appelle simplement à la grâce et à la miséricorde divines et ne remet nullement en cause la justice divine. Par conséquent, selon la posture adoptée, il s'ensuit une théodicée qui remet en cause le théocentrisme et l'oblige à des ajustements divers ou bien une théodicée qui ne fait que renforcer ce théocentrisme et finit par lui apporter sa justification finale.

La revendication du juste souffrant

Notre voie est donc tracée. Notre meilleur espoir consiste évidemment à explorer les textes où semble apparaître un fidèle sioniste qui puisse avoir les attributs principaux du juste souffrant. J'ai déjà mené cette enquête en détail à propos de la sagesse mésopotamienne [1] et je crois avoir démontré alors combien il est rare et exigeant pour un fidèle souffrant et démuni de *se poser* devant son présumé sauveur et de défendre comme justes et légitimes ses revendications essentielles et jusqu'à sa compréhension même de sa situation et de son attitude personnelles. Lorsqu'on se tourne vers l'absolutisme sioniste, il n'est pas douteux qu'on a alors affaire à une attitude stratégique encore plus radicale et même extrême, mais il n'en reste pas moins que sa tâche centrale doit être définie de la même

1. *Sagesses*, vol. 2, p. 168-184.

façon : jusqu'à quel point le serviteur souffrant sioniste peut-il se permettre de se poser comme un juste souffrant face au dieu auquel il s'abandonne et à qui il se soumet ?

Devant ce questionnement, les deux textes les plus propres à nous faire pénétrer dans cette attitude de revendication et de révolte sont manifestement Job et l'Ecclésiaste. Ce sont en tout cas les deux textes qui remontent au fondement de l'absolutisme théocentrique sioniste et qui en proposent une certaine discussion, allant même jusqu'à s'interroger sur la valeur et le bien-fondé de l'attitude piétiste de reconnaissance inconditionnelle de Yhwh. J'aborderai ces deux textes essentiels mais atypiques en quatrième partie et me contenterai ici des quelques rares témoignages qu'on peut glaner à travers la Bible sur la question du serviteur souffrant. On va vite le constater, la moisson est maigre et fort peu convaincante.

Le livre des Lamentations. C'est dans le genre littéraire de la lamentation ainsi que dans des textes apparentés qu'on est susceptible de trouver une plainte, une protestation ou une révolte qui fassent apparaître le serviteur de Yhwh comme un juste souffrant. Partons du livre des Lamentations déjà utilisé au chapitre 7. Les trois premières Lamentations seront seules discutées sommairement ici et il est facile de voir qu'aucune n'est un candidat sérieux pour notre enquête. La première est une immense plainte sur le sort de Sion. À aucun moment, la sévérité du châtiment n'est contestée, au contraire (voir Lm 1,18). Le subterfuge de l'auteur consiste à diriger sa plainte *vers* Yhwh mais *contre* ceux qui ont contribué au châtiment ou qui s'en sont réjouis (Lm 1,21-22) ; Yhwh s'en trouve du coup disculpé et le fidèle peut se permettre en prime de demander vengeance contre ses ennemis. Cette mauvaise foi est caractéristique et passablement courante chez les piétistes. Dans la deuxième lamentation, le châtiment est décrit de façon très sombre et rapporté à Yhwh de façon quasi irrévérencieuse : « Le seigneur a été comme un ennemi » (2,5). Ou encore : « Yhwh a médité d'abattre le rempart... » (2,8 ; voir aussi 2,17). Mais à nouveau, tout cela n'est que justice. Ce qui peut faire illusion, c'est que l'auteur s'en tient très habilement au récit des malheurs d'Israël ; or, si l'on examine froidement le texte, il exprime un grand désarroi mais aucune véritable revendication (voir toute la conclusion du texte en Lm 2,18-22, qui n'est qu'une plainte très réussie, rien de plus). Nous avons déjà cité assez abondamment la troisième lamentation dans un autre contexte ; elle ne nous retiendra guère ici car sa plainte rhétoriquement très accomplie culmine tout naturellement dans un vaste appel à l'aide et à la compassion de Yhwh (3,19-33) ; l'orant prend bien la peine de justifier le courroux divin (3,37-42) et de terminer par une action de grâces (3,55-59) et un assez discret appel à la vengeance (3,64-66).

Les Psaumes. On trouve le même genre de lamentations dans plusieurs Psaumes, au point que la lecture peut devenir un peu répétitive. Même le malheur peut être fastidieux, surtout lorsqu'il s'enveloppe dans une rhétorique aussi apprêtée. Le Psaume 22 commence par une plainte célèbre : « Mon dieu, mon dieu, pourquoi m'as-tu abandonné, insoucieux de me sauver, malgré les mots que je rugis ? » (Ps 22,2). Suit une très poétique et complaisante description des malheurs du fidèle (Ps 22,7-19), puis un bref appel à l'aide (Ps 22,20-22) accompagné sans transition de l'hymne d'action de grâces attendu (Ps 22,23-30). Toute cette naïveté savante sonne creux. La lamentation du Psaume 69 a des accents tout de même plus authentiques mais, pour l'essentiel, on a encore affaire à un pécheur repentant et confiant qui a recours au subterfuge préféré des piétistes : accuser le bourreau pour mieux disculper le juge. L'orant reconnaît d'emblée ses fautes et risque même de s'y anéantir : « Ô dieu, tu sais ma folie, mes offenses sont à nu devant toi » (Ps 69,6). Mais aussitôt la manœuvre de déviation commence : « C'est pour toi que je souffre l'insulte [...] car le zèle de ta maison me dévore, l'insulte de tes insulteurs tombe sur moi » (Ps 69,8-10 ; voir aussi 20-21). En toute logique, la plainte s'achève dans un appel à la compassion divine à l'endroit du fidèle et un appel à la vengeance divine à l'endroit des persécuteurs. Reste peut-être le Psaume 49 qui contient en son centre un aveu de pessimisme presque réjouissant. L'auteur, qui se considère comme un sage de haute volée (Ps 49,2-5), commence par exprimer sa confiance, mais de manière plutôt équivoque : « Pourquoi craindre aux jours de malheur ? Le malice me talonne et me cerne » (Ps 49,6). Puis il évoque sans transition et surtout sans critique les gagnants de ce monde : « eux se fient à leur fortune, se prévalent du surcroît de leur richesse » (Ps 49,7). Contrairement au piétiste modèle du Psaume 73, qui crache sur les richesses de ce monde et préfère l'encens du sanctuaire à l'or des impies, le sage du Psaume 49 ne sait que penser. Son interrogation est d'une authenticité malheureusement bien rare et qui tranche sur le rabâchage et la complaisance habituels : « Mais l'homme ne peut acheter son rachat ni payer à dieu sa rançon : il est coûteux le rachat de son âme, et il manquera toujours pour que l'homme survive et jamais ne voie la fosse. Or il verra mourir les sages, périr aussi le fou et l'insensé qui laissent à d'autres leur fortune » (Ps 49,8-11). Le Psaume s'achève, comme il se doit, sur une critique des impies et sur des paroles très mesurées de confiance, mais l'inquiétude demeure, bien plus profonde que les incantations d'usage (« dieu rachètera mon âme », etc.). À mon sens, il est incontestable qu'on n'a pas du tout affaire à un juste souffrant mais à un pécheur repentant; seulement, ce pécheur revendique son état avec une lucidité étonnante. Il est terriblement conscient que ce qui est exigé par Yhwh pour le rachat et le salut n'est pas de l'ordre de l'avoir mais de l'ordre de l'être et nécessite un engagement personnel dont il est difficile de soupçonner la profondeur et l'étendue. Mais une telle réflexion présuppose de toute façon la position théocentrique et ne la remet aucunement en question. J'y reviendrai.

Jérémie 11-20. Un troisième ensemble de témoignages, après le livre des Lamentations et les Psaumes, se trouve dans le livre de Jérémie, des chapitres 11 à 20. On trouve là un certain nombre de «confessions» attribuées au prophète et liées à sa très pénible mission d'annoncer des malheurs à son peuple, ce qui l'amène fatalement à susciter beaucoup d'opposition et d'inimitié autour de lui. La première confession, de 11,18 à 12,6, est tout à fait typique. Jérémie commence par expliquer que ses gestes comme prophète l'ont mis en butte aux persécutions et il en demande d'entrée de jeu vengeance à son Patron. Suit une tirade que l'on a souvent considérée comme typique d'un juste souffrant: «Tu es trop juste, Yhwh, pour que j'entre en contestation avec toi. Cependant, je parlerai avec toi de questions de droit: Pourquoi la voie des méchants est-elle prospère? Pourquoi tous les traîtres sont-ils en paix? Tu les plantes, ils s'enracinent, ils vont bien, ils portent des fruits. Tu es près de leur bouche mais loin de leurs reins. Mais toi, Yhwh, tu me connais, tu me vois, tu éprouves mon cœur qui est avec toi. Enlève-les comme des brebis pour l'abattoir, consacre-les pour le jour du massacre» (Jr 12,1-3). S'il fallait s'émouvoir et obtempérer à chaque fois qu'un sioniste demande vengeance contre ses persécuteurs, on n'en aurait pas assez d'un seul patron pour suffire à la tâche. On a ici affaire au bon vieux subterfuge piétiste qui consiste à s'en prendre aux ennemis et à s'autoglorifier en les rabaissant; mais à aucun moment Yhwh ne voit le bien-fondé de ses jugements remis en question; au contraire, si Jérémie s'adresse à lui, c'est précisément parce que sa justice est au-dessus de tout soupçon. Du reste, la réponse de Yhwh ne prend que très obliquement en compte les récriminations de Jérémie.

La deuxième confession en 15,10-21 se ramène à la même manœuvre que la première: «Toi, tu le sais, Yhwh! Souviens-toi de moi, visite-moi et venge-moi de mes persécuteurs. [...] Reconnais que je subis l'opprobre pour ta cause. [...] Pourquoi ma souffrance est-elle continue, ma blessure incurable, rebelle aux soins? Vraiment tu es pour moi comme un ruisseau trompeur aux eaux décevantes» (Jr 15,15-18). Yhwh le réconforte avec l'aménité qui convient (15,19-21) mais ne va pas au-delà; au fond, le prophète peut bien considérer qu'il fait un sale métier mais la responsabilité de Yhwh reste tout de même limitée dans tout cela. La troisième tirade en 17,14-18 et la quatrième en 18,18-23 n'ajoutent rien au propos de Jérémie, sinon peut-être une plus grande précision quant à ses intentions profondes: «Mais toi, Yhwh, tu connais tout leur dessein meurtrier contre moi. Ne pardonne pas leur faute, n'efface pas leur péché de devant toi» (Jr 18,23). La dernière confession en 20,7-18 fait la synthèse de l'ensemble: d'abord l'appel à Yhwh centré sur une plainte habile («La parole de Yhwh a été pour moi source d'opprobre...» [20,8]); puis la certitude du réconfort («Mais Yhwh est avec moi comme un héros puissant, mes adversaires vont trébucher, vaincus» [20,11]); et enfin l'action de grâces très mesurée où Jérémie loue Yhwh mais continue de percevoir sa mission comme une calamité («Pourquoi donc suis-je sorti du sein? Pour voir tourment et peine et finir mes jours dans la honte» [20,18]). Dans tout cela, on trouve une version assez particulière du serviteur souffrant sans doute, mais jamais la protestation et la révolte ne sont portées de façon directe et explicite contre Yhwh. Comme d'habitude, la plainte est dirigée contre les ennemis du prophète et Yhwh devient le témoin et l'allié du serviteur dans son malheur. Mais à aucun moment le problème fondamental de la théodicée n'est posé clairement.

Habaquq. Le quatrième document témoin sera le fameux dialogue entre le prophète Habaquq et Yhwh. Ce dialogue survient dans le contexte de la conquête de Juda par les Néo-Babyloniens et repose sur la perception que le prophète se fait de ce désastre. Habaquq est scandalisé par l'oppression subie par les Israélites mais surtout par le fait que cette oppression provienne d'étrangers impies et barbares. Dans le débat avec Yhwh imaginé par Habaquq, on entend pour la première fois la voix révoltée du juste souffrant: «Jusques à quand, Yhwh, appellerai-je au secours sans que tu écoutes, crierai-je vers toi: "À la violence!" sans que tu sauves? Pourquoi me fais-tu voir l'iniquité et regardes-tu l'oppression? [...] Aussi la loi se meurt, plus jamais le droit ne paraît. Oui, l'impie traque le juste, aussi ne paraît plus qu'un droit fléchi» (Ha 1,2-4). Il convient cependant de lire très attentivement le texte: au verset 2, le prophète demande secours, écoute, salut, mais ne conteste à aucun moment le jugement même de Yhwh; aux deux versets suivants, l'oppression et l'injustice sont reportées sur l'ennemi, *déviées* vers l'ennemi, selon le stratagème familier, et par surcroît, la justice à laquelle on fait référence est simplement celle des vaincus contre celle des vainqueurs. Cette courte plainte est suivie d'un long oracle où Yhwh explique que les Néo-Babyloniens sont effectivement les instruments de son châtiment, ce qui a au moins l'avantage d'identifier le vrai reponsable de l'affaire et de l'obliger à reconnaître cette responsabilité. Cela prépare la deuxième plainte qui est tout aussi troublante que la première. Le prophète semble dire, si c'est bien toi, Yhwh, qui a choisi ces gens pour châtier ton peuple, alors voilà ce que j'ai à te dire : « Tes yeux sont trop purs pour voir le mal, tu ne peux regarder l'oppression. Pourquoi regardes-tu les gens perfides, gardes-tu le silence quand l'impie engloutit un plus juste que lui ? Tu traites les humains comme les poissons de la mer, comme la gent qui frétille, sans maître » (Ha 1,13-14). Et le prophète retourne aussitôt aux gestes posés par l'ennemi envahisseur. Sa contestation est terminée, elle se réduit à une seule question qui est posée plus clairement que dans la première plainte mais qui ne varie pas substantiellement par rapport à elle : pourquoi l'impie écrase-t-il le juste, pourquoi Yhwh permet-il cela ? Or, à mon sens, la question est foncièrement rhétorique puisque le prophète sait parfaitement que le châtiment divin doit forcément advenir par cette défaite et l'Exil subséquent. Du reste, la réponse, imaginée par Habaquq lui-même, tient en une seule phrase, un simple mot de réconfort : « Le juste vivra par sa fidélité » (Ha 2,4). Au fond, le prophète ramène le message sioniste par excellence : Israël, le serviteur souffrant, est soumis à rude épreuve mais c'est sa fidélité à Yhwh qui le sauvera.

Il est difficile d'imaginer plus courte théodicée. En réalité, on se trouve encore ici devant le même schéma de base : le peuple élu ne devrait pas être persécuté et opprimé par des impies, malgré ses fautes, malgré la juste colère de Yhwh ; il y a là un sentiment de scandale bien humain dans un monde de l'honneur comme celui-là. Le seul recours pour un sioniste pieux consiste à demander à son dieu de redevenir, juste le temps qu'il faut, l'accompagnateur-protecteur qu'il a toujours été pour Israël, bref de « sauver » Israël. Alors que Yhwh en a plein les mains de superviser le châtiment d'Israël, on apprécierait qu'il prenne pitié, assure une guerre propre, venge son peuple, et quoi encore ! Du reste, à aucun moment ne peut-on se permettre de remettre en question le châtiment divin et le plan global qui l'accompagne. Simplement, on souhaiterait plus d'égards de la part du Patron. Tout cela ne fait que refléter un des problèmes centraux mais hélas bien méconnus du théocentrisme : la surcharge, le surinvestissement du personnage divin. À la limite, dans la perspective sioniste, Yhwh est responsable de tout et intervient à tout propos et sur toutes les scènes, mais, ce qui est plus ahurissant encore, c'est qu'il ne doit être blâmé de rien. Dans un tel cadre axiomatique, les blâmes refluent sur les personnages et n'égratignent jamais le metteur en scène. On vient se plaindre à tout moment des misères occasionnées par le scénario mais ces plaintes ne sont que des péripéties tout à fait secondaires comme les misères mêmes qu'on subit. Car on sait parfaitement, par-delà ces accidents de parcours, qu'Israël est au centre du scénario, dans la main du metteur en scène, et que l'argument de la pièce est orienté vers une seule chose : le salut du peuple élu. Quel sioniste convaincu et confiant aurait l'audace, après cela, de remettre en question un si brillant metteur en scène et un si beau scénario ?

Il y a ici un effet de contexte si énorme qu'il ne peut échapper à personne. Car effectivement, l'Exil est le moment clé à partir duquel les sionistes peuvent comprendre le Plan de salut divin, le sens global du scénario. Le serviteur souffrant, Israël, a péché, il est châtié, il doit se repentir, et le rachat, la Restauration ou le Salut suivront. Dans cette axiomatique, il n'y a tout simplement pas de place pour un véritable juste souffrant, pour quelqu'un qui arrache le scénario des mains du metteur en scène et qui dénonce l'injustice d'un châtiment qui doit prétendument mener au grand soir sioniste, au Salut. Si Yhwh cesse d'être le garant du Plan de salut et du principe rétributif qui constitue le mécanisme essentiel de tout le scénario sioniste, alors il ne reste qu'à fermer le théâtre. Aucun sioniste ne peut donc outrepasser son rôle de serviteur souffrant et plus précisément de pécheur repentant, et cela en dépit de la vue d'ensemble stratégique qu'il est susceptible d'adopter sur l'absolutisme théocentrique. Dès lors, la théodicée que le texte biblique a à proposer est une théodicée qui achève de *justifier* ce théocentrisme et qui, de ce fait, doit être conçue et menée strictement dans la perspective limitée et soumise du pécheur repentant.

La soumission du pécheur repentant

Mais, en toute rigueur, avant de reconstruire dans ses grandes lignes la théodicée sioniste orthodoxe, il nous faut d'abord examiner ce que signifie ce statut de pécheur repentant face à Yhwh, cette image de soi sioniste. Autant nous avons peiné et avons finalement échoué à trouver des témoignages solides du statut de juste souffrant, autant il va nous être maintenant facile de proposer des témoignages à propos du pécheur repentant. C'est que dans la posture de l'Exil, le sioniste est cela et ne peut être que cela. Tout le Pentateuque et les livres historiques démontrent que le serviteur souffrant a péché et ne peut chercher son salut que dans le Repentir et le recours à la Grâce divine. D'ailleurs, le péché d'Israël n'est pas une vétille mais bien plutôt une faute capitale, l'insoumission constante à Yhwh et à sa Loi [2]. Et le fait que le reste

2. Le fait que les rédacteurs grossissent cette faute comme à plaisir sert un dessein stratégique absolument fondamental : enfoncer les sionistes dans la posture de l'Exil.

sioniste revienne vers Yhwh et tente de reconstituer l'Alliance avec lui ne fait que préciser davantage l'enjeu. Depuis les origines, Yhwh a exigé d'Israël une foi et une loyauté inconditionnelles et depuis les origines, Israël s'est montré incapable de satisfaire les exigences divines. Durant tout ce parcours, la grâce divine a été présente et surabondante, mais malgré cela, Israël est resté un pécheur. Tout démontre donc que son seul et très mince espoir réside dans la grâce divine et le repentir.

Dans ce contexte général, il ne faut pas comprendre le repentir comme un acte ponctuel mais bien comme un *exercice de piété constant* et permanent. Il y a ici une sorte de cycle infernal qui est mis en branle par les fautes incessantes d'Israël, lesquelles doivent sans cesse être rachetées par la grâce récurrente de Yhwh, cette grâce à la fois capricieuse et omniprésente qui rend possibles le mouvement de retour et l'espoir de salut. Mais ce mouvement de retour n'est jamais acquis une fois pour toutes car la grâce de Yhwh, malgré les souhaits utopiques de la nouvelle Alliance (par exemple, Jr 31,31-34), ne peut prémunir Israël contre les rechutes mais seulement pallier de façon transitoire son incapacité fondamentale à rester dans le droit chemin. Israël est constitutivement un pécheur et toute sa vie religieuse, toute son interaction avec Yhwh, consiste à implorer la grâce de son dieu et à tenter à nouveau, à travers son mouvement de repentir, d'être à la hauteur des exigences de son dieu.

Par conséquent, dans le cadre du théocentrisme sioniste, le repentir est le geste clé qui est constamment à faire et à refaire sur la base de la posture de l'Exil. L'élite sacerdotale mettra peu à peu au point une véritable technique du repentir ou, plus précisément, une véritable gestion du repentir ; j'en reparlerai au prochain chapitre. Pour le moment, ma démonstration du statut indépassable du pécheur repentant consistera à reprendre de façon très synthétique les principaux textes qui montrent l'importance du repentir et de la grâce dans la perspective sioniste. Ce point est tout à fait central et ne doit pas être escamoté, car il nous livre une clé maîtresse du théocentrisme sioniste et, en particulier, de sa théodicée. Je m'efforcerai tout de même de m'en tenir aux textes les plus importants car il y a ici une constance et une convergence remarquables.

Les textes classiques du Deutéronome décrivent parfaitement la conjonction du repentir et de la grâce : « De là-bas [l'exil], tu *rechercheras* Yhwh ton dieu, et tu le trouveras si tu le cherches de tout ton cœur et de toute ton âme. Dans ta détresse, toutes ces paroles t'atteindront, mais dans la suite des temps tu *reviendras* à Yhwh ton dieu et tu écouteras sa voix ; car Yhwh ton dieu est un dieu miséricordieux qui ne t'abandonnera ni te détruira, et qui n'oubliera pas l'alliance qu'il a conclue par serment avec tes pères» (Dt 4,29-31). Même message repris en Dt 30,1-10 où l'on décrit plus précisément le travail indispensable de la grâce: «Yhwh ton dieu circoncira ton cœur et le cœur de ta postérité pour que tu aimes Yhwh ton dieu de tout ton cœur et de toute ton âme, afin que tu vives» (Dt 30,6). Sur tous les plans et à toutes les étapes, Yhwh est le garant absolu de l'Alliance et de la fidélité à l'Alliance; il donne la Loi et le moyen d'être fidèle à la Loi, il libère Israël *et* l'exile, mais toujours en vue de réaliser son Plan de salut.

Le message central du Lévitique est similaire. L'auteur ancre ce message dans la posture de l'Exil: «Ils confesseront alors leurs fautes et celles de leurs pères, fautes commises par infidélité envers moi, mieux, par opposition contre moi. Moi aussi je m'opposerai à eux et je les mènerai au pays de leurs ennemis. Alors leur cœur incirconcis s'humiliera, alors ils expieront leur faute. Je me rappellerai mon alliance…» (Lv 26,40-42).

De même encore, dans la grande prière de Salomon, lors de la consécration du temple: «Quand ton peuple Israël sera battu devant l'ennemi, parce qu'il aura péché contre toi, s'il revient à toi, loue ton nom, prie et supplie vers toi dans ce temple, toi, écoute au ciel, pardonne le péché de ton peuple Israël et ramène-les dans le pays que tu as donné à ses pères» (1R 8,33-34). Le message revient tel quel en 8,46-51. Et pour finir, on prend soin de décrire le mouvement de la grâce divine comme déclencheur du mouvement du repentir et de la soumission: «Que Yhwh notre dieu soit avec nous, comme il fut avec nos pères, qu'il ne nous abandonne pas et ne nous rejette pas! *Qu'il incline nos cœurs vers lui*, pour que nous suivions toutes ses voies…» (1R 8,57-58).

Dans la perspective où je me place, les questions d'influence et de préséance chronologiques n'ont plus de sens. On se trouve ici dans la temporalité métahistorique du piétisme sioniste, une temporalité circulaire et répétitive où il ne se passe qu'une chose: la mise en force récurrente de l'absolutisme théocentrique avec pour centre le rapport de reconnaissance Yhwh-Israël. Le chroniste raconte en tout cas les mêmes événements et reprend dans des termes différents la même prière: «Quand je fermerai le ciel et que la pluie fera défaut, quand j'ordonnerai aux sauterelles de dévorer le pays, quand j'enverrai la peste sur mon peuple, si mon peuple sur qui est invoqué mon nom *s'humilie, prie, recherche ma présence et se repent* de sa mauvaise conduite, moi, du ciel, j'écouterai, je pardonnerai ses péchés et je restaurerai son pays» (2Ch 7,13-14).

Évidemment les nuances sont éclairantes, mais toujours transparaît le pur discours piétiste, toujours conçu dans la perspective métahistorique de l'Exil et du rachat, toujours centré sur la même incapacité-impossibilité de reconnaître inconditionnellement Yhwh et sur l'exigence absolue de compenser ou de surmonter cette incapacité, ce qui conduit au mouvement circulaire décrit dans les textes mêmes. À nouveau, chez Jérémie, le message piétiste revient: «Quand seront accomplis les soixante-dix ans à Babylone, je vous visiterai et je réaliserai pour vous ma promesse de bonheur en vous ramenant ici. Car je sais, moi, les desseins que je forme pour vous — oracle de Yhwh — desseins de paix et non de malheur, pour vous donner un avenir et une espérance. Vous m'invoquerez et vous viendrez, vous me prierez et je vous écouterai. Vous me chercherez et vous me trouverez, car vous me rechercherez de tout votre cœur; *je me laisserai trouver* par vous» (Jr 29,10-14). Ce qui présuppose de toute nécessité la nouvelle Alliance de la grâce déjà décrite en Dt 30,1-10. Cette fois, elle prend la forme suivante: «Je mettrai ma loi au fond de leur être et je l'écrirai sur leur cœur. [...] Ils n'auront plus à instruire chacun son prochain [...]. Car tous me connaîtront...» (Jr 31,33-34).

Chez Ézéchiel, le discours est plus abrupt mais le résultat est foncièrement le même: «Je répandrai sur vous une eau pure et vous serez purifiés; de toutes vos souillures et de toutes vos ordures je vous purifierai. Et je vous donnerai un cœur nouveau, je mettrai en vous un esprit nouveau [...]. Je mettrai mon esprit en vous et je ferai que vous marchiez selon mes lois...» (Ez 36,25-27). Ici le théocentrisme est sans compromis et Ézéchiel revient sans cesse sur son refrain favori: «Ce n'est pas à cause de vous que j'agis, sachez-le bien. Ayez honte et rougissez de votre conduite, maison d'Israël» (36,32).

On trouve encore le même message chez Isaïe, soit dans un simple appel au repentir (55,6-7) soit dans ses grandes prières pénitentielles (59,1-20; 63,7 à 64,11). Il est bon de renvoyer aussi aux prières d'Esdras (9,6-15) et de Néhémie (9,5-37). Je compte que cette recension suffit amplement à montrer la centralité du message sioniste de grâce et de repentir. Les textes parlent d'eux-mêmes.

Les stratagèmes pour justifier Yhwh

La question après cela, la vraie question est de voir quelle forme peut prendre dans un tel éclairage la théodicée sioniste. Or, la vérité, c'est que les textes de Job et de l'Ecclésiaste constituent ni plus ni moins des exceptions et que la théodicée sioniste orthodoxe consiste strictement et uniquement à justifier la position de Yhwh dans l'Alliance et à situer Israël par rapport à lui. Cela représente un aspect important de la stratégie théocentrique sioniste et il est souhaitable de s'arrêter aux divers stratagèmes utilisés pour établir et justifier cette stratégie. Trop souvent, on se contente de chercher la théodicée biblique simplement dans les grands textes de sagesse, comme si les sionistes orthodoxes n'avaient par eux-mêmes rien à proposer. C'est une erreur de perspective importante et je m'efforce de la corriger tant soit peu ici.

Il convient de rappeler d'abord le cadre problématique dont nous sommes partis. Dans une perspective radicalement théocentrique, le principe rétributif ne peut plus être géré selon l'optique naturaliste et quasi mécanique traditionnelle car son postulat de base est ébranlé à sa source ; en effet, la vertu ne mène pas d'elle-même au bonheur dans un univers qui est régi non pas par les lois « naturelles » du destin mais par les lois ou les normes arbitraires de Yhwh. La vertu qui mène au bonheur ne vient plus alors du discernement humain et de sa conformité à un ordre naturel préétabli mais de la soumission aveugle aux normes morales prescrites par dieu. Il y a dès lors un écart entre la vertu et le bonheur et cet écart est creusé par l'hétéronomie de la loi ; cela entraîne une redéfinition fondamentale et de la vertu et du bonheur.

Dans le nouveau contexte théocentrique mis en place, le problème se ramène à comprendre et à accepter le nouveau principe rétributif tel qu'il est géré de façon transcendante, autonome et arbitraire par Yhwh et par Yhwh seul, selon ses normes et son Plan de salut. On peut alors prétendre que la Loi est conçue et donnée par Yhwh, à la façon d'une grâce, pour mettre le fidèle sioniste sur la voie du salut et du bonheur, mais justement, dans la perspective d'une réflexion de théodicée, c'est cet axiome lui-même qui doit être défendu et justifié. Le fait que Yhwh exige et n'exige qu'une Foi inconditionnelle en sa gestion du Plan de salut semble interdire a priori tout travail critique sur l'axiome théocentrique déjà mentionné, mais le problème demeure, il est clair, présent et indéniable.

Il se ramène à ceci : les sionistes sont en Exil, l'Exil est un châtiment, le Salut est différé et la Restauration tarde à un point qu'il est difficile de supporter. Que signifie alors la promesse de bonheur, l'Alliance à travers la loi, le Plan de salut, si la seule posture réelle est celle de l'Exil, de l'attente désespérante et de la Foi sans garanties ? Encore ici, on peut se donner des garanties « historiques » et légitimer la promesse, la libération, le don de la terre promise, le rachat assuré, mais cela ne justifie à la limite qu'une foi qui est déjà acquise et laisse les sionistes démunis devant leur situation objective.

Or justement puisque cette Foi est constamment présupposée, qu'elle est la seule voie menant au salut et au bonheur, et que par surcroît elle doit être inconditionnelle et se passer de toute garantie, on est donc inévitablement reconduit à la problématique théocentrique qui implique une justification globale et sans faille de la gestion divine du principe rétributif. La stratégie de base est simple et il n'en existe pas d'autre : si l'Exil est la perspective indépassable du sioniste et que la Restauration tarde à ce point à venir, c'est que *déjà*, d'emblée, constitutivement, le fidèle est un pécheur, un fidèle inadéquat, incapable de la foi et de la soumission exigées de lui ; sa seule issue dès lors consiste à éviter toute revendication et protestation, à s'amender et à se repentir, et à renforcer constamment sa foi en Yhwh et plus globalement dans tout le système théocentrique mis en place.

On peut démontrer sur cette base que tous les stratagèmes de la théodicée sioniste se ramènent à justifier et à renforcer cette stratégie centrale. On peut écarter d'emblée un premier stratagème justificatif qui consiste à considérer le Plan divin comme profondément mystérieux et inaccessible à l'entendement humain ; ce stratagème est infaillible mais laisse la question pendante. C'est pourquoi sans doute les sionistes ne s'en satisfont pas, d'après ma compréhension du moins. Paradoxalement, nous aurons à en reparler au moment de discuter le texte de Job.

Un deuxième stratagème consiste à faire appel au statut d'élection d'Israël et à tout mettre en œuvre pour rassurer et réconforter le serviteur souffrant sur cette base. Ainsi, par exemple, on évoquera à ce propos la promesse inconditionnelle aux patriarches ou encore la Promesse dynastique à David, qui ont connu une fortune extraordinaire chez les sionistes postexiliques. Yhwh ne promet-il pas à David : « Ma fidélité ne s'écartera pas de lui... » (2S 7,15). À ces promesses s'ajoute la libération apparemment gratuite ou sans condition rapportée dans l'Exode. Nous avons déjà discuté ce point en profondeur et il est pour nous hors de doute que l'Alliance d'Israël avec Yhwh ne peut pas être inconditionnelle et ne l'a jamais été. On a bien pu, dans un certain contexte rhétorique, être tenté de mettre en valeur l'immense magnanimité de Yhwh, ce qui est en principe légitime, mais cela ne devrait pas nous faire illusion sur le véritable rapport de reconnaissance qui lie Yhwh et Israël. Cette question a couramment donné lieu à des discussions confuses mais je crois avoir démontré que la reconnaissance d'Israël par Yhwh est et ne peut être que conditionnelle au respect de la Loi tandis que la reconnaissance de Yhwh par Israël ne peut être au contraire qu'inconditionnelle — ce qui du reste conduit fatalement Israël à la faute et à l'Exil.

Le troisième stratagème est parallèle au deuxième et il consiste, par un coup d'audace tout à fait contestable, à postuler une forme d'Alliance fondée sur la Grâce, ce qui revient à garantir la foi et la fidélité d'Israël par simple recours à la même magnanimité divine. Nous avons déjà amplement discuté les textes pertinents (Dt 30, Jr 31 et Ez 36) et ils reviennent eux aussi à déplacer le travail des fidèles sionistes sur Yhwh et à commettre des excès rhétoriques qui ne peuvent de toute façon qu'être démentis par l'expérience religieuse des sionistes. Je concède qu'il semble parfaitement naturel ou logique de pousser le théocentrisme jusqu'à ces extrémités mais il demeure que ce théocentrisme s'inscrit dans un cadre stratégique tout à fait contraignant et que ce cadre ne permet pas, par construction, de poser que Yhwh puisse se poser en garant unique de sa propre reconnaissance. Et de fait, il est bien rare que l'idéologie sioniste aille jusque-là; au contraire, elle demeurera presque constamment consciente des exigences divines et du travail humain qui correspond à ces exigences. On a pu supposer et poser que Yhwh tenait plus que tout à son Alliance avec Israël et qu'il pouvait contribuer par sa Grâce au respect de l'Alliance; cela est juste mais il faut prendre garde de ne pas franchir une certaine limite généralement très claire dans les textes et indiquant invariablement qu'Israël demeure en tout temps responsable de sa fidélité comme de son infidélité à Yhwh et à sa Loi.

Ces deux derniers stratagèmes reviennent à rationaliser et à évacuer la souffrance et l'état d'abandon des exilés en recourant à des légitimations mythiques-historiques qui disculpent Yhwh et le mettent hors d'atteinte de toute revendication critique. Au bout du compte cependant, ils sont tous deux assez mal inspirés car ils enlèvent au serviteur souffrant toute responsabilité et tout mérite dans son travail de loyauté ou dans son travail de repentir et dès lors ils menacent de saper les bases mêmes de la stratégie théocentrique. Dans tous les cas, le face-à-face Yhwh-Israël doit être maintenu et pour cela, la réponse d'Israël doit rester extérieure à Yhwh et en définitive résulter foncièrement du travail d'Israël. La posture d'Exil mène à cette tâche et rien ne permet d'y échapper.

Par contraste, le quatrième stratagème renonce à utiliser le passé et a plutôt recours à l'avenir. Ici, la souffrance des sionistes est justifiée par la simple perspective du rachat ou du salut à venir. La récompense divine tarde dans la mesure où la fidélité tarde à se manifester et aussi où la foi n'arrive pas à s'établir dans l'inconditionnalité. Le fidèle fait des efforts louables certes, mais sans cesse il réclame des garanties, sans cesse il tire des traités sur l'avenir, sans cesse il vient près de douter de l'efficacité rétributive de son dieu. En particulier, le mouvement prophétique s'est prêté à ce genre de consolation apparemment inoffensive et il a dû par la suite en supporter les conséquences. Crier au Sauveur peut être plus dangereux encore que de crier au loup, et les prophètes ont commis trop souvent cette imprudence. Le stratagème qui consiste à différer la promesse et à la laisser se gonfler d'une longue attente déçue a mené certains prophètes jusqu'au stratagème apocalyptique et nous aurons à discuter ce type de construction stratégique dans le prochain chapitre.

On peut distinguer très sommairement une forme réaliste et une forme idéaliste de l'espoir de Restauration. On voit clairement la première forme dans les textes d'Esdras et de Néhémie qui travaillent à reconstruire Jérusalem mais se situent assez constamment dans un horizon réaliste; il semble bien que leurs réalisations restent bien en deçà de leurs rêves et que, dans l'ensemble, les sionistes postexiliques soient condamnés à vivre pendant longtemps dans la déception et l'attente. Reste que, au total, cet espoir gradualiste vaut ni plus ni moins ce que vaut le projet de construction d'une théocratie à Jérusalem. Comme tout espoir passionné et exclusif, il ne peut être jugé que de façon ambivalente : d'un côté, il constitue une hypothèque très lourde sur la vie présente puisqu'il accapare toutes les énergies possibles; de l'autre côté, il fait vivre la communauté sioniste, il lui donne un sens et la renforce. Mais en lui-même, ce rêve ne confirme ni n'infirme la *valeur* du projet théocentrique. De ce fait, sa fonction dans le cadre d'une réflexion de théodicée est relativement négligeable.

La deuxième forme que peut prendre l'espoir de Restauration est la forme idéaliste et cette forme s'enracine invariablement dans une forme quelconque de pensée messianique. Il est apparemment très difficile pour un sioniste convaincu de ne pas se former une image eschatologique du véritable Salut, de la véritable promesse. Et c'est ici que l'hypothèque sur la vie présente devient plus évidente car cette attitude revient toujours à admettre que les modestes efforts de restauration accomplis par les sionistes eux-mêmes n'ont pas grand-chose à voir avec le grand renversement attendu. Or ce qui justifierait pleinement l'Alliance et sa promesse, la Foi inconditionnelle et exclusive en Yhwh, ne serait-ce pas un tel Salut global et définitif, quelque chose comme un grand soir ou une fin de l'histoire actuelle trop décevante et trop humaine ? Ce courant de pensée est incontestablement très fort dans le sionisme postexilique et j'en reparlerai bientôt. Qu'il suffise pour l'instant de bien marquer qu'un espoir, fût-il démesuré, demeure un espoir et n'offre en lui-même aucune garantie ni justification pour les souffrances humaines bien réelles qu'il prétend compenser. Par conséquent, ce stratagème considéré en lui-même est inévitablement très fragile puisque foncièrement volatile et fuyant. Il équivaut à reporter indéfiniment la vérification du calcul stratégique sioniste. Peut-être du reste une foi inconditionnelle ne peut-elle se passer d'une telle forme de pensée eschatologique.

Voilà donc où nous en sommes. Si le passé aussi bien que le futur ne nous sont que d'un très faible secours dans une réflexion de théodicée, il reste à creuser à même le présent de façon à rendre raison de la souffrance réelle des sionistes et à conférer une valeur à leur posture fondamentale d'Exil et d'attente de Restauration ou de rachat. Car, je l'ai déjà montré, l'Exil a deux faces et c'est de là qu'il tire sa fécondité symbolique. D'un côté, l'Exil est un juste châtiment et il dévoile au sioniste son statut de pécheur et par suite sa tâche écrasante dans le cadre de l'Alliance avec Yhwh ; mais de l'autre côté, l'Exil est le gage d'une purification sans pareille et d'un abandon total à Yhwh. Le message idéologique central des sionistes se situe ici.

D'abord, l'Exil correspond à la posture du pécheur qui subit un juste châtiment et qui se voit par là révéler sa propre identité et sa propre destinée. Cela a été élucidé en détail et il n'y a pas à y revenir. Mais ensuite et surtout, l'Exil correspond à la posture de l'abandon (par Yhwh) et du retour (vers Yhwh). La condition de possibilité de l'absolutisme sioniste doit être cherchée ici : si cette posture désespérée peut être *transfigurée*, alors tout devient possible, viable, valable. Dans le cinquième stratagème justificatif, on le voit, il ne s'agit plus du tout de se demander si le châtiment est juste et si Yhwh a besoin de la justification des sionistes pour persister dans son Plan ; cette idée sacrilège vient simplement d'une myopie stratégique sans nom. Car celui qui prête attention au Plan d'un raffinement infini mis en place par Yhwh pour piéger son peuple stupide et le ramener vers lui, celui-là voit aussitôt que ce Plan inouï cache en réalité un dessein fort simple, presque transparent.

L'Exil, la souffrance, l'abandon, la nudité, tout cela est l'occasion nécessaire d'une sortie de soi, d'un déracinement radical et salutaire, et d'un apprentissage ayant à peu de chose près la forme d'un voyage initiatique qui nous expulse hors de nos prétentions et de nos fausses certitudes et qui nous met en chemin vers une tout autre forme d'identité, d'appartenance et d'existence. Le fin mot de l'histoire, c'est qu'on a affaire à un stratagème divin (strictement théocentrique) et que ce stratagème en est un de mise à nu, de purification. L'Exil est le don ultime, la Grâce invraisemblable d'un dieu qui sait que seule une telle épreuve peut être le creuset de la Foi inconditionnelle sioniste et par suite du Salut. La théodicée sioniste réduite à sa plus pure expression s'en tient à ce stratagème suffisant et irremplaçable qui justifie à fond le théocentrisme et le calcul stratégique sioniste qui le sous-tend. J'hésite à citer des textes corroboratifs, tant la Bible est remplie de ce souci fondamental de transfiguration par l'Exil, de transfiguration du serviteur souffrant ou du reste sacré d'Israël. Grâce à ce stratagème, Israël est justifié en même temps que Yhwh et l'harmonie du rapport de reconnaissance absolutiste peut enfin être rétablie.

L'Exil est une épreuve initiatique, un voyage unique qui projette le sioniste hors de chez soi pour le ramener chez soi, mais transformé, purifié, renouvelé de fond en comble. Le vaincu est racheté, sa vie bascule, mais dans le salut; il apprend la valeur d'un repentir continu et global qui le conduit à un salut continu et global. La foi inconditionnelle comporte cette exigence surhumaine mais rend possible cette gratification surhumaine. Parmi toutes les descriptions de cette mise à l'épreuve, je n'en retiendrai que deux, laissant malheureusement de côté les pages inoubliables d'Ézéchiel déjà citées qui énoncent de façon incomparable la vérité profonde du théocentrisme sioniste. J'ai choisi des passages qui explicitent directement la mise à l'épreuve d'Israël. Commençons par l'approche plus froide, presque didactique du Deutéronome: « Souviens-toi de tout le chemin que Yhwh ton dieu t'a fait faire pendant quarante ans dans le désert, afin de t'humilier, de t'éprouver et de connaître le fond de ton cœur: allais-tu ou non garder ses commandements? Il t'a humilié, il t'a fait sentir la faim, il t'a donné à manger la manne que ni toi ni tes pères n'aviez connue, pour te montrer que l'homme ne vit pas seulement de pain, mais que l'homme vit de tout ce qui sort de la bouche de Yhwh. [...] Comprends donc que Yhwh ton dieu te corrigeait comme un père corrige son enfant, et garde les commandements de Yhwh ton dieu pour marcher dans ses voies et pour le craindre» (Dt 8,2-6). Et à l'autre extrême, l'approche chaude, presque exaltée, d'Isaïe évoquant l'effort rédempteur du serviteur souffrant: « Or ce sont nos souffrances qu'il portait et nos douleurs dont il était chargé. Et nous, nous le considérions comme puni, frappé par dieu et humilié. Mais lui, il a été transpercé à cause de nos crimes, écrasé à cause de nos fautes. Le châtiment qui nous rend la paix est sur lui, et *dans ses blessures nous trouvons la guérison*» (Is 53,4-5). Et plus loin: « Yhwh a voulu l'écraser par la souffrance; s'il offre sa vie en sacrifice expiatoire, il verra une postérité, il prolongera ses jours, et par lui la volonté de Yhwh s'accomplira. À la suite de l'épreuve endurée par son âme, il verra la lumière et sera comblé. Par sa connaissance, le juste, mon serviteur, justifiera les multitudes en s'accablant lui-même de leurs fautes. C'est pourquoi il aura sa part parmi les multitudes, et avec les puissants il partagera le butin... » (Is 53,10-12).

Si l'on rassemble pour finir tous ces stratagèmes justificatifs en une brève synthèse, on peut affirmer que la théodicée sioniste dispose de trois orientations possibles. Elle peut chercher à se fonder sur un passé mythique où existait une promesse divine telle que l'Alliance Yhwh-Israël doive être considérée comme un rapport inaltérable et menant de lui-même au Salut. Elle peut encore se justifier par un espoir en l'avenir tel que Yhwh doive lui-même venir tôt ou tard apporter la Restauration attendue par Israël. Et elle peut enfin tabler sur les ressources actuelles que les sionistes croient pouvoir trouver dans la posture fondamentale de l'Exil. Malgré ce raccourci simplificateur, il me semble incontestable que ces trois orientations ont été explorées par les sionistes et que pour chacune d'elles on a pu procéder soit de façon relativement réaliste soit de façon relativement idéaliste. Mais la base stratégique sur laquelle ces stratagèmes de théodicée étaient construits, elle, n'a pas varié. Toujours il s'est agi de « sauver » l'expérience symbolique de l'Exil, de lui donner un sens, bref de la justifier en montrant que le rapport de reconnaissance avec Yhwh pouvait être établi ou rétabli de façon toujours plus sûre, plus exclusive et plus inébranlable. Au total donc, l'absolutisme théocentrique est demeuré une sorte d'axiome stratégique à justifier et à consolider par tous les moyens disponibles, et cet axiome a empêché, pratiquement, une réflexion indépendante de se développer dans le domaine de la théodicée. À ce titre, toute la charge d'une véritable réflexion de théodicée est donc reportée sur les textes de sagesse. Si une réflexion critique sur la stratégie d'absolutisme théocentrique des sionistes est possible, c'est dans ces textes et dans ces textes seuls que nous devons nous attendre à la trouver.

CHAPITRE 10
La théocratie comme infrastructure stratégique

J'AI DÉCRIT JUSQU'ICI L'IDÉOLOGIE QUI S'EST ÉLABORÉE DANS LA tradition de pensée biblique. Cette idéologie, comme n'importe quelle idéologie, se ramène à une certaine éthique de vie ; et cette éthique de vie, comme n'importe quelle éthique de vie, se ramène à une certaine stratégie face au jeu de la reconnaissance. J'ai qualifié cette stratégie d'absolutisme théocentrique et j'ai tenté de montrer pourquoi. Pour introduire les implications pratiques les plus importantes de cette stratégie, je me contenterai de rappeler que l'absolutisme biblique prend forme à partir d'une *réduction à l'essentiel* des principaux éléments qui composent la situation israélite et d'une réduction équivalente des problèmes qui se posent à Israël sur la base de la situation ainsi définie : ce qui se joue pour Israël dans les circonstances historiques qui nous sont connues, c'est strictement et uniquement le problème de son interaction avec son dieu et, plus précisément, la question de savoir comment Israël peut établir un rapport de reconnaissance avec son dieu.

Cela revient à dire qu'il n'y a, dans la perspective des rédacteurs bibliques eux-mêmes, que deux personnages centraux dans le drame métahistorique qui se joue alors : Israël et Yhwh. Leur travail de réduction est dès lors assez simple. D'un côté, jusqu'à la défaite et l'Exil, la situation d'Israël est allée en se dégradant parce qu'Israël n'a pas su établir le juste rapport de reconnaissance qu'il devait établir avec son dieu et *uniquement* parce qu'il n'a pas su établir ce rapport de reconnaissance ; c'est pourquoi Yhwh et *lui seul* a châtié Israël très sévèrement en l'abandonnant à ses ennemis ou plutôt en le remettant entre les mains de ses ennemis ; la défaite découle de là et *uniquement* de là. Cependant, ce châtiment qui culmine dans l'Exil doit être compris non seulement comme un juste châtiment venant rétribuer la mauvaise attitude d'Israël au jeu de la reconnaissance mais aussi comme un moyen d'apprentissage, de purification et de réparation, bref comme un moyen *unique* et exceptionnellement efficace pour tirer leçon de ses fautes stratégiques (ou morales) passées et pour rectifier sa stratégie, c'est-à-dire pour se mettre en devoir d'établir enfin le juste rapport de reconnaissance avec Yhwh qui conditionne tout le reste. Ainsi, de l'autre côté, au-delà de la défaite et de l'Exil, la situation d'Israël peut maintenant aller en se rétablissant sans cesse, à mesure qu'il voit mieux, à travers son échec et sa souffrance, l'orientation qu'il doit donner à son rapport avec Yhwh.

Car Israël comprend mieux désormais que c'est dans son rapport de reconnaissance avec Yhwh que se jouent son avenir, son bonheur, son salut. À vrai dire, si Israël comprend bien cela, c'est d'abord parce que Yhwh lui a déjà démontré dans un passé plus lointain qu'il pouvait tout pour lui et qu'il représentait en définitive son seul espoir de salut ; c'est ensuite et surtout parce que Yhwh a donné gracieusement à Israël une Loi parfaite et complète qui lui permet, s'il s'y soumet loyalement, d'établir le juste rapport de reconnaissance avec son dieu. La situation stratégique d'Israël au moment de l'Exil ou, si l'on préfère, dans la posture de l'Exil, est une situation fort particulière. D'abord, il comprend *grâce à Yhwh* l'attitude stratégique qu'il doit adopter dans l'avenir ; ensuite, il a les moyens d'adopter cette attitude stratégique *en vertu de la Loi donnée par Yhwh* ; parallèlement, il est en mesure de rectifier constamment son attitude stratégique malgré sa faillibilité fondamentale *en recourant à la grâce de Yhwh* ; et enfin, s'il parvient à persister dans la juste attitude stratégique, il sait d'une certitude de foi inébranlable que *Yhwh rétribuera* sa juste attitude stratégique en restaurant Sion dans une position prééminente et en assurant le salut ou le bonheur parfait à tous les sionistes. Le levier de la stratégie de reconnaissance d'Israël c'est donc le théocentrisme, de part en part, du début à la fin.

Le bénéfice de cette stratégie absolutiste est évident : grâce à cette réduction et cette simplification des enjeux, la recherche de la reconnaissance (et du bonheur qu'apporte la reconnaissance) cesse d'être ce débat complexe et douteux qu'on observe généralement dans la vie de tous les humains, et elle devient au contraire une affaire extrêmement centrée, unifiée et exclusive. Dans la perspective stratégique sioniste, il n'y a plus que deux voies possibles, deux éthiques ou stratégies de vie possibles : celle qui se centre sur Yhwh, sur sa Loi, sa Grâce et son Salut, et celle qui laisse l'individu à lui-même, qui l'abandonne à sa liberté et à sa clairvoyance défaillantes, donc à des initiatives qui le mènent fatalement à l'erreur et à l'échec. Cette « théorie » des deux voies est la première et la dernière implication du sionisme car toute sa foi absolutiste se ramène à cela.

Les exigences d'une véritable analyse stratégique-éthique

Aux yeux du moraliste, cependant, la question doit être posée dans des termes plus pratiques, c'est-à-dire en termes stratégiques. Car le moraliste n'est rien d'autre qu'un maître en stratégie de vie, et tout son art consiste à replacer ces questions de foi et d'espérance dans des termes strictement humains et pratiques, soit essentiellement dans des termes de *faisabilité* et d'*acceptabilité*. Je sais bien que ce genre de démarche déplaît généralement aux croyants de tous horizons, peu importe qu'il s'agisse d'un fidèle, d'un amoureux ou d'un artiste, mais il y a là un malentendu fondamental. Alors qu'on craint trop souvent de la part du stratège-moraliste un manque de respect et un esprit critique inacceptables, il convient au contraire de bien marquer que son intervention n'est au bout du compte guidée que par un seul souci : transposer le langage des symboles idéologiques et des engagements de foi dans un langage à la fois simple et pratique, soit le langage de la quête humaine de reconnaissance et des stratégies qui président à cette quête de reconnaissance.

La façon la plus simple d'illustrer concrètement ce point est justement d'en venir aux implications pratiques de l'éthique de vie biblique. La question de savoir si cette stratégie de vie est humainement praticable ou *viable* et moralement acceptable ou *valable* ne peut être posée sérieusement sans faire référence à ses conditions concrètes d'implantation et à ses conséquences pratiques ou morales. Dans cette perspective, la *foi sioniste est un calcul stratégique*, rien de plus rien de moins.

Il est parfaitement normal que le sioniste énonce ce calcul en recourant constamment à des symboles idéologiques et qu'il historise ces symboles dans des situations et des circonstances concrètes. Pendant des générations, les interprètes et particulièrement les théologiens ont lu et commenté ces textes en y ajoutant foi exactement comme les sionistes eux-mêmes. On analyse alors les personnages du drame, Yhwh et Israël, comme s'il s'agissait de personnages bien réels dont les auteurs parlaient dans un contexte historique bien réel. Cette lecture est légitime à un premier degré mais si le stratège-moraliste demeure à ce niveau, il commet une erreur de perspective irréparable car il confond le « comme si » du croyant et la réalité qui se cache derrière cet ensemble de symboles et de transpositions. Ainsi en particulier, Israël est bien davantage un symbole qu'une réalité historique pour les auteurs bibliques eux-mêmes; derrière Israël et le discours sioniste sur Israël, il est capital de récupérer la véritable personne du drame, soit les sionistes postexiliques eux-mêmes. Israël n'est rien d'autre que la projection symbolique et historisée de l'itinéraire sioniste avec ses calculs stratégiques bien particuliers. Dans ce vaste récit symbolique, c'est le choix stratégique sioniste qui se déploie et se joue. À un point donné, il est donc impératif d'en finir avec ces « histoires d'Israël » bourrées de crédulité savante et de conjectures sophistiquées; ces lectures n'ajoutent pas grand-chose au récit biblique et se contentent trop souvent de le traiter au premier degré. Qu'on me comprenne: je n'affirme pas, ce qui serait ridicule, qu'il n'y a aucun substrat historique comme référent de ces récits bibliques mais simplement que la vraie question ne se situe *pas du tout* sur ce plan; la question stratégique-éthique est de savoir comment les sionistes postexiliques arrivent à se donner une compréhension d'eux-mêmes et à faire un choix stratégique collectif (avec variations obligées) sur le base de l'image du monde qu'ils construisent symboliquement à coups de projections et de symbolisations. Or, dans beaucoup de lectures théologiques actuelles, si l'on retranche l'ensemble des conjectures invérifiables et des transcriptions justificatives du récit biblique, il ne reste pratiquement rien: c'est ce que j'appelle une lecture de premier degré. Si l'interprète n'a pas le souci de passer à un autre niveau, d'opérer une analyse idéologique et de dévoiler ainsi l'ensemble des calculs stratégiques élaborés par les sionistes postexiliques eux-mêmes, alors j'estime que son travail ne sert pas le texte biblique car il n'aboutit aucunement à une compréhension approfondie, c'est-à-dire à une discussion critique de l'idéologie sioniste. Je le répète: je n'affirme pas que tous les textes bibliques sont strictement postexiliques et qu'ils ne reposent sur aucune documentation préalable; on n'en sait rien, on n'a pas à conjecturer là-dessus et la question n'est pas là mais porte plutôt sur la construction idéologique qui s'élabore globalement chez les sionistes postexiliques.

En somme, pour l'essentiel, Israël est une projection symbolique et il est en soi légitime que les sionistes se donnent une telle image dans la mesure où elle contribue à faciliter leur compréhension d'eux-mêmes et par-dessus tout de leur stratégie de vie. Reste à décrypter cette image, à l'élucider à fond, à en proposer une discussion critique. De la même façon, pour l'essentiel, Yhwh est une projection symbolique tout à fait légitime en elle-même mais qui reste à décoder et à discuter. Yhwh est la pièce maîtresse dans le calcul stratégique sioniste et il doit être considéré d'emblée sur ce plan et de façon agnostique, c'est-à-dire totalement neutre ; nous n'avons pas à décider si ce dieu existe vraiment et s'il est bien tel que les sionistes le décrivent, mais bien à replacer ce personnage du drame dans le cadre idéologique et stratégique qui l'éclaire et en restitue la signification profonde. *Cela n'est pas affaire de foi mais d'analyse stratégique-morale.*

Au moment où les sionistes postexiliques construisent, autour de Jérusalem et sur une très longue période de temps, une théocratie, il leur apparaît légitime d'avoir recours à ces personnages symboliques que sont Yhwh et Israël. Dans ce contexte théocratique, une élite sioniste relativement organisée propose (terme délibérément neutre) une Torah à l'ensemble de la communauté qu'elle dirige ; elle prétend régir et régler toutes ses attitudes et tous ses comportements de quelque importance grâce à cette Torah ; et elle utilise tous les *stratagèmes* disponibles pour légitimer, justifier et mettre en force cette Torah. Or le *dispositif stratégique* le plus puissant dont elle dispose, à ses propres yeux, pour mener à bien sa *proposition stratégique*, c'est d'enraciner son discours idéologique dans une séquence de paradigmes ou de modèles présentés comme réels ou historiques, c'est de présenter son discours idéologique comme un récit paradigmatique de la relation entre Yhwh et Israël de façon à montrer comment s'est joué et finalement comment doit se jouer *et* ne pas se jouer le rapport de reconnaissance entre Yhwh et Israël. À travers cette immense projection symbolique, ce qui se joue, d'une part, c'est le rapport entre la communauté sioniste et ses dirigeants et, d'autre part, c'est le rapport de la communauté sioniste avec le monde extérieur et avec elle-même. Dans les deux cas, cela nous renvoie encore et toujours à la stratégie de vie cautionnée par l'ensemble des sionistes.

Pour les auteurs bibliques et, à leur suite, pour la majorité des théologiens qui s'en tiennent à une lecture de premier degré, la seule chose qui importe vraiment, c'est de montrer à l'œuvre la stratégie de Yhwh pour son peuple, Israël, ce qu'on appelle généralement son Alliance avec Israël ou son Plan de salut. Mais dans un tel discours idéologique, on opère simultanément à deux niveaux : on décrit le plan stratégique-éthique de l'élite sioniste *et* on le rapporte à Yhwh comme agent central de ce Plan et comme autorité absolue légitimant a priori ce Plan ; on décrit une alliance centrée sur la Torah entre l'élite et la communauté sioniste *et* on rapporte cette Alliance à Yhwh comme promulgateur et comme garant absolu de cette Torah. Bref, on en reste à la lettre du texte. Dans ce cadre idéologique, le rapport de reconnaissance entre Yhwh et Israël est présenté comme le symbole adéquat du projet stratégique sioniste, ce qui me semble légitime si l'on prend bien garde qu'il s'agit effectivement d'un symbole et si l'on prend bien soin de le lire comme il convient et de le replacer dans son contexte sociopolitique réel. Autrement, ce symbole commode risque à tout moment de s'interposer comme un écran opaque et de créer une distorsion considérable pour toute analyse idéologique tant soit peu critique.

Assurément, pour le croyant, sioniste ou non, il est très difficile de parvenir à un tel décodage puisque toute analyse stratégique suppose un effort critique soutenu et, en particulier, une mise entre parenthèses de la foi qui occulte la stratégie sioniste en considérant a priori ces symboles comme des réalités pures et simples. Pour le stratège-moraliste, au contraire, une telle démarche critique s'impose et va pour ainsi dire de soi. Le discours idéologique est un reflet symbolique, c'est-à-dire un reflet à la fois profondément représentatif et peut-être distordu du discours réel. L'élite religieuse sioniste postexilique propose à sa communauté une stratégie de vie centrée sur la Torah et légitimée par l'autorité divine. De façon constante, l'élite religieuse énonce cette stratégie théocentrique en la présentant comme *la stratégie même de Yhwh*. Cela paraît tout naturel si l'on considère qu'il s'agit précisément d'une stratégie théocentrique, impliquant manifestement un décentrement de soi et un abandon de soi radical à la volonté divine, à la Loi divine, au Plan du salut divin, bref à la stratégie divine. Mais il y a là, déjà, à la source de tout le discours, une distorsion fondamentale. En effet, le discours présenté comme divin ne peut être autre chose que le discours d'une élite qui prétend *représenter* le discours de Yhwh mais qui, en réalité, pose Yhwh comme le *représentant infaillible de l'élite sioniste*. Si l'élite introduisait sa stratégie par des formules comme : « Nous croyons que… » ou : « Nous estimons que… », alors la communauté sioniste se retrouverait aussitôt en position de discussion critique. Or, aux yeux du stratège de métier, c'est en réalité ce qui se passe constamment et ce qui est occulté constamment.

Cette occultation n'est pas naïve et les lectures-reflets qui s'y surajoutent apologétiquement ne sont pas naïves non plus. En rapportant le discours sioniste à Yhwh, on prétend faire du discours idéologique sioniste un pur discours de foi et le soustraire du même coup à tout examen critique. La légitimation du discours de foi est extrêmement simple et la forme que prend cette légitimation doit être élucidée avec soin car il s'agit là, comme je l'ai déjà mentionné, de la toute première implication pratique de la stratégie sioniste. Cette implication est en effet première, préalable, fondatrice même. Il est facile de le comprendre en reprenant simplement la bonne vieille « théorie des deux voies » qu'on trouve à tous les tournants dans le discours biblique.

Cette théorie est probablement l'expression la plus limpide que peut prendre l'absolutisme théocentrique des sionistes. Dans les termes du Deutéronome, il y a la voie de la vie et la voie de la mort, la voie de la Torah qui mène au salut et la voie de la pseudo-sagesse humaine qui mène à l'erreur et à l'échec. En un mot, il y a la voie indiquée par la stratégie sioniste et il y a tout le reste. Or la voie sioniste est indiquée par Yhwh lui-même à travers ses paroles et ses actes mais tout particulièrement à travers sa Torah. Cette voie n'est pas une stratégie humaine parmi d'autres, sujette à erreur, à révision et à discussion, mais bien une stratégie divine, la stratégie unique révélée par le dieu unique. Toute autre stratégie est donc humaine et mène à l'échec et au malheur. Dans ce dualisme sans nuances, il n'y a place pour aucun intermédiaire, aucun accommodement et à la limite pour aucune délibération digne de ce nom. Tous les gestes vrais et les discours vrais sont rapportés à Yhwh et à ses représentants directs et attitrés : telle est la base du théocentrisme sioniste. Mais il se déduit aussitôt de là qu'il n'y a justement qu'une attitude acceptable face au seul discours vrai : c'est la foi, la soumission totale au discours théocentrique, la reconnaissance *inconditionnelle* de la personne divine qui indique la seule stratégie de vie valable à travers ses actes et ses paroles. Le théocentrisme est une idéologie au sens le plus radical et à ce titre il se pose par tous les moyens comme la seule vérité stratégique disponible, la voie unique du salut. Le théocentrisme est le dispositif stratégique par excellence de l'élite sioniste : pour arriver à poser la voie unique du salut, il faut la rapporter à ce dieu comme symbole de vérité et d'autorité souveraines et infaillibles et du même coup, en sous-main, il faut la présenter comme *une évidence de foi*, *une simple donnée révélée* et se situant au-delà de tout examen et de toute contestation. La rhétorique absolutiste implique ce stratagème théocentrique en tant que *dispositif de conviction* : il s'agit d'*emporter la conviction*, donc de soustraire le discours sioniste à toute autre attitude que la conviction pure et simple. Hors de cette entreprise extrême de persuasion rhétorique et, parallèlement, hors de l'attitude de foi inconditionnelle qu'elle commande, le théocentrisme devient impossible et s'écroule comme un château de cartes.

Or cette entreprise rhétorique demeure bon gré mal gré fragile et vulnérable comme nous allons le montrer à l'instant. C'est le dernier cap à franchir pour comprendre à fond la construction stratégique sioniste. Les auteurs bibliques sont parfaitement conscients de cette précarité foncière de l'entreprise théocentrique et ils insistent là-dessus à maintes reprises. C'est que d'une part le discours théocentrique est une construction humaine: les sionistes n'y peuvent rien puisque c'est leur propre construction. Mais plus encore, d'autre part, il n'y a pas de discours théocentrique possible sans le décentrement humain qui fonde la foi inconditionnelle des sionistes; et comme le Deutéronome le rappelle sans cesse, «Israël» est incapable de ce décentrement radical, de cet abandon total au Plan de salut de Yhwh, c'est-à-dire à une stratégie qui lui échappe d'un bout à l'autre. C'est ainsi qu'on explique justement l'insoumission récurrente d'«Israël» et le châtiment de Yhwh. Aux yeux des auteurs, l'Exil n'est pas un simple accident de parcours mais bien le résultat inéluctable de l'incapacité sioniste de reconnaître inconditionnellement Yhwh ou encore de pratiquer effectivement le théocentrisme en tant que stratégie de salut.

La recherche méthodique des implications essentielles de la stratégie sioniste

Cependant, il ne suffit pas de se rendre compte que les auteurs bibliques sont eux-mêmes conscients de la fragilité de leur proposition stratégique. Il faut comprendre pourquoi. C'est précisément l'examen des implications essentielles de la stratégie théocentrique qui doit nous permettre de comprendre cela. Et cela constitue une démarche décisive à l'intérieur de notre tentative d'élucidation de la stratégie sioniste. Dans les chapitres précédents, nous avons démonté méthodiquement le mécanisme stratégique sioniste. Il faut maintenant le replacer plus concrètement dans le contexte socioculturel sioniste et examiner ses implications pratiques. Lorsque j'évoque ainsi les implications profondes du sionisme, je ne fais pas simplement référence à ses conséquences ou à ses retombées historiques, même si nous serons inévitablement amenés à les examiner sommairement en cours de route. À vrai dire, mon analyse stratégique comporte nécessairement une visée beaucoup plus centrale. En termes simples, on ne peut pas comprendre la stratégie sioniste sans réfléchir de façon critique sur ses conditions d'implantation; ce sont ces conditions nécessaires ou indispensables que je nomme implications pratiques. Mais plutôt que de se perdre en explications théoriques sur ce point, il vaut sans doute mieux procéder au dévoilement d'un certain nombre de ces conditions d'implantation en posant cette question cruciale: comment doit s'organiser (au sens large) la communauté sioniste pour arriver à se donner la stratégie d'absolutisme théocentrique et à réaliser progressivement cette stratégie?

Ainsi lorsque j'affirme que c'est justement cet examen des implications pratiques du sionisme qui permet le mieux de mettre au jour la fragilité de la stratégie théocentrique, je veux simplement signifier par là que c'est sa construction effective qui fait problème et non simplement sa construction théorique. Autrement dit, une idéologie élaborée comme celle-là ne renvoie pas seulement à une certaine vision du monde mais aussi et simultanément à une certaine manière de vivre ; ce qui fait la force de toute idéologie, c'est qu'elle cherche constamment à s'incarner et à se déployer dans une certaine éthique de vie. En même temps qu'on préconise une certaine image du monde, on cherche à la réaliser concrètement. De ce fait, on a affaire à une image normative du monde qui prétend réglementer ou régler toutes les attitudes et tous les comportements humains dans une communauté de vie donnée. C'est le sens qu'il faut donner à l'expression stratégie de vie ou éthique de vie ; la dimension théorique et la dimension pratique s'entrecroisent et se conjuguent étroitement.

Avant de poursuivre cette mise en place préliminaire, j'aimerais apporter une brève illustration de ce que j'avance pour bien me faire comprendre à propos de ce que j'appelle les « implications pratiques » du théocentrisme et à propos de la fragilité stratégique qui peut être révélée par l'examen de ces implications pratiques. Soit par exemple le phénomène typique de sectarisme, phénomène souvent observé à l'intérieur de l'élite sioniste et souvent présenté comme un effet de surface ou encore un simple effet de croissance tout à fait normal dans l'évolution d'une tradition de pensée. Si au contraire on saisit bien les répercussions profondes de la théorie dualiste des deux voies, il n'est pas malaisé de montrer que cette « théorie » conduit *nécessairement* au sectarisme.

À partir du moment où un groupe d'élite prétend dominer et normaliser idéologiquement une communauté humaine, on peut être certain que ce groupe sera tôt ou tard tenté d'utiliser des moyens de persuasion très radicaux pour s'assurer du pouvoir idéologique (et pratique) qu'il revendique. La théorie des deux voies est un exemple classique de cette recherche de moyens de persuasion radicaux. Et comme ce moyen de persuasion est un bien public, il est clair que tous les individus ou les groupes qui présentent leur version de la voie unique et infaillible chercheront à s'approprier ce moyen de persuasion ou à le récupérer à leur profit. Dans la vaste tradition de pensée biblique, il y a donc inévitablement des courants de pensée ou des factions intellectuelles qui se forment peu à peu et qui n'ont pas de meilleur moyen de légitimation que de se présenter comme les uniques représentants authentiques de Yhwh et de sa Voie. Car s'il n'y a qu'une voie de salut, la voie de Yhwh, il faut bien comprendre que cette voie s'exprime à travers divers représentants de cette voie et que ces représentants qui se posent tous comme plus authentiques et attitrés les uns que les autres. Je ne cherche pas à détailler le phénomène pour l'instant, d'autant qu'il est archiconnu et dûment reconnu par tous les spécialistes; je veux simplement montrer clairement que le dualisme sioniste en tant qu'arme rhétorique essentielle aboutit tôt ou tard à un sectarisme qui constitue à l'évidence un aveu de fragilité terrible pour l'ensemble de la stratégie sioniste. Alors qu'on croyait avoir mis en place un dispositif de légitimation sans faille et s'être ainsi assuré de la soumission inconditionnelle de la communauté, surgit de la façon la plus paradoxale une fragmentation idéologique extrêmement corrosive qui menace de l'intérieur le système idéologique soi-disant sans faille.

Mais ce phénomène sectaire n'a rien d'accidentel: il dérive au contraire de l'absolutisme théocentrique lui-même. En effet, le véritable centre de légitimation est ici *unique* mais il échappe par définition à tous les groupes qui cherchent à le récupérer à leur profit et à le contrôler à leur guise; la voie de Yhwh demeure irréductible à la voie de tous les groupes qui prétendent la *représenter*, du fait justement qu'il s'agit d'un *symbole idéologique manipulable* à l'infini. C'est pourquoi, au moment même où l'on met en place l'arme rhétorique absolue, c'est-à-dire le théocentrisme et la théorie de la voie unique qui l'accompagne comme son ombre, à ce moment même apparaissent inéluctablement les diverses expressions humaines de cette voie unique et la lutte de pouvoir féroce entre les diverses factions qui prétendent promulguer ou plus précisément représenter cette voie unique. Dans l'état actuel de nos connaissances, personne ne peut décrire génétiquement ce phénomène sectaire avec précision; en revanche, tous s'accordent à l'observer comme une donnée importante dans le développement interne du sionisme. Et c'est ainsi que la fragilité très grande de la stratégie sioniste se révèle de la façon la plus incontestable et d'abord aux sionistes eux-mêmes.

Ce n'est pas tout à fait par hasard que j'ai choisi cette illustration pour donner une certaine idée de ce que signifie profondément une «implication» de la stratégie sioniste. Au moment où le système stratégique sioniste prétend se poser comme un idéal monolithique et totalitaire, on le voit se déconstruire sous nos yeux, en vertu de sa propre évolution interne, comme par enchantement ou plutôt comme par désenchantement. Mais cette implication paradoxale doit aussi nous mettre en alerte maximale car il devient alors évident qu'on ne peut examiner sans diverses précautions un phénomène aussi étrange et étonnant. Il me semble donc utile de faire précéder la courte étude d'implications qui va suivre de quelques avertissements et appels à la prudence.

En premier lieu, je crois honnête de rappeler à mon lecteur le caractère plutôt général de cette étude. Si l'on voulait vraiment faire une analyse détaillée et pleinement documentée des implications pratiques de la stratégie sioniste, il faudrait leur consacrer une vaste recherche menée par une équipe de spécialistes tant le sujet est complexe. Il s'est d'ailleurs écrit plusieurs ouvrages sur les divers courants de pensée ou sectes sionistes, et le seul sectarisme de la communauté de Qumrân a déjà été analysé sous divers angles. Sur ce seul point, on se trouve donc devant un champ d'étude quasi inépuisable. Mon dessein est ici bien plus modeste : il s'agit pour moi, sur un mode général et quasi préliminaire, de bien faire ressortir le *lien* profond et étroit qui existe entre l'absolutisme théocentrique et un certain nombre de conditions typiques d'implantation de l'idéologie sioniste. Le sionisme est viable dans la mesure où il conduit à une certaine manière de vivre avec ses caractéristiques centrales et profondément liées à cette manière de vivre. C'est alors qu'on peut observer le stratège absolutiste *à l'œuvre* car c'est alors qu'on peut voir certaines caractéristiques d'un certain mode de vie se déduire directement d'une certaine vision stratégique des choses. Mon dessein ne s'étend pas au-delà de ce portrait plutôt général.

En deuxième lieu, les caractéristiques ou les implications de la stratégie sioniste nous sont présentées dans la Bible, un ouvrage collectif, fait de livres distincts, reflétant divers courants de pensée, et ne formant assurément pas une tradition de pensée complètement unifiée. Le texte biblique ne se présente pas comme un système et ne peut se présenter comme tel ; trop de tendances et de courants se chevauchent, s'entrecroisent et s'affrontent pour qu'on puisse songer à aller au-delà d'un certain nombre de consensus relativement solides. Ce qui nous importe en fin de compte, c'est de montrer comment des consensus se dégagent même au niveau des implications pratiques du sionisme. Si l'on prend en compte le sectarisme sioniste, on peut sans exagération être porté à parler d'une diversité de sionismes, ou à tout le moins, d'un certain nombre de courants distincts à l'intérieur de la tradition de pensée sioniste. Ces courants ne sont pas toujours nommés et identifiés clairement mais on peut avancer sans grand risque d'erreur la thèse que chacun de ces courants principaux ambitionne de décrire la Voie du salut sioniste de la façon la plus pure et la plus légitime. Notre propos ne saurait consister à délimiter et à analyser chacun de ces courants de la tradition sioniste, ce qui déborde de loin le cadre de notre étude, mais plutôt à montrer que certaines caractéristiques essentielles se retrouvent dans la plupart des écoles de pensée sionistes et contribuent par suite à dessiner un air de famille sioniste, pour employer le mot déjà évoqué de Wittgenstein. En ce sens, il est futile de croire, par exemple, que *tous* les livres bibliques s'entendront sur *toutes* les caractéristiques ou implications de la stratégie sioniste ; ce qui importe, de façon réaliste, c'est simplement qu'un certain nombre de ces caractéristiques reviennent de façon suffisamment constante dans un certain nombre de livres bibliques. Nous aboutirons ainsi au tableau, non pas du sionisme pur et dur, mais d'un air de famille sioniste, d'une sorte de modèle pratique du sionisme.

En troisième lieu, notre recherche des caractéristiques majeures du sionisme pratique doit prendre en compte très sérieusement le fait qu'on a affaire ici à une construction hautement idéologique, c'est-à-dire en particulier une construction à visée normative et idéale. De manière intuitive, les auteurs bibliques pressentent tous cela. Leur construction idéologique, de par son absolutisme très radical, se pose constamment comme un idéal ou une norme de vie, et même comme le seul idéal valable. Cela se répercute sur chacune des implications essentielles du sionisme malgré la diversité des tendances et surtout malgré l'écart parfois important qu'on peut détecter entre l'idéal et les réalisations pratiques. Cela signifie que certains courants de pensée insisteront plus que d'autres sur certaines caractéristiques de la stratégie de vie sioniste, que certains courants seront plus « idéalistes », plus radicaux ou plus utopiques que d'autres, et même que certains courants s'opposeront à d'autres sur des points fort importants de la stratégie sioniste. On peut donc mesurer la prudence qui s'impose dans un tel contexte marqué à la fois par l'absolutisme unitaire et le dogmatisme sectaire. Reste que notre analyse préalable de l'absolutisme théocentrique sioniste nous donne un point d'appui inébranlable pour notre recherche d'implications : sur un certain plan, il est vrai qu'il existe plusieurs sionismes mais, sur un plan plus profond, ces sionismes présentent des points de convergence fondamentaux qui nous assurent des balises solides.

Cadre général pour une analyse stratégique

Compte tenu de tout cela, nous allons commencer par brosser le tableau très général de l'absolutisme sioniste de façon à fournir une sorte de guide au lecteur et à lui permettre ainsi de mieux situer les diverses implications pratiques dont nous allons ensuite faire l'analyse. Ce tableau général, comme on vient de le suggérer, se situe à la jonction de l'idéal et du réel, ce qui fait qu'il vaut mieux parler parfois de tendances plus ou moins établies que de caractéristiques bien réelles, d'autant que nous sommes loin de disposer de toutes les informations souhaitables à ce propos.

Ce tableau comporte un centre évident : l'établissement progressif d'un régime théocratique à Jérusalem. L'idéal sioniste implique à ce titre deux composantes faciles à détecter dans les textes : d'abord, un gouvernement local dirigé par l'élite sioniste et composé principalement de prêtres; ensuite, l'élaboration d'une Torah comme fondement de ce gouvernement théocratique. Du théocentrisme absolutiste découle un pouvoir théocratique chargé d'incarner et de réaliser cet idéal théocentrique. Toute analyse des implications du sionisme doit manifestement partir de là. Cela étant acquis, la question posée plus haut peut être reprise de façon plus concrète: à quelles conditions un tel régime théocratique peut-il s'implanter solidement et justifier son autorité incontestée sur la communauté sioniste de Jérusalem? Puisque nous souhaitons comprendre ce phénomène dans son ensemble et éviter de nous perdre dans des détails secondaires, je propose d'examiner les implications du phénomène théocratique en répartissant ces implications selon les trois dimensions du passé, du présent et de l'avenir.

En premier lieu, la théocratie sioniste trouve sa légitimation pleine et entière en s'enracinant dans un certain passé, c'est-à-dire en pratique en se donnant une histoire qui correspond à ses visées présentes et futures. Nous avons déjà examiné ce point et nous n'ajouterons rien d'essentiel à ce propos. Contentons-nous donc de rappeler que le clergé sioniste s'invente une généalogie qui remonte jusqu'à Moïse et Aaron et que la Torah et le culte qu'il gère sont légitimés par une longue histoire. Le projet sioniste apparaît ainsi comme un projet typiquement *fondamentaliste* et *traditionaliste* et il ne se conçoit pas en dehors de ces caractéristiques centrales: la Torah a été donnée ou révélée par Yhwh aux origines d'Israël et cette Torah s'inscrit dans le cadre de l'Alliance entre Yhwh et Israël; tous les événements rapportés assurent donc la fondation historique de la théocratie postexilique et ces événements sont d'emblée considérés comme authentiques et dignes de foi. Le pouvoir théocratique ne fait qu'enregistrer ces événements fondateurs, les actualiser et en assurer le prolongement historique. La source divine, irrécusable, de la foi sioniste réside donc dans le Pentateuque en voie de formation à l'époque postexilique et le clergé sioniste revendique le monopole exclusif de l'interprétation de cette Torah divine. Aux yeux des sionistes, le sectarisme n'est qu'un accident de parcours et on doit tôt ou tard aboutir à une interprétation unifiée et infaillible de la Torah.

En deuxième lieu, la théocratie sioniste établit son pouvoir de façon centrale et actuelle en assurant la gestion à court et à long terme de la relation entre Yhwh et Israël à la fois à travers le culte et l'interprétation de la Torah. L'autorité sacerdotale se pose en représentante adéquate de l'autorité divine et cela justifie sa «gestion» pleine et entière de la Torah et de tout ce qui en découle. Les implications de ce monopole politicoreligieux sont immenses.

Au niveau le plus fondamental, la Torah est conçue de façon à contrôler et à normaliser tous les comportements des sionistes, ce qui signifie qu'idéalement il n'est aucun acte de quelque importance qui échappe à l'investigation et au jugement de l'autorité cléricale et que les jugements normalisants qui sont portés sur tous ces actes sont en fin de compte cautionnés par Yhwh lui-même et peuvent être rapportés à leur incidence sur l'Alliance Yhwh-Israël. Or, puisqu'on a affaire à un pouvoir de type *dogmatique* et *totalitaire*, comme on l'a déjà vu, on peut déjà mesurer de façon globale les conséquences pratiques d'un tel pouvoir.

À ce premier niveau s'ajoute un niveau relativement subordonné mais tout aussi important en pratique: le niveau de la «gestion» des fautes et, plus précisément, de la gestion du repentir humain et de la grâce divine. Car il est maintenant clair pour nous que la foi et la soumission parfaites à Yhwh et à sa Torah ne sont jamais assurées, tant s'en faut. L'idéal sioniste de reconnaissance inconditionnelle de Yhwh est évidemment admis par tous dans ses grandes lignes mais, dès qu'on entre dans le détail de son application quotidienne, la faiblesse humaine refait surface et on est bientôt contraint de reconnaître que le sioniste le plus convaincu n'est au mieux qu'un pénitent conscient de ses innombrables péchés et soucieux de les confesser et de les réparer. C'est donc ici qu'apparaît la mission cruciale du clergé sioniste, mission que je nomme pour faire bref la gestion du repentir et de la grâce. Ainsi, non seulement l'élite dirigeante doit-elle assurer la normalisation constante des diverses conduites des fidèles, mais elle intervient encore pour assurer le retour en grâce, le rachat et le salut des pénitents. Ces deux fonctions cumulées reviennent à conférer à la caste sacerdotale une autorité et un pouvoir presque sans limite sur l'ensemble de la communauté. Les luttes sectaires pour le pouvoir doivent être comprises dans ce contexte d'un enjeu sans égal dans l'univers sioniste: d'où la virulence de ces luttes sectaires.

À ces deux premiers niveaux s'en ajoute un troisième, qui concerne cette fois les relations avec le monde extérieur dans son ensemble. Comme on vient de le voir, la communauté sioniste est appelée, par élection divine, à une vie de sainteté et de soumission à la Torah. En pratique, cet idéal renvoie à des exercices de purification qui se déroulent concurremment sur deux plans complémentaires, intérieur et extérieur, qui correspondent à la distinction entre ce qui se passe à l'intérieur de la communauté sioniste et ce qui peut survenir dans la relation de cette communauté avec les groupes humains qui lui sont extérieurs. Si l'on réduit la vie de la communauté sioniste à l'ensemble de ses relations internes, on peut tracer un portrait qui se ramène pour l'essentiel au travail de soumission à la Torah et au travail de pénitence et de repentir que nous venons de décrire. Déjà sur ce plan, la vie religieuse de la communauté sioniste apparaît comme une vie de piété et de purification constantes. Si l'on ajoute à ce portrait la question des relations de la communauté sioniste avec le monde extérieur, alors un autre souci de pureté apparaît à son tour: le souci presque obsessif d'éviter toute contamination de la part de tous ceux qui ne partagent pas l'idéal sioniste et qui, par conséquent, vivent selon une voie autre que celle de la Torah, la voie de l'impiété et du mal. On peut ici envisager un mode de gestion plus ou moins réaliste ou idéaliste de ces relations avec l'extérieur, mais il demeure que le souci de pureté ou de non-contamination face au monde extérieur est nécessairement central dans la construction sioniste et ne peut manquer, d'après les textes eux-mêmes, d'aller jusqu'à *un certain exclusivisme de fait*. Par surcroît, ce problème est d'autant plus aigu et obsédant que la voie de l'impiété n'est pas simplement le propre de non-sionistes qui vivent en dehors de la communauté sioniste mais aussi bien de sionistes plus ou moins dévoyés qui exercent leur influence délétère à tout moment sur la communauté en question. On peut donc se rendre compte qu'à un certain carrefour très difficile à circonscrire, l'*exclusivisme* et le *sectarisme* se croisent et viennent se renforcer mutuellement, ce qui ne va pas sans poser des problèmes très épineux à la communauté sioniste. Il n'est pas difficile de supposer que ce phénomène d'ensemble ne peut que renforcer le fondamentalisme et l'autoritarisme qui caractérisent déjà de toute façon cette communauté; mais parallèlement, comme nous l'avons déjà noté, c'est aussi ce phénomène d'ensemble qui risque à tout moment de saper les bases mêmes du sionisme en le faisant éclater de l'intérieur ou en provoquant en lui des germes de division et de conflit.

En troisième et dernier lieu, la théocratie sioniste doit finalement se légitimer non seulement en rétrojetant dans le passé un mythe d'origine qui rend compte de l'Alliance Yhwh-Israël, mais aussi en projetant dans le futur un mythe de Restauration et de Salut qui justifie non plus seulement rétrospectivement mais prospectivement toute la stratégie théocentrique des leaders sionistes. À ce niveau encore, le souci prospectif peut donner lieu à des constructions dans l'ensemble assez réalistes, comme celles qu'on trouve par exemple dans les livres d'Esdras et de Néhémie; mais fréquemment aussi, on peut être entraîné vers des constructions carrément utopiques et tout particulièrement vers des visions de type apocalyptique. D'ailleurs, ces deux tendances cohabitent très souvent et de fait on ne voit pas pourquoi elles s'excluraient de droit. Car, d'un côté, il est bien clair qu'un nombre important de sionistes s'assignent la tâche de construire l'idéal sioniste au présent et y trouvent sans aucun doute une grande satisfaction personnelle et communautaire ; d'un autre côté, pourtant, cette construction au présent n'interdit à aucun moment diverses projections eschatologiques qui peuvent avoir pour le groupe en question la valeur d'un mythe d'espoir.

Ainsi, si l'on reprend très synthétiquement ce trajet qui va d'un mythe d'origine à un mythe d'espoir, il apparaît incontestablement que l'ensemble de la construction idéologique sioniste n'a rien d'univoque, bien au contraire. Mais, qu'on analyse cette construction selon la dimension du passé, du présent ou de l'avenir, ce qui demeure le facteur le plus important dans notre analyse, c'est de toujours bien faire ressortir le lien intime qui existe entre le fondement théocentrique de cette idéologie et les implications diverses qui découlent de ce fondement. C'est dans ces implications que l'absolutisme théocentrique sioniste trouve ses points d'application les plus concrets et c'est alors, par conséquent, que se trace historiquement le portrait réel du sionisme.

Le pouvoir théocratique

Dans cette section et les trois suivantes, je vais examiner quatre aspects particulièrement révélateurs de la théocratie sioniste. Je rappelle que, à ce stade de la démarche, mon propos ne consiste pas à proposer une analyse détaillée de ces quelques implications centrales de l'absolutisme théocentrique mais à décrire assez sommairement chacune d'elles en montrant la connexion étroite qui les relie à la stratégie sioniste elle-même. Le bénéfice le plus évident de ces analyses devrait être de concrétiser davantage le portrait que nous avons préalablement tracé de la stratégie absolutiste ; puisque cette stratégie revient à proposer une certaine éthique de vie, il est bon d'en connaître un peu mieux les ressorts concrets et de se rendre compte que ces implications découlent *directement* de la stratégie en question.

L'implantation du pouvoir sacerdotal

En toute logique, notre première analyse doit porter sur le pouvoir théocratique lui-même puisque la stratégie sioniste ne peut prendre forme sans la mise en place d'un pouvoir clérical très fort et le plus centralisé possible. Dans le texte biblique même, on raconte comment ce pouvoir se met en place à l'époque perse. Le texte est si préoccupé par cette indispensable prise de pouvoir qu'il ne prend guère la peine de nous informer sur la transition politique qui a dû être assurée entre le moment de la défaite de 587 et le moment du retour des exilés. Ce qu'il faut sans doute comprendre, entre les lignes, c'est qu'il y a eu pendant près d'une cinquantaine d'années un certain vide politique dans la province de Juda et que ce vide a offert au groupe sioniste une occasion inespérée de créer une enclave théocratique assurément fragile et restreinte sur le plan politique mais tout de même relativement autonome sur le plan religieux.

On peut décrire l'implantation du pouvoir théocratique comme un effet direct de la gestion coloniale perse. Fréquemment, la politique perse face aux colonies consistait à déléguer à des élites locales la gestion des affaires courantes et à utiliser ces élites comme courroie de transmission pour les objectifs impériaux. Pendant longtemps, le petit territoire de Juda (Yehud) n'a eu pour les Perses qu'un très faible intérêt économique, politique ou stratégique ; on était donc sans doute satisfait de ne pas avoir à gérer directement ce territoire et de pouvoir compter sur l'élite juive pour le maintien du bon ordre et la perception des taxes. Il y avait là une sorte d'échange de bons procédés entre le pouvoir impérial et le pouvoir local qui a dû paraître avantageux pour tout le monde.

Dans les livres d'Esdras et de Néhémie, on raconte donc comment l'élite sioniste en Exil entame petit à petit un retour à Jérusalem dès le moment où Cyrus prend le pouvoir ; sans doute y a-t-il eu toute une série de « retours » et sur une assez longue période. Il est très difficile de se faire une idée claire de la façon dont cette élite à forte composante cléricale a effectivement pris le pouvoir à Jérusalem et quel rôle, même mineur, a pu jouer dans tout cela la composante locale ou autochtone. Le résultat net, au demeurant, ne fait pas de doute. On nous présente sans cesse ces « missions » sionistes comme fortement légitimées et contrôlées par le pouvoir perse, on nous montre une certaine Restauration de Jérusalem subventionnée par l'empereur, et par-dessus tout on insiste sur le fait que l'élite dirigeante installe son centre d'opération dans le temple de Jérusalem (seule ville importante de Juda) et qu'elle impose à la population la Torah mosaïque en vertu d'une autorisation perse. Au total, on a donc affaire à un régime colonial dépendant mais relativement autonome, dans la mesure où la loi juive est mise en application et suffit à assurer le bon ordre. Dans ces limites, il devient possible de mettre en place une sorte de régime à parti unique, une enclave pouvant procéder de façon inespérée à la grande expérimentation sioniste et jouissant d'une autorisation perse pleine et entière moyennant les conditions indiquées.

Le texte biblique est rempli de descriptions rétrospectives qui racontent comment la Torah a constitué le centre absolu de toute la société politique israélite, et cela, de Moïse jusqu'à l'Exil. Nous savons aujourd'hui que ces descriptions légitimantes sont massivement anachroniques et ne peuvent aucunement correspondre à un type de communauté centrée sur le clan et la famille, régie par un droit foncièrement coutumier et sans doute gérée par des conseils d'anciens relativement autonomes. Il est possible qu'à l'époque d'Ézéchias et de Josias, donc vers le septième siècle, apparaisse un droit plus formel, mais il faut encore ici se méfier des reconstructions après coup qui évoquent de grandes réformes sionistes; le sionisme comporte certains antécédents historiques mais ces antécédents, pour l'essentiel, nous échappent largement car ils ne sont pas reconstitués de façon crédible et, comme d'habitude, ils ne peuvent être corroborés par aucune source extérieure. Si l'on veut éviter ces spéculations inutiles, il vaut mieux se contenter de supposer qu'une certaine Torah encore embryonnaire a pu commencer à prendre forme un peu avant l'Exil et qu'elle a pu servir de canevas lors de la Restauration sioniste, vers la fin du sixième siècle et tout au long du cinquième. Cette Torah en miniature a gagné en force à partir de l'autorisation perse et à l'occasion du vide juridique et politique qui a accompagné le retour et la Restauration sionistes. C'est seulement alors que nous sommes sur un terrain un peu plus solide.

L'expérimentation sioniste est donc rendue possible par un concours de circonstances à la fois très particulier et pourtant fort courant à l'époque perse. Pour se faire une juste idée de ce qui va se passer alors, il convient de considérer l'élite sioniste comme un groupe restreint d'idéologues et d'activistes, cela dit sans connotation péjorative. Ce groupe saisit l'occasion qui lui est donnée par le pouvoir impérial et aménage autour du temple de Jérusalem une petite enclave théocratique ou ecclésiocratique qui correspond à son idéal politicoreligieux. Le temple de Jérusalem constitue pour ce noyau sioniste un lieu de pouvoir total et exclusif et le centre de ce pouvoir est principalement clérical. Il faut bien prendre garde qu'à cette époque il n'existe pas de séparation tranchée entre le religieux et le laïc, entre le sacré et le profane, entre l'élite politique et l'élite sacerdotale, etc. On est dans le contexte de sociétés traditionnelles, donc dans un contexte holiste. Or cela est encore plus marqué dans le cas de l'expérimentation sioniste.

Ainsi, il est incontestable que la vie s'organise à Jérusalem autour d'une élite religieuse et de la Torah qu'elle promeut, que la communauté sioniste gère tout à la fois la vie religieuse et la vie politique locales, et enfin que la base de son pouvoir tient à son appropriation de tous les centres de décision d'ordre idéologique et religieux. Mais il faut bien se rendre compte que l'élite qui accapare le pouvoir idéologique et religieux constitue un groupe fortement hiérarchisé et ramifié qui étend son contrôle à tous les domaines d'activité et qui ne comprend pas que des prêtres et des lévites mais bien l'ensemble des partisans du sionisme prêts à gérer la communauté de Jérusalem et des environs selon les bons principes. C'est pourquoi, grâce à la conjugaison des facteurs en présence, c'est-à-dire vide politique, autorisation perse et activisme sioniste, on peut glisser tout naturellement vers une forme radicale de gouvernement théocratique. L'idéologie deutéronomiste avec son caractère unitaire ou totalitaire très net a dû exercer une influence très forte, du moins au stade initial de l'implantation du sionisme ; cette idéologie, rappelons-le, prend pour mot d'ordre « un dieu, un temple, un culte, une communauté », et ce mot d'ordre définit à merveille l'ambition sioniste. L'idéologie sioniste peut donc se diffuser et s'insinuer sur cette base dans toutes les sphères de la vie communautaire. On peut (et on doit) envisager dans ce cadre général toutes sortes de tendances, des plus modérées aux plus radicales, des plus rassembleuses aux plus sectaires, des plus ouvertes aux plus intolérantes, mais il reste qu'une ligne générale se dessine alors, qui va se développer pendant plusieurs siècles et qui conduit à l'élaboration d'un régime de type nettement théocratique. L'absolutisme théocentrique implique une telle base politicoreligieuse.

La base de ce pouvoir

On peut décrire à grands traits cette base sioniste en partant des éléments les plus évidents et sans trop se soucier d'aboutir à une présentation systématique. En premier lieu, lorsque le groupe sioniste parvient à organiser son pouvoir autour du temple de Jérusalem, cela signifie qu'à moyen terme le temple deviendra le centre de gestion des affaires de Juda, tant les affaires religieuses, politiques et juridiques que les affaires sociales, économiques et commerciales. On est donc dans un régime de pouvoir unique et tout vient naturellement graviter autour de ce pouvoir et s'agglutiner à lui. Le pouvoir sioniste ne parviendra probablement jamais à former un bloc monolithique fermé et cohérent mais, en dépit de ses difficultés internes, ce pouvoir constitue une sorte de centre de contrôle total des croyances, des normes, des productions et des richesses. En principe, rien ne lui échappe, même si en pratique tout le monde s'efforce sans doute de le manipuler à son profit. Si le centre communautaire du temple ne parvenait pas à s'imposer comme centre de gestion de *toutes* les productions et de tous les échanges, le contrôle politicoreligieux serait sans cesse mis en péril et l'expérimentation sioniste s'en verrait compromise. On évolue donc vers la théocratie comme vers un contrôle idéologique, socioculturel et économique total. Cela est l'idéal sioniste.

En deuxième lieu, la communauté de Jérusalem doit être gérée de part en part par la Loi sioniste. Il n'est certes pas indifférent que cette Torah soit légitimée idéologiquement par la stratégie théocentrique que nous avons décrite, et que toute la vie sioniste puisse être pensée et contrôlée dans le cadre d'une Alliance extrêmement contraignante entre Yhwh et son peuple ; si la Torah n'était qu'une promulgation arbitraire de l'élite en place, elle aurait peu de chance de succès, d'autant que son interprétation demeure fatalement sujette à débat. Mais ce sur quoi je veux insister, à ce stade, c'est plutôt le caractère extrêmement envahissant de cet outil politicojuridique. La Torah, telle que conçue par l'élite religieuse sioniste, constitue une sorte d'arme idéologique totale à laquelle rien ni personne n'échappe. Et il n'y a pas de pouvoir idéologique de type théocratique envisageable sans ce contrôle idéalement complet des personnes et de leurs activités. À partir du moment où une élite parvient à s'approprier idéologiquement la gestion totale d'une communauté humaine, on peut alors concevoir la mise en place sans obstacle ni opposition d'un régime unique, autoritaire et centralisé. La Bible est le récit rétrospectif de cette lente implantation. À la limite, il y a prise de pouvoir et implantation théocratiques lorsqu'on arrive à encadrer et à normaliser adéquatement toute la vie socioculturelle de la communauté sur la base de l'idéologie biblique et plus particulièrement sur la base de la Torah.

Il va de soi que le discours idéologique en question fait constamment référence à l'Alliance entre Yhwh et Israël et au rapport de reconnaissance qui doit s'établir entre eux sur cette base. Mais en pratique, dans la théocratie sioniste, ce rapport de reconnaissance vient s'enraciner et prendre corps dans la gestion cléricale de la Torah. En effet, c'est l'élite religieuse sioniste qui acquiert ainsi, à travers la gestion de l'Alliance et de la Torah, un pouvoir d'inclusion ou d'exclusion, d'acceptation ou de refus, de promotion ou de rétrogradation, sur chaque membre et chaque groupe de la communauté. Dans cette perspective, le rapport de reconnaissance théocentrique est remis sur ses pieds et devient un rapport de reconnaissance théocratique ou ecclésiocratique. Chaque membre de la communauté sioniste est considéré comme un fidèle, donc un pécheur potentiel, et il négocie avec l'élite cléricale un rapport de reconnaissance dans le cadre duquel il a à mettre en balance un certain nombre d'avantages ou de bénéfices en échange de sa conformité ou sa soumission constantes à la Torah. Ce qui se joue, en fin de compte, dans ce rapport de reconnaissance, c'est l'appartenance même à la communauté, et finalement le salut du fidèle. Le bénéfice est énorme, soit, mais il est conditionnel à la foi et à la soumission du fidèle ;

autrement dit, il est conditionnel à l'adhésion inconditionnelle de chaque sioniste à l'autorité de la Torah telle que gérée et interprétée par l'élite cléricale. Telle est la signification globale du contrôle de la sphère religieuse et idéologique dans une société de type théocratique.

Le lecteur non spécialiste a volontiers tendance à considérer la sphère religieuse comme un simple appendice ou une simple superstructure de la vie communautaire ancienne : un peu comme si l'idéologie pouvait se surajouter de l'extérieur à la vie des gens ou s'en trouver mécaniquement retranchée, le cas échéant. Cela est une méprise fondamentale. L'élite sioniste, en s'appropriant le religieux et l'idéologique, s'assure un contrôle radical et détaillé de toutes les activités humaines et peut par suite les réglementer selon son bon jugement, dans la mesure où c'est justement elle qui promulgue, interprète et applique la Torah en question. Les théologiens bon teint ont coutume d'ignorer ou de passer sous silence cette clause absolument cruciale de l'absolutisme sioniste mais, sans elle, tout le dispositif stratégique en question devient irréel et inintelligible. En affirmant cela, je ne souhaite nullement sous-estimer l'importance des justifications rétrospectives de type fondamentaliste qu'on trouve dans le texte biblique et qui font de la Torah une révélation divine et un gage de salut pour les élus de Yhwh ; reste pourtant qu'au stade actuel de notre étude, il devient plus impératif encore de se rendre compte du cadre réel dans lequel cette Torah révélée est vécue. Or ce cadre est celui d'un pouvoir théocratique, pouvoir unique, autoritaire et dogmatique. L'envers réel de l'absolutisme théocentrique, c'est le contrôle idéologique total d'une élite cléricale. À ma connaissance, l'immense majorité des spécialistes s'accordent à reconnaître que la Torah et sa gestion cléricale constituent le centre de gravité de tous les sionismes qui ont pris forme à l'époque protojudaïque, et cela en dépit de toutes les dissensions et luttes de pouvoir qui ont pu avoir cours alors. En ce sens, il y a une sorte de judaïsme commun qui prend forme à travers les siècles, de l'époque perse à l'époque romaine, et l'idéal théocratique est au centre de ce judaïsme car la théocratie, c'est ni plus ni moins l'administration exclusive de la Torah par la caste sacerdotale sioniste.

Je l'ai suffisamment expliqué, hors de la voie de la Torah, point de Salut. La théorie des deux voies est en réalité la théorie de la Voie unique et cela mène droit au dogmatisme et à l'autoritarisme sionistes. L'expression classique de ce stratagème justificatif se trouve dans le Deutéronome : « Vois, je te propose aujourd'hui vie et bonheur, mort et malheur. Si tu écoutes les commandements de Yhwh ton dieu *que je prescris aujourd'hui*, [...] tu vivras et tu multiplieras [...]. Mais si ton cœur se détourne, [...] je vous déclare aujourd'hui que vous périrez certainement... » (Dt 30,15-18). Transcrit dans le langage piétiste, ce discours menaçant devient béatitude : « Heureux l'homme qui ne suit pas le conseil des impies, ni dans la voie des pécheurs ne s'arrête, ni au siège des railleurs ne s'assied, mais se plaît dans la loi de Yhwh, mais murmure sa loi nuit et jour ! » (Ps 1,1-2). Chez l'Ecclésiastique, grand théoricien des deux voies, l'argument est encore plus lumineux : « Vis-à-vis du mal il y a le bien, vis-à-vis la mort la vie. Ainsi, vis-à-vis de l'homme pieux, le pécheur. Contemple donc toutes les œuvres du Très-Haut, toutes vont par paires, en vis-à-vis » (Si 33,14-15). Il n'est pas utile de poursuivre de ce côté : l'unanimité sioniste est écrasante.

Ainsi donc, le régime sioniste vise en premier lieu à centraliser la gestion de toutes les affaires importantes, tant profanes que religieuses, autour du temple de Jérusalem. En second lieu, il tend à normaliser toutes les attitudes et conduites humaines en les mesurant à l'étalon de la Torah. Et en troisième et dernier lieu, il attribue l'ensemble de ces pouvoirs à la caste sacerdotale. À ce titre, le régime théocratique est une ecclésiocratie, un gouvernement de prêtres. Sur ce point, on est loin de disposer de toutes les informations souhaitables et il va de soi que les documents disponibles ne s'intéressent que de façon incidente à cette question pourtant centrale du pouvoir sacerdotal. Nous nous en tiendrons donc ici à des observations plutôt générales, quitte à renvoyer le lecteur à des travaux plus spécialisés.

Le premier élément à prendre en compte en est un de contexte. Le régime théocratique sioniste est un régime centralisé et il cumule tous les pouvoirs, tant économiques que politiques, tant profanes que religieux. Ce pouvoir s'exerce partout et sur tous. Ainsi peu importe que ce régime soit dirigé à la fois par des religieux et des laïcs ; en pratique, il ne peut être dirigé que par ceux qui partagent l'idéal sioniste et s'affairent à le réaliser sur tous les plans. Cela entraîne un inévitable chevauchement des divers rôles sociopolitiques et au bout du compte une cumulation des responsabilités et des pouvoirs. Cette caractéristique tient à l'infrastructure même du pouvoir sioniste : tout est centré sur le temple et du même coup le temple devient une sorte d'unité totale de pouvoir. C'est pourquoi, à la longue, rien ne peut échapper à ce pouvoir : ainsi, le grand-prêtre finira par cumuler la direction des affaires religieuses et des affaires politiques ; les prêtres exerceront à la fois un pouvoir religieux et judiciaire, ce qui dans le contexte considéré constitue une juridiction quasi illimitée ; les scribes, religieux ou laïcs, se verront attribuer une influence énorme en tant que spécialistes de la Torah, donc en tant qu'idéologues professionnels et experts en toute question de pureté, de moralité ou de normalité ; enfin, à même la caste sacerdotale, une fonction administrative prendra forme qui doit à la longue faire de ces « fonctionnaires » attitrés des gestionnaires des biens du temple, de ses activités commerciales et des diverses redevances religieuses (offrandes, dîmes, taxes, etc.). L'établissement de ce pouvoir tentaculaire peut prendre un certain temps mais la tendance est assez tôt présente et bien marquée, car le pouvoir théocratique, pour se maintenir, dans le contexte d'une si petite communauté, doit avoir les pieds sur terre. Par exemple, le Lévitique, au chapitre 27, est un témoin précieux de ce genre de comptabilité et montre bien que le pouvoir religieux ne représente aucunement un pouvoir séparé dans ce type de société.

Ainsi donc, les dirigeants gèrent la communauté de Jérusalem sur tous les plans et cela finit par leur conférer un pouvoir socioéconomique sans égal. Un deuxième élément se greffe sur le premier : c'est la question de la rémunération du clergé. Je ne crois pas utile d'entrer dans des considérations trop techniques à ce sujet : la question est traitée dans le Pentateuque à maintes reprises (par exemple, Dt 14, Nb 18, Lv 17, sans compter tous les passages du Lévitique où l'on fait référence à la part des prêtres), et la simple accumulation des mentions suffit à montrer l'importance du sujet. Au-delà de ces considérations techniques, il est facile de comprendre qu'un système ecclésiocratique aussi élaboré ne peut qu'aboutir à une hiérarchie cléricale extrêmement ramifiée et inévitablement onéreuse. Puisque le clergé sioniste cumule pratiquement toutes les fonctions religieuses, politiques et économiques afférentes à la vie du temple, on doit tôt ou tard se retrouver avec une pyramide de pouvoir quasi bureaucratique : grand prêtre, prêtres en chef, chefs de section, surveillants du temple, trésoriers, prêtres, lévites, etc. Ainsi par exemple, J. Jeremias a estimé qu'au début de l'ère chrétienne, on pouvait compter plus de seize mille membres du clergé préposés au service du temple ; pour entretenir un personnel aussi abondant, on devait recourir à deux dîmes, l'une régulière et l'autre sur les pèlerinages, sans compter les autres sources de revenu.

Aux deux éléments précédents, j'en ajoute un troisième qui concerne la sélection des prêtres sionistes. Le clergé forme une caste dans la société juive. Cette caste est une institution héréditaire car on estime chez les sionistes qu'il est indispensable d'assurer la pureté de la descendance sacerdotale. D'où évidemment l'importance des généalogies dans un univers où l'accès au sacerdoce signifie l'accès à un statut privilégié et stable. Dans la société sioniste, il y a les Juifs purs et il y a les autres qui peuvent être impurs à des degrés divers mais qui se trouvent tout de même exclus de certains droits civiques, comme le droit d'exercer un poste public ou le droit de siéger à un tribunal. Naturellement, le droit d'être prêtre est strictement réservé à des membres de la communauté dont les origines sont sans reproche. Ce principe de sélection suffit à lui seul à assurer le prestige de la fonction cléricale et surtout peut-être sa grande stabilité. De ce fait, il existe un lien étroit entre les origines d'une personne, sa position sociale et son statut religieux. Le prêtre est ici non seulement quelqu'un qui jouit des pleins droits civiques et qui possède un statut socioéconomique enviable, mais encore quelqu'un qui a le privilège de naissance de faire partie de la communauté des élus et de disposer ainsi d'un pouvoir très réel dans une société théocratique. C'est dans ce contexte général que l'on peut comprendre l'importance qu'a fini par prendre dans la société juive la caste sacerdotale. Avec le temps, ce système de sélection a fini par donner lieu à la création d'une véritable aristocratie religieuse, et il s'est avéré qu'il s'agissait là de la seule aristocratie stable, hiérarchisée et prestigieuse dans la société juive. Il s'ensuit que toutes les autres forces sociales moins stables et moins prestigieuses sont plus ou moins condamnées à graviter autour de ce noyau politicoreligieux. Si l'on ajoute à cela l'immense privilège de gestion idéologique et religieuse de la communauté, privilège attitré du seul clergé sioniste, alors on a une idée assez nette de ce que signifie concrètement le pouvoir théocratique ou ecclésiocratique. De toute manière, ce point particulier sera sans doute fortement corroboré par les analyses qui suivent.

La gestion du repentir et du salut

La ritualisation de la foi théocentrique

L'implication première de l'absolutisme théocentrique sioniste, en pratique du moins, c'est l'établissement d'un pouvoir théocentrique, et les deux axes majeurs selon lesquels se construit ce pouvoir, c'est la Torah religieuse comme norme de vie et l'élite cléricale comme instance autoritaire mettant en force cette Torah.

Nous avons suffisamment établi que ce système stratégique trouve sa légitimité fondamentale, dans la Bible, grâce à un recours constant à un passé mythique ou paradigmatique. Pour le croyant, cette légitimation de type fondamentaliste est d'une valeur inébranlable, cela est hors de doute. Pourtant, même une fois qu'on a posé la vérité et l'autorité incontestables de cet ensemble éthique, il reste malgré tout un problème très embarrassant à résoudre et c'est celui de *justifier* sur un plan plus pragmatique la foi des fidèles. Car la belle histoire biblique, le beau mythe d'origine sioniste aboutit malencontreusement à l'Exil, c'est-à-dire à une catastrophe.

Or comme je l'ai longuement expliqué, la difficulté, pour la stratégie sioniste, consiste bien moins à rendre compte de l'Exil qu'à envisager un renouveau sur une base aussi fragile. Une fois en situation d'Exil, le croyant peut accepter qu'il a péché, qu'il a rompu le pacte d'Alliance et qu'il a en toute justice été abandonné par son dieu. Mais à partir du moment où le croyant *assume* cette posture d'exilé et de pécheur, il est évident que tout est à faire car il reste alors à concevoir clairement comment une telle posture peut constituer un tremplin solide pour la Restauration et le Salut sionistes.

On se trouve ainsi dans une situation hautement paradoxale : comment un pécheur qui mérite l'Exil peut-il être un croyant qui espère le Salut du dieu qu'il a trahi et qui l'a abandonné ? Il est, selon mon expérience, extrêmement difficile pour l'homme occidental moderne de comprendre une telle situation. Nous sommes ici aux origines de la pensée religieuse occidentale et en particulier de la pensée chrétienne, mais il me semble évident que nous avons largement perdu contact avec ces origines. Visiblement, nous sommes parvenus à transposer et transférer l'absolutisme religieux dans d'autres domaines d'expérience (la sphère amoureuse, la sphère artistique, etc.), et surtout nous l'avons réinvesti dans un tout autre contexte, essentiellement profane et pluraliste mais parfois aussi postmoderne. Nous pouvons imaginer un désenchantement plus radical encore que l'Exil sioniste et nous pouvons inventer des croyances plus délirantes et plus passionnelles que le théocentrisme sioniste, mais en raison d'un processus ou d'une trajectoire dont nous avons perdu la trace, nous n'arrivons plus à remonter aux origines de notre désenchantement et de nos absolutismes. Pourtant le chanteur populaire qui vient nous beugler ses drames d'amour ridicules et larmoyants, qu'est-il d'autre qu'un absolutiste cherchant le salut dans une improbable idole ? Et le bon peuple ne continue-t-il pas vaille que vaille de se repaître des croyances les plus folles ? Mais surtout — et c'est là mon propos central —, une fois qu'on pense avoir rompu avec des croyances qu'on juge après coup folles ou même inhumaines, où mettons-nous notre passion et sommes-nous en mesure de réinventer notre vie sur d'autres bases ? Quelles *autres* bases ? Comment ? La grille que je propose est conçue de façon à effectuer cette remontée vers les fondements originaires de notre culture et, de manière plus centrale, de notre éthique de vie ou de notre stratégie de vie.

D'une certaine façon, la réponse à tout cela est assez simple mais malheureusement terriblement exigeante. Nous sommes des êtres socioculturels et nos bases sont historiques. Nous sommes constamment en train de réinventer et de transposer un absolutisme dont nous avons perdu la trace et qui nous devance sans cesse car il est là, sans que nous prenions garde, déposé au fond de nous depuis des siècles et des millénaires, charrié par une image du monde qui constitue la trame même de la culture occidentale. Et cet absolutisme se nourrit de notre croyance, de notre passion, de notre vie. La remontée aux origines fait appel à une discipline rebutante mais sans elle nous sommes condamnés à ne pas savoir comment l'absolutisme occidental s'est construit et à quoi il conduit effectivement.

L'absolutisme sioniste est un *test case* et peut-être l'expérimentation par excellence car il se situe aux origines de toute la construction occidentale. Notre premier modèle éthique marquant, c'est le croyant sioniste qui vit dans la posture de l'Exil et qui invente la vision des vaincus, la Foi absolue de ceux à qui il ne reste rien d'autre que la foi, le Salut délirant de ceux qui ont dû renoncer à toutes les issues normales, moyennes, ordinaires. L'absolutisme chrétien qui a dominé l'espace mental des Occidentaux est né dans cette mouvance sioniste. Écoutons le délire d'Isaïe: « Et nous, nous le considérions comme puni, frappé par dieu et humilié. [...] Le châtiment qui nous rend la paix est sur lui, et dans ses blessures nous trouvons la guérison. [...] Parmi ses contemporains, qui s'est inquiété qu'il ait été retranché de la terre des vivants [...] ? Yhwh a voulu l'écraser par la souffrance; s'il offre sa vie en sacrifice expiatoire, il verra une postérité, il prolongera ses jours, et par lui la volonté de Yhwh s'accomplira » (Is 53,4-10). Tout le drame de la reconnaissance est là et se joue en quelques lignes. Le serviteur souffrant, le sioniste, parle au nom de tous car il sait que tous les véritables croyants ne peuvent être que des absolutistes, ne peuvent qu'être en reste par rapport à leur foi, ne peuvent qu'être voués à la souffrance purificatrice et au rachat. Telle est la vision des vaincus: le croyant véritable est celui qui persiste dans sa croyance, qui sait qu'il ne peut pas se sauver par ses propres forces et que c'est finalement l'idole qu'il a inventée qui peut seule le sauver, l'amener au-delà de sa faiblesse et de sa souffrance. Il est abandonné, alors *il assume et revendique l'abandon*. De là, la marque de sa défaite se transforme en preuve d'Élection et de Salut. Il a cru que sa foi était toute-puissante, indéfectible, inconditionnelle; il découvre et avoue que cette foi est faible, défaillante, affreusement conditionnelle. L'Exil, la souffrance, la défaite, tout cela lui apprend que sa foi inconditionnelle n'était que prétention, vanité; il lui reste à apprendre à croire, à apprendre à s'abandonner à Yhwh, à faire totalement confiance à sa Grâce miraculeuse, à préparer le rachat par son attente soumise. Apprendre à se démettre, à se soumettre. La souffrance purificatrice est un exercice spirituel simple, constant, qui consiste à accepter, à assumer la posture de l'Exil, de l'abandon, à vivre dans cette perspective sans autre attente. La Foi inconditionnelle, c'est là qu'elle se fabrique sans fin, dans un apprentissage continu.

Si j'insiste démesurément sur les exigences de la Foi sioniste (ou absolutiste), c'est qu'il s'agit là à mes yeux de la dimension la plus méconnue et pourtant la plus éclairante de toute la stratégie théocentrique. On prononce un mot, il est tenu pour acquis, on en perd le sens. Quand on nomme le théocentrisme, on prétend aussitôt connaître l'attitude qui le sous-tend, avoir suffisamment conscience de la stratégie de vie qu'il implique. La Foi inconditionnelle, la Foi théocentrique implique un décentrement total, je l'ai répété à satiété. Mais comment rendre possible une telle attitude, comment en assurer la constance ? Pour faire en sorte qu'elle devienne une seconde nature, il faut que cette Foi théocentrique, inconditionnelle, devienne quotidienne, qu'elle s'insinue dans chacun de nos gestes, qu'elle devienne la posture qui accompagne tous ces gestes, bref il faut qu'elle se *ritualise*, qu'elle soit la routine omniprésente et invisible de notre vie.

C'est ici que le pouvoir théocratique trouve non plus sa légitimité idéologique ou intellectuelle mais bien sa *justification concrète*. Le corps clérical s'empare du corps et de l'esprit du fidèle et en assure l'administration permanente. Car il ne s'agit pas simplement que le fidèle se reconnaisse comme pécheur et comme profondément démuni face aux exigences de la foi théocentrique. Il faut encore et finalement il suffit que cet aveu fondamental devienne une posture quotidienne, un exercice quotidien, le mouvement même de sa vie. Celui qui entre dans la peau de ce personnage doit finir par l'habiter complètement, par devenir ce personnage et rien d'autre. Et pour que la posture du croyant prenne vie, chaque acte doit symboliser cette posture, chaque acte doit représenter le culte qu'on rend au Sauveur attendu ; toute la vie doit devenir sainte, être transformée en culte, en rituel, en prière. Le décentrement ne peut donc en pratique que passer par une Soumission totale au jugement et aux consignes du clergé qui représente ni plus ni moins Yhwh.

Aux yeux du croyant, le clergé est au service de la Foi sioniste et de ses fidèles. Cela suffit à occulter et à légitimer tout à la fois l'autorité, le pouvoir et le prestige des prêtres. Ceux-ci, de leur côté, sont tout entiers affairés à conforter leur pouvoir en le justifiant par ses résultats. Et de fait, ces résultats sont tangibles, immenses, omniprésents. Car grâce à eux, la Foi sioniste s'incarne et est vécue de façon constante et ininterrompue ; grâce à eux le fidèle vit dans une image du monde où il n'y a que des gestes religieux, où il n'y a qu'un peuple saint et séparé du reste du monde, où il n'y a que Soumission, Grâce et Repentir. Le fidèle peut ainsi s'imprégner de ce mode de vie totalitaire et exclusif, il peut déployer sa Foi dans une communauté de vie où rien d'autre que cette Foi n'est important pour tous et chacun des membres reçus. L'omniprésence cléricale trouve son sens dans cette construction hyperactive d'une Foi quotidienne et unanime. L'image du monde sioniste s'invente ici, l'absolutisme théocentrique prend corps, la vie de Soumission, de Repentir et d'attente du Salut est effectivement réalisée. Tous les doutes concernant la faisabilité du projet sioniste sont définitivement levés.

Les dispositifs stratégiques permettant cette ritualisation

Deux dispositifs très simples et indéfiniment perfectibles assurent la ritualisation quotidienne, continue, permanente de la Foi théocentrique : d'une part, la soumission à la Torah et, d'autre part, l'administration du culte. Mon propos ne consiste pas à détailler ces implications pratiques du sionisme mais plutôt à bien faire ressortir le lien très étroit entre les fondements de la stratégie sioniste et les dispositifs stratégiques (ou les stratagèmes) qui en découlent. Pour cela, je me suis efforcé dans le cas présent de *faire sentir* au lecteur la signification concrète et la portée personnelle de l'acte de foi théocentrique. Il n'y a pas d'absolutisme possible sans cette opération viscérale de décentrement et de recentrement radicaux.

Les deux dispositifs stratégiques que je viens de mentionner sont manifestement complémentaires. J'ai décrit dans la section précédente le premier de ces stratagèmes, soit la soumission constante et inconditionnelle à la Torah. Cette Torah a été révélée par Yhwh lui-même afin d'assurer la réalisation de l'Alliance ; il faudra éventuellement inventer une « Torah orale » rabbinique pour la compléter mais ce qui nous importe ici, c'est le stratagème d'ensemble et non les subterfuges de parcours. La Torah est ce cadeau divin qui permet la normalisation de toutes les attitudes et de tous les comportements des membres de la communauté sioniste et qui, par conséquent, assure la formation d'une image du monde sioniste. Toutes les normes nécessaires à l'encadrement et à l'évaluation suivis de l'existence socioculturelle sioniste sont en place et l'ordre sioniste peut s'établir de façon infaillible et irréversible.

Le second dispositif stratégique complète le premier et achève ainsi de conférer à la caste sacerdotale son pouvoir incontesté sur la communauté sioniste. Grâce à leur impeccable administration du culte, tout un ensemble de prières et de rituels viennent envahir et imprégner le quotidien des fidèles et assurent par là de façon très concrète la justification du pouvoir clérical. L'idée centrale qui préside à la gestion du culte, c'est le simple fait, explicité plus haut, que le sioniste se reconnaît face à son dieu et à ses prêtres comme un pécheur, comme un être faillible et imparfait, en attente du pardon divin et de la Grâce qui doivent assurer son rachat et son Salut. On pourrait consacrer bien des tomes à décrire tous les exercices de culte sionistes, mais pour notre propos, il suffira de réduire cette question inépuisable à deux exercices absolument centraux dans le piétisme sioniste : la prière pénitentielle et le sacrifice d'expiation et de réparation.

Dans la posture de l'Exil et de l'abandon, le fidèle sioniste a compris qu'il existe un écart énorme entre l'idéal sioniste et la réalité de chaque croyant, ou plus précisément entre l'appel à la Sainteté qui est au cœur de l'élection et de l'Alliance et le statut quasi indépassable de pécheur repentant qui caractérise les sionistes réels. Cet écart constitue le problème le plus crucial que prend en charge le culte sioniste car il fait appel à une gestion serrée et minutieuse du Repentir humain et du pardon ou de la Grâce de Yhwh. Tout comme l'administration de la Torah est appelée à une longue et profonde évolution, ainsi la gestion du Salut par le culte devra elle aussi aller en se raffinant sans cesse de façon à valoriser et optimiser le Repentir du croyant et à assurer ainsi son Salut [1]. Pour les besoins de la cause, j'ai choisi de réduire à l'essentiel toutes ces menées cultuelles et de m'en tenir à la prière pénitentielle et au sacrifice expiatoire.

La prière pénitentielle. Rappelons d'abord que, dans la théologie piétiste, l'appel au Repentir est le corrélat de l'appel à la Sainteté. Cet appel à la Sainteté est à la base du statut de repentant car il fixe au fidèle une exigence inconditionnelle. J'en cite deux exemples : « Car tu es un peuple *consacré* à Yhwh ton dieu ; c'est toi que Yhwh ton dieu a choisi pour son peuple à lui, parmi toutes les nations qui sont sur la terre » (Dt 7,6). Ou encore : « Car c'est moi Yhwh qui suis votre dieu. Vous vous êtes sanctifiés et vous êtes devenus saints car je suis saint ; ne vous rendez donc pas impurs... » (Lv 11,44). Sans oublier, bien sûr, le chapitre 19 du Lévitique.

C'est sur ce fond d'exigence qu'apparaît la prière pénitentielle, prière centrée sur la confession des péchés, la déclaration de Repentir et l'appel à la miséricorde et à la Grâce divines. Ce type de prière a subi une longue évolution dans la littérature biblique mais, à un point donné, elle a atteint une forme quasi canonique et c'est à cette forme que je m'en

1. La gestion du repentir par l'Église médiévale offre un point de comparaison très éclairant. Je renvoie à ce sujet à l'étude de J. C. Payen, *Le motif du repentir dans la littérature française médiévale*, particulièrement la première partie.

tiens ici. J'ai déjà donné de nombreux exemples de ces prières : ainsi Dt 4,29-31 ; 30,1-10 ; Lv 26,40-42 ; 1R 8,33-34 ; 8,57-58 ; Jr 29,10-14 ; 31,33-34 ; Ez 36,25-27. Ces prières tablent invariablement sur l'efficacité du Repentir mais supposent aussi, de façon non moins constante, une attitude quotidienne de retour et de soumission à Yhwh. Elles sont généralement construites dans un cadre historique qui contribue à rappeler au fidèle les innombrables bienfaits de Yhwh en faveur d'Israël et les innombrables ingratitudes d'Israël à l'endroit de Yhwh ; on dégage ainsi la nécessité d'un châtiment divin et l'exigence complémentaire de purification et d'expiation sionistes. Ainsi, par exemple, chez Baruch, après une longue mise en perspective, le fidèle aboutit à cette tirade sublime et pleine de réminiscences : « Seigneur tout-puissant, dieu d'Israël, c'est une âme angoissée, un esprit ébranlé, qui te crie : Écoute seigneur, aie pitié, car nous avons péché devant toi. Toi, tu trônes éternellement ; nous autres, nous périssons pour toujours. Seigneur tout-puissant, dieu d'Israël, écoute donc la supplication des morts d'Israël, des fils de ceux qui ont péché contre toi, qui n'ont pas écouté la voix du Seigneur leur dieu de sorte que les malheurs se sont attachés à nous. Ne te souviens pas des fautes de nos pères, mais en cette heure souviens-toi de ta main et de ton nom. Oui, tu es le Seigneur notre dieu, et nous voulons te louer, Seigneur. Car *tu as mis en nos cœurs ta crainte* pour que nous invoquions ton nom. Nous voulons te louer en notre exil, puisque nous avons écarté de notre cœur toute la méchanceté de nos pères qui ont péché devant toi » (Ba 3,1-7).

On a vraiment affaire ici à un modèle du genre. Le sioniste postexilique se charge des fautes d'Israël au point que ses propres manques semblent disparaître derrière le péché et le châtiment collectifs. Pourtant, il me paraît indéniable que le Repentir du fidèle est sincère, bien que transposé dans un texte littéraire et trop apprêté. Ce qui étonne, à vrai dire, dans tout cela, c'est la propension quasi obsessive du fidèle à prendre la posture de l'Exil, à assumer du même coup la faute collective d'Israël et à attendre finalement le rachat de la Grâce de Yhwh. Mais dans la logique théocentrique, la stratégie du fidèle est parfaitement cohérente puisque sa seule arme consiste dans le Repentir et qu'il manifeste par là qu'il attend tout du pardon divin. Peut-être convient-il d'ajouter que ce stratagème cultuel a l'avantage d'être économique à tous égards et de spiritualiser le rapport de reconnaissance avec Yhwh ; en revanche, il laisse sans doute moins de place à la caste sacerdotale puisqu'il peut parfaitement aboutir à long terme à une pure et simple prière personnelle.

Le sacrifice de réparation. Le second stratagème, le sacrifice de réparation, est sans doute plus traditionnel et il se présente à première vue comme plus complet puisque la confession des péchés s'accompagne alors d'un exercice cultuel complexe et nécessitant le recours aux bons offices sacerdotaux. Cet exercice cultuel est amplement décrit dans le Pentateuque et tout particulièrement dans le Lévitique. Je commence par la description condensée qu'on trouve en Nombres: «Si vous manquez *par inadvertance* à quelqu'un de ces commandements que Yhwh a énoncés à Moïse [...], il en sera ainsi: si c'est à la communauté que l'inadvertance a échappé, la communauté tout entière fera l'holocauste d'un jeune taureau en parfum d'apaisement pour Yhwh, avec l'oblation et la libation conjointes selon la règle, et elle offrira un bouc en sacrifice pour le péché. Le prêtre fera le rite d'expiation sur toute la communauté des Israélites, et il leur sera pardonné, puisque c'est une inadvertance» (Nb 15,22-25). Comme on le voit, le texte insiste lourdement sur l'aspect involontaire de la faute. On ajoute même, un peu plus loin: «Mais celui qui agit délibérément, qu'il soit citoyen ou étranger, c'est Yhwh qu'il outrage. Un tel individu sera retranché du milieu de son peuple: il a méprisé la parole de Yhwh et enfreint son commandement. Cet individu devra être supprimé, sa faute est en lui» (Nb 15,30-31). À quoi l'on joint, en guise d'illustration, le cas d'un homme surpris à ramasser du bois le jour du sabbat. On met l'homme en garde à vue, sans doute pour juger son cas; mais Yhwh lui-même s'interpose et commande à Moïse sans autre explication: «Cet homme doit être mis à mort. Que toute la communauté le lapide hors du camp» (Nb 15,35). Ce qui frappe le plus dans cette affaire, c'est évidemment le jugement sommaire et disproportionné d'une faute somme toute vénielle et surtout pas nécessairement délibérée. Mais derrière cette injustice flagrante, un autre élément risque de passer inaperçu: c'est le caractère discrétionnaire de ce même jugement. On peut penser que ce cas est exceptionnel. Qu'on se rapporte plutôt aux explications interminables qui entourent les divers cas de maladies de peau rapportés en Lévitique, chapitres 13 et 14. La «lèpre» est considérée comme une marque d'impureté grave et entraîne des conséquences considérables pour l'individu qui en souffre. Or, c'est un prêtre, un seul, qui se voit assigner la tâche d'observer le cas, de le diagnostiquer selon son bon jugement et de décréter comme bon lui semble le traitement qui s'impose. On n'a pas affaire alors à une faute volontaire mais le cas est tout de même laissé au jugement d'un seul prêtre. Que cet exemple énorme suffise à mesurer à quel genre de loi et de pouvoir on a affaire dans une théocratie aussi archaïque: ce pouvoir est quotidien et discrétionnaire.

Mais revenons au sacrifice de réparation lui-même. Notre premier texte plaidait l'inadvertance: on sait que cela est laissé au bon jugement du prêtre dont le métier consiste justement à présider ce type d'acte cultuel. La question qui se pose tôt ou tard est de savoir comment un manquement collectif à la Torah peut être involontaire ou inconscient; en outre, dans ce même contexte, comment peut-on expier et réparer une faute collective (contre la Torah) qui mérite l'Exil, si l'on s'en remet au jugement divin? Le texte de base pour traiter cette question se trouve en Lv 4-7: texte fort long, répétitif, souvent ambigu, mais qui insiste sans cesse sur l'inadvertance de la faute et sur l'omniprésent contrôle des prêtres. Simplifions. Au chapitre 4, les auteurs rapportent toute une série de cas qui sont justiciables d'un sacrifice expiatoire: fautes par inadvertance, sacrifices et rituels divers dirigés par le prêtre, pardon garanti et péché remis. Jusque-là, cependant, on ne fait que répartir les cas selon le «client» concerné. Au chapitre 5, on s'attaque à la question des fautes commises «par inadvertance» et on réitère les rituels nécessaires. Le cas crucial concerne évidemment la faute religieuse contre Yhwh ou contre ses représentants immédiats. Or même cette faute peut être lavée dans le sang du sacrifice de réparation: «Si quelqu'un commet une fraude et pèche par inadvertance en retranchant sur les droits sacrés de Yhwh, il amènera à Yhwh en sacrifice de réparation un bélier sans défaut de son troupeau, à estimer en sicles d'argent au taux du sicle du sanctuaire. Il acquittera ce que son péché aura retranché au droit sacré, en en majorant la valeur d'un cinquième, et le remettra au prêtre. Celui-ci fera sur lui le rite d'expiation avec le bélier du sacrifice de réparation, et il lui sera pardonné» (Lv 5,15-16). On se trouve ici au point de naissance d'une véritable technique du Repentir et du pardon, technique gérée du début à la fin par les prêtres et grassement rémunérée par surcroît. Sur la question de la rémunération, le texte le plus explicite, à ma connaissance, se trouve en Nb 18. On y apprend que la bonne gestion du Repentir humain est chose fort lucrative, sans parler de la dîme et autres revenus sacerdotaux. Je ne reviens pas là-dessus. Ce qui doit retenir toute notre attention, c'est la simplicité fondamentale des méthodes préconisées, sacrifices ou prières. Le pécheur repentant peut presque à volonté rentrer en grâce auprès de son dieu s'il manifeste une piété suffisante. La caste sacerdotale gère le rachat et le salut sur un mode rituel, quasi quotidien, et la conscience malheureuse se transforme comme par magie en bonne conscience. Mais — et c'est là qu'est tout le paradoxe — le Repentir s'avère être en définitive une soumission différée, après coup, manquée. Le croyant essaie de vider l'océan avec un seau qui fuit. Il se repent, il se rachète, il répare: il vit sur le mode du faute de mieux. C'est qu'il est fondamentalement pécheur devant dieu et ses représentants. La posture de l'Exil renvoie à une faute inexpiable ou plus précisément à une faute qu'on n'a jamais fini d'expier. On n'en a pas trop d'une caste complète pour gérer pareil gâchis. À la fin, il y aura pardon, rachat, Salut, mais nul ne connaît la fin. Un jour, les sionistes seront une nation de prêtres. Un jour…

Ainsi lorsque les auteurs sacerdotaux du Lévitique s'attaquent à la vraie question, c'est-à-dire à la question de l'expiation de la faute inexpiable qui a mené à l'Exil, ils se contentent d'un futur indéfini: «[…] alors ils expieront leurs fautes» (Lv 26,41). Et plus loin: «Abandonné d'eux, le pays acquittera ses sabbats lorsqu'il sera désolé, eux partis. Mais ils devront expier leur faute, puisqu'ils ont rejeté mes coutumes et pris mes lois en dégoût» (26,43). Même pessimisme foncier en Chroniques: «Jusqu'à ce que le pays ait acquitté ses sabbats, il chômera durant tous les jours de la désolation, jusqu'à ce que soixante-dix ans soient révolus» (2Ch 36,21). Ce que le livre de Daniel réinterprète quelques siècles plus tard en multipliant les soixante-dix années par sept! On n'est pas très loin du rêve apocalyptique lorsque les gestionnaires du repentir doivent reporter le Salut *sine die*.

L'idéal de pureté sioniste

Sainteté et pureté

Le lecteur moderne a tendance à concevoir la Torah comme un code légal parmi d'autres, mais simplement avec la particularité qu'il comporte tant des règles religieuses que juridiques et morales. Ce mélange peut paraître archaïque mais il n'étonne personne, d'autant qu'on croit assez aisément possible de départager le religieux et le légal, le rituel et le moral. Mais si l'on prend la peine de se replacer dans le cadre théocentrique qui commande toute l'attitude sioniste face à la Loi, on se rend vite compte que la question est loin d'être si simple.

Dans la perspective théocentrique, la Torah doit se centrer de façon tout à fait prééminente sur le sacré, le saint ou le divin, et elle doit par suite organiser toutes les catégories religieuses, juridiques ou morales par rapport à celle du sacré. C'est ce qui distingue radicalement le code sioniste de tous les autres codes du Proche-Orient ancien: alors que dans ces derniers, il y a une séparation relative des questions profanes et des questions religieuses[2], dans le code sioniste au contraire, on ne peut envisager une séparation sous peine de faire passer au second plan l'Alliance théocentrique entre Yhwh et Israël. Dès lors, la tâche

2. Voir par exemple mon étude du Code d'Hammurabi en *Sagesses*, vol. 2, chap. 3.

extrêmement délicate de l'élite sioniste consiste à élaborer une Torah fondamentalement religieuse sans pour autant évacuer les dimensions juridique et morale. Dans ce contexte particulier, la préoccupation des scribes se ramène pour une large part à mettre en place les dispositions «légales» qui rendent possible le culte adéquat de Yhwh. Toute considération juridique ou morale se subordonne à cette préoccupation. C'est pourquoi la question clé dans la grande majorité des textes de la Torah concerne les conditions qu'on doit remplir lorsqu'on veut se mettre en contact avec Yhwh et lui rendre un culte. Je me permets ici d'expliquer l'esprit de la Torah sioniste sans recourir à aucun détail technique. Cette question est très généralement mal comprise et les textes des spécialistes sont souvent peu éclairants car justement beaucoup trop préoccupés par les détails techniques et trop peu par l'esprit général de la démarche sioniste.

J'ai fait référence tout au long de cette étude à la soumission à la Torah et surtout à la reconnaissance inconditionnelle de Yhwh qui sous-tend cette soumission à la Torah. Le Pentateuque désigne ces attitudes de base en faisant appel à la Sainteté des fidèles. Comme je l'ai déjà expliqué, cet appel à la Sainteté va bien au-delà des prescriptions morales ou légales telles qu'on les entend généralement dans les diverses éthiques philosophiques occidentales. La Sainteté dont on parle ici est une exigence éthique globale et presque inanalysable. Chez les auteurs bibliques, la source du sacré est unique et transcendante : elle réside en Yhwh. Lorsque Yhwh choisit Israël et fait Alliance avec lui, il lui donne sa Torah pour lui permettre d'entrer en contact correctement avec lui, pour assurer un culte constant et adéquat, et au bout du compte une reconnaissance appropriée, c'est-à-dire inconditionnelle. En théocratie, toute la vie sioniste s'organise autour de ce culte car c'est là le gage du rachat et du Salut. La vie religieuse n'est pas une activité parmi d'autres mais au contraire toute la vie de la communauté s'organise autour du culte et de la prière. Dans le contexte de l'élection et de l'Alliance, Israël devient un peuple saint, consacré, séparé ; et la marque de cette Sainteté, c'est la Pureté rituelle et morale des fidèles et tout particulièrement des prêtres.

Le souci premier des sionistes ne porte manifestement pas sur la distinction entre pureté religieuse et moralité générale ; à cet égard, il faut peut-être aller jusqu'à dire que la moralité n'est qu'un appendice important de la question primordiale de la pureté religieuse ou rituelle et qu'on ne cherche pas de toute façon à distinguer pureté et moralité mais simplement à situer la moralité en regard de la pureté et à la subordonner ainsi à elle. Il y a bien entendu un usage idéologique de cette question de Pureté et de Séparation et nous y viendrons bientôt ; pour l'instant, je m'efforce simplement d'expliquer en termes généraux et accessibles la préoccupation même de pureté rituelle.

Dans le grand ordre construit par Yhwh, il y a une sorte de découpage cosmique ou naturel ou, si l'on préfère, il y a toute une série de séparations et de hiérarchies. L'ordre n'est pas pensable sans ces différenciations bien tranchées, ces gradations nettes, et au bout du compte sans un ensemble très complexe de distinctions, séparations, démarcations, etc. Pour s'en tenir aux catégories majeures de l'éthique religieuse archaïque, il y a le naturel et l'artificiel, le normal et l'anormal, le bien et le mal, l'intérieur et l'extérieur, le « nous » et le « eux », etc. Nous connaissons encore fort bien ces catégories mais nous les utilisons de façon profondément transposée et nous avons beaucoup de peine à comprendre leur mode d'emploi archaïque. En particulier, nous avons opéré tout un ensemble de rationalisations et de « profanations » de ces catégories qui les ont transformées à jamais et qui, de ce fait, rendent parfaitement méconnaissables les catégories archaïques de la Pureté et de la Souillure.

Dans le mode de pensée archaïque dont participe le Pentateuque sioniste, les catégories fondamentales sont celles du sacré et du profane ; on est déjà loin de la perspective animiste et naturaliste originelle, toutefois, car ici le sacré gravite tout entier autour d'un seul être considéré comme parfaitement séparé ou transcendant, Yhwh. En regard de Yhwh saint et sacré, tout le reste est profane. Or l'élection d'Israël par Yhwh constitue d'emblée une consécration des sionistes, un appel à la Sainteté. Cette consécration est l'opération éthique par excellence et elle est rendue possible par le recours à une autre catégorie subordonnée à la première mais tout à fait centrale : la catégorie du Pur et de l'Impur. Israël est profane face à Yhwh qui est sacré ; pour accéder à Yhwh, au temple et au culte dans son ensemble, il faut éliminer en Israël et chez chaque sioniste le profane impur et ne garder que le profane pur. La voie de la Torah se ramène essentiellement à cela, en dépit du fait évident que toutes sortes de prescriptions morales, au sens profane et social, se greffent là-dessus de façon plus ou moins organique.

Dans une partie de l'Exode mais surtout dans le Lévitique et dans les Nombres, on trouve une sorte de système de gestion de la Pureté et de la Souillure. Aux yeux des leaders sionistes, ce sont là des catégories foncièrement religieuses et ce sont ces catégories qui concrétisent au plus près les implications éthiques de l'absolutisme théocentrique. On a fait bien des efforts louables pour transposer cette éthique religieuse dans une sorte de morale classique et ainsi la rationaliser et l'humaniser, mais il est important de se rendre compte que ces efforts sont bien mal inspirés et vont à contresens du texte. Il est vrai que la question de la pureté morale se greffe à maints endroits du texte sur la question fondamentale de la pureté rituelle ; cependant, si l'on souhaite entrer de plain-pied dans l'absolutisme théocentrique par le biais de ses implications religieuses ou éthiques, il vaut mieux ne pas travestir les textes mais plutôt les traiter avec respect selon leurs intentions propres. On sera alors en mesure de comprendre pourquoi le sioniste se considère comme un pécheur et pourquoi le culte qu'il rend à son dieu est centré sur la question de la Souillure rituelle et morale et par suite sur la question du Repentir et du rachat. Le sioniste est appelé à la Sainteté : dès lors cela lui assigne une tâche infinie qu'il est parfaitement conscient de ne remplir que très imparfaitement. Il veut de toutes ses forces se soumettre aux normes omniprésentes de la Torah et être ainsi à la hauteur des exigences de son dieu, mais il sait davantage encore qu'il ne peut y arriver par ses seules forces et qu'il doit constamment faire appel à la compassion et surtout à la Grâce de son dieu. On se trouve donc en face d'une tâche interminable et cette tâche s'exprime plus encore en termes de Repentir et de réparation qu'en termes de Soumission et de fidélité. La voie du décentrement, c'est la voie de la Sainteté, donc de la purification permanente d'un être qui n'est ni saint ni séparé.

Pureté, séparation et exclusivisme

Avant d'examiner les immenses répercussions idéologiques de cet idéal de Sainteté et de Pureté, il convient d'examiner concrètement ce que signifie un tel idéal. Le Lévitique et les Nombres sont probablement les livres bibliques les moins lus et les plus mal lus. C'est là une lecture rebutante et dépaysante au superlatif et je n'ai pas l'intention d'infliger au lecteur une analyse détaillée de ces textes. Pourtant, même en s'en tenant aux grandes lignes, il devient vite évident que ces pages nous éclairent au plus haut point sur les bases de l'éthique théocentrique et recèlent des implications idéologiques énormes.

Le principe de base de cette éthique de la Pureté rituelle est simple : le sioniste est pur et peut se sanctifier par le culte s'il évite toute source de souillure, s'il reste séparé de toute source de souillure directe ou de contamination indirecte. On peut répartir ces sources d'impuretés en deux formes : une forme mineure et une forme majeure. La forme bénigne vient d'un contact direct avec une substance polluante quelconque : contact avec un cadavre ou simple présence d'un mort, contact avec un « lépreux », contact avec certaines sécrétions corporelles, etc. Ce dernier point me semble révélateur : invariablement, à ma connaissance, ce sont les sécrétions sexuelles et particulièrement les menstruations (sans oublier l'enfantement) qui sont visées ici; peut-être faut-il y voir un lien avec l'obsession sioniste de la pureté de la descendance et de la race, mais la chose n'est pas claire. Tous ces cas bénins sont traités très simplement par simple éloignement du sujet impur des choses sacrées et il ne semble pas y avoir de risque de contagion sur les autres membres de la communauté.

La forme maligne de la souillure est traitée de façon plus radicale à cause en particulier du risque de contamination: le sujet doit être complètement isolé, exclu provisoirement du reste de la communauté. Ces souillures majeures semblent impliquer la transgression d'un interdit ou si l'on veut un péché; en pratique, elles sont causées par un contact non autorisé avec un objet sacré ou, pis encore, par le contact d'une personne en état d'impureté rituelle avec un objet sacré; elles peuvent aussi s'étendre au simple non-respect des principales règles religieuses sionistes (circoncision, sabbat, fêtes religieuses, etc.). Par surcroît, au-delà de ces cas individuels, le danger de souillure et de contamination devient extrême lorsque des fidèles se livrent à l'idolâtrie sur le territoire sioniste ou que des impurs, des idolâtres ou carrément des étrangers viennent souiller le temple par leur simple présence. Ici le danger devient extrême pour la théocratie sioniste car ce sont de pareilles souillures qui ont entraîné l'Exil; dans ce contexte éthique particulier, la profanation du Temple, de Jérusalem ou de la Terre Promise en général peut entraîner pour toute la communauté des conséquences catastrophiques et peut-être irréversibles. Les peines encourues sont toujours d'ordre capital et il n'est pas clair qu'un rituel quelconque puisse laver pareille offense; il reste sans doute aux fidèles le recours à la prière pénitentielle et au sacrifice de réparation mais nous savons déjà que ces rituels entraînent le pécheur dans un cycle cultuel sans fin où son seul espoir réside dans la miséricorde de son dieu.

En somme et au-delà des cas particuliers, la crainte obsédante de l'impureté renvoie à la posture de l'Exil et au statut fondamental de pécheur. À partir du moment où un seul membre de la communauté vient contaminer le groupe ou polluer la terre elle-même, le pire est à craindre car l'impureté s'accumule sur un mode quasi matériel et elle menace alors, à plus long terme, de devenir irréversible et irréparable. D'où ces admonestations sans équivoque: « Tu ne rendras pas impur le pays où vous habitez et au milieu duquel j'habite. Car moi, Yhwh, j'habite au milieu des Israélites » (Nb 35,34). Car l'envers de l'appel à la Sainteté, c'est évidemment la condamnation du pécheur et finalement l'Exil d'Israël. Dans un tel contexte éthique, toute offense grave implique tôt ou tard la communauté entière et l'enjeu ne peut être alors que le pays lui-même dans lequel les sionistes ne font que séjourner. À toutes ces fautes, on peut sans doute ajouter les transgressions de type moral, comme le meurtre, les actes sexuels non naturels ou l'adultère, mais il faut bien voir qu'il ne s'agit en aucun cas de transgressions simplement morales au sens où nous l'entendons mais bien d'abominations qui souillent et contaminent la communauté et le pays lui-même. Dans un contexte théocentrique, la soumission à la Torah va bien au-delà des conduites vertueuses de la morale profane car l'individu ou le groupe sont à chaque fois menacés de devenir des impurs, des pécheurs en rupture d'Alliance et en instance d'Exil. C'est là, selon moi, le sens du péché par inadvertance dont parle sans cesse le Lévitique : ce n'est pas tant la faute qui est involontaire ou inconsciente, c'est la souillure qu'elle entraîne qui est insidieuse, proliférante, imprévisible. Et le moindre écart risque de nous entraîner hors de la voie de la Sainteté et de nous rendre irrémédiablement impurs.

Dans cette perspective générale et résumée sans doute trop sommairement, il n'est pas malaisé de voir que la seule attitude viable, en pratique, face au risque constant de souillure personnelle, de contamination communautaire et de pollution du pays, c'est une attitude de respect minutieux de l'ordre établi et des hiérarchies en place, et parallèlement une attitude de vigilance et de prévention constantes. La Pureté de la communauté sioniste est pour ainsi dire en jeu dans chaque acte de chaque membre de la communauté ; tout doit donc être normalisé grâce à la Torah, ce qui renvoie à un ensemble prescriptif infiniment détaillé et à une casuistique infiniment précise à propos de chaque règle.

Mais d'abord, il importe d'assurer la Pureté de la ligne sacerdotale elle-même car il est évident que l'élite religieuse qui administre le culte et la Torah doit être au-dessus de tout soupçon. J'ai déjà mentionné ce point et il devient ici parfaitement intelligible. Il est impératif, en effet, de répartir hiérarchiquement la société juive palestinienne en trois grands groupes bien distincts : les sionistes purs provenant de familles d'origine légitime, dont font évidemment partie les prêtres dont la fonction est transmise de façon héréditaire ; puis les sionistes qui sont strictement parlant des sionistes mais qui sont marqués d'une souillure légère (descendants illégitimes de prêtres, païens convertis au judaïsme, esclaves païens circoncis, etc.) ; et enfin les sionistes marqués d'une souillure grave (bâtards, enfants trouvés, esclaves du temple, etc.) ; sans parler des étrangers. Naturellement, cette classification ne devient canonique qu'à un stade plus avancé du protojudaïsme, mais elle manifeste tout de même parfaitement l'évolution ou l'orientation générale suivie par le sionisme. Déjà, cette simple hiérarchie fondée sur la pureté des origines a un impact socioculturel important car elle est pour une bonne part à la source de la stratification sociale chez les Juifs de Jérusalem. La Pureté rituelle trouve une sorte de garantie dans la pureté généalogique et jusqu'à un certain point raciale. Le problème éthique devient ainsi un problème plus largement idéologique, c'est-à-dire un problème de normalisation totale; sans un tel ordre hiérarchique, l'éthique sioniste se retrouverait sans balises concrètes. Il faut *séparer* la caste sacerdotale pure du reste, *séparer* les sionistes laïques purs du reste, etc. Il faut *classer*, *hiérarchiser*, *séparer*, *purifier*.

Exclusivisme et sectarisme

Mais cela n'est qu'une première phase, un simple préliminaire. Il faut aller beaucoup plus loin si l'on veut s'assurer de la pureté de la communauté sioniste et de son culte. On peut considérer comme une deuxième phase du processus l'immense travail d'interprétation juste et détaillée de la Torah. Ainsi prennent forme, au long du temps, de véritables écoles ou courants d'interprétation, chacun insistant souvent avec raison sur tel aspect de la tradition religieuse ou légale sioniste et proposant peu à peu une sorte de grille herméneutique qui permet de mieux comprendre la Torah et de l'appliquer à tous les domaines de la vie sioniste. Or la question est si importante qu'elle doit tôt ou tard engendrer des prises de position de plus en plus radicales et dogmatiques, et finir par susciter des débats extrêmement acerbes qui diviseront la communauté en groupes sectaires de plus en plus polarisés. À partir du moment où le sectarisme se développe et s'étend à toute la classe dirigeante, la discussion des normes et des méthodes de pureté rituelle et morale devient l'*occasion par excellence* des affrontements idéologiques qui déchirent les sionistes.

L'exemple de Qumrân. Je m'en tiendrai à ce propos à l'exemple maintenant classique de la communauté de Qumrân car c'est sans aucun doute la secte la mieux connue à l'intérieur du protojudaïsme. On trouve dans la «bibliothèque» de Qumrân à la fois des textes communs à tout le judaïsme de l'époque et des textes propres à cette secte. Ce que les membres de Qumrân construisent à travers leurs textes propres, ce n'est rien d'autre qu'une secte. Seule cette communauté interprète la Torah correctement et par suite elle seule représente le véritable Israël, le Reste sacré qui a maintenu l'Alliance sacrée avec Yhwh et les justes exigences de pureté qui assurent le maintien de cette Alliance. Il n'est pas utile pour notre propos de tracer le portrait détaillé du contexte dans lequel la secte voit le jour. Ce qui est important et caractéristique, c'est la manière de plus en plus dogmatique et fanatique dont elle se démarque radicalement de tout le reste d'Israël, y compris les autorités du temple. Mais si cette secte détient le monopole de l'interprétation de la Torah, c'est précisément qu'elle préconise un retour à la pureté des origines et une allégeance parfaite à la vérité mosaïque. Ce qui frappe, par exemple, dans un texte comme la Règle de la Communauté, c'est la radicalisation extrême de la problématique de la pureté rituelle. En réalité, on a la nette impression que la moralité se réduit pour la plus large part à la question de la pureté rituelle et que la gestion du pur et de l'impur est devenue si critique et si complexe que l'individu, même membre de la secte, ne peut espérer rester pur par ses seules forces et qu'il doit s'en remettre au bout du compte au rachat divin[3]. C'est sans doute pourquoi les rêves de pureté et de salut prennent souvent ici une teinte apocalyptique. Mais, à mon sens, ce genre d'argumentation sectaire ne fait que pousser à la limite une problématique qui se trouvait là dès les origines du sionisme.

L'exclusivisme. Il faut donc reprendre la question à partir des bases très simples que nous avons posées. Car peu importe que l'on s'assure de la pureté généalogique parfaite de la caste sacerdotale ou de la communauté sioniste dans son ensemble, peu importe encore qu'on parvienne par impossible à une interprétation infaillible et unique de la Torah, il demeure néanmoins que le sioniste se révèle pécheur, qu'il est incapable d'accéder à l'idéal de Sainteté fixé dans l'Alliance Yhwh-Israël et qu'il est constamment menacé par l'impureté sous toutes ses formes, laquelle se ramène pour l'essentiel à l'impureté rituelle. C'est pourquoi la stratégie de vigilance et de prévention préconisée par la grande majorité des textes sionistes conduit de façon presque inévitable à des attitudes d'exclusion et de séparation. Si l'on veut ériger un rempart autour de la Torah, du temple et du reste sacré d'Israël, on est fatalement contraint de prévenir toute occasion de souillure ou de contamination et par suite de traquer sans fin les impurs, les infidèles et les païens qui risquent à tout moment de nous entraîner dans leurs abominations. Au bout du compte, l'impie est partout, soit dans les régions environnantes de Juda, soit au sein même de la communauté sioniste. En ce sens, l'apartheid sioniste est un mécanisme de défense ou de prévention absolument inévitable, une implication essentielle de l'absolutisme théocentrique. L'obsession de l'impureté culmine dans la chasse aux impurs et la séparation radicale de la communauté de tout le reste. On a souvent allégué qu'il s'agissait là d'un mécanisme de protection et de survie pour une minuscule et très

3. Voir 1QS, 11 dans G. Vermes, *The Complete Dead Sea Scrolls in English*, p. 114-117.

fragile communauté mais je crois que c'est là une grave erreur de perspective, dans la mesure où l'exclusivisme est une position idéologique et où il ne s'explique aucunement par le nombre ou la force de la communauté où on le trouve.

En revanche, on peut croire que cet exclusivisme sioniste peut prendre des formes plus modérées ou plus fanatiques et intolérantes. Ce point mérite examen, d'autant qu'il est essentiel de bien montrer, textes à l'appui, à quel genre d'attitude on a affaire. D'abord, dans la tradition sacerdotale à laquelle appartient le Lévitique, on devrait s'attendre à une forme modérée d'exclusivisme puisque les auteurs mettent justement au point un système de gestion de la souillure et de la réparation à travers les rituels appropriés et ont par suite tendance à considérer tout le monde comme potentiellement pécheur et à accorder la préséance au curatif (les rituels expiatoires) sur le préventif (l'exclusivisme prophylactique). Effectivement, on trouve constamment dans le Lévitique une sorte d'égalitarisme dans le traitement de l'impureté, et le pouvoir des rituels sacerdotaux semble suffire à la tâche ; la réalité sioniste est découpée selon les catégories du pur et de l'impur et les rituels départagent très bien ces catégories sans qu'il soit besoin d'aller plus loin.

La question, déjà posée dans la section précédente, est alors de savoir si ce système est vraiment efficace. Or justement, au détour d'un texte généralement technique et presque cérébral, on peut lire ces menaces à peine voilées : « Ne vous rendez pas impurs par aucune de ces pratiques : c'est par elles que se sont rendues impures les nations que je chasse devant vous. Le pays est devenu impur, j'ai sanctionné sa faute *et le pays a dû vomir ses habitants*. [...] Si vous le rendez impur, ne vous vomira-t-il pas comme il a vomi la nation qui vous a précédés ? Oui, quiconque commet l'une de ces abominations, quelle qu'elle soit, tous les êtres qui les commettent, ceux-là sont *retranchés* de leur peuple » (Lv 18,24-29). C'est précisément la faute impardonnable qui mène à l'Exil qui est évoquée ici ; et c'est précisément cette faute qui est à nouveau examinée au chapitre 26 pour expliquer pourquoi Israël a été contraint à l'Exil. À la fin de ce chapitre (26,41-43, déjà cité), les auteurs concluent leur récit de l'Exil en revenant encore sur la nécessité de l'expiation et du rachat mais ils semblent beaucoup moins assurés de l'efficacité de la technique utilisée à cette fin. Et le chroniste encore moins (2Ch 36,21).

Ainsi donc, au total, les scribes et techniciens de la Torah qui ont écrit le Lévitique semblent assez peu préoccupés par le problème de la séparation des purs et des impurs, à l'intérieur comme à l'extérieur de la communauté sioniste. Au fond, ce n'est tout simplement pas leur propos. Si l'on considère ensuite le cas du Deutéronome, alors on a clairement affaire à des zélateurs du sionisme qui ont une approche beaucoup plus pragmatique et politique et qui ne s'en tiennent pas à un ritualisme plus ou moins rationalisant. Pour eux, la question se pose de savoir comment et jusqu'à quel point il est possible de départager et de séparer le pur de l'impur. Si Israël espère trouver son identité dans l'Alliance avec Yhwh, il doit devenir un peuple consacré, c'est-à-dire strictement *un peuple séparé, à l'intérieur comme à l'extérieur*, de tous ceux qui ne partagent pas cet idéal. Ici, le rituel et la prière ne suffisent plus; il faut *réellement* construire un rempart autour de la Torah et du peuple élu. En outre, chez le deutéronomiste, cette préoccupation est absolument centrale et une foule de textes attestent sa stratégie radicale.

Considérons d'abord le cas de l'ennemi intérieur. J'ai déjà cité Dt 13,7-12, texte absolument typique: si un membre de ta famille t'incite à l'idolâtrie, alors il faut le dénoncer et le lapider. Même traitement pour les «prophètes» et les devins (Dt 13,2-6); même traitement encore pour tout membre de la communauté (Dt 13,13-19). L'argument est limpide: «Tu feras disparaître le mal au milieu de toi» (13,6). Le texte de Dt 17,2-7 ajoute, en pareil cas, la nécessité de faire enquête et de rassembler des témoins. Puis en 17,8-13, on ajoute qu'en cas d'incertitude on doit simplement s'en remettre au bon jugement des prêtres, ce qui nous ramène à une attitude analogue à celle du Lévitique. Au surplus, l'ostracisme préconisé par le Deutéronome semble prévaloir pour toute transgression importante de la Torah. Ainsi en cas d'insoumission aux parents: «Si un homme a un fils dévoyé et indocile, qui ne veut écouter ni la voix de son père ni la voix de sa mère, et qui, châtié par eux, ne les écoute pas davantage, son père et sa mère se saisiront de lui et l'amèneront dehors aux anciens de la ville... [...] Alors tous les citoyens le lapideront jusqu'à ce que mort s'ensuive. Tu feras disparaître le mal du milieu de toi, tout Israël l'entendra dire et craindra» (Dt 21,18-21). Ou encore en cas d'adultère: «Si l'on prend sur le fait un homme couchant avec une femme mariée, tous deux mourront [...]. Tu feras disparaître d'Israël le mal» (Dt 22,22).

Après l'ennemi intérieur, considérons l'ennemi extérieur. Le texte de base est le suivant: «Lorsque Yhwh ton dieu t'aura fait entrer dans le pays dont tu vas prendre possession, des nations nombreuses tomberont devant toi [...]. Yhwh ton dieu te les livrera et tu les battras. Tu les dévoueras par anathème. Tu ne concluras pas d'alliance avec elles [...]. Car ton fils serait détourné de me suivre; il servirait d'autres dieux; et la colère de Yhwh s'enflammerait contre vous et il t'exterminerait promptement. [...] *Car tu es un peuple consacré* à Yhwh ton dieu» (Dt 7,1-6). Le message est strictement le même en Ex 34,11-16.

La position idéologique d'Esdras et de Néhémie se situe dans le prolongement du Deutéronome, dont Esdras se réclame clairement lorsqu'il déclare en paraphrasant les textes cités : « Le pays où vous entrez pour en prendre possession est un pays souillé par la souillure des peuples des pays, par les abominations dont ils l'ont infesté d'un bout à l'autre avec leurs impuretés. Eh bien ! ne donnez pas vos filles à leurs fils et ne prenez pas leurs filles pour vos fils ; ne vous souciez jamais de leur paix ni de leur bonheur, afin que vous deveniez forts, que vous mangiez les meilleurs fruits du pays et le laissiez en patrimoine à vos fils pour toujours » (Esd 9,11-12). Sur cette question de l'intermariage, Néhémie marque son accord total avec Esdras (Ne 10,29-31 ; 13,23-27) ; à quoi il ajoute sa propre paraphrase du Deutéronome : « En ce temps-là on lut au temple dans le livre de Moïse et l'on y trouva écrit : " L'Ammonite et le Moabite ne seront pas admis à l'assemblée de dieu, et cela pour toujours… " […] Dès qu'on eut entendu la loi, on exclut d'Israël tout élément étranger » (Ne 13,1-3 ; voir Dt 23,2-8).

Pour compléter ce tableau en lui-même déjà assez net, il me reste à mentionner le phénomène tout de même assez fréquent de la guerre sacrée. J'en ai mentionné de nombreux cas en cours de route et le lecteur peut se reporter en particulier aux exemples contenus dans le livre de Josué (par exemple, 6,17-21 ; 8,24-29 ; 10,28-40). On peut aussi évoquer au passage le genre d'oracle contre les nations qu'on trouve couramment chez les prophètes (par exemple, Is 34,1-8 ; Jr 46) ou encore la réforme sanguinaire de Jéhu en 2R 9-10. Mais les deux exemples les plus typiques demeurent ceux que l'on trouve dans le livre des Nombres et dans le Deutéronome. J'ai déjà analysé le massacre des Madianites en Nb 31 : l'idéologie de la guerre sainte y transparaît de façon hallucinante. Il me reste à rapporter l'analyse du Deutéronome, chapitre 20. Après avoir expliqué les préparatifs de la guerre sainte, les auteurs jugent bon de distinguer entre les villes éloignées avec lesquelles aucun contact à venir n'est à craindre et le cas des villes voisines. Dans le premier cas, on négocie la capitulation et la mise en esclavage de la population et, si les négociations échouent, alors on passe les hommes par le fil de l'épée et on rapporte le reste en guise de butin. La conclusion laisse tout de même songeur : « Tu mangeras les dépouilles de tes ennemis que Yhwh ton dieu t'aura livrés » (20,14). Quant aux villes avoisinantes, le cas est plus clair : « Quant aux villes de ces peuples que Yhwh ton dieu te donne en héritage, tu n'en laisseras rien subsister de vivant. Oui, tu les dévoueras à l'anathème […], ainsi que te l'a commandé ton dieu, afin qu'ils ne vous apprennent pas à pratiquer toutes ces abominations qu'ils pratiquent envers leurs dieux : vous pécheriez contre Yhwh votre dieu » (Dt 20,16-18).

Je conclus. L'absolutisme sioniste procède d'une idéologie théocentrique qui s'exprime tout particulièrement à travers un idéal de Sainteté qui conduit à ce qu'on pourrait appeler un principe de séparation du reste sioniste, ce qui se manifeste en particulier par une véritable obsession de la Pureté sur tous les plans. Et ce principe est profondément irrationnel car sa logique profonde n'est connue que par Yhwh lui-même et doit irrémédiablement échapper à tous ses interprètes sionistes. C'est là une conséquence inévitable du théocentrisme sioniste.

On peut penser que tant que le sionisme demeure un phénomène strictement religieux, le principe de séparation n'a que des répercussions pratiques plutôt limitées, si l'on considère qu'il conduit alors à une certaine hiérarchisation de la communauté sioniste et à une certaine sectarisation de l'élite sioniste. Mais il m'apparaît que, dès ce niveau relativement restreint, on est déjà confronté à des luttes de pouvoir internes portant sur l'interprétation de la Torah et en particulier sur la question critique de la pureté rituelle ; or, ces luttes de pouvoir doivent tôt ou tard tirer le sionisme religieux vers des visions politiques diverses et souvent radicales. Tout cela m'amène à conclure qu'une théocratie purement religieuse est tout à fait inacceptable à long terme du point de vue des sionistes eux-mêmes et que le principe de séparation doit par sa propre évolution interne aboutir à une vision politique plus globale. C'est ainsi que le sectarisme sioniste doit tôt ou tard se doubler d'un exclusivisme ou d'un « séparatisme » plus ou moins radical. En dépit du fait que nous ne disposons que d'un nombre limité de témoignages à ce sujet, je prétends qu'il est légitime de poser que le sectarisme et l'exclusivisme constituent des implications essentielles et même inévitables de l'absolutisme théocentrique géré dans le cadre d'une théocratie.

L'attente de la restauration finale

Nous nous sommes donné un système de référence commode pour examiner les principales implications de l'absolutisme théocentrique, ce qui revient à poser les conditions d'implantation d'une théocratie sioniste. Suivant ce système de référence, il apparaît que la théocratie pourra être réalisée si trois ensembles de conditions sont réalisés à long terme : les conditions concernant le passé, le présent et l'avenir sionistes.

En premier lieu, le reste sioniste doit légitimer son idéal théocratique *en se donnant un passé* qui puisse se présenter comme un modèle ou une preuve de la réalisabilité de la théocratie visée. Si dans le passé on a réussi à rassembler les conditions permettant de réaliser une théocratie parfaite, il est permis de croire qu'on arrivera dans l'avenir à restaurer cette théocratie. De plus, comme on souhaite trouver dans ce passé modèle toutes les garanties qui permettent de croire à la Restauration à venir, il convient de lui donner la forme d'une révélation. Dans cette perspective, Yhwh devient le garant absolu du modèle décrit et raconté : il est à l'origine de la promesse, de l'Alliance, de la Torah, etc. L'idéal théocratique se donne donc des fondements assurés : le passé construit par les sionistes, c'est le passé voulu et construit par Yhwh pour son peuple, et ce passé se pose comme un donné révélé, incontestable, un donné de type fondamentaliste. Tous les éléments du présent et de l'avenir peuvent par suite être retrouvés dans ce passé, mais grâce à l'opération de légitimation fondamentaliste, ces éléments sont présentés comme réalisés à l'état idéal, donc comme autant d'assurances de leur réalisabilité éventuelle. Et cette réalisation idéale est cautionnée par Yhwh, ce qui lui confère une autorité indiscutable.

Dans le prolongement de cette légitimation fondamentaliste, en deuxième lieu, la communauté sioniste peut *construire un présent conforme à son idéal théocratique*. Cet idéal est centré sur la Torah donnée et cautionnée par Yhwh ; en réalité, en même temps que la soumission à la Torah rend possible une Alliance parfaite, elle assure du même coup l'autorité de l'élite sioniste ; en même temps qu'on reconnaît inconditionnellement Yhwh, toute la vie sioniste est encadrée et normalisée. Mais cela n'est que le premier palier de la réalisation de l'idéal théocratique, puisque nous savons déjà, par l'examen du passé israélite, que la soumission à la Torah et le culte parfait à Yhwh constituent malheureusement des exigences surhumaines et comme telles très difficiles à réaliser. Cela nous entraîne donc vers un deuxième palier dans la réalisation de l'idéal théocratique, ce que nous avons décrit comme une gestion de la Pureté (et de l'Impureté) et comme une gestion du Repentir et de la Grâce. En ce sens, le passé reconstitué par les sionistes ne sert pas seulement à légitimer l'idéal sioniste à l'état pur ; il permet au surplus de montrer tout ce qui peut entraver la réalisation de cet idéal et, par suite, l'étendue du travail à faire pour contrecarrer les déficiences humaines et pour arriver à réaliser un substitut acceptable de l'idéal théocratique.

En fin de compte, le présent sioniste est constamment aménagé selon une double perspective : une perspective positive (et à la limite idéale) selon laquelle le rêve sioniste d'instauration-restauration théocratique doit être progressivement réalisé ; une perspective supplétive et compensatoire selon laquelle le travail des sionistes doit se concentrer davantage sur tout ce qui fait obstacle à la réalisation effective du rêve sioniste. Il y a ici une sorte de double discours à la longue très bénéfique à la cause sioniste. D'un côté, le rêve sioniste de Restauration demeure une sorte d'absolu enraciné dans un fondamentalisme incontestable : on travaille constamment à cette Restauration de la théocratie sioniste et il ne fait pas de doute qu'on y parviendra un jour. Mais d'un autre côté, si cette Restauration tarde à venir et semble parfois hors d'atteinte de l'aveu même des autorités sionistes, c'est que le travail fondamental de Restauration passe par une Foi en Yhwh et une Fidélité à sa Torah qui apparaissent de plus en plus au-dessus des forces humaines. Le mouvement qui, dans le passé, a mené au schisme dynastique, au déclin du royaume et éventuellement à la défaite et à l'Exil, ce mouvement n'a rien d'accidentel ou d'accessoire : il marque l'incapacité profonde des sionistes d'être à la hauteur de l'idéal fixé par Yhwh. D'où l'explication toute trouvée d'une Restauration constamment différée et à certains égards avortée ; d'où encore l'immense travail de Purification et de Repentir de la communauté sioniste, travail qui ne fait que renforcer l'autorité des leaders et leur contrôle sur la communauté. Mais peu importe qu'on se place au niveau de l'idéal de Restauration ou au plan des conditions préalables à la réalisation de cet idéal, de toute façon, on se trouve devant une vaste opération de contrôle idéologique de la masse sioniste par l'élite ; et peu importe que la masse soit parfaitement soumise ou se montre au contraire réfractaire aux exigences imposées, de toute façon la Restauration suit son cours et le présent sioniste se construit de façon de plus en plus précise.

Au bout de cette longue évolution qui court sur plusieurs siècles (durant toute la période protojudaïque du second temple), en troisième lieu, apparaît peu à peu la nécessité impérieuse de *construire un futur* qui puisse se présenter comme la réalisation effective de l'idéal de Restauration sioniste. Ce qu'il importe de comprendre ici, c'est que l'histoire passée aussi bien que l'histoire présente démontrent hors de tout doute que l'ensemble des sionistes sont incapables de réaliser l'idéal de Restauration s'ils sont laissés à eux-mêmes et jugés sur leur seule attitude face à la Torah. Il est certain qu'à l'intérieur de l'élite sioniste, il se trouve tant des courants de pensée plus tolérants que d'autres courants beaucoup plus intransigeants, mais l'évolution générale ne fait pas de doute.

L'idéal de Restauration actuelle

On aboutit donc, pour l'essentiel, à une position générale de l'élite sioniste qui est axée sur deux grandes considérations : dans un avenir prévisible, il faut travailler à la construction de la communauté du temple de Jérusalem tout en sachant qu'on ne peut espérer des résultats qui correspondent à l'idéal qui renvoie à peu près à l'Âge d'or passé (Salomon); mais, en pratique, ce qui importe bien davantage que la Restauration matérielle de la communauté du temple, c'est sa Restauration spirituelle ou morale, c'est son alignement sur l'idéal théocentrique ou sur la Torah. On aboutit ainsi de plus en plus clairement à une position assez mitigée en ce qui concerne l'idéal de Restauration du grand Israël mais à une position de plus en plus rigoriste en ce qui concerne l'idéal de Restauration morale. À cet effet, le sionisme se réalise de plus en plus en vase clos, comme une sorte de mode de vie très particulier qui doit trouver son sens et sa valeur en lui-même. En un mot, le sioniste authentique doit trouver toute sa satisfaction dans ce mode de vie très quotidien et très rigoureux, marqué par la Soumission à la Torah, le souci de Pureté sous toutes ses formes et l'attitude de prière et de Repentir. Car après tout, ce qui est exigé du sioniste, ce n'est rien d'autre qu'une reconnaissance inconditionnelle de son dieu à travers les modalités mises en place et sous l'autorité de la caste sacerdotale. Tout le reste est superflu en regard de cet idéal personnel et communautaire. Vu du point de vue humain, l'absolutisme théocentrique ne se ramène-t-il pas à ce mode de vie axé sur la Soumission à la Torah et la Pureté parfaite? Et ce mode de vie ne doit-il pas comporter sa récompense en lui-même, dans la mesure où la reconnaissance inconditionnelle de Yhwh doit conduire à une manière de vivre vertueuse et irréprochable? Quelle satisfaction plus grande que celle de vivre en harmonie avec Yhwh et sous la garde vigilante des guides sionistes? Voire.

Il se peut qu'un tel idéal purement actuel soit envisageable pour un petit nombre de fidèles qui sont en mesure de vivre intensément l'idéal spirituel sioniste, cela on peut aisément le concéder. En ce sens, l'idéal sioniste est réalisable, indépendamment de la valeur qu'un observateur extérieur peut lui accorder. Mais il m'apparaît incontestable que le problème ne se pose pas du tout de cette façon pour la majorité des sionistes, y compris l'élite sacerdotale. Et la raison de cela est d'ordre structurel. Le sioniste qui joue le jeu de la reconnaissance sur un mode absolutiste entre dans une transaction très délicate où il échange une reconnaissance inconditionnelle de sa part contre une reconnaissance conditionnelle de la part de son dieu. Nous avons déjà longuement expliqué pourquoi une telle négociation est irrémédiablement fragile: sur le fond, celui qui s'engage dans la reconnaissance *inconditionnelle* de son dieu, surtout s'il le fait dans une posture d'Exil et d'abandon confiant, celui-là ne peut par définition poser aucune condition à son adhésion ou à sa foi. Et de fait, la foi conditionnelle d'un Abraham ou la soumission absolue à la Torah d'un Moïse sont bien de cette sorte. Mais il reste que le sioniste se retrouve piégé car en entrant dans pareille stratégie de vie, il fait le pari de ne rien attendre en retour de sa vie de foi et de soumission, rien sinon la satisfaction qu'il trouve dans ce mode de vie parfait en lui-même. Mais alors où peut-on trouver la reconnaissance conditionnelle de Yhwh dans tout cela ? Faut-il prendre à la lettre le message biblique qui prétend que celui qui entre dans la voie de la Torah entre du coup dans la voie royale qui mène d'elle-même et en elle-même à la vie et au bonheur ?

L'idéal de Restauration eschatologique

Il est évident que personne ne peut répondre de l'extérieur à cette question. En revanche, il est extrêmement important de se rendre compte que ce message biblique ne vient pas seul mais s'accompagne tout au contraire d'un énorme dispositif stratégique centré sur la promesse. Or ce dispositif stratégique est tout à fait visible, tant dans la construction du passé israélite que dans la construction de l'avenir sioniste. L'idéologie biblique est ainsi construite et cela constitue une implication centrale de l'absolutisme théocentrique. Le mode de vie sioniste n'est pas présenté comme se suffisant à lui-même mais bien comme menant à une instauration-restauration idéale d'« Israël » ou du reste sioniste.

Autrement dit, la reconnaissance d'« Israël » par Yhwh mène au rachat, au Salut. Sans cette promesse de Salut, j'ose affirmer que, sur un plan général et pour l'ensemble de la communauté sioniste, l'absolutisme théocentrique perd toute raison d'être. Une description de toutes les images du Salut proposées dans les textes bibliques et postbibliques nous entraînerait dans des développements beaucoup trop longs, d'autant que ces images utopiques (au sens neutre de ce terme) sont fort nombreuses et diversifiées dans le vaste ensemble textuel considéré et que cette diversité entraîne toutes sortes de problèmes d'interprétation et de débats chez les spécialistes. Je m'en tiendrai donc à quelques remarques générales concernant ce point particulier.

Ma première remarque est probablement la plus centrale. Dans l'idéal sioniste, la dimension utopique est toujours à l'œuvre, tant en rapport avec la reconstitution d'un passé sioniste qu'en rapport avec la projection imaginaire d'un avenir. À vrai dire, il est très important de se rendre compte que la description même du passé israélite est déjà en elle-même une utopie, c'est-à-dire une promesse très élaborée de Salut. L'ensemble constitué par le Pentateuque et les livres historiques a pour fonction de mettre en place une lignée sioniste allant d'Abraham jusqu'à David, puis Josias, puis Esdras-Néhémie, etc. Malgré tous les écueils rencontrés dans le texte biblique, l'élection divine opère déjà dans le passé d'Israël et c'est par là que se concrétise l'élection actuelle et future d'Israël. Le premier messie sioniste, c'est tout simplement Abraham lui-même: «… je te fais père d'une multitude de nations. Je te rendrai extrêmement fécond, de toi je ferai des nations, et des rois sortiront de toi. J'établirai mon alliance entre moi et toi, […] une alliance perpétuelle […]. À toi et à ta race après toi, je donnerai le pays où tu séjournes…» (Gn 17,5-8). Ou plus clairement encore, plus loin: «… je te comblerai de bénédictions, je rendrai ta postérité aussi nombreuse que les étoiles du ciel […], et ta postérité conquerra la ville de ses ennemis. Par ta postérité se béniront toutes les nations de la terre, parce que tu m'as obéi» (Gn 22,17-18). Cette image nettement messianique revient constamment tout au long du texte biblique, mais naturellement, sous une forme variable. Le rêve essentiel peut se résumer à l'énoncé de la Genèse: «Le sceptre ne s'éloignera pas de Juda, ni le bâton de chef d'entre ses pieds, jusqu'à ce que le tribut lui soit apporté et que les peuples lui obéissent» (Gn 49,10). Parfois ce rêve messianique prend la forme de la Promesse dynastique et l'on va même jusqu'à tenir cette promesse pour inconditionnelle comme en 2S 7,10-16 ou dans le Ps 89. Bref, les garanties de Salut sont déjà pleinement énoncées dans le passé israélite et tout particulièrement dans le grand mythe d'Âge d'or sous David et Salomon.

Ma deuxième remarque portera sur le développement de la tendance apocalyptique, d'abord à la période biblique mais surtout à partir des deuxième et troisième siècles AEC. Ici le rêve sioniste s'ouvre et se diversifie comme rarement dans l'histoire. La question du messianisme reste présente mais celui-ci peut prendre tellement de formes que l'accent se déplace peu à peu: il ne s'agit plus vraiment de savoir si la Restauration finale ou le Salut sera apporté par un roi, par un prêtre, par un visionnaire quelconque ou par Yhwh lui-même, mais plutôt de savoir quelle forme prendra ce Salut. Le point essentiel, il me semble, c'est que la vraie Restauration n'a pas eu lieu et qu'il faut quand même s'en donner une image de plus en plus claire et dans toute la mesure du possible croire à son imminence. Alors, les visionnaires de tout acabit rivalisent d'imagination et *établissent leur autorité* par des utopies qui concernent aussi bien le passé que l'avenir, le cosmos que l'histoire, Sion que l'ensemble des peuples. Dans ce contexte, on a beau essayer de définir et de circonscrire le phénomène, il devient vite évident qu'il a tendance à déborder tout comme l'imagination même des visionnaires. Mais en fin de compte, ce qu'on retrouve dans ces visions plus ou moins fantastiques, ce sont les caractéristiques mêmes de l'idéal sioniste, mais cette fois amplifiées démesurément et projetées dans le futur.

J'avoue candidement être très peu sensible à ce genre de spectacle à grand déploiement et il m'est arrivé, après avoir lu l'un ou l'autre de ces textes souvent obscurs et confus, de louer la grande sagesse des rabbins qui ont eu le bon jugement d'exclure du canon biblique tous les textes apocalyptiques tardifs (sauf bien sûr le livre de Daniel). Malgré tout, ma troisième remarque portera sur quelques caractéristiques flagrantes de cette fuite en avant apocalyptique. En simplifiant à peine, on peut avancer que tous les éléments essentiels de la Restauration sioniste attendue en vain se retrouvent ici enfin réalisés, d'un seul coup, sur un mode magique, dans une sorte de grand soir qui est très souvent préfiguré par une catastrophe politique ou cosmique. Ce grand soir a des côtés à la fois consolants et inoffensifs puisque les «justes» peuvent enfin être justifiés et récompensés et que les sionistes convaincus peuvent enfin donner libre cours à leur prosélytisme sans limite. Mais en revanche, cette victoire des justes nous ramène immanquablement à la vision des vaincus, au ressentiment sioniste et à ses rêves de domination universelle qu'il vaut mieux ne pas qualifier. Le brave Isaïe fait entendre un chant bien doux: «Oui, Yhwh a pitié de Sion, il a pitié de toutes ses ruines; il va faire de son désert un Éden et de sa steppe un jardin de Yhwh» (Is 51,3). Mais quand on connaît le prix du jardinage divin: «Des rois seront tes pères adoptifs et leurs princesses tes nourrices. Face contre terre, ils se prosterneront devant toi, ils lécheront la poussière de tes pieds. Et tu sauras que je suis Yhwh, ceux qui espèrent en moi ne seront pas déçus» (Is 49,23). Le problème fondamental, c'est justement que le renversement est radical et qu'il doit favoriser en quelque façon les sionistes, les gens de la voie juste: «Tandis que les ténèbres s'étendent sur la terre et l'obscurité sur les peuples, sur toi [Sion] se lève Yhwh et sa gloire sur toi paraît. Les nations marcheront à ta lumière et les rois à ta clarté naissante» (Is 60,2-3). Et plus loin: «Car la nation et le royaume qui ne te servent pas périront et les nations seront exterminées. [...] Ils s'approcheront de toi, humblement, les fils de tes oppresseurs, ils se prosterneront à tes pieds, tous ceux qui te méprisaient [...]. Tu suceras le lait des nations, tu suceras les richesses des rois» (Is 60,12-16). Et pourtant, la vision des vaincus prend chez Isaïe un tour modéré qu'on chercherait en vain chez la plupart des prosélytes sionistes purs et durs: ainsi par exemple l'épopée vengeresse en Zacharie chapitre 14 ou en Joël chapitre 3.

Il ne semble pas utile, dans le contexte actuel, de faire intervenir divers éléments de la vision apocalyptique qui se développeront plus tardivement: ainsi, par exemple, la question de la survie personnelle qui apparaît vers l'époque asmonéenne dans le contexte d'une tentative de compensation des justes pour les souffrances éprouvées lors de leur défense du sionisme (Dn 12,1-3 ou 2M 7,7-38). Ce qui est frappant dans toutes ces élaborations d'ordre fantastique, c'est l'audace extrême que prend l'absolutisme sioniste quand il cherche à justifier ses espoirs de Restauration et de Salut. Comme tous les millénarismes, la pensée apocalyptique sioniste ne craint pas l'irréalisme le plus débridé pour arriver à ses fins. Mais c'est cet objectif, justement, qu'il ne faut pas perdre de vue: on réalise dans l'imaginaire le grand renversement de situation qui doit venir justifier l'idéal sioniste et sa recherche de Salut. Plus la situation semble sans issue, plus les sionistes semblent condamnés à une vision de vaincus terne et pessimiste, et plus le renversement opère avec force grâce à ce report dans l'imaginaire et plus l'espoir sioniste se retrouve justifié sur un mode purement symbolique et compensatoire. Puisqu'on ne peut revenir en arrière, prendre une distance critique et réexaminer le choix stratégique déjà profondément engagé, il ne reste plus que la fuite en avant, le Salut à tout prix, l'orientation utopique de toute la vie sioniste. S'il est un aspect de la stratégie sioniste où l'on peut discerner la fragilité extrême de toute l'entreprise, c'est bien dans cette démarche qui n'hésite pas à déprécier et finalement à déserter le présent décevant en faveur de rêveries compensatoires. Le fidèle sioniste se retrouve dans une posture attentiste, complètement déphasé face à la vie présente, et il nourrit son rêve de toutes ses énergies inutilisées et de ses espoirs déçus. Le danger d'une telle attitude est si évident qu'il ne semble pas nécessaire d'insister sur ce point. Tout idéal non réalisé et surtout trop difficile à réaliser peut constituer une hypothèque très lourde pour la vie présente; dans le cas qui nous occupe, cette hypothèque prend la forme d'une rêverie sans fin, d'une caricature de révélation. L'imagination parasite le réel mais ce n'est pas impunément qu'elle s'en nourrit. La vie sioniste bascule dans l'imaginaire et s'y abolit.

Conclusion

Les deux grands ordres de questionnement qui nous ont guidés dans ce dernier chapitre, mais aussi bien dans toute cette partie, concernent la réalisabilité de l'absolutisme théocentrique sioniste et sa souhaitabilité. Un examen stratégique complet oblige à se centrer tôt ou tard sur ces deux questions: d'une part, l'idéal sioniste est-il réalisable? D'autre part, est-il souhaitable, sur le plan humain et moral, de le réaliser? Comme il nous reste à examiner dans la quatrième et dernière partie l'ensemble des textes de sagesse, il va de soi que nous n'avons pas encore en main tous les éléments qui permettraient de répondre à la question stratégique-morale ultime de la souhaitabilité ou de la valeur de l'éthique de vie sioniste. On doit en effet s'attendre à ce que ces textes puissent faire varier notre appréciation de la valeur morale de l'idéal sioniste. Nous devrons donc reprendre cette question dans la conclusion finale.

En ce qui concerne la réalisabilité de la stratégie sioniste, on peut l'examiner dans ses grandes lignes dès maintenant. La vaste réflexion herméneutique que nous avons menée dans la présente partie montre que cette question doit être posée sur deux plans complémentaires : d'abord sur le plan global de l'idéal théocentrique lui-même ; ensuite sur le plan plus particulier des implications principales de cet idéal.

Pour poser correctement ce problème, il convient de partir d'une distinction simple mais décisive. Dans une analyse morale traditionnelle, on a tendance à passer outre à ce genre de question concernant la faisabilité d'un plan stratégique quelconque car on considère généralement tout idéal éthique comme se situant d'emblée au niveau du devoir-être ; de ce fait, si un idéal est valable, on doit chercher à le réaliser, peu importe les exigences et les difficultés rencontrées. Mais dans une perspective stratégique élaborée et complète, la question n'est pas si simple.

D'un côté, en effet, tout idéal de vie est en lui-même une possibilité bien *réelle* pour l'esprit humain. Cela se comprend aisément : rien n'empêche un être humain de concevoir ou d'imaginer un idéal de vie menant à la reconnaissance totale, au bonheur parfait ou au salut final et définitif. Et cet idéal, dès le moment où il est conçu, explicité, élaboré, existe effectivement dans l'esprit de celui qui l'énonce et le partage avec d'autres. À partir du moment où il vit dans l'esprit de quelqu'un et où on entreprend de l'expliciter et de l'étoffer, il se met à exercer une influence réelle sur cette personne et il commence à se nourrir de ses désirs, de ses attentes, de ses projets, de ses expériences de vie, etc. C'est donc la caractéristique essentielle de tout idéal de vie de se nourrir et de se développer à même le vécu de celui qui le conçoit, de le parasiter à fond et même d'hypothéquer son avenir en accaparant son temps et ses énergies. Il en est de même, naturellement, pour un idéal collectif. Bref, tout idéal est réalisable en ce sens qu'il investit la personne jusque dans son avenir ; de ce fait, à tout le moins, il se réalise peu à peu dans l'esprit individuel ou collectif.

Mais de l'autre côté, à partir du moment où l'on envisage cet idéal comme un calcul stratégique et à peu de chose près comme un calcul coût-bénéfice, alors évidemment le vrai problème de la réalisabilité de cet idéal se pose beaucoup plus concrètement. Dans cette perspective, la plus belle utopie est justiciable d'un calcul stratégique relativement serré car peu importe sa valeur ou sa souhaitabilité idéales, il reste encore à l'envisager comme un calcul stratégique concret et à examiner à quel prix elle peut être réalisée. C'est pourquoi, au bout du compte, la question de la faisabilité constitue une question à part, une question importante en elle-même, indépendamment de la valeur de l'utopie envisagée. Aussi le stratège qui prétend que tout désir peut être légitime, que tout idéal peut en lui-même être souhaitable ou valable, ce stratège risque d'évacuer la question préalable de faisabilité et se condamne du même coup à faire de la mauvaise stratégie.

L'arrière-plan incontournable d'une telle problématique, c'est tout simplement que, dans une situation donnée, il existe toujours plusieurs calculs stratégiques possibles [4] et qu'on est ainsi amené, forcé d'examiner froidement quel calcul offre les meilleures espérances au moindre coût. Or même si aucun stratège humain n'est en mesure d'offrir des mesures précises et des rapports coût-bénéfice absolument contraignants, il reste que, dans l'ensemble, tout stratège humain digne de ce nom est en mesure d'examiner de façon délibérée quels sont les coûts entraînés par un idéal donné, si valable soit-il par ailleurs.

Cela étant dit, je rappelle que la question de la réalisabilité de l'idéal sioniste peut être posée sur deux plans : le plan global de l'idéal dans son ensemble et le plan particulier des implications concrètes de cet idéal.

À propos de l'idéal sioniste global, il y a peu à ajouter que nous n'ayons déjà dit. Il faut distinguer le but recherché et les moyens nécessaires afin d'atteindre ce but. Le but poursuivi, quand on y songe, n'a rien de singulier : il est maintes fois exprimé en termes de salut ou de bonheur parfait, ce qui est normal, mais il se ramène en réalité aux caractéristiques courantes que les humains peuvent discerner lorsqu'ils envisagent le bonheur terrestre : postérité, prospérité, paix, etc. Toutes les sociétés du monde ancien partagent cet idéal de bonheur terrestre relativement complet.

Ce qui est tout à fait singulier, en revanche, c'est la stratégie proposée pour atteindre cet objectif : la reconnaissance inconditionnelle de Yhwh et la soumission totale à la voie de la Torah. Or ce qui ne peut manquer de frapper tout lecteur attentif des deux textes majeurs du Pentateuque, soit l'Exode et le Deutéronome, c'est l'insistance très lourde des auteurs sur l'extrême difficulté et même la quasi-impossibilité

4. Ce n'est sans doute pas par hasard que le choix stratégique sioniste s'effectue dans la posture fondamentale de l'Exil : les idéologues sionistes procèdent d'instinct par réduction et s'efforcent de montrer que le *seul* choix possible dans la situation de survie spirituelle ou morale qui est la leur est l'absolutisme théocentrique. Cependant, dès qu'on replace ce choix stratégique dans la durée, cette manœuvre idéologique de réduction devient une mystification pure et simple.

de réaliser effectivement une telle stratégie. J'ai déjà analysé ces textes un à un, sans compter les passages de l'histoire deutéronomiste qui viennent les corroborer et même les renforcer : à tous les tournants, ces textes étalent les infidélités du peuple et de ses dirigeants, à tous les tournants ils prédisent la faillite de l'Alliance et l'Exil, à tous les tournants ils cherchent une solution de rechange à la stratégie trop exigeante de reconnaissance inconditionnelle de Yhwh. Ainsi, les auteurs eux-mêmes mettent fortement en lumière l'extrême difficulté, sinon l'impossibilité, de réaliser l'idéal stratégique mis en place. Et naturellement, c'est la raison fondamentale de cet échec appréhendé qui nous importe ici : la reconnaissance *inconditionnelle* de Yhwh et de sa voie implique nécessairement un décentrement *radical* du sioniste et un abandon confiant *total* à Yhwh. Les textes, sans autre réflexion critique, se contentent de *montrer* qu'un tel calcul stratégique est pratiquement impossible à mener à bien. Bien sûr, sur un plan idéologique, les auteurs utilisent cet échec pour relancer les exigences stratégiques énoncées et pour laisser entendre que cela reste la seule stratégie valable, vraiment valable, mais le constat demeure : jamais la communauté sioniste idéale du Pentateuque et des livres historiques ne parvient à réaliser de manière stable et continue l'idéal stratégique énoncé. En termes historiques, il faut appeler cela une vision des vaincus ; en termes stratégiques, il faut appeler cela une attitude d'échec. Bref, pour maintenir l'objectif poursuivi, le bonheur terrestre, les sionistes persistent dans une stratégie qui les ramènent constamment à la posture d'Exil, à l'aveu d'impuissance, au Repentir, etc. Leur théorie justificative se réduit constamment à affirmer qu'il n'y a pas d'autre calcul stratégique valable pour atteindre l'objectif visé. Or, même si l'on admet à court terme, dans le contexte de l'Exil, que cette affirmation est *plausible*, il est tout à fait certain qu'à plus long terme elle est désespérément fausse.

Et cette erreur stratégique désastreuse transparaît dès qu'on se penche non plus sur l'idéal stratégique sioniste dans son ensemble mais bien sur les implications essentielles de cet idéal stratégique. Je me suis attaché à démontrer que de cet idéal stratégique découlent *nécessairement* un certain nombre d'implications pratiques. Cette déduction est un travail important dans une analyse stratégique et je crois l'avoir menée de façon satisfaisante, même si je n'ai pas cherché à décrire le détail de ces implications. Il est donc superflu de revenir sur chacune des implications examinées car il n'est que trop évident qu'elles ne font que renforcer ma thèse fondamentale. J'ai examiné ces implications en référence aux trois dimensions du temps, passé, présent et avenir, et à chaque fois on a abouti à des difficultés particulières toujours plus insurmontables.

Par rapport au passé, le calcul stratégique sioniste se justifie par un recours fondamentaliste à une révélation divine, ce qui confine nécessairement à une sorte de fidéisme et a pour fonction idéologique centrale d'empêcher toute discussion sereine et approfondie du calcul stratégique reporté sur Yhwh et justifié par lui. D'un point de vue stratégique, l'effet de ce stratagème est désastreux car il revient à dire que c'est Yhwh qui a fait les seuls bons choix stratégiques possibles pour son peuple, et à occulter du même coup les calculs réels effectués par les représentants ou les interprètes humains qui deviennent ainsi les ventriloques de Yhwh. Ce stratagème est si désastreux, à vrai dire, qu'il se déconstruit et se réfute de lui-même puisqu'il conduit tout droit au sectarisme idéologique, c'est-à-dire à la querelle interminable des interprètes qui prétendent s'approprier le présumé message divin et le manipuler selon leur programme idéologique propre. De ce côté, au plan épistémologique, et indépendamment de la question de son historicité, la construction stratégique sioniste est un naufrage.

Par rapport à l'avenir, le calcul stratégique sioniste aboutit à des formes très diverses mais au fond convergentes de millénarisme, donc à de nouvelles révélations à caractère fondamentaliste. C'est ici que l'idéal sioniste apparaît le plus clairement comme une hypothèque écrasante pour le présent sioniste. Incapable de réaliser la stratégie préconisée par leurs propres ressources, les sionistes s'embarquent dans une fuite en avant sans fin et délèguent en toute logique la réalisation de leur stratégie à un messie improbable, sinon à Yhwh lui-même. Mais ce stratagème profondément théocentrique était là depuis le début car déjà, dans l'histoire paradigmatique d'Israël, c'est Yhwh qui était seul en mesure de concevoir et de réaliser d'un bout à l'autre la stratégie de salut sioniste. On reste ainsi dans le registre de la révélation et de la foi et on continue de s'interdire toute discussion stratégique digne de ce nom.

Par rapport au présent, enfin, j'ai discuté quelques implications majeures de la construction stratégique sioniste. Il serait trop long d'y revenir à nouveau ici mais je crois qu'on peut les regrouper sous les deux vocables de piétisme (gestion du repentir et de la pureté rituelle) et d'exclusivisme (sectarisme à l'intérieur et séparatisme à l'extérieur). Qu'un mode de vie aussi confiné soit possible, nul ne peut en douter, bien entendu. Mais, de façon plus réaliste, il me semble que ce mode de vie, considéré en lui-même, constitue une sorte d'aveu d'échec, un pur et simple passage à la limite de la vision des vaincus. On peut maintenir *à tout prix* une erreur stratégique, *réaliser* à tout prix une éthique en dépit de ses coûts exorbitants, mais alors l'analyse stratégique-morale n'est plus d'aucun secours.

Comme on le voit, dès qu'on entame l'examen de la praticabilité d'une stratégie de vie quelconque, on se retrouve très vite au seuil d'une évaluation critique de cette stratégie. Je reprendrai ce travail d'évaluation en conclusion, après l'examen méthodique des textes de sagesse.

Orientations bibliographiques

Comme cette troisième partie est consacrée à une interprétation d'ensemble de l'idéologie biblique, je m'en tiendrai à des recommandations bibliographiques sur un certain nombre d'aspects particuliers et j'insisterai davantage sur des thèmes que j'ai dû traiter ici de façon malheureusement trop partielle.

En premier lieu, le thème de l'honneur et du patronage. Aux références déjà proposées dans l'introduction générale (voir *Sagesses*, vol. 1), j'ajoute quelques recommandations centrées sur l'étude de la Bible. D'un côté, quelques traitements plutôt généraux: J. J. Pilch, *Introducing the Cultural Context of the Old Testament* (très accessible); J. J. Pilch et B. J. Malina, *Biblical Social Values and Their Meaning*; V. H. Matthews et D. C. Benjamin (dir.), *Honor and Shame in the World of the Bible* (belles analyses de cas); J. H. Neyrey (dir.), *The Social World of Luke-Acts* (un des meilleurs collectifs sur le sujet); T. S. Laniak, *Shame and Honor in the Book of Esther* (application méthodique du modèle à un livre biblique); K. Stone, *Sex, Honor and Power in the Deuteronomistic History*. De l'autre côté, quelques articles spécialement éclairants sur le sujet: L. Bechtel, « Shame as a Sanction of Social Control in Biblical Israel »; S. M. Olyan, « Honor, Shame and Covenant Relations… »; M. S. Odell, « The Inversion of Shame and Forgiveness in Ezechiel 16 ».

En deuxième lieu, le problème de théodicée. Je m'en tiens à quelques volumes qui comportent un certain traitement d'ensemble de la question: A. Laato et J. C. de Moor (dir.), *Theodicy in the World of the Bible* (un véritable traité de théodicée biblique); J. L. Crenshaw (dir.), *Theodicy in the Old Testament* (plusieurs textes classiques sur la question); J. L. Crenshaw, *Collected Writings in Old Testament Wisdom* (un des grands spécialistes en théodicée biblique); J. S. Kaminsky, *Corporate Responsibility in the Hebrew Bible* (une démonstration très importante); Y. Hofman, *A Blemished Perfection* (centré sur le livre de Job); J. K. Kuntz, « The Retribution Motif in Psalmic Wisdom » (centré sur les Psaumes); T. W. Willett, *Eschatology in the Theodicies of 2 Baruch and 4 Ezra* (la théodicée postbiblique).

En troisième lieu, l'étude des implications pratiques du sionisme religieux comporte de très nombreux aspects et je dois naturellement me limiter à quelques-uns d'entre eux. D'abord, il est essentiel que l'étudiant du protojudaïsme ait une bonne connaissance d'ensemble de la période: B. Otzen, *Judaism in Antiquity* (excellente introduction générale); L. L. Grabbe, *Judaism from Cyrus to Hadrien* (synthèse historique complète et accessible); G. Boccaccini, *Roots of Rabbinic Judaism* (une interprétation d'ensemble du phénomène sioniste); E. P. Sanders, *Judaism: Practice and Belief* (la pratique sioniste); S. Safrai et M. Stern (dir.), *The Jewish People in the First Century* (une véritable encyclopédie du protojudaïsme); J. Jeremias, *Jérusalem au temps de Jésus* (un classique encore utile).

Ensuite, la question de l'identité culturelle et de l'exclusivisme sionistes a une importance fondamentale pour notre propos. J'énumère ici quelques bonnes études d'ensemble sur le sujet : J. Neusner, *The Idea of Purity in Ancient Judaism* (relativement accessible) ; J. L. Berquist, *Controlling Corporeality*; E. T. Mullen, *Narrative History and Ethnic Boundaries* (une étude très importante); W. Houston, *Purity and Monotheism* (spécialisé) ; S. M. Olyan, *Rites and Rank* (de même) ; S. Niditch, *War in the Hebrew Bible* (le sionisme et la guerre sainte) ; L. J. Silberstein et R. L. Cohn (dir.), *The Other in Jewish Thought and History* (au-delà du protojudaïsme).

Puis, parallèlement à l'exclusivisme, le sectarisme. D'abord une bonne étude d'ensemble sur les principales sectes juives : A. J. Saldarini, *Pharisees, Scribes and Saducees in Palestinian Society*. Puis quelques traitements très généraux : un bon article dans S. Talmon, *King, Cult and Calendar in Ancient Israel*; la contribution de J. Blenkinsopp dans E. P. Sanders (dir.), *Jewish and Christian Self-Definition*, vol. 2 ; celle de L. H. Schiffman dans R. Jospe et S. M. Wagner (dir.), *Great Schisms in Jewish History*; de nombreuses indications intéressantes dans P. D. Hanson, *The Dawn of Apocalyptic*; et l'un des rares traitements d'ensemble, A. I. Baumgarten, *The Flourishing of the Jewish Sects in the Maccabean Era*. À cela, il convient d'ajouter quelques recueils d'études sur la secte de Qumrân : J. T. Barrera et F. G. Martinez, *The People of the Dead Sea Scrolls*; P. W. Flint et J. C. VanderKam (dir.), *The Dead Sea Scrolls After Fifty Years*; E. Ulrich et J. C. VanderKam (dir.), *The Community of the Renewed Covenant*.

Enfin, le problème de la restauration sioniste peut être étudié sous divers angles. Je cite d'abord deux études générales : P. R. Ackroyd, *Exile and Restoration*; et surtout J. M. Scott (dir.), *Restoration*. Quant au reste, plusieurs thèmes se recoupent autour de cette question : eschatologie, messianisme, pensée apocalyptique, etc. Je renvoie pour commencer à quelques études introductives : D. E. Gowan, *Eschatology in the Old Testament*; D. S. Russell, *Divine Disclosure*; et surtout J. J. Collins (dir.), *The Encyclopedia of Apocalypticism*. Parmi les traitements plus spécialisés, je retiens : J. Becker, *Messianic Expectations in the Old Testament*; T. D. Alexander, « Royal Expectations in Genesis to Kings » ; S. L. Cook, *Prophecy and Apocalypticism*; J. J. Collins, *The Apocalyptic Imagination*; J. Neusner *et al.* (dir.), *Judaisms and Their Messiahs…* ; J. H. Charlesworth et J. J. Collins (dir.), *Mysteries and Revelations*; C. A. Evans et P. W. Flint, *Eschatology, Messianism and the Dead Sea Scrolls*.

J'ajoute quelques titres concernant l'évolution du sionisme religieux et son rapport avec le fondamentalisme juif actuel : M. E. Marty et R. S. Appleby (dir.), *Fundamentalisms Observed*; dirigé par les mêmes, *Fundamentalisms Comprehended*; L. J. Silberstein (dir.), *Jewish Fundamentalism in Comparative Perspective*; M. Saperstein (dir.), *Essential Papers on Messianic Movements…*

QUATRIÈME PARTIE

Les textes de sagesse et leur rapport avec l'idéologie sioniste

Introduction

L'ESSENTIEL DE NOTRE EFFORT A CONSISTÉ JUSQU'ICI À ÉLUCIDER l'idéologie biblique. Nous avons tenté de donner à notre enquête une allure méthodique et même systématique, dans toute la mesure du possible, et nous avons multiplié les synthèses et transitions de toutes sortes en cours de route de façon à ce que le lecteur puisse faire le point à maintes reprises et se former ainsi une vue d'ensemble progressive et complète. Nous ne reviendrons donc pas à nouveau sur les résultats essentiels de notre démarche, si ce n'est pour rappeler que la masse des écrits bibliques propose de façon nette, dominante et constante une éthique de vie de type absolutiste : cet absolutisme est d'une forme extrêmement radicale et ce radicalisme tient à sa caractéristique centrale, le théocentrisme, c'est-à-dire le décentrement complet du croyant et sa soumission inconditionnelle à la volonté de Yhwh. De cette reconnaissance inconditionnelle de Yhwh et de sa Torah doivent découler tôt ou tard la reconnaissance du croyant par Yhwh et, de là, son bonheur terrestre.

Tel est donc le portrait simplifié qu'on peut se former de l'idéologie biblique. D'une certaine manière, notre recherche pourrait s'arrêter là puisqu'il est d'ores et déjà assuré qu'aucun complément d'enquête n'est susceptible de faire varier substantiellement ce résultat global. En effet, tous les textes majeurs de la Bible hébraïque, du Pentateuque aux livres historiques et prophétiques, concourent à étayer solidement notre thèse interprétative. Reste pourtant que les textes de sagesse posent un défi fort intéressant et qui mérite assurément d'être relevé. Même si nous devrons apporter des nuances et faire des mises au point assez considérables, ce défi peut être décrit en première approximation de la manière suivante. Il semble bien, à première vue du moins, que l'ensemble des textes de sagesse bibliques et postbibliques s'inscrivent dans une tradition de pensée extrêmement puissante, prestigieuse et influente, tradition que l'on retrouve partout dans le Proche-Orient ancien et dont les deux principaux témoins sont la sagesse égyptienne et la sagesse mésopotamienne. Nous avons examiné minutieusement tous les témoignages importants de ces deux grands courants dans les deux premiers volumes de Sagesses; nous ne reviendrons donc pas sur cette longue enquête ici. L'essentiel, au stade actuel, est de reconnaître qu'il existe une filiation évidente entre ces traditions de pensée beaucoup plus anciennes et les textes de sagesse bibliques. Il paraît dès lors légitime de poser provisoirement que ces écrits bibliques trouvent leurs assises dans un ordre de préoccupation différent de la majorité des autres textes bibliques qualifiés de yahvistes ou de sionistes. La question est donc de savoir si ces textes se donnent véritablement un point de départ différent des autres textes bibliques, et jusqu'à quel point; mais la question consiste aussi à examiner si ce point de départ vraisemblablement différent mène à des résultats qui s'intègrent dans le cadre idéologique sioniste, et jusqu'à quel point. Tel est le défi que doit relever l'examen détaillé des textes de sagesse bibliques.

Il est évidemment inutile, ici même, de formuler des hypothèses sur tout ce qui concerne une question aussi complexe. Il me semble pourtant approprié, sinon nécessaire, d'offrir au lecteur une certaine mise en place de la problématique générale qui va nous tenir lieu de fil conducteur tout au long de notre exposé des écrits sapientiaux bibliques.

Pour assurer une telle mise en place, il convient en premier lieu de circonscrire l'objet même de cette recherche. Si l'on s'en tient d'abord aux écrits canoniques de la Bible hébraïque, il n'y a que trois textes de sagesse dûment reçus: le livre des Proverbes, le livre de Job et le livre de l'Ecclésiaste ou de Qohélet. Il n'est pas malaisé d'observer que ces trois échantillons de sagesse représentent un îlot somme toute marginal dans l'ensemble biblique; et cette observation est renforcée par une autre, à savoir que Qohélet est venu bien près d'être écarté du canon biblique pour des raisons faciles à deviner. Ce simple état de choses global en dit très long sur la place réelle qu'occupe le projet sapiential dans le cadre sioniste; il ne faut donc pas minimiser ce point.

À ces trois textes de base, il faut prendre la liberté d'ajouter deux textes plus tardifs et de ce fait exclus du canon de la Bible hébraïque, mais en revanche acceptés comme deutérocanoniques dans la Bible catholique (et publiés de fait dans plusieurs Bibles protestantes) : le livre de l'Ecclésiastique ou de Jésus Ben Sira et le livre de la Sagesse ou de la Sagesse de Salomon. Ces deux textes sont maintenant reconnus comme importants mais ne suffisent sans doute pas à modifier l'impression de marginalité qui se dégage de ce modeste ensemble.

Nous aurons encore l'occasion d'évoquer ou d'analyser au passage plusieurs courts textes de sagesse, si l'on se permet d'élargir au maximum l'acception de cette catégorie : le livre de Jonas (en complément à notre analyse de Job), l'Hymne à la sagesse contenu dans le livre de Baruch (en complément à notre analyse de Sira), quelques Psaumes sapientiaux, le texte sapiential A de Qumrân et les sentences du Pseudo-Phocylide.

Comme on le voit, la moisson est assez maigre même en grattant les fonds de tiroir. Mais si, en deuxième lieu, on pousse la description un peu plus loin, il est frappant de constater que cet ensemble ne présente pas une apparence homogène ni par sa forme ni par son contenu. Il est manifestement impossible que l'ensemble de ces textes soit bel et bien le produit d'une seule école ou d'une seule tradition de pensée. À tout le moins, la discontinuité est si flagrante entre Proverbes et Job, par exemple, qu'on ne peut supposer la moindre concertation entre leurs auteurs. Ainsi encore, on aurait beau vouloir rapprocher Job et Qohélet comme deux textes de sagesse critique, la moindre analyse sérieuse finit par les différencier à bien des à égards.

Si l'on espère fournir un début d'explication à ce caractère non homogène et non concerté des œuvres de sagesse bibliques et postbibliques, sans doute faut-il essayer de caractériser le mode de composition et surtout le contexte socioculturel de ces œuvres. L'état de désorganisation dans lequel ces textes sont rédigés, compilés et édités peut aider à comprendre qu'on n'a pas affaire à une tradition de pensée mais à une série limitée d'efforts relativement isolés et indépendants. Alors que pour les écrits typiquement sionistes on dispose à coup sûr d'une masse critique d'auteurs et d'œuvres, pour les textes de sagesse, ce ne peut être le cas. Bien sûr, on s'entend que ces œuvres sont invariablement le résultat du travail de divers scribes et qu'une certaine portion de ces scribes représentait ni plus ni moins l'intelligentsia de l'époque. Mais une constatation aussi générale ne nous donne pas les moyens de définir précisément une tradition de pensée sapientiale en Israël ou en Judée.

Ce qui achève, à vrai dire, de rendre ce casse-tête impénétrable, c'est la manière même dont la plupart de ces œuvres sont construites. À ce propos, justement, la majorité des spécialistes s'accordent pour ne s'accorder sur rien ! On ne connaît l'auteur d'aucune de ces œuvres (sauf naturellement Sira), on ne peut dater ni les œuvres ni leurs diverses couches rédactionnelles (sauf encore Sira), on ne peut généralement pas déterminer le contexte dans lequel elles ont vu le jour, on n'arrive pas à s'entendre sur le nombre et l'importance des diverses «éditions» et des divers remaniements subis par chacune d'elles, bref ces œuvres sont des documents sans visage et sans histoire. Dans bien des cas, notre incertitude va si loin que les exégètes débattent encore aujourd'hui à propos de la structure même de ces textes et de la signification de leurs thèmes les plus centraux. Le moins que l'on puisse dire est que l'intention de l'auteur ne nous est plus accessible mais, au-delà de ce niveau de lecture hasardeux, on n'arrive bien souvent même pas à s'entendre sur le sens global du texte lui-même.

Il est possible qu'en brossant ce tableau préliminaire, je sois entraîné vers certaines exagérations. Ce que je tiens à bien marquer, au demeurant, c'est le caractère profondément inorganique de la soi-disant tradition sapientiale biblique. Et j'estime quant à moi qu'il y a un bénéfice important à se placer carrément devant ce fait et à le reconnaître comme tel : d'abord et avant tout, il devient futile de se lancer dans des conjectures sans fondement à propos des auteurs, du mode de composition et du contexte général de ces œuvres ; en fin de compte, on n'est pas en mesure de prêter la moindre intention implicite ou occulte à des auteurs-éditeurs ou à des écoles de pensée dont nous ne savons rien. Ces scribes étaient-ils rattachés au sionisme biblique, faisaient-ils un effort concerté pour s'y rattacher, prétendaient-ils se mettre au service d'une idéologie dominante déjà fermement établie : nous n'en savons rien et seule la stricte lecture des textes peut nous livrer quelque éclairage à ce sujet. On peut croire que la majorité sinon la totalité de ces œuvres ont reçu leur forme finale quelque part après l'exil et qu'elles émanent du milieu le plus urbanisé et le plus cultivé de Juda (sauf bien sûr Sagesse, Pseudo-Phocylide et le texte de Qumrân). Cela nous situe vaguement, sans plus.

Tout cela revient à dire que le défi d'examiner le lien plus ou moins étroit qui relie ces textes de sagesse à l'ensemble biblique est de taille. Dans le contexte que je viens de décrire sommairement, la seule manière de procéder qui soit acceptable consiste donc à partir des textes eux-mêmes et à se poser les questions suivantes : l'ensemble procède-t-il d'une seule et même problématique fondamentale, par-delà la cohérence particulière de chaque œuvre ? Peut-on situer l'une ou l'autre de ces œuvres dans un rapport de filiation clair avec la tradition de pensée égyptienne, mésopotamienne ou grecque ? Enfin, existe-t-il un rapport *manifeste* (je veux dire : manifesté par le texte lui-même) entre chacun des textes de sagesse et l'idéologie biblique dans son ensemble ?

La dernière question correspond ni plus ni moins à une reformulation prudente de notre défi initial sur le lien entre sagesse et sionisme bibliques : il est clair qu'on doit procéder cas par cas à ce sujet et sans le moindre préjugé. Pour les deux autres questions, il en va différemment. Peut-être serait-il préférable de s'en tenir à l'analyse des œuvres avant d'émettre quelque hypothèse de travail que ce soit, mais il me semble tout de même plus opérationnel et plus fécond de tenter dès maintenant de se donner une certaine plateforme préliminaire sujette à rectification. Car il existe effectivement une certaine problématique fondamentale et commune à toutes les sagesses du Proche-Orient ancien et cette problématique est incontestablement partagée par les textes sapientiaux de la Bible. Bien que tout cela soit posé à titre préliminaire et provisoire, il reste que cette problématique doit être présentée ici de façon synthétique de manière à nous guider dans notre recherche éventuelle sur chaque œuvre particulière. Bien des détails, nuances et corrections s'ajouteront à ce tableau d'ensemble mais, même à titre provisoire, il demeure un outil indispensable à notre examen des textes. Se passer d'un tel tableau d'ensemble reviendrait à lire les textes sans grille de lecture, donc à la limite sans savoir ce qu'on y cherche. Cela me paraît pure illusion ou simple naïveté. Voici donc la grille herméneutique que je propose à titre d'hypothèse de travail [1].

Toutes les traditions de sagesse de l'Orient ancien sont centrées sur une problématique unique et englobante : établir une corrélation forte entre sagesse et bonheur. On peut s'en tenir pour notre propos aux deux modèles les plus élaborés, la tradition égyptienne et la tradition mésopotamienne. Dans les deux cas, le sage est un scribe inscrit dans la pyramide du pouvoir et sa réflexion sert des objectifs à la fois personnels et idéologiques ; autrement dit, sa réflexion contribue à le positionner favorablement à l'intérieur du régime qui lui donne prestige et pouvoir, et simultanément à consolider et légitimer ce régime considéré comme un ordre établi optimal. On n'a donc pas affaire à des sagesses critiques ni même indépendantes, sinon en ce sens très restreint que les sages en question peuvent éprouver quelque difficulté à se positionner de façon satisfaisante dans le cadre sociopolitique en place et que cette difficulté peut les amener à se poser le problème d'une stratégie de vie valable en termes plus problématiques.

On peut s'en tenir pour l'instant à un contexte moyen, c'est-à-dire normal et relativement favorable : le régime en place tourne rond, la

1. Cette grille a déjà été élaborée dans l'introduction générale en *Sagesses*, vol. 1, p. 11-76.

position des sages en son sein n'est pas menacée et l'idéal sapiential n'est compromis par aucune crise d'importance. Alors la problématique centrale de sagesse s'applique dans ses grandes lignes et fournit ainsi le genre de modèle qui peut assurer un point de départ solide à ces traditions de pensée.

Dans un tel modèle, les concepts sont bien huilés et opèrent par simple glissement de sens, par simples jeux de correspondances et d'analogies, par simples recours à des images familières de toute provenance. Bref, on n'a aucunement affaire à des textes discursifs ou argumentatifs. Le concept idéologique clé est le concept d'ordre. Toujours évoqué et jamais défini, le concept d'ordre est utilisé à tout moment à travers toutes sortes de métaphores et d'analogies qui peuvent couvrir tout le champ cosmique et politique. Invariablement, le sage appartient à un ordre immémorial, établi et sanctionné par les dieux, représenté et maintenu parfaitement par les autorités en place et surtout devant être compris, justifié et défendu à fond par tous ses serviteurs. Cet ordre, c'est l'ordre établi, l'ordre sociopolitique bien réel auquel les sages eux-mêmes doivent leur position favorable et leurs immenses privilèges. Il n'est jamais défini dans cette perspective politique et idéologique mais toujours plutôt dans une perspective plus neutre, à la fois cosmique et religieuse. Il prend ainsi une apparence inoffensive, tout à fait typique des sagesses anciennes : on peut le « naturaliser » sans peine en l'assimilant à l'ordre immuable et inscrit depuis toujours dans les choses ; on peut parallèlement le « moraliser » en douceur en montrant qu'il est bon, avantageux, payant dans la simple mesure où on le comprend, le soutient et le propage sans jamais s'y opposer en quelque façon.

Bref, l'ordre, c'est le contexte global, l'arrière-plan diffus et peu explicite, le fond tamisé sur lequel se découpe une forme simple, souveraine, inébranlable : la corrélation sagesse-bonheur ou vertu-bonheur. Ce qui nous ramène à la problématique de base, désormais facile à expliciter et à propager sans critique, mais toujours dans la perspective particulière de la classe dirigeante à laquelle le sage appartient. Le sage énonce la stratégie dominante ainsi que les règles du jeu et toute la société n'a plus qu'à s'aligner sur sa compréhension parfaite des choses. Du moins, quand tout se passe bien.

La grande équation sapientiale est d'une merveilleuse simplicité et, dans les sociétés archaïques, elle semble bien convaincre tout le monde, du moins tous les participants du grand jeu sociopolitique qui ont voix au chapitre. Les autres peuvent rêver… ou faire la manche. Il est bon d'étaler au grand jour cette merveilleuse équation. Les conditions et règles du jeu se rapportent donc à l'ordre sociopolitique déjà évoqué. Le but ultime du jeu, c'est le bonheur des participants, c'est-à-dire une vie pleine, longue, prospère, inscrite dans un cadre familial riche (avec des ancêtres et une belle descendance) et dans un cadre communautaire enviable (avec bonne réputation, prestige, pouvoir...). Du reste, ce bonheur-réussite vient en deux versions : pour les privilégiés qui ont droit à une grande coupe, on peut boire aux joies de la vie selon des proportions presque illimitées ; pour les gens d'origine modeste, on peut tout de même remplir sa petite coupe à ras bord mais en se rappelant sans cesse que la rareté guette et que la modération a bien meilleur goût.

Donc d'un côté, le principe du respect et du maintien de l'ordre ; de l'autre, l'objectif de bonheur ou de réussite. Au beau milieu, le sage, le stratège exemplaire qui montre la voie étroite en établissant la juste corrélation entre le respect de l'ordre et l'obtention du bonheur. Et cette corrélation n'a rien de mystérieux ; au contraire, elle est toute naturelle, simple et claire comme le jour. Voici : celui qui s'efforce honnêtement de comprendre l'ordre établi ne peut qu'aboutir à mieux l'accepter, le défendre, le faire rayonner ; de là, plus il le comprend et le respecte, plus il s'y intègre harmonieusement, ce qui suppose à la fois un mouvement de conformation adaptative et de positionnement avantageux ; ainsi devient-il le joueur sociopolitique imbattable, le citoyen modèle, et il récolte du coup la reconnaissance sociale qui vient conforter et garantir jour après jour sa réussite ; par suite, son positionnement stratégique parfait est confirmé et légitimé par le milieu sur tous les plans : bonne vie, statut enviable, reconnaissance générale, richesse et pouvoir.

Comme on le voit, dans la mesure du possible, il ne s'agit pas d'inventer un ordre, de le construire de toutes pièces, sur un mode utopique, comme s'il s'agissait d'un idéal lointain et incertain. Tout au contraire, on s'efforce d'entériner une construction déjà en place et d'y justifier sa position privilégiée. De ce fait, le discours du sage n'est qu'une reconstruction idéologique et profondément biaisée : il donne l'impression de montrer que sa personne ou son caractère bien trempé donnent lieu à des actes et des attitudes valables ou vertueuses et que ces actes et attitudes ont à leur tour des conséquences pratiques qui mènent au bonheur-réussite ; mais, en réalité, son discours ne fait que *refléter* une situation préétablie, une image du monde préfabriquée : il remonte de sa situation privilégiée et heureuse aux conditions objectives qui la rendent possible. En d'autres termes, pour ressaisir son discours sur un plan critique, il faut inverser le schéma traditionnel « caractère-actes-conséquences » ou encore « sagesse-vertu-bonheur », remettre ce schéma sur ses pieds et le reformuler en un schéma « bonheur-mérite-vertu » ou encore « conséquences-actes-caractère ».

Or on ne dira jamais assez que le liant indispensable de ce système de corrélations, c'est la reconnaissance du sage par le milieu. La stratégie du sage est constamment approuvée et justifiée par le milieu et c'est ce qui permet à cette magie rétrospective d'opérer. Le sage fait constamment référence à une sorte de justice immanente ou de principe rétributif plus ou moins occulte qui lui permettent d'espérer un résultat qu'il connaît déjà. S'il a certaines cartes en main et s'il sait mener le jeu, c'est grâce à son mérite, à sa vertu, à sa sagesse. Cela est le postulat auquel tout le monde doit croire sous peine d'être acculé à déclarer tout l'ordre préétabli injuste et arbitraire. Ainsi, en reconnaissant le sage et son calcul stratégique, on accrédite tout le jeu et l'ordre même dans lequel il s'inscrit. Derrière le principe rétributif ou principe de justice rétributive, se cache le principe plus occulte mais combien plus réel de reconnaissance.

Cet ensemble stratégique peut être construit de deux manières ou, devrait-on dire, selon deux variantes distinctes mais non contradictoires. Ce point mérite toute notre attention car c'est ici que les diverses traditions sapientiales tendent à bifurquer. Pour l'instant ne nous écartons pas de ce schéma apparemment sans faille : il serait prématuré de porter des jugements sur lui ou même de dénoncer son caractère problématique. On n'en est pas là.

La première variante stratégique est représentée par la tradition de pensée égyptienne. Cette tradition se caractérise par l'accent qui est placé sur l'aspect relativement profane de la recherche de sagesse et de bonheur. Il faut bien se garder d'opposer trop nettement l'aspect sociopolitique et l'aspect religieux de la recherche de sagesse puisqu'on se trouve dans le contexte de civilisations qui *ne séparent pas* délibérément ces deux plans. Reste cependant que toute notre enquête sur la sagesse égyptienne nous a montré là une sagesse profondément ancrée dans la recherche de reconnaissance sociale et axée sur l'interaction constante entre humains. Dès lors, même si le sage égyptien ne renonce jamais au recours divin sous toutes ses formes, il apparaît en tout cas faire le pari profane et social et s'efforcer par suite de jouer le jeu de la reconnaissance sur le plan humain. J'ai parlé à ce propos d'une stratégie foncièrement relativiste ou gradualiste et je l'ai caractérisée par une recherche relativement pragmatique et interactive de la reconnaissance. C'est pourquoi l'équation vertu-bonheur prend généralement dans les textes égyptiens une forme très pure et très simple ; le sage cherche le sens du jeu de la reconnaissance dans une négociation interpersonnelle et quotidienne ; dans la mesure du possible, il ne sort pas de là. Comme on le verra, l'influence de l'approche sapientiale égyptienne sur Proverbes est évidente, au point que cette approche peut probablement passer pour la forme la plus simple et la plus « naturelle » de la sagesse archaïque.

Il arrive cependant que toutes les stratégies humaines de recherche de reconnaissance se révèlent *problématiques* en leur fond et la stratégie gradualiste égyptienne n'échappe pas à cela. Ainsi la voit-on entrer en crise et se disloquer sous les yeux du sage dans deux textes majeurs : le Dialogue du Désespéré avec son âme et les Plaidoyers du Paysan éloquent[2]. Le sage est ici confronté à une difficulté pratiquement insurmontable : il existe bien des situations où le vertueux n'accède pas au bonheur et où l'insensé ou le non-sage semble de son côté y accéder trop facilement. L'équation magique est battue en brèche, il faut la repenser, mais en même temps on ne peut renoncer à une équation aussi fortement enracinée dans la tradition de pensée en question et l'on n'arrive par surcroît que très difficilement à envisager une autre perspective stratégique que la perspective gradualiste, pragmatique et interactive. La véritable réflexion stratégique commence là et on en trouve l'illustration la plus achevée dans les Enseignements d'Amenemope dont l'influence sur Proverbes est avérée. Reste qu'à aucun moment l'équation vertu-bonheur ne sera remise en question puisqu'il apparaît que le jeu de la reconnaissance ne peut être joué que dans ce cadre axiomatique aux yeux des sages égyptiens. Or l'entrée de jeu de la sagesse biblique des Proverbes est justement de cette sorte, comme on le verra : gradualiste et pragmatique.

Si la tradition égyptienne a persévéré dans son gradualisme stratégique, la tradition mésopotamienne, elle, nous propose une bifurcation importante à partir de la même base problématique. En un sens, assurément, l'axiomatique vertu-bonheur demeure la même mais en un autre sens, le cadre idéologique diffère sensiblement et tous les calculs stratégiques s'en trouvent affectés. En simplifiant les choses, on peut affirmer, me semble-t-il, que le sage mésopotamien est contraint de prendre en compte et de composer constamment avec des dieux beaucoup plus interventionnistes et une figure du destin beaucoup plus forte et contraignante. Dès lors, pour lui, la recherche de reconnaissance sociale ou interpersonnelle est traversée et affectée à fond par une autre recherche de reconnaissance, celle des dieux. Et c'est ainsi qu'aux régulations internes de la justice immanente (de niveau simplement humain) se surajoutent des régulations externes, celles du destin et de la rétribution divine. J'ai parlé à ce sujet de variante et de bifurcation et non

2. Voir *Sagesses*, vol. 1, p. 254-267.

d'opposition par rapport à la sagesse égyptienne; reste que les textes mésopotamiens finissent par dessiner un véritable contraste avec les textes égyptiens, le même type de contraste qu'on observe entre Proverbes et Job. Chez Job, en effet, et au premier chef dans toutes les sagesses mésopotamiennes du juste souffrant[3], on se rend vite compte que le sage ne se contente à aucun moment de la seule reconnaissance interpersonnelle et qu'il se sent bien plutôt contraint d'en appeler à une forme tout autre de reconnaissance, celle plus globale et plus complète et définitive que seuls les dieux peuvent dispenser. Le schéma de reconnaissance gradualiste est relayé et au bout du compte remplacé par un schéma de reconnaissance absolutiste ou globaliste dans lequel le principe rétributif est administré et somme toute garanti par les dieux qui peuvent tout pour les justes ou les sages.

Pourtant, encore ici, le sage embarqué dans une recherche vitale de reconnaissance se trouve tôt ou tard confronté à ce que sa propre stratégie a de problématique et on assiste à une crise de la tradition mésopotamienne analogue à celle de la tradition égyptienne. Le texte témoin de cette crise, c'est la Théodicée babylonienne, texte comparable à bien des égards au Job biblique. Les dieux ont beau se porter garant du principe rétributif et apporter leur caution à l'équation vertu-bonheur, il arrive que le sage soit amené à s'interroger sur son statut de juste souffrant et qu'il doive tôt ou tard reconnaître sa défaite stratégique profonde, son incompréhension radicale du système axiomatique qu'il avait cru infaillible. En dépit de cette crise profonde, il me semble parfaitement clair que jamais la sagesse mésopotamienne ne remettra en question sérieusement ni l'axiomatique vertu-bonheur ni la stratégie absolutiste qui doit assurer la mise en corrélation de la vertu et du bonheur.

Comme on va maintenant le constater à partir de l'analyse des textes eux-mêmes, les œuvres sapientiales bibliques reposent invariablement sur cette équation vertu-bonheur et elles dérivent dans la majorité des cas soit de la tradition gradualiste égyptienne soit de la tradition absolutiste mésopotamienne. Quant à la question de leur intégration globale dans le cadre éthique sioniste, le problème reste à poser dans chaque cas et de façon très circonspecte. Nous disposons en tout cas maintenant d'une plateforme herméneutique qui va nous permettre d'interroger et de comprendre correctement les textes. Ce qui nous fait le plus cruellement défaut, quant à la question cruciale de l'intégration des œuvres sapientiales dans le cadre sioniste ou du moins de l'harmonisation de ces œuvres avec le sionisme biblique, ce qui nous

3. *Sagesses*, vol. 2, p. 168-184.

manque radicalement jusqu'ici, c'est un modèle concret d'intégration qui ait été mis en place par les rédacteurs-éditeurs bibliques eux-mêmes. C'est vers la recherche d'un tel modèle que nous devons nous tourner sans tarder.

CHAPITRE II

Le livre des Psaumes : sionisme et sagesse

L'ENSEMBLE DES TEXTES BIBLIQUES METTENT EN AVANT UN discours idéologique tout à fait cohérent et approfondi malgré ses diverses variantes. En regard de cette idéologie sioniste, les quelques textes de sagesse canoniques ou deutérocanoniques qu'on trouve dans bon nombre de Bibles chrétiennes font plutôt figure d'ajout marginal d'importance assez restreinte ; la question est dès lors de savoir comment ces textes s'intègrent dans la ligne générale sioniste. Pour répondre à cette question, il faut tenter de discerner comment le travail d'intégration est effectué par les rédacteurs bibliques. Or, il existe dans la Bible un livre qui effectue ce travail d'intégration : c'est le livre des Psaumes. C'est donc manifestement de là qu'il faut partir.

La compilation des cent cinquante Psaumes qui constitue le Psautier représente un travail énorme qui regroupe en un seul « volume » l'essentiel de la piété sioniste. Il n'est évidemment pas question pour nous d'entrer dans une analyse détaillée de cet immense ensemble ; cela ne servirait nullement notre propos. Je m'en tiendrai donc dans un premier temps à une caractérisation assez globale des Psaumes avant d'examiner dans un deuxième temps comment s'intègrent dans ce corpus global un certain type de Psaumes de réflexion qu'on appelle d'une part les Psaumes de la Torah et d'autre part les Psaumes de sagesse.

Il est bon de savoir que, selon toute probabilité, le livre des Psaumes a été édité entre le cinquième et le deuxième siècle principalement et qu'on le subdivise commodément en cinq livres distincts qui regroupent respectivement les Psaumes 1 à 41,42 à 72,73 à 89,90 à 106 et 107 à 150. Comme la plupart des livres bibliques, le Psautier a été compilé, remanié et édité sur une longue période de temps et de manière telle qu'il ne nous est plus possible aujourd'hui d'y repérer de façon assurée diverses couches rédactionnelles et de rapporter celles-ci à des tendances ou des courants de pensée précis. On est donc condamné en pratique à partir de la forme finale du texte et à essayer d'élucider sur cette base globale les diverses tendances idéologiques qui s'y manifestent.

En dépit de ces limites évidentes, il apparaît possible de prendre une vue d'ensemble relativement adéquate du livre des Psaumes entendu comme recueil sioniste de prières. Depuis le début des années 1980, en effet, une importante série de recherches spécialisées a démontré qu'il était souhaitable et à vrai dire nécessaire d'envisager cette collection de façon holistique. Ainsi, tout comme le corpus prophétique forme un ensemble unifié et orienté qui doit être étudié comme un tout et qui livre ainsi un message unique, de même le Psautier a sans doute été édité selon un certain dessein d'ensemble et selon un certain ordre de préoccupation. Cette hypothèse de travail a peu à peu permis de comprendre ce livre à la façon d'un texte relativement unifié et de dégager ainsi son message global par-delà les textes particuliers qui le composent. Il en ressort que l'idéologie sioniste se retrouve là de façon très directe et relativement simplifiée, sans beaucoup de nuances et de détours, à travers une série de prières et de méditations mises au point et raffinées petit à petit grâce au travail de rédaction des scribes.

Essayons donc *dans un premier temps* de dégager la construction d'ensemble de cet ouvrage ainsi que sa trame de fond. On peut commencer par déterminer deux types principaux de Psaumes, même si bon nombre de Psaumes ne se prêtent pas à ce genre de distinction tranchée : d'une part, les Psaumes de lamentation et, d'autre part, les Psaumes de louange ou d'action de grâces. Dans le premier cas, le fidèle fait entendre une plainte ou du moins une demande et cette plainte est le plus souvent dirigée à la fois contre ses ennemis et vers son dieu ; dans le second cas, la prière est centrée sur un éloge ou un hommage à Yhwh. Nous fournirons en cours de route de nombreux exemples de l'un ou l'autre type. Ce qui importe pour le moment, c'est d'observer que ces deux types de prière viennent déjà structurer le Psautier, quoique d'une manière assez grossière : dans les trois premiers livres, les Psaumes de lamentation dominent assez largement tandis que les hymnes d'action de grâces tendent à prendre le pas sur les lamentations dans les deux derniers livres. Tout cela dessine donc un mouvement général du pessimisme à l'optimisme, de l'inquiétude à la confiance, et ce mouvement général définit déjà superficiellement le piétisme sioniste.

On peut faire un pas de plus dans l'examen de la structure d'ensemble du Psautier en examinant de quelle manière les personnages du drame sont mis en scène dans les divers Psaumes. Cette mise en scène est très simple mais, pour plus de clarté, il convient de distinguer ici deux plans relativement distincts.

D'un côté, au niveau le plus apparent, l'orant s'adresse invariablement à Yhwh et il met généralement en scène dans sa prière deux personnages extrêmement typés et constants: d'une part, le juste, le vertueux, le dévot, le pieux, le craignant-dieu, et, d'autre part, l'impie, le méchant, le malfaisant... Il n'est pas malaisé de se rendre compte qu'on a affaire ici à des types idéologiques purs et formellement indéfinissables mais pourtant très faciles à saisir et à situer d'un point de vue fonctionnel: le juste ou le pieux, c'est le sioniste fidèle face à son dieu par contraste avec le méchant ou l'impie. Si l'on cherche à analyser ce qui les distingue comme personnes, la tâche apparaît vite impossible car on n'a pas affaire à des êtres réels, situés, identifiables; tout au contraire, la prière utilise des entités génériques et indéfiniment recyclables justement parce que ces entités sont fixes et transcendent toute situation concrète. Pour les comprendre, il suffit à vrai dire de recourir au modèle déjà explicité des sociétés de l'honneur ou, plus simplement encore, à la classique «théorie» piétiste des deux voies; alors tout devient transparent, comme il se doit.

Le juste se situe face à son dieu dans le grand cycle sioniste péché-repentir-pardon; il connaît épreuves, angoisse, désespoir même; mais sa prière lui permet de passer du désespoir à la confiance, de la distance à l'intimité et à l'abandon confiant face à Yhwh. Dans ce contexte général, l'impie constitue un repoussoir fonctionnel très utile, indispensable même. Ce repoussoir apparaît généralement sous deux formes aisément repérables. D'abord, dans les prières les plus simples, l'impie symbolise une des deux «voies», la voie du mal, de l'impiété, de l'injustice, de l'orgueil, etc.: bref, la voie contraire de celle du juste. On définit, précise, enrichit par contraste. Quand Yhwh choisira, il saura qui il doit prendre sous sa protection et qui il doit châtier. Ensuite, dans les prières les plus élaborées, la mise en scène s'amplifie et l'impie devient non plus seulement l'antithèse du juste mais bien davantage son ennemi. Naturellement, cette mise en scène comporte un bénéfice énorme car cette fois le juste n'est plus seul devant son dieu et cela permet une reconstruction stratégique extrêmement caractéristique et profitable: cette fois, très couramment, le juste peut apparaître à la fois comme un pénitent face à son dieu et comme un opprimé ou même une sorte de juste souffrant face à l'impie; sous cet éclairage, les impies ne sont plus méchants parce qu'ils sont abstraitement différents ou dévoyés mais d'abord parce qu'ils persécutent le juste, l'oppriment et attentent à son honneur; c'est pourquoi, lorsque Yhwh le rachètera et le sauvera, il le rétablira dans tous ses droits et il veillera aussi à le venger en abaissant ou en massacrant l'infâme. Ce type de mise en scène est très fréquent dans les Psaumes de lamentation, particulièrement dans les deux premiers livres des Psaumes. Et très souvent le drame se dénoue dans une invocation de ce genre: «Que l'opprimé ne rentre pas couvert de honte, que le pauvre et le malheureux louent ton nom! Dresse-toi, Seigneur, plaide ta cause, rappelle-toi l'insensé qui te blasphème tout le jour. N'oublie pas le vacarme de tes adversaires, la clameur de tes ennemis, qui va toujours montant» (Ps 74,21-23).

Tel est le côté le plus visible de la mise en scène des personnages dans les Psaumes. Mais, de l'autre côté, à un niveau moins apparent mais qui va en s'éclairant à mesure qu'on avance dans la lecture des Psaumes, une autre mise en scène apparaît dans laquelle le juste sioniste n'est plus qu'une figure symbolisant «Israël» tout entier ou encore Sion tandis que l'impie renvoie aux Nations environnantes, aux Empires oppresseurs, aux Infidèles. Alors la grande confrontation paradigmatique des bons et des méchants prend une forme à moitié historique et à moitié eschatologique et apocalyptique, forme grâce à laquelle Yhwh acquiert une prestance messianique typiquement sioniste.

Il convient sans doute de préserver la distinction entre les Psaumes de lamentation individuelle, qui sont couramment centrés sur l'opposition entre les justes et les impies, et les Psaumes de lamentation collective, dans lesquels les justes sionistes sont explicitement replacés dans un cadre historique ou eschatologique collectif et où l'opposition bons-méchants se précise d'autant. Reste que, pour plusieurs spécialistes, c'est ce dernier schème organisateur de type explicitement sioniste qui vient structurer et orienter le livre des Psaumes de façon décisive.

Ce *schème organisateur* ne doit évidemment pas être considéré comme une approche systématique du Psautier, ce qui serait exagéré et erroné; toutefois, il est possible de discerner qu'un certain nombre de Psaumes sionistes forment les *articulations principales* du Psautier et dessinent ainsi une sorte de tableau historique du rapport entre Yhwh et Israël. On décrit ainsi, particulièrement, l'institution de l'Alliance Yhwh-Israël (Ps 2), la défense de cette Alliance (Ps 44), sa transmission et sa continuation (Ps 72), sa mise en échec (Ps 89), sa réinterprétation en termes de Restauration eschatologique (Ps 106) ainsi que les conditions pour mener à bien cette Restauration (Ps 107-110 et 118).

Il n'est pas question d'entrer ici dans le détail d'une telle analyse mais il demeure que tout lecteur attentif ne peut manquer d'être frappé par le nombre de Psaumes à portée historique et surtout eschatologique. Le grand renversement ou la grande Restauration attendus, c'est bien entendu le rassemblement des yahvistes à Sion: Israël a été défait et dispersé au moment de l'Exil; le mouvement sioniste s'organise après l'Exil et vise au grand rassemblement des forces yahvistes autour de Sion et du temple de Yhwh; mais les Nations se liguent sans cesse contre Israël et oppriment les sionistes qui souffrent pour Yhwh; et c'est Yhwh lui-même, avec ou sans messie-représentant, qui va défendre Sion contre les impies-oppresseurs et sauver son honneur. Il va de soi que ce schème global et ses principales articulations apparaissent dans le Psautier à travers toutes sortes de péripéties et selon une trajectoire bien plus complexe que ne le laisse soupçonner ce petit tableau synoptique. Les grands thèmes de l'eschatologie sioniste apparaissent néanmoins clairement et à tous les détours du texte.

On peut signaler rapidement quelques thèmes secondaires qui gravitent tous autour du grand thème de la Restauration eschatologique de Sion. D'abord, le thème récurrent de la domination universelle de Sion: «Il [Yhwh] m'a dit: "Tu es mon fils, moi aujourd'hui je t'ai engendré. Demande et je te donne les nations pour héritage, pour domaine les extrémités de la terre; tu les briseras avec un sceptre de fer, comme un vase de potier tu les casseras"» (Ps 2,7-9). Puis le thème associé du héros messianique invincible: «Ta main trouveras tous tes adversaires, ta droite trouvera tes ennemis; tu feras d'eux une fournaise au jour de ton apparition, Yhwh les engloutira dans sa colère, le feu les avalera» (Ps 21,9-10). Puis encore, le thème omniprésent de la vengeance: «Réveille-toi, sois devant moi et regarde, et toi Yhwh, dieu Sabaot, dieu d'Israël, lève-toi pour visiter tous ces païens, sans pitié pour tous ces traîtres malfaisants» (Ps 59,5-6). Mais ce cri du cœur n'interdit pas un moment de réflexion. Peut-être vaut-il mieux qu'ils vivent pour expier: «Ne les massacre pas, sinon mon peuple oubliera; fais-en par ta puissance des errants, des pourchassés, ô notre bouclier, Seigneur!» (Ps 59,12). Ce fantasme de renversement de situation trop raffiné ne satisfait pas le dévot et il se ravise finalement: «Détruis en ta colère, détruis, qu'ils ne soient plus! Et qu'on sache que c'est dieu le maître...» (Ps 59,14). On peut encore évoquer le tableau édifiant d'un hommage que toutes les Nations viendront rendre à Sion: «Tous les peuples, battez des mains, acclamez Yhwh en cris de joie! C'est Yhwh, le Très-Haut, le redoutable, le grand roi sur toute la terre. Il tient des peuples sous notre joug et des nations sous nos pieds» (Ps 47,2-4). On apprécierait un universalisme moins équivoque. De même, quand le psalmiste fait référence au salut eschatologique des sionistes: «Yhwh a fait connaître sa victoire, aux yeux des païens révélé sa justice, se rappelant son amour et sa fidélité pour la maison d'Israël. Tous les lointains de la terre ont vu le salut de notre dieu. Acclamez Yhwh, toute la terre...» (Ps 98,2-4).

Mais par-delà tous ces thèmes sionistes particuliers que nous connaissons déjà, il importe de rappeler le grand thème sioniste qui est au cœur de l'absolutisme théocentrique: le thème de la grandeur du créateur et du néant de la créature. Ce thème constitue un leitmotiv fondamental du Psautier et il doit nous orienter vers une dimension plus profonde de l'organisation interne du livre des Psaumes. Tenons-nous-en à quelques exemples caractéristiques. Lorsque dans un texte clé, le Psaume 89, le psalmiste réfléchit sur l'échec de l'Alliance Yhwh-Israël, il aboutit à cette péroraison très sentie: «Jusques à quand, Yhwh, seras-tu caché? Jusqu'à la fin? Brûlera-t-elle comme un feu, ta colère? Souviens-toi de moi: quelle est ma durée? Pour quel néant as-tu créé les fils d'Adam? Qui donc vivra sans voir la mort, soustraira son âme à la griffe du shéol? Où sont les prémisses de ton amour, Seigneur?» (Ps 89,47-50). La même attitude extrêmement radicale se retrouve dans un Psaume pénitentiel où un fidèle se reconnaît faillible et pécheur et termine, à bout de ressources rhétoriques: «Tu n'aimerais pas que j'offre un sacrifice, tu n'accepterais pas d'holocauste. Le sacrifice voulu par Yhwh, c'est un esprit brisé; dieu, tu ne rejettes pas un cœur brisé et broyé» (Ps 51,18-19; voir aussi Ps 62). Nous connaissions déjà ce message crucial du sionisme religieux mais il est bon de le rappeler afin de bien comprendre ce qui risque de séparer toute sagesse profane de cette forme extrême d'absolutisme.

Récapitulons très brièvement notre démarche. Nous avons entrepris, dans un premier temps, d'explorer la construction d'ensemble du livre des Psaumes et, pour y arriver, nous avons d'abord identifié les principaux types de Psaumes, puis nous avons examiné comment les principaux personnages sont mis en scène dans les Psaumes, soit sur un plan très général (la confrontation bons-méchants), soit sur un plan plus spécifiquement sioniste (la confrontation Israël-Nations); il nous est alors apparu que le Psautier s'articule dans sa totalité autour d'une vision historique et eschatologique du destin de Sion-Israël. Il nous reste enfin, en troisième lieu, à envisager le livre des Psaumes par rapport à son message plus fondamental et à faire ressortir ses articulations maîtresses sous cet angle particulier. C'est ce qui va achever de nous introduire aux Psaumes de la Torah et aux Psaumes de la sagesse.

Selon la perspective que nous allons maintenant adopter, les Psaumes ne sont plus envisagés sous un angle historique et eschatologique mais bien sous un angle suprahistorique et c'est ainsi qu'ils doivent apparaître, selon moi, dans leur vérité la plus profonde. On peut aborder cette question de deux manières complémentaires, qui ont toutes deux reçu la caution des spécialistes.

On peut, d'une part, considérer que le Psautier ne consistait, plus anciennement, qu'en 119 Psaumes et qu'il était par conséquent encadré par deux Psaumes de la Torah, le Psaume 1 et le Psaume 119. De la sorte, même si l'on admet que le Psautier a dû à une époque comporter un certain usage cultuel, il est devenu à l'époque postexilique un livre de méditation et d'étude, c'est-à-dire un livre d'Instruction au sens premier du mot Torah. Dès lors, même si l'on y trouve plusieurs Psaumes à portée messianique, il n'en demeure pas moins qu'il a pour fonction centrale de proposer au fidèle une certaine sagesse sioniste; et cette sagesse se retrouve de façon privilégiée dans les grands Psaumes de la Torah et dans les Psaumes de sagesse qui forment de ce fait les articulations majeures du livre des Psaumes. Dans cette perspective, lorsqu'on évoque la Promesse, l'Alliance, l'Exil et la Restauration, on a toujours en vue de mettre en évidence les conditions que les sionistes doivent remplir pour actualiser leurs espoirs de Restauration et de Salut.

D'un point de vue peut-être encore mieux accrédité que le précédent, on peut d'autre part envisager le livre des Psaumes dans son ensemble comme étant encadré par le Psaume 1 et le Psaume 150. Le Psaume 1 introduit tout le Psautier par un appel à l'obéissance à Yhwh, à la soumission à la Torah; le Psaume 150 et à vrai dire par toute une série de Psaumes (145-150) constituent un appel à rendre un hommage sans restriction à Yhwh. Tout le livre se passe donc à établir les conditions qui permettent d'effectuer le passage de l'obéissance totale à Yhwh à l'hommage inconditionnel à Yhwh. Et ce sont précisément les Psaumes de la Torah et les Psaumes de la sagesse qui montrent cette voie de passage et qui deviennent de ce fait les articulations essentielles du livre entier. En un sens, l'obéissance bien comprise est justement la condition de la reconnaissance inconditionnelle de Yhwh mais, en un autre sens, à un point donné de la démarche absolutiste, l'obéissance est transcendée dans un abandon confiant et sans restriction car au bout du compte, le fidèle a renoncé à sa trop humaine autonomie et a cessé de s'appartenir pour appartenir tout entier à Yhwh.

Ainsi donc, après avoir essayer de montrer dans un premier temps le principe organisateur et structurel des Psaumes, il nous reste *dans un deuxième temps* à examiner les principales articulations de cet ensemble, articulations qu'on trouve dans les Psaumes de la Torah et dans les Psaumes de sagesse. Nous en venons ainsi à l'objectif de notre étude qui consiste, rappelons-le, à examiner le rapprochement possible entre les Psaumes très religieux et typiquement sionistes de la Torah et les Psaumes foncièrement plus profanes et plus indépendants de la sagesse. Ces deux types de Psaumes se caractérisent de quelle manière et convergent ou divergent jusqu'à quel point ? Tel est notre problème. Il faut ici suivre le psalmiste à la trace, avec un minimum d'idées préconçues, et se demander quel message il nous livre à travers ces deux types de Psaumes.

Le message constant des Psaumes de la Torah se ramène à promulguer l'importance primordiale de toute Instruction divine et particulièrement de la Torah mosaïque dans la vie humaine. On reconnaît à cet égard les Psaumes 1,19 et 119 comme typiques. J'ai déjà commenté brièvement le Psaume 1, qui est souvent considéré comme une préface programmatique au livre dans son ensemble. Sa stratégie rhétorique consiste à fonder sa démonstration sur la théorie des deux voies : « Heureux l'homme qui […] se plaît dans la loi de Yhwh [et] murmure sa loi jour et nuit » (Ps 1,1-2). L'équation vertu-bonheur suit de là : « tout ce qu'il fait réussit » (Ps 1,3). Naturellement, pour les impies, c'est tout le contraire (Ps 1,4-6). Dans ce condensé argumentatif élégant, le message de la sagesse traditionnelle est à la fois confirmé et détourné de son sens car désormais, pour le piétisme sioniste, ce n'est plus la sagesse strictement humaine qui est avantageuse mais bien la sagesse divine conçue comme une sorte de Torah élargie et incluant aussi bien le Pentateuque que le livre des Psaumes.

L'essentiel du Psaume 19 corrobore ce message en deux temps. D'abord par un hommage à la Loi divine qui surpasse toute sagesse humaine : « La loi de Yhwh est parfaite, réconfort pour l'âme ; le témoignage de Yhwh est véridique, sagesse du simple. […] La crainte de Yhwh est pure, immuable à jamais ; les jugements de Yhwh sont vérité, équitables toujours » (Ps 19,8 et 10). Et ensuite par un appel à l'étude de la Loi et à la soumission à la Loi : « Aussi ton serviteur s'en pénètre, les observer est grand profit. […] Alors je serai irréprochable et pur du grand péché » (Ps 19,12 et 14). Ainsi, la sagesse se réduit-elle à nouveau à la soumission à la Loi, à la crainte de Yhwh ; la sagesse se ramène à la juste attitude religieuse promue par le sionisme, la crainte de Yhwh, la piété soumise.

Enfin, le long Psaume 119 est un exercice de piété typiquement sioniste dans lequel toute la vie du fidèle se réduit à la méditation et à l'obéissance à la Torah. Quelques éléments essentiels ressortent clairement. D'abord, le sioniste n'est rien sans le guide suprême qu'est la Loi: « Sois bon pour ton serviteur et je vivrai, j'observerai ta parole. Ouvre mes yeux: je regarderai aux merveilles de ta loi. *Étranger* que je suis sur la terre, ne me cache pas tes commandements. Mon âme se consume à désirer en tout temps tes jugements » (Ps 119,17-20). Puis, par un retournement radical qui définit le piétisme et que nous retrouverons encore plus loin, la vertu du juste devient la récompense même du juste, le bonheur se ramène à sa soumission à la Torah: « Enseigne-moi, Yhwh, la voie de tes volontés, je la veux garder en récompense. Fais-moi comprendre et que je garde ta loi, que je l'observe de tout cœur. Guide-moi au chemin de tes commandements, *car j'ai là mon plaisir* » (Ps 119,33-35). Enfin, cette nouvelle sagesse sioniste surpasse toute sagesse humaine au point de la rendre inutile: « Que j'aime ta loi! Tout le jour je la médite. Plus que mes ennemis tu me rends sage par ton commandement, toujours mien. Plus que tous mes maîtres, j'ai la finesse, ton témoignage, je le médite. Plus que les anciens, j'ai l'intelligence, tous tes préceptes, je les garde » (Ps 119,97-100). Et bien sûr, la théorie des deux voies court à travers ce Psaume, comme le fil conducteur, la ligne de démarcation qui sépare bons et méchants, sages et insensés, heureux et malheureux.

Ce modèle de sagesse yahviste se retrouve à travers tout le Psautier, soit dans les Psaumes de Torah mineurs, soit dans de courts extraits qui apparaissent parfois comme bien intégrés au texte et parfois peut-être comme des interpolations plus ou moins tardives. On peut citer comme tout à fait caractéristiques à ce propos les Psaumes 40,94, 111 et 112 mais on pourrait en ajouter une bonne douzaine. Le message y est constant: « Heureux l'homme qui craint Yhwh et se plaît fort à ces préceptes! Sa lignée sera puissante sur la terre, et bénie la race des hommes droits » (Ps 112,1-2).

Nous savions déjà qu'il existe une sagesse théocentrique à laquelle il faut adhérer sans restriction, s'abandonner en toute confiance. Le sioniste radical qui va jusqu'au bout de cette démarche éthique y découvre un trésor inattendu: il croyait s'abandonner à la sagesse divine en vue d'une vie plus pleine, d'un bonheur plus complet ou d'un salut unique en son genre, mais il découvre en cours de route que sa véritable récompense réside en réalité dans le simple fait de reposer dans la main de Yhwh, dans la simple attitude de soumission confiante à Yhwh. Alors, le difficile travail de corrélation vertu-bonheur s'effectue de lui-même car la vraie sagesse dispensée par la Loi divine est ni plus ni moins le bonheur, sans autre recherche ni questionnement. La sagesse absolutiste pleinement comprise et vécue apparaît ainsi dans sa spécificité tout à fait incomparable. Jamais le sage égyptien ni même le sage mésopotamien ne sont allés jusque-là car on se retrouve ici au-delà de toutes leurs argumentations, *en rupture* radicale avec leur démarche de base.

Reste pourtant que la sagesse sioniste, de par son absolutisme théocentrique, repose en fin de compte sur un acte de foi, de confiance et d'abandon et non sur une argumentation qui se rapprocherait de près ou de loin de l'argumentation de la sagesse traditionnelle. Et c'est pourquoi, malgré sa radicalité évidente, elle n'est jamais à l'abri du doute et de l'inquiétude qui accompagnent l'acte de foi comme une ombre. Bien sûr, le sioniste qui a gagné le territoire sûr où la foi s'identifie au bonheur, bien sûr cet élu est sauvé, hors d'atteinte, à jamais sage. Mais ce modèle de décentrement éthique demeure malheureusement exceptionnel. Car pour le plus grand nombre, une épreuve perfide et terriblement exigeante sépare le chercheur de sagesse de ce *no man's land* bienheureux: c'est l'épreuve de la réflexion sapientiale, justement, l'épreuve de la mise en corrélation satisfaisante de la vertu et du bonheur. Or, de fait, on trouve dans le livre de Psaumes lui-même de nombreux témoignages de cette recherche épuisante et interminable. Ce sont les Psaumes de sagesse et ce qui les caractérise, c'est précisément cette interrogation lancinante: la vertu mène-t-elle au bonheur? Existe-t-il une forme de sagesse, de compréhension et de respect de l'ordre établi, d'attitude vertueuse face à l'ordre établi, qui conduise effectivement à une vie pleine, intense, heureuse? Dès que cette question est posée, toute l'axiomatique sapientiale est suspendue, paralysée par le doute.

Cette interrogation apparaît dans plusieurs Psaumes de sagesse absolument typiques qui sont centrés sur la question de la corrélation vertu-bonheur. C'est de ces textes qu'il faut maintenant repartir pour poser le problème crucial de la compatibilité entre sagesse sioniste et sagesse traditionnelle. Tous les spécialistes s'accordent sur la pertinence d'au moins trois textes témoins à ce sujet: les Psaumes 37,49 et 73.

Considérons d'abord le Psaume 37. Dans un premier temps, des versets 1 à 11, le fidèle s'en remet à l'axiomatique traditionnelle qu'on retrouve dans la sagesse mésopotamienne et dans la sagesse des Proverbes: « ne jalouse pas les artisans de la fausseté... » (1); « Remets ton sort à Yhwh, compte sur lui, il agira » (5) « car les méchants seront extirpés » (9) « mais les humbles posséderont la terre » (11). Mais survient la crise coutumière: « L'impie complote contre le juste » (12). Aussitôt le juste semble en rabattre: « Mieux vaut un peu pour le juste que tant de fortune pour l'impie » (16). Mais à vrai dire, ce n'est là qu'un repli stratégique, une simple marque de prudence, de mesure, de respect de l'ordre des choses. La situation se rétablit aussitôt car le principe rétributif est remis entre les mains de Yhwh: «Yhwh mène les pas de l'homme, ils sont fermes [...] car Yhwh le soutient par la main» (23-24). Le doute a été de courte durée et la corrélation vertu-bonheur se rétablit d'elle-même: «je n'ai pas vu le juste abandonné» (25); «car Yhwh aime le droit, il n'abandonne pas ses fidèles» (28). Ce qui nous vaut une finale digne des Psaumes de la Torah: «La bouche du juste murmure la sagesse et sa langue dit le droit; la loi de son dieu dans son cœur, ses pas ne chancellent point» (30-31). Et la conclusion: «Espère Yhwh et observe sa voie, il t'exaltera pour que tu possèdes la terre; tu verras les impies extirpés» (34). Reste à observer que chez ce sage, la vertu n'est pas le bonheur mais doit y mener. Il parvient à se mettre à l'abri du doute mais sa position reste fragile car on reste à cheval entre la sagesse utilitaire traditionnelle et la sagesse sioniste plus radicale.

Passons donc au Psaume 49. J'ai déjà utilisé ce Psaume mais il mérite un second regard. Dans l'introduction (1-5), l'auteur se présente comme un sage d'obédience traditionnelle: «je tends l'oreille à quelque proverbe, je résous sur la lyre mon énigme» (5). Car il y a énigme ou du moins inquiétude: «Pourquoi craindre aux jours de malheur? La malice me talonne et me cerne» (6). La corrélation vertu-bonheur est nettement en question. Mais le texte est si ramassé et si peu discursif qu'on risque de manquer le diagnostic du sage. Le sens global est le suivant: le sage est acculé à une vie difficile tandis que les riches et les puissants connaissent un bonheur immérité; comment se sortir d'une telle aporie? Le sage trouve rapidement une issue à son problème: «Quel que soit le prix payé pour une vie, elle devra cesser pour toujours» (9). Ce que viennent expliciter les vers suivants: «il [un homme quelconque] vivrait encore, indéfiniment? Jamais il ne verrait la fosse? Alors qu'on voit les sages mourir, périr avec l'imbécile et la brute, en laissant à d'autres leur fortune» (10-11 — traduction œcuménique de la Bible). La suite montre bien que ce sont les impies et les insensés qui sont visés: «Voici le destin de ceux qui ont folle confiance en eux, l'avenir de ceux qui se plaisent à leurs discours: ils sont parqués au shéol comme des brebis; la mort les mène paître» (14-15 — traduction œcuménique de la Bible). Mais cela n'est-il pas au mieux une demi-victoire si l'on considère que le juste doit s'en aller lui aussi au shéol? Alors l'auteur émet un espoir assez obscur: «Mais Yhwh rachètera mon âme des griffes du shéol et me prendra» (16). S'agit-il d'un texte tardif influencé par la pensée apocalyptique ou simplement d'un souhait très diffus qui n'engage aucune croyance ferme en un au-delà bien défini? Évitons de solliciter inutilement ce passage et concluons plutôt que l'auteur du Psaume 49 a posé le problème beaucoup plus clairement que celui du Psaume 37 mais qu'il reste encore à la recherche d'une récompense (la vertu *doit* mener au bonheur) et qu'il est à la fin bien embarrassé de nous l'indiquer. On reste donc dans le cadre de la sagesse traditionnelle; simplement, ce cadre est en train d'éclater et l'auteur ne sait pas comment le remplacer.

Le dernier grand témoin est le Psaume 73. Il faut noter au départ que l'auteur situe sa réflexion sur un plan *rétrospectif*, ce qui lui enlève évidemment du mordant mais risque sans doute de la rendre moins menaçante ou moins scandaleuse. Il commence donc par affirmer sa croyance en Yhwh comme garant du principe rétributif: «... Yhwh est bon pour Israël, pour les hommes au cœur pur» (1). Puis il situe son interrogation au passé: «Pourtant, j'avais presque perdu pied...» (2). La raison est limpide, d'une rare franchise: «... envieux que j'étais des arrogants, en voyant le bien-être des impies» (3). Ce qui est accompagné d'une description fort évocatrice du pouvoir et du succès des gens sans scrupules qui croient que tous les moyens sont bons pour assurer leur réussite et leur bonheur (4-9). La conséquence funeste de tout cela, c'est que ce sont ces impies et non les sages qu'on écoute: «C'est pourquoi mon peuple va vers eux» (10). Face à cette crise profonde, le sage est partagé, déchiré même. D'un côté, il affirme: «Mais enfin pourquoi aurais-je gardé un cœur pur, lavant mes mains en l'innocence?» (13). Mais de l'autre côté, il résiste de son mieux: «... si j'avais dit: "Je vais parler comme eux", j'aurais trahi la race de tes fils» (15). Mais la crise se dénoue de façon soudaine grâce à une *révélation*: «J'ai réfléchi pour comprendre ce qui m'était pénible à voir. Jusqu'à ce que j'entre dans le sanctuaire de Yhwh et discerne ce que serait leur avenir» (16-17 — traduction œcuménique de la Bible). Et cette révélation est fort simple malgré ses relents quasi apocalyptiques: les impies seront défaits et massacrés grâce aux bons soins du garant céleste (18-22). L'auteur reconnaît qu'il n'est rien et ne comprend rien (22) face à tout cela: il s'en remet donc à la volonté et au plan divins sans autre réclamation. Car lui, il a compris que la corrélation vertu-bonheur se présente pour un sioniste comme une pure et simple équation et que celui qui pratique la vraie vertu d'abandon confiant à Yhwh y trouve d'ores et déjà son bonheur: «Qui donc aurais-je dans le ciel? Avec toi, je suis sans désir sur la terre. Et ma chair et mon cœur sont consumés: roc de mon cœur, ma part, dieu à jamais! Voici: qui s'éloigne de toi périra, tu extirperas ceux qui te sont adultères [infidèles]. Pour moi, approcher dieu est mon bien, j'ai placé dans le Seigneur mon refuge, afin de raconter toutes tes œuvres» (25-28).

Après cet examen attentif des trois principaux Psaumes de sagesse, il serait facile d'aligner sur ces modèles plusieurs autres Psaumes qui se situent en tout ou en partie dans la même mouvance. Mais le vrai bénéfice de notre traitement systématique du problème sapiential par excellence se situe bien au-delà de ce travail de classification. Lorsqu'on pose le problème de la compatibilité de la sagesse traditionnelle et de la sagesse sioniste, il est indispensable de distinguer deux modèles de sagesse bien distincts, c'est-à-dire deux manières tout à fait différentes de traiter le problème de la corrélation vertu-bonheur.

On trouve le premier modèle à l'état pur dans le Psaume 37 et de façon biaisée dans le Psaume 49. Selon ce modèle, la vertu doit mener au bonheur et Yhwh est alors utilisé comme garant de la *corrélation* vertu-bonheur. Cela représente une sagesse absolutiste de premier degré qui ne se distingue en rien de la sagesse mésopotamienne et qui se retrouve à tous les tournants dans la sagesse architraditionnelle des Proverbes. Le fait que Yhwh soit invoqué et utilisé de façon très fréquente ne fait pas de cette sagesse une sagesse spécifiquement sioniste car ici Yhwh est l'équivalent d'un Marduk ou d'un Enki.

Le deuxième modèle apparaît clairement dans le Psaume 73 et suppose une crise de valeurs telle que la sagesse absolutiste passe à un second degré et accède ainsi à sa forme spécifiquement sioniste, laquelle se caractérise par une *mise en équation* de la vertu et du bonheur. Le bonheur est redéfini par le décentrement du fidèle et son abandon confiant à Yhwh ; et ce bonheur, c'est la vertu sioniste elle-même. Dans ce nouvel absolutisme théocentrique, la sagesse est donnée par Yhwh et elle consiste à s'abandonner à Yhwh et à se soumettre inconditionnellement à sa Loi.

Dans cet éclairage général, la sagesse absolutiste traditionnelle est le marchepied, le premier degré qui peut ouvrir la voie à la sagesse absolutiste sioniste. Mais de l'une à l'autre, il y a un saut, une rupture, et cette conversion doit être préparée par une crise profonde et un changement d'attitude radical : c'est ce qu'on peut s'attendre à trouver chez Job et chez Qohélet mais probablement pas dans les Proverbes.

Bien des lecteurs s'opposeront sans doute à une distinction aussi tranchée entre une sagesse-vertu qui prétend mener au bonheur et y trouver sa justification, et une sagesse-piété qui trouve *déjà* son bonheur dans son attitude même face à Yhwh. Effectivement, la majorité des Psaumes de sagesse restent au niveau d'une sagesse traditionnelle de type utilitariste et eudémoniste : ainsi les Psaumes 25, 34, 53, 90, 91, 92, 107, 111, 112, 127, 128, 131, 139, etc. Mais qui plus est, même dans les Psaumes 73 et 119 qui s'élèvent jusqu'aux exigences d'une véritable sagesse sioniste, jamais l'auteur n'interrompt son parcours pour renoncer au bonheur terrestre ; simplement, il a compris que le fond de la question n'est pas là et ce n'est plus son souci premier, c'est tout. Enfin, il n'est que trop évident que le sionisme dans sa très influente tendance apocalyptique ne renoncera jamais à la corrélation pragmatique entre vertu et bonheur; et l'on peut même faire l'hypothèse que cette tendance l'emportera de loin au plan historique. Néanmoins, il faut maintenir que la vérité profonde de l'absolutisme théocentrique sioniste se trouve strictement parlant dans cette forme très radicale de sagesse qui consiste à trouver son bonheur dans sa vertu, c'est-à-dire dans sa relation de décentrement radical et d'abandon confiant face à Yhwh. La sagesse absolutiste traditionnelle n'est pas incompatible avec cette conversion sioniste. Elle est tout simplement d'un autre ordre comme je vais maintenant le démontrer à partir du livre des Proverbes.

CHAPITRE 12

Le livre des Proverbes : la crise de la sagesse traditionnelle

AVANT D'ENTAMER L'ÉTUDE DES TEXTES DE SAGESSE PROPREMENT dits (Proverbes, Job, Qohélet, Sira, Sagesse), faisons brièvement le point sur la question d'un modèle de sagesse spécifiquement sioniste, même si nous aurons sans doute l'occasion d'enrichir et de nuancer ce modèle en cours de route. Jusqu'ici le problème difficile de l'intégration de la sagesse traditionnelle dans le cadre de la sagesse sioniste a bien souvent été posé de façon vague et imprécise en raison du manque d'un modèle bien défini de sagesse sioniste.

Tant qu'on s'en tient à affirmer que la sagesse proche-orientale traditionnelle (égyptienne, mésopotamienne…) *n'est pas* incompatible avec la sagesse sioniste, on ne fait évidemment pas avancer la question puisque toute sagesse a une certaine valeur et peut de ce fait préparer à l'exploration d'une autre sagesse d'un genre différent. De la même façon, tant qu'on prétend que la sagesse sioniste est multiple et variée, on élude alors le vrai problème qui consiste forcément à identifier, spécifier et circonscrire la véritable sagesse sioniste en tant qu'idéal ou en tant que démarche humaine élaborée et aboutie ; à ce titre, on peut concéder que bien des sionistes n'ont probablement qu'une vue incomplète et approximative de cet idéal, mais cela ne fait que poser de nouveau le problème de l'objectif ou de l'idéal sapiential sioniste.

Ainsi donc, le modèle de sagesse sioniste que nous avons dégagé à partir du livre des Psaumes comporte deux exigences incontournables et ces exigences très nettes contribuent à différencier la sagesse sioniste de toute autre sagesse connue jusque-là. La première peut être formulée ainsi : la sagesse sioniste est rendue possible par une révélation divine ; cette révélation de la sagesse divine prend invariablement la forme d'une Torah ou d'une Instruction dont le modèle absolu est la Torah mosaïque mais dont on peut trouver divers modèles valables dans d'autres textes bibliques, dont le livre des Psaumes en particulier. Cette Instruction divine constitue un don, une grâce, et la véritable compréhension de l'ordre des choses et de l'orientation de l'homme en lui dépend de ce don divin, au point qu'aucune sagesse simplement humaine ne peut se substituer à ce don de sagesse.

Il est important de comprendre que toutes les sagesses archaïques ont insisté sur l'insuffisance radicale de la seule sagesse humaine mais que cela ne suffit évidemment pas à en faire des sagesses sionistes avant la lettre puisque cette prise de conscience des limitations humaines n'implique en elle-même aucune révélation ou don divins de sagesse et ne peut tout au plus que préparer le sage à accueillir une telle révélation. Il est aussi important de comprendre parallèlement que la moindre référence à Yhwh, dans les Proverbes, dans Sira ou ailleurs, n'implique pas en elle-même qu'on ait affaire à une Instruction divine digne de ce nom. C'est ainsi qu'on a pu relever assez naïvement un bon nombre de proverbes yahvistes, simplement parce que le nom de Yhwh s'y trouvait ou que la maxime en question semblait évoquer de près ou de loin un quelconque enseignement biblique. On peut de la même façon faire la chasse aux « influences » égyptiennes ou mésopotamiennes dans le livre des Proverbes, mais cette démarche purement analytique et sans cadre herméneutique ne permettra jamais de vérifier si un ensemble de textes sapientiaux (même un ensemble assez restreint) satisfont ou non à l'exigence énoncée plus haut. Nous aurons l'occasion de revenir sur ce point.

La seconde exigence est encore plus décisive que la première. Je la reformulerai de la manière suivante : la sagesse sioniste, à son stade de développement le plus avancé, parvient à établir une corrélation entre vertu et bonheur de manière tout à fait singulière ; alors que dans les sagesses antérieures, on insistait constamment sur le fait que la vertu mène ou doive mener au bonheur, de façon directe ou différée, de façon graduelle ou globale, dans la sagesse sioniste, on en vient à poser que la vertu est le bonheur ou que le bonheur se ramène à la vertu. Cette équation absolument originale tient au fondement même de l'absolutisme théocentrique sioniste que nous avons longuement discuté plus haut : en bref, chez le sioniste accompli, la vertu consiste essentiellement à reconnaître inconditionnellement Yhwh et à s'abandonner totalement à sa sagesse infinie, la seule sagesse digne de ce nom ; dès lors, la vraie sagesse humaine consiste simplement à reconnaître la sagesse divine comme la seule véritable sagesse et à trouver le sens de sa vie et son bonheur dans la soumission sans restriction à cette révélation.

Il va de soi que le sioniste qui en vient là ne renonce pas du même coup à toute forme de bonheur terrestre ou de plénitude de vie. Plus fondamentalement, il a compris que les plus grands bonheurs de la vie dérivent de façon nécessaire et suffisante de cette juste attitude humaine face à la sagesse divine ; le reste lui est donné *par surcroît*, sans qu'il ait à s'en soucier outre mesure. Le mouvement primordial de la sagesse sioniste en est un de renoncement à soi-même, de décentrement radical, d'abandon total à la sagesse divine. Du reste, la « sagesse » apocalyptique elle-même ne préconise pas une autre attitude ; simplement, elle insiste bien davantage pour décrire la forme précise de salut et de bonheur eschatologiques que la sagesse divine apportera tôt ou tard aux sionistes fervents. Dans un cas comme dans l'autre, en somme, le bonheur qu'on trouve dans la vertu finira par se déployer comme la graine germe, se développe et porte fruit ; reste qu'il convient d'insister avant toute chose sur l'attitude fondamentale qui est à la racine de ce développement et de cette fructification. Dans un cas comme dans l'autre, encore, le sioniste cherche à contribuer dans toute la mesure de ses forces au grand œuvre de la sagesse divine et ne se cantonne jamais dans une forme quelconque de fidéisme passif ou de quiétisme ; néanmoins, l'attitude de base du sioniste en est une de réceptivité, de soumission et de loyauté au message révélé par Yhwh. Le noyau dur de la sagesse sioniste est là.

Ainsi armé de ce modèle relativement spécifique de sagesse sioniste, nous pouvons maintenant examiner quelle est la contribution du livre des Proverbes à la question de l'intégration de la sagesse proche-orientale traditionnelle à la sagesse sioniste. Commençons par nous pencher sur la structure générale du livre. L'œuvre est indatable mais sans doute sa rédaction et son édition finales sont-elles postexiliques. Pour l'essentiel, il s'agit d'un livre tout à fait composite, fait de compilations diverses auxquelles on a ajouté, probablement plus tardivement, un Prologue et un Épilogue. Le Prologue très élaboré et très « construit » occupe les chapitres 1 à 9 tandis que l'Épilogue fort réussi occupe le chapitre 31,10-31. Tout le reste du livre est constitué par diverses compilations : le recueil du chapitre 10,1 à 22,16 rapporté à Salomon mais en réalité anonyme ou pseudépigraphe ; le recueil de 22,17 à 24,22 suivi d'une suite ou appendice de 24,23 à 24,34 ; le recueil des chapitres

25 à 29, rapporté lui aussi à Salomon mais bien sûr anonyme; le recueil des «Paroles d'Agur» au chapitre 30,1-14; une série de proverbes numériques au chapitre 30,15-33; le recueil des «Paroles de Lemuel» au chapitre 31,1-9.

Quitte à faire des distinctions plus fines en cours de route, nous commencerons notre étude par la série de compilations qui va de 10,1 à 31,9. Le Prologue et l'Épilogue seront analysés seulement ensuite. La série de compilations qui va de 10,1 à 31,9 atteste l'immense prestige dont a joui la sagesse proche-orientale traditionnelle dans certains milieux cultivés en Israël et en Juda. Car pour celui qui est familier avec ces traditions de pensées plus anciennes, il ne fait pas le moindre doute qu'on a affaire là à des compilations sapientiales qui sont sous l'influence directe, constante et très profonde des sagesses égyptiennes et mésopotamiennes. Cela n'exclut assurément pas que bon nombre de maximes traditionnelles aient été accommodées à la culture israélite mais une analyse, même sommaire, nous convaincra qu'il s'agit bien d'une sagesse présioniste qui récupère à son profit une tradition prestigieuse et qui ne manifeste aucun souci profond d'intégration de cette sagesse traditionnelle à la sagesse sioniste, laquelle n'est peut-être pas élaborée de façon suffisante à ce stade.

L'espace me manque pour faire une comparaison serrée avec la sagesse d'Amenemope, par exemple, ou encore avec les Proverbes d'Ahiqar ou même avec des collections de proverbes venant de cultures de type archaïque. Je me contenterai donc de proposer une brève analyse thématique de Proverbes 10-31, ce qui devrait suffire à montrer globalement l'appartenance de cet ensemble à la sagesse proche-orientale traditionnelle. La grande majorité des Proverbes 10-31 se centre sur la corrélation vertu-bonheur et entend établir cette corrélation sur la base du principe rétributif et du lien étroit entre les actes et leurs conséquences.

L'idée de rétribution renvoie à une justice immanente et à un ordre établi, lesquels sont garantis au besoin par une intervention divine. Bien sûr, l'idée d'ordre n'est pas explicitée en elle-même mais simplement par rapport au postulat d'une justice immanente, secondée ou non par Yhwh. Le principe rétributif est énoncé à tous les tournants en Proverbes 10-31. Sans multiplier inutilement les exemples, on peut citer: «Au juste n'échoit nul mécompte, mais les méchants sont comblés de malheur» (12,21). Ou encore: «Sur le sentier de la justice: la vie; le chemin de la perversion mène à la mort» (12,28). Ou de façon plus naïve encore: «Même à son voisin, le pauvre est odieux, mais nombreux sont ceux qui aiment le riche» (14,20). «Le juste mange et se rassasie, le ventre des méchants crie famine» (13,25). Dans ce cadre conceptuel franchement minimal, Yhwh est récupéré à peu de frais: «L'homme de bien attire la faveur de Yhwh, mais l'homme mal intentionné, celui-ci le condamne» (12,2). Ou encore: «La voie de Yhwh est un rempart pour l'homme honnête, pour les malfaisants, une ruine. Jamais le juste ne sera ébranlé, mais les méchants n'habiteront pas le pays» (10,29-30).

Ce schéma très simple nous est devenu à la fois étranger et suspect, au point que nous avons maintenant peine à en saisir l'importance historique irremplaçable. Mais si la sagesse doit mener au bonheur, il faut bien que ce soit de manière régulière et constante: autrement, à quoi bon? Dans ce contexte, la sagesse est nécessairement une chose très simple, quasi naturelle: «Qui est attentif à la parole trouve le bonheur, qui se fie en Yhwh est bienheureux. Un cœur sage est proclamé intelligent, la douceur des lèvres augmente le savoir. Le bon sens est source de vie pour qui le possède, la folie des fous est leur châtiment. Le cœur du sage rend sa bouche avisée et ses lèvres riches en savoir» (16,20-23). Toute cette rhétorique consiste à se conforter dans la mesure du possible dans la croyance qui permet de poser un ordre immuable, une intégration parfaite du sage dans cet ordre et le bonheur qui suit de là tout naturellement. À ce titre, le sage est simplement celui qui comprend cet ordre rétributif et qui sait en parler de façon juste et mesurée: «Qui méprise la parole se perdra, qui respecte le commandement sera récompensé. L'enseignement du sage est source de vie pour éviter les pièges de la mort. Un grand bon sens procure la faveur, le chemin des traîtres est interminable. Tout homme avisé agit à bon escient, le sot étale sa folie» (13,13-16). Par ces quelques citations, j'essaie de mettre en lumière un point essentiel du discours sapiential archaïque: il n'y a ici aucune argumentation véritable, aucune discursivité serrée, simplement une profession de foi répétitive, une sorte d'axiomatique tranquille qui revient comme une ritournelle et dont on cherche à se satisfaire.

C'est pourquoi, pratiquement, on part d'un ordre donné, préétabli, intangible: cet ordre est inscrit dans les choses depuis toujours, il ne nécessite aucune explication ni justification, il comporte ses propres régulations qu'il suffit de laisser jouer d'elles-mêmes; le sage comprend cet ordre, il le respecte et le promeut, il en parle correctement, il est à son service, et cet ordre le lui rend bien car c'est cet ordre même qui assure à ses serviteurs le bien-être et la sécurité qu'ils recherchent. Le principe d'une justice immanente qui rétribue automatiquement les justes est à la base de tout le système. Ainsi, si le système fonctionne bien, il n'a besoin d'aucun secours extérieur, d'aucune garantie divine. En accord avec ce principe rétributif, les actes contiennent en eux-mêmes leurs propres conséquences et de là découle le bonheur des sages ou des justes et le malheur des insensés ou des impies. Ce schème rétributif mécanique est constamment mis en lumière dans les Proverbes: « Qui creuse une fosse y tombe, qui roule une roche, elle revient sur lui » (26,27). « Un homme coupable de meurtre fuira jusqu'à la tombe: qu'on ne l'arrête pas » (28,17).

Mais il ne faut pas faire passer ces sagesses pour plus crédules qu'elles ne le sont. À maintes reprises, on nous laisse entendre que la vie n'est pas aussi bien faite qu'on le souhaiterait et que ce n'est pas toujours la logique interne de la corrélation sagesse-bonheur qui triomphe. Ainsi: « Le riche est sage à ses propres yeux, mais un pauvre intelligent le démasque » (28,11). Ou encore: « Tel est prodigue et sa richesse s'accroît, tel amasse sans mesure et ne fait que s'appauvrir » (11,24). Quand la croyance n'est plus qu'un espoir, il faut chercher un renforcement plus sûr au système. Mais alors on quitte le sol rassurant de la justice immanente, de la rétribution mécanique. Jusqu'ici, les actes généraient leurs propres conséquences et le seul problème sérieux consistait à fonder des actes toujours justes dans une bonne attitude personnelle, dans un caractère bien formé. Ce point est traité de façon approfondie en Proverbes 1-9 et nous y reviendrons. Mais si l'on s'avise que les actes ne mènent pas immanquablement aux conséquences attendues, cela signifie-t-il que l'ordre inscrit dans les choses peut être trompeur ou même échapper complètement à notre pauvre entendement? Et puis, tout compte fait, comment peut-on espérer construire un ordre juste sur un schéma aussi mécanique? Où se place le jugement normatif dans une telle axiomatique préétablie?

Ces questions ont dû effleurer les plus lucides. À preuve, ces sentences juxtaposées: « Main nonchalante appauvrit, la main des diligents enrichit » (10,4). Mais deux certitudes valent mieux qu'une: « Yhwh ne laisse pas le juste affamé, mais il réprime la convoitise des méchants » (10,3). Mais cette seconde certitude ne risque-t-elle pas d'annuler la première: « C'est la bénédiction de Yhwh qui enrichit, sans que l'effort y ajoute rien » (10,22). On va même jusqu'à laisser entendre que la rétribution n'est profitable qu'aux justes: « Le salaire du juste procure la vie, le revenu du méchant, le péché » (10,16). Que faire, au moment où une axiomatique aussi ferme menace de se déconstruire d'elle-même? Le sage peut-il encore espérer comprendre ce qui se passe et montrer qu'on a affaire à un ordre des choses constant et prévisible?

À mesure que la problématique vertu-bonheur devient plus incertaine, on assiste à un double mouvement extrêmement délicat à manier. D'un côté, le sage prend conscience des limites terribles de sa compréhension des choses et aboutit à la longue à la conclusion navrante que les règles de son axiomatique lui échappent. De l'autre côté, il apprend que seul Yhwh dispose de cette sagesse qui peut fonder l'axiomatique en question. Le plus radical à ce propos est Agur: « Oui, je suis le plus stupide des hommes, sans aucune intelligence humaine je n'ai pas appris la sagesse et j'ignore la science sainte [qui vient de Yhwh]. [...] Toute parole de Yhwh est éprouvée, il est un bouclier pour qui s'abrite en lui. À ses discours, n'ajoute rien... » (30,2-6).

Dans la mesure où l'on peut analyser pareille réaction, il faut d'abord faire ressortir l'importance des limites humaines et surtout le fait que ces limites acculent le sage à la crainte de Yhwh, à la confiance pure et simple en Yhwh. Alors une autre ritournelle beaucoup plus lancinante prend forme: « Dans la crainte de Yhwh, puissante sécurité; pour ses enfants il est un refuge. La crainte de Yhwh est source de vie pour éviter les pièges de la mort» (14,26-27). Ou plus crûment: « Il n'y a ni sagesse, ni intelligence, ni conseil [qui tiennent] devant Yhwh» (21,30). Sur cette pente raide, on aboutit à la conclusion paradoxale que tous peuvent se croire justes mais que ce jugement risque bien d'être sans valeur: « Toutes les voies de l'homme sont droites à ses yeux, mais Yhwh pèse les cœurs» (21,2; voir aussi 16,2). Plus clairement peut-être: « Yhwh dirige les pas de l'homme: comment l'homme comprendrait-il son chemin?» (20,24). Ce qui mène à ces conséquences extrêmes: « Yhwh fit toute chose en vue d'une fin, et même le méchant pour le jour du malheur» (16,4).

Ainsi donc, si l'on peut faire ressortir l'immense faiblesse humaine, sur le versant humain, on est pour ainsi dire tenu de mettre en lumière la toute-puissance divine, sur le versant divin. La déclaration de base: « En tout lieu sont les yeux de Yhwh, ils observent méchants et bons» (15,3). Mais alors, Yhwh n'est plus simplement le garant neutre du principe rétributif, un simple auxiliaire de l'ordre établi; bien davantage, il se transforme sous nos yeux en juge suprême, indépendant et inévitablement arbitraire. Beaucoup de maximes affirment cela sans nuances: « À l'homme les projets du cœur, de Yhwh vient la réponse» (16,1). De même: « Le cœur de l'homme délibère sur sa voie, mais c'est Yhwh qui affermit ses pas» (16,9). Aussi: « Nombreux sont les projets au cœur de l'homme, mais le dessein de Yhwh, lui, reste ferme» (19,21). Tout cela nous mène au seuil de la réflexion fondamentale de Proverbes 1-9 sur l'attitude juste du sage: « Que ton cœur n'envie pas les pécheurs, mais dans la crainte de Yhwh qu'il reste tout le jour, car il existe un avenir et ton espérance ne sera pas anéantie. Écoute, mon fils, deviens sage, et dirige ton cœur dans le chemin» (23,17-19).

On peut donc conclure provisoirement, avant d'analyser les textes de Proverbes 1-9, que l'ensemble constitué par Proverbes 10-31 est un échantillon tout à fait caractéristique de sagesse traditionnelle bien qu'il contienne plusieurs éléments qui indiquent que cette sagesse est déjà à un certain degré en crise. On est ici forcé de s'en tenir au texte final puisqu'il est impossible de savoir comment il a été édité et s'il comporte des interpolations plus ou moins importantes. Cela étant, il m'apparaît clair que la grande majorité des maximes de Proverbes 10-31 décrivent une sagesse traditionnelle, dans la mesure où la corrélation vertu-bonheur y est posée et maintenue de façon constante, en dépit des difficultés qui sont entrevues.

Parfois cette corrélation vertu-bonheur est rendue possible par une simple sagesse humaine et parfois aussi elle trouve un recours salutaire dans une sorte d'acte de foi en une sagesse divine. Parfois encore, la rétribution qui assure le bonheur semble se définir de façon purement mécanique ou naturelle, selon les principes d'une justice immanente, et parfois cette rétribution doit être assurée grâce au concours divin. Mais jamais on ne met en doute le postulat de la sagesse traditionnelle qui veut que la vertu doive mener tôt ou tard au bonheur ; jamais on n'en appelle à une révélation de la sagesse divine, même au moment où l'on reconnaît très clairement des limites de la sagesse humaine. En ce sens, donc, on ne retrouve pas dans ces textes, à strictement parler, aucun des deux critères qui permettraient de parler d'une sagesse sioniste véritable : ni l'idée d'une révélation divine ni une modification substantielle de la corrélation vertu-bonheur.

En regard de cette perspective générale, il est peut-être permis de discerner dans un certain nombre de passages déjà cités une sorte de voie de passage vers la conception nettement plus élaborée qui caractérise Proverbes 1-9, un texte que la majorité des spécialistes s'accordent à considérer plus tardif. D'un côté, toutes les sagesses traditionnelles du Proche-Orient ancien ont insisté de façon très constante sur les limites de la sagesse humaine laissée à elle-même et l'ont considérée comme peu de chose en comparaison de la sagesse divine ; mais de l'autre côté, on ne peut pas affirmer, selon moi, que cet aveu d'insuffisance suffise à renoncer aux acquis de cette sagesse purement humaine et qu'elle doive nécessairement nous entraîner vers une orientation tout autre de la recherche de sagesse. Certaines maximes de Proverbes 10-31 peuvent sembler venir bien près d'une orientation strictement sioniste, au sens déjà défini de ce terme, mais la considération de l'ensemble de ces maximes nous invite à un jugement très prudent à ce sujet car les maximes qui se rapprochent le plus d'un certain sionisme restent assez peu nombreuses, donc plutôt marginales. La tendance est là, sans doute, la voie de passage est indiquée, je le reconnais, mais elle n'a encore rien d'une voie obligée. Il vaut donc mieux suspendre notre jugement, pour l'instant, et entreprendre l'examen de Proverbes 1-9.

Tout donne à croire que la longue introduction de Proverbes 1-9 a été jointe après coup à la compilation des sentences de Proverbes 10-31. En effet, le texte de 1-9 tranche nettement sur celui de 10-31. Déjà sa forme nous indique qu'on a affaire à un texte d'enseignement suivi et organisé, une instruction structurée avec soin et comportant une stratégie rhétorique bien établie. La forme générale est celle d'une exhortation très élaborée et très concertée. Après un très court prologue (1,1-7) qui s'achève par un condensé du message (« La crainte de Yhwh, principe de savoir : les fous dédaignent sagesse et discipline » [1,7]), le texte prend la forme d'une série de discours, série unifiée par leur thème commun : un père s'adresse à son fils et l'exhorte de diverses façons à la sagesse. Les appels qui accompagnent ces discours sont parfaitement clairs : « *Écoute*, mon fils, l'instruction de ton père... » (1,8). Le leitmotiv est repris avec encore plus d'insistance en 2,1-5 ; 3,1-2 ; 3,21-22 ; 4,1 ; 4,10-11 ; 4,20-22, etc. Chaque fois, cela correspond au discours de la sagesse patriarcale et autoritaire, chaque fois le discours se situe de haut en bas face à un fils qui écoute et ne parle pas. Cette longue série de discours est entrecoupée de deux courtes séries de discours qui viennent corroborer de l'extérieur le discours du patriarche : d'abord le discours de la Sagesse en 1,20-33 et ensuite les discours contrastés de la femme étrangère (7,10-23) et de la Sagesse personnifiée (8,1-36).

J'ai essayé de faire ressortir les principaux indices d'une certaine crise de la sagesse traditionnelle en Proverbes 10-31. Ces indices se rapportent tous à la difficulté de maintenir la corrélation axiomatique vertu-bonheur. Dans la sagesse traditionnelle précritique, le sage se sent invariablement en mesure d'établir cette corrélation vertu-bonheur à partir d'expériences personnelles ou d'observations plus générales ; ce travail ne prend jamais l'allure d'une argumentation en forme mais du moins la croyance sapientiale canonique est-elle explicitée et confirmée de diverses manières et finit par former un ensemble relativement convaincant. Sous ce rapport, le texte de 10-31 et celui de 1-9 forment un contraste évident qui montre bien que l'auteur (ou les auteurs) de Proverbes 1-9 se situent d'emblée après la crise de la sagesse traditionnelle et cherchent une stratégie nouvelle pour maintenir ou rétablir la corrélation si précieuse entre vertu et bonheur. Notre analyse rapide va simplement s'efforcer de mettre en lumière cette stratégie de façon à rassembler les éléments d'une discussion de notre problème de base, à savoir si cette sagesse d'après la crise se rapproche davantage de la sagesse sioniste dont nous avons proposé un modèle clair au chapitre précédent.

Les trois premiers chapitres méritent une attention particulière car ils forment la prise de position «théorique» la plus avancée sur cette question. On peut même soupçonner qu'ils ont été surajoutés après coup à l'ensemble mais nous n'avons pas besoin de conjecturer à ce propos. Le premier discours du patriarche va de 1,8 à 19. La théorie sioniste des deux voies y est esquissée et elle était déjà annoncée en 1,7. Après un bref appel à l'écoute, le père décrit la voie des impies et montre ses conséquences funestes. Le discours des méchants s'oppose à celui des justes non pas sur le plan des buts poursuivis, qui restent la prospérité et le bonheur, mais bien sur le plan des moyens, qui engendrent violence et désordre et, par conséquent, brisent la corrélation vertu-bonheur. Le jugement des impies a ceci de remarquable qu'il est typiquement sioniste en ce sens qu'on prétend ici qu'il y a non pas corrélation mais bien équation entre méchanceté et malheur: «C'est pour répandre leur propre sang qu'ils s'embusquent, contre eux-mêmes ils sont à l'affût. Tel est le sort de tout homme avide de rapine: elle ôte la vie de ceux qu'elle habite» (1,18-19). La violence et le désordre s'attaquent à ceux mêmes qui y recourent, ils se tournent d'emblée contre eux. Le schéma acte-conséquence se resserre au point que l'acte et la conséquence finissent par se recouvrir. De plus, le patriarche peut de la sorte démontrer par l'absurde qu'il n'y a pas d'autre voie que celle des justes puisque la voie des impies s'exclut d'elle-même. On s'attend ensuite à ce que la voie juste soit décrite et défendue mais le sage procède tout autrement.

Entre le premier discours (1,8-19) et le deuxième (1,20-33), il y a une coupure radicale. Sans la moindre transition, la Sagesse personnifiée prend la parole et procède à son exhortation propre: «La Sagesse crie au dehors...» (1,20). Il y a ici un effet de distanciation extrêmement important: ce n'est pas un sage bien réel qui parle, mais un personnage mythique qui énonce une sagesse toute faite. Or la posture de ce personnage est bien particulière car tout ce qu'il dit exprime sa distance immense par rapport à ceux qui l'écoutent; d'ailleurs, la Sagesse s'adresse à tous, à quiconque peut l'entendre sur la place publique. Plus précisément, son discours sous-entend qu'elle n'a pas d'interlocuteur et qu'elle ne peut qu'exhorter des gens devenus insensibles aux bienfaits de la sagesse. Alors que le patriarche se situait sur le plan privé, elle se situe sur le plan public, mais dans les deux cas, ce qu'on trouve au centre du discours, c'est l'impiété, le désordre, l'absence de sagesse. Les phases essentielles du message sont transparentes: «Jusques à quand, ô niais, aimerez-vous la niaiserie? [...] Et les sots haïront-ils le savoir?» (1,22). Suit l'appel rhétorique: «Convertissez-vous à mon exhortation...» (1,23). Et aussitôt: «Puisque j'ai appelé et que vous avez refusé [...], puisque vous avez négligé tous mes conseils et que vous n'avez pas voulu de mon exhortation, à mon tour, je me rirai de votre détresse... » (1,24-26). La conclusion est la même que celle du patriarche, quoique plus dure encore : « Alors, ils m'appelleront, mais je ne répondrai pas [...]. Ils ont détesté le savoir, ils n'ont pas choisi la crainte de Yhwh [...]. Car l'égarement des niais les tue, l'insouciance des sots les mène à leur perte » (1,28-32). Dans ce discours parfaitement parallèle au premier, c'est encore la voie des impies qui est décrite et, encore ici, le lien acte-conséquence est si étroit qu'il apparaît pratiquement réversible. Une telle construction ne peut être l'effet du hasard : sur les deux plans proposés, il s'agit bien de nous montrer qu'il n'y a qu'une voie possible et de préparer ainsi le seul discours possible, un discours absolument dominant, excluant toute contrepartie. On est prêt pour le troisième discours.

Ce troisième discours constitue une exhortation particulièrement pressante et autoritaire. Sa construction est simple. « Mon fils, *si* tu accueilles mes paroles [...], *alors* tu comprendras la crainte de Yhwh, tu trouveras la connaissance de dieu. *Car* c'est Yhwh qui donne la sagesse, *de sa bouche* sortent le savoir et l'intelligence » (2,1-6). La condition unique fixée, c'est l'écoute, l'attention, la soumission. Or, la vertu, c'est cela, comme le texte le précise aussitôt : « Il réserve aux hommes droits son conseil, il est le bouclier de ceux qui pratiquent l'honnêteté » (2,7). Suit la promesse, la corrélation attendue : « Alors tu comprendras justice, équité et droiture, *toutes les pistes du bonheur* » (2,9). En d'autres termes, une fois écartée la voie du mal, il ne reste que celle du bien et cette voie est indiquée par la sagesse divine et doit être suivie dans la soumission pure et simple. Et de fait, quand le patriarche reprend son discours circulaire, c'est pour indiquer que cette voie de la sagesse divine est précisément ce qui permet de barrer la voie au mal : « Quand la sagesse [divine] entrera dans ton cœur [...], l'intelligence te gardera pour t'éloigner de la voie mauvaise, de l'homme aux propos pervers... » (2,10-12). Le patriarche élabore comme à plaisir sur cette voie mauvaise (13-15), puis il la symbolise plus concrètement : « Pour te garder aussi de la femme étrangère, de l'inconnue aux paroles enjôleuses... » (2,16). Et la conclusion réitère à nouveau la corrélation vertu-bonheur, mais cette fois en termes nettement sionistes : « Car les hommes droits habiteront le pays, les gens y demeureront, mais les méchants seront retranchés du pays, les traîtres en seront arrachés » (2,21-22). Dans ce bref discours d'exhortation, la révélation sioniste n'est définie ou explicitée à aucun moment, puisqu'il s'agit simplement d'un texte programmatique, mais on a tout de même affaire à une révélation en bonne et due forme car à plusieurs reprises en 2,1-9, le patriarche indique clairement que l'attitude de réception attentive suffit et que c'est l'accueil même et non la compréhension du message qui est au fondement de toute la démarche. Ainsi, après avoir vu la Sagesse prendre forme mythique, se distancier et s'autonomiser, elle est ensuite rapportée à Yhwh et elle devient révélation pure et simple.

Le quatrième discours fait tout le troisième chapitre mais, pour les besoins de l'analyse, c'est 3,1-12 qui parachève la démarche entreprise aux chapitres 1 et 2. Le patriarche reprend à partir de la corrélation maintenant irréfutable entre vertu et bonheur (1-2). Puis son exhortation prend à nouveau des accents typiquement sionistes: «Que piété et fidélité ne te quittent! Fixe-les à ton cou, inscris-les sur la tablette de ton cœur. Tu trouveras ainsi faveur et réussite...» (3-4). Puis, de façon encore plus infaillible, à la façon d'une signature: «Repose-toi sur Yhwh de tout ton cœur, *ne t'appuie pas sur ton propre entendement*; en toutes tes démarches, *reconnais-le* et il aplanira tes sentiers. *Ne te figure pas être sage*, crains Yhwh et te détourne du mal» (5-7). Ce qui se termine encore par la grande promesse de bonheur (8-10).

On dispose donc ici de tous les éléments qui permettent de poser une sagesse sioniste: décentrement radical, accueil d'une révélation-instruction divine, renoncement à la sagesse purement humaine. Il ne manque qu'un élément crucial pour compléter le tableau: l'idée d'une vertu qui serait en elle-même le bonheur. On est très près du sionisme le plus pur mais le sage n'a pas encore renoncé aux bénéfices de sa recherche, même s'il a rapporté cette recherche sur un personnage mythique (la Sagesse) et en somme sur Yhwh lui-même. La démarche sapientiale proprement dite s'effectue désormais en dehors de lui, il n'y a plus qu'une seule voie qui puisse mener au bonheur, et cela au point que la voie des impies a été identifiée comme étant *en elle-même* la voie du malheur. Reste que, strictement parlant, le sage maintient la démarche sioniste dans un cadre sapiential traditionnel, c'est-à-dire dans un cadre où l'on ne renonce pas à la corrélation vertu-bonheur.

Je vais maintenant explorer à grands traits le reste de l'introduction aux Proverbes pour examiner s'il existe des indices qui permettraient d'affirmer que l'ultime critère sioniste peut être rempli, à savoir la mise en équation pure et simple de la vertu et du bonheur. D'abord, le reste du quatrième discours n'est qu'une longue béatitude qui confirme notre hypothèse: «Heureux l'homme qui a trouvé la sagesse [...]. Dans sa droite: longueur des jours. Dans sa gauche: richesse et honneur» (3,13-16). Le reste du discours insiste une nouvelle fois sur la nécessité d'éviter la voie violente des impies.

Le cinquième discours se trouve au chapitre 4. Il n'ajoute rien d'essentiel aux éloges de la sagesse déjà faits, sinon un rapprochement encore plus grand peut-être de la vertu et du bonheur, leur quasi-confusion : « Car pour qui les trouve [mes paroles de sagesse] ils sont vie et santé pour toute chair. Plus que sur toute chose, veille sur ton cœur, c'est de lui que jaillit la vie » (4,22-23). Ici, si l'on s'en tient aux métaphores suggérées, le bonheur apparaît comme une incarnation de la vertu ; la vertu prend corps et cette incorporation, c'est ni plus ni moins le bonheur. Ce n'est là qu'une métaphore, mais elle complète fort bien l'autre métaphore qui incorporait le malheur dans la méchanceté.

Le sixième discours comprend les chapitres 5 et 6. Au chapitre 5, le patriarche reprend la métaphore de la femme étrangère qui risque d'entraîner le fils sur la voie mauvaise. Le chapitre 6 complète ce discours par une série de descriptions et de conseils pratiques, puis, de 6,20 à 6,35, le discours sur la femme étrangère reprend. Enfin, le septième discours court sur l'ensemble des chapitres 7 à 9. Les chapitres 7 et 8 forment une opposition assez réussie : le chapitre 7 montre à nouveau la voie où mène la séduction de la femme étrangère tandis que le chapitre 8 donne la parole à la Sagesse considérée comme personnage mythique et autonome (tout comme au chapitre premier). Il y aurait beaucoup à dire sur la signification sociale et morale de telles descriptions. Je m'en tiens à rappeler que la visée de l'auteur est encore et toujours de dégager un discours dominant : des deux voies possibles, une seule mène à la vie, au bonheur. Le message de la Sagesse nous ramène là : « Car qui me trouve trouve la vie, il obtient la faveur de Yhwh ; mais qui pèche contre moi blesse son âme, quiconque me hait chérit la mort » (8,35-36). Le chapitre 9 conclut en revenant une dernière fois sur l'antithèse sagesse-folie qui s'apparente à l'antithèse bonheur-malheur ou vie-mort.

On voit donc que le message central des trois premiers chapitres se répercute sur les six derniers et que l'introduction de Proverbes 1-9 forme finalement un tout relativement bien structuré et unifié. Ma conclusion sera brève et ne consistera qu'en un rappel des principaux résultats de mon analyse. La sagesse traditionnelle est donc entrée en crise aux chapitres 10-31 et c'est une sagesse toute différente qui prend le relais aux chapitres 1-9. Cette sagesse est annoncée comme « crainte de Yhwh » (1,7 et surtout 2,1-5), c'est-à-dire comme soumission et fidélité à l'instruction divine révélée (2,6-9 et surtout 3,3-7). Cela est le critère premier de la sagesse sioniste. La Sagesse a désormais quitté le sol humain, elle a acquis une sorte de transcendance et d'autonomie (2,28-31 et surtout 8,22-31), et on ne peut désormais l'acquérir que sous forme d'instruction divine, sous forme de révélation (8,32-36). Cependant, à ce stade de développement, la sagesse sioniste reste en lien étroit avec la sagesse traditionnelle en ce sens qu'elle prétend la supplanter et s'y substituer de façon à offrir à l'apprenti les mêmes bienfaits que ceux promis par la sagesse traditionnelle. Au total, le nouveau sage se contente d'emprunter une stratégie radicalement différente pour parvenir à mettre en corrélation vertu et bonheur; on n'en est pas encore au point où le sage renonce à une telle promesse et se contente de trouver son bonheur dans la vertu. Pour en venir là, la *crise* de la sagesse traditionnelle déjà évoquée ne suffit pas; il faut au surplus passer par une *critique* explicite des présupposés de cette sagesse traditionnelle et montrer du même coup en quoi ces présupposés contestables risquent de mener à la crise déjà décrite. Ce travail critique sera entrepris dans Job et Qohélet.

CHAPITRE 13
Job et la recherche d'une théodicée sioniste

Le livre de Job est un texte relativement long et complexe. Son étude est hérissée de difficultés et il vaut mieux en être conscient. Primo, le texte est indatable, même si on peut le situer globalement après l'exil. Secundo, il comporte plusieurs rédacteurs ou, à tout le moins, plusieurs couches rédactionnelles, donc des ajouts peut-être nombreux et probablement une «édition finale» avec l'arbitraire que cela comporte. Personne ne saurait aller au-delà des conjectures vraisemblables dans ce domaine et c'est pourquoi on est contraint en toute logique de s'en tenir à la forme finale du texte, quitte à accorder moins d'importance à certaines de ses parties. Tertio, le texte constitue une sorte d'œuvre consacrée, un chef-d'œuvre attitré de la littérature universelle; face à ce genre de texte, il est important de garder la tête froide et de ne rien tenir pour acquis; je m'efforcerai donc pour ma part de redoubler de vigilance critique. Quarto et par-dessus tout, le texte est d'une construction extrêmement déroutante pour un lecteur qui prend la peine de l'interroger sans idées préconçues. C'est évidemment de ce dernier point qu'il convient de partir pour bien se situer face à ce livre.

Commençons donc par examiner de l'extérieur la construction du texte. Le livre de Job comporte 42 chapitres et il est essentiellement composé de discours et de dialogues. Le contexte général de ces discours et dialogues est fourni par le Prologue (les deux premiers chapitres) et l'Épilogue (42,7-17), mais aussi par un long discours où Job décrit sa situation passée par contraste avec sa situation présente (chap. 29-30). Une fois ce contexte mis en place, le corps du texte constitue une longue argumentation allant du chapitre 3 au chapitre 42,6. Cependant, cette argumentation ne se présente pas comme un ensemble élaboré et lié de façon discursive, loin de là; le texte emprunte couramment une forme poétique, il est bourré d'images et de figures de style de toutes sortes, et il se complaît jusqu'à l'abus dans les effets rhétoriques qui parfois guident le lecteur et parfois le déconcertent dans son effort de reconstruction de l'argumentation.

L'effet global d'une telle construction peut se résumer ainsi: on se trouve en face d'un texte argumentatif *mais* de forme non discursive. Selon toute apparence, le souci central de l'auteur (ou des auteurs) n'est pas de présenter une argumentation méthodique et systématique mais bien d'insister ici ou là sur certains aspects de son argumentation et de bien faire sentir ou de bien faire saisir tel point essentiel à tel moment, tel autre point essentiel à tel autre moment, etc. Au lecteur incombe ensuite la tâche de faire les liens qui s'imposent, de départager l'essentiel et l'accessoire, de juger du résultat de tel discours ou de tel dialogue, etc. Il est donc bien tentant de «rééditer» le texte, comme le font de nombreux spécialistes, en mettant en valeur certains passages, en en négligeant d'autres, et même en écartant carrément certaines parties du texte. Mais cela revient à demander au texte un suivi et une cohérence qu'il ne prétend pas avoir; et surtout, cela suppose qu'on est en mesure de déterminer dans quels passages on doit chercher le message idéologique du livre. Cela m'apparaît comme une approche partielle et arbitraire, donc illégitime. C'est pourquoi je m'en tiendrai à la forme finale du texte dans son intégralité, quitte à ne pas pouvoir montrer la cohérence de chaque partie au sein de l'ensemble et quitte aussi à passer plus vite sur certains aspects de l'argumentation.

Le Prologue a la forme d'un récit folklorique ou d'une légende. On peut donc croire que l'auteur s'est senti inspiré par ce récit ou qu'il a jugé bon de l'utiliser librement comme cadre conceptuel pour la mise en place de sa problématique. Il me semble vain, dans cette perspective, d'attendre de ce récit une présentation sobre et parfaitement adaptée du contexte de l'argumentation; au contraire, l'auteur utilise librement cette légende, il en fait une mise en scène impressionnante et même caricaturale, et il établit une sorte de complicité globale avec son lecteur. Ce Prologue comporte néanmoins des éléments idéologiques qu'il ne faut pas passer sous silence.

Commençons par le résumer. Job est présenté comme l'homme le plus vertueux et le plus riche de l'Orient ancien. On discute de son cas au conseil céleste; Yhwh le considère parfait tandis que l'Adversaire ou le Satan élève un doute très grave sur l'intégrité morale de Job: « Est-ce pour rien que Job craint Yhwh ? » (1,9). Pour en avoir le cœur net, Yhwh accepte la mise à l'épreuve de Job, créant ainsi de toutes pièces le juste souffrant (1,12; 2,6). Cette mise à l'épreuve s'effectue en deux temps. D'abord, l'Adversaire s'attaque aux biens et à la descendance de Job, qui se retrouve ruiné et sans postérité. La réaction de Job est irréprochable de piété et de résignation (1,20-22). Puis, Job est affligé d'une horrible maladie et sa femme lui recommande alors la révolte, mais Job demeure irréprochable. Trois amis de Job viennent alors de l'étranger pour l'assister dans son malheur; ils restent ensemble en silence pendant sept jours complets.

Dans ce récit édifiant, même si l'on fait sa part à la simplification et au grossissement légendaires, certains aspects idéologiques ne peuvent manquer d'alerter le lecteur. Avant tout, pourquoi nous jette-t-on ainsi dans un univers aussi irréel, aussi imaginaire ? Pourquoi avoir choisi « le plus fortuné de tous les fils d'Orient » (1,3), donc un homme complètement atypique ? Pourquoi le ruiner et le déposséder à ce point alors qu'il peut tout de même continuer d'accueillir ses richissimes amis pendant plusieurs semaines ? Le lecteur doit-il rester sous l'illusion qu'on va assister à un débat intellectuel entre privilégiés et qu'il n'y a rien de plus pressé que de se livrer à pareil débat ? Mais ce n'est pas tout. Dans une perspective largement sioniste, d'où vient qu'un individu quelconque puisse être déclaré juste a priori, pieux par construction ? Cette pétition de principe sera du reste contredite dans le corps du texte et aucun lecteur ne s'en surprendra tant cette construction est profondément irréelle. Mais bien plus, le contraste énorme entre la réaction pieuse du Prologue et la révolte ouverte du corps du texte est si frappante que l'auteur semble renoncer à l'expliquer; or, si Job est un parfait juste souffrant, il devrait absolument se poser la question de la bonne attitude à tenir et s'y tenir. Il y a là une incohérence *morale* bien plus grave que toutes les fautes de logique qu'on peut détecter dans le texte. Il reste encore à signaler une troisième « difficulté » de ce Prologue, fort bien connue mais rarement traitée avec sérieux: d'où vient qu'un dieu *juste* et *omniscient* se permette de mettre à l'épreuve « un homme intègre et droit » (1,8) sans autre raison que de sonder son cœur ? Il y a là un scandale moral d'envergure, si l'on considère que Yhwh *sait* que Job est parfaitement vertueux et qu'il a déjà eu l'occasion de le vérifier concrètement lors de la première mise à l'épreuve (2,3).

Je m'en tiens naturellement aux points les plus critiques du Prologue mais il importe de bien voir qu'ils pointent tous dans la même direction. Du reste, l'Épilogue ne fait que corroborer cela puisque Job est alors rétabli dans tous ses droits et privilèges. Ce point de convergence mérite d'être souligné : aux yeux de Yhwh lui-même, il y a corrélation vertu-bonheur ; le mérite de Job doit naturellement mener à ce bonheur parfait. Ni Yhwh ni l'Adversaire ne contestent cela. Le seul point en litige est de savoir si Job est vertueux par intérêt, autrement dit parce que la vertu est payante. C'est ce que croit la sagesse traditionnelle (quoique avec des nuances importantes qui sont malencontreusement escamotées par le livre de Job). Mais d'abord, rien dans le conseil céleste ne permet de remettre cette corrélation en doute ; et puis surtout, comment vérifier infailliblement ce point que personne, justement, ne conteste ? Ici, le Prologue est plein de sous-entendus et demeure équivoque, mais l'Épilogue, lui, est parfaitement clair : la vertu de Job mérite récompense et c'est Yhwh lui-même qui s'en charge sans la moindre hésitation. Dès lors, si la vertu mérite reconnaissance et gratification, pourquoi Yhwh accepte-t-il de tester ce point dans le Prologue et, surtout, *a-t-il le moyen de vérifier cela* ? Ce point capital n'est jamais soulevé pour la simple raison qu'on ne prend jamais la peine de déconstruire le texte à fond. Mais il n'est pas difficile de constater que le test divin ne permet pas de vérifier ce qu'il prétend vérifier puisque Yhwh et Job savent tous deux que le juste souffrant est éprouvé injustement et puisque tôt ou tard, au moment du *happy end*, tout rentrera dans l'ordre et que Job sera rétabli selon ses attentes. Car, au bout du compte, pourquoi faut-il vérifier un point sur lequel tout le monde s'accorde ? Si Job avait péché, le châtiment divin serait justifié ; mais dans le cas contraire, l'auteur est acculé à une acrobatie morale proprement scandaleuse, et d'abord pour Yhwh lui-même (2,3). Par un subterfuge intenable, l'auteur rend Yhwh complice d'un désordre ou d'une injustice inacceptables, et qui devront être réparés. Ce qui ressort de tout cela, par surcroît, c'est que le débat subséquent entre Job et ses amis est complètement biaisé puisqu'on discute à partir d'une situation truquée et que les deux parties au débat ont forcément toutes deux raisons, chacune à sa manière ou à son niveau propre. Contentons-nous donc pour l'instant de verser ces interrogations au dossier et, sans rien conclure, considérons le corps du texte en lui-même.

Le Prologue peut, dans cette perspective, se ramener à ceci. Un homme béni de Yhwh (1,10), Job, se retrouve déchu de tous ses droits et privilèges, de la façon la plus inattendue et la plus inexplicable ; il est victime d'un curieux pari entre Yhwh et le Satan mais il n'en sait rien.

Malgré son ignorance, c'est son attitude face à l'oppression céleste qui déterminera le vainqueur du pari car si Job reste vertueux, son attitude donnera raison à Yhwh. Autrement dit, pour que le test de Yhwh ait une valeur quelconque, il faut qu'on puisse déterminer ce qu'est la réaction irréprochable chez Job en pareille circonstance. Or cela n'est dit nulle part dans le texte. Mais à vrai dire, la situation est pire encore car le texte dit successivement deux choses. Il est crucial de bien situer l'enjeu du débat car tout le reste du texte ne devient compréhensible qu'à partir de là.

Effectivement, il est facile de voir que Job réagit de deux façons tout à fait différentes sans que l'auteur daigne s'en expliquer. D'une part, dans le Prologue, Job réagit par l'acceptation résignée du sort qui lui est fait, et cela à deux reprises. La formule clé pourrait bien être : « Si nous accueillons le bonheur comme un don de Yhwh, comment ne pas accepter de même le malheur ! » (2,10). Et les deux fois, l'auteur se contente d'affirmer que « Job ne pécha point » (1,22 ; 2,10), ce qui implique *nécessairement* que, à ses yeux, Job adopte la juste attitude et par conséquent demeure vertueux. De fait, dans les interprétations anciennes, on loue presque invariablement Job pour cette attitude qui en fait un monstre de vertu et qui tourne le Satan en bourrique.

D'autre part, cependant, dans le corps du texte, comme on le constatera mieux tout à l'heure, Job adopte une attitude fort différente qu'on doit pour le moins interpréter comme une attitude de révolte et de protestation opiniâtre. Or, n'en déplaise à bon nombre de commentateurs anciens, lorsque Yhwh vient clore le débat et distribuer les satisfecit, il juge que Job a parlé de lui avec droiture mais non ses amis pourtant si respectueux (42,7-8). Job aurait-il donc trouvé la juste attitude seulement en second lieu et comment expliquer ce curieux retournement ? Mettons en réserve ce dilemme apparemment insoluble et abordons de front le corps même du texte.

Au-delà du Prologue (chap. 1 et 2), la première partie du texte va du chapitre 3 à 27 et rapporte l'immense débat qui a cours entre Job et ses « amis ». Ce qui commande ce débat, c'est la nouvelle attitude de Job face à ses malheurs, une attitude qui deviendra de plus en plus véhémente mais qui est déjà pleinement symbolisée par les malédictions sacrilèges du chapitre 3. Déjà la révolte couve et les répliques des amis ne feront que l'attiser.

Il n'est ni possible ni souhaitable de reprendre en détail les trois cycles de dialogue entre Job et ses amis. Il nous suffira d'en faire ressortir les éléments essentiels et de montrer de façon plutôt synthétique à quelle position en viennent finalement les parties. De bons commentateurs ont cherché sans grand succès à montrer la progression du texte, tant du côté de Job que du côté des amis. C'est que la construction même du texte ne se prête guère à ce genre de développement méthodique. Ce qui est évident, en revanche, c'est que les amis finissent par faire consensus contre Job et que les positions en présence apparaissent de plus en plus polarisées et même irréconciliables. La manière la plus simple de présenter ces positions consiste à mon sens à les analyser tour à tour, quitte à les comparer en fin de parcours.

Soit dans un premier temps la position des amis. Eliphaz est assurément le plus accommodant des trois. Dans son premier discours, il en est encore à réconforter Job : « Ta piété n'est-elle pas ton assurance, ton espérance, n'est-ce pas une vie intègre ? Souviens-toi : quel est l'innocent qui a péri ? » (4,5-7). Reste que, à ses yeux, les malheurs qui frappent Job parlent d'un manquement certain et d'un repentir nécessaire : « Un mortel est-il juste devant Yhwh, en face de son auteur, un homme serait-il pur ? » (4,17). En bon diplomate, il suggère d'ailleurs que tout cela n'est qu'une épreuve et qu'il suffit d'avoir recours à Yhwh, de s'en remettre à lui (5,17-19). L'intégrité morale de Job est à peine écorchée et il devrait pouvoir se tirer d'affaire à peu de frais. Mais comme Job s'endurcit entre-temps dans sa dénégation butée, le deuxième discours d'Eliphaz est évidemment plus incisif. L'argument est assez raffiné : peu importe la raison, le refus de Job de céder et de se repentir est déjà une faute et cette faute renvoie à un pécheur, pis un pécheur non repentant ; et un tel homme a très certainement commis bien d'autres fautes qu'il n'a pas reconnues (15,4-6). Et Eliphaz de marteler sa thèse de base : « Comment l'homme serait-il pur, resterait-il juste, l'enfant de la femme ? » (15,14). Il se permet ensuite d'épiloguer sur les menus tourments qui guettent tous les récalcitrants (15,20-35). Au troisième tour de parole, Eliphaz est devenu intraitable mais, en dépit de tout, il demeure le plus pondéré des trois. À la base, il réitère de façon très sèche qu'il n'y a pas de malheur sans méchant ; si Job est châtié, « n'est-ce pas plutôt pour [sa] grande méchanceté, pour [ses] fautes illimitées ? » (22,5). Après quoi, il lui montre les deux voies, celle des méchants et celle des bons, et le met en face d'un choix clair : s'enfoncer dans son tort ou reconnaître sa faute. Le bonheur est encore à portée de main (22,23-30) mais le temps presse.

Notre stratagème d'exposition permet donc de conclure que la position d'Eliphaz ne varie en rien à travers ce débat. Il professe la théorie traditionnelle de la rétribution sans nuances : tout comme le bonheur découle de la vertu, ainsi le malheur renvoie au péché ; de toute manière aucun individu n'est sans péché et celui qui se croit sans péché est forcément et par là même un pécheur ; enfin, puisque le pécheur dispose toujours de la possibilité du repentir, on peut se permettre un optimisme prudent. Dans ce cadre, le problème du juste souffrant n'est tout simplement pas une éventualité à considérer.

Examinons ensuite dans ses grandes lignes la position de Bildad. Dans son premier discours, on peut dire qu'il commence là où Eliphaz a abouti. Il en appelle à l'autorité de la sagesse traditionnelle (8,8-10) et pose la doctrine de la rétribution comme une chose établie depuis toujours et ne souffrant aucune exception (8,12-22). Dans ce contexte, la simple idée qu'il puisse exister un juste souffrant paraît tout à fait déplacée: «Yhwh peut-il fléchir le droit, Shaddaï fausser la justice?» (8,3). Si Job souffre, c'est qu'il a péché; et s'il a péché, il ne lui reste que le repentir (8,5-7). Jusqu'ici, aucune innovation par rapport à Eliphaz. Le ton du deuxième discours est nettement plus fielleux: les discours de Job indisposent Bildad et suscitent chez lui l'indignation. Pourtant son discours demeure mesuré et il s'en tient principalement à des généralités sur le sort qui attend les méchants; naturellement, c'est Job qui est visé dans ce discours indirect. Au troisième tour de table, Bildad n'a pas grand-chose à ajouter. Dans une intervention très courte, il insiste comme Eliphaz avant lui sur le fait qu'il n'y a pas de place pour l'idée d'un juste souffrant dans la doctrine traditionnelle de la rétribution: «Et l'homme se croirait juste devant Yhwh, il serait pur, l'enfant de la femme? La lune même est sans éclat, les étoiles ne sont pas pures à ses yeux. Combien moins l'homme, cette vermine, un fils d'homme ce vermisseau?» (25,4-6).

La seule différence notable entre les discours de Bildad et ceux d'Eliphaz, c'est que Bildad ne prend même pas la peine de recourir à la théorie de la punition-épreuve et qu'il considère tout simplement que la doctrine classique de la rétribution doit s'appliquer en tout; dès lors, les mérites des justes doivent être revus à la baisse, à moins de considérer le repentir et la soumission à la volonté divine comme des marques particulières de vertu. Mais Bildad ne va pas jusque-là car son propos consiste bien davantage à sauver le principe rétributif qu'à réconforter Job ou à le convertir à sa cause. À ses yeux, le cas de Job ne mérite pas une attention particulière et c'est pourquoi ses propos ont presque toujours un caractère généralisant. Cette position manifeste clairement que lorsque la doctrine traditionnelle de la rétribution est appliquée de façon radicale, cela laisse très peu de place aux cas particuliers ou exceptionnels. Dans ce cadre «théorique», paradoxalement, le juste souffrant se révèle bien plus condamnable que le simple pécheur repentant, étant donné qu'il n'y a ici aucune place pour ce genre de cas qui remet en question le principe rétributif et la justice divine.

Il nous reste enfin à dire quelques mots de la position de Çophar. Son attitude est de loin la plus agressive et impitoyable des trois. Dès le premier discours, il s'adresse à Job de façon très directe et se moque de ses prétentions ridicules. L'argument de base pourtant ne varie pas : celui qui se considère comme pur et irréprochable ne fait qu'étaler sa bêtise fondamentale (11,2-12). Si Job a été puni, c'est la preuve irrécusable qu'il a péché ; il ne lui reste que le repentir (11,13-19). Son deuxième discours est encore plus strictement accusateur, dans la mesure où il ne voit qu'obstination aveugle dans les propos de Job. À ses yeux, tout cela n'est qu'une insulte à l'intelligence du sage. En désespoir de cause, il se contente donc de lui montrer sous les couleurs les plus vives le sort terrible qui attend les impies de son espèce. Quoique les spécialistes ne s'entendent pas tous sur ce point, il n'y a pas de troisième discours de Çophar dans la forme finale du texte reçu. Ce qui me semble tout à fait cohérent puisque le message de Çophar ne souffre pas la moindre nuance et qu'il se concentre presque uniquement sur l'aspect négatif de la doctrine traditionnelle de la rétribution, c'est-à-dire l'aspect qui concerne directement le cas de Job.

On peut donc conclure de ces trois cycles de discours que le message d'Eliphaz, de Bildad et de Çophar est parfaitement convergent et même uniforme jusqu'à un certain point. Les stratégies rhétoriques des trois amis peuvent varier mais assurément pas leur position doctrinale. Tant que Job accepte de souffrir en silence, on compatit avec lui sans restriction ; mais lorsqu'il élève des prétentions à l'innocence et se prétend victime d'injustice, il devient l'homme à abattre car il risque de remettre en cause la théorie qui justifie précisément les privilèges de ce petit groupe de nantis. Job lui-même a appartenu à cette caste et a promu le même type de sagesse que ses amis. De quel droit se désolidariserait-il, maintenant qu'il est devenu une victime du sort ?

Il est important de remarquer toutefois que la doctrine rétributive que défendent les amis représente une version rigide et simplifiée jusqu'à la caricature de la véritable doctrine traditionnelle défendue en particulier par le livre des Proverbes. Dans ce texte de référence, la corrélation vertu-bonheur est relativement souple et adaptative : on peut être vertueux et connaître tout de même des déboires ; de même, le méchant n'est souvent puni que de façon différée ; au surplus, le juste doit souvent apprendre à se contenter de peu et viser plutôt à la tranquillité d'esprit et à une vie sobre. Ce genre de nuances affecte à tout moment la doctrine des sages et en définitive la rend viable. Il faut louer le pragmatisme de la sagesse traditionnelle qui a si bien su se défier de toute forme d'excès et de dogmatisme irréalistes et construire de la sorte une doctrine morale qui soit susceptible de convenir à un ensemble de personnes et de situations. L'approche des amis de Job, en revanche, représente une vision de privilégiés, une sorte de théorie idéalisée et extrêmement rigide. Elle est déjà réfutée ou du moins considérablement révisée par le livre des Proverbes.

Dans ce cadre, les amis risquent d'être des faire-valoir et leur théorie un repoussoir pour les discours de Job. Il convient donc d'aborder ceux-ci avec une certaine circonspection. Dans un premier temps, Job est passé de l'acceptation soumise (chap. 1 et 2) à une expression très radicale de révolte (chap. 3). Dans les discours en réponse à ses amis, il va construire progressivement sa défense. Comme on va vite le constater, cette argumentation tient en fin de compte à assez peu de chose, mais ce sont les présupposés fondamentaux de cette argumentation qui doivent nous retenir. Selon toute apparence, pour que Job puisse faire une place au juste souffrant et légitimer sa position revendicatrice, il suffit qu'il montre les failles assez évidentes de la doctrine rétributive des amis et qu'il se glisse ainsi dans les vides qu'il met au jour. S'il remporte ainsi son «procès» contre ses amis, peut-être peut-il ensuite espérer porter le litige devant Yhwh. Effectivement, la rhétorique omniprésente de Job est bien celle d'un procès mais si l'on réduit tout cela aux éléments argumentatifs essentiels, le cas se présente alors de façon assez simple.

Et d'abord, la posture rhétorique de Job revêt en elle-même une grande importance. Lui, il ne prétend plus parler au nom de la Sagesse, il ne se cache plus derrière des grands principes et des autorités immémoriales; non, lui, il parle à partir de son vécu et de ses observations personnelles, il construit son argumentation sur la base de convictions intimes élaborées à partir de sa souffrance et de sa réflexion désillusionnée. Lui, il parle vraiment. Et c'est ce qui fait à la fois la force et la faiblesse de son discours: sa force, car un tel discours comporte un coefficient de réalité et de sensibilité tout à fait incomparable par rapport à celui des amis; sa faiblesse aussi, car il ne prend appui que sur sa propre sensibilité et sa propre raison et, par là, il ne peut espérer emporter la conviction que dans la mesure où il nous amène à partager sa position et à comprendre ce qui lui arrive. Autant dire que, face aux amis, la partie est perdue d'avance. Pourtant, ce débat n'est pas inutile puisqu'il place le problème sur son véritable terrain et prépare ainsi le lecteur au véritable procès qui viendra ensuite.

Dès le premier cycle de discours, à travers les supplications et les aveux de faiblesse, Job met en avant sa cause. Le premier point qu'il établit avec beaucoup de force, c'est la vérité radicale de son discours et la droiture parfaite de ses intentions. Au risque de perdre la sympathie de ses amis, il clame : « Allons, je vous en prie, tournez-vous vers moi, vous mentirai-je en face ? Retournez-vous, je vous en prie, pas de fausseté ; retournez-vous, car je reste dans mon droit [car il y va de mon bon droit — New Revised Standard Version]. Y a-t-il de la fausseté sur mes lèvres ? Mon palais ne sait-il plus discerner l'infortune ? » (6,28-30). Suit une longue lamentation où Job exprime son sentiment de persécution de la part de Yhwh ; il se sent pourchassé, traqué, jugé à tout propos, et il trouve alors cette défense extrêmement significative : « Si j'ai péché, que t'ai-je fait, à toi, l'observateur attentif de l'homme ? Pourquoi m'as-tu pris pour cible, pourquoi te suis-je à charge ? Ne peux-tu tolérer *mon offense*, passer sur *ma faute* ? Car bientôt je serai couché dans la poussière, tu me chercheras et je ne serai plus » (7,20-21). L'aveu est colossal et devrait d'emblée rassurer les amis sur les bonnes intentions de Job : face à son créateur, il se place ici d'emblée en pécheur repentant et non en juste souffrant ; comment pourrait-il ensuite remettre en question la doctrine traditionnelle de la rétribution et s'attaquer par là à la justice divine ? Dans le discours suivant, Job revient encore sur le sentiment d'être persécuté par un dieu trop lointain, trop puissant, trop arbitraire, bref un être que nul ne comprend et qui n'a de compte à rendre à personne. De là, Job doute de pouvoir porter sa cause devant ce dieu qui seul pourtant est susceptible de lui rendre justice : « Et moi je voudrais me défendre, je choisirais mes arguments contre lui ? *Même si* je suis dans mon droit, je reste sans réponse ; c'est mon juge qu'il faudrait supplier. Et si, sur mon appel, il daignait me répondre, je ne puis croire qu'il écouterait ma voix, lui qui m'écrase... » (9,14-17). À travers toute cette rhétorique défaitiste, un point ressort clairement : à aucun moment Job ne s'adresse à un dieu d'amour et de miséricorde et son seul espoir, s'il subsiste, réside dans un appel à la stricte justice. Or malgré tout, dans ce même discours, Job fait résonner cet appel. Mais il faut voir jusqu'où le défi du juste souffrant peut aller. Je cite les passages les plus décisifs pour mon propos : « Si je me justifie, ma propre bouche peut me condamner [New Revised Standard Version] ; si je m'estime parfait, il peut me déclarer pervers. Mais suis-je parfait [irréprochable] ? *Je ne le sais plus moi-même* et je rejette ma vie » (9,20-21). Ce discours est entrecoupé d'une généralisation d'allure assez radicale : « Car c'est tout un et j'ose dire : il fait périr de même l'homme intègre et l'innocent. Quand un fléau mortel s'abat soudain, il se rit de la détresse des innocents. Dans un pays livré au pouvoir d'un méchant, il met un voile sur la face des juges. Si ce n'est pas lui, qui donc alors ? » (9,22-24). Après cette déviation habile, il revient aussitôt à son cas mais le ton n'est plus le même : « ... car je le sais, tu ne me tiens pas pour innocent. Et si j'ai commis le mal, à quoi bon me fatiguer en vain ? Que je me lave avec de la saponaire, que je purifie mes mains à la soude ? » (9,28-30). On le voit, lorsqu'il se penche sur son propre cas, Job devient hésitant et n'ose pas se poser en véritable juste souffrant. C'est pourquoi toute cette tirade très célèbre s'achève dans l'équivoque pure et simple : « Je parlerai pourtant sans le craindre, car je ne suis pas tel à mes yeux [car je sais que je ne suis pas ce qu'on croit que je suis — New Revised Standard Version] » (9,35). Jusqu'ici, les résultats du travail critique de Job sont plutôt modestes.

Le troisième discours du premier cycle ne modifiera pas notre impression. Il commence par se moquer de la sagesse des amis qui ne sait pas voir la vertu là où elle est et, pour montrer que cette sagesse toute faite n'est rien, il entreprend de faire le panégyrique de la seule vraie sagesse, la sagesse divine. Le sens de ce long argument, c'est qu'il est déçu par la sagesse illusoire de ses amis et qu'il a maintenant compris qu'il vaut mieux en finir avec les débats inutiles et en appeler carrément à Yhwh (13,3,8). Il prétend plus précisément renverser l'argument d'Eliphaz et de Bildad qui ont allégué que le seul fait de prétendre être irréprochable constitue un péché et un refus du repentir. Selon Job, au contraire, cela démontre son innocence : « Je prends ma chair entre mes dents, je place ma vie dans mes mains. Il peut me tuer : je n'ai d'autre espoir que de défendre devant lui ma conduite. Et cela même me sauvera, car un impie n'oserait comparaître en sa présence. [...] Voici : je vais procéder en justice, conscient d'être dans mon droit » (13,14-18). Toute cette rhétorique ronflante est de bon augure mais c'est le plaidoyer lui-même qui fait foi de tout. Or, quand Job se met à parler, on retombe tout de suite sur le mode mineur : « Combien de fautes et de péchés ai-je commis ? Dis-moi quelle a été ma transgression et mon péché. Pourquoi caches-tu ta face et me considères-tu comme ton ennemi ? Veux-tu effrayer une feuille chassée par le vent, poursuivre une paille sèche ? » (13,23-24). Suit un passage sur le caractère fragile et éphémère de la vie humaine, puis Job retourne à sa curieuse revendication : « Et sur cet être [négligeable] tu gardes les yeux ouverts, tu l'amènes en jugement devant toi ! Mais qui donc extraira le pur de l'impur ? Personne [ne le peut]. Puisque ses jours sont comptés, [...] détourne de lui tes yeux et laisse-le, tel un mercenaire, finir sa journée » (14,3-6). La fantaisie vient même à Job de se réfugier dans le shéol en attendant que passe la colère divine et que Yhwh pardonne : « Tandis que maintenant tu comptes tous mes pas, [alors] tu n'observerais plus mon péché. Tu scellerais ma transgression dans un sachet et tu couvrirais [oublierais] ma faute » (14,16-17). J'ose donc affirmer que, pour quiconque lit froidement ces textes, on n'a affaire à aucun moment à un juste souffrant ni même à un homme en révolte claire et ouverte devant son dieu. Les seuls passages critiques, du reste peu nombreux, concernent une critique de la théodicée traditionnelle, dont nous avons trouvé des témoignages jusque dans les Psaumes ! D'où l'importance de lire le texte de près et de rester vigilant face aux interprétations toutes faites.

Considérons les discours du deuxième cycle avec la même circonspection. À supposer que Job en vienne enfin à se poser en juste souffrant, il est important de ne pas négliger les importantes précautions préalables dont il a d'abord entouré son discours revendicateur. Le premier discours du deuxième cycle (chap. 16-17) s'ancre dans la souffrance et le délaissement dont Job est victime ; de là, il revient sur son sentiment d'être persécuté et écrasé par son dieu. Il termine ce passage en avouant qu'il ne sait plus où trouver un soutien pour l'aider à plaider sa cause. La lamentation se poursuit au chapitre 17. Toute cela a des accents de sincérité évidents mais la cause de Job n'est pas traitée. On a même l'impression que Job ne se cherche plus tant un juge ou un vis-à-vis divin qu'un défenseur ou un appui pour mener son affaire à bon port. Dans le deuxième discours, Job revient à nouveau sur la question de l'attitude de Yhwh face à lui. Le texte est parfaitement clair ; le problème n'est pas que Yhwh le juge mal mais qu'il le juge *trop* : « *Même si je m'étais égaré*, mon égarement resterait en moi seul. Mais en vérité, quand vous [ses amis] pensez triompher de moi et m'imputer mon opprobre, sachez que Yhwh lui-même m'a fait du tort et enveloppé de son filet. Si je crie à la violence, pas de réponse ; si j'en appelle, point de jugement. [...] Il m'a dépouillé de ma gloire, ôté la couronne de ma tête. [...] Mes frères, il les a écartés de moi, mes relations s'appliquent à m'éviter. [...] Pitié, pitié, pour moi, ô vous mes amis, car c'est la main de Yhwh qui m'a frappé » (19,4-7 ; 19,9 ; 19,13 ; 19,21). On se retrouve ici devant une lamentation type dans laquelle le fidèle montre le déshonneur et l'humiliation dont il est victime ; à cette différence près que Job sait reconnaître la main qui l'a frappé. Mais ce passage se termine sur un acte de foi sans équivoque : « Je sais, moi, que mon Défenseur [celui qui peut me racheter, me justifier] est vivant... » (19,25). Le dernier discours du deuxième cycle, enfin, porte essentiellement sur le problème classique de la théodicée : la corrélation vertu-bonheur souffre bien des exceptions car il arrive trop souvent que les justes connaissent malheurs et injustices tandis que les méchants prospèrent et ne sont punis qu'en différé. L'argument est convaincant mais déjà connu ; la question véritable du juste souffrant demeure inentamée.

Au troisième cycle de discours, enfin, une surprise nous attend. Après moult précautions et tergiversations, Job proclame son innocence.

Il a déjà déclaré que tout humain est impur, que personne n'est sans péché, qu'il peut fort bien avoir commis quelque faute, même involontairement ou inconsciemment, il reconnaît tout cela depuis le début; nonobstant, il affirme maintenant que si Yhwh veut bien entendre son témoignage, il sait qu'il sera justifié: «Jetterait-il [Yhwh] toute sa force dans ce débat avec moi? Non, il suffirait de me prêter attention. Il reconnaîtrait dans son adversaire un homme droit et je triompherais [serais acquitté — New Revised Standard Version] de mon juge» (23,6-7). Et plus clairement encore: «Et pourtant, la voie qui est la mienne, il la connaît. Qu'il me passe au creuset: or pur j'en sortirai. Mon pied s'est attaché à ses pas, j'ai gardé sa voie sans dévier; je n'ai pas négligé le commandement de ses lèvres, j'ai abrité dans mon sein les paroles de sa bouche. Mais lui décide, qui le fera changer? Ce qu'il a projeté, il l'accomplit. [...] C'est pourquoi devant lui je suis terrifié; plus j'y songe, plus il me fait peur» (23,10-15). Au chapitre suivant (24), sans lien apparent, Job revient pour une troisième fois sur le vieux problème de théodicée qui consiste à s'inquiéter du sort malencontreux qui est parfois réservé aux justes. La question cruciale porte donc sur les passages cités du chapitre 23. Job prétend être «droit», «pur», fidèle aux commandements divins, donc juste au point de pouvoir s'en remettre au jugement divin, malgré une crainte révérencielle bien compréhensible. Dans le deuxième et dernier discours, Job revient à nouveau sur sa proclamation d'innocence mais cette fois de façon plus solennelle: «Par le dieu vivant qui me refuse justice, par Shaddaï qui m'emplit d'amertume, tant qu'un reste de vie m'animera, que le souffle de dieu passera dans mes narines, mes lèvres ne diront rien de mal, ma langue n'exprimera aucun mensonge. Bien loin de vous [les amis] donner raison, jusqu'à mon dernier souffle, je maintiendrai mon innocence. Je tiens à ma justice et ne lâche pas; ma conscience ne me reproche aucun de mes jours» (27,2-6).

Ainsi donc, contrairement à l'opinion des amis qui demeure tout au long relativement constante, on est tenu d'admettre que la position de Job a considérablement évolué. Au moment du Prologue, Job endure et se soumet sans protester ni réclamer. Dans les deux premiers cycles de discours, sa protestation demeure larvée et il ne présente sa cause qu'à travers de multiples précautions; il semble encore loin de pouvoir établir son bon droit et de proclamer son innocence. Dans le dernier cycle de discours, il franchit le pas et se pose carrément en juste souffrant; cela se fait d'ailleurs presque sans nuances ni précautions, à la façon d'une conviction profonde trop longtemps réprimée. Alors et alors seulement éclate son désaccord fondamental avec ses amis, désaccord symbolisé dans le dernier discours de Job par une charge haineuse qu'on pourrait croire déplacée dans la bouche d'un homme aussi vertueux (27,7-12).

Au stade actuel, cependant, il vaut mieux éviter de nous prononcer sur ce désaccord et parler simplement d'une rupture de communication. Le cycle des discours s'achève au chapitre 27 et c'est Job seul qui conclut en condensant sa plaidoirie aux chapitres 29-31. Reste que cette rupture de communication peut facilement être considérée comme un échec et une impasse pour la sagesse humaine dans son ensemble. Cela peut expliquer, peut-être, pourquoi un des rédacteurs du livre de Job a jugé bon d'interpoler au chapitre 28 un grand éloge de la sagesse, éloge qui stigmatise l'échec de la sagesse humaine en ces termes: «Mais la Sagesse, d'où provient-elle? Où se trouve-t-elle, l'Intelligence? L'homme en ignore le chemin, on ne la découvre pas sur la terre des vivants» (28,12-13; voir aussi 28,20-21). À nouveau, comme dans Proverbes 1-9, la Sagesse devient un personnage mythique, elle se distancie et s'autonomise, et c'est là un signe très sûr qu'elle entre en crise. Que faire quand un sage contredit aussi formellement la doctrine sapientiale de base et que les sages traditionnels ne trouvent rien de mieux que de se réfugier dans une corrélation vertu-bonheur qui n'est pas soutenue par l'observation ou l'expérience? La réponse sioniste, en bonne partie du moins, consiste à substituer à cette sagesse humaine défaillante une sagesse divine qui peut seule éclairer ou instruire les humains: «Mais la Sagesse, d'où provient-elle? [...] Yhwh seul en a discerné le chemin et connu, lui, où elle se trouve. [...] Puis il dit à l'homme: "La crainte du Seigneur, voilà la sagesse; fuir le mal, voilà l'intelligence"» (28,20-28). Mais il reste qu'un tel éloge rompt le fil du développement et qu'il vaut mieux ne pas en faire trop grand cas. C'est du moins ce que croient beaucoup de spécialistes et probablement avec raison.

La véritable conclusion de l'ensemble du dialogue des chapitres 3-27 est laissée à Job aux chapitres 29-31. Les chapitres 29 et 30 construisent une antithèse éloquente: le bonheur passé et le malheur présent. J'ai déjà mentionné ces éléments de contexte pour signaler leur caractère nettement idéologique. L'honneur et le prestige de Job sont ici présentés comme des choses tout à fait naturelles, le simple résultat de la faveur de Yhwh et bien sûr de la vertu du patriarche. Pourtant, il est flagrant que ce n'est pas le bonheur commun qu'on décrit ici ni, par contrecoup, les bénédictions divines courantes: on est dans un univers de privilégiés et même dans un monde d'exception. D'ailleurs, dans le renversement de situation qui est décrit au chapitre suivant, le narrateur se centre presque exclusivement sur la perte de la faveur divine et sur la perte parallèle de l'honneur social. À aucun moment Job ne se sent solidaire du milieu dans lequel il est tombé. Sa déchéance est traitée comme un phénomène accidentel dont il n'est en rien responsable et dont Yhwh seul détient le secret.

Ainsi, lorsqu'on reconstitue l'ensemble du tableau, ce qui ressort avec le plus de clarté, c'est que toute l'histoire de Job telle que perçue par Job relève étroitement et uniquement du principe de rétribution et, plus strictement encore, du principe de la rétribution divine en regard de laquelle rien n'a d'importance. Tout le développement des chapitres 29 et 30 est inclus entre deux commentaires déterminants. D'un côté, au début, la faveur divine: « Qui me fera revivre les mois d'antan, ces jours où Yhwh veillait sur moi... » (29,2). De l'autre côté, à la fin, la défaveur divine: « Je crie vers toi et tu ne réponds pas; je me présente sans que tu me remarques. Tu es devenu cruel à mon égard... » (30,20-21).

Maintenant que Job a rompu le dialogue avec ses amis et qu'il ne réagit plus à leurs provocations, son discours ne reflète plus que son propre point de vue et ses présupposés fondamentaux apparaissent avec clarté. Ainsi, au seuil du chapitre 31, Job résume toute la problématique: « Or, quel partage Yhwh me prépare-t-il de là-haut, quel lot Shaddaï m'assigne-t-il de son ciel? [New Revised Standard Version] N'est-ce pas le désastre qu'il réserve à l'injuste et l'adversité aux hommes malfaisants? Ne voit-il pas ma conduite, ne compte-t-il point tous mes pas? » (31,2-4). Ainsi commence la grande protestation d'innocence de Job qui clôt l'ensemble du plaidoyer. Et derrière ces questions rhétoriques, c'est la doctrine traditionnelle de la rétribution qu'on retrouve tout naturellement, si naturellement à vrai dire que beaucoup de commentateurs n'y prennent pas garde.

On peut maintenant retracer à grands traits l'ensemble de l'argumentation des chapitres 3 à 31. Il faut bien se garder de faire passer un tel texte pour plus discursif ou plus lié qu'il ne l'est; jamais par conséquent cette argumentation ne formera un véritable ensemble systématique. De plus, le texte cherche à dire plusieurs choses à la fois et en vient donc à aller dans plusieurs directions; cela ne va pas sans une certaine mauvaise foi de la part des rédacteurs. Ces réserves étant faites, il faut faire ressortir ce qui est central dans cette argumentation.

Quelqu'un ici a-t-il jamais remis en question le principe rétributif qui n'est en fin de compte qu'une manière d'énoncer le mode de fonctionnement de la justice divine? Dans une perspective créationniste, celui qui instaure l'ordre créé et qui en assure la préservation et le bon fonctionnement est considéré juste au-delà de toute contestation et la manifestation la plus évidente de son souci de l'ordre, c'est justement la gestion impeccable qu'il fait du principe rétributif, au point qu'on peut le définir comme un rétributeur. Mais tout le monde sait bien que la corrélation vertu-bonheur qui encadre la gestion du principe rétributif n'est rien de plus qu'une correspondance très souple et complexe qui se joue dans des ensembles sociaux et dans des espaces-temps relativement amples. En ce sens, il est évident que le *test case*, le cas limite mis en avant dans le livre de Job est par trop caricatural et simplifié. Mais le vrai problème est ailleurs.

L'entrée de jeu du texte, il faut se le rappeler, c'est la question de l'Adversaire : « Est-ce pour rien que Job craint Yhwh ? » (1,9). C'est à cela que Job répond en conclusion en reprenant à son compte le principe rétributif (31,3, cité plus haut). Tout le monde sait que la vertu est bénéfique, utile, payante ; tout le monde sait que c'est ce qui fait tourner le système, ce qui maintient l'ordre en place et les braves gens avec lui. C'est pourquoi personne ne remet le principe en question : ni les amis, qui sont des privilégiés de ce système, ni Job, dont le meilleur espoir consiste à réintégrer ce système. Somme toute Job en appelle à Yhwh pour être rétabli dans son droit et son appel constitue le plus vibrant témoignage en faveur du principe rétributif.

Les trois remises en question du principe rétributif par Job sont à interpréter comme les trois protestations d'innocence de Job : des hyperboles rhétoriques, des passages à la limite qui ne font que nous ramener toujours davantage à un appel à Yhwh. Car le point aveugle de toute cette axiomatique, c'est tout simplement que Yhwh peut tout pour tous à tout moment. On se trouve ici dans un théocentrisme qui s'ignore. Dans la construction absolutiste, surtout lorsqu'elle se présente sous forme légendaire ou caricaturale comme chez Job, il n'y a qu'un mode de fonctionnement pour le cosmos entier et c'est l'harmonie garantie par Yhwh lui-même. À la moindre déviation, au moindre désordre, il est certain que Yhwh va intervenir et remettre les choses en place. Il n'est pas question ici de faire confiance aux régulations internes de ce système et moins encore au travail des hommes sur lui. Tout cela est franchement trop aléatoire. Non, on veut une garantie divine, infaillible, magique. Et entre tous, ce sont les privilégiés qui ont besoin de cela. C'est ici que Job entre en scène.

La question de la vénalité de Job n'est jamais discutée. Ce problème est insoluble tant qu'on reste dans le cadre sapiential traditionnel ; puisqu'on s'est construit une conception utilitariste et pragmatique de la vertu, comment pourrait-on échapper ensuite au système mis en place et avec quel bénéfice en vue ? Faut-il encore rappeler que ce système est idéologique de fond en comble et qu'il a justement pour fonction de promouvoir le respect de l'ordre établi ? La question de l'Adversaire pourrait être reformulée : Job resterait-il vertueux si Yhwh lui coupait les vivres ? On ne peut poser la question sans constater aussitôt son absurdité. En effet, quelle autre attitude que la vertu et quel autre recours que Yhwh peut-on invoquer ? Dans l'axiomatique absolutiste, il n'existe rien d'autre. Dans le livre de Job, cette construction absolutiste sans pareille, Yhwh est omniscient, parfaitement juste et tout-puissant, Job est vertueux par définition (1,1), et toute la problématique se construit sous le regard vigilant des sages traditionnels. Un tricheur, le Satan, a pipé les dés mais on sait qu'il n'est qu'un figurant, rien de plus. On demeure dans la même image du monde, si ce n'est qu'un mauvais plaisant nous la présente à l'envers. Tout se passe alors comme si quelqu'un avait faussé les règles du jeu et que les personnages principaux se retrouvaient bêtement piégés, incapables de comprendre ce qui se passe et d'entrevoir une issue décente à l'énigme posée.

Le point fixe du texte, c'est le discours traditionnel des amis. Pour eux, le monde n'a pas changé : si Job est puni, c'est qu'il a péché, si peu que ce soit et au moins assez pour mériter une épreuve, un simple châtiment disciplinaire. Job, le juste de service, devrait accorder tout cela et malgré ses bravades il vient bien près de le faire dans les deux premiers cycles de discours. Tout pourrait donc rentrer dans l'ordre. Mais le *test case* ne peut s'achever ainsi car la construction même de l'intrigue ne le permet pas : comment un homme aussi intègre peut-il être châtié de façon aussi radicale par un dieu juste ? Bien sûr, le Satan est venu brouiller les pistes mais si l'on va au fond des choses, il me semble impossible de ne pas se rendre compte que c'est la problématique même dans son ensemble qui est faussée et que les sages traditionnels n'arrivent plus à la débrouiller correctement.

Dans l'univers inversé imaginé par l'auteur, il n'y a que deux systèmes d'explication possibles : celui de la tradition sapientiale représentée par les amis et celui de Job, beaucoup plus difficile à caractériser. Les amis et eux seuls peuvent dire : la justice divine est infaillible et rétribue tous et chacun selon le mérite ou la vertu. Il va de soi que Job ne peut tenir un tel discours. Pourtant lui aussi pense exactement la même chose que les amis et, de toute façon, son seul espoir réside dans le bon fonctionnement de la rétribution divine ; d'ailleurs s'il est axiomatiquement juste, c'est qu'il craint Yhwh (1,1) et qu'il sait qu'il n'existe aucun autre secours en cette vie que ce principe de justice divine. Les amis n'ont pas à s'interroger sur ce qui s'est passé, Job si. Dans le cadre traditionnel du principe rétributif et de la corrélation vertu-bonheur, il s'est passé une chose absurde mais très simple : Yhwh a laissé s'échapper un de ses protégés ; il avait l'esprit ailleurs... La victime est d'abord abasourdie, sans réaction, puis elle se lève et proteste, mais à la fin comment obtenir justice ? Le châtiment, au total, est disproportionné à la faute et de toute façon la faute n'est pas définie. Job pourrait se demander s'il n'a pas joui d'une faveur divine imméritée mais, comme tous les privilégiés, il préfère regarder la paille dans l'œil de Yhwh. C'est plus rassurant. Alors il plaide. À trois reprises, de façon assez élaborée, il nous donne à entendre que le principe rétributif ne fonctionne pas toujours bien et que ses ratés affectent aussi bien les mécréants qui filent le parfait bonheur que les innocents qui passent à la casserole. Mais bien sûr Job a en vue son propre cas et le désintéressement n'est pas son fort. Alors le pendant de ses trois discussions « théoriques », ce sont ses trois protestations d'innocence culminant dans le grand discours du chapitre 31. En somme, affirme-t-il, si le principe rétributif peut souffrir des exceptions, alors pourquoi pas Job, cet individu d'une intégrité notoire ? Le livre de Job ne dit pas autre chose que le livre des Psaumes ou celui des Proverbes lorsqu'il s'agit d'assouplir une axiomatique trop rigide et irréaliste : les subterfuges sont déjà connus et Job en fait l'inventaire. Il ne fait pas éclater le cadre, il le rend plus souple, plus accueillant, laissant même une large place aux cas particuliers ou incompréhensibles. Par contre, là où Job doit se montrer passablement rigide, de son côté, c'est dans sa protestation d'innocence. Sinon, il risque bien de ne pas être entendu, tout simplement. Alors, il a tendance à en remettre, à polariser les positions, à se situer à l'extrême opposé des amis. Mais comme on le sait maintenant, il se situe sur le même continuum absolutiste, continuum qui va de l'équation vertu-bonheur pure et simple à une corrélation souvent très fragile. C'est en cela que Job est un *test case*, un cas limite qui met le principe rétributif et la justice divine sur la sellette par sa seule présence. Job est si vertueux, il a joui de telles faveurs, ce qui lui arrive est trop injuste : il doit obtenir une audience, Yhwh doit lui répondre, c'est ainsi.

Un rédacteur a jugé bon de préfacer les discours de Yhwh par ceux d'un autre sage, Élihu. Beaucoup de commentateurs ne leur accordent que très peu d'importance mais je crois qu'il faut leur donner la place qui leur revient. Élihu se présente d'emblée comme le représentant d'une sagesse inspirée et de source divine et il prétend défendre Yhwh contre Job incomparablement mieux que les trois amis de Job. Mais au départ, le voilà qui nous ressort la vieille théorie de la souffrance-épreuve qui a l'avantage de faire passer Job pour un pécheur repentant et Yhwh pour un dieu juste et même miséricordieux. Au fond, Élihu n'accepte pas la prétention d'innocence de Job (33,8-12) et, de ce fait, il entame une manœuvre de contournement qui ne peut satisfaire personne. Sur cette lancée, une fois établi que les malheurs renvoient au mieux à une épreuve et au pis à une faute, Élihu passe à l'exposé en règle de la doctrine traditionnelle de la rétribution dans sa version la plus rigide ; tout ce qui se passe sur cette terre tombe sous le coup de la justice divine et cette justice est immédiate et efficace ; pourtant, à cette justice sans faille s'ajoute une compassion et un souci de miséricorde qui peuvent donner une certaine impression d'arbitraire à des gens peu religieux. Cette préoccupation de défendre la justice divine demeure centrale dans les chapitres 34 à 36, ce qui sera suivi d'un hymne à la sagesse et à la puissance divines allant de 36,22 à 37,24.

Le propos d'Élihu, malgré son peu d'originalité apparente, comporte à mon sens un bénéfice certain ; ce qui importe chez lui, c'est son attitude générale et non ses arguments pris un à un. Cette attitude annonce clairement les discours de Yhwh car au total Élihu recentre le débat sur la seule chose qui compte vraiment : la perfection divine. Cette attitude est particulièrement évidente dans le grand hymne final qui a tout d'une transition vers les discours de Yhwh.

Mais naturellement, la vraie réponse au plaidoyer de Job, c'est de Yhwh lui-même qu'il faut l'attendre. Cette réponse commence au chapitre 38 et va jusqu'au chapitre 41. Elle a satisfait bien peu de spécialistes modernes car à première vue elle semble manquer complètement de pertinence. Examinons-la brièvement. Elle est faite de deux discours très verbeux et aux prétentions poétiques d'envergure cosmique. Le sens du premier discours est donné dans les vers initiaux : « Quel est celui-là qui obscurcit mes plans par des propos dénués de sens ? » (38,2). La disqualification du discours de Job est totale. Pour ce dieu, quand un humain parle, il ne produit que du bruit. Et il continue : « Ceins tes reins comme un brave : je vais t'interroger et tu m'instruiras » (38,3). Cette apostrophe ironique introduit toute une série de questions rhétoriques conçues pour opposer la puissance divine capable d'organiser le cosmos avec sagesse et l'absence ou le néant de Job. Sur ce chantier immense, Yhwh voit à tout et pourvoit à tous. Seul l'homme est absent du tableau : un peu comme si l'on refaisait le récit de la Genèse mais sans donner l'univers à l'homme pour qu'il le soumette et l'utilise à ses fins (Gn 1,26-28). Après cette longue description, Yhwh daigne enfin s'adresser directement à Job pour lui dire : « L'adversaire de Shaddaï a-t-il à critiquer ? Le censeur de Yhwh va-t-il répondre ? » (40,2). Et c'est un Job dégoulinant d'humilité qui murmure : « J'ai parlé à la légère : que te répliquerai-je ? Je mettrai plutôt ma main sur ma bouche. J'ai parlé une fois : je ne répéterai pas. Deux fois : je n'ajouterai rien » (40,3-5). Job s'est épuisé en discours pour en appeler au juge céleste, pour le mener en procès. Le juge sitôt apparu, Job disparaît. Par surcroît, le juge s'explique systématiquement à côté de la question et Job semble considérer que c'est bien ainsi et que c'est lui, à vrai dire, qui n'aurait jamais dû parler.

Du reste, le second discours n'est pas fait pour corriger cette impression. Yhwh a l'air d'être disposé à en venir au fait: « Ceins tes reins comme un brave: je vais t'interroger et tu m'instruiras. Veux-tu vraiment casser mon jugement, me condamner pour assurer ton droit? As-tu donc un bras comme celui de Yhwh, ta voix peut-elle tonner pareillement? » (40,7-9). Déjà, le discours dévie radicalement en une joute de puissance. Yhwh demande à Job s'il est en mesure de s'attaquer au désordre, de juguler les forces du mal partout dans le monde. La question est encore ici purement rhétorique, le propos de Yhwh est sarcastique, plein de dérision. Le message implicite est que Job n'est pas un interlocuteur valable, qu'il ne pose pas les vraies questions et qu'il ne mérite pas qu'on s'occupe de son sort particulier. De fait, aussitôt ces questions posées, Yhwh s'embarque dans une description épique de sa lutte contre les puissances du mal: ce discours est strictement fantastique et s'en tient à décrire une lutte interminable contre des monstres fabuleux; la tirade court sur deux longs chapitres et s'achève sans un mot sur Job ni sur l'affaire en discussion. Rien n'annonce la fin du discours, rien sinon ces propos absolument ahurissants de Job: « Je sais que tu es tout-puissant: ce que tu conçois, tu peux le réaliser. Qui est celui-là qui voile tes plans par des propos dénués de sens? » (42,2-3). On a l'impression que Job est victime d'un ventriloque divin qui parle à sa place et décide de sa réponse. Job continue: « Aussi ai-je osé parler de ce que je ne comprends pas, de choses trop grandioses pour moi, qui me dépassent et que j'ignore » (42,3 — New Revised Standard Version). Job reconnaît précisément ce que Yhwh veut qu'il reconnaisse: qu'il ne comprend rien à tout cela et qu'il n'a pas voix au chapitre. La conclusion de Job est terrible: « Je ne te connaissais que par ouï-dire, mais maintenant mes yeux t'ont vu. Aussi je me rétracte et m'humilie sur la poussière et la cendre » (42,5-6). La réaction de Job est si étonnante que nombre de spécialistes proposent des traductions susceptibles d'atténuer l'effet du texte. Car le cas est extrême: Yhwh répond selon son bon plaisir et sans le moindre souci du problème précis que Job pose, et Job est parfaitement satisfait de la révélation reçue et se rétracte. Suit l'Épilogue fort mystérieux où Job est enfin rétabli dans tous ses privilèges.

Comment doit-on comprendre cette série de revirements, d'abord celui de Yhwh, ensuite celui de Job, et enfin la rétribution finale? Naturellement, si l'on se permet de chercher à travers le texte la main de divers rédacteurs tentant de faire prévaloir des points de vue fort divers, notre problème est grandement atténué. Mais cette solution est a priori insatisfaisante car nous n'avons aucun moyen de statuer sur la valeur des propos de plusieurs rédacteurs qu'il est du reste impossible de repérer rigoureusement. On est donc ramené par force à la forme finale du texte et à ses incohérences et ambiguïtés profondes. Une autre solution consiste à prétendre que ces tensions internes dans le texte sont délibérées et ajoutent à la valeur du texte : mais, d'une part, ces tensions ne sont pas mises en lumière par les rédacteurs mais bien par les lecteurs et, d'autre part, elles ne font que manifester, selon l'interprétation la plus généreuse, que l'auteur ou les auteurs hésitent constamment entre diverses attitudes ou stratégies face à la question centrale de théodicée posée au long du texte.

Partons du seul point fixe sur lequel on puisse prendre appui : à travers tout le texte, la position des trois amis et d'Élihu est nettement convergente et même, à mon sens, tout à fait cohérente. La doctrine traditionnelle des sages est énoncée clairement et en profondeur. Or, cette position commune est corroborée à fond par le récit contenu dans le Prologue et l'Épilogue : un homme vertueux nageant dans la prospérité subit un coup du sort tout à fait accidentel mais il accueille cela dans la soumission résignée comme émanant de la volonté mystérieuse de Yhwh ; étant demeuré parfaitement irréprochable, il est rétabli « au double » dans sa situation originelle selon la loi de la rétribution. D'ailleurs, l'essentiel de la demande de Job, dans le corps du texte, se réduit à attendre de Yhwh un redressement de situation, toujours en accord avec le principe rétributif.

Au-delà de la position des amis, la position qui se laisse reconstruire le plus facilement est sans doute celle de Yhwh ; par surcroît, elle éclaire et consolide celle des amis. Dans le Prologue, l'attitude de Yhwh se réduit à consentir à regret au test de vertu provoqué par le Satan, l'Accusateur. Mais sa véritable position nous est donnée dans les discours des chapitres 38 à 41 ainsi que dans l'Épilogue. Or, ces deux réactions successives sont parallèles mais non contradictoires. Dans les discours, Yhwh marque fortement qu'il n'a pas à subir de pressions indues de la part de Job : autrement dit, Job peut être victime du sort sans que cela doive mettre en cause la justice divine (et le principe rétributif par la même occasion) (40,8). Bon nombre d'interprètes s'accordent maintenant pour comprendre les discours de Yhwh comme un élargissement bienvenu de la perspective, qui était demeurée beaucoup trop étroite dans les interventions de Job (38,2). Au fond, Job n'a pas de vue d'ensemble sur le fonctionnement de l'ordre et de la justice cosmiques tandis que Yhwh en a une. L'approche de Job est strictement anthropocentrique et même à la limite égocentrique : sous prétexte qu'une injustice est survenue sous le ciel, notre héros monte aux barricades et est prêt à intenter un procès à son bienfaiteur de toujours. Alors, Yhwh lui montre avec mansuétude que le problème de l'ordre et de la justice est autrement plus large et plus complexe qu'il ne le soupçonne et que le traitement de son cas particulier (et de plusieurs autres, par la même occasion) ne peut être considéré comme la priorité unique et absolue. En d'autres termes, le principe rétributif ne peut être géré de façon aussi rigide que le souhaitent Job et ses amis. Si l'on se replace dans la perspective théocentrique, le problème de Job n'est pas nié mais replacé dans un cadre réaliste. Bref, Yhwh a d'autres chats à fouetter et Job aura sans doute son tour en temps et lieu. Ce discours réconcilie tout le monde : d'un côté, il apporte la dimension manquante dans la position trop rigide des amis et surtout, de l'autre côté, il amène Job à comprendre son erreur de perspective (42,3). Ce cadre général étant posé et accepté, il n'y a aucun problème à ce que, le moment venu, Yhwh veuille bien s'occuper du cas particulier de Job et lui rendre justice comme il le fait vraisemblablement tous les jours dans divers contextes. D'où l'Épilogue qui fait jouer le principe rétributif en faveur de Job, comme cela devait sans doute arriver un jour. Yhwh en profite d'ailleurs pour stigmatiser le manque de tolérance et de compassion des amis. Le point essentiel dans tout cela, c'est qu'il n'y a aucune contradiction entre la résolution théorique du problème (via le théocentrisme radical préconisé par Yhwh) et sa résolution pratique (via le rétablissement de la situation de Job). Yhwh intervient à son heure, en fonction d'un échéancier qui nous échappe, c'est tout.

Si on se tourne maintenant vers la « position » de Job, il n'est pas malaisé de constater qu'on a affaire à un individu qui tâtonne et se cherche ; il n'a pas les moyens de comprendre ce qui lui arrive et il explore diverses avenues avant de s'en remettre complètement au jugement de Yhwh : c'était son attitude au départ (1,21 ; 2,10) et ce sera la même à l'arrivée (31,4-6, mais surtout 40,4-5 et 42,2-6). Entre ces deux points, Job oscille entre l'attitude du pécheur repentant et celle du juste souffrant ; dans les deux perspectives, la vertu est possible mais elle se définit fort différemment. Or je ne crois pas que l'on puisse maintenir sans équivoque une attitude de juste souffrant car lorsque Job se pose en homme intègre et droit, cela n'implique jamais qu'il se considère comme parfaitement pur et sans péché. À témoin, toute une série de déclarations complémentaires (donc apparemment contradictoires) où Job admet à la fois qu'il n'est pas au-dessus de tout soupçon et qu'il se croit intègre et vertueux. Le texte ne recourt jamais à un exposé de forme discursive à cet égard et le lecteur moderne est donc contraint d'enregistrer une tension très forte entre ces deux types de déclarations. Reste que cette tension n'implique contradiction que si l'on évacue la perspective absolutiste et théocentrique selon laquelle doit tôt ou tard être situé le débat. Comme ni Job ni ses amis n'arrivent à établir correctement le théocentrisme préconisé par les discours de Yhwh, il faut bien admettre que les trois cycles de discours sont très difficiles à suivre. Mais dès que l'on accepte l'éclairage apporté par les discours de Yhwh, alors chaque position révèle sa vérité et se trouve en quelque sorte corrigée et recadrée comme il convient.

Il reste maintenant à examiner brièvement à quel prix les diverses positions s'harmonisent et plus précisément quel rôle la sagesse sioniste vient jouer ici. Pour bien comprendre ce point, il suffit de se rendre compte que tout le texte prépare la théophanie de Yhwh et n'a pas d'autre signification que de faire éclater la supériorité de la sagesse sioniste. Ainsi, lorsque les deux sagesses humaines, celle de Job et celle des amis, avortent dans leur effort pour poser correctement le problème, c'est l'éloge de la Sagesse du chapitre 28 qui prend le relais, affirmant que « Yhwh seul en a trouvé le chemin » (28,23) et qu'il l'a révélée à l'homme à travers son Instruction morale (28,28). Ainsi encore, dans l'hymne à la sagesse divine d'Élihu qui prépare la théophanie de Yhwh, le même message revient de façon tout aussi claire : « Vois, Yhwh est sublime par sa force et quel maître lui comparer ? Qui lui a indiqué la voie à suivre, qui oserait lui dire : " Tu as commis l'injustice ? " » (36,22-23). Et encore, en fin de parcours : « *Apprends-moi ce qu'il faut dire* : mieux vaut ne plus discuter à cause de nos ténèbres. Mes paroles comptent-elles pour lui... » (37,19-20). Ainsi enfin, lorsque Yhwh révèle à Job sa vision de la sagesse, celui-ci répond d'abord : « J'ai parlé à la légère » (40,4) et ensuite : « Qui est celui qui voile tes plans par des propos dénués de sens ? » (42,3).

En résumé, le problème de théodicée trouve sa solution complète lorsque Job accepte que la sagesse humaine est de peu de poids en regard de la sagesse divine et que cette sagesse nous est accessible à travers l'Instruction morale qui passe nécessairement par une révélation. Cela, je le rappelle, constitue le premier critère permettant d'identifier une sagesse sioniste. Le livre de Job s'avère donc en fin de compte polarisé vers une telle sagesse. Le second critère est plus radical et plus exigeant : il revient à accepter que la vertu se suffise à elle-même, dans la mesure où la soumission totale aux plans parfaits de Yhwh est une attitude qui implique en elle-même une sorte de bonheur supérieur fait de sérénité et d'abandon confiant. Job va-t-il jusque-là lorsqu'il renonce à toute revendication et s'en remet complètement à Yhwh : « Je ne te connaissais que par ouï-dire, mais maintenant *mes yeux t'ont vu. Aussi je me rétracte et m'humilie* sur la poussière et sur la cendre » (42,5-6). Mon intention n'est pas de solliciter ce court texte au-delà de ce qu'il exprime clairement, c'est-à-dire une conversion radicale d'attitude. Chose certaine, en tout cas, c'est au moment où Job a renoncé complètement à toute réclamation que le mécanisme rétributif se rétablit de lui-même de façon tout à fait indépendante. Autrement dit, la rétribution n'advient à Job que par surcroît, strictement au-delà de toute attente. Et cela pointe clairement vers la seconde exigence de la sagesse sioniste.

En revanche et par simple corollaire, il est évident que la place est maintenant occupée par la sagesse sioniste et que la sagesse humaine tend à se réduire à l'attitude éthique déjà préconisée dans le Prologue et retrouvée de façon mieux assumée en fin de parcours. Je sais que ce genre d'interprétation ne fait plus la joie des exégètes modernes, qui se plaisent à trouver dans ce texte une forme de pensée innovatrice, mais elle est la seule à rendre compte de l'*ensemble* du texte et à trouver une bonne explication à ses incohérences apparentes. La sagesse humaine est *effectivement* inadéquate tout au long du livre de Job et elle n'est finalement sauvée que par une conversion radicale, au moment où elle accepte de se décentrer complètement en faveur de la sagesse *révélée* et *autosuffisante* de Yhwh. L'éthique de vie préconisée par le texte doit être dévoilée pour ce qu'elle est : une défense très élaborée de l'absolutisme théocentrique. Ainsi la crise de la sagesse traditionnelle a-t-elle été de courte durée et personne ne semble le regretter au moment où on la troque contre une sagesse incomparablement supérieure.

Appendice : Le livre de Jonas

Le livre de Jonas va nous fournir la transition idéale entre Job et Qohélet. Ce court texte a été intégré dans le corpus prophétique mais sa thématique sapientiale n'en est pas moins évidente. La manière très originale dont il pose le problème de théodicée est particulièrement éclairante si l'on prend la peine d'aller au-delà de la surface du texte et de bien interpréter ses péripéties pleines de finesse.

Le message du livre prend une forme strictement narrative et l'on ne peut se dispenser, par conséquent, de reconstituer ce récit aux apparences très simples. Jonas est choisi comme prophète par Yhwh et il comprend à travers le message très laconique de Yhwh (1,2) que celui-ci l'envoie porter un message de repentir à ces grands pécheurs que sont les gens de Ninive. Or, comme on le sait, les Ninivites sont les plus grands oppresseurs des Israélites, donc des ennemis jurés. C'est pourquoi la seule éventualité d'un repentir ninivite et d'un pardon divin scandalise Jonas au plus haut point. Il refuse de porter le message et s'enfuit.

Il se retrouve sur un vaisseau avec des étrangers. Yhwh est profondément frustré et suscite une grande tempête qui risque de faire couler Jonas et les marins. Jonas finit par avouer aux marins que cette tempête est provoquée par Yhwh et due à sa désobéissance. Ils implorent la grâce de Yhwh et il leur accorde sa clémence mais ils sont finalement forcés de jeter Jonas à la mer pour apaiser la tempête… divine. Première entorse au principe rétributif: Yhwh sauve ces marins qu'il ne connaît pas tandis qu'il regarde couler son prophète qui a tout de même une grande valeur à ses yeux puisqu'il l'a choisi entre tous.

Il consent tout de même à sauver Jonas en faisant en sorte qu'il soit recueilli dans le ventre d'un gros poisson. Alors Jonas se repent et prie Yhwh de le sauver; il promet en échange d'accepter la mission. Cette fois, le salut se produit sous la forme d'un donnant, donnant et non sous la forme d'une grâce. À croire que, dans ce texte, il n'y en a que pour les étrangers…

Jonas se range donc aux ordres de Yhwh et se rend à Ninive pour prononcer très exactement le message de repentir commandé par Yhwh (3,2; 3,4). Ô surprise, ces vils païens entendent à merveille le message divin, ils y croient et entreprennent collectivement de faire pénitence et de se repentir. Ô malheur, Yhwh voit et apprécie leur conduite au point d'annuler ou de reporter tous les châtiments prévus (3,10). Jonas est éberlué, fâché, scandalisé. Naturellement son message à Yhwh est prudent et même à un certain degré ambigu, mais le fond de sa réaction n'est pas douteux: «Maintenant, Yhwh, prends donc ma vie, car mieux vaut pour moi mourir que vivre» (4,3). Et le débat entre Yhwh et Jonas s'enclenche sur ces simples mots de Yhwh: «As-tu raison de te fâcher?» (4,4).

Débat très court, à vrai dire, et sans élaboration conceptuelle mais d'un raffinement peu commun malgré tout. Une parabole va suffire à situer les enjeux. D'abord, Jonas sort de la ville et se poste en observateur silencieux, prêt à évaluer les événements. Alors, en manière de métaphore de la grâce divine, Yhwh fait pousser un arbuste pour donner de l'ombre à son prophète; puis le lendemain, il fait mourir l'arbuste et laisse Jonas sans abri, au grand soleil. Tout se passe donc selon le bon plaisir de Yhwh. Face à la grâce arbitraire de Yhwh, la réaction de Jonas est à nouveau: «Mieux vaut pour moi mourir que vivre» (4,8). Et la réplique de Yhwh: «As-tu raison de te fâcher pour ce ricin?» (4,9). L'auteur ne réconciliera à aucun moment les positions. Le dernier mot de Jonas marque bien cela: «Oui, j'ai bien raison d'être fâché à mort» (4,9). Reste que, naturellement, le dernier mot appartient à Yhwh qui fait la leçon à Jonas: si je peux me montrer compatissant envers toi qui demeure un insoumis malgré ton statut privilégié de prophète, pourquoi ne le serais-je pas face à des gens qui, me connaissant à peine, se repentent tout de même et se soumettent à ma volonté ? L'attitude des marins préfigurait celle des Ninivites ; mais Yhwh restait libre dans les deux cas et pouvait se permettre de faire jouer sa grâce arbitraire comme il l'entendait.

Mais au total, dans les trois cas (les marins, les Ninivites ou Jonas), le lien acte-conséquence n'est jamais un lien mérite-récompense mais un lien repentir-grâce qui met en lumière l'arbitraire divin. Dans le cas de Jonas, en outre, ce lien est encore plus arbitraire, sans doute en raison de son insoumission et de sa révolte. De toute manière, la grande leçon de cet admirable récit, c'est que la gestion du principe rétributif échappe désormais totalement aux humains et qu'il n'existe aucune sagesse humaine qui soit en mesure de saisir la logique rétributive de Yhwh puisqu'elle ne repose plus sur des considérants humains (vertu, mérite ou autre) mais uniquement sur l'absolue liberté divine qui agit comme elle l'entend et au moment qui lui convient face à des humains totalement démunis et réduits à des gestes de pénitence et de soumission. On est passé de la justice à la clémence divine et désormais Yhwh gère le principe rétributif à sa convenance, selon des règles qui nous échappent totalement et sans avoir le moindre compte à rendre. La sagesse humaine est devenue dans cette mesure inutile et vaine.

Apparemment, on est ici à mille lieues du livre de Job, tant par les thèmes pris un à un que par la rhétorique extrêmement élaborée dans un cas et réduite à quelques phrases énigmatiques dans l'autre. Mais en réalité, les deux textes parlent, chacun à sa manière, du même problème et le livre de Jonas jette une lumière très crue sur la conclusion de Job. En effet, Job traite du problème de la justice divine à partir de la souffrance imméritée du juste et remet par là en question la valeur du principe rétributif; à l'opposé Jonas traite du problème de la justice divine à partir du salut ou de la justification immérités du coupable et remet lui aussi en question la valeur du principe rétributif. Dans les deux cas, la sagesse humaine vient se heurter au roc d'une sagesse radicalement théocentrique. Que se passe-t-il à partir du moment où la gestion pleine et entière du principe rétributif est confiée à Yhwh seul, à sa libre disposition, à ses décisions arbitraires et incompréhensibles ? À ce titre, les deux livres posent le même problème et se heurtent à la même difficulté. La sagesse s'est envolée vers le ciel, Yhwh seul en dispose désormais, et les humains sont acculés à une sagesse qui n'est que piété et crainte de Yhwh. Paradoxalement, le dieu des sages est devenu plus lointain, plus impénétrable, plus inaccessible que le dieu des prophètes et la confiance tend à faire place à la crainte. On a résolu la crise inévitable de la sagesse humaine par un recours massif à la sagesse divine mais une nouvelle crise se profile à l'horizon et cette crise de la sagesse divine, c'est Qohélet qui la mettra au jour et la radicalisera à fond.

Au terme de notre interprétation du livre de Job, on a vu une sagesse sioniste prendre forme, c'est-à-dire une sagesse fondée sur une révélation divine, encadrée et justifiée par un ensemble de prescriptions divines. Dans le Psaume 73, la soumission à la sagesse divine était présentée comme un abandon confiant et serein, comme une forme de vertu parfaite qui est d'ores et déjà bonheur. La sagesse humaine était médiatisée par la sagesse divine et sauvée par là même. Mais peut-on encore parler d'abandon confiant chez Job ? L'ambiguïté de sa réponse finale ne nous étonne plus : il ne comprend pas (40,4 ; 42,3) et il se rétracte et s'humilie (42,6) ; autrement dit, il se soumet et s'en remet à Yhwh mais pour lui, dès lors, l'abandon à la volonté divine est vécu sous le signe de la crainte de Yhwh et non de la confiance sereine et heureuse. Chez Jonas, on fait un pas de plus : Yhwh décide de tout selon son bon plaisir et Jonas n'a plus un mot à dire. Alors, effectivement, il s'enfonce dans son mutisme et personne ne connaîtra jamais son opinion ; sa prière du chapitre 2 montre sans doute qu'il s'en remet à Yhwh mais le débat du chapitre 4 indique fort bien qu'il ne faut pas croire qu'il vit cette soumission comme un bonheur sans partage. Qohélet va achever de nous dessiller les yeux. La sagesse sioniste est déjà en crise ; mais comment en est-on arrivé là ?

CHAPITRE 14
Qohélet et la crise de la sagesse sioniste

LE LIVRE DE QOHÉLET EST LE DERNIER TEXTE ACCRÉDITÉ PAR LA Bible hébraïque. On a affaire là à un texte à la fois très personnel et extrêmement difficile qui a donné et donne encore lieu à une foule de querelles d'interprétation. À vrai dire, le message global de Qohélet (aussi appelé L'Ecclésiaste) est si explosif qu'il a souvent été considéré comme plus ou moins scandaleux par les croyants de toutes les époques et qu'on s'est bien souvent demandé comment un tel texte avait bien pu être «canonisé» par les premiers rabbins. Il est donc difficile d'aborder Qohélet sans préjugé et de s'en tenir à ce qui est explicitement dit dans le texte.

Comme la plupart des textes de sagesse, Qohélet est indatable mais on a tendance à le situer au troisième siècle AEC, et parfois même au deuxième, donc assez tardivement. Dans l'ensemble, on s'accorde à l'attribuer à un même auteur, sauf peut-être certains passages qui paraissent à plusieurs commentateurs quelque peu déplacés. Reste que c'est à nouveau la forme finale du texte qui doit être considérée puisqu'il est très problématique d'y distinguer des rédacteurs ou des couches rédactionnelles différents.

La grande difficulté du texte vient de ce qu'il est bien souvent très laconique mais surtout de ce qu'il ne pratique pas une forme de pensée discursive, tout comme la majorité des textes du genre. Parfois, le texte prend la forme d'un texte d'enseignement et, en ce cas, il se permet de développer certaines idées de façon satisfaisante; mais ces parties restent circonscrites et elles sont généralement entrecoupées de sentences diverses, parfois claires mais parfois aussi très condensées ou même ironiques ou paradoxales. Mais au-delà de ces aspects particuliers, il reste que le texte ne semble pas former un tout unifié et enchaîné et qu'on n'a pas l'impression de pouvoir en percer aisément le mystère, même après une longue familiarisation. À cet égard, même les meilleurs commentaires risquent d'ajouter à la confusion en mettant au jour un certain nombre d'ambiguïtés ou de contradictions dans le texte et en en offrant des interprétations qui s'opposent à celles d'autres commentaires.

Si l'on souhaite aboutir à une compréhension d'ensemble de ce texte, on est donc tenu de tenter de le reconstruire et de faire le travail discursif qui n'est pas fait dans le texte, quitte à ne pas parvenir à un résultat aussi concluant qu'on le voudrait. C'est ce que je vais essayer de faire ici.

Les deux premiers chapitres du livre constituent une sorte d'introduction, dont la première partie (1,1-11) développe un des thèmes majeurs, sinon le thème majeur de l'œuvre: «Vanité des vanités, tout est vanité» (1,2). Cependant, le mot qu'on rend traditionnellement par vanité n'a rien d'univoque: son sens premier est souffle, vapeur, buée et son sens dérivé comporte un registre très ample qui peut aller de transitoire et éphémère à futile et vain et même à absurde et insensé. Donc tout est éphémère, futile, de peu de poids: du vent! C'est la diversité des emplois et des contextes qui finit par «placer» le terme, mais il me semble dangereux de lui donner a priori un trop grand poids. C'est la vie humaine que Qohélet a en vue comme l'indique le vers suivant: «Quel profit trouve l'homme à toute la peine qu'il prend sous le soleil?» (1,3). Il s'explique de cela en contrastant tous les petits efforts humains et le cours constant de la nature qui reste immuable, inchangée (1,4-7). Et comme on ne peut changer rien à rien, il en découle une impression générale d'insatisfaction: «Tout est fastidieux, au-delà de ce qu'on peut exprimer; l'œil n'est pas satisfait de ce qu'il voit, ou l'oreille rassasiée de ce qu'elle entend» (1,8 — New Revised Standard Version). À ce sentiment correspond une observation applicable au cosmos entier: «Ce qui fut, cela sera, ce qui s'est fait se refera, et il n'y a rien de nouveau sous le soleil» (1,9). Ce qui nous ramène à cet autre sentiment non moins écrasant: «Les gens des époques anciennes sont oubliés et pareillement seront oubliés les gens des âges à venir par les gens qui viendront après eux» (1,11). Tout au long de cette première partie, on oscille donc de l'observation de la nature à l'expression de sentiments qui se déduisent de cette observation ; et cette oscillation produit une impression profonde de déphasage et de futilité : tous les projets et efforts humains sont de peu de poids quand on les replace dans cet immense ensemble qui nous dépasse.

La deuxième partie de l'introduction suit, mais Qohélet ménage une transition très significative. Il fait maintenant parler à la première personne Salomon, qui est justement son nom de plume, car on a encore affaire à un ouvrage pseudépigraphe qui permet à Qohélet de se réclamer de l'homme le plus sage qui ait existé. La transition tentée par Salomon en 1,12-18 est d'une importance capitale car elle nous fournit le cadre dans lequel se meut la pensée de Qohélet. Salomon nous dit qu'il a recherché la sagesse, tâche ingrate entre toutes (1,13), et qu'il a abouti à deux conclusions principales. La première concerne les projets humains : « J'ai observé tous les actes qui sont posés sous le soleil et j'ai vu que tout est vanité et poursuite de vent » (1,14 — New Revised Standard Version). Autrement dit, le labeur humain est sans profit et Qohélet explique aussitôt pourquoi : « Ce qui est courbé ne peut être redressé, ce qui manque ne peut être compté » (1,15). Ce point très important sera repris en 3,14 et 7,13 : l'homme n'a pas de prise sur le désordre qui l'entoure et tous ses efforts sont en somme de peu de poids. La deuxième conclusion de Salomon complète la première : « J'ai mis tout mon cœur à comprendre la sagesse et le savoir, la sottise et la folie, et j'ai compris que tout cela aussi est poursuite de vent » (1,17). Non seulement les projets humains sont vains mais aussi la compréhension de ces mêmes projets. Et pour bien marquer ce non-profit : « Car beaucoup de sagesse apporte beaucoup de vexation ; et ceux qui accroissent leur savoir accroissent leur douleur » (1,18 — New Revised Standard Version). Ou encore, pour reprendre un proverbe lourd de sens : la peine emporte le profit.

Après cette transition, la deuxième partie de l'introduction consiste en une brève évocation de l'expérience de vie de Salomon, expérience concertée qu'il présente comme une expérimentation méthodique, une mise à l'épreuve systématique (2,1-3). Comme il voyait grand, il s'est livré à un labeur infatigable et a construit plus que quiconque avant lui. Bien sûr, c'est le rapport coût-bénéfice qui commande sa reddition de comptes : « Je n'ai rien refusé à mes yeux de ce qu'ils désiraient, je n'ai pas privé mon cœur d'aucune joie [voir 1,8], car je me réjouissais de tout mon travail, et cela fut ma rétribution pour tout mon travail. Alors je réfléchis à toutes les œuvres de mes mains et à toute la peine que j'y avais prise, eh bien, tout est vanité et poursuite de vent, *il n'y a pas de profit* sous le soleil » (2,10-11). Le rapport coût-bénéfice est nettement déficitaire.

Salomon procède enfin à une recherche d'explication. Son «hypothèse» explicative est si typique qu'elle va nécessairement nous guider dans la suite. Il revient sur son idée d'expérimentation, d'observation méthodique, de mise à l'épreuve (2,12) et son jugement est nuancé. D'un côté: «J'ai considéré qu'il y a avantage de la sagesse sur la folie comme du jour sur l'obscurité» (1,13). Mais de l'autre côté, malgré cet avantage énorme: «Pourtant j'ai perçu que le même sort attend tout le monde [sages et insensés]. Alors je me suis dit en moi-même: "Ce qui arrive à l'insensé m'arrivera à moi aussi; pourquoi alors ai-je été si sage?" Et je me suis dit que cela aussi est vanité» (2,14-15). À cela s'ajoute d'ailleurs que le sage comme l'insensé tombe dans l'oubli, ce qui montre bien que le sage disparaît effectivement comme l'insensé (1,16-17). À cela s'ajoute encore qu'à sa mort le sage laisse sa fortune et ses biens à quelqu'un qui peut fort bien s'avérer être un sot (1,18-21). Du fait que l'avantage relatif de la sagesse sur la folie peut être si facilement perdu, Salomon déduit deux considérations qui constitueront les pivots de toute sa réflexion. D'abord, toutes les peines et inquiétudes qu'on se donne ne sont pas adéquatement compensées et cela frappe notre vie de futilité, sinon même d'absurdité (1,22-23). Ensuite, il ne nous reste que les plaisirs passagers, généralement rendus possibles par notre travail et toujours donnés par Yhwh (1,24).

L'ensemble de l'introduction trace donc la problématique globale qui court à travers le livre entier et aboutit à une sorte de calcul coût-bénéfice qui n'a rien de très réjouissant. Pour situer correctement cette problématique, cependant, il me semble essentiel de la replacer dans le cadre quasi immuable de la recherche sapientiale traditionnelle. Il se peut que Qohélet fasse éclater ce cadre mais c'est sur lui que toute sa réflexion prend appui. Tout le reste du texte, du chapitre 3 au chapitre 12, apparaît comme une série de fragments plus ou moins étendus et consistants qui ressassent la problématique fondamentale qu'on vient d'établir et qui permettent à Qohélet de se situer finalement par rapport au cadre présupposé de la sagesse traditionnelle. Si l'on ne prend pas la peine de situer Qohélet à l'intérieur de la tradition à laquelle il appartient, on risque fortement de *réduire* sa pensée à un certain nombre de conditionnements internes ou externes. Ainsi, par exemple, il se peut que Job soit plus ou moins paranoïaque ou que l'œuvre de Qohélet soit marquée par une certaine neurasthénie; mais, outre que cette caractérisation est profondément arbitraire, elle ne permet pas de dégager la vérité profonde d'une telle pensée. Sans doute sa situation personnelle lui donne-t-elle accès à certaines perceptions et intuitions inaccoutumées et déstabilisantes; mais pour en apprécier pleinement la valeur, il faut aller bien au-delà des conditionnements qui les ont jusqu'à un certain point rendues possibles.

J'ai déjà présenté le cadre conceptuel qui fait le fond de toute recherche de sagesse dans les cultures anciennes. Le sage s'intègre dans un certain ordre préétabli, principalement un ordre sociopolitique. Pour tirer parti de cet ordre, il doit bien le comprendre et déterminer la meilleure attitude stratégique par rapport à lui. Celui qui parvient à cette compréhension et à cette juste intégration dans l'ordre en place est assuré d'atteindre un certain bonheur. Pour parvenir à ce bonheur, il y a donc un double travail nécessaire : un travail de compréhension d'ensemble et un travail de positionnement stratégique qui implique l'acquisition de qualités propres et l'adoption d'une discipline personnelle ; ces deux grandes tâches peuvent être regroupées sous les vocables de la sagesse et de la vertu, deux termes complémentaires qui vont jusqu'à se recouvrir dans certains contextes de pensée. En bref, tout le travail du sage consiste dans une mise en corrélation d'une sagesse pratique qu'on peut appeler vertu et d'un résultat attendu qu'on peut appeler bonheur.

Or c'est précisément cette corrélation vertu-bonheur qui fait problème chez Qohélet et cela de façon bien plus radicale que chez ses devanciers. D'une certaine façon, chez lui, tous les éléments qui pourraient nous faire croire à cette corrélation sont mis en examen et c'est par simple effet cumulatif que Qohélet finit par monter sa preuve. Si on pouvait le questionner, il nous dirait sans doute : observez bien et vous serez forcés de constater que rien dans le monde ou dans la vie humaine ne favorise la corrélation rêvée par les sages ; dès lors, le véritable travail du sage consistera plutôt à limiter les pertes au minimum et à trouver une solution de rechange acceptable, c'est-à-dire le plus de bonheur possible au moindre coût. Il n'est pas question ici de proposer une analyse détaillée de tous les aspects particuliers qui s'accumulent sans fin pour former le dossier Qohélet. Il me semble plus éclairant de choisir les éléments les plus percutants de la preuve, éléments qui sont déjà évoqués clairement dans l'introduction que je viens de commenter. On verra mieux ainsi que ces éléments finissent par former système en dépit du peu de souci que manifeste Qohélet pour une argumentation vraiment discursive.

La première pièce du dossier à considérer, il me semble, c'est le jugement de Qohélet sur la sagesse, puisque ce jugement conditionne tout le reste. La sagesse étant au fondement de la corrélation vertu-bonheur, le jugement que Qohélet portera sur elle affectera nécessairement l'ensemble considéré. Effectivement, deux des principaux textes d'enseignement concernent strictement la possibilité d'atteindre la sagesse.

La première argumentation de Qohélet se trouve tout de suite après l'introduction, au chapitre 3. Son entrée de jeu semble très modeste car, au départ, il vise simplement à montrer qu'il y a un temps propice pour chaque chose en ce monde (3,1-8). Mais sa vraie démonstration va bien au-delà de cette observation plutôt banale: «Quel profit celui qui travaille trouve-t-il à la peine qu'il prend? Je regarde la tâche que Yhwh donne aux enfants des hommes: tout ce qu'il fait convient en son temps. Il a mis dans leur cœur l'ensemble du temps, mais sans que l'homme puisse saisir ce que Yhwh fait, du commencement à la fin» (3,9-11). Autrement dit, celui qui connaît le moment propice pour chaque chose doit être capable de prendre une vue d'ensemble sur l'ordre qui préside à la succession des phénomènes et des actes humains. Mais seul Yhwh comprend cet ordre à fond et cet ordre n'est rien d'autre que le plan divin par rapport au monde et aux humains: «Je sais que ce que Yhwh fait sera pour toujours. À cela il n'y a rien à ajouter, de cela il n'y a rien à retrancher; et Yhwh a fait cela *de telle façon que tous le craignent*» (3,14).

La deuxième argumentation complète bien la première en apportant encore quelques précisions: «Oui, il y a un temps et un jugement pour chaque chose, mais il y a un grand malheur pour l'homme: il ne sait pas ce qui arrivera, car qui pourrait lui annoncer comment ce sera?» (8,6-7). Et un peu plus loin, il conclut de façon assez tranchée: «Après avoir mis mon cœur à connaître la sagesse et à observer la tâche qu'on exerce sur la terre [...], j'ai observé toute l'œuvre de Yhwh: l'homme ne peut découvrir toute l'œuvre qui se fait sous le soleil; quoique l'homme se fatigue à chercher, il ne trouve pas. Et même si un sage dit qu'il sait, il ne peut trouver» (8,16-17).

À ces deux argumentations, on peut greffer une dernière réflexion de même inspiration: «De même que tu ne connais pas le chemin que suit le vent, ou celui de l'embryon dans le sein de la femme, de même tu ne connais pas l'œuvre de Yhwh qui fait tout. Le matin, sème ton grain, et le soir, ne laisse pas ta main inactive, car de deux choses tu ne sais pas celle qui réussira, ou si elles sont aussi bonnes l'une que l'autre» (11,5-6). De tous ces passages, on est donc forcé de conclure: la vue d'ensemble nous échappe, l'ordre global de la création n'est pas accessible à l'homme, la sagesse proprement dite est impossible. Et pour Qohélet, qui a recherché passionnément cette sagesse, la vraie sagesse, il y a là une sorte de scandale car Yhwh a sans doute voulu les choses ainsi. «Regarde l'œuvre de Yhwh: qui pourra donc redresser ce qu'il a courbé? Au jour du bonheur, sois heureux et au jour du malheur, regarde: Yhwh a bel et bien fait l'un et l'autre, afin que l'homme ne trouve rien derrière soi»

(7,14-15). L'homme ne peut compter sur rien et s'oriente à l'aveugle; Yhwh a fait les choses ainsi afin qu'on le craigne (3,14). On se retrouve encore ici devant un dieu parfaitement libre et imprévisible, et la sagesse humaine se réduit à accepter une compréhension très limitée des choses et une attitude stratégique en conséquence, très bien résumée plus haut en 11,5-6.

La conséquence inévitable de tout cela est qu'on est contraint d'en rabattre considérablement sur nos aspirations à la sagesse. L'introduction le laisse déjà entendre (2,12-15) mais Qohélet y revient sans cesse et sous divers angles. L'essentiel de son message est que l'aspiration elle-même ne disparaît pas mais qu'elle est en quelque sorte déviée, redirigée vers une certaine sagesse pratique plutôt limitée mais au demeurant incomparablement supérieure à la sottise des vauriens. Selon notre habitude, il est bon de recourir à un texte relativement suivi pour étayer ce point. Il nous raconte un cas selon lui très instructif qui montre combien la simple sagesse pratique peut être admirable (9,13): c'est le cas d'un homme sans ressources mais de bon conseil qui tire d'affaire ses concitoyens. Sa conclusion est typique: «La sagesse vaut mieux que la force mais la sagesse du pauvre est méconnue...» (9,16). Plus loin, il ajoute encore cette précision caractéristique: «Mieux vaut la sagesse que les armes *mais* un seul maladroit annule beaucoup de bien» (9,18). Ce qui est repris un verset plus loin: «... un peu de sottise compte plus que sagesse et gloire» (10,1). Suit un long développement sur l'importance du calme, de la retenue et de la prudence, en regard desquels l'insensé est forcément très désavantagé (10,2-15). Dans un autre passage où il réfléchit sur les avantages évidents de la sagesse pratique (chapitre 7 en entier), sa pensée se nuance encore davantage et on a nettement l'impression qu'il s'agit bien souvent pour le sage de bien s'en tirer et de réduire au minimum les dégâts et non pas tant de manifester sa supériorité sur son entourage.

Aussi n'y a-t-il aucune surprise à trouver au beau milieu de ces deux longs passages des remarques conçues pour nous enlever toute illusion sur le pouvoir réel de la sagesse profane de type assez traditionnel que prône malgré tout Qohélet. D'abord, au chapitre 7: «J'ai tant vu en ma vie de vanité, le juste périr dans sa justice et l'impie survivre dans son impiété. Ne sois pas juste à l'excès et ne te fais pas trop sage, pourquoi te détruirais-tu? Ne te fais pas méchant à l'excès et ne sois pas insensé, pourquoi mourir avant ton temps? Il est bon de tenir à ceci sans laisser ta main lâcher cela, puisque celui qui craint Yhwh fera aboutir l'un et l'autre» (7,16-18). Puis, au cours du long développement des chapitres 9-10: «Il y a un mal que je vois sous le soleil, c'est comme une méprise de la part du souverain: la folie placée au plus haut et des riches qui restent dans l'abaissement. Je vois des esclaves aller à cheval et des princes à pied comme des esclaves» (10,5-6).

La première pièce du dossier de Qohélet est donc constituée par la question fondamentale de la sagesse entendue comme capacité de comprendre l'ordre global face auquel on a à s'orienter et dans lequel on a à s'intégrer. Ce qui caractérise l'attitude de Qohélet à ce sujet, c'est une sorte d'absolutisme inversé ou déçu. Il part d'un idéal de sagesse qui ferait de l'esprit humain un analogue de l'esprit divin car pour lui la seule véritable sagesse consiste dans cette vue d'ensemble sur le monde et sur la vie qui équivaut, dans le langage religieux qui est le sien, à comprendre le Plan de Yhwh sur les choses et à pouvoir ainsi pénétrer les secrets de la nature et de l'histoire. Mais alors que le sioniste type se contente d'attendre de Yhwh la révélation ou l'ensemble d'instructions qui lui donneront accès à une telle compréhension, Qohélet élargit la problématique considérablement en se demandant si cette capacité de compréhension a été donnée par Yhwh à tout homme qui fait profession de recherche de sagesse. Comme on le voit, la perspective est autrement ambitieuse puisque la sagesse véritable n'est plus ici le fruit d'une révélation quelconque mais le résultat d'un strict travail humain, travail rendu possible par un don divin, certes, mais un don de naissance si l'on peut dire, qui sera géré de façon autonome par le sage lui-même. Au surplus, une telle sagesse permettrait à l'homme de s'orienter dans la vie en ayant une connaissance adéquate de l'avenir, ce qui lui permettrait de planifier infailliblement son action et de déterminer à coup sûr le moment propice pour chaque geste. Comme on s'en doute, les aspirations exorbitantes de Qohélet sont déçues et il se voit contraint de se contenter d'une sagesse beaucoup plus empirique et pragmatique qui ressemble finalement à s'y méprendre à la sagesse traditionnelle égyptienne et aussi, à bien des égards, à la sagesse déjà analysée des Proverbes, chapitres 10 à 31. Mais aux yeux de Qohélet, cette sagesse pratique est tout à fait insuffisante pour ambitionner de mettre en corrélation de façon régulière et constante la vertu et le bonheur. À ce titre, Qohélet apparaît pour l'heure comme un absolutiste déçu.

La deuxième pièce du dossier de Qohélet concerne la possibilité d'atteindre à une vertu qui soit assez grande pour qu'on puisse croire qu'elle doit mener au bonheur. Le sage passe sa vie à sculpter sa statue, à former son caractère, à développer les diverses qualités, valeurs ou vertus personnelles qui le rendront apte au bonheur. Mais encore ici, Qohélet pose ce problème de façon tout à fait originale et, sans doute, selon une vision des choses qui est conçue pour mettre en évidence le caractère problématique du rapport vertu-bonheur. Pour lui, la question ne consiste pas à se demander si un sage quelconque a suffisamment travaillé à la formation de son caractère ou s'il a convenablement développé les diverses qualités ou vertus qui lui permettent d'aspirer au bonheur. Le modèle de Qohélet est ici tout à fait transparent : le problème de Salomon n'a rien à voir avec celui de l'homme du commun dont les projets manquent d'ambition et dont la quête de sagesse est marquée par la médiocrité ; au contraire, autant Salomon a recherché passionnément la vérité sur les choses de la vie (1,13 ; 1,16), autant il s'est livré à un labeur de tous les instants pour réaliser les travaux et les œuvres susceptibles de le mener au bonheur (2,4-11). Bref, tant dans l'ordre de la vertu ou du travail que dans l'ordre de la sagesse ou de la compréhension des choses, Salomon-Qohélet a fait tout en son pouvoir pour atteindre les satisfactions maximales convoitées par l'homme, en un mot le bonheur.

En réalité, le problème n'en est pas un de vertu ou de travail mais bien de profit. Salomon pose le problème très clairement : « Je n'ai rien refusé à mes yeux de ce qu'ils désiraient, je n'ai privé mon cœur d'aucune joie, car je me réjouissais de tout mon travail […]. Alors je réfléchis à toutes les œuvres de mes mains et à toute la peine que j'y avais prise, eh bien, tout est vanité et poursuite de vent, il n'y a pas de profit sous le soleil. » En somme, le problème n'est pas de savoir s'il existe des gens vertueux, disciplinés, travailleurs, persévérants, etc., mais bien de savoir si de tels gens peuvent de façon réaliste aspirer au bonheur. Notre deuxième pièce au dossier doit donc être reformulée, selon Qohélet, pour bien mettre en évidence le vrai problème : *étant donné* la vertu de certaines personnes, celles-ci peuvent-elles espérer atteindre un réel bonheur ? Y a-t-il véritablement profit à être vertueux ? La réponse de Qohélet à ce propos est si claire qu'elle ne nécessite pas une longue enquête ni de longs commentaires : toute la suite du texte vient étayer le verdict radical de Salomon en 2,10-11.

Alors que la sagesse traditionnelle postulait couramment une correspondance harmonieuse entre nos actes et leurs résultats, et en somme entre notre vertu et notre bonheur, chez Qohélet cette corrélation se défait et devient une illusion pure et simple. Or tout cela tient à un ensemble de raisons qui peuvent aisément se ramener aux limitations beaucoup trop grandes de notre condition. Le point essentiel est que nous menons une existence éphémère et transitoire et que cette forme d'existence très limitée ne correspond en rien à nos attentes ou encore ne permet en rien de réaliser nos attentes.

Sur ce point, Qohélet est intarissable… et inconsolable. Il n'en finit pas de nous mettre sous les yeux toutes sortes d'aspects de la condition humaine qui manifestent trop bien que nos attentes seront forcément déçues et qu'il vaut mieux en être conscient. Et d'abord, si notre vie est éphémère, c'est évidemment en vertu de la réalité inéluctable de la mort: «Mais je sais moi aussi qu'ils auront tous deux [le sage et l'insensé] le même sort. Alors je me dis en moi-même: " Le sort de l'insensé sera aussi le mien, pourquoi donc avoir été aussi sage?" Je me dis en moi-même que cela aussi est vanité» (2,14-15). Et de façon plus radicale encore: «Je me dis en moi-même, en ce qui concerne les enfants des hommes: c'est pour que Yhwh les éprouve et que l'on voie qu'en eux-mêmes ils sont des bêtes. Car le sort de l'homme et le sort de la bête sont un sort identique: comme meurt l'un, meurt aussi l'autre [...]. La supériorité de l'homme sur la bête est nulle, car tout est vanité» (3,18-19).

En second lieu et de façon connexe, avec la mort vient l'oubli, l'impossibilité de se bâtir une réputation durable, de laisser sa trace. On sait déjà que les travaux d'un homme sont souvent méconnus et que les bienfaits accordés ne sont pas reconnus (9,13-18). Mais même pour celui qui réussit à se bâtir une petite réputation, n'est-il pas évident que la mort vient abolir tout cela: «Il n'y a pas de souvenir durable du sage ni de l'insensé, et dans les jours suivants, tous deux sont oubliés: le sage meurt bel et bien avec l'insensé. Je déteste la vie car ce qui se fait sous le soleil me déplaît: tout est vanité et poursuite de vent» (2,16-17; voir aussi 1,11). Qohélet aime bien argumenter au long ce genre de point: «C'est un mal, parmi tout ce qui se fait sous le soleil, qu'il y ait un même sort pour tous. Et le cœur des hommes est plein de méchanceté, la sottise est dans leur cœur durant leur vie et leur fin est chez les morts. [...] Les vivants savent au moins qu'ils mourront, mais les morts ne savent rien du tout. Il n'y a plus pour eux de rétribution puisque leur souvenir est oublié. Leur amour, leur haine, leur jalousie ont déjà péri, et ils n'auront plus jamais part à tout ce qui se fait sous le soleil» (9,3-6).

En troisième lieu et encore de façon connexe, Qohélet ne cesse d'insister sur le fait que même le riche et le puissant n'emportent rien avec eux et ne trouvent trop souvent qu'un imbécile pour hériter de leurs biens et poursuivre leur œuvre. Ici, comme on dit, ça sent le vécu! Avec une certaine délectation morose, Qohélet trace les contours de cette injustice épouvantable: «Je déteste le travail pour lequel j'ai pris de la peine sous le soleil, et que je laisse à mon successeur: qui sait s'il sera sage ou fou? Pourtant il sera maître de tout mon travail pour lequel j'ai pris de la peine et me suis comporté avec sagesse sous le soleil; cela aussi est vanité. Mon cœur en est venu à se décourager pour toute la peine que j'ai prise sous le soleil. Car voici un homme qui a travaillé avec sagesse, savoir et succès, et il donne sa part à celui qui n'a pas travaillé : cela aussi est vanité et c'est un tort grave » (2,18-21). Ou encore, sous un angle tout aussi éclairant : « Il y a un autre mal que je vois sous le soleil et qui est grand pour l'homme : soit un homme à qui Yhwh donne richesses, ressources et gloire, et à qui rien ne manque de tout ce qu'il peut désirer ; mais Yhwh ne le laisse pas maître de s'en nourrir et c'est un étranger qui s'en nourrit : cela est vanité et cruelle souffrance. Soit un homme qui a eu cent enfants et a vécu de nombreuses années, et alors que ses années ont été nombreuses, il ne s'est pas rassasié de bonheur et il n'a même pas de tombeau : je vois que l'avorton est plus heureux que lui » (6,1-3 ; voir aussi 5,12-16).

En quatrième lieu et toujours de façon connexe, Qohélet s'appesantit avec une certaine complaisance sur le drame du vieillissement car, selon lui, au moment du grand âge, toutes les limites de la condition humaine ressortent plus clairement et, avec elles, les regrets et le déclin de tout espoir. À témoin, ce très beau poème qui clôt le livre et dont je ne cite que quelques extraits : « Et souviens-toi de ton créateur aux jours de ton adolescence, avant que viennent les jours mauvais et qu'arrivent les années dont tu diras : " Je ne les aime pas " ; avant que s'obscurcissent le soleil et la lumière, la lune et les étoiles, et que reviennent les nuages après la pluie ; au jour où tremblent les gardiens de la maison, où se courbent les hommes vigoureux […]. Tandis que l'homme s'en va vers la maison d'éternité et les pleureurs tournent déjà dans la rue. Avant que lâche le fil d'argent, que la coupe d'or se brise […], et que la poussière retourne à la terre comme elle est venue, et le souffle à Yhwh qui l'a donné » (12,1-7).

Sur cette base amplement élaborée, en cinquième lieu, Qohélet pose sans cesse que le labeur humain est par trop pénible et sans compensation suffisante, c'est-à-dire sans profit, selon ses propres termes. Autrement dit, il n'y a pas corrélation travail-bonheur car la vertu n'est pas rétribuée comme elle le mériterait et c'est cela qui définit en fin de compte l'injustice foncière de la vie. Jamais le travail humain ne pourra rétablir un ordre rétributif qui offre une compensation adéquate pour tous nos efforts ; cela est déjà établi (1,15 ; 3,14 ; 7,13). C'est pourquoi le jugement global de Qohélet sur ce point est sans appel : « Car que reste-t-il à l'homme de toute sa peine et de tout l'effort pour lequel son cœur a peiné sous le soleil ? Oui, tous ses jours sont douloureux et sa tâche est pénible ; même la nuit, il ne peut se reposer, cela aussi est vanité » (2,22 ; voir aussi 2,11). Pour amplifier son verdict, Qohélet prend pour métaphore le cas limite du travailleur solitaire : « Je vois encore une autre vanité sous le soleil : soit quelqu'un de seul qui n'a plus de second, pas de fils ni de frère; il n'y a pas de limite à toute sa besogne et ses yeux ne sont pas rassasiés de richesses: "Alors moi, je travaille, dit-il, et me prive de bonheur: c'est pour qui?" Cela aussi est vanité et c'est une mauvaise besogne» (4,7-8).

Ainsi donc, dans le cas de notre deuxième pièce au dossier, on aboutit par force à une conclusion parfaitement analogue à celle déjà formulée en rapport avec la sagesse. En effet, de même qu'une sagesse véritable s'est avérée inaccessible et qu'il a fallu finalement se contenter d'une simple sagesse de rechange, c'est-à-dire une sagesse purement pratique et pragmatique, de même encore, dans le cas de la vertu et de son corrélat attendu, le bonheur, on ne peut de façon réaliste espérer dépasser les limites de notre condition et accéder à un bonheur véritable ou pleinement satisfaisant, ce qui nous oblige à nous rabattre sur les plaisirs passagers de la vie. Ce bonheur est loin de correspondre à nos attentes et, pour tout dire, au labeur déployé et au mérite manifesté, mais c'est bel et bien le type ou le niveau de satisfaction qui correspond aux limites de notre condition.

Avant même d'expliciter le discours de Qohélet sur le bonheur qui est accessible à l'homme, il est bon de souligner très fortement que, pour vivre un tel bonheur et même si on le considère fort modeste et limitatif, l'être humain doit commencer par en rabattre sur ses attentes et cesser de considérer qu'il peut espérer une rétribution terrestre conforme à son mérite ou à sa vertu. À ce propos, Qohélet se montre implacable et il revient à maintes reprises sur la question des attentes humaines. Selon lui, dans la mesure où l'homme est laissé à lui-même, c'est-à-dire à ses désirs et à ses aspirations naturelles, il s'avère fatalement insatiable et cet appétit dévorant de bonheur risque à tout moment de l'aveugler sur sa condition réelle et de l'empêcher de se contenter des plaisirs bien réels mais restreints qui sont à sa portée. Je m'en tiendrai ici à deux passages caractéristiques. D'abord, la thèse générale: «Toute la peine que prend l'homme est pour sa bouche et pourtant son appétit n'est jamais satisfait. Quel avantage a le sage sur l'insensé? Et que peut faire valoir le pauvre qui sait se conduire face aux êtres vivants? Mieux vaut ce que voient les yeux que l'errance du désir; cela aussi est vanité et poursuite de vent» (6,7-9, Bible de Jérusalem et New Revised Standard Version). Puis un développement plus précis: «Qui aime l'argent ne se rassasie pas d'argent, qui aime les biens ne se rassasie pas de biens. Quand les biens s'accroissent, ceux qui les consomment s'accroissent aussi; et alors quel avantage a leur propriétaire, sinon de les regarder avec ses yeux? Le sommeil du travailleur est doux, qu'il ait mangé peu ou beaucoup; mais la satiété du riche ne le laissera pas dormir. Il est un tort criant que je vois sous le soleil: la richesse gardée par son possesseur à son propre détriment. Il perd cette richesse dans une mauvaise affaire et bien qu'il soit parent d'un enfant, il n'a plus rien en main. Comme il était sorti du sein de sa mère, tout nu il s'en retournera, comme il était venu. De son travail, il n'a rien retiré qui lui reste en main» (5,8-14 — New Revised Standard Version).

Le message de ces deux textes constitue un rouage important de l'argumentation de Qohélet. D'un côté, le sage doit prendre conscience que jamais son labeur vertueux ne pourra être compensé comme il le mériterait: la vie est ainsi faite. Mais alors, de l'autre côté, si le sage prétend tout de même à une certaine compensation très relative de sa peine, il doit apprendre à se satisfaire des petits bonheurs qui passent et ont malheureusement aussi peu de poids que notre labeur lui-même. Or tout cela est un rude apprentissage et, à ce sujet, Qohélet va jusqu'à suggérer l'exercice spirituel suivant (qu'on retrouve aussi chez les stoïciens, mais de façon indépendante à mon avis): «Mieux vaut le renom que l'huile fine et le jour de la mort que le jour de la naissance. Mieux vaut aller à la maison du deuil qu'à la maison du banquet; puisque c'est la fin de tout homme, le vivant doit y prêter attention» (7,1-2). C'est ce qu'un anthropologue moderne, Carlos Castaneda, appelait «vivre avec la mort à ses côtés» ou encore «prendre la mort pour conseiller». Bien des commentateurs ont interprété ce texte à contresens comme un simple aveu de pessimisme. Mais tout au contraire, selon Qohélet, celui qui sait que la mort l'attend et qu'il n'a qu'une courte vie à vivre est en mesure de prendre la seule attitude viable pour l'être humain: profiter du temps qui passe et prendre les plaisirs comme ils se présentent. En somme, celui qui a pris conscience des limites de sa condition et cessé d'espérer un «profit» que la vie ne peut lui donner, celui-là est prêt pour le bonheur pratique qui est le pendant exact de la sagesse pratique et limitée de Qohélet.

Notre auteur revient sur sa vision du bonheur à maintes reprises et toujours de façon parfaitement cohérente. Tous nos développements antérieurs nous ont bien préparés à accueillir cette approche stratégique. Le texte qui décrit le mieux l'attitude de Qohélet face au bonheur est le suivant: «Voici ce que j'ai vu: ce qui convient le mieux à l'homme, c'est de manger et de boire, et de trouver le bonheur dans tout le travail qu'il accomplit sous le soleil, tout au long des jours de sa vie que Yhwh lui donne, car c'est là sa part [son lot]. Et tout homme à qui Yhwh donne richesses et ressources, qu'il laisse maître de s'en nourrir, d'en recevoir sa part et de jouir de son travail, cela est un don de Yhwh. Car il ne se souvient guère des jours de sa vie tant que Yhwh occupe son cœur à la joie» (5,17-19). À ce texte, on peut en joindre un second qui complète bien le tableau : « Va, mange avec joie ton pain et bois de bon cœur ton vin, car Yhwh a déjà apprécié tes œuvres. En tout temps porte des habits blancs et que le parfum ne manque pas sur ta tête. Prends la vie avec la femme que tu aimes, tous les jours de la vie de vanité que Yhwh te donne sous le soleil, tous tes jours de vanité, car c'est ton lot dans la vie et dans la peine que tu prends sous le soleil. Tout ce que ta main trouve à faire, fais-le tant que tu en as la force, car il n'y a ni œuvre, ni réflexion, ni savoir, ni sagesse dans le shéol où tu t'en vas» (9,7-10).

Ici pourtant, il ne faut pas se méprendre. Chez Qohélet, de telles envolées demeurent exceptionnelles et somme toute mesurées. Dans les traductions utilisées ci-dessus, on trouve deux fois le mot «joie», ce qui est fortement critiqué par plusieurs commentateurs et selon moi à juste titre. Car au total, Qohélet doit encore être tenu pour un absolutiste déçu. De même que la première pièce du dossier nous a montré un Qohélet passant à contrecœur d'une sagesse pleine et entière à une sagesse purement pratique, de même encore la seconde pièce du dossier le fait apparaître comme un homme qui a espéré le bonheur sûr et constant et qui doit finalement se contenter de plaisirs précaires et transitoires. Selon lui, le labeur vertueux est de peu de profit. Cela constitue son point d'appui constant dans sa réflexion sur la corrélation vertu-bonheur. En désespoir de cause, il prône une sagesse pragmatique et un bonheur fragile et éphémère car c'est tout ce qu'il voit comme possibilité pour l'homme. Une sagesse gradualiste typique comme la sagesse égyptienne, par exemple, ne cherche pas plus loin et considère cette sagesse pragmatique comme une sagesse véritable et ce bonheur fragile et éphémère comme un bonheur véritable. Mais les attentes de Qohélet ne sont pas de cette sorte et c'est dans les bases mêmes de sa pensée qu'elles se construisent déjà et viennent commander toute sa démarche.

On est maintenant prêt à verser la troisième et dernière pièce au dossier. Elle est d'ordre fondamental mais elle méritait d'être dûment introduite et balisée. S'il existe une possibilité de corrélation adéquate entre sagesse-vertu et bonheur, c'est qu'on vit dans un monde ordonné de telle façon que cette corrélation vertu-bonheur soit possible, c'est-à-dire qu'elle puisse être construite, effectuée de façon régulière et constante. Cet ordre est le grand sous-entendu, la grande condition de possibilité de l'axiomatique sapientiale. J'ai déjà développé ce point et je ne fais que le rappeler ici. Dans le contexte intellectuel et religieux où se meut la pensée de Qohélet, si la sagesse-vertu peut mener au bonheur, c'est que le travail vertueux du sage se déroule dans le cadre englobant d'un ordre stable et garanti par Yhwh, un ordre qui n'exclut pas les cas particuliers et les accidents de parcours mais qui dans l'ensemble représente une justice rétributive. Si un tel ordre existe, alors le bon travail du sage trouvera sa récompense de façon régulière et à tout le moins à long terme tandis que le piètre travail de l'insensé entraînera des châtiments de façon plus ou moins assurée.

Aux yeux de Qohélet, un tel ordre juste existe-t-il, est-il compréhensible, récompense-t-il adéquatement la vertu agissante et, pardessus tout peut-être, Yhwh y voit-il ? Nous disposons maintenant d'un arrière-plan tout à fait suffisant pour recueillir et comprendre le témoignage de Qohélet sur ce point. Mais auparavant, il convient de mettre en lumière que la question de la rétribution se pose dans un contexte très contraignant chez Qohélet. Le dossier déjà accumulé nous en avertit amplement puisque Qohélet a déjà fait deux admissions fort compromettantes.

D'une part, Qohélet a déjà établi que de manière générale le labeur vertueux n'est pas rétribué par un bonheur ou un ensemble de plaisirs qui le compensent adéquatement. Dès lors même s'il ne semble pas établir un lien net entre cette non-corrélation de la vertu et du bonheur, et la question plus large mais profondément apparentée de la justice rétributive, il reste qu'on est tout de même forcé de conclure que, selon lui, il est tout à fait impossible à l'homme d'*observer* l'existence d'une justice rétributive satisfaisante. Le lien acte-conséquence et en particulier le lien vertu-bonheur sont disjoints ou paraissent tels en pratique ; il découle nécessairement de là que le rétablissement de ce lien renvoie à des initiatives divines qui nous échappent et que l'être humain est acculé à un acte de foi pur et simple en ce domaine. Le principe rétributif risque donc de réapparaître, mais par la porte arrière.

D'autre part, Qohélet a aussi établi que l'ordre rétributif qui préside à la vie naturelle et historique échappe à notre entendement puisque nous sommes incapables de prendre une vue d'ensemble satisfaisante sur cet ordre global et que nous n'avons aucune idée de la rétribution qui adviendra finalement au sage comme à l'insensé. Cette admission est peut-être encore plus lourde que la première et nous avons déjà montré les conséquences majeures que Qohélet en tire. D'un côté, il affirme qu'une telle limitation radicale de la sagesse est bel et bien voulue par Yhwh : cette limitation nous rend incapables de corriger ou de modifier substantiellement l'ordre établi et elle nous contraint à une attitude d'acceptation résignée face à la gestion divine du principe rétributif, attitude que Qohélet appelle la crainte de Yhwh (1,13 ; 3,14 ; 7,14-15). De l'autre côté, Qohélet tire de cela la conséquence que les plans ou les desseins divins sont insondables pour l'être humain et que c'est au bout du compte la volonté inscrutable de Yhwh qui décide de tout (3,11; 5,2; 7,14; 8,16-17; 11,5-6). De ce côté aussi, par conséquent, Qohélet en est réduit à un acte de foi pur et simple en ce qui concerne la question de la justice rétributive puisqu'il admet ne disposer ni d'une compréhension adéquate ni d'un pouvoir efficace face à toute cette question.

Ces deux admissions majeures situent déjà fort bien les divers tâtonnements de Qohélet en rapport avec le problème de la juste rétribution des actes et des attitudes humains. On peut résumer sa «position» à ce sujet en affirmant que Qohélet s'efforce de préserver sa croyance en la rétribution divine en dépit des observations critiques qui l'incitent constamment à en douter. Donc à nouveau, il faut s'attendre à découvrir chez lui un absolutisme aveugle et déçu.

D'un côté, donc, on trouve chez lui un acte de foi assez ferme et constant en la rétribution divine. La déclaration la plus typique mais habituellement contestée est celle de l'Épilogue: «Crains Yhwh et observe ses commandements, car c'est là tout l'homme: oui, Yhwh fera venir ton œuvre en jugement, tout ce qu'elle recèle de bon ou mauvais» (12,14). On a peine à imaginer ainsi Qohélet posant au pur sioniste. Mais ne dit-il pas aussi: «Réjouis-toi, jeune homme, dans ta jeunesse [...], suis les voies de ton cœur et la vision de tes yeux, mais sache que sur tout cela Yhwh te fera venir en jugement» (11,9). Si l'on maintient à nouveau que cette dernière phrase est suspecte, il faut alors en venir à des réflexions sans doute plus caractéristiques mais qui manifestent tout de même la croyance profonde de Qohélet au dogme rétributif. Et d'abord, cet acte de foi quasi involontaire en une rétribution arbitraire et mystérieuse: «À qui il plaît, il donne sagesse, savoir et joie...» (2,26). Ou encore, de façon quelque peu équivoque: «Celui qui observe le commandement ne connaîtra aucun mal; le cœur du sage connaît le temps et le jugement. Oui, il y a un temps et un jugement pour chaque chose, mais il y a un grand malheur pour l'homme: il ne sait pas ce qui arrivera, qui pourrait lui annoncer comment ce sera?» (8,5-7).

Mais la manière la plus typique qu'utilise Qohélet pour mettre en scène sa croyance en la rétribution divine, c'est de la poser clairement d'abord et de la tempérer ensuite par une observation plus ou moins inquiétante. Par exemple: «Je regarde encore sous le soleil: à la place du droit, là se trouve le crime, à la place de la justice, là se trouve le crime. Et je me suis dit en moi-même: "Le juste et le criminel, Yhwh les jugera, car il y a un temps pour toutes choses et pour toute action ici"» (3,16-17 — New Revised Standard Version). Et de façon plus équivoque encore: «Parce que la sentence contre celui qui fait le mal n'est pas vite exécutée, le cœur des fils d'Adam est plein de l'envie de mal faire. Que le pécheur fasse cent fois le mal, il survit. Mais moi, je sais aussi qu'il arrive du bien à ceux qui craignent Yhwh parce qu'ils éprouvent de la crainte devant lui, mais qu'il n'arrive pas de bien au méchant et que, comme l'ombre, il ne prolongera pas ses jours parce qu'il est sans crainte devant Yhwh. Il y a une vanité qui se fait sur la terre : il y a des justes qui sont traités selon la justice des méchants et des méchants qui sont traités selon la conduite des justes. Je dis que cela aussi est vanité » (8,11-14).

À mon sens, il est clair que le dogme rétributif est la dernière perche qui relie Qohélet à la sagesse absolutiste et qu'il ne peut y renoncer à aucun prix. Le problème réside en ce qu'il s'est enlevé tout moyen de l'étayer en quelque façon, soit par une compréhension sapientiale adéquate, soit par une corrélation bien établie entre vertu et bonheur. De là suit que sa croyance est aveugle, « en l'air » comme on dit, et qu'elle risque à tout moment de se briser contre les seules certitudes qui subsistent, les observations du croyant lui-même. Mais à mon avis, même les observations les plus désillusionnées de Qohélet ne font que mettre encore mieux en évidence sa volonté de se raccrocher à la bouée divine. Pourtant, on ne peut nier que les vérités d'expérience sont chez Qohélet particulièrement fortes et saisissantes. Je m'en tiens à quelques exemples. Un premier cas : « Je regarde encore toute l'oppression qui se commet sous le soleil. Voici les larmes des opprimés, et ils n'ont pas de consolateur ; et la force du côté des oppresseurs, et ils n'ont pas de consolateur. Alors je félicite les morts qui sont déjà morts plutôt que les vivants qui sont encore vivants. Et plus heureux que tous les deux est celui qui ne vit pas encore et ne voit pas l'iniquité qui se commet sous le soleil » (4,1-3). On remarquera que le principe rétributif n'est pas nié mais plutôt très sévèrement contré. Ou encore, ce deuxième cas qui met Yhwh sur la sellette : « Si tu vois dans une province le pauvre opprimé, la justice et le droit bafoués, n'en soit pas surpris ; car au-dessus d'une autorité veille une plus haute autorité, et de plus hautes au-dessus d'elles » (5,7). Et ce troisième cas qui met décidément Yhwh au pied du mur : « Oui, j'ai pris tout cela à cœur et j'ai éprouvé tout cela, à savoir que les justes, les sages et leurs travaux sont dans la main de Yhwh. Soit l'amour, soit la haine, l'homme ne sait rien de tout ce qui l'attend. Tout est le même pour tous : un sort unique, pour le juste et le méchant, pour le bon et le mauvais, pour le pur et l'impur, pour celui qui sacrifie et celui qui ne sacrifie pas, pour le bon et le pécheur, pour celui qui prête serment et celui qui craint de prêter serment. C'est un mal, parmi tout ce qui se fait sous le soleil, qu'il y ait un même sort pour tous » (9,1-3).

Il est excessivement important de se rendre compte que même cette dernière observation, la plus désillusionnée de toutes, commence par ces mots: «... les justes, les sages et leurs travaux sont dans la main de Yhwh». Mais cette attente espérante est terriblement éprouvante pour celui qui a recherché intensément la sagesse et qui arrive mal à y renoncer. Car tout compte fait, Qohélet ne comprend pas, ne peut pas comprendre et sait qu'il ne le peut pas. Il ne peut que croire contre toute évidence, espérer en dépit de tout. Yhwh reconnaîtra-t-il les siens? Le sage a le devoir d'y croire et de tenter de réorganiser sa vie à partir de cet acte de foi. Ici mieux que partout ailleurs on peut discerner l'absolutisme déçu de Qohélet, un absolutisme de temps de crise et qui n'a pas les moyens de se poser fermement et de s'abandonner en toute confiance à Yhwh. Il reconnaît clairement qu'il est dans les mains de Yhwh et que c'est là son seul recours, mais toute la sagesse et tout le pouvoir ont désormais reflué vers Yhwh et la sagesse sioniste se retrouve les mains vides. Il ne lui reste qu'un espoir à froid, une foi contre toute attente.

Lorsque Qohélet essaie d'évoquer la juste attitude du croyant face à Yhwh, il ne peut se référer qu'à la dépendance radicale du juste face à Yhwh et à cette vertu désarmée qu'est la crainte de Yhwh. On en a parlé à plusieurs reprises en cours de route. Il y a une sorte d'espièglerie scandaleuse dans la construction divine: «Je sais que tout ce que Yhwh fait sera pour toujours. À cela il n'y a rien à ajouter, de cela il n'y a rien à retrancher, et Yhwh fait en sorte qu'on le craigne» (3,14). Qohélet revient sans cesse sur cette notion de crainte de Yhwh (par exemple: 7,18; 8,12; 12,13) et il s'en explique clairement dans l'unique passage qu'il consacre à la pratique religieuse: «*Prends garde* à tes pas quand tu vas dans la maison de Yhwh: approcher pour écouter vaut mieux que le sacrifice offert par les insensés, mais ils ne savent pas qu'ils font le mal. Ne hâte pas tes lèvres, que ton cœur ne se presse pas de proférer une parole devant Yhwh, *car Yhwh est au ciel et toi sur la terre*; aussi, que tes paroles soient peu nombreuses» (4,17 à 5,1). Et de conclure: «Car de songes nombreux viennent beaucoup d'absurdités et de paroles; alors crains Yhwh» (5,6 — New Revised Standard Version).

On peut conclure de tout cela que la trajectoire qui nous a menés de Job à Qohélet en passant par Jonas constitue une lente mise à nu de la sagesse sioniste. À partir du moment où le sioniste renonce à la sagesse profane ou la tient pour négligeable ou inadéquate devant la sagesse divine, il est entraîné peu à peu à se démettre de toute capacité de comprendre en profondeur l'ordre dans lequel il est intégré, et à s'en remettre à Yhwh comme seul recours ou seul garant pour la préservation et le bon fonctionnement de cet ordre. Mais comme au bout du compte cette sagesse opérante de Yhwh lui échappe complètement, il est acculé à la croyance *aveugle*, car aucune révélation ne peut faire le pont entre son labeur vertueux et la justice rétributive qui peut mener cette vertu au bonheur. Le sage sioniste est désormais écartelé entre une sagesse qui lui échappe et un bonheur précaire et sans appui solide ; dans ce contexte la corrélation vertu-bonheur est devenue insaisissable et elle doit finalement être laissée à la grâce de Yhwh. Il est extrêmement étonnant que la Bible hébraïque se termine sur une note aussi pessimiste et que la démarche sapientiale y soit pratiquement vouée à l'échec. Or de fait, les quelques tentatives de reconstruction qui nous restent à examiner dans le dernier chapitre de notre enquête appartiennent toutes à un stade relativement tardif qu'on peut qualifier largement de postbiblique. Il semble tout de même souhaitable de parcourir ces efforts de reconstruction au moins dans leurs grandes lignes avant de formuler un jugement sur la sagesse sioniste et de la replacer dans l'ensemble auquel elle appartient, l'idéologie sioniste.

CHAPITRE 15
Échantillons de sagesse postbibliques

À PROPREMENT PARLER, IL N'Y A QUE TROIS ÉCRITS BIBLIQUES qu'on puisse considérer comme des écrits de sagesse : le livre des Proverbes, celui de Job et celui de Qohélet. Les textes qu'il nous reste à examiner sont tous plus tardifs et peuvent être regroupés sous le vocable de textes de sagesse postbibliques. Quel que soit leur intérêt intrinsèque, nous nous en tiendrons à des commentaires relativement généraux sur ces textes afin de ne pas allonger indûment cette enquête. Nos analyses se centreront essentiellement sur la question de savoir si ces œuvres ajoutent en quelque façon à ce que nous savons de la sagesse sioniste.

Cependant, cette question se pose maintenant d'une manière assez particulière. En effet, après avoir construit un modèle de sagesse sioniste à partir des Psaumes de sagesse et après avoir largement corroboré ce modèle lors de l'analyse du livre des Proverbes, nous avons pu montrer qu'un tel modèle semblait résister assez mal à ces entreprises critiques majeures que constituent le livre de Job et celui de Qohélet. L'impression dominante qui ressort de l'examen minutieux de ces textes, c'est que le modèle initial n'arrive à se maintenir qu'à grand peine et qu'on risque bien de devoir le revoir à la baisse. Yhwh devient de plus en plus l'unique dépositaire et l'unique garant de la nouvelle sagesse sioniste et le rôle du sage est bien près de se réduire à un rôle de témoin passif et même de simple croyant en regard de cette sagesse. Déjà, dans les Psaumes et dans les Proverbes, la sagesse profane avait été passablement dévaluée, ne se maintenant que comme une sorte d'appendice de la seule véritable sagesse à part entière, la sagesse religieuse révélée. Mais chez Job et Qohélet, même cette révélation sioniste fait profondément problème et la valeur accordée à la sagesse profane ou strictement humaine semble aller encore en s'amenuisant. Tout cela nous conduit donc à nous demander comment la sagesse sioniste peut être reconstruite au-delà des critiques déjà menées et, parallèlement, quelle place on pourra faire à la sagesse profane dans ce cadre fondamental. Comme on pourra maintenant s'en rendre compte plus concrètement, nous ne disposons que d'un très petit nombre de textes de sagesse postbibliques et il est bon d'observer dès le début que le mouvement de pensée sapiential demeure plutôt marginal en regard de l'ensemble des écrits intertestamentaires. Deux textes au moins ont, cela dit, une importance certaine pour la recherche d'une sagesse sioniste : le livre de Ben Sira et la Sagesse de Salomon.

Le livre de Ben Sira (L'Ecclésiastique)

Ce livre est connu indifféremment sous le titre de La Sagesse de Ben Sira, Le Siracide ou encore L'Ecclésiastique ; nous le nommerons simplement Sira pour faire bref. Exceptionnellement, on connaît son auteur, Ben Sira, et sa date de composition, environ 180 AEC. Mais le livre est long et le texte assez difficile à établir. Ce qui est plus problématique encore, c'est que ce grand ensemble ne semble pas former un tout, au point qu'on le caractérise souvent comme un texte de forme purement anthologique ; certains spécialistes y distinguent jusqu'à quatre couches rédactionnelles distinctes, ce qui est tout à fait défendable mais reste d'un faible secours pour qui essaie de se former une idée d'ensemble sur le texte en question.

Ce qui frappe tout d'abord le lecteur, c'est la juxtaposition d'une sagesse profane et d'une sagesse sioniste. En effet, de nombreuses sections sont essentiellement composées de collections de maximes nouvelles ou empruntées qui reflètent sans doute l'ouverture de Sira au monde hellénistique qui l'entoure mais elles demeurent nettement subordonnées aux sections définissant la sagesse sioniste que Sira valorise par-dessus tout. À vrai dire, ces deux types de textes ne sont à aucun moment harmonisés en profondeur mais simplement posés là côte à côte : tout se passe comme si Sira menait de front deux ordres de préoccupation sans se soucier sérieusement de les relier même largement. Il convient encore d'ajouter, pour être juste, que tous les extraits qui concernent la sagesse profane sont fortement influencés par la sagesse traditionnelle du Proche-Orient ancien et ne manifestent aucune originalité particulière de la part de Sira. Il a donc rassemblé là diverses collections de proverbes ou maximes, il les valorise assez pour les revendiquer ou les faire siens, mais tout nous laisse croire que ce travail de collectionneur s'intègre de façon tout à fait subordonnée à son dessein central. Pour lui, il n'y a aucune contradiction à ce que cette sagesse profane côtoie la sagesse sioniste et vienne l'enrichir, mais il est bien clair que le dessein central de son œuvre consiste à élaborer une sagesse sioniste et à lui donner un caractère fondateur pour l'ensemble de son entreprise. C'est donc vers cette préoccupation fondamentale qu'il faut dès maintenant nous tourner de façon à en dégager les grandes lignes.

Il me semble utile de faire remarquer pour commencer que la sagesse sioniste de Sira s'apparente au texte des Proverbes chapitres 1-9 et établit son programme sans tenir le moindre compte des sagesses critiques de Job et de Qohélet. Ce travail risque donc d'être d'une utilité limitée puisque les réflexions critiques de Job et de Qohélet ne sont pas, pour l'essentiel, prises en compte. Tout de même, l'effort de Sira mérite d'être évalué de façon propre et c'est ce que nous allons faire ici sans entrer dans le détail de ses analyses.

De façon tout à fait régulière, le long texte de Sira est ponctué par une série de « discours » sur la sagesse et c'est pour l'essentiel dans ces discours qu'on trouve à l'état achevé la conception que Sira se fait d'une sagesse sioniste. Ainsi, par exemple : 1 et 2 ; 4,11-19 ; 6,18-37 ; 14,20 à 15,10 ; 24 ; 39,1-11. Le long discours qui tient lieu d'introduction à l'ensemble (1 et 2) est tout à fait caractéristique du projet sioniste de Sira. Ici, la sagesse n'est pas une construction humaine lente et incertaine mais bien un donné préétabli : « Toute sagesse vient du Seigneur, elle est près de lui à jamais » (1,1). Plus loin : « La source de la sagesse, c'est la parole de Yhwh dans les cieux » (1,5). Ainsi, le créateur dispose dès l'origine de la sagesse et il en imprègne toute sa création et en particulier les humains qui deviennent ainsi capables de comprendre adéquatement l'ordre créé et de s'y intégrer harmonieusement : « Il n'y a qu'un être sage, très redoutable quand il siège sur son trône : c'est le Seigneur. C'est lui qui l'a créée [la sagesse], vue et dénombrée, qui l'a répandue sur toutes les œuvres [...], et qui l'a distribuée à ceux qui l'aiment. L'amour du Seigneur est une sagesse digne d'honneur ; il l'accorde en partage à ceux qui le craignent » (1,8-10). Au centre de la sagesse se trouve donc la vertu religieuse et sioniste par excellence, la crainte de Yhwh : « La crainte de Yhwh est un don qui vient du Seigneur ; de fait, elle établit sur les chemins de l'amour. Pour qui craint le Seigneur, tout ira bien, au jour de sa mort il sera béni» (1,12-13). Suit un long développement où Sira explique que la crainte de Yhwh est à la fois, la racine, le principe, la plénitude et le couronnement de la sagesse (1,14-21). Dans ce contexte général, on voit que la corrélation sagesse-bonheur est posée sans problème, si ce n'est qu'il faut souligner fortement que c'est la vertu religieuse (symbolisée par la crainte de Yhwh) qui est la condition préalable à l'acquisition de la sagesse: «Dans les trésors de la sagesse sont les maximes de la science, mais le pécheur a la piété en horreur. Convoites-tu la sagesse? Garde les commandements, le Seigneur te la prodiguera. Car la crainte du Seigneur est sagesse et instruction, ce qu'il aime c'est la fidélité et l'humilité» (1,25-27). Tout le message sioniste est là et il ne reste qu'à lui ajouter les précisions et nuances souhaitables.

Le discours en 4,11-19 revient très lourdement sur le lien entre sagesse et bonheur mais n'ajoute rien à la définition même de la sagesse (ou de la vertu). Le discours suivant, en 6,18-37, évoque encore la corrélation sagesse-bonheur mais insiste cette fois sur les exigences très fortes qui marquent l'accession à la sagesse. Deux éléments méritent mention: «Si tu le veux, mon fils, tu t'instruiras et ta docilité te vaudra l'habileté. Si tu aimes à écouter, tu apprendras et si tu prêtes l'oreille, tu seras sage» (6,32-33). Mais cette vision patriarcale de la sagesse est aussitôt récupérée dans un cadre plus strictement sioniste: «Médite sur les commandements du Seigneur, occupe-toi sans cesse de ses préceptes. C'est lui qui fortifiera ton cœur et la sagesse que tu désires te sera accordée» (6,37). Le discours suivant, de 14,20 à 15,10, compose en termes assez lyriques une sorte d'éloge du sage entendu comme scribe ou spécialiste de la Loi (15,1).

Mais le discours qui complète le mieux celui de l'introduction (en particulier le chapitre 1), c'est sans aucun doute celui du chapitre 24. Ici on raconte comment la sagesse en vient à culminer dans la Torah sioniste. De nombreux passages ont habilement préparé cette identification relative de la sagesse et de la révélation divine: ainsi 1,26 (déjà cité); 6,37 (déjà cité); 15,1 (évoqué plus haut); et encore 21,11. Mais surtout ce passage plus explicite encore: «La crainte du Seigneur est le principe de son accueil [...]. La connaissance des commandements du Seigneur, c'est la discipline de vie [...]. Toute sagesse est crainte du Seigneur et en toute sagesse il y a l'accomplissement de la loi et la reconnaissance de sa toute-puissance» (19,18-20). Ce qui nous vaut cette précision très significative: «Il y a un savoir-faire qui est abominable; est insensé celui à qui manque la sagesse. Mieux vaut être pauvre d'intelligence avec la crainte que surabonder de prudence et violer la loi. Il y a un habile savoir-faire au service de l'injustice...» (19,23-25).

Dans la perspective sioniste, la distinction entre le sage et l'insensé est relayée par celle entre le juste et l'impie. Nous aurons à y revenir.

Reste que le chapitre 24 développe tout cela dans un cadre autrement englobant. Ici, c'est la Sagesse divine elle-même qui parle et qui explique son itinéraire et son aboutissement étonnants. Sira reprend d'abord l'idée que la Sagesse précède la création et qu'elle vient l'imprégner pour l'ordonner harmonieusement (24,3-6; voir 1,8-10). Puis, il explique que cette Sagesse errante en vient à se chercher un lieu d'habitation en Israël, un centre constant et rayonnant en Sion (24,7-12). Le discours de la Sagesse se transforme peu à peu en un hymne à la sagesse sioniste (24,13-18). Elle invite enfin tous les zélateurs du sionisme à venir vers elle, à se mettre en apprentissage auprès d'elle et à rechercher ses fruits incomparables (24,19-22). À qui ne saisirait pas bien le message de la Sagesse elle-même, Sira y joint sa voix dans un acte de foi absolument limpide: «Tout cela n'est autre que le Livre de l'alliance du dieu Très-Haut, la loi promulguée par Moïse, laissée en héritage aux assemblées de Jacob» (24,23).

On trouve encore trois discours sur la sagesse dans le reste de l'œuvre. Le dernier discours, au chapitre 51, se situe dans le droit fil du chapitre 24, mais dans les deux autres, on trouve un effort plus ou moins heureux de conciliation de la sagesse sioniste et de la sagesse profane. D'abord, le discours 32,14 à 33,3 se contente de les juxtaposer maladroitement; mais celui de 38,34 à 39,11 montre de façon plus convaincante que chez le sioniste vertueux, tous les travaux de l'esprit peuvent concourir à mieux établir la vraie sagesse. Reste que ce développement doit être compris dans le cadre d'un éloge du métier de scribe et qu'il n'y a à ce titre aucune inconvenance à élargir presque sans limite le rayonnement de ce sage professionnel, si l'on peut se permettre cette expression. Il y a là une sorte de récupération en douceur des meilleurs éléments de la sagesse profane et il est bien évident que Sira ne croit pas qu'elle puisse entacher de quelque manière la sagesse sioniste, pour autant qu'elle reste entre bonnes mains; à témoin, les nombreux passages de l'œuvre où diverses maximes traditionnelles viennent enrichir la sagesse sioniste de toutes sortes de propos édifiants. Une fois l'infrastructure bien en place, il n'est pas interdit de l'enjoliver ou de la préciser diversement; la sagesse sioniste trouve ainsi une plus-value fort bienvenue sans qu'on ait le moindrement à craindre pour sa vertu.

Il reste maintenant à examiner comment le problème de théodicée se pose dans un cadre aussi strictement sioniste. Car à vrai dire, c'est là qu'est le véritable test d'une telle théorie de la sagesse. Le dieu sioniste se trouvant doté d'une sagesse et d'une puissance pratiquement illimitées, comment pourra-t-on montrer ensuite que son administration de la justice est au-dessus de tout soupçon ? En particulier, comment pourra-t-on expliquer les nombreux cas où la corrélation vertu-bonheur semble poser problème ?

Commençons par examiner un à un les divers éléments du problème puisque l'on sait déjà que, chez Sira tout comme chez Job ou Qohélet, on se retrouve dans un cadre de pensée non discursif et qu'on est du même coup forcé de reconstruire analytiquement les termes du problème avant de tirer quelque conclusion que ce soit. Dans la problématique qui nous concerne, un des éléments pivots, c'est la croyance en la providence divine, une providence faite d'omniscience et de toute-puissance, donc une providence qui *détermine* la condition et la destinée des êtres humains. Dans un texte très radical, Sira pose un tel déterminisme d'abord sur un mode métaphorique : « Pourquoi un jour est-il plus grand que l'autre… » (37,7). Puis il enchaîne : « Tous les hommes viennent du limon, c'est de la terre qu'Adam a été formé. Dans sa grande sagesse le Seigneur les a distingués, il a diversifié leurs conditions. Il en a béni et exalté quelques-uns, il en a consacré et les a mis près de lui. Il en a maudit et humilié et les a rejetés de leur place. Comme l'argile dans la main du potier, qui la façonne *selon son bon plaisir*, ainsi les hommes dans la main de leur créateur qui les rétribue *selon la justice*. Vis-à-vis du mal, il y a le bien, vis-à-vis de la mort la vie. Ainsi vis-à-vis de l'homme pieux le pécheur. Contemple donc toutes les œuvres du Très-Haut, toutes vont par paires, en vis-à-vis » (33,10-15 ; voir aussi 11,14). À s'en tenir à ce seul texte, la solution au problème du mal et de la souffrance est merveilleusement simple. Tout est prédéterminé, la vie et la mort, le bien et le mal, et c'est la providence divine qui pourvoit à la récompense des justes et au châtiment des méchants. Qu'y a-t-il d'injuste à ce que les justes soient bénis et les impies rejetés ? Le seul problème est que, dans cet univers dualiste sans demi-teintes, c'est Yhwh lui-même qui détermine qui *sera* bon ou méchant et qui les rétribue justement en conséquence. L'argument n'est pas facile à avaler — sauf pour les bons, bien entendu.

Mais il convient de souligner que cette obsession dualiste se retrouve un peu partout dans le texte de Sira car c'est bien une telle base qui permet de poser fermement la fameuse théorie des deux voies. Un exemple type : « Quelle race est digne d'honneur ? La race de l'homme. Quelle race est digne d'honneur ? Ceux qui craignent le Seigneur. Quelle race est digne de mépris ? La race de l'homme. Quelle race est digne de mépris ? Ceux qui violent les préceptes. […] Être accepté de Yhwh trouve son principe dans la crainte du Seigneur, mais le principe du rejet, c'est l'endurcissement et l'orgueil» (10,19-21). Ce texte semble laisser une part de liberté à l'homme mais plus souvent, c'est la position déterministe qui l'emporte: «Si ses voies [celles de Yhwh] sont unies pour les hommes pieux, elles sont pour les méchants pleines d'obstacles. Les biens ont été créés pour les bons dès le commencement, et de même pour les méchants les maux» (39,24-25). Ce qui est le plus dérangeant dans cette métaphysique naïve, c'est qu'il ne semble exister que des bons et des méchants par définition et constitués une fois pour toutes, et parallèlement des biens et des maux préétablis et immuables. Mais même Sira a peine à soutenir cela de façon constante. De fait, quelques versets plus loin, il modifie son approche: «Les œuvres du Seigneur sont toutes bonnes, il donne sa faveur à qui en a besoin, à l'heure propice. Il ne faut pas dire: "Ceci est pire que cela" car tout en son temps sera reconnu bon» (39,33-34). Reste que ce remède est aussi dangereux que le mal puisque cette fois tout devient bon mais selon des motifs qui nous échappent.

Ainsi donc, il existe chez Sira une perspective déterministe assez stricte dont l'expression la plus ferme se trouve en 33,7-15 (cité plus haut). Ainsi quand, au chapitre 42, Sira entonne son hymne immense au créateur, il en parle sur un mode si optimiste et si enthousiaste qu'il ne semble y avoir de place que pour la prescience et la toute-puissance de Yhwh (42,15-25). Au total donc, on se meut dans une pensée de type créationniste et moniste où tout semble établi et maintenu par une seule force et une seule volonté. Comment faire dériver de là une forme quelconque de dualisme métaphysique ou moral, comment en particulier concevoir que ce dieu puisse avoir conçu et voulu des êtres méchants, des choses mauvaises, etc., et en quoi cela sert-il sa justice ou son plan de salut? Pourtant, par un curieux paradoxe, dans une perspective strictement monothéiste, dès qu'on met la main dans l'engrenage déterministe, on est tôt ou tard tenté d'expliquer le bien et le mal ainsi que Sira le fait, en imaginant un dieu qui prédétermine ou prédestine les bons et les méchants et qui les juge ensuite dans ce cadre dualiste préétabli.

Il est bien malaisé d'affirmer que Sira soit conscient des difficultés insurmontables dans lesquelles sa position l'engage. On peut néanmoins voir se dessiner chez lui, face à ce déterminisme très problématique, une deuxième ligne de pensée qui cherche à rendre à l'homme sa part de liberté ou de responsabilité de façon à pouvoir ainsi disculper le dieu tout-puissant et omniscient à qui il avait dans un premier temps concédé toute l'initiative. Le passage le plus incisif est le suivant: «Ne dis pas: "C'est le Seigneur qui m'a fait pécher", car il ne fait pas ce qu'il a en horreur. Ne dis pas: "C'est lui qui m'a égaré", car il n'a que faire d'un pécheur. Le Seigneur hait toute espèce d'abomination et aucune n'est aimée de ceux qui le craignent. C'est lui qui au commencement a fait l'homme et il l'a laissé à son conseil. *Si tu le veux*, tu garderas les commandements pour rester fidèle *à son bon plaisir*. Devant toi il a mis le feu et l'eau, selon ton désir étends la main. Devant les hommes sont la vie et la mort, à leur gré l'une ou l'autre leur est donnée» (15,11-17). À première vue, il y a contradiction flagrante entre cette liberté venue de nulle part et le déterminisme antérieur. Reste que notre enquête ne peut s'arrêter là car il n'est que trop évident que, de toute façon, on se meut toujours dans le même univers dichotomique et absolutiste où le bien et le mal sont polarisés comme la vie et la mort. Dans ce monde en blanc et noir, il n'y a qu'un bien, tel que défini par la sagesse sioniste, et tout le reste tombe du côté du mal; il y a ceux qui craignent Yhwh et puis, pêle-mêle, les autres. Mais ce n'est pas le bien moral que l'on définit de la sorte mais simplement une attitude religieuse déjà parfaitement explicitée par l'école deutéronomiste: cette juste attitude religieuse mène à la vie et au bonheur, tout le reste mène à la mort. La problématique fondamentale demeure donc strictement la même, que l'on verse dans le déterminisme ou dans un mode de pensée plus libertaire. Et cette problématique est déterminée par le plan de salut de Yhwh, plan où tout est fixé par avance et où il ne reste plus à l'homme qu'à se demander s'il préfère le bonheur ou le malheur, la vie ou la mort. Yhwh peut-il avoir créé des méchants, des gens qui aiment le malheur et la mort? Peut-il seulement avoir créé le malheur et la mort? Avoir songé qu'il y aurait des méchants à punir et des châtiments à inventer pour les punir comme il convient? Le sioniste modèle sait d'ores et déjà que tout cela résulte de la fausse liberté des impies et que c'est leur folle imagination qui les amène ainsi à mal se servir des choses et à mal comprendre les desseins de Yhwh sur eux. Car lui, il n'a évidemment jamais cru à pareille liberté.

On se retrouve donc de toute manière dans une problématique complètement piégée: ou bien Yhwh a tout prévu, voulu et mis en place; ou bien il reste à l'homme une part de liberté mais cette liberté n'a que deux usages également *inintelligibles*: ou bien la liberté de l'homme lui sert à se débarrasser de celle-ci pour s'abandonner complètement à son créateur; ou bien elle lui sert à courir après son propre malheur et à choisir la mort plutôt que la vie. On se retrouve, sur un mode simplifié, devant les apories déjà clairement entrevues par les deutéronomistes.

La solution traditionnelle à ce problème de théodicée (et d'éthique) se trouve naturellement dans cette demi-teinte oubliée en cours de route: entre le blanc et le noir, entre le juste et l'impie, il y a le pécheur repentant, et son corrélat assez constant et prévisible est le pardon ou la miséricorde de Yhwh. Cela est la troisième voie, le troisième élément clé de la problématique de Sira. Il y a donc une issue tout à fait acceptable au problème de théodicée, selon Sira et bien d'autres avant lui. Par-delà la justice divine, il y a la grâce et la miséricorde. Par-delà la méchanceté des impies, il y a le repentir et la réparation. On peut même imaginer que les justes puissent trouver profit à cette théorie aux mille usages.

Sous cet éclairage, les commentateurs qui dévoilent les contradictions de Sira en montrant chez lui un déterminisme assez naïf (mais qui aura la vie très dure, faut-il le rappeler) et, en parallèle, une théorie de la liberté non moins naïve, ces commentateurs n'ont assurément pas tort. Mais il reste une troisième voie et c'est la voie traditionnellement empruntée par le protojudaïsme. Yhwh savait depuis toujours que beaucoup d'humains seraient tentés d'utiliser leur liberté et qu'ils se mettraient ainsi dans un mauvais pas; même les justes, à leurs heures naïves, succombent à ce piège terriblement séduisant. Yhwh savait tout cela mais, bien plus futé que les pauvres humains, il a concocté une solution à double fond: à un niveau plus superficiel, la simple justice suffit et Yhwh distribue les récompenses et les punitions aux bons accrédités et aux méchants invétérés; mais à un niveau plus profond, la grâce et la miséricorde entrent en scène et peuvent aussi bien racheter le méchant repentant que le juste qui connaît des moments de faiblesse pardonnable. On se retrouve ainsi devant une sorte de théorie de la rétribution révisée mais plus souple et infailliblement efficace.

Naturellement, on ne trouve à aucun moment chez Sira une théorie systématique de la juste rétribution divine, mais pour qui prête attention et ne s'arrête pas trop aux petites ambiguïtés de passage, toutes les pièces du puzzle sont là et elles sont très aisément repérées et répertoriées. D'abord, la base de la théorie, la corrélation vertu-bonheur: « La crainte du Seigneur réjouit le cœur, donne gaieté, joie et longue vie » (1,12). Puis l'assurance radicale d'une rétribution juste: « Il [Yhwh] flagelle et s'apitoie, blesse et guérit: le Seigneur veille en compatissant et en châtiant. N'y eût-il qu'un seul homme au cou raide, il serait inouï qu'il restât impuni, car pitié et colère appartiennent au Seigneur puissant dans le pardon, répandant la colère. Autant que sa miséricorde, autant est grande sa réprobation, il jugera les hommes selon leurs œuvres. Il ne laissera pas impuni le pécheur avec ses larcins, il ne frustrera pas la patience de l'homme pieux. Il tiendra compte de tout acte de charité et chacun sera traité selon ses œuvres » (16,10-14). Ensuite, Sira souligne l'importance de la miséricorde divine: « Vous qui craignez le Seigneur, comptez sur sa miséricorde, ne vous écartez pas de peur de tomber. [...] Considérez les générations passées et voyez: qui donc, confiant dans le

Seigneur, a été confondu ? Ou qui, persévérant dans sa crainte, a été abandonné ? Ou qui l'a imploré sans avoir été écouté ? » (2,7 ; 2,10). Et cette miséricorde est encore plus évidente dans le cas du méchant repentant : « Mais à ceux qui se repentent il accorde un retour, il réconforte ceux qui ont perdu l'endurance. Convertis-toi au Seigneur et renonce à tes péchés, implore-le bien en face, cesse de l'offenser. Reviens vers le Très-Haut, détourne-toi de l'injustice car c'est lui qui te guidera des ténèbres à l'illumination du salut » (17,24-26).

Mais finalement, le grand avantage d'une telle théorie de la rétribution, qui fait toute sa place à l'idée de justice divine mais surtout à celle de miséricorde divine et à son pendant obligé, le repentir humain, le grand avantage, dis-je, c'est que le problème du juste souffrant posé par Job et les interrogations encore plus inquiétantes de Qohélet concernant la corrélation vertu-bonheur n'ont pas à être envisagés sérieusement. À tout cela, les réponses traditionnelles suffisent amplement, selon Sira. Et d'abord, la bonne vieille théorie de l'épreuve disciplinaire : « Mon fils, si tu t'offres à servir le Seigneur, prépare-toi à l'épreuve. Fais-toi un cœur droit, arme-toi de courage, ne t'effraie pas au temps de l'adversité. Attache-toi à lui, ne t'éloigne pas, afin d'être exalté à ton dernier jour. Tout ce qui t'advient, accepte-le et, dans les vicissitudes qui t'humilient, montre-toi patient. Car l'or est éprouvé dans le feu et les élus dans la fournaise de l'humiliation » (2,1-5). Le problème de Job tient à un simple manque de hauteur de vue : « Une heure d'épreuve fait oublier le bien-être et c'est à sa dernière heure que les œuvres d'un homme sont dévoilées. Ne vante le bonheur de personne avant la fin, car c'est dans sa fin qu'on se fait connaître » (11,27-28). Est-ce le bonheur du juste ou son point d'honneur sioniste qui est en cause : « Dans tout ce que tu fais souviens-toi de ta fin et tu ne pécheras jamais » (7,36). On touche ici, au point ultime de l'argumentation de Sira, un point très sensible. Car à la limite, comment peut-on espérer autre chose qu'un bonheur terrestre en guise de rétribution ? Sira est très ferme sur ce point : « Un sort pénible a été fait à tous les hommes, un joug pesant accable les fils d'Adam, depuis le jour qu'ils sortent du sein maternel jusqu'au jour du retour à la mère universelle. L'objet de leurs réflexions, la crainte de leur cœur, c'est l'attente anxieuse du jour de leur mort » (40,1-2). Mais alors, à force de différer la rétribution, faut-il s'en remettre finalement à une forme quelconque d'immortalité : « Aie souci de ton nom car il te restera, bien mieux que mille fortunes en or. Une vie heureuse dure un certain nombre de jours, mais un nom honoré dure à jamais » (41,12-13, voir aussi 41,1-4). Faut-il encore parler d'optimisme lorsqu'on s'arrête à un tel aboutissement ? Pour ma part, je ne vois dans tout cela que la foi très persévérante d'un propagandiste qui a renoncé à poser le problème autrement, c'est-à-dire sur d'autres bases. Sira est tout à fait persuadé qu'il ne trouvera pas mieux que cette sagesse sioniste, alors il maintient le cap et tant pis pour Job et Qohélet. Il nous donne le choix entre le bonheur et le malheur, entre la vie et la mort, mais ses attentes de vie et de bonheur ne lui permettent pas d'espérer une quelconque transcendance sur la mort. Tout comme Qohélet, il ne lui reste à la fin que sa vertu, avec en prime les bonheurs qui passent: «Mon fils, si tu as de quoi, traite-toi bien, et présente au Seigneur les offrandes qu'il demande. N'oublie pas que la mort ne tardera pas et que le pacte du shéol ne t'a pas été révélé. [...] Ne te refuse pas le bonheur présent, ne laisse rien échapper d'un légitime désir» (14,11-14). En comparaison des promesses faites, ces joies paraissent plutôt minces et moroses. Peut-être cette reconstruction à demi réussie de la sagesse sioniste traditionnelle doit-elle marquer un tournant et inviter à des révisions plus profondes. Si, malgré toute sa bonne volonté, Sira ne parvient en fin de compte qu'à une position parente de celle de Qohélet, peut-être est-ce un signe des temps. La voie est prête pour le livre de la Sagesse.

Le poème sapiential du livre de Baruch

Le livre de Baruch n'a rien d'homogène mais il contient du moins une pièce assez significative pour notre propos. On y trouve en effet un poème sur la Sagesse qui est si étroitement apparenté au discours de la Sagesse de Sira que les spécialistes ont cru qu'il datait probablement de la même époque. Tout comme Sira au chapitre 24, Baruch rapproche étroitement Sagesse et Torah et va même jusqu'à les identifier. Le fond du discours est deutéronomiste et son objectif est transparent.

L'auteur commence par expliquer que, si Israël est en exil, c'est en raison de son abandon de la Sagesse (3,10-13). Il doit donc se remettre en apprentissage, chercher à rétablir le contact perdu avec elle (3,14). Encore ici, tout comme en Proverbes 8, Job 28 et Sira 24, on a affaire à une Sagesse mythique et plus ou moins personnifiée, bref une sorte d'hypostase divine. Il y a crise, la Sagesse s'est retirée, elle semble à jamais séparée des humains. Tout donne à entendre que la simple sagesse profane ou strictement humaine compte pour rien dans tout cela et n'entre même pas en ligne de compte. Mais bien plus, il semble parfaitement clair qu'aucun homme ne puisse découvrir par lui-même cette Sagesse qui n'est rien d'autre que la sagesse sioniste, la sagesse révélée par Yhwh. La question cruciale, tout comme chez Job, est donc: «Mais qui a découvert son lieu, qui a pénétré en ses trésors?» (3,15).

On montre d'abord qu'elle ne se trouve nulle part chez les hommes (3,16-23), puis que même les géants et les monstres antédiluviens ne l'ont pas connue (3,24-30). Après cette enquête fouillée, la question rhétorique appelle donc une réponse non moins rhétorique: «Nul ne connaît sa voie, nul ne comprend son sentier» (3,31).

Mais par bonheur, Yhwh la connaît depuis toujours et à vrai dire elle l'accompagne de toute éternité dans son immense travail de créateur et d'ordonnateur du cosmos (3,32-35). Bien plus, Yhwh l'a donnée à Israël et a ainsi glorifié le peuple élu (3,36-38). L'auteur nous livre alors la clé de l'énigme: «Elle est le Livre des préceptes de Yhwh, la Loi qui subsiste éternellement: quiconque la garde vivra, quiconque l'abandonne mourra» (4,1). En conclusion, si Israël veut sortir de son Exil et connaître la grande Restauration tant attendue, il n'a qu'à l'accueillir et la garder précieusement: «Heureux sommes-nous, Israël: ce qui plaît à Yhwh nous fut révélé» (4,4). Peut-être ce court morceau de propagande sioniste a-t-il l'avantage de dire en termes très simples ce que Sira n'arrive à expliquer qu'à travers toutes sortes de raisonnements plus ou moins alambiqués. Qu'il serve donc ici d'appendice.

La grande Instruction sapientiale de Qumrân

Si l'on prend la peine de passer en revue la librairie des manuscrits strictement bibliques retrouvés à Qumrân, il apparaît aussitôt que la littérature sapientiale y est sous-représentée: quelques fragments des Proverbes, de Job, de Qohélet et de Sira, une traduction glosée de Job (un targum) et c'est à peu près tout. Pourtant, on a pu retrouver, parmi les manuscrits composés par et pour la secte de Qumrân, quelques textes de sagesse. Dans une édition complète des écrits sectaires de Qumrân, G. Vermès les a soigneusement répertoriés dans la section E (Littérature de sagesse).

Malheureusement, ils nous sont parvenus dans un état mutilé et fragmentaire, ce qui les rend à peu près inutilisables, sinon par des spécialistes qui de toute façon n'arrivent pas à en tirer grand-chose. À ma connaissance, le seul texte un tant soit peu consistant de ce groupe, c'est la grande Instruction sapientiale, aussi appelée L'œuvre sapientiale A, qu'on trouve dans l'édition de Vermès, p. 402-412.

Je ne m'aventurerai pas à spéculer sur un texte aussi laborieusement établi mais il me semble tout de même possible de faire à ce sujet deux remarques. D'abord, ce texte fait une part non négligeable à la sagesse profane, c'est-à-dire à des maximes traditionnelles comme on en retrouve en Proverbes et chez Sira. On peut-être tenté d'expliquer cela en alléguant qu'il s'agit là d'extraits précédant l'établissement de la secte à

Qumrân mais, à mon sens, il ne faut pas exclure la possibilité que ce genre de compilation ait présenté un certain prestige aux yeux de plusieurs membres de la secte. Ensuite, L'œuvre sapientiale A conserve malgré cela un caractère sioniste dominant, d'une part parce que plusieurs éléments des grands textes fondateurs de la secte y sont évoqués et d'autre part parce que cette Instruction comporte une dimension eschatologique qui reflète bien une des tendances dominantes du protojudaïsme de l'époque. Comme nous retrouverons à l'état bien élaboré cette dimension eschatologique dans le livre de la Sagesse, je renonce à m'avancer davantage sur ce terrain.

Les Sentences du Pseudo-Phocylide

Dans notre recension des textes de sagesse postbibliques, nous en venons maintenant à la littérature juive de la diaspora. Encore ici, la moisson reste très maigre puisqu'on ne dispose que de deux documents vraiment caractéristiques de la littérature de sagesse : les Maximes du Pseudo-Phocylide et le livre de la Sagesse.

À vrai dire, je ne cite le texte du Pseudo-Phocylide que pour mémoire puisque cette petite collection de maximes traditionnelles (230 vers) ne manifeste aucun intérêt particulier pour la sagesse sioniste. L'auteur semble bien être un juif fortement hellénisé vivant dans la diaspora grecque et utilisant comme prête-nom un poète gnomique du sixième siècle, Phocylide. La première partie du texte (à peu près jusqu'au vers 130) porte principalement sur les préoccupations morales de l'auteur tandis que la deuxième partie est davantage centrée sur le rapport de l'individu aux divers milieux sociaux où il se trouve. L'ensemble ne manifeste aucune originalité particulière mais peut fort bien avoir servi des fins éducatives dans la diaspora, tout comme les collections en Proverbes 10-31 en Palestine. Il n'y a pas à chercher plus loin de ce côté.

Le livre de la Sagesse

Le dernier texte qui va retenir notre attention, c'est le livre de la Sagesse ou la Sagesse de Salomon ou pour faire bref Sagesse : il a probablement été écrit à Alexandrie, entre 30 AEC et 70 EC, et sans doute par un seul et même auteur. Le texte a joui d'un grand prestige en milieu chrétien, il a d'abord été retenu comme écrit canonique dans la Bible chrétienne, puis il est devenu un écrit deutérocanonique, tout comme Sira.

L'œuvre est écrite par un auteur qui a de bonnes connaissances en rhétorique classique et cela se voit à une simple lecture attentive. En revanche, il m'apparaît futile d'essayer de déterminer les influences philosophiques qui se sont exercées sur lui car à mon avis on n'a affaire ni à un philosophe de métier ni même à un disciple rompu à la discipline d'une école particulière, mais simplement à un homme de culture qui a des connaissances philosophiques de seconde main à travers les manuels et les anthologies de l'époque. Le terme d'éclectisme lui sied à merveille dans la mesure où l'on trouve là une désignation légèrement péjorative sans être méchante.

Le texte se divise en trois parties assez bien reliées entre elles sans pourtant que l'œuvre ne manifeste une grande unité. Il se peut que ces trois parties aient été composées à des moments différents mais l'essentiel pour nous, c'est que chacune constitue un ensemble discursif à forte saveur rhétorique. L'œuvre est donc de lecture et d'interprétation beaucoup plus faciles. La première partie (1,1 à 6,21) montre que la sagesse mène à la vertu et que c'est là qu'il faut chercher son salut; la dimension eschatologique est ici centrale, ce qui constitue une grande innovation pour la sagesse sioniste. La deuxième partie (6,22 à 10,21) fait l'éloge de la sagesse, montre comment Salomon l'a recherchée pour son plus grand bénéfice et parle du rôle qu'elle a joué dès les débuts de l'humanité. La troisième partie (11 à 19) a recours à des illustrations bibliques pour montrer comment la sagesse divine profite en fin de compte aux justes (les Israélites) et s'affaire en contrepartie au châtiment des impies (les non-yahvistes idolâtres). Dans mon commentaire, j'écarte d'emblée la troisième partie qui n'ajoute rien à notre connaissance du sionisme religieux; je me concentrerai donc tout particulièrement sur la première partie et je ferai quelques remarques sur la deuxième.

La partie qui va de 1,1 à 6,21 constitue une argumentation relativement serrée mais tout de même dépaysante pour nous qui sommes maintenant habitués aux contours particuliers de la sagesse sioniste traditionnelle. À cet égard, Sagesse est à contre-courant et marque une phase de repositionnement plutôt radical de la sagesse sioniste. En un mot, l'auteur a dessein de montrer que la sagesse seule peut rendre possible la vertu et que l'exercice constant de la vertu conduit sans coupure ni transition à l'immortalité; ainsi la corrélation vertu-bonheur subit ici une transmutation décisive et cela comporte des conséquences qu'il faut essayer de mesurer.

Commençons par suivre les phases de la démonstration de l'auteur. D'abord, le Prologue en 1,1-15 constitue une sorte d'exhortation à la vertu et particulièrement à la justice. Ce qui est très caractéristique ici, c'est que la Sagesse hypostasiée est d'emblée identifiée à Yhwh, ce qui donne à entendre qu'il n'existe aucune autre forme de sagesse. On reçoit cette sagesse d'en haut, à certaines conditions : le problème se limite à cela. Les présupposés sont tout simplement passés sous silence. Il va sans dire qu'aucun philosophe grec ne procéderait ainsi. Or, pour être gratifié de sagesse, la condition est simple : « Non, la sagesse n'entre pas dans une âme malfaisante, elle n'habite pas dans un corps tributaire du péché. Car l'esprit saint, l'éducateur, fuit la fourberie » (1,4-5). D'ailleurs, on se retrouve ici dans un contexte d'omniscience et de toute-puissance divines, ce qui enclenche infailliblement le fonctionnement du principe rétributif : « La sagesse est un esprit ami des hommes mais elle ne laisse pas impuni le blasphémateur pour ses propos » (1,6 ; aussi, 1,8-9). Il va de soi que, comme chez Sira, Yhwh n'est en rien responsable des fautes de l'impie puisqu'il ne fait qu'administrer justement la rétribution. Mais ici, le texte prend déjà une tournure particulière en raison de la forme qui est donnée à cette rétribution : « Car un mot furtif ne demeure pas sans effet, une bouche calomnieuse donne la mort à l'âme. Ne recherchez pas la mort par les égarements de votre vie et n'attirez pas sur vous la ruine par les œuvres de vos mains » (1,11-12). L'enjeu de la vertu, ce n'est donc plus le bonheur ou le malheur mais bien la vie ou la mort.

Après cette introduction, la première partie, de façon assez inédite, laisse la parole aux impies qui peuvent ainsi justifier leur position (1,16 à 2,24). Le débat se met en place. Auparavant, l'auteur prend bien soin de nous avertir que leurs raisonnements sont faux et qu'ils mènent donc à la mort. On entre ici dans un cercle dangereux dont bien des commentateurs ne se formalisent pas : est-ce la vertu qui est la condition de la sagesse ou la sagesse qui est condition de la vertu ? Le Prologue nous a affirmé que la vertu était première (1,4-5) mais maintenant on nous apprend que les méchants sont non vertueux parce qu'ils raisonnent mal (2,1), donc qu'ils ne possèdent pas la sagesse. Serait-ce que la sagesse est bien plutôt première et si oui comment s'explique ce don originaire ? Suivons bien l'auteur.

Voici le raisonnement des impies. La vie est éphémère et transitoire, la mort nous attend et mène à l'oubli (2,1-5). On est en pleine orthodoxie sioniste. Les impies déduisent de cela qu'il ne reste qu'à profiter des bonheurs qui passent (2,6-9), encore là en termes parfaitement orthodoxes que ne désavoueraient ni Qohélet ni Sira. Puis l'auteur commet un saut argumentatif grave. Sans transition, il étale la stratégie hédoniste des méchants : « Opprimons le juste qui est pauvre [...]. Que notre force soit la loi de la justice [...]. Tendons des pièges au juste puisqu'il nous gène et qu'il s'oppose à notre conduite, nous reproche nos fautes contre la Loi [...]. Il se flatte d'avoir la connaissance de Yhwh [...]. Il est devenu un blâme pour nos pensées... » (2,10-14). Le lien proposé entre hédonisme et injustice n'a rien d'orthodoxe, cette fois, et, ce qui est plus grave, il ne se déduit pas logiquement. L'auteur a un plan occulte. D'ailleurs, il commet un nouveau saut argumentatif plus grave, car il prétend maintenant opprimer le démuni non plus pour assurer son propre bonheur mais bien pour le mettre à l'épreuve et le confondre : « Il [le juste] proclame heureux le sort *final* des justes […]. *Voyons si ses dires sont vrais* […]. Car si le juste est fils de Yhwh, Yhwh l'assistera […]. Éprouvons-le par l'outrage et la torture […]. Condamnons-le à une mort honteuse […] » (1,16-20). Tel est le raisonnement complet des impies. L'auteur a bien fait de nous avertir que les impies raisonnent mal. Est-ce que les gens qui profitent des plaisirs de la vie sont des méchants ? Doivent-ils pour cela commettre des injustices ? Au surplus, eux qui savent que la vie est brève et que la mort les attend, pourquoi s'en prendraient-ils aux illuminés qui croient trouver leur bonheur au-delà de la vie présente (2,16) et comment pourraient-ils démontrer la vérité ou la fausseté de ces attentes qui échappent à toute vérification (2,17-20) ? La vérité de cette chaîne argumentative se situe évidemment dans ses prémisses : pour les « impies », la corrélation vertu-bonheur ne peut être cherchée qu'en cette vie. Telle est leur erreur de raisonnement : ils ne *croient* pas à l'immortalité et le reste découle de là, y compris les procès d'intention et les propos haineux. On se retrouve à la fin avec les clichés éculés du méchant envieux et du juste persécuté. Mais l'auteur n'est pas assuré de notre bonne compréhension et nous livre sa propre interprétation. Si les impies raisonnent mal, c'est parce qu'ils n'ont pas la sagesse, c'est-à-dire les mêmes croyances indémontrables que l'auteur : « Ils [les impies] ignorent les secrets de Yhwh, ils n'espèrent pas de rémunération pour la sainteté, ils ne *croient* pas à la récompense des âmes pures » (2,22).

Suit alors, aux chapitres 3 et 4, la deuxième partie de l'argumentation qui montre que les justes doivent triompher de l'épreuve et être finalement justifiés et rétribués par Yhwh. La démonstration de l'immortalité des justes oscille constamment entre la pétition de principe et la description purement métaphorique de la sublime exaltation des justes. On est encore très loin de la casuistique chrétienne de l'après-vie ; l'auteur n'est qu'un pionnier et son instrument rhétorique sonne souvent faux. Le cœur de son « raisonnement » peut se ramener à ceci : plus le juste sera éprouvé et persécuté dans la vie présente, plus la rétribution eschatologique sera grandiose. Je cite quelques extraits : « Aux yeux des insensés ils ont paru bien morts […] mais eux sont en paix » (3,2-3). « Pour une légère correction ils recevront de grands bienfaits. Yhwh en effet les a mis à l'épreuve et il les a trouvés dignes de lui » (3,5). Mais l'auteur va plus loin et proclame heureux les malheureux, à condition qu'ils gardent confiance en la rétribution finale : « Heureuse la femme stérile qui est sans tache... » (3,13). « Heureux encore l'eunuque dont la main ne commet pas de forfait... » (3,14). Ou encore : « Mieux vaut ne pas avoir d'enfants et posséder la vertu, car l'immortalité s'attache à sa mémoire » (4,1). L'impie ne peut certes pas en dire autant : « Car les enfants nés de sommeils coupables témoignent, lors de leur examen, de la perversité des parents » (4,6). L'auteur en vient à croire que la mort peut même être une récompense divine, une sorte de prévenance exquise : « Le juste, même s'il meurt avant l'âge, trouvera le repos. [...] Devenu agréable à Yhwh, il a été aimé et comme il vivait parmi les pécheurs, il a été transféré. Il a été enlevé de peur que le malice n'altère son jugement... » (4,7-11). Est-ce bien là ce qu'on appelle chez les logiciens un raisonnement par l'absurde ?

La troisième partie de l'argumentation nous sert la grande scène eschatologique du jugement : tous les torts sont redressés car les persécutés sont rachetés et les persécuteurs châtiés et humiliés. D'ailleurs, les impies continuent de déraisonner : « Le voilà, celui que nous avons jadis tourné en dérision [...]. Nous avons tenu sa vie pour folie et sa fin pour infâme. Comment donc a-t-il été compté parmi les fils de dieu ? [...] Oui, nous avons erré hors du chemin de la vérité ; la lumière de la justice n'a pas brillé pour nous... » (5,4-6). On croit entendre ici que si ces impies ne sont pas vertueux, c'est parce que fondamentalement ils n'ont pas eu accès à la sagesse. Cette question est d'importance et la péroraison en 6,1-21 y revient encore puisque l'auteur reprend la question à travers une exhortation à la sagesse qui est le pendant exact de son exhortation à la vertu du premier chapitre. Dans le jugement quasi apocalyptique du chapitre 5, l'auteur s'est fait très menaçant et ce ton persiste même au chapitre 6. Pourtant, son message est assez simple et pour nous très important : il faut désirer la sagesse, il faut la rechercher car elle est à la racine de toute vertu et de tout salut : « Car ceux qui observent saintement les choses saintes seront reconnus saints et ceux qui s'en laissent instruire trouveront de quoi se justifier. Désirez donc mes paroles, aspirez à elles et vous serez instruits » (6,10-11). Suit une brève invitation à rechercher la sagesse ; la sagesse se laisse découvrir facilement à qui la désire vraiment. Tout le présupposé de l'auteur est ici, en finale : « Car son commencement [de la sagesse], c'est le désir très vrai de l'instruction ; le souci de l'instruction, c'est l'amour ; l'amour, c'est l'observation de ses lois ; l'attention aux lois, c'est la garantie de l'incorruptibilité ; et l'incorruptibilité fait qu'on est proche de Yhwh » (6,17-19). Ce qui nous ramène au cercle vicieux du début : la sagesse ne visite pas les gens non vertueux; mais comme il n'y a pas de vertu possible sans la sagesse, les gens non vertueux sont voués à l'échec. En revanche, les vertueux possèdent déjà la sagesse. Mais comme on sait déjà que la sagesse est un don et que nul n'y a accès par lui-même, alors tous, vertueux ou non, se retrouvent dans la main de Yhwh qui décide de leur sort. Malheureusement, dans le cadre strictement dualiste de Sagesse, il n'y a aucune place pour une troisième voie: la vérité éclate à la fin, après coup, au moment du grand jugement et des regrets stériles. Mais à vrai dire, toute cette argumentation est purement rhétorique et elle n'a pour point d'appui qu'un jugement apocalyptique. La sagesse sioniste vient de s'inverser et toute recherche de corrélation entre vertu et bonheur est reportée dans un au-delà de rêve.

Je vais maintenant me servir très librement de la deuxième partie du texte (6,22 à 10,21) pour examiner jusqu'à quel point la position de l'auteur sur le statut de la sagesse et sur son rapport au bonheur, est consistante et ferme. Le texte nous brosse ici le tableau très édifiant de la quête de sagesse de Salomon. On nous explique le sens de cette démarche en 7,7-22 puis on l'explicite par diverses procédures rhétoriques dans le reste du texte.

La démarche, pour un grand esprit comme Salomon, est d'une simplicité renversante. Après un long préambule: «Je suis, moi aussi, *un homme mortel, pareil à tous…*» (7,1), Salomon résume le tout ainsi: «C'est pourquoi j'ai prié et l'intelligence m'a été donnée, j'ai invoqué et l'esprit de sagesse m'est venu» (7,7). Un peu plus loin, il donne à nouveau à entendre que le don de sagesse est au fondement de tout: «Que Yhwh me donne de parler avec discernement et de concevoir des pensées dignes des dons reçus, parce qu'il est lui-même le guide de la sagesse et le guide des sages. Nous sommes en effet dans sa main, nous et nos paroles, ainsi que toute intelligence et tout savoir pratique. C'est lui qui m'a donné une connaissance infaillible des êtres…» (7,15-17). Comme on le voit, la sagesse représente pour l'être humain une assise irremplaçable, un don originaire. Mais encore: pourquoi lui et pas un autre? À qui la sagesse divine s'offre-t-elle et comment peut-on favoriser son accueil? Avec sa modestie coutumière, Salomon s'explique un peu plus loin: «J'étais un enfant d'un heureux naturel, et j'avais reçu en partage une âme bonne; qui plus est, étant bon, j'étais venu dans un corps sans souillure; mais comprenant que je ne pourrais devenir possesseur de la sagesse que si Yhwh me la donnait — et c'était déjà de l'intelligence de savoir de qui vient la faveur —, je m'adressai au Seigneur et le priai…» (8,19-21). L'auteur brouille les pistes et reste dans l'équivoque. On a affaire à un homme «pareil à tous» mais favorisé par le sort, un homme sans véritable discernement ni sagesse mais déjà vertueux et plein d'intelligence. On reste dans le cercle vicieux, comme s'il valait mieux ne pas percer le mystère de l'élection divine qui menace aussi d'être un scandale pour la raison.

Sur l'autre versant, on peut encore se demander, dans le cas exemplaire de Salomon, que devient la séquence corrélée sagesse-vertu-bonheur-immortalité. Salomon a donc commencé par nous expliquer qu'entre toutes choses il a recherché la sagesse et qu'il l'a préférée à tout le reste: «... j'ai tenu pour rien la richesse en comparaison d'elle» (7,8). Heureux homme! Tout le reste lui a été rendu par surcroît et sans la moindre attente de sa part: «Mais avec elle me sont venus tous les biens et par ses mains une incroyable richesse. De tous ces biens, je me suis réjoui *parce que* c'est la sagesse qui les amène; j'ignorais *pourtant* qu'elle en fût la mère» (7,11-12). Le pauvre Salomon s'excuse presque d'être à ce point un privilégié. Reste que, quant à notre propos, la corrélation sagesse-bonheur se porte à merveille. Néanmoins, si l'axiomatique sapientiale traditionnelle n'est pas un leurre, Salomon devrait avoir un bon mot pour la vertu: «Car elle [la sagesse] est pour les hommes un trésor inépuisable, ceux qui l'acquièrent s'attirent l'amitié de Yhwh, étant ainsi recommandés [par Yhwh] pour les dons qui viennent de l'instruction» (7,14). Sans forcer le texte outre mesure, on peut penser que la Torah à laquelle il est fait allusion ici n'est rien d'autre que l'éducation morale et religieuse qui mène à la vertu. Cela correspond de toute manière à l'interprétation traditionnelle.

En somme et malgré les circonvolutions inutiles du texte, la corrélation attendue prend forme. La sagesse originaire conduit à la vertu et la vertu au bonheur, comme Salomon va maintenant nous le dire: «Je décidai donc de la prendre [la sagesse] pour compagne de vie [...]. J'aurai à cause d'elle gloire parmi les foules et, bien que jeune, honneur auprès des vieillards. On me trouvera pénétrant dans le jugement et en présence des grands je serai admiré. [...] J'aurai à cause d'elle l'immortalité et je laisserai un souvenir éternel à ceux qui viendront après moi. Je gouvernerai des peuples et des nations me seront soumises» (8,9-14). On savait déjà que la sagesse lui avait apporté biens et richesses (7,11-12, déjà cité); à cela s'ajoutent la gloire, l'immortalité et le pouvoir. Le risque pour Salomon de devenir hédoniste et impie devrait frapper notre auteur et tempérer un peu son enthousiasme; mais au contraire, il semble trop content de nous faire miroiter le modèle d'un élu de Yhwh. Je note aussi un autre sujet d'étonnement et non des moindres: la chaîne dorée sagesse-vertu-bonheur semble maintenant si solide que l'auteur n'a pas un mot pour le salut post mortem de Salomon et ne nous parle que de gloire et d'immortalité terrestres en lieu et place. Faut-il comprendre qu'il est rentré dans le rang des sages sionistes traditionnels ou qu'il a tout simplement versé dans une rhétorique triomphaliste mais incohérente? Je laisse la décision au lecteur, convaincu que mes soucis critiques vont de toute façon bien au-delà des mérites du texte.

Orientations bibliographiques

À une époque pas si lointaine, les textes de sagesse bibliques étaient tenus pour des appendices sans grande importance et cela se reflétait dans le petit nombre d'études consacrées au sujet et surtout peut-être dans le caractère relativement marginal de ces études. Aujourd'hui, au contraire, on dispose d'un corpus de plus en plus élaboré de recherches très variées sur le sujet. Mes suggestions ne forment évidemment qu'un faible échantillon de ce renouveau.

D'un côté, je recommande quelques études d'ensemble sur la sagesse biblique: G. von Rad, *Israël et la sagesse* (un classique); J. L. Crenshaw, *Old Testament Wisdom: An Introduction*; et du même, *Collected Writings on Old Testament Wisdom* (une immense source d'information et de réflexion); J. Blenkinsopp, *Wisdom and Law in the Old Testament* (une perspective très éclairante); W. P. Brown, *Character in Crisis* (une des meilleures introductions au domaine); D. F. Morgan, *Wisdom in the Old Testament Traditions* (un point de vue intégrateur et englobant); D. E. Orton, *The Understanding Scribe* (le personnage même du sage). Sans oublier les collections d'études: celle dirigée par J. L. Crenshaw, celle dirigée par J. Day, celle dirigée par Perdue, Scott et Wiseman, parmi d'autres.

De l'autre côté, je m'en tiens à quelques titres qui m'ont paru spécialement utiles en ce qui concerne chaque texte de sagesse considéré isolément. Sur le Pseudo-Phocylide, l'étude de P. Derron est irremplaçable. Sur la sagesse de Qumrân, la meilleure introduction est celle de D. J. Harrington, *Wisdom Texts from Qumran*. Sur le livre de Jonas, je m'en tiens au travail classique de T. E. Fretheim, «Jonah and Theodicy», et à l'étude récente beaucoup plus élaborée de T. M. Bolin, *Freedom Beyond Forgiveness*.

Sur le livre des Psaumes, d'abord, deux introductions générales qui se complètent bien: J. Day, *Psalms*; R. N. Whybray, *Reading the Book of Psalms as a Book*. Ensuite, quelques études plus spécialisées: W. Brueggemann, *The Message of the Psalms*; J. C. McCann (dir.), *The Shape and Shaping of the Psalter*; J. L. Mays, «The Place of the Torah-Psalms in the Psalter»; D. C. Mitchell, *The Message of the Psalter*.

Sur les Proverbes, quelques études d'ensemble suffiront: W. McKane, *Proverbs: A New Approach*; J. G. Williams, *Those Who Ponder Proverbs*; C. Westermann, *Roots of Wisdom*; R. N. Whybray, *The Composition of the Book of Proverbs*.

Sur le livre de Job, les approches et les points de vue varient de façon très déconcertante: M. Tsevat, *The Meaning of the Book of Job*... (un classique);

E. M. Good, *In Turns of Tempest* (une lecture serrée); Y. Hofman, *A Blemished Perfection* (très fouillé); D. Cox, *The Triumph of Impotence*; K. J. Dell, *The Book of Job as Sceptical Literature*; D. Penchansky, *The Betrayal of God*; l'article de Clines sur Job dans *Interested Parties*; et la collection d'études dans W. A. M. Beuken (dir.), *The Book of Job.*

Sur le livre de Qohélet, la querelle des interprétations est encore plus profonde. D'abord, une bonne introduction de D. C. Fredericks, *Coping with Transience*; puis plusieurs études plus spécialisées: M.V. Fox, *Qohelet and His Contradictions*, ainsi que *A Time to Tear Down and a Time to Build* (deux études remarquables); J. A. Loader, *Polar Structures in the Book of Qohelet*; J. J. Lavoie, *La pensée de Qohélet*; et la collection d'études dans A. Schoors, *Qohelet in the Context of Wisdom.*

Sur le livre de Ben Sira, je recommande R. J. Coggins, *Sirach* (une introduction); P. W. Skehan et A. A. di Lella, *The Wisdom of Ben Sira* (le commentaire de référence); J. Hadot, *Penchant mauvais et volonté libre…* (une monographie très réussie); E. J. Schnabel, *Law and Wisdom from Ben Sira to Paul* (souvent éclairant mais parfois contestable); B. L. Mack, *Wisdom and the Hebrew Epic* (essentiel mais difficile); P. C. Beentjes (dir.), *The Book of Ben Sira in Modern Research* (une collection d'études).

Sur la Sagesse de Salomon, je suggère D. Winston, *The Wisdom of Solomon* (un grand commentaire); C. Larcher, *Études sur le Livre de la Sagesse*; M. Kolarcik, *The Ambiguity of Death in the Book of Wisdom 1-6* (monographie remarquable).

CONCLUSION

Je prends aujourd'hui à témoin contre vous le ciel et la terre : je te propose la vie ou la mort, la bénédiction ou la malédiction. Choisis donc la vie, pour que toi et ta postérité vous viviez, aimant Yhwh ton dieu, écoutant sa voix, t'attachant à lui ; car là est ta vie, ainsi que la longue durée de ton séjour sur la terre que Yhwh a juré à tes pères, Abraham, Isaac et Jacob, de leur donner.

Deutéronome 30,19-20

En bref, les justes sont ces êtres « heureux » (Ps 1,1) dont la vie est toujours ouverte à l'instruction divine (Ps 1,2). [...] Ils savent ce qui ne va pas chez eux et autour d'eux ; leur conscience est façonnée par une attention vigilante à leur finitude et leur faillibilité qui les conduit à professer « mon secours est en Yhwh ». Ils savent que leur vie ne leur appartient pas et ils vivent pour glorifier Yhwh plutôt que pour se satisfaire par eux-mêmes. En un mot, les justes sont ceux qui savent que Yhwh règne. Ils ont confiance en Yhwh ; ils trouvent refuge en Yhwh. Par contraste, les impies sont ceux qui s'auto-gouvernent, qui sont au fondement d'eux-mêmes, qui sont centrés sur eux-mêmes, qui sont à la recherche d'eux-mêmes. L'essence de la méchanceté dans les Psaumes est l'autonomie, qui signifie littéralement « une loi pour soi-même », ou peut-être « instruit par soi-même ». Être méchant finalement, c'est se reconnaître soi-même plutôt que Yhwh, faire appel à soi-même plutôt qu'à Yhwh, se faire confiance à soi-même plutôt qu'à Yhwh.

J.C. McCann

TOUTE TRADITION DE PENSÉE QUI VA AU BOUT DE SES RESSOURces finit par proposer une certaine manière de voir le monde et de vivre dans le monde. La tradition biblique préconise une certaine idéologie, c'est-à-dire une certaine vision du monde, et une certaine éthique, c'est-à-dire une certaine stratégie de vie. Et ce qui donne sens à toute l'entreprise, finalement, c'est évidemment la stratégie de vie à laquelle elle aboutit. Pour en arriver à une discussion critique complète d'une telle idéologie et d'une telle éthique, il faut passer par une phase de compréhension et une phase d'évaluation.

Le travail herméneutique

J'ai consacré l'essentiel de mes efforts dans cet ouvrage à tenter de comprendre l'idéologie-éthique biblique. Nul ne conteste plus aujourd'hui qu'un tel travail de compréhension implique le recours à une certaine grille herméneutique. Quant à la tâche d'évaluation, nous en reparlerons plus loin.

Je ne reviendrai pas ici sur la grille herméneutique que je crois avoir suffisamment explicitée et justifiée en cours de route ainsi que dans mes travaux antérieurs[1]. Il me semble pourtant indispensable de dire un mot à propos de ce qu'est une grille herméneutique et de ce qu'on peut en attendre. Sa fonction centrale n'est pas ce qu'on croit encore bien

1. Je renvoie en particulier à *Autonomie personnelle et stratégie de vie*.

souvent : on a malheureusement tendance à penser qu'elle est elle aussi une certaine construction idéologique culminant dans certaines normes éthiques et servant au bout du compte à porter des jugements de valeur bien fondés sur diverses idéologies rivales qu'on tente de la sorte de comprendre et d'évaluer d'un même mouvement. À ce titre, il s'agirait d'une sorte de théorie au second degré, d'une sorte de machine à juger qui reviendrait sur des théories de premier degré et en fournirait une interprétation et une évaluation radicales et complètes. Il est vrai, assurément, que c'est bien là ce que de nombreux philosophes ont ambitionné de faire dans le passé ; le nom de Hegel vient ici tout naturellement à l'esprit mais, au-delà de ce cas particulier, à chaque fois qu'un penseur se perçoit comme le dernier des philosophes, on peut être certain qu'il proposera une métathéorie de cette sorte et qu'il prétendra faire comparaître en jugement les théories antérieures et les évaluer en fonction de la sienne.

Or une véritable grille herméneutique constitue un outil d'observation, de lecture et d'interprétation dont le propos essentiel est à la fois plus modeste et plus ambitieux. Il s'agit ni plus ni moins d'une structure d'accueil idéalement très inclusive et très intégratrice qui permet simplement de définir explicitement, de situer et de comparer une idéologie-éthique quelconque en la replaçant dans le cadre englobant auquel elle appartient. En ce sens, cette grille permet de comprendre une tradition de pensée en indiquant dans quels termes et selon quels paramètres elle peut être définie, située et comparée. Le travail d'interprétation est ainsi tout entier mis au service de la compréhension d'une idéologie-éthique. Le philosophe ou l'herméneute n'a pas en vue de porter un jugement d'ensemble mais bien de parvenir à une compréhension adéquate de l'idéologie examinée. À n'en pas douter, un tel travail exige beaucoup de patience et de modestie. Mais si l'herméneute se montre à la hauteur de sa tâche, il n'utilisera pour ainsi dire jamais sa grille de lecture pour formuler des jugements ou mieux pour évaluer la tradition de pensée qu'il met en examen, mais plutôt pour bien faire ressortir tous les aspects et les implications caractéristiques de ladite tradition de pensée. C'est précisément ce que je me suis efforcé de faire tout au long de ce travail et il n'est à mes yeux aucune considération importante sur la tradition de pensée biblique qui ne prenne appui sur les textes eux-mêmes et qui ne puisse être corroborée par les partisans de l'idéologie biblique eux-mêmes. En somme, il s'agit d'une lecture qui cherche à aller au cœur de la question et à remonter jusqu'aux fondements de l'idéologie examinée, mais si elle parvient à son objectif il n'est aucun des éléments importants de cette lecture qui ne puisse être reconnu ou entériné par les personnes mêmes qui s'inscrivent dans cette tradition. Outre qu'il s'agit d'une lecture radicale, je crois pouvoir dire qu'on a aussi affaire à une lecture incisive, c'est-à-dire à une lecture qui cherche constamment à déterminer ce qui est spécifique et distinctif dans l'idéologie en question et qui, partant de là, tend à la définir et à la situer sur cette base. En un mot, elle s'efforce de caractériser l'idéologie examinée en se référant à ce qui la fonde et la distingue de toute autre. De ce fait, il se peut que le partisan de cette idéologie soit parfois étonné de l'éclairage qui est ainsi jeté sur elle mais, si elle se montre à la hauteur de sa tâche, ce partisan devrait invariablement avoir le sentiment que l'interprétation demeure fidèle à la construction idéologique elle-même. C'est en cela qu'on peut parler d'une ambition modeste chez l'herméneute des traditions de pensée.

Interprétation d'ensemble de l'idéologie biblique

Il ne me semble pas utile de revenir ici sur l'interprétation détaillée que j'ai proposée de l'idéologie biblique. Cependant, avant d'en venir à la question de l'évaluation de l'idéologie-éthique biblique, il est nécessaire de présenter une dernière fois l'argument central qui la définit. Au stade où nous en sommes, le lecteur est aussi persuadé que moi, je l'espère, que toute tradition de pensée digne de ce nom culmine dans une éthique-stratégie de vie et que c'est en définitive cette éthique de vie qui doit faire l'objet d'une discussion critique et d'une évaluation. En regard de cela, tout le reste n'est que considération préliminaire et rapport d'étape. Il n'est que trop évident, en effet, que si l'idéologie biblique n'aboutissait pas à la proposition explicite d'une éthique de vie, elle n'aurait sans doute jamais exercé l'influence que l'on sait sur la pensée occidentale. Ce point est au-delà de toute discussion.

Dans le texte biblique, cette éthique est construite sur un mode narratif, peu importe qu'on qualifie ce cadre de mythique ou d'historique. De plus, ce cadre narratif comporte un certain centre de gravité que l'on peut formuler en termes de contexte historique ou de vécu historique. Ce contexte ou ce vécu, comme on voudra, c'est l'expérience collective de la Défaite et de l'Exil, expérience vécue puis portée à la réflexion par un certain groupe de yahvistes ou de sionistes sur plusieurs générations. La question qui se pose pour ce groupe est la suivante : quelle lecture faire de ce vécu, quelle interprétation en proposer de façon à lui donner un sens et à en faire un tremplin qui permette à la fois de comprendre l'expérience historique passée et de préparer un avenir acceptable pour la communauté humaine en question ? La manière même de poser la question n'est du reste pas neutre : il s'agit bien pour un sioniste convaincu de rendre compte de son présent à partir de sa ferme croyance en Yhwh et en donnant à cette croyance toute l'importance et la portée qu'elle peut prendre. De là dérive un choix singulier et même tout à fait exceptionnel : Yhwh n'est pas un dieu vaincu qu'on peut se permettre de déconsidérer du fait qu'il n'a pas su porter secours à son peuple ni même le réconforter. Il ne saurait donc être question pour ces gens de minimiser ou d'ignorer la Défaite et de reprendre tout simplement le cours de la vie ailleurs et autrement ; tout au contraire, l'Exil doit être compris comme une péripétie cruciale et finalement comme la plaque tournante qui permet de jeter un éclairage neuf sur la relation que cette communauté de croyants entretient avec son dieu.

À vrai dire, pour prendre la mesure de cette expérience de la Défaite et de l'Exil, il convient de la concevoir à la fois comme un échec radical et comme un vécu persistant et incontournable. Le symbole pratique qui permet de passer de l'Exil comme expérience subie ponctuellement à l'Exil comme posture de vie assumée et comme manière de vivre commandant toute une éthique-stratégie de vie, ce symbole se construit tout simplement dans l'écart douloureux qui est ressenti par chaque sioniste entre la Défaite présente et la Restauration attendue. C'est précisément dans cet écart qu'apparaît la stratégie sioniste car cet écart vécu, compris et interprété à fond permet de reconstruire dans toute sa vérité la relation historique entre les sionistes et leur dieu. Dans cette perspective nouvelle, l'Exil renvoie à l'échec de la relation des sionistes avec leur dieu : ils sont en Exil de leur dieu, leur Défaite signifie l'abandon de leur dieu, la relation manquée avec lui. Et parallèlement, la Restauration attendue ne peut signifier autre chose que la Restauration de cette relation, c'est-à-dire strictement la ré-instauration de cette relation privilégiée qui a eu cours dans le passé, peu importe qu'on considère ce passé comme mythique ou comme historique. Ce passéisme n'a rien d'exceptionnel pour les peuples ou les groupes humains de cette époque ; on utilise couramment un passé mythique ou idéalisé pour symboliser la juste relation avec le monde et avec son dieu, pour évoquer l'idéal d'une juste manière de vivre, pour définir le bonheur ou le Salut.

Il fut un temps où était donné ce qui est maintenant à ré-instaurer. La communauté sioniste était alors parvenue à mettre en place une relation adéquate avec son dieu et grâce d'ailleurs à ce dieu lui-même. Car, quand on y songe, c'est bien Yhwh qui avait choisi cette communauté humaine, qui lui avait donné forme et qui l'avait instruite pour qu'elle établisse une relation adéquate avec lui de façon qu'il puisse à son tour préserver sa relation avec elle. Mais cette relation a périclité au long du temps, elle a dégénéré jusqu'à devenir impossible. Alors Yhwh a rompu la relation, il a abandonné la communauté à elle-même et l'a du même coup livrée à ses ennemis. Une fois les sionistes exilés de Yhwh, la Défaite et la dispersion ont suivi et l'on se retrouve maintenant à réfléchir sur cet échec, à en comprendre la signification et à chercher l'issue hors de l'Exil et du malheur.

On le voit, le bonheur a eu lieu, il est possible; il ne reste qu'à en retrouver le chemin ou à en reconstituer la stratégie. Dans le texte biblique, la voie de l'instauration mythique prend d'emblée le pas sur la voie de la Restauration apocalyptique, car Yhwh détient de tout temps le Plan de Salut, le secret de l'Alliance harmonieuse qui mène au parfait bonheur. Il a déjà montré la voie, il a déjà dispensé toutes les faveurs et toutes les ressources qui livrent la clé de ce Salut. Il ne reste qu'à bien les entendre et à y revenir.

Mais pour y parvenir, la communauté sioniste doit d'abord et avant tout comprendre qu'elle n'est rien sans Yhwh, en dehors de Yhwh. Lui et lui seul détient le Plan, la stratégie et les ressources qui permettent de ré-instaurer la relation rompue. Dans la posture de l'Exil, cette vérité est aveuglante. Pour les sionistes, telle est la vérité première: l'Exil est le châtiment de Yhwh et, pour qui sait l'assumer pleinement, ce châtiment est une épreuve, c'est-à-dire un don très précieux de Yhwh. Il sacrifie sa relation avec ses élus, il la met en jeu de façon à les acculer à comprendre enfin son Plan de salut, sa stratégie de vie et de bonheur. Bien entendu, l'échec est terrible pour les sionistes, mais à la réflexion l'Exil est le plus pur signe d'élection et la plus belle garantie de retour. Il faut avoir une fois touché le fond, ressenti l'abandon de Yhwh et le vide de la vie sans Yhwh pour comprendre enfin ce que signifie l'Alliance et le Salut, c'est-à-dire la vie avec Yhwh, et pour comprendre par-dessus tout que l'on n'est rien sans Yhwh.

Ce que j'essaie d'évoquer ici en termes simples, c'est la façon dont tout finit par se ramener pour les sionistes au problème de la relation avec Yhwh. À leurs yeux, tout se joue à la fin sur une seule chose: établir un juste rapport de reconnaissance entre Yhwh et eux; sinon, aucune Restauration n'est possible, aucune forme de Salut ou de bonheur n'est envisageable. En dehors de cette relation adéquate et satisfaisante avec Yhwh, ils ne sont rien et la vie n'est rien. L'Exil est la marque infaillible de cela. Mais il faut bien comprendre ce que cet aveu global signifie. S'ils ne sont rien sans Yhwh, cela veut dire du même coup que la seule stratégie viable pour reprendre la juste relation avec Yhwh consiste à faire confiance à la stratégie de Yhwh, à s'abandonner à son Plan de salut. N'est-ce pas ce que Yhwh demande depuis toujours, n'est-ce pas la seule exigence qu'il ait jamais posée, lui qui sait par avance que ses élus ne sont rien sans lui, ne comprennent rien à la voie qui mène à la vraie vie s'ils sont laissés à eux-mêmes, et finalement ne disposent même pas par eux-mêmes des ressources qui permettent de mener à bien ce plan stratégique? La posture de l'Exil constitue le tremplin unique, irremplaçable qui permet aux sionistes d'accéder à cette stratégie de vie. En dehors de cette posture, rien n'est possible car on retourne aussitôt aux illusions humaines courantes, peu importe qu'on les nomme autonomie, sagesse ou vertu.

C'est dans ce cadre très particulier que peut être entamé le jeu de la reconnaissance entre Yhwh et Israël (c'est-à-dire les sionistes). Or quand on s'y arrête, ce jeu est une véritable enfilade de paradoxes. Ainsi, d'un côté, Yhwh reconnaît Israël sans conditions puisqu'il n'exige absolument rien de lui, si ce n'est sa Foi et sa Loyauté indéfectibles. Mais précisément, cela implique deux choses qui finalement n'en font qu'une: d'abord, qu'Israël se soumette à ses Lois et à ses Desseins; ensuite, qu'il renonce à son jugement ou à ses stratégies propres; bref, au total, qu'il reconnaisse inconditionnellement Yhwh et fasse totalement confiance à sa stratégie de vie, à son Plan de salut. De l'autre côté, en contrepartie, Israël reconnaît Yhwh sans conditions puisqu'il n'est rien sans lui et qu'il accepte de s'abandonner à sa gouverne en toute confiance. Mais, encore ici, Israël n'a jamais reconnu effectivement Yhwh que dans la mesure où celui-ci en avait fait l'objet de son élection et de sa Promesse, et dans la mesure surtout où il remplissait cette Promesse en lui assurant bonheur et Salut dans la terre promise. Autrement dit, lorsqu'on se place sur un plan idéal, Yhwh et Israël aspirent tous deux à obtenir de leur vis-à-vis une reconnaissance absolue, c'est-à-dire une reconnaissance pleine, définitive et inconditionnelle. Toutefois, dès que l'on replace cet idéal sur le plan des transactions réelles, alors le désir de reconnaissance absolue ou inconditionnelle se heurte à la résistance du vis-à-vis car on reconnaît l'autre inconditionnellement dans la seule mesure où l'autre nous reconnaît inconditionnellement, ce qui revient à dire que tous deux se reconnaissent seulement dans le cadre de leurs attentes, exigences ou conditions propres. Au bout du compte, on se retrouve dans un rapport de reconnaissance qui est conditionnel de part et d'autre et de fond en comble. La structure même de l'interaction conduit à la déception mutuelle et à l'échec. Comment relancer le jeu, le replacer sur une voie prometteuse?

Au stade actuel, il est capital de bien comprendre qu'on a affaire à une structure stratégique déséquilibrée qui ne peut mener qu'à des calculs profondément biaisés. Tout cela s'éclaire si l'on adopte le point de vue de Yhwh et qu'on s'en tient à lui, provisoirement bien sûr. Yhwh demande à

Israël une soumission inconditionnelle : renoncer à sa stratégie propre et s'abandonner à celle de Yhwh. Mais on se trouve manifestement ici devant une demande à double fond. En effet, ce sont les autorités sionistes qui interprètent ainsi les exigences de Yhwh pour la simple raison que c'est strictement à travers leur pouvoir et leur entendement que Yhwh s'exprime. Du reste, ce problème épistémologique monumental n'est jamais clairement posé mais est tout au contraire constamment évacué dans le texte lui-même. Ce n'est pas tout. Même en s'en tenant au texte, Yhwh exige d'Israël de ne plus avoir de stratégie propre mais de s'en remettre à la sienne : de renoncer à son jugement autonome. Par le fait même, il demande à Israël de faire comme choix stratégique le choix de s'en remettre à la stratégie des autorités sionistes ou, si l'on préfère, de Yhwh lui-même. Yhwh présuppose la liberté d'Israël pour lui demander de renoncer à cette liberté, de l'utiliser pour y renoncer ; ou encore, Yhwh demande à Israël d'avoir comme stratégie de s'en remettre à la stratégie de Yhwh. Mais le problème se pose inévitablement au second degré. Pourquoi Israël renoncerait-il à sa liberté et à sa stratégie propres : pour répondre à cette question imparable, Israël est donc renvoyé à un choix stratégique, bon gré mal gré. Pourquoi ferait-il ce choix stratégique ? S'il le fait, il ne peut que faire aveuglément confiance à Yhwh ; et c'est bien là la reconnaissance inconditionnelle qu'attend Yhwh d'Israël. Or comment Israël peut-il justifier à ses propres yeux ce choix stratégique étonnant sinon par les bénéfices escomptés : il n'y a aucun autre calcul stratégique envisageable, aucune autre possibilité humainement concevable. Cependant, du fait qu'Israël s'est placé lui-même dans la posture de l'Exil et qu'il s'y est piégé délibérément, il ne peut se permettre le moindre calcul coût-bénéfice ou encore la moindre forme de négociation sous conditions avec Yhwh ; il est donc fatalement ramené, en raison de l'entrée de jeu choisie (l'Exil), à un calcul fondé sur la Foi et s'y ramenant nécessairement. Or nous savons déjà qu'Israël est incapable de pratiquer la stratégie de renoncement stratégique exigée par Yhwh. Cette conclusion en apparence surprenante, ce sont les sionistes eux-mêmes, les rédacteurs bibliques qui la tirent et qui y insistent à maintes reprises. La stratégie de renoncement conduit donc à une attitude d'échec, c'est-à-dire à un échec stratégique insurmontable. Israël s'enfonce dans la posture de l'Exil et de l'attente de Restauration. Étant incapable de reconnaître Yhwh selon l'idéal posé par celui-ci, Israël fait en sorte que Yhwh à son tour ne le reconnaisse pas selon ses attentes. La stratégie absolutiste devient ainsi un rêve impossible.

D'où ma question de tout à l'heure : comment relancer une telle stratégie, comment la rendre opérationnelle et prometteuse ? Ici on passe d'un calcul stratégique idéal à un simple subterfuge stratégique pour sauver la mise. De son côté, Yhwh ajoute maintenant sa Grâce à son Plan stratégique de salut; Israël, lui, ajoute son Repentir et ses réparations sans fin à sa Foi défaillante. J'ai déjà abondamment développé ce point et je n'y reviens pas. Le véritable double fond de la stratégie sioniste se situe là, dans cette stratégie de rechange qui constitue à dire vrai le calcul stratégique bien réel qui peut seul se déduire de la posture de l'Exil dans laquelle les sionistes s'enfoncent irrémédiablement. C'est ici que le pouvoir sioniste prend forme avec ses menaces bien connues et surtout peut-être avec ses grandes promesses eschatologiques. Mais ce qui fait tourner la machine, en pratique, c'est la gestion complexe et minutieuse du Repentir et de la Grâce. Or même dans le passé mythique ou historique d'Israël, c'est bien là encore qu'on trouve le ressort secret du calcul stratégique sioniste. Grâce au travail interminable du Repentir et de la Grâce, la stratégie absolutiste peut quand même être vécue, en différé, sur le mode de l'attente et de l'espoir, à la façon d'une hypothèque qu'on n'arrive pas à lever mais qui permet tout de même de rêver à la pleine relation de reconnaissance qu'on pourrait vivre, qu'on vivra sans doute un jour... La Foi devient ici le dispositif stratégique qu'elle a toujours été, un espoir souffrant qui n'a pas les moyens de ses ambitions mais qui se rachète de tous ses manques et échecs par sa belle passion imaginaire. Cela constitue l'aboutissement véritable de l'absolutisme stratégique poussé à sa limite et jusqu'à ses conséquences dernières.

Tout au long de cette brève synthèse, je m'en suis strictement tenu à ce qui fonde et distingue la stratégie de vie sioniste. C'est ce que j'ai appelé plus haut une analyse stratégique radicale et incisive. Sous divers angles, il est permis de rapprocher cette stratégie de toutes sortes d'attitudes éthiques; par certains côtés, elle offre forcément des points de contact avec d'autres choix humains. On peut même aller jusqu'à la banaliser et la niveler si on le souhaite. Mon propos est tout autre. Il m'a semblé tout au long de mon enquête qu'il fallait tout mettre en œuvre pour reconnaître l'éthique sioniste dans ce qu'elle a de singulier et de révolutionnaire. Je demeure convaincu que mon travail herméneutique serait autrement sans intérêt.

Vers une évaluation critique de l'éthique biblique

Il me reste maintenant à poser le difficile problème de l'évaluation d'une telle éthique-stratégie de vie. La grille herméneutique que j'ai utilisée jusqu'ici m'a permis de décrire et d'analyser la stratégie de vie sioniste en faisant ressortir ses fondements et ses implications véritables. J'ai tenté de procéder à cette analyse critique avec respect mais sans la moindre complaisance. Lorsqu'on passe de la perspective d'une analyse critique à la perspective d'une évaluation critique, cependant, on découvre un hiatus qui peut surprendre et déconcerter. Ainsi, le non-sioniste qui lit mon analyse peut facilement avoir l'impression qu'elle contient déjà un jugement plus ou moins explicite du sionisme. Je soutiens au contraire qu'il n'en est rien et ce point est extrêmement important. Il est facile de constater qu'une véritable analyse critique peut apparaître à certains égards comme implacable dans la mesure où elle s'efforce de dévoiler toutes les ressources et toutes les faiblesses d'une stratégie de vie donnée. Elle est ainsi amenée à montrer son caractère profondément problématique. Mais pour éviter tout malentendu, il est décisif de se rendre compte que toute stratégie de vie est nécessairement problématique. De cela tous mes travaux antérieurs témoignent.

En effet, dès qu'un individu (ou un groupe) cherche à organiser sa vie selon un certain nombre d'exigences, le problème de son orientation de vie se détache invariablement sur un certain nombre de conditionnements et dans le cadre d'un ensemble de contraintes économiques, sociales et culturelles ; mais ce qui est plus déterminant encore, c'est le fait indépassable qu'il se trouve tôt ou tard en face de certaines exigences éthiques ou de valeurs essentielles qui prennent alors pour lui une importance telle qu'elles lui apparaissent bon gré mal gré comme des normes radicales, des critères au nom desquels il se doit face à lui-même d'évaluer sa propre stratégie de vie.

J'ai déjà maintes fois explicité ce point, particulièrement dans *Autonomie personnelle et stratégie de vie*, et je n'y reviens ici que de façon très condensée et surtout de façon ajustée à mon objet d'étude, en donnant deux exemples très faciles à saisir pour quiconque entre dans une réflexion éthique-stratégique approfondie. Dès qu'un être humain se pose ce problème sérieusement, il est tôt ou tard obligé, face à lui-même, de se donner au moins deux normes de fonctionnement et de réflexion : d'une part une certaine norme d'autonomie [2] et d'autre part une certaine norme de bonheur et de reconnaissance. La première, la norme d'autonomie, relève d'un postulat pur et simple de la raison pratique : établir une stratégie de vie implique un choix autonome car

2. Je dis bien une certaine norme d'autonomie. L'autonomie absolue dont parle McCann dans le texte d'exergue est un simple repoussoir théologique, un épouvantail ridicule dont il se sert pour démolir sans analyse ni discussion sérieuses toute exigence morale ou même simplement humaine d'autonomie. L'argumentation complète de J. C. McCann se trouve dans « The Psalms as Instruction », *Interpretation*, n° 46, 1992.

il est alors inévitable que le sujet stratégique ou moral examine les choses à sa façon et porte un jugement sur son orientation de vie à partir de son propre discernement ou de sa propre manière de voir les choses; et cela reste vrai en dépit de tous les conditionnements, contraintes et influences qui s'exercent alors sur lui. La seconde norme concerne l'idéal de bonheur ou de bonne vie que le sujet doit tôt ou tard se donner pour établir une stratégie de vie valable; il est clair que plusieurs facteurs interviennent ici dans la mesure où un idéal de bonheur est nécessairement sous-tendu par un certain idéal humain ou par un certain idéal de réalisation de soi, mais il demeure que l'élément le plus crucial dans l'établissement d'un idéal de bonheur ou de bonne vie, c'est la forme ou le degré de la reconnaissance recherchée chez les êtres qui ont le plus d'importance à nos yeux; cet élément que je nomme la recherche de reconnaissance est si décisif que je considère légitime de parler aussi bien d'une norme de bonheur ou de réalisation personnelle que d'une norme de reconnaissance. Car au bout du compte, ce qui rend opérationnelle ou viable la norme personnelle de bonheur, c'est justement cette norme de reconnaissance; en d'autres termes, il n'y a tout simplement pas de bonheur possible, *selon toute apparence*, sans l'atteinte d'une certaine reconnaissance, dont la forme et le degré seront du reste déterminés par le sujet lui-même.

Si je m'en tiens, dans le cadre actuel de discussion, à ces deux grandes valeurs normatives, c'est qu'elles sont manifestement irréductibles et indépassables dans la perspective d'une réflexion éthique-stratégique comme celle que j'évoque ici. Mais ce sur quoi il faut insister fortement, c'est justement sur le fait que l'être humain qui construit sa stratégie de vie sur la base de ces deux normes en particulier se retrouve tôt ou tard et de toute façon dans un cadre de réflexion foncièrement problématique. Pour les besoins de cet exposé, il ne me paraît pas souhaitable de revenir sur des démonstrations déjà élaborées ailleurs et je me dois dès lors de présenter les bases de ma réflexion de façon simplifiée. Je suis conscient du risque couru mais il faut procéder. J'énoncerai donc schématiquement ce qui rend compte pour l'essentiel du caractère problématique de toute stratégie humaine : la norme d'autonomie et la norme de reconnaissance sont en elles-mêmes malaisées à harmoniser ou à coordonner. En termes simples, l'être humain parvenu à un certain niveau de réflexion et d'exigences éthiques discerne invariablement en lui-même un essentiel besoin d'autonomie et un non moins essentiel besoin de reconnaissance. Il veut à la fois être au fondement de ses choix et pouvoir s'en porter responsable, mais aussi pouvoir obtenir des êtres qu'il privilégie la reconnaissance de sa valeur qu'il convoite comme l'élément central et indispensable de son bonheur. L'ambiguïté humaine n'est pas un vain mot: elle est au cœur de la condition humaine à la façon d'un paradoxe indépassable. Le besoin d'autonomie et le besoin d'être reconnu apparaissent tour à tour et à tous les tournants. Et ils sont extrêmement difficiles à conjuguer et à concilier. Ils le seront toujours, quelle que soit la stratégie de vie mise au point et à l'épreuve. Il faut être sans illusion là-dessus, il n'y a pas d'idéal humain facile à établir, à justifier et à vivre. Au surplus, différents idéaux humains, différentes stratégies de vie peuvent cohabiter fort mal ensemble, si l'on n'y prend garde, et mener du même coup à des violences et à des conflits interpersonnels, sociaux ou politiques sans fin. L'enjeu de la réflexion éthique-stratégique est immense, d'autant que chaque individu (ou groupe humain) a tendance à croire qu'il peut se sauver seul, poser son problème stratégique de bonne vie en vase clos et se contenter simplement de négocier son bonheur avec le monde extérieur ou les étrangers sur cette seule base préétablie. Il est bien rare malheureusement qu'une réflexion éthique se centre d'emblée sur l'interaction harmonieuse avec les étrangers et fasse de cette exigence d'interaction harmonieuse *une norme à l'égal de celles d'autonomie et de reconnaissance*. Nous aurons à revenir sur cette norme très importante un peu plus loin.

La grille herméneutique que j'ai utilisée dans cet ouvrage est bien conçue pour définir, situer et comparer entre elles diverses stratégies de vie. Elle n'est pas faite pour les évaluer. Selon moi, la réflexion stratégique est nécessairement une réflexion métaéthique: elle contribue à aider chaque stratège à se situer pour mieux poser les jugements qu'il a à poser, et d'abord sur sa propre stratégie de vie. Car tout choix stratégique représente un essai en lui-même défendable; il n'y a pas de stratégie qu'on puisse juger et exclure a priori.

Reste qu'une réflexion stratégique ou métaéthique est susceptible de jeter une lumière très vive sur les divers calculs stratégiques que les humains mettent à l'épreuve. En particulier, elle dévoile leurs fondements et incite à examiner leur solidité; parallèlement, elle dévoile leurs implications prochaines et lointaines et incite à mesurer les risques inhérents à une stratégie donnée. En ce sens, elle peut *rendre possible* une certaine évaluation critique chez les sujets stratégiques concernés. Du coup, elle n'est pas neutre.

Dans mon bilan de la sagesse archaïque[3], j'ai tenté de proposer une synthèse comparative des deux grandes éthiques-stratégies de vie mises au jour dans les deux civilisations les plus développées du Proche-Orient

3. Voir *Sagesses*, vol. 2, p. 209-257.

ancien: l'éthique gradualiste égyptienne et l'éthique absolutiste mésopotamienne. Sous bénéfice d'inventaire, il appert que ce sont là les deux possibles éthiques fondamentaux pour l'humanité. Ce ne sont pas des types purs que j'ai décrits alors mais bien des éthiques historiques se situant sur un vecteur ou un continuum allant du gradualisme pur à l'absolutisme pur: l'éthique égyptienne se situe plutôt d'un côté et l'éthique mésopotamienne de l'autre. Dans ce cadre très vaste, je n'ai pas cherché à évaluer ces deux possibilités éthiques mais bien à les analyser, les situer et les comparer. Ce travail n'est pas à reprendre ici. Je le mentionne simplement comme un fil conducteur essentiel devant permettre cette fois de situer l'éthique-stratégie sioniste. Dans le tableau encore très partiel qui prend ainsi forme, l'éthique sioniste représente une forme d'absolutisme beaucoup plus radical que l'éthique mésopotamienne, ce qui n'exclut évidemment pas la possibilité qu'une tradition de pensée en vienne à concevoir une forme encore plus extrême d'absolutisme. Ce qui m'importe au stade actuel, c'est simplement la possibilité de situer cette nouvelle éthique de façon plus précise.

Dans l'éthique égyptienne, celle des sages égyptiens s'entend, le jeu de la reconnaissance se construit essentiellement à l'intérieur des transactions qui ont cours dans un groupe donné et les interférences extérieures sont relativement réduites, peu importe qu'on songe à des interventions divines ou à des interactions avec des groupes étrangers. Les reconnaissances sont relatives et elles sont négociées dans un cadre gradualiste. C'est dans l'éthique mésopotamienne qu'une nouvelle possibilité vient s'ajouter à cette première plateforme, sans d'ailleurs l'éliminer ou la dévaluer radicalement, notons-le bien. Alors que chez le sage égyptien l'intervention divine gardait un caractère généralement ponctuel et constituait simplement une sorte d'appoint par rapport au cadre transactionnel normal, chez le sage mésopotamien le recours aux dieux devient une dimension indispensable du calcul stratégique et à la limite la reconnaissance des autres (individus ou groupes) est conditionnée de façon fréquente et de façon importante par la reconnaissance des dieux. À un certain niveau, l'idéal d'un bonheur terrestre reste le même, comme dans toutes ces cultures anciennes, mais, à tout le moins en cas de difficulté dans la transaction interpersonnelle et en vue de la recherche de reconnaissance, le sage mésopotamien croit que le jeu humain de la reconnaissance peut être déterminé à un certain degré par la reconnaissance qu'on obtient des dieux. Ainsi apparaît un jeu de second niveau qui peut et doit être joué parallèlement au jeu de premier niveau et qui l'affecte en profondeur. Il s'agit bien encore de «réussir» et d'«être heureux» au premier niveau mais cette réussite et ce bonheur dépendent de façon plus ou moins centrale du jeu de second niveau que les sages pratiquent avec les dieux.

Chez les sages sionistes, enfin, toutes nos analyses concourent à démontrer que ce jeu de second niveau surclasse le jeu de premier niveau au point que celui-ci devienne un simple appendice du jeu de second niveau. Or dans ce jeu de reconnaissance Yhwh-Israël, tout comme dans le jeu absolutiste mésopotamien à un moindre degré, la forme et le degré de reconnaissance visés ne sont plus des reconnaissances relatives, graduelles et conditionnelles mais, sur le plan des principes en tout cas, des reconnaissances absolues, globales et inconditionnelles. La courte synthèse des pages précédentes démontre amplement cela et je n'y reviens pas.

Ici, il faut éviter de diluer ce calcul stratégique dans les considérations secondaires et les détails accessoires. Le reste sioniste, dans le cadre d'une théocratie autoritaire et traditionaliste, a tendance à faire bloc et à jouer collectivement le jeu de la reconnaissance de façon centrale avec Yhwh et sur un mode absolutiste. Tout le reste dépend de cela et dérive de là. Si cette stratégie est praticable (faisabilité) et valable (souhaitabilité), c'est en regard de ce calcul stratégique central. Ajoutons encore que le contexte particulier et persistant (l'Exil et ses avatars) qui sert de cadre à l'établissement de ce calcul contribue fortement à le comprendre mais n'aide en rien à le justifier ou à l'évaluer. L'absolutisme sioniste demeure un choix à long terme qu'il reste à évaluer à la fois dans ses fondements et ses implications. Les conséquences historiques de ce choix sont immenses et des millions de personnes vivent encore aujourd'hui selon la logique de ce choix stratégique, sans compter tous les choix stratégiques apparentés [4].

L'exigence de reconnaissance inconditionnelle

Le procédé que je préconise pour paver la voie à une certaine évaluation de l'idéologie sioniste consiste essentiellement à poser un certain type de questions qui soient susceptibles de déstabiliser tout sioniste sérieux et de l'inciter à repenser de fond en comble cette construction bien établie et apparemment inattaquable qu'est l'éthique-stratégie de vie sioniste. Je

4. À titre d'exemple, peut-on rêver d'un carrefour fondamentaliste plus riche et prometteur que celui formé par Bush, Sharon et les extrémistes palestiniens ? L'absolutisme est là dans tous les camps, la polarisation est totale entre les camps et la volonté de dominer et détruire l'autre est tout aussi évidente. On trouve ici une conjoncture parfaite pour illustrer les risques extrêmes d'idéologies extrêmes.

vais centrer cette brève évaluation critique sur un seul ensemble de questions qui gravitent autour de la préoccupation cruciale suivante : *Pourquoi* Yhwh exige-t-il une reconnaissance inconditionnelle ou absolue de la part d'Israël ? Dans la construction idéologique que nous avons sous les yeux, cette exigence est tenue pour acquise et on entre aussitôt dans un circuit transactionnel que l'on connaît maintenant sous tous ses angles et qui semble se justifier de lui-même à travers le simple examen de ses conséquences. Or la question « pourquoi » revient à se demander de nouveau sur quoi se fonde ce circuit transactionnel et en fin de compte toute la stratégie sioniste. Car l'absolutisme théocentrique prend racine en deçà de tous ces mécanismes stratégiques et la question devrait tout naturellement se poser de savoir comment se justifie un choix aussi radical et aussi compromettant. *Pourquoi : au nom de quelles valeurs* peut-on justifier éthiquement un choix aussi radical ?

La réponse donnée par la Bible est bien connue et elle consiste essentiellement à se réfugier dans une explication mythique-historique qui présuppose justement le choix qui est à justifier. Cette réponse peut au stade actuel être résumée ainsi : étant donné que Yhwh a effectivement libéré Israël, l'a guidé vers la terre promise et a assuré à son peuple une parfaite bonne vie dans cette terre promise, il est clair d'abord qu'Israël n'était et ne pouvait rien sans Yhwh auparavant, ensuite qu'Israël doit tout à Yhwh pour ce motif même, et enfin que Yhwh a satisfait à toutes les exigences qui entraînent en retour la Foi et la Soumission d'Israël à la personne de Yhwh, à son Plan de salut et à sa Loi. Ajoutons encore que le contexte paradigmatique qui rend compte de ce processus explicatif, c'est évidemment l'Exil comme châtiment-épreuve et comme posture de vie ou comme mode de vie.

Mais au moment où l'on accorde que cet ensemble mythique-historique enclenche le circuit transactionnel de reconnaissance entre Yhwh et Israël, la question se pose fatalement de nouveau : *Pourquoi* la communauté sioniste choisit-elle d'assumer cette dette de reconnaissance qui s'est constituée en dehors d'elle et qui ne comporte de sa part pas la moindre initiative, pas le moindre choix ? Pourquoi Yhwh choisit-il de créer cette dette et d'exiger cette réponse comme seule convenable en raison de cette dette ? *Qui* est ce Yhwh, *qui* parle par sa bouche et par ses gestes ? La Genèse nous dit, dès les premiers chapitres, qu'il a créé les hommes libres et responsables, donc capables d'un certain discernement et d'une certaine autonomie. Cette thèse de la liberté-responsabilité humaine est d'ailleurs reprise dans le protojudaïsme et plus tard encore dans le judaïsme rabbinique. Poser une telle capacité chez l'être humain, c'est reconnaître en lui la capacité de concevoir certaines formes de bonne vie et de faire des choix stratégiques en conséquence. Or en exigeant décentrement total et abandon confiant de la part des sionistes, Yhwh change radicalement les règles du jeu: en exigeant Foi, Soumission et Loyauté inconditionnelles ou absolues, Yhwh affirme que les sionistes doivent renoncer à leur autonomie et à leur voie propre et qu'ils doivent croire inconditionnellement à son Plan de salut et à sa Loi; en échange, il leur assure libération, bonne vie, Salut.

Nous avons déjà mis en place tous les éléments qui peuvent servir à démontrer le caractère hautement problématique de cette construction stratégique. D'une part, en effet, Yhwh ne reconnaît Israël que dans la mesure où Israël se soumet complètement à sa gouverne; de son côté, toutefois, Israël ne reconnaît complètement Yhwh que dans la mesure où il assure sa libération et son Salut. C'est pourquoi, de par cette construction stratégique en elle-même, la reconnaissance d'Israël s'effectue constamment sous conditions et ne saurait avoir la gratuité ou le caractère inconditionnel exigé par Yhwh. D'autre part, au surplus, Yhwh demande à Israël de renoncer à son autonomie, c'est-à-dire à sa caractéristique fondamentale, à ce qu'il est depuis toujours, c'est-à-dire depuis que Yhwh lui-même l'a créé ainsi. Sur les deux plans, par conséquent, il y a contradiction profonde, insoluble. On peut donc conclure cette première phase de questionnement en montrant que la réponse biblique est irrémédiablement insatisfaisante. Il est facile de voir, par l'absurde, que si les sionistes *pouvaient* renoncer à leur autonomie de façon à reconnaître inconditionnellement Yhwh, ils cesseraient du même coup de pouvoir reconnaître Yhwh librement, donc de le reconnaître au sens plein du terme. La reconnaissance inconditionnelle rêvée par Yhwh, si par impossible elle venait à se réaliser, serait sans valeur car sans liberté et de plus elle mettrait fin au circuit transactionnel idéal entre Yhwh et Israël. On a donc manifestement affaire à une construction contradictoire et irréalisable. La réponse à notre question, s'il en est une, ne saurait se trouver de ce côté.

On est donc contraint de reprendre la question clé autrement, à un autre niveau, car la première réponse proposée ne fait que montrer hors de tout doute que le théocentrisme biblique est grevé de part en part par un anthropocentrisme plus fondamental et en définitive irréductible. À cette occasion, je crois à nouveau utile de faire remarquer que notre travail d'évaluation, tout comme notre travail d'interprétation du sionisme, consiste à s'attaquer à l'essentiel de cette construction stratégique et non à des éléments secondaires ou accessoires. La question doit donc être posée de façon encore plus urgente et plus serrée: *pourquoi* le dieu sioniste exige-t-il une reconnaissance inconditionnelle de la communauté élue et finalement *qui* exige une telle reconnaissance et selon quelle logique stratégique ?

Nous arrivons ici aux confins de ce que l'interprète honnête peut proposer comme questionnement, c'est-à-dire comme base d'évaluation. Strictement parlant, la réponse appartient aux sionistes eux-mêmes. Reste cependant que le niveau d'exigence éthique-stratégique a changé et que les sionistes sont acculés à une autre forme de réponse. Cela tient essentiellement au fait que les trois normes posées très succinctement plus haut doivent de toute nécessité être prises en compte dans une réponse moralement satisfaisante : la norme d'autonomie, la norme de reconnaissance et la norme d'interaction harmonieuse avec les autres et, plus précisément, avec les étrangers. Comme on vient de le montrer en prenant appui sur les analyses antérieures, la norme d'autonomie est constamment niée au profit de la norme de reconnaissance, ce qui revient en pratique à les rendre toutes deux foncièrement problématiques, sinon même irréalisables. De plus, comme on l'a montré de façon relativement détaillée en traitant le problème des implications de l'idéologie sioniste, la norme de reconnaissance telle qu'elle est élaborée dans le cadre idéologique biblique a pour conséquence de battre en brèche et de rendre pratiquement irréalisable la norme d'interaction harmonieuse avec les étrangers du fait qu'elle entraîne un exclusivisme et un séparatisme très poussés.

C'est dans ce cadre stratégique réduit à l'essentiel que j'affirme que la question qui est désormais posée aux sionistes ne peut se satisfaire d'une réponse mythique-historique mais doit s'élever jusqu'à un tout autre niveau d'exigences. En termes radicaux et clairs, la question se ramène à ceci : qui prétend qu'il faut renoncer à soi-même et reconnaître inconditionnellement Yhwh, *qui prétend cela* et *pourquoi* ? Dans la mesure où l'anthropocentrisme a repris ses droits, comme je l'ai montré plus haut, la seule hypothèse de réponse qui soit susceptible de tenir la route consiste à admettre que les leaders sionistes sont bon gré mal gré les ventriloques de Yhwh et que le choix d'un absolutisme théocentrique extrêmement radical et dangereux (en raison des normes d'autonomie et d'interaction harmonieuse avec l'extérieur qui sont laissées insatisfaites) est le choix de ces leaders politicoreligieux eux-mêmes. Toutes les implications essentielles de l'absolutisme théocentrique gravitent autour de la recherche effrénée de pouvoir et de reconnaissance des leaders sionistes : fondamentalisme, autoritarisme, sectarisme, séparatisme, etc. Le stratagème sioniste qui consiste à *dévier* ces implications ou ces caractéristiques sur la personne de Yhwh qui seul parle et agit, ce stratagème crucial est lui-même une implication fondamentale de cette stratégie de décentrement et de renoncement en faveur des leaders sionistes. Peut-on un seul instant concevoir un dieu de compassion, de miséricorde et de grâce qui ait des exigences de ce type pour ses élus et qui les accule à troquer les normes éthiques les plus élémentaires pour que les sionistes puissent satisfaire la seule exigence retenue comme vitale : la reconnaissance par Yhwh d'où découle le salut ?

L'hypothèse soutenue ici peut être résumée en ces termes : les discours et les actes de Yhwh culminant dans un ensemble quasi systématique d'implications éthiques inacceptables, ces discours et ces actes ne sont en tout état de cause que la projection idéalisée du désir des leaders sionistes d'être reconnus inconditionnellement et de légitimer ainsi leur exercice d'un pouvoir centralisé, autoritaire et unitaire, bref d'un pouvoir totalitaire géré en vase clos et dévalorisant a priori toute autre éthique-stratégie de vie humaine. À cet égard, la Bible est un texte fondateur et son rayonnement historique, particulièrement en Occident, manifeste incontestablement l'importance des enjeux éthiques-stratégiques qui y sont développés, de leurs fondements originaires jusqu'à leurs implications ultimes. Pourtant, quand on s'y arrête sérieusement, jamais la simple question pourtant décisive du « qui » et du « pourquoi » n'est posée de manière tant soit peu satisfaisante. Cet état de choses simple et évident devrait alerter tous les sionistes et les renvoyer à une réflexion critique de la plus grande vigilance.

Qu'est donc cette sagesse qui ne peut proposer pour tout fondement suffisant que le renoncement à l'autonomie humaine sous toutes ses formes ? Qu'est donc cette éthique-stratégie de vie qui ne peut se développer qu'à la façon d'un système clos et qui se doit de considérer toute autre stratégie de vie comme erronée et impie, donc simplement à abattre ? Comment faut-il appeler ces sages qui considèrent qu'il faut tout sacrifier à un idéal hautement hypothétique de reconnaissance inconditionnelle, tout y compris sa propre intégrité personnelle et jusqu'à la possibilité de cohabiter harmonieusement avec les autres ? Pour ma part, je crois qu'un tel sage qui est disposé à pousser aussi loin sa recherche de la reconnaissance absolue ne peut que porter un nom et illustrer superlativement une chose : la vanité humaine.

Bibliographie

I
Sources primaires

1. Éditions de la Bible

Bible de Jérusalem, Paris, Cerf, 1998.

Traduction Œcuménique de la Bible, Paris, Cerf, 1988.

L'Ancien Testament, 2 vol., édition dirigée pas E. Dhorme, Paris, Gallimard, « La Pléiade », 1956-1959.

New English Bible, Oxford, Oxford University Press, 1970.

New Revised Standard Version, Londres, Harper Collins, 1998.

The Holy Scriptures (Tanakh), Philadelphie, Jewish Publication Society, 1985.

2. Autres documents

Charlesworth, J. H. (dir.), *The Old Testament Pseudepigrapha*, 2 vol., New York, Doubleday, 1983.

Sparks, H.F.D. (dir.), *The Apocryphal Old Testament*, Oxford, Oxford University Press, 1984.

Dupont-Sommer, A. *et al.* (dir.), *La Bible. Écrits Intertestamentaires*, Paris, Gallimard, « La Pléiade », 1987.

Harl, A. (dir.), *La Bible d'Alexandrie. Traduction du texte grec de la Septante*, Paris, Cerf, 1986.

Martinez, F. G. (dir.), *The Dead Sea Scrolls Translated*, Leyde, Brill, 1994.

Vermes, G. (dir.), *The Complete Dead Sea Scrolls in English*, Londres, Penguin Books, 1998.

WISE, M., M. Abegg et E. COOK, *Les Manuscrits de la Mer Morte*, Paris, Plon, 2001.

II
Sources secondaires

On ne peut donner ici qu'une très faible idée des publications dans le domaine des études bibliques. Je m'efforce simplement de proposer des titres sur tous les aspects importants de la recherche actuelle et même de donner au lecteur un aperçu représentatif des principales tendances en ce domaine. Étant donné le renouvellement constant de la recherche biblique, je me suis senti tenu de privilégier les publications les plus récentes qui de toute manière font habituellement référence aux plus anciennes. Pour ne pas allonger démesurément cette bibliographie, je me contente de renvoyer aux ouvrages consultés sans mentionner les éditions antérieures ni les traductions; dans le cas de collectifs, je ne mentionne que le titre général sans détailler les textes que l'ouvrage contient; j'ai réduit au minimum les références à des revues spécialisées. Voici enfin une liste des abréviations utilisées pour quelques-unes des ces revues:

CBQ	Catholic Biblical Quaterley
HTR	Harvard Theological Review
INT	Interpretation
JBL	Journal of Biblical Literature
JSOT	Journal for the Study of the Old Testament
JSP	Journal for the Study of the Pseudepigrapha
TYN	Tyndale Bulletin
VT	Vetus Testamentum
ZAW	Zeitschrift für die Alttestamentliche Wissenschaft

ACHTEMEIER, E., *Deuteronomy, Jeremiah*, Philadelphie, Fortress Press, 1978.

ACKERMAN, S., *Under Every Green Tree*, Atlanta, Scholars Press, 1992.

ACKROYD, P. R., *Exile and Restauration*, Philadelphie, Westminster Press, 1968.

—, *The Chronicler in his Age*, Sheffield, JSOT Press, 1991.

ACKROYD, P. R. et C. F. EVANS (dir.), *The Cambridge History of the Bible*, vol. 1, Cambridge, Cambridge University Press, 1970.

ADAM, A. K. M., *What Is Postmodern Biblical Criticism ?*, Minneapolis, Fortress Press, 1995.

AHARONI, Y., *The Archaeology of the Land of Israel*, Philadelphie, Westminster Press, 1978.

—, *The Land of the Bible: A Historical Geography*, Philadelphie, Westminster Press, 1979.

AHLSTRÖM, G. W., *The History of Ancient Palestine from the Palaeolithic Period to Alexander's Conquest*, Sheffield, JSOT Press, 1993.

ALBERTZ, R., *A History of Israelite Religion in the Old Testament Period*, 2 vol., Louisville, John Knox Press, 1994.

ALBREKTSON, B., *History and the Gods*, Lund, Gleerup, « Coniectanea Biblica », 1967.

ALETTI, J. N., « Séduction et parole en Proverbes 1-9 », *VT*, n° 27, 1977.

ALEXANDER, T. D., « Royal Exceptations in Genesis to Kings », *TYN*, n° 49, 1998.

ALTER, R., *L'art du récit biblique*, Bruxelles, Lessius, 1999.

ALTER, R. et F. KERMODE (dir.), *The Literary Guide to the Bible*, Cambridge (Mass.), Harvard University Press, 1987.

AMITAI, J. (dir.), *Biblical Archaeology Today*, Jerusalem, Israel Exploration Society, 1985.

AMPHOUX, C. B. et J. MARGAIN (dir.), *Les premières traditions de la Bible*, Lausanne, éditions du Zèbre, 1996.

ANDERSON, B. W. (dir.), *Creation in the Old Testament*, Philadelphie, Fortress Press, 1984.

ANDERSON, W. H. U., *Qoheleth and Its Pessimistic Theology*, Lewiston, Mellen Press, 1997.

ATTRIDGE, H. W. *et al.* (dir.), *Of Scribes and Scrolls*, Lanham, University Press of America, 1990.

AULD, A. G., *Kings Without Privilege*, Édimbourg, Clark, 1994.

AULD, A. G. (dir.), *Understanding Poets and Prophets*, Sheffield, JSOT Press, 1993.

AULD, A. G. et M. STEINER, *Jerusalem 1: From the Bronze Age to the Maccabees*, Cambridge, Lutterworth Press, 1996.

BACH, A. (dir.), *Women in the Hebrew Bible*, New York, Routledge, 1999.

BALENTINE, S. E., *Prayer in the Hebrew Bible*, Minneapolis, Fortress Press, 1993.

—, *The Torah's Vision of Worship*, Minneapolis, Fortress Press, 1999.

BARR, J., *Old and New in Interpretation*, Londres, SCM Press, 1966.

—, *Fundamentalism*, Londres, SCM Press, 1977.

—, *Holy Scripture: Canon, Authority, Criticism*, Oxford, Oxford University Press, 1983.

—, *Beyond Fundamentalism*, Philadelphie, Westminster Press, 1984.

BARRERA, J. T. et F. G. MARTINEZ, *The People of the Dead Sea Scrolls*, Leyde, Brill, 1995.

BARTHÉLEMY, D., *Études d'histoire du texte de l'Ancien Testament*, Fribourg, Éditions universitaires, 1978.

BARTON, J., *Oracles of God*, Londres, Darton, Longman and Todd, 1986.

BARTON, J. (dir.), *The Cambridge Companion to Biblical Interpretation*, Cambridge, Cambridge University Press, 1998.

BARTON, J. et D. J. REIMER (dir.), *After the Exile*, Macon, Mercer University Press, 1996.

BAUMGARTEN, A. I., *The Flourishing of Jewish Sects in the Maccabean Era*, Leyde, Brill, 1997.

Bechtel, L., « Shame as a Sanction of Social Control in Biblical Israel », *JSOT*, nº 49, 1991.

Becker, J., *Messianic Exceptations in the Old Testament*, Philadelphie, Fortress Press, 1980.

Becking, B. et M. C. A. Korpel (dir.), *The Crisis of Israelite Religion*, Leyde, Brill, 1999.

Beentjes, P. C. (dir.), *The Book of Ben Sira in Modern Research*, Berlin, de Gruyter, 1997.

Bendor, S., *The Social Structure of Ancient Israel*, Jerusalem, Simor, 1996.

Ben-Tor, A. (dir.), *The Archaeology of Ancient Israel*, New Haven, Yale University Press, 1992.

Bergant, D., *What Are they Saying about Wisdom Literature ?*, New York, Paulist Press, 1984.

Berger, P., *The Social Reality of Religion*, Londres, Faber & Faber, 1967.

Bergren, R. V., *The Prophets and the Law*, Cincinnati, Hebrew College Union Press, 1974.

Berlin, A., *Poetics and Interpretation in Biblical Narrative*, Sheffield, Almond Press, 1983.

—, *Religion and Politics in the Ancient Near East*, Bethesda, Maryland University Press, 1996.

Berquist, J. L., *Judaism in Persia's Shadow*, Minneapolis, Fortress Press, 1995.

—, *Controlling Corporeality*, New Brunswick, Rutgers University Press, 2002.

Beuken, W. A. M. (dir.), *The Book of Job*, Louvain, Presses universitaires de Louvain, 1994.

Bickerman, E. J., *The Jews in the Greek Age*, Cambridge (Mass.), Harvard University Press, 1988.

Birch, B. C., *Let Justice Roll Down*, Louisville, John Knox Press, 1991.

Blenkinsopp, J., *Prophecy and Canon*, Notre Dame, Notre Dame University Press, 1977.

—, « Second Isaiah : Prophet of Universalism », *JSOT*, nº 41, 1988.

—, *Ezechiel*, Louisville, John Knox Press, 1990.

—, *The Pentateuch*, New York, Doubleday, 1992.

—, *Une histoire de la prophétie en Israël*, Montréal, Fides, 1993.

—, *Wisdom and Law in the Old Testament*, Oxford, Oxford University Press, 1995 (2e éd.).

Bloch-Smith, E., *Judahite Burial Practices and Beliefs about the Dead*, Sheffield, JSOT Press, 1992.

Boccaccini, G., *Middle Judaism*, Minneapolis, Fortress Press, 1991.

—, *Roots of Rabbinic Judaism*, Grand Rapids, Eerdmans, 2002.

Boecker, H. J., *Law and the Administration of Justice in the Old Testament and Ancient East*, Londres, SPCK, 1980.

Bolin, T. M., *Freedom Beyond Forgiveness*, Sheffield, JSOT Press, 1997.

Boorer, S., « The Importance of a Diachronic Approach », *CBQ*, n° 51, 1989.
—, *The Promise of the Land*, Berlin, de Gruyter, 1992.

Bostrom, L., *The God of the Sages*, Stockholm, Almquist & Wiksell, « Coniectanea Biblica », 1990.

Bovati, P., *Re-establishing Justice*, Sheffield, JSOT Press, 1994.

Boyce, M., *A History of Zoroastrianism*, 3 vol., Leyde, Brill, 1975, 1982, 1991.

Brandon, S. G. F., *The Judgment of the Dead*, Londres, Weidenfeld & Nicholson, 1967.

Braulik, G., « Law as Gospel », *INT*, n° 38, 1984.

Brekelmans, C. et J. Lust (dir.), *Pentateuchal and Deuteronomic Studies*, Louvain, Presses universitaires de Louvain, 1990.

Bremmer, J. N. et F. G. Martinez (dir.), *Sacred History and Sacred Texts in Early Judaism*, Kampen, Pharos, 1992.

Brenner, A., *The Song of Songs*, Sheffield, JSOT Press, 1989.

Brenner, A. (dir.), *A Feminist Companion to Genesis*, Sheffield, JSOT Press, 1993.

Brett, M. G., *Biblical Criticism in Crisis ?*, Cambridge, Cambridge University Press, 1991.

Brett, M. G. (dir.), *Ethnicity and the Bible*, Leyde, Brill, 1996.

Brettler, M. Z., « Ideology, History and Theology in 2 Kings 17 », *VT*, n° 39, 1989.
—, *The Creation of History in Ancient Israel*, Londres, Routledge, 1995.

Brettler, M. Z., et M. A. Fishbane (dir.), *Minhah le-Nahum*, Sheffield, JSOT Press, 1993.

Briant, P., *Histoire de l'empire perse*, Paris, Fayard, 1996.

Briend, J. et M. J. Seux, *Textes du Proche-Orient ancien et histoire d'Israël*, Paris, Cerf, 1977.

Brooks, R. et J. J. Collins (dir.), *Hebrew Bible or Old Testament ?*, Notre Dame, Notre Dame University Press, 1990.

Brown, W. P., *Character in Crisis*, Grand Rapids, Eerdmans, 1996.

Brueggemann, W., « Psalms and the Life of Faith », *JSOT*, n° 17, 1980.
—, *The Message of the Psalms*, Minneapolis, Augsburg, 1984.
—, *First and Second Samuel*, Louisville, John Knox Press, 1990.
—, « Bounded by Obedience and Praise », *JSOT*, n° 50, 1991.

Brueggemann, W. et H. W. Wolff, *The Vitality of Old Testament Traditions*, Atlanta, John Knox Press, 1975.

Bryce, G. E., *A Legacy of Wisdom*, Lewisburg, Bucknell University Press, 1979.

Buccellati, G., *Cities and Nations of Ancient Syria*, Rome, Presses universitaires de Rome, 1967.

Burns, R. J., *Exodus, Leviticus, Numbers*, Wilmington, Glazier, 1983.

Calduch-Benages, N. et J. Vermeylen (dir.), *Treasures of Wisdom*, Louvain, Presses universitaires de Louvain, 1999.

Caquot, A. et M. Leibovici (dir.), *La divination*, vol. 1, Paris, PUF, 1968.

CARMICHAEL, C. M., *The Origins of Biblical Law*, Ithaca, Cornell University Press, 1992.

CARR, D. M., *Reading the Fractures of Genesis*, Louisville, John Knox Press, 1996.

—, « Biblos Geneseôs Revisited », *ZAW*, nº 110, 1998.

CARTER, C. E., *The Emergence of Yehud in the Persian Period*, Sheffield, JSOT Press, 1999.

CARTER, C. E. et C. L. MEYERS (dir.), *Community, Identity and Ideology*, Winona Lake, Eisenbrauns, 1996.

CAZEAUX, J., *La guerre sainte n'aura pas lieu*, Paris, Cerf, 2001.

CHARLESWORTH, J. H., « The Concept of the Messiah in the Pseudepigrapha », *Aufstieg und Niedergang das Römischen Welt*, Berlin, de Gruyter, 2e série, vol. 19, t. 1, 1999.

—, *The Old Testament Pseudepigrapha and the New Testament*, Cambridge, Cambridge University Press, 1985.

CHARLESWORTH, J. H. (dir.), *The Messiah*, Minneapolis, Fortress Press, 1992.

CHARLESWORTH, J. H. *et al.* (dir.), *Qumran-Messianism*, Tübingen, Mohr-Siebeck, 1998.

CHARLESWORTH, J. H. et C. A. Evans (dir.), *The Pseudepigrapha and Early Biblical Interpretation*, Sheffield, JSP Press, 1993.

CHARLESWORTH, J. H. et J. J. Collins (dir.), *Mysteries and Revelations*, Sheffield, JSOT Press, 1991.

CHRISTENSEN, D. L. (dir.), *A Song of Power and the Power of Song*, Winona Lake, Eisenbrauns, 1993.

CHRISTIANSEN, E. J., *The Covenant in Judaism and Paul*, Leyde, Brill, 1995.

CLAASSEN, W. (dir.), *Text and Context*, Sheffield, JSOT Press, 1988.

CLAESSEN, H. J. M. et P. VAN DE VELDE (dir.), *Early State Dynamics*, Leyde, Brill, 1987.

CLAESSEN, H. J. M. et P. VAN DE VELDE (dir.), *Early State Economics*, New Brunswick, Transaction Publ., 1991.

CLEMENTS, R. E., *Jeremiah*, Atlanta, John Knox Press, 1988.

—, *Deuteronomy*, Sheffield, JSOT Press, 1989.

—, *Old Testament Prophecy*, Louisville, John Knox Press, 1996.

CLEMENTS, R. E. (dir.), *The World of Ancient Israel*, Cambridge, Cambridge University Press, 1989.

CLIFFORD, R. J. et J. J. COLLINS (dir.), *Creation in Biblical Traditions*, Washington, Catholic Biblical Association, 1992.

CLINES, D. J. A., *The Theme of the Pentateuch*, Sheffield, JSOT Press, 1978.

—, *What Does Eve Do to Help ?*, Sheffield, JSOT Press, 1990.

—, *Interested Parties*, Sheffield, JSOT Press, 1995.

CLINES, D. J. A. *et al.* (dir.), *Art and Meaning*, Sheffield, JSOT Press, 1982.

COGAN, M., *Imperialism and Religion*, Missoula, Scholars Press, 1974.

COGAN, M. et I. EPHAL (dir.), *Ah, Assyria...*, Jerusalem, Magnes Press, 1991.

COGGINS, R. J., *Sirach*, Sheffield, JSOT Press, 1998.

COLLINS, J. J., « Cosmos and Salvation », *History of Religions*, n° 17, 1977.
—, « The Root of Immortality », *HTR*, n° 71, 1978.
—, « Proverbial Wisdom and the Yahwist Vision », *Semeia*, n° 17, 1980.
—, *Daniel, 1 and 2 Maccabees*, Wilmington, Glazier, 1981.
—, *Between Athens and Jerusalem*, New York, Crossroad, 1983.
—, *The Apocalyptic Imagination*, New York, Crossroad, 1984.
—, *The Scepter and the Star*, New York, Doubleday, 1995.
—, *Jewish Wisdom in the Hellenistic Age*, Louisville, John Knox Press, 1997.

COLLINS, J. J. (dir.), « Apocalypse : The Morphology of a Genre », *Semeia*, n° 14, 1979.

COLLINS, J. J. (dir.), *The Encyclopedia of Apocalypticism*, vol. 1, New York, Continuum, 2000.

COLLINS, J. J. et M. A. FISHBANE (dir.), *Death, Ecstasy and Other Worldly Journeys*, Albany, State University of New York Press, 1995.

COOK, S. L., *Prophecy and Apocalypticism*, Minneapolis, Fortress Press, 1995.

COOTE, R. B., *Early Israel*, Minneapolis, Fortress Press, 1990.

COOTE, R. B. et M. P. COOTE, *Power, Politics and the Making of the Bible*, Minneapolis, Fortress Press, 1990.

COOTE, R. B. et K. W. WHITELAM, *The Emergence of Early Israel in Historical Perspective*, Sheffield, JSOT Press, 1987.

COX, D., *The Triumph of Impotence*, Rome, Universita Gregoriana, 1978.

CRAIGIE, P. C., *Ugarit and the Old Testament*, Grand Rapids, Eerdmans, 1983.

CRENSHAW, J. L., *Old Testament Wisdom : An Introduction*, Atlanta, John Knox Press, 1981.
—, *A Whirlpool of Torment*, Philadelphie, Fortress Press, 1984.
—, *Ecclesiastes : A Commentary*, Philadelphie, Westminster Press, 1987.
—, *Collected Writings on Old Testament Wisdom*, Macon, Mercer University Press, 1995.
—, *Education in Ancient Israel*, New York, Doubleday, 1998.

CRENSHAW, J. L. (dir.), *Studies in Ancient Israelite Wisdom*, New York, Ktav, 1976.

CRENSHAW, J. L. (dir.), *Theodicy in the Old Testament*, Philadelphie, Fortress Press, 1983.

CRENSHAW, J. L. et J. T. WILLIS (dir.), *Essays in Old Testament Ethics*, New York, Ktav, 1974.

CROSS, F. M. et S. TALMON (dir.), *Qumran and the History of the Biblical Text*, Cambridge (Mass.), Harvard University Press, 1975.

CRYER, F. H., *Divination in Ancient Israel and its Near Eastern Environment*, Sheffield, JSOT Press, 1994.

DAMROSCH, D., *The Narrative Covenant*, Ithaca, Cornell University Press, 1987.

DANDAMAEV, M. A., *A Political History of the Achaemenid Empire*, Leyde, Brill, 1989.

DAVIDSON, R., *Wisdom and Worship*, Londres, SCM Press, 1990.

DAVIES, E. W., *Prophecy and Ethics*, Sheffield, JSOT Press, 1981.

DAVIES, G. I., *Hosea*, Grand Rapids, Eerdmans, 1992.

DAVIES, P. R., *In Search of "Ancient Israel"*, Sheffield, JSOT Press, 1992.

—, *Sects and Scrolls*, Atlanta, Scholars Press, 1996

DAVIES, P R. (dir.), « The History of Ancient Israel and Judah », *JSOT*, n° 39, 1987.

DAVIES, P. R. et D. J. A. CLINES (dir.), *The World of Genesis*, Sheffield, JSOT Press, 1998.

DAVIES, P. R., T. C. ESKENAZI et K. H. RICHARDS (dir.), *Second Temple Studies*, 2 vol., Sheffield, JSOT Press, 1991, 1994.

DAY, J., *Psalms*, Sheffield, JSOT Press, 1990.

—, *Yahweh and the Gods and Goddesses of Canaan*, Sheffield, JSOT Press, 2000.

DAY, J. (dir.), *King and Messiah in Israel and the Ancient Near East*, Sheffield, JSOT Press, 1998.

DAY, J. *et al.* (dir.), *Wisdom in Ancient Israel*, Cambridge, Cambridge University Press, 1995.

DELL, K. J., *The Book of Job as Sceptical Literature*, Berlin, de Gruyter, 1991.

DENTAN, R. C. (dir.), *The Idea of History in the Ancient Near East*, New Haven, Yale University Press, 1955.

DEROUSSEAUX, L. (dir.), *La création dans l'Orient ancien*, Paris, Cerf, 1987.

DERRON, P., *Les sentences du Pseudo-Phocylide*, Paris, Les Belles lettres, 1986.

DIAMOND, A. S., *Primitive Law Past and Present*, Londres, Methuen, 1971.

DORIVAL, G. *et al.*, *La Bible grecque des Septante*, Paris, Cerf, 1988.

DOSTAL, R. J. (dir.), *The Cambridge Companion to Gadamer*, Cambridge, Cambridge University Press, 2002.

DOUGLAS, M., *In the Wilderness*, Sheffield, JSOT Press, 1993.

DOUGLAS, M. (dir.), *Essays in the Sociology of Perception*, Londres, Routledge & Kegan, 1982.

DRIVER, G. R., *Canaanite Myths and Legends*, Édimbourg, Clark, 1978.

DUKE, R. D., « The Portion of the Levite », *JBL*, n° 106, 1987.

DUMBRELL, W. J., *Covenant and Creation*, Exeter, Paternoster Press, 1984.

DUTCHER-WALLS, P., « The Social Location of the Deuteronomists », *JSOT*, n° 52, 1991.

EAGLETON, T., *Ideology: An Introduction*, Londres, Verso, 1991.

EDELMAN, D. V. (dir.), *The Fabric of History*, Sheffield, JSOT Press, 1991.

EDELMAN, D. V. (dir.), *You Shall not Abhor an Edomite…*, Atlanta, Scholars Press, 1995.

EDELMAN, D. V. (dir.), *The Triumph of Elohim*, Grand Rapids, Eerdmans, 1996.

EGGER-WENZEL, R. (dir.), *Ben Sira's God*, Berlin, de Gruyter, 2002.

EILBERG-SCHWARTZ, H., *The Savage in Judaism*, Bloomington, Indiana University Press, 1990.

EISENSTADT, S. N., *Fundamentalism, Sectarianism and Revolution*, Cambridge, Cambridge University Press, 1999.

ELLIOTT, J. H., *What is Social-Scientific Criticism ?*, Minneapolis, Fortress Press, 1993.

EMERTON, J. A. (dir.), *Congress Volume (Edinburgh 1974)*, Leyde, Brill, 1975.

EMERTON, J. A. (dir.), *Congress Volume (Louvain 1989)*, Leyde, Brill, 1991.

EPSZTEIN, L., *La justice sociale dans le Proche-Orient ancien et le peuple de la Bible*, Paris, Cerf, 1983.

ESKENAZI, T. C., *In an Age of Prose*, Atlanta, Scholars Press, 1988.

ESLINGER, L., *Into the Hands of the Living God*, Sheffield, JSOT Press, 1989.

EVANS, C. A. et P. W. FLINT (dir.), *Eschatology, Messianism and the Dead Sea Scrolls*, Grand Rapids, Eerdmans, 1997.

EYNIKEL, E., *The Reform of King Josiah and the Composition of the Deuteronomistic History*, Leyde, Brill, 1996.

FINKELSTEIN, I., *The Archaeology of the Israelite Settlement*, Jerusalem, Israel Exploration Society, 1988.

FINKELSTEIN, I. et N. NA'AMAN (dir.), *From Nomadism to Monarchy*, Jerusalem, Yad Izhak Ben-Zvi, 1994.

FINKELSTEIN, I. et N. A. SILBERMAN, *The Bible Unearthed*, New York, Touchstone, 2002.

FINNEGAN, R., *Literacy and Orality*, Oxford, Oxford University Press, 1988.

—, *Oral Poetry*, Bloomington, Indiana University Press, 1992 (2e éd.).

FIRMAGE, E. B. *et al.* (dir.), *Religion and Law*, Winona Lake, Eisenbrauns, 1990.

FISCH, H., *The Zionist Revolution*, New York, St Martin, 1978.

FISHBANE, M. A., *The Garments of Torah*, Bloomington, Indiana University Press, 1989.

—, *Biblical Interpretation in Ancient Israel*, Oxford, Oxford University Press, 1985.

FISHBANE, M. A. et E. TOV (dir.), *Studies in the Bible, Qumran and the Ancient Near East*, Winona Lake, Eisenbrauns, 1992.

FISHBANE, M. A. et P. R. FLOHR (dir.), *Texts and Responses*, Leyde, Brill, 1975.

FLANAGAN, J. W., *David's Social Drama*, Sheffield, JSOT Press, 1988.

FLANAGAN, J. W. et A. W. Robinson (dir.), *No Famine in the Land*, Missoula, Scholars Press, 1975.

FLINT, P. W., *The Dead Sea Psalms Scrolls and the Book of Psalms*, Leyde, Brill, 1997.

FLINT, P. W. et J. C. VANDERKAM (dir.), *The Dead Sea Scrolls after Fifty Years*, 2 vol., Leyde, Brill, 1998-1999.

FOCANT, C. (dir.), *La loi dans l'un et l'autre Testament*, Paris, Cerf, 1997.

FOKKELMAN, J. P. *et al.* (dir.), *Literary Structure and Rhetoric Strategies in the Hebrew Bible*, Assen, Van Gorcum, 1996.

FOLEY, J. M., *The Theory of Oral Composition*, Bloomington, Indiana University Press, 1988.

FOLEY, J. M. (dir.), *Oral-Formulaic Theory*, New York, Garland, 1990.

FORTES, M., *Œdipus and Job in West African Religion*, Cambridge, Cambridge University Press, 1959.

FOX, M. V., *Qohelet and his Contradictions*, Sheffield, JSOT Press, 1989.

—, *A Time to Tear Down and a Time to Build Up*, Grand Rapids, Eerdmans, 1999.

FOX, R. L., *The Unauthorized Version*, Londres, Penguin Books, 1992.

FREDERICKS, D. C., *Coping with Transience*, Sheffield, JSOT Press, 1993.

FREEDMAN, D. N., *The Unity of the Hebrew Bible*, Ann Arbour, Michigan University Press, 1991.

FREI, H. W., *The Eclipse of Biblical Narrative*, New Haven, Yale University Press, 1974.

FRETHEIM, T. E., «Jonah and Theodicy», *ZAW*, nº 90, 1978.

—, *Deuteronomic History*, Nashville, Abingdon Press, 1983.

—, *Exodus*, Louisville, John Knox Press, 1991.

FRICK, F. S., *The Formation of the State in Ancient Israel*, Sheffield, JSOT Press, 1985.

FRIEDMAN, R. E. et H. G. M. Williamson (dir.), *The Future of Biblical Studies*, Atlanta, Scholars Press, 1987

FRITZ, V., *An Introduction to Biblical Archaeology*, Sheffield, JSOT Press, 1994.

FRITZ, V. et P. R. Davies (dir.), *The Origins of the Ancient Israelite States*, Sheffield, JSOT Press, 1996.

FRYE, N., *Le grand code*, Paris, Seuil, 1984.

GABEL, J. B. et C. B. WHEELER, *The Bible as Literature*, Oxford, Oxford University Press, 1990 (2e éd.).

GADAMER, H. G., *La philosophie herméneutique*, Paris, PUF, «Épiméthée», 1996.

—, *Vérité et méthode*, Paris, Seuil, 1996.

GAMBLE, H. Y., *The New Testament Canon*, Philadelphie, Fortress Press, 1985.

GAMMIE, J. G., «The Theology of Retribution in the Book of Deuteronomy», *CBQ*, nº 32, 1970.

—, *Holiness in Israel*, Minneapolis, Fortress Press, 1989.

GAMMIE, J. G. et L. G. PERDUE (dir.), *The Sage in Israel and the Ancient Near East*, Winona Lake, Eisenbrauns, 1990.

GARBINI, G., *History and Ideology in Ancient Israel*, Londres, SCM Press, 1988.

GELANDER, S., *The Good Creator*, Atlanta, Scholars Press, 1997.

GEMSER, B., *Adhuc loquitur*, Leyde, Brill, 1968.

GERSTENBERGER, E. S., *Leviticus*, Louisville, John Knox Press, 1996.

GEVA, H. (dir.), *Ancient Jerusalem Revealed*, Jérusalem, Israel Exploration Society, 2000 (2e éd.).

GILBERT, M., *La critique des dieux dans le Livre de la Sagesse*, Rome, Institut biblique, 1973.

GIRARD, R., *La route antique des hommes pervers*, Paris, Grasset, 1985.

GNUSE, R., *Heilsgeschichte as a Model for Biblical Theology*, Lanham, University Press of America, 1989.

GOLDIN, J. (dir.), *The Jewish Expression*, New Haven, Yale University Press, 1976.

GOLDINGAY, J., « The Chronicler as a Theologian », *Biblical Theology Bulletin*, n° 5, 1975.

—, *Approaches to Old Testament Interpretation*, Downers Grove, Inter-Varsity Press, 1981.

—, *Models for Interpretation of Scripture*, Grand Rapids, Eerdmans, 1995.

GOOD, E. M., *In Turns of Tempest*, Stanford, Stanford University Press, 1990.

GOODBLATT, D. *et al.* (dir.), *Historical perspectives*, Leyde, Brill, 2001.

GOODICKE, H. et J. J. M. Roberts (dir.), *Unity and Diversity*, Baltimore, Johns Hopkins University Press, 1975.

GOODY, J., *Entre l'oralité et l'écriture*, Paris, PUF, 1994.

GORDIS, R., *Qoheleth: The Man and His World*, New York, Bloch, 1955.

GORDON, R. P., *1 and 2 Samuel*, Sheffield, JSOT Press, 1984.

GORDON, R. P. (dir.), *The Place Is Too Small for Us*, Winona Lake, Eisenbrauns, 1995.

GORMAN, F. H., *The Ideology of Ritual*, Sheffield, JSOT Press, 1990.

GOTTWALD, N. K., *The Hebrew Bible: A Socio-Literary Introduction*, Philadelphie, Fortress Press, 1985.

GOWAN, D. E., *Eschatology in the Old Testament*, Philadelphie, Fortress Press, 1986

—, *Theology in Exodus*, Louisville, John Knox Press, 1994.

GRABBE, L. L., *Judaism from Cyrus to Hadrian*, 2 vol., Minneapolis, Fortress Press, 1992.

—, *Leviticus*, Sheffield, JSOT Press, 1993.

—, *Priests, Prophets, Diviners, Sages*, Valley Forge, Trinity Press International, 1995.

GRABBE, L. L. (dir.), *Can a "History of Israel" Be Written ?*, Sheffield, JSOT Press, 1997.

GRABBE, L. L. (dir.), *Leading Captivity Captive*, Sheffield, JSOT Press, 1998.

GRABBE, L. L. (dir.), *Did Moses Speak Attic ?*, Sheffield, JSOT Press, 2001.

GRANT, M., *The Routledge Atlas of Classical History*, Londres, Routledge, 1994 (5e éd.).

GREEN, P., *Alexander to Actium*, Berkeley, California University Press, 1990.

GREENSPAHN, F. E., « The Theology of the Framework of Judges », *VT*, n° 36, 1986.

GRIFFITHS, J. G., *The Divine Verdict*, Leyde, Brill, 1991.

GRUEN, E. S., *Heritage and Hellenism*, Berkeley, California University Press, 1998.

GUNN, D. M., *The Story of King David*, Sheffield, JSOT Press, 1978.

HABEL, N. C., « The Symbolism of Wisdom in Proverbs 1-9 », *INT*, n° 26, 1972.
—, *The Land is Mine*, Minneapolis, Fortress Press, 1995.

HADAS-LEBEL, M., *Entre la Bible et l'histoire*, Paris, Gallimard, « Découvertes », 1998.

HADOT, J., *Penchant mauvais et volonté libre dans la Sagesse de Ben Sira*, Bruxelles, Presses universitaires de Bruxelles, 1970.

HALLO, W. W. *et al.* (dir.), *The Biblical Canon in Comparative Perspective*, Lewiston, Mellen Press, 1991.

HALLO, W. W., B. W. JONES et G. L. MATTINGLY (dir.), *The Bible in the Light of Cuneiform Literature*, New York, Mellen Press, 1990.

HALLO, W. W., J. C. MOYER et L. G. PERDUE (dir.), *Scripture in Context II*, Winona Lake, Eisenbrauns, 1983.

HALPERN, B., *The Centralization Formula in Deuteronomy*, *VT*, n° 31, 1981.

HALPERN, B. et D. W. HOBSON (dir.), *Law and Ideology in Monarchic Israel*, Sheffield, JSOT Press, 1991.

HALPERN, B. et D. W. HOBSON (dir.), *Law, Politics and Society in the Mediterranean World*, Sheffield, JSOT Press, 1993.

HAMERTON-KELLY, R. G. (dir.), *Violent Origins*, Stanford, Stanford University Press, 1987.

HAMLIN, E. J., *Judges*, Grand Rapids, Eerdmans, 1990.

HANDY, L. K., *Among the Host of Heaven*, Winona Lake, Eisenbrauns, 1994.

HANSON, P. D., *The Dawn of Apocalyptic*, Philadelphie, Fortress Press, 1979.
—, *Isaiah 40-66*, Louisville, John Knox Press, 1995.

HANSON, P. D. (dir.), *Visionaries and their Apocalypses*, Philadelphie, Fortress Press, 1983.

HARRINGTON, D. J., *The Maccabean Revolt*, Wilmington, Glazier, 1988.
—, *Wisdom Texts from Qumran*, Londres, Routledge, 1996.

HARVEY, J. D., « Toward a Degree of Order in Ben Sira's Book », *ZAW*, n° 105, 1993.

HASEL, G. F., *Old Testament Theology*, Grand Rapids, Eerdmans, 1991 (4e éd.).

HAUDEBERT, P. (dir.), *Le Pentateuque. Débats et recherches*, Paris, Cerf, 1992.

HELLHOLM, D. (dir.), *Apocalypticism in the Mediterranean World and the Near East*, Tübingen, Mohr-Siebeck, 1983.

HENGEL, M., *Judaism and Hellenism*, 2 vol., Londres, SCM Press, 1974.

HESS, R. S. et D. T. TSUMURA (dir.), *I Studied Inscriptions from Before the Flood*, Winona Lake, Eisenbrauns, 1994.

HILL, R. C., *Wisdom's Many Faces*, Collegeville, The Liturgical Press, 1996.

HOBBS, T. R., *1, 2 Kings*, Dallas, Word, 1989.

HOERTH, A. J. *et al.* (dir.), *Peoples of the Old Testament World*, Grand Rapids, Baker Books, 1994.

HOFMAN, Y., *A Blemished Perfection*, Sheffield, JSOT Press, 1996.

HOGLUND, K. G. *et al.* (dir.), *The Listening Heart*, Sheffield, JSOT Press, 1987.

Hopfe, L. M., *Uncovering Ancient Stones*, Winona Lake, Eisenbrauns, 1994.

Hopkins, D. C., *The Highlands of Canaan*, Sheffield, JSOT Press, 1985.

Hoppe, L., *Joshua, Judges*, Wilmington, Glazier, 1982.

House, P. R., *The Unity of the Twelve*, Sheffield, JSOT Press, 1990.

House, P. R. (dir.), *Beyond Form Criticism*, Winona Lake, Eisenbrauns, 1992.

Houston, W., *Purity and Monotheism*, Sheffield, JSOT Press, 1993.

Huffman, H. B. *et al.* (dir.), *The Quest for the Kingdom of God*, Winona Lake, Eisenbrauns, 1983.

Humphreys, W. L., « From Tragic Hero to Vilain », *JSOT*, n° 22, 1982.

Iggers, G. G., *Historiography in the 20th Century*, Hanover, Wesleyan University Press, 1997.

Jackson, B. S. (dir.), *Jewish Law in Legal History and the Modern World*, Leyde, Brill, 1980.

Jaffee, M. S., *Early Judaism*, Upper Saddle River (N. J.), Prentice Hall, 1997.

Jamieson-Drake, D. W., *Scribes and Schools in Monarchic Judah*, Sheffield, JSOT Press, 1991.

Janzen, W., *Old Testament Ethics*, Louisville, John Knox Press, 1994.

Japhet, S., *The Ideology of the Book of Chronicles and its Place in Biblical Thought*, Francfort-sur-le-Main, Peter Lang, 1989.

Jenson, P. P., *Graded Holiness*, Sheffield, JSOT Press, 1992.

Jeremias, J., *Jérusalem au temps de Jésus*, Paris, Cerf, 1967.

Jeremias, J., *The Book of Amos*, Louisville, John Knox Press, 1998.

Jobling, D., *The Sense of Biblical Narrative*, 2 vol., Sheffield, JSOT Press, 1986.

Jobling, D. (dir.), « Ideological Criticism of Biblical Texts », *Semeia*, n° 59, 1992.

Jobling, D. *et al.* (dir.), *The Bible and the Politics of Exegesis*, Cleveland, Pilgrim Press, 1991.

Johnson, A. R., *The Vitality of the Individual in the Thought of Ancient Israel*, Cardiff, Wales University Press, 1964.

Johnstone, W., « The Decalogue and the Redaction of the Sinai Pericope in Exodus », *ZAW*, n° 100, 1988.

—, « The Ten Commandements : Some Recent Interpretations », *Expository Times*, n° 100, 1988-1989.

—, « Justification by Faith Revisited », *Expository Times*, n° 104, 1992-1993.

—, *1 and 2 Chronicles*, 2 vol., Sheffield, JSOT Press, 1997.

Jones, G. H., *1 and 2 Chronicles*, Sheffield, JSOT Press, 1993.

Jones, S. et J. Pearce (dir.), *Jewish Local Patriotism and Self-Identification in the Graeco-Roman Period*, Sheffield, JSOT Press, 1998.

Jong, S. de, « A Book on Labour », *JSOT*, n° 54, 1992.

Jospe, R. et S. M. Wagner (dir.), *Great Schisms in Jewish History*, New York, Ktav, 1981.

Kaestli, J. D. et O. Wermelinger (dir.), *Le canon de l'Ancien Testament*, Genève, Labor et Fides, 1984.

Kaiser, W. C., *Toward Old Testament Ethics*, Grand Rapids, Zondervan, 1983.

Kalugila, L., *The Wise King*, Lund, Gleerup, « Coniectanea Biblica », 1980.

Kamano, N., *Cosmology and Character*, Berlin, de Gruyter, 2002.

Kaminsky, J. S., *Corporate Responsibility in the Hebrew Bible*, Sheffield, JSOT Press, 1995.

Kang, S. M., *Divine War in the Old Testament and in the Ancient Near East*, Berlin, de Gruyter, 1989.

Kaye, B. et G. Wenham (dir.), *Law, Morality and the Bible*, Downers Grove, Inter-Varsity Press, 1978.

Kayyali, A. W. (dir.), *Zionism, Imperialism and Racism*, Londres, Croom Helm, 1979.

Keel, O., *Dieu répond à Job*, Paris, Cerf, 1993.

—, *The Symbolism of the Biblical World*, Winona Lake, Eisenbrauns, 1997.

Keel, O. et C. Uehlinger, *Dieux, déesses et figures divines*, Paris, Cerf, 2001.

Kennedy, J. M., « Peasants in Revolt », *JSOT*, n° 47, 1990.

Kenyon, K. M., *The Bible and Recent Archaeology*, Atlanta, John Knox Press, 1978.

Keys, G., *The Wages of Sin*, Sheffield, JSOT Press, 1996.

Kirkpatrick, P. G., *The Old Testament and Folklore Study*, Sheffield, JSOT Press, 1988.

Klein, R. W., *Israel in Exile*, Philadelphie, Fortress Press, 1979.

Kletter, R., *Economic Keystones*, Sheffield, JSOT Press, 1998.

Knierim, R. P., *The Task of the Old Testament Theology*, Grand Rapids, Eerdmans, 1995.

Knight, D. A., « Moral Values and Literary Traditions », *Semeia*, n° 34, 1985.

Knight, D. A. (dir.), *Tradition et théologie dans l'Ancien Testament*, Paris, Cerf, 1982.

Knight, D. A. (dir.), « Ethics and Politics in the Hebrew Bible », *Semeia*, n° 66, 1994.

Knight, D. A. et G. M. Tucker (dir.), *The Hebrew Bible and its Modern Interpreters*, Philadelphie, Fortress Press, 1985.

Knoppers, G. N., *Two Nations Under God*, 2 vol., Atlanta, Scholars Press, 1993-1994.

—, « The Deuteronomist and the Deuteronomic Law of the King », *ZAW*, n° 108, 1996.

—, « The Vanishing Solomon », *JBL*, n° 116, 1997.

Koch, K., *The Prophets*, 2 vol., Philadelphie, Fortress Press, 1983-1984.

Kochan, L., *Jews, Idols and Messiahs*, Oxford, Oxford University Press, 1990.

Kolarcik, M., *The Ambiguity of Death in the Book of Wisdom 1-6*, Rome, Institut Biblique, 1991.

Kraft, R. A. et G. W. E. Nickelsburg (dir.), *Early Judaism and its Modern Interpreters*, Philadelphie, Fortress Press, 1986.

KRASOVEC, J., *La justice de Dieu dans la Bible hébraïque et l'interprétation juive et chrétienne*, Fribourg, Presses universitaires de Fribourg, 1988.

KUGEL, J. L., *Traditions of the Bible*, Cambridge (Mass.), Harvard University Press, 1998.

KUGEL, J. L. et R. A. GREER, *Early Biblical Interpretation*, Philadelphie, Westminster Press, 1986.

KUHRT, A., *The Ancient Near East*, 2 vol., Londres, Routledge, 1995.

KUNTZ, J. K., « The Retribution Motif in Psalmic Wisdom », *ZAW*, n° 89, 1977.

LAATO, A. et J. C. DE MOOR (dir.), *Theodicy in the World of the Bible*, Leyde, Brill, 2003.

LACOCQUE, A. et P. RICŒUR, *Penser la Bible*, Paris, Seuil, 1998.

LALLEMAN-DEWINKEL, H., *Jeremiah in Prophetic Tradition*, Louvain, Peeters, 2000.

LALOUETTE, C., *Sagesse sémitique*, Paris, Albin Michel, 1998.

LANCE, H. D., *Ancient Israel*, Sheffield, JSOT Press, 1988.

LANG, B., *Monotheism and the Prophetic Minority*, Sheffield, Almond Press, 1983.

LANG, B. (dir.), *Anthropological Approaches to the Old Testament*, Philadelphie, Fortress Press, 1985.

LANIAK, T. S., *Shame and Honor in the Book of Esther*, Atlanta, Scholars Press, 1998.

LAPERROUSAZ, E. M. (dir.), *La protohistoire d'Israël*, Paris, Cerf, 1990.

LAPERROUSAZ, E. M. (dir.), *Qoumrân et les manuscrits de la Mer Morte*, Paris, Cerf, 2000 (2e éd.).

LARCHER, C., *Études sur le Livre de la Sagesse*, Paris, Gabalda, 1969.

—, *Le livre de la Sagesse*, 3 vol., Paris, Gabalda, 1983.

LATVUS, K., *God, Anger and Ideology*, Sheffield, JSOT Press, 1998.

LAVOIE, J. J., *La pensée de Qohélet*, Montréal, Fides, 1992.

—, *Qohélet*, Montréal, Médiaspaul, 1995.

LAYMON, C. M. (dir.), *The Minor Prophets and the Apocrypha*, Nashville, Abingdon Press, 1983.

LEACH, E. R., *Genesis as Myth*, Londres, Cape, 1969.

LEACH, E. R. (dir.), *Dialectic in Practical Religion*, Cambridge, Cambridge University Press, 1968.

LECLANT, J. *et al.*, *Sagesse et religion*, Paris, PUF, 1979.

LEMAIRE, A., *Histoire du peuple hébreu*, Paris, PUF, « Que sais-je ? », 1981.

LEMAIRE, A. (dir.), *Le monde de la Bible*, Paris, Gallimard, « Folio », 1998.

LEMAIRE, A. et M. Saebo (dir.), *Congress Volume (Oslo 1998)*, Leyde, Brill, 2000.

LEMCHE, N. P., *Early Israel*, Leyde, Brill, 1985.

—, *Ancient Israel*, Sheffield, JSOT Press, 1988.

—, *The Canaanites and their Land*, Sheffield, JSOT Press, 1991.

—, *Prelude to Israel's Past*, Peabody, Hendrickson, 1998.

LEVENSON, J. D., *Creation and the Persistance of Evil*, Princeton, Princeton University Press, 1988.

LEVINE, E., «Jonah as a Philosophical Book», *ZAW*, nº 96, 1984.

—, *The Aramaic Version of the Bible*, Berlin, de Gruyter, 1988.

LEVINE, L. I., *Judaism and Hellenism in Antiquity*, Seattle, Washington University Press, 1998.

LEVINSON, B. M., «C. M. Carmichael's Approach to the Laws of Deuteronomy», *HTR*, nº 83, 1990.

—, *Deuteronomy and the Hermeneutics of Legal Innovation*, Oxford, Oxford University Press, 1997.

LEVINSON, B. M. (dir.), *Theory and Method in Biblical and Cuneiform Law*, Sheffield, JSOT Press, 1994.

LEVY, T. E. (dir.), *The Archaeology of Society in the Holy Land*, New York, Facts on File, 1995.

LEWIS, T. J., *Cults of the Dead in Ancient Israel and Ugarit*, Atlanta, Scholars Press, 1989.

LIGHTSTONE, J. N., *Society, the Sacred and Scripture in Ancient Judaism*, Waterloo, Wilfrid Laurier University Press, 1988.

LIMBURG, J., *Hosea-Micah*, Atlanta, John Knox Press, 1988.

LINVILLE, J. R., *Israel in the Book of Kings*, Sheffield, JSOT Press, 1999.

LIPINSKI, E. (dir.), *The Land of Israel: Cross-roads of Civilizations*, Louvain, Peeters, 1985.

LITTLE, D. et S. B. TWISS, *Comparative Religious Ethics*, San Francisco, Harper et Row, 1978.

LIVERANI, M. *et al.*, *La Palestine: histoire d'une terre*, Paris, L'Harmattan, 1990.

LOADER, J. A., *Polar Structures in the Book of Qohelet*, Berlin, de Gruyter, 1979.

LODS, A., *Israël des origines au milieu du huitième siècle*, Paris, Albin Michel, «L'évolution de l'humanité», 1949.

—, *Les prophètes d'Israël et les débuts du judaïsme*, Paris, Albin Michel, «L'évolution de l'humanité», 1969.

LOHFINK, N., *Theology of the Pentateuch*, Minneapolis, Fortress Press, 1994.

LOHFINK, N. et E. Zenger, *The God of Israel and the Nations*, Collegeville, Glazier, 2000.

LONG, B. O., *1 Kings with an Introduction to Historical Literature*, Grand Rapids, Eerdmans, 1984.

LONG, B. O. (dir.), *Images of Man and God*, Sheffield, JSOT Press, 1981.

LONG, V. P. (dir.), *Israel's Past in Present Research*, Winona Lake, Eisenbrauns, 1999.

LOVIN, R. W. et F. C. Reynolds (dir.), *Cosmogony and Ethical Order*, Chicago, Chicago University Press, 1985.

LOWERY, R. H., *The Reforming Kings*, Sheffield, JSOT Press, 1991.

LUSTICK, I. S., *For the Land and the Lord*, New York, Council on Foreign Relations, 1988.

MACK, B. L., *Wisdom and the Hebrew Epic*, Chicago, Chicago University Press, 1985.

MALAMAT, A., *Mari and the Early Israelite Experience*, Oxford, Oxford University Press, 1989.

MALUL, M., *The Comparative Method in Ancient Near Eastern and Biblical Legal Studies*, Kevelaer, Butzon & Bercker, 1990.

MARCHAND, J., *Autonomie personnelle et stratégie de vie*, Montréal, Liber, 2000.

—, *Sagesses. Enquête historique sur la recherche de l'autonomie et du bonheur*, vol. 1: *Introduction générale; les Indos-Européens; les Égyptiens*, Montréal, Liber, 2001.

—, *Sagesses. Enquête historique sur la recherche de l'autonomie et du bonheur*, vol. 2: *Les Mésopotamiens; les Syriens; les Phéniciens; bilan de la sagesse archaïque*, Montréal, Liber, 2002.

MARKS, J. H. et J. M. GOOD (dir.), *Love and Death in the Ancient Near East*, Guilford, Four Quarters, 1987.

MARSHALL, J. W., *Israel and the Book of the Covenant*, Atlanta, Scholars Press, 1993.

MARTIN DE VIVIÈS, P. de, *Apocalypses et cosmologie du salut*, Paris, Cerf, 2002.

MARTIN, J. D. et P. R. DAVIES (dir.), *A Word in Season*, Sheffield, JSOT Press, 1986.

MARTINEZ, F. G. *et al.* (dir.), *Studies in Deuteronomy*, Leyde, Brill, 1994.

MARTY, M. E. et R. S. APPLEBY (dir.), *Fundamentalisms Observed*, Chicago, Chicago University Press, 1991.

MARTY, M. E. et R. S. APPLEBY (dir.), *Fundamentalisms Comprehended*, Chicago, Chicago University Press, 1995.

MASON, R., *Micah, Nahum, Obadiah*, Sheffield, JSOT Press, 1991.

—, *Zephaniah, Habbakuk, Joel*, Sheffield, JSOT Press, 1994.

MATTHEWS, V. H. et D. C. BENJAMIN (dir.), « Honor and Shame in the World of the Bible », *Semeia*, n° 68, 1994.

MAYES, A. D. H., *Judges*, Sheffield, JSOT Press, 1985.

—, « On Describing the Purpose of Deuteronomy », *JSOT*, n° 58, 1993.

MAYS, J. L., « The Place of the Torah-Psalms in the Psalter », *JBL*, n° 106, 1987.

MAYS, J. L. *et al.* (dir.), *Old Testament Interpretation*, Nashville, Abingdon Press, 1995.

MAZAR, A., *Archaeology of the Land of the Bible*, New York, Doubleday, 1990.

MAZAR, A. (dir.), *Studies in the Archaeology of the Iron Age in Israel and Jordan*, Sheffield, JSOT Press, 2001.

MCBRIDE, S. D., « Polity of the Covenant People », *INT*, no 41, 1987.

MCCANN, J. C., « The Psalms as Instruction », *INT*, no 46, 1992.

—, *A Theological Introduction to the Psalms*, Nashville, Abingdon Press, 1993.

MCCANN, J. C. (dir.), *The Shape and Shaping of the Psalter*, Sheffield, JSOT Press, 1993.

McCarthy, D. J., «2 Samuel 7 and the Structure of the Deuteronomic History», *JBL*, n° 84, 1965.

McConville, J. G., *Law and Theology in Deuteronomy*, Sheffield, JSOT Press, 1984.

—, *Grace in the End*, Grand Rapids, Zondervan, 1993.

McEvenue, S., *Interpreting the Pentateuch*, Collegeville, Liturgical Press, 1990.

McKane, W., *Prophets and Wise Man*, Londres, SCM Press, 1965.

—, *Proverbs: A New Approach*, Londres, SCM Press, 1970.

McKay, H. A. et D. J. A. Clines (dir.), *Of Prophets' Visions and the Wisdom of Sages*, Sheffield, JSOT Press, 1993.

McKenzie, S. L., *The Trouble with Kings*, Leyde, Brill, 1991.

—, *King David: A Biography*, Oxford, Oxford University Press, 2000.

McKenzie, S. L. et R. Römer (dir.), *Rethinking the Foundations*, Berlin, de Gruyter, 2000.

McKnight, E. V., *The Bible and the Reader*, Philadelphie, Fortress Press, 1985.

McNutt, P. M., *The Forging of Israel*, Sheffield, JSOT Press, 1990.

Mendels, D., *The Rise and Fall of Jewish Nationalism*, New York, Doubleday, 1992.

Meyers, C. L. et M. O'Connor (dir.), *The Word of the Lord Shall Go Forth*, Winona Lake, Eisenbrauns, 1983.

Michaud, R., *Débat actuel sur les sources et l'âge du Pentateuque*, Montréal, Médiaspaul, 1994.

Milgrom, J., *Cult and Conscience*, Leyde, Brill, 1976.

Millard, A. R. *et al.* (dir.), *Faith, Tradition and History*, Winona Lake, Eisenbrauns, 1994.

Millard, A. R. et D. J. Wiseman (dir.), *Essays on the Patriarcal Narratives*, Leicester, Inter-Varsity Press, 1980.

Miller, J. M. et J. H. Hayes, *A History of Ancient Israel and Judah*, Philadelphie, Fortress Press, 1986.

Miller, J. M. et J. H. Hayes (dir.), *Israelite and Judean History*, Londres, SCM Press, 1977.

Miller, P. D., *Genesis 1-11*, Sheffield, JSOT Press, 1978.

—, *Sin and Judgment in the Prophets*, Philadelphie, Scholars Press, 1982.

—, «The Place of the Decalogue in the Old Testament and its Law», *INT*, n° 43, 1989.

—, *Deuteronomy*, Louisville, John Knox Press, 1990.

Mitchell, D. C., *The Message of the Psalter*, Sheffield, JSOT Press, 1997.

Moberley, R. W. L., *The Old Testament of the Old Testament*, Minneapolis, Fortress Press, 1992.

Momigliano, A., *Sagesses barbares*, Paris, Maspero, «Textes à l'appui», 1979.

Moor, J. C. de, *The Rise of Yahwism*, Louvain, Peeters, 1990.

Moran, W. L. *et al.* (dir.), *Les lettres d'El-Amarna*, Paris, Cerf, 1987.

MORGAN, D. F., *Wisdom in the Old Testament Traditions*, Atlanta, John Knox Press, 1981.

MORGAN, R. et J. BARTON, *Biblical Interpretation*, Oxford, Oxford University Press, 1989.

MOSCATI, S., *Histoire et civilisation des peuples sémitiques*, Paris, Payot, 1955.

MULLEN, E. T., *Narrative History and Ethnic Boundaries*, Atlanta, Scholars Press, 1993.

MURPHY, R. E., *The Tree of Life*, New York, Doubleday, 1990.

—, « Qoheleth and Theology? », *Biblical Theology Bulletin*, n° 21, 1991.

—, *The Gift of the Psalms*, Peabody, Hendrickson, 2000.

MYERS, J. M., « The Kerygma of the Chronicler », *INT*, n° 20, 1966.

NARÉ, L., *Proverbes salomoniens et proverbes mossi*, New York, Peter Lang, 1986.

NELSON, R. D., *First and Second Kings*, Atlanta, John Knox Press, 1987.

—, « The Anatomy of the Book of Kings », *JSOT*, n° 40, 1988.

—, *Raising Up a Faithful Priest*, Louisville, John Knox Press, 1993.

—, *Joshua*, Louisville, John Knox Press, 1997.

NEMO, P., *Job et l'excès du mal*, postface d'E. Levinas, Paris, Albin Michel, 1999.

NEUSNER, J., *The Idea of Purity in Ancient Judaism*, Leyde, Brill, 1973.

—, *Self-Fulfilling Prophecy*, Boston, Beacon Press, 1987.

—, *Four Stages of Rabbinic Judaism*, Londres, Routledge, 1999.

NEUSNER, J. (dir.), *Judaism in Late Antiquity*, Part 2: *Historical Syntheses*, Leyde, Brill, 1995.

NEUSNER, J. *et al.* (dir.), *Judaism and Their Messiahs at the Turn of the Christian Era*, Cambridge, Cambridge University Press, 1987.

NEUSNER, J. *et al.* (dir.), *Judaism in Late Antiquity*, Part 4: *Death, Life-after-death, Ressurection and the World to Come…*, Leyde, Brill, 2000.

NEUSNER, J. *et al.* (dir.), *Judaism in Late Antiquity*, Part 5, vol. 2: *The Judaism of Qumran*, Leyde, Brill, 2001.

NEWSOME, J. D., « Toward a New Understanding of the Chronicler and his Purposes », *JBL*, n° 94, 1975.

NEYREY, J. H. (dir.), *The Social World of Luke-Acts*, Peabody, Hendrickson, 1991.

NICHOLSON, E. W., *God and his People*, Oxford, Oxford University Press, 1986.

NICKELSBURG, G. W. E., *Resurrection, Immortality and Eternal Life in Intertestamental Judaism*, Cambridge (Mass.), Harvard University Press, 1972.

—, *Jewish Literature Between the Bible and the Mishnah*, Philadelphie, Fortress Press, 1981.

NICKELSBURG, G. W. E. et J. J. COLLINS (dir.), *Ideal Figures in Ancient Judaism*, Ann Arbour, Scholars Press, 1980.

NIDITCH, S., *War in the Hebrew Bible*, Oxford, Oxford University Press, 1993.

—, *Folklore and the Hebrew Bible*, Minneapolis, Fortress Press, 1993.

—, *Ancient Israelite Religion*, Oxford, Oxford University Press, 1997.

NIELSEN, F. A. J., *The Tragedy in History*, Sheffield, JSOT Press, 1997.

NODET, E., *Essai sur les origines du judaïsme*, Paris, Cerf, 1992.

NOTH, M. et D. W. THOMAS (dir.), *Wisdom in Israel and in the Ancient Near East*, Leyde, Brill, 1960.

O'BRIEN, M. A., *The Deuteronomistic History Hypothesis : a Reassessment*, Fribourg, Presses universitaires de Fribourg, 1989.

O'CONNELL, R. H., « Deuteronomy 9,7 to 10,11 », *VT*, n° 42, 1992.

O'CONNOR, K. M., *The Wisdom Literature*, Wilmington, Glazier Press, 1988.

O'CONNOR, M. P. et D. N. FREEDMAN (dir.), *Backgrounds for the Bible*, Winona Lake, Eisenbrauns, 1987.

ODED, B., *Mass Deportations and Deportees in the Neo-Assyrian Empire*, Wiesbaden, Reichert Verlag, 1979.

ODELL, M. S., « The Inversion of Shame and Forgiveness in Ezechiel 16 », *JSOT*, n° 58, 1992.

ODEN, R. A., *The Bible Without Theology*, New York, Harper and Row, 1987.

OEGEMA, G. S., *The Anointed and his People*, Sheffield, JSOT Press, 1998.

OGDEN, G., *Qoheleth*, Sheffield, JSOT Press, 1987.

O'LEARY, S. D., *Arguing the Apocalypse*, Oxford, Oxford University Press, 1994.

OLLENBURGER, B. C. *et al.* (dir.), *The Flowering of the Old Testament Theology*, Winona Lake, Eisenbrauns, 1992.

OLSON, D. T., *Deuteronomy and the Death of Moses*, Minneapolis, Fortress Press, 1994.

—, *Numbers*, Louisville, John Knox Press, 1996.

OLYAN, S. M., « Honor, Shame and Covenant Relations in Ancient Israel and its Environment », *JBL*, no 115, 1996.

—, *Rites and Rank*, Princeton, Princeton University Press, 2000.

ORTON, D. E., *The Understanding Scribe*, Sheffield, JSOT Press, 1989.

OTZEN, B., *Judaism in Antiquity*, Sheffield, JSOT Press, 1990.

OVERHOLT, T., *Cultural Anthropology and the Old Testament*, Minneapolis, Fortress Press, 1996.

PANNENBERG, W. (dir.), *Revelation as History*, New York, Macmillan, 1968.

PARAIN, B. (dir.), *Histoire de la philosophie*, vol. 1, Paris, Gallimard, « La Pléiade », 1969.

PARKIN, D. (dir.), *The Anthropology of Evil*, Oxford, Oxford University Press, 1985.

PARRY, D. W. et S. D. RICKS (dir.), *Current Research and Technological Developments on the Dead Sea Scrolls*, Leyde, Brill, 1996.

PATRICK, D., *Old Testament Law*, Atlanta, John Knox Press, 1985.

PATRICK, D. (dir.), « Thinking Biblical Law », *Semeia*, n° 45, 1989.

PATRICK, D. et A. SCULT, *Rhetoric and Biblical Interpretation*, Sheffield, Almond Press, 1990.

PAYEN, J. C., *Le motif du repentir dans la littérature française médiévale*, Genève, Droz, 1967.

PECKHAM, B., *History and Prophecy*, New York, Doubleday, 1993.

PENCHANSKY, D., *The Betrayal of God*, Louisville, John Knox Press, 1990.

PENCHANSKY, D. et P. L. REDDITT (dir.), *Shall Not the Judge of All the Earth Do What Is Right?*, Winona Lake, Eisenbrauns, 2000.

PERDUE, L. G., *Wisdom and Creation*, Nashville, Abingdon Press, 1994.

—, *The Collapse of History*, Minneapolis, Fortress Press, 1994.

PERDUE, L. G. *et al.*, *Families in Ancient Israel*, Louisville, John Knox Press, 1997.

PERDUE, L. G., B. B. SCOTT et W. J. WISEMAN (dir.), *In Search of Wisdom*, Louisville, John Knox Press, 1993.

PETERSEN, D. L., *The Prophetic Literature: An Introduction*, Louisville, John Knox Press, 2002.

PHILIPS, A., *Ancient Israel's Criminal Law*, Oxford, Oxford University Press, 1970.

PIETERSMA, A. et C. COX (dir.), *De Septuaginta*, Mississauga, Benben, 1984.

PILCH, J. J., *Introducing the Cultural Context of the Old Testament*, 2 vol., Mahwah, Paulist Press, 1991.

PILCH, J. J. et B. J. MALINA, *Biblical Social Values and their Meaning*, Peabody, Hendrickson, 1993.

PLÖGER, O., *Theocracy and Eschatology*, Richmond, John Knox Press, 1968.

POKORNY, P. et J. ROSKOVEC (dir.), *Philosophical Hermeneutics and Biblical Exegesis*, Tübingen, Mohr Siebeck, 2002.

POLZIN, R. M., *Biblical Structuralism*, Philadelphie, Fortress Press, 1977.

POMYKALA, K. E., *The Davidic Dynasty Tradition in Early Judaism*, Atlanta, Scholars Press, 1995.

PORTER, S. E. *et al.* (dir.), *Crossing the Boundaries*, Leyde, Brill, 1994.

PRÉAUX, C., *Le monde hellénistique*, 2 vol., Paris, PUF, « Nouvelle Clio », 1978.

PRICKETT, S., *Origins of Narrative*, Cambridge, Cambridge University Press, 1996.

PRITCHARD, J. B. (dir.), *Ancient Near Eastern Texts Relating to the Old Testament*, Princeton, Princeton University Press, 1969 (3e éd.).

PROPP, W. H. *et al.* (dir.), *The Hebrew Bible and its Interpreters*, Winona Lake, Eisenbrauns, 1990.

PROVAN, I. W., *1 and 2 Kings*, Peabody, Hendrickson, 1995.

—, *1 and 2 Kings*, Sheffield, JSOT Press, 1997.

PURY, A. de (dir.), *Le Pentateuque en question*, Genève, Labor et Fides, 1989.

PURY, A. de *et al.* (dir.), *Israël construit son histoire*, Genève, Labor et Fides, 1996.

RAD, G. von, *The Problem of the Hexateuch and Other Essays*, Édimbourg, Oliver and Boyd, 1965.

—, *The Message of the Prophets*, Londres, SCM Press, 1968.

—, *Israël et la sagesse*, Genève, Labor et Fides, 1970.

RAMSEY, G. W., *The Quest for the Historical Israel*, Atlanta, John Knox Press, 1981.

REDDITT, P. L. et A. SCHART (dir.), *Thematic Threads in the Book of the Twelve*, Berlin, de Gruyter, 2003.

REDFORD, D. B., *Egypt, Canaan and Israel in Ancient Times*, Princeton, Princeton University Press, 1992.

REESE, J. M., « Plan and Structure in the Book of Wisdom », *CBQ*, n° 27, 1965.

—, *Hellenistic Influence on the Book of Wisdom and its Consequences*, Rome, Institut biblique, 1970.

RENDTORFF, R., *Introduction à l'Ancien Testament*, Paris, Cerf, 1989.

—, « Covenant as a Structuring Concept in Genesis and Exodus », *JBL*, n° 108, 1989.

REVENTLOW, H. G., *Problems of Old Testament Theology in the 20th Century*, Philadelphie, Fortress Press, 1985.

RICŒUR, P., *La symbolique du mal*, Paris, Aubier Montaigne, 1960.

ROBBINS, V. K., *The Tapestry of Early Christian Discourse*, Londres, Routledge, 1996.

RODD, C. S., *Glimpses of a Strange Land*, Édimbourg, Clark, 2001.

ROGERSON, J.,« The Hebrew Conception of Corporate Personality », *Journal of Theological Studies*, n° 21, 1970.

—, *Nouvel Atlas de la Bible*, Turnhout, Brepols, 1985.

—, *Genesis 1-11*, Sheffield, JSOT Press, 1991.

ROGERSON, J. *et al.* (dir.), *The Bible in Ethics*, Sheffield, JSOT Press, 1995.

RÖMER, T (dir.), *The Future of the Deuteronomistic History*, Louvain, Presses universitaires de Louvain, 2000.

ROSTOVTSEFF, M., *Histoire économique et sociale du monde hellénistique*, Paris, Laffont, « Bouquins », 1989.

ROTH, W., « On the Gnomic-Discursive Wisdom of Jesus ben Sirach », *Semeia*, n° 17, 1980.

ROWLETT, L., « Inclusion, Exclusion and Marginality in the Book of Joshua », *JSOT*, n° 55, 1992.

ROWLEY, H. H., *The Growth of the Old Testament*, Londres, Hutchison University Press, 1950.

RUDMAN, D., *Determinism in the Book of Ecclesiastes*, Sheffield, JSOT Press, 2001.

RUSSELL, D. S., *The Method and Message of Jewish Apocalyptic*, Londres, SCM Press, 1964.

—, *The Old Testament Pseudepigrapha*, Londres, SCM Press, 1987.

—, *Divine Disclosure*, Minneapolis, Fortress Press, 1992.

SACCHI, P., *Jewish Apocalyptic and its History*, Sheffield, JSOT Press, 1996.

—, *The History of the Second Temple Period*, Sheffield, JSOT Press, 2000.

SAFRAI, S. et M. STERN (dir.), *The Jewish People in the First Century*, 2 vol., Philadelphie, Fortress Press, 1976.

SAGGS, H. W. F., *The Encounter with the Divine in Mesopotamia and Israel*, Londres, London University Press, 1978.

Saldarini, A. J., *Pharisees, Scribes and Sadducees in Palestinian Society*, Grand Rapids, Eerdmans, 2001.

Salters, R. B., *Jonah and Lamentations*, Sheffield, JSOT Press, 1994.

Sanders, E. P., *Judaism: Practice and Belief (63 BCE–66 CE)*, Londres, SCM Press, 1992.

Sanders, E. P. *et al.*, *Jewish and Christian Self-Definitions*, vol. 2, Philadelphie, Fortress, Press, 1981.

Sanders, J. A., *Torah and Canon*, Philadelphie, Fortress Press, 1972.

—, *From Sacred Story to Sacred Text*, Philadelphie, Fortress Press, 1987.

Sanders, J. T., *Ben Sira and Demotic Wisdom*, Chico, Scholars Press, 1983.

Sanders, P. S. (dir.), *20th Century Interpretations of the Book of Job*, Englewood Cliffs, Prentice Hall, 1968.

Saperstein, M. (dir.), *Essential Papers on Messianis Movements and Personalities in Jewish History*, New York, New York University Press, 1992.

Sasson, J. M. (dir.), *Civilizations of the Ancient Near East*, 4 vol., New York, Prentice Hall, 1995.

Sauneron, S. *et al.*, *La naissance du monde*, Paris, Seuil, 1959.

Sauneron, S. *et al.*, *Le monde du sorcier*, Paris, Seuil, 1966.

Sawyer, J. F. A. (dir.), *Reading Leviticus*, Sheffield, JSOT Press, 1996.

Schnabel, E. J., *Law and Wisdom from Ben Sira to Paul*, Tübingen, Mohr-Siebeck, 1985.

Schniedewind, W. M., *Society and the Promise to David*, Oxford, Oxford University Press, 1999.

Schoors, A. (dir.), *Qohelet in the Context of Wisdom*, Louvain, Presses universitaires de Louvain, 1998.

Scott, J. M. (dir.), *Exile*, Leyde, Brill, 1997.

Scott, J. M. (dir.), *Restoration*, Leyde, Brill, 2001.

Seitz, C. R., *Isaiah 1-39*, Louisville, John Knox Press, 1993.

Seters, J. van, *In Search of History*, New Haven, Yale University Press, 1983.

—, *Prologue to History*, Louisville, John Knox Press, 1992.

Sheppard, G. T., *Wisdom as an Hermeneutical Construct*, Berlin, de Gruyter, 1980.

—, « Theology and the Book of Psalms », *INT*, n° 46, 1992.

Shupak, N., *Where Can Wisdom Be Found?*, Fribourg, Éditions universitaires, 1993.

Silberman, N. A. et D. B. Small (dir.), *The Archaeology of Israel*, Sheffield, JSOT Press, 1997.

Silberstein, L. J. (dir.), *Jewish Fundamentalism in Comparative Perspective*, New York, New York University Press, 1993.

Silberstein, L. J. et R. L. Cohn, *The Other in Jewish Thought and History*, New York, New York University Press, 1994.

SKA, J. L., *Introduction à la lecture du Pentateuque*, Bruxelles, Lessius, 2000.

SKEHAN, P. W., « Wisdom's House », *CBQ*, n° 29, 1967.

SKEHAN, P. W. et A. A. DI LELLA, *The Wisdom of Ben Sira*, New York, Doubleday, 1987.

SMITH, J. Z., *Imagining Religion*, Chicago, Chicago University Press, 1982.

SMITH, M., *Palestinian Parties and Politics that Shaped the Old Testament*, Londres, SCM Press, 1987 (2e éd.).

—, *The Cult of Yahweh*, 2 vol., Leyde, Brill, 1996.

SMITH, M. S., *The Early Story of God*, San Francisco, Harper Collins, 1990.

SMITH-CHRISTOPHER, D. L, *The Religion of the Landless*, Bloomington, Meyer-Stone Books, 1989.

—, *A Biblical Theology of Exile*, Minneapolis, Fortress Press, 2002.

SOGGIN, J. A., *An Introduction to the History of Israel and Judah*, Valley Forge, Trinity Press International, 1993.

SPRONK, K., *Beatific Afterlife in Ancient Israel and in the Ancient Near East*, Kevelaer, Butzon & Bercker, 1990.

STADELMANN, L. I. J., *The Hebrew Conception of the World*, Rome, Institut Biblique, 1970.

STAMM, J. J., *Le Décalogue à la lumière des recherches contemporaines*, Neuchâtel, Delachaux et Niestlé, 1959.

STANSELL, G., « Honor and Shame in the David Narratives », *Semeia*, n° 68, 1994.

STECK, O. H., *The Prophetic Books and their Theological Witness*, St Louis, Chalica Press, 2000.

STERNBERG, M., *The Poetics of Biblical Narrative*, Bloomington, Indiana University Press, 1985.

STIEBING, W. E., *Out of the Desert ?*, Buffalo, Prometheus Books, 1989.

STONE, K., *Sex, Honor and Power in the Deuteronomistic History*, Sheffield, JSOT Press, 1996.

STONE, M. E. et D. Satran (dir.), *Emerging Judaism*, Minneapolis, Fortress Press, 1989.

STUHLMAN, L., « Encroachment in Deuteronomy », *JBL*, n° 109, 1990.

TALMON, S., *King, Cult and Calendar in Ancient Israel*, Leyde, Brill, 1986.

TERRIEN, S., « The Play of Wisdom », *Horizons in Biblical Theology*, n° 3, 1981.

THEOBALD, C. (dir.), *Le canon des Écritures*, Paris, Cerf, 1990.

THÉODORIDÈS, A. *et al.* (dir.), *Vie et survie dans les civilisations orientales*, Louvain, Peeters, 1983.

THOMPSON, T. L., *Early History of the Israelite People*, Leyde, Brill, 1992.

—, *The Bible in History*, Londres, Jonathan Cape, 1999.

THRONTVEIT, M. A., *Ezra-Nehemiah*, Louisville, John Knox Press, 1992.

TOFFELSON, K. D. et H. G. M. WILLIAMSON, « Nehemiah as Cultural Revitalization », *JSOT*, n° 56, 1992.

TOORN, K. van der, *Sin and Sanction in Israel and Mesopotamia*, Assen, van Gorcum, 1985.

—, *From her Cradle to her Grave*, Sheffield, JSOT Press, 1994.

—, *Family Religion in Babylonia, Syria and Israel*, Leyde, Brill, 1996.

TOV, E., *Textual Criticism of the Hebrew Bible*, Minneapolis, Fortress Press, 1992.

TRUBLET, J. (dir.), *La sagesse biblique*, Paris, Cerf, 1995.

TSEVAT, M., *The Meaning of the Book of Job and Other Biblical Studies*, New York, Ktav, 1980.

TUCKER, G. M. *et al.* (dir.), *Canon, Theology and Old Testament Interpretation*, Philadelphie, Fortress Press, 1988.

ULLENDORF, E., *Is Biblical Hebrew a Language ?*, Wiesbaden, Harrassowitz, 1977.

ULRICH, E. *et al.* (dir.), *Priests, Prophets and Scribes*, Sheffield, JSOT Press, 1992.

ULRICH, E et J. VANDERKAM (dir.), *The Community of the Renewed Covenant*, Notre Dame, Notre Dame University Press, 1994.

URBACH, E. E., *Les sages d'Israël*, Paris, Cerf, 1996.

VANDERKAM, J et P. W. FLINT, *The Meaning of the Dead Sea Scrolls*, San Francisco, Harper Collins, 2002.

VANSINA, J., *Oral Tradition as History*, Madison, Wisconsin University Press, 1985.

VAUX, R. de, *Les institutions de l'Ancien Testament*, 2 vol., Paris, Cerf, 1960.

—, *Histoire ancienne d'Israël*, 2 vol., Paris, Gabalda, 1971, 1973.

VERMEYLEN, J., *Le Dieu de la promesse et le Dieu de l'alliance*, Paris, Cerf, 1986.

VERVENNE, M. (dir.), *Studies in the Book of Exodus*, Louvain, Presses universitaires de Louvain, 1996.

VERVENNE, M. et J. LUST (dir.), *Deuteronomy and Deuteronomic Literature*, Louvain, Presses universitaires de Louvain, 1997.

VRIES, S. J. de, *1 and 2 Chronicles*, Grand Rapids, Eerdmans, 1989.

WALBANK, F. W., *The Hellenistic World*, Londres, Harper Collins, 1992 (3e éd.).

WALTON, J. H., *Ancient Israelite Literature in its Cultural Context*, Grand Rapids, Regency Reference Library, 1989.

WARNER, M. (dir.), *The Bible as Rhetoric*, Londres, Routledge, 1990.

WATSON, D. F. et A. J. HAUSER, *Rhetorical Criticism of the Bible*, Leyde, Brill, 1994.

WATTS, J. D. W., *Isaiah*, Dallas, Word, 1989.

WEBER, M., *Le judaïsme antique*, Paris, Plon, 1970.

WEEKS, S., *Early Israelite Wisdom*, Oxford, Oxford University Press, 1994.

WEINBERG, J., *The Citizen-Temple Community*, Sheffield, JSOT Press, 1992.

WEINFELD, M., *Deuteronomy and Deuteronomic School*, Oxford, Oxford University Press, 1972.

—, *The Promise of the Land*, Berkeley, California University Press, 1993.

—, *Social Justice in Ancient Israel and in the Ancient Near East*, Minneapolis, Fortress Press, 1995.

WEIPPERT, M., *The Settlement of the Israelite Tribes in Palestine*, Londres, SCM Press, 1971.

WEIS, R. D. et D. M. Carr (dir.), *A Gift of God in Due Season*, Sheffield, JSOT Press, 1996.

WENHAM, G. J., *The Book of Leviticus*, Londres, Hodder and Stoughton, 1979.

WENN, B. G., *The Book of Judges*, Sheffield, JSOT Press, 1987.

WERLINE, R. A., *Penitential Prayer in Second Temple Judaism*, Atlanta, Scholars Press, 1998.

WESTBROOK, R., *Studies in Biblical and Cuneiform Law*, Paris, Gabalda, 1988.

WESTERMANN, C., *Blessing*, Philadelphie, Fortress Press, 1978.

—, *The Structure of the Book of Job*, Philadelphie, Fortress Press, 1981.

—, *Praise and Lament in the Psalms*, Atlanta, John Knox Press, 1981.

—, *Roots of Wisdom*, Louisville, John Knox Press, 1990.

—, *Basic Forms of Prophetic Speech*, Louisville, John Knox Press, 1991.

—, *Prophetic Oracles of Salvation in the Old Testament*, Louisville, John Knox Press, 1991.

—, *Genesis: An Introduction*, Minneapolis, Fortress Press, 1992.

WESTERMANN, C. (dir.), *Essays on Old Testament Hermeneutics*, Richmond, John Knox Press, 1969.

WEVERS, J. W. et D. B. REDFORD (dir.), *Studies on the Ancient Palestinian World*, Toronto, Toronto University Press, 1972.

WHEELER ROBINSON, H., *Corporate Personality in Ancient Israel*, Philadelphie, Fortress Press, 1980.

WHITE, H., *The Content of the Form*, Baltimore, Johns Hopkins University Press, 1987.

WHITELAM, K. W., « Israel's Traditions of Origins », *JSOT*, n° 44, 1989.

—, *The Invention of Ancient Israel*, Londres, Routledge, 1996.

WHYBRAY, R. N., *The Intellectual Tradition in the Old Testament*, Berlin, de Gruyter, 1974.

—, « Qoheleth, Preacher of Joy », *JSOT*, n° 23, 1982.

—, *The Making of the Pentateuch*, Sheffield, JSOT Press, 1987.

—, *Wealth and Poverty in the Book of Proverbs*, Sheffied, JSOT Press, 1990.

—, *The Composition of the Book of Proverbs*, Sheffield, JSOT Press, 1994.

—, *Introduction to the Pentateuch*, Grand Rapids, Eerdmans, 1995.

—, *The Book of Proverbs: A Survey of Modern Study*, Leyde, Brill, 1995.

—, *Reading the Psalms as a Book*, Sheffield, JSOT Press, 1996.

WILKEN, R.L. (dir.), *Aspects of Wisdom in Judaism and Early Christianity*, Notre Dame, Notre Dame University Press, 1975.

WILL, E. *et al.*, *Le monde grec et l'Orient*, 2 vol., Paris, PUF, 1988 (3e éd.).

WILLETT, T. W., *Eschatology in the Theodicies of 2 Baruch and 4 Ezra*, Sheffield, JSP Press, 1989.

WILLIAMS, J. G., *Those Who Ponder Proverbs*, Sheffield, JSOT Press, 1981.

WILLIAMSON, H. G. M., *Ezra and Nehemiah*, Sheffield, JSOT Press, 1987.

WILLIAMSON, P. R., *Abraham, Israel and the Nations*, Sheffield, JSOT Press, 2000.

WILSON, G. H., « The Shape of the Book of the Psalms », *INT*, n° 46, 1992.

WILSON, J. A. *et al.* (dir.), *Authority and Law in the Ancient Orient*, Baltimore, Supplement to the Journal of the American Oriental Society, 1954.

WILSON, R. R., *Sociological Approaches to the Old Testament*, Philadelphie, Fortress Press, 1984.

WINSTON, D., *The Wisdom of Solomon*, Garden City, Doubleday, 1979.

WOLFF, H. W., *Anthropologie de l'Ancien Testament*, Genève, Labor et Fides, 1973.

WÜRTHWEIN, E., *The Text of the Old Testament*, Grand Rapids, Eerdmans, 1995 (2e éd.).

WYATT, N., *Myths of Power*, Münster, Ugarit-Verlag, 1996.

YOUNGER, R. L., *Ancient Conquest Accounts*, Sheffield, JSOT Press, 1990.

YOYOTTE, J. *et al.*, *Le jugement des morts*, Paris, Seuil, 1961.

ZENGER, E., *A God of Vengeance ?*, Louisville, John Knox Press, 1996.

ZEVIT, Z. *et al.* (dir.), *Solving Riddles and Untying Knots*, Winona Lake, Eisenbrauns, 1995.

ZIMMERLI, W., *Man and his Hope in the Old Testament*, Naperville, Allenson, 1968.

—, *I Am Yahweh*, Atlanta, John Knox Press, 1982.

ZUCKERMAN, B., *Job the Silent*, Oxford, Oxford University Press, 1991.

Table des matières

DEUXIÈME PARTIE

La construction de l'idéologie biblique

TROISIÈME PARTIE

Interprétation d'ensemble de l'idéologie biblique

QUATRIÈME PARTIE

Les textes de sagesse et leur rapport avec l'idéologie sioniste

CONCLUSION

Achevé d'imprimer en janvier 2005
sur les presses de Marc Veilleux imprimeur
Boucherville, Québec